KB232719

북한의 정치 1

북 한 학 총 서
북한의 새인식[1]

북한의 정치 1

북한연구학회 편

景仁文化社

■ 발간사

통일연구원 선임연구위원

북한연구학회가 출범한 지도 벌써 10년이 지났다. 세월은 유수같이 빠르고, 10년이면 강산도 변한다는 데, 10여 년 전에는 40대 초반의 중년의 나이로 학계를 누볐던 학자들이 이제는 머리가 희끗희끗하고 중후한 50대 초반의 학자들로 변모하였다. 그래도 연구활동을 묵묵하게 하고 있는 모습을 보면, 여전한 연구열에 감탄하곤 한다.

10여 년의 세월이 흐르면서 북한학계는 눈부시게 발전하였다. 남북관계의 변화만큼 북한학계 또한 변화했고, 양적인 면이나 질적인 면에서 비교할 수 없을 만큼 장족의 발전을 이룩하였다. 우선 북한연구학회 회원만 해도 400여 명 가까이 증대하였고, 새로운 시각으로 쓰여진 학위논문과 학술논문, 단행본 등이 수백 편에 이르고 있다. 특히 사회문화, 여성, 무용, 가족, 과학, 체육 분야 등에서도 연구성과물이 나오면서 북한학 연구의 다양성이 확보되었다. 북한을 정치군사, 경제적 측면에서만 주로 분석·전망하는 한계를 벗어나 다양한 관점에서 분석·전망할 수 있는 터전이 마련된 셈이다. 앞으로도 더욱 다양한 분야에서 연구 성과물들이 쏟아져 나올 것으로 기대된다. 아울러 우수한 신진학자들이 많이 배출되어 북한학 연구의 저변이 확보됨으로써 북한학의 명맥을 유지할 수 있게 되었고, 통일에 대비한 인적 집단이 충분히 확보됨으로써 통일 이전이나 이후의 문제점, 특히 통일후유증을 최소화할 수 있게 되었다.

사실 1989년 을유문화사가 12권의 북한학 총서를 간행한 이후 이렇다할 북한연구 총서가 나오지 않아 일반인이나 전문가들의 아쉬움이 컸었다. 이러한 기대가 오늘날 『북한의 새인식』(전 10권)이라는 총서가 나오게 된 배경이 되었다. 솔직히 처음 시작할 때는 제대로 책이 나올까 하는 두려움도 없지 않았지만 훌륭한 동료, 후배들의 격려에 힘입어 끝까지 출판을 마무리할 수 있었다. 책이 나오게 된 지금에 와서 돌아보니, 『북한의 새인식』 총서 10권의 출판이 북한학의 역사에도 크게 기여하게 되리라는 자부심이 일을 끝까지 마무리할 수 있었던 큰 힘이 아니었나 생각된다.

이 자리를 빌어 모든 난관을 참고 견뎌준 편집책임자 정영철 박사를 비롯해 전영선·이무철·신효숙·고재홍 박사님들께 감사를 드린다. 그리고 출판계의 어려움에도 불구하고 별 이익도 없는 사업에 흔쾌히 출판을 맡아준 경인문화사 한정희 사장님께 감사드린다. 특히 출판의 타당성을 놓고 망설이고 있을 때 자신감을 불어 넣어준 유영구·정창현 선생에게 무한한 감사를 드린다. 아울러 많은 실무자들이 일을 할 수 있도록 물심양면으로 도와준 최준택 차장님, 정세현·박영규·라종억 박사님들께도 사의를 표한다. 아울러 총서 출간을 위해 지원을 마다하지 않은 미래에셋 최현만 사장님께도 감사드린다. 마지막으로 집필자 선정을 위해 시간을 아끼지 않으신 북한연구학회의 정규섭·고유환·김근식·이기동 박사님들께 감사드린다.

아쉬운 것은 수 천편의 책과 글 중에서 110여 편의 글과 110여 명의 필자들만이 선정되어 좋은 글과 필자들이 많이 빠졌다는 점이다. 여러 가지 이유로 여기에 실리지 못한 연구자들에 대해서는 죄송한 마음을 금할 길이 없다. 지면관계상 또는 필자별·분야별로 안배를 하다보니 많은 우수한 논문들과 필자들이 빠지게 되었다. 다음에 이러한 기회가 있을 때는 보다 정교한 선정작업이 이루어져 모든 글들이 실리기를 바란다. 다시 한번 총서가 나오기까지 물심양면으로 도와주신 수많은 선배·동료·후배님들에게 감사의 마음을 전하고, 이 총서가 수많은 초학자는 물론 기존 연구자들에게도 북한 연구의 좋은 길잡이가 되기를 바라면서 발간사를 가름한다.

2006년 11월

북한연구학회장 **전 현 준**

■ 추천사

동국대학교 교수

　북한연구학회가 창립 10주년을 맞아 북한학 총서 『북한의 새인식』(전 10권)을 출간하는 것은 대단히 뜻 깊은 일이다. 학회 창립의 산파역을 맡아 동분서주하던 일이 엊그제 같은 데, 벌써 10년의 세월이 흘렀다. 그 동안 학회는 장족의 발전 속에 북한, 남북관계 등의 영역에서 많은 연구 성과를 거뒀다. 총서 10권을 출간함으로써 이제 학회는 단단한 반석 위에 섰다 하겠다.

　사실 북한학 총서는 지난 1989년 을유문화사에서 『북한의 인식』(전 12권)으로 출간된 적이 있었다. 당시의 북한학 총서는 북한 연구의 척박한 현실을 반영하듯, 북한에 대한 각 분야의 소개에 그친 점이 없지 않다. 그럼에도 당시의 『북한의 인식』은 연구자들에게 많은 영향을 미쳤고, 상당한 성과를 거두었다. 그로부터 약 17년의 시간이 흐른 뒤, 남북한은 물론 남북관계에도 많은 변화가 있었다. 가장 큰 변화는 2000년 정상회담과 '6·15 공동선언'의 발표라고 할 수 있다. 이로부터 약 6년의 시간동안 남북한은 과거의 대립과 갈등을 지양하고, 평화와 공존, 번영을 위한 여러 분야에서의 협력을 진척시켜왔다. 그 결과 이제 남북한간에는 무역액 10억 달러 이상, 연간 교류 인원 10만 명을 웃도는 관계 진전을 이루었다. 북한 연구도 이러한 시대적 조류에 맞게 많은 발전을 이룩하였다. 과거 정치와 경제, 군사부문에 한정되던 연구 주제들이 사회, 여성, 가족, 교육, 문화, 과학기술, 외교 등으로 확장되었고, 연구의 질도 심화되었다. 이러한 조건에서 북한학 총서의 발간은 북한학의 새로운 단계로의 발전을 위한 시의 적절한 기획이고, 앞으로의 발전을 위한 단단한 초석이라고 할 수 있겠다.

　총 114편의 논문으로 구성된 이번의 총서는 북한의 정치·경제·사회·문화 등 모든 영역을 망라한 국내외 최초의 대규모 기획이다.

　　1권 '북한의 정치 1'에서 10권 '북한의 통일외교'에 이르기까지 북한 연구의 중요한 주제들을 모두 포괄하고 있다. 필진 역시 원로 학자에서부터 소장 학자에 이르기까지 국내 북한학 연구 인재들을 총망라하였다. 각각의 논문을 그 분야 전문 연구자가 집필함으로써 총서의 무게감을 더한 것도 큰 성과라 할 수 있다. 이러한 성과는 그동안 북한학 연구자들의 저변이 확대된 현실과 그 연구의 질적 심화의 과정을 그대로 보여주고 있는 고무적인 현상이다.

　　연구사적 차원에서도 총서 발간으로 이제 국내 북한 연구는 한 획을 그었다고 할 수 있다. 탈냉전 이후 북한 연구를 집대성한 최초이자 최대의 성과이기 때문이다. 이 성과를 바탕으로 학회 창립 20주년이 되는 2016년에는 북한학과 통일학을 망라한 총서 20권의 출간을 기대한다. 북한 연구의 지평을 넓힌 북한학 총서는 북한학 연구에 관심 있는 모든 연구자와 학생들에게 길잡이로서 손색이 없다. 관심 있는 모든 이들에게 일독을 권하는 바이다.

　　끝으로 총서 발간을 기획하고 출간을 가능케 한 전현준 회장과 출판을 위해 수고한 연구자들에게 감사를 표하는 바이다.

2006년 11월

북한연구학회 고문을 대표하여

강 성 윤

■ 추천사

통일부 장관

북한연구는 우리 사회의 북한에 대한 인식의 거울이라고 할 수 있습니다. 남북관계의 변화만큼이나 우리의 북한에 대한 이해의 방향과 깊이도 많이 변화되어 왔기 때문입니다.

냉전시기 북한에 대한 연구는 이데올로기적 가치판단에 따라 실증적·과학적 연구가 크게 제약되었고, 그 결과 학문성 자체까지도 의심을 받아온 것이 사실입니다.

그러나 이제 그 시대는 지나갔습니다. 1980년대 후반 한국 사회의 민주화와 세계냉전의 붕괴는 북한 연구에 있어서도 큰 영향을 미쳤습니다. 이데올로기적 편견의 탈피, 실사구시의 강조, 객관적 비교연구, 이런 것들이 북한 연구에서도 본격적으로 나타나기 시작했습니다.

북한연구학회의 창립도 이러한 시대적 흐름과 궤를 같이 하고 있다고 봅니다.

북한연구학회는 지난 1996년 출범한 이래 객관적·실증적이고 학제적인 북한 연구를 통해 북한에 대한 새로운 시각을 제시하는데 앞장서 왔습니다.

이러한 노력의 연장선상에서 북한연구학회 창립 10주년을 맞아 발간한 『북한의 새인식』(전 10권)은 그간의 북한 연구의 결정체이자 국내 북한 연구자들의 땀과 노력이 빚어낸 값진 쾌거입니다.

북한 연구는 다른 연구와 달리 3중고에 시달리고 있습니다. 이분법적 이념의 편견이 여전히 남아 있고, 공신력있는 1차 자료를 획득하는 것이 불가능한 경우가 많고, 경험적이고 실증적인 현장연구가 상당히 제약되어 있다는 것입니다.

『북한의 새인식』은 이러한 3중고 속에서도 북한의 실체에 최대한 가까이 접근하고자 한 학자적 소신과 열정이 녹아 있습니다.

이 10권의 총서는 이러한 어려움 속에서도 북한의 정치·경제·사회 문화 등 제반 분야의 과거와 현재, 나아가 미래까지를 아우르고 있다는 점에서 북한 연구에 있어 매우 귀중한 자산이 될 것으로 평가합니다.

북한을 이해한다는 것은 우리 자신을 보다 잘 이해하는 것입니다. 60년간 잊고 있었던 우리의 반쪽을 알아가는 과정입니다.

북한을 정확히 아는 것은 진정한 통일을 위한 첫걸음이기도 합니다. 남북이 하나의 공동체로 나아가기 위해서는 서로에 대해 있는 그대로 인식하는 것이 무엇보다 중요하며, 그러한 바탕 위에서 남북간에 차이를 좁히고 동질감을 확산시키는 부단한 노력이 이루어져야 할 것입니다.

그동안 이 총서가 발간되기까지 많은 수고를 아끼지 않으신 전현준 북한연구학회장을 비롯한 출판 관계자 여러분의 열정과 노고를 높이 평가하며 경의를 표합니다.

이 총서가 북한과 통일에 대해 연구하는 내외의 학자들에게는 소중한 나침반이 되고, 대북정책을 추진하고 있는 정부의 실무자에게는 정책을 수립하고 집행하는 데 있어 유용한 참고서가 될 것입니다.

그리고 일반인에게는 편견없이 북한을 바라볼 수 있는 진솔한 설명서가 될 것으로 기대합니다.

2006년 11월
통일부 장관
이 종 석

■ 추천사

전 통일부 장관

1989년에 국내 한 출판사가 『북한의 인식』(을유문화사)이라는 북한학 총서 12권을 출간한 이후, 17년 만에 북한연구학회가 『북한의 새인식』 총서 10권을 출간하게 되었다. 북한연구학회 회원인 114명의 학자들이 집필한 대작大作이다. 북한에 관한 한 다루지 않은 문제가 거의 없는 것 같다. 먼저 이러한 방대한 연구사업을 기획하고 추진해 온 전현준全賢俊 회장을 비롯한 북한연구학회 임원진의 추진력과 노고에 대해 경의를 표한다.

1989년을 전후해서 북한은 매우 어려운 상황에 처해 있었다. 남북간 체제경쟁은 사실상 오래전에 결판이 났고, 중국의 개혁·개방과 소련의 페레스트로이카·글라스노스트가 속도를 내면서 국제정세가 탈냉전 방향으로 발전하는 동시에 사회주의권은 붕괴되는 상황이었다. 체제생존이 위협받는 상황에서 북한 나름의 자구自救를 위한 노력이 시작되었다. 북한의 모습과 실체가 작은 변화나마 시작했었다는 점에서 1989년에 국내 출판사가 출간한 『북한의 인식』이라는 총서는 북한에 대한 지식과 정보의 갈증을 느끼던 사람들에게 매우 유익한 길잡이 역할을 했다고 본다.

그로부터 17년이라는 시간이 흐르는 동안 국제정세도 변했지만, 남북관계는 가히 '극적인 변화'라고 할 수 있을 정도로 변했다. 남북 정상회담 이후 남북관계가 빠른 속도로 개선되면서 북한도 다른 사회주의국가들처럼 개방·개혁을 시작했고, 북한주민들의 대남인식과 북한사회의 변화도 감지되고 있다. 북한을 제대로 알아야 한반도 평화와 남북관계 개선을 위한 올바른 인식과 정책대안이 나올 수 있다는 점에서 17년 전의 북한학 총서를 수정·보완할 필요는 충분히 있다. 그때의 총서가 당시로서는 훌륭한 역할을 했지만, 최근의 변화 상황까지 설명할 수는 없기 때문이다.

21세기를 맞이하여 북한도 새로운 시각과 관점에서 살 길을 찾고 있다. 변하고 있는 북한을 분석하고 평가하는 데도 새로운 시각과 관점이 필요하게 되었다. 그런데 매사에 지속(continuity)과 변화(change)가 공존하기 때문에 변화의 요소를 보면서도 지속의 요소를 놓쳐서는 안 된다.

이번에 북한연구학회의 북한학총서를 집필한 학자들 중 상당수는 1990년대에 박사학위를 받고 대학과 연구기관에서 가르치고 연구해온 신진학자들이다. 그러나 집필진에는 원로학자도 있고 중진학자도 적지 않다. 신진학자들과 원로·중진이 함께 토의하고 분야를 나누어 집필하여 하나의 총서로 꾸몄으니, 집필진 구성면에서 노老·장壯·청靑 3결합이 조화롭게 이루어진 셈이다. 북한연구학회가 출간하는 총서『북한의 새인식』은 변화된 상황에 맞게 적시에 출간되기 때문에 의미가 크지만, 북한에 대해서 가질 수 있는 편견을 극복하고 북한 실체에 더 가까이 다가갈 수 있도록 집필진이 구성되었다는 점에서도 주목을 받을만하다고 본다.

다시 한 번 북한연구학회의『북한의 새인식』총서 출간을 축하하면서, 북한문제에 관심 있는 분들, 특히 통일 후계세대들에게 이 책을 추천하고자 한다.

2006년 11월
북한연구학회 명예고문을 대표하여
丁 世 鉉

<차 례>

서문:
정치사 중심의 북한 정치 연구의 역사와 북한 정치 현상

이 우 정

북한정치에 대한 본질적 접근은 정치사가 그 중심을 이룬다. 국가형 태로서의 북한의 성립은 2차 세계대전의 종전 처리과정에서 38선 이북 지역에 대한 소련군의 진주에서 비롯한다. 그러나 보다 실제적으로는 김일성 개인의 정치사적 위상변화와 밀접한 관련에서 이루어졌다는 사실을 부정하기 어렵다는 것이 최근 관련 학계의 일반적 입장이다.

그동안 북한의 권력실체에 대한 정치사적 접근은 시대상황과 연구자 개인의 이념적 성향에 따라 편차가 컸으며, 남한 내의 정치적 조건에 조응하면서 일정한 변천의 추이를 보여 왔다. 그 변천의 시기는 대체로 세 단계로 나누어 볼 수 있다. 한국전 이후의 냉전기인 1960년대로부터 1970년대 후반 유신기간은 대체로 이념적 편향기로 분류될 수 있으며 이시기의 북한정치에 관한 국내의 연구동향은 주로 김일성의 정체성과 관련하여 북한체제의 정통성을 비판하는 방향에 연구의 초점이 맞추어 졌다. 그 이후 유신후반에 접어드는 1970년대 후반에 들어 사회적으로 민주화투쟁이 격화되고 그 흐름이 학계에도 반영되면서 연구자들의 북한에 대한 시각도 나뉘기 시작한다. 즉 전통적인 보수의 시각과 북한의 국가적 실체성을 인정하려는 진보적 성향이 자리 잡으면서 이념-현실의 양립기가 성립된다. 북한연구는 1990년대 이후 문민정부의 등장과 함께 탈 이념의 시기를 맞게 된다. 소련 동구권의 해체로 소련자료가 개방됨으로써 북한관련 자료에 대한 어느 정도의 객관적 접근이 가능하게 되었다. 특히 2000년에 들어 남북한간 6.15정상회담을 계기로 남한의 대북연구는 이념적으로 접근이 자유로운 단계로 진입한다. 그에 따라 북한연구는 1차 자료를 중심으로 현실적 접근이 가능한 길이 열리기 시작한다. 이 책에서 다루어지는 각 장별 주제들은 이념성을 탈피하는데 역점을 둔 한편, 북한의 일차자료의 인용율을 높임으로써 북한연구의 객관성을 최대한 담보하고 있다는 점에서 의의가 있다고 할 것이다.

당-국가 성격을 지닌 공산권국가의 정치는 그 특성상 권력승계의 정치라 할 수 있을 것이다. 권력승계의 제도장치가 없기 때문에 권력투쟁은 피할 수 없는 운명이며 그로 인하여 후임자에 대한 안정적 권력이양은 체제의 존립여부를 가름하는 중대 사안이 될 수 있는 것이다. 그러므로 북한에서 당-국가 권력이 개인화과정을 통하여 세습으로 이어지는 일련의 과정을 심층적으로 분석하지 않고서는 북한의 정치현상을 바르게 이해할 수 없게 된다. 몇 가지 주요요인을 정리해보면,

첫째, 김일성의 항일무장투쟁경력은 오랜 기간을 통하여 군부의 혁명세대 지도부로부터의 강력한 지지아래 북한 권력의 핵심기반을 이루어오고 있다. 북한의 경우 이미 전후 복구가 끝난 1970년 5차당 대회에서부터 김정일로의 부자권력세습체제가 준비되고 있었다. 이러한 정치권력의 세습화는 북한 권력의 개인화라는 특수성에서 그 가능성을 확인할 수 있으며 그 중심에 김일성의 개인적 경력이 자리하고 있다.

김일성이 통치권력을 개인화할 수 있었던 정당성의 근거는 만주에서

의 항일 독립투쟁에서 찾고 있다. 그는 1930년대 코민테른의 지휘아래 동만지역에서 '한국민족혁명당'의 결성을 계기로 동만주지역의 한인문제를 담당하는 실질적 지도자로서 유격운동을 전개한 바 있다. 그 후 활동의 근거지를 소만 접경지대로 옮기면서 '국민부좌파'와의 연대를 계기로 김일성은 민족주의 성향이 강한 사회주의자로 성장하면서 군지도자로서의 경력을 쌓게 된다. 이러한 일련의 행적은 김일성의 단일적 지도체제의 형성과정을 이해하는 중요한 단초가 될 수 있을 뿐 아니라 이후 김정일 후계체제 관리의 기반이 되었으며 더 나아가서는 승계 완성 후 김정일 스스로 국방위원장 직위를 이용, 선군정치라는 이름으로 통치권을 행사하는 효과적인 수단을 제공하고 있다.

둘째, 통치 권력의 사회경제적 기반의 확보라는 점을 들 수 있다. 해방 후 북한에서의 토지개혁의 단행은 단순히 토지를 사회경제원리에 의거하여 농민에게 분배한다는 차원에서만이 아니고 사회전반의 구질서를 타파하는 혁명적 조치인 것이다. 토지개혁은 동시에 새로운 정치권력의 성립 기반이므로 권력교체기의 물적 기반이 되는 것이다. 북한의 토지개혁이 위로부터의 개혁방식으로서 소련이 그 중심에 있었다는 주장과 북한내 정치세력의 역할이 강조되어야 한다는 주장이 양립되는 것도 사실이다. 그러나 이 책에서는 해방시점에서부터 토지개혁법령의 시행과정을 살펴볼 때 소련의 개입보다는 일제치하에서 국내에서 활동했던 토착공산주의 세력과 농민조합운동의 역할이 더 평가되어야 한다는 입장을 내세우지 않을 수 없다. 이러한 인민위원회의 역할에 대한 견인차로서의 김일성그룹의 결정은 그들이 주장하는 체제의 우월성과 정당화의 근거로 작용해 왔다는 점에서 김일성의 권력기반을 강화하는 주요인의 하나가 된다.

셋째, 북한공산당의 조직원리이다. '조선로동당규약'에 의하면 당원은 당조직에 복종하며 소수는 다수에 복종하며 하급 당조직은 상급 당

조직에 복종하며 전체 당조직은 당중앙위원회에 절대 복종한다는 것이다. 이같은 철저한 하향식 조직체계의 경우 당 중앙위원회를 장악하고 있는 김일성의 권위는 절대적일 수밖에 없을 것이며 당 조직을 영구히 장악하기 위한 권력투쟁이 성공적일 때 그 권위는 화석화되고 이는 다시 이념정립을 통하여 지속적인 사회화 메카니즘이 뒷받침함으로써 그 기반은 더욱 공고해지는 것이다.

넷째, 권력투쟁의 결과가 장기집권의 길을 열었다. 일정한 권력운영에 간한 제도장치가 결여된 체제내의 권력의 이동은 투쟁 외에 다른 선택의 여지가 없게 된다. 해방직후 북한에 진주한 김일성은 공산주의 지지기반이 미약한 당시 상황에서 지주와 자본가를 포용하는 민족세력을 광범하게 끌어안기 위하여 민족통일전선의 구성을 제의하였다. 그가 직면한 최초의 권력투쟁은 통일전선구성을 어떻게 이끌어 내느냐의 문제였다. 결국 무산대중을 중심으로 '인민전선'을 구성하자는 오기섭과의 노선투쟁에서 김일성이 승리함으로써 결국 김일성의 소련파가 북한의 당조직을 장악하는 결정적 계기가 된다.

김일성의 권력투쟁은 경쟁대상이나 도전세력에 대한 숙청으로 이어지고 이러한 과정은 상대적으로 김일성의 권력을 더욱 강화하는 결과를 가져온다. 주요사례를 예거하자면 조만식 등의 민족진영 제거(1946년 1월 5일), 현준혁 등의 국내공산주의세력 숙청(1945.9.), 무정의 숙청(1950.12.4.), 허가이의 숙청(1953년), 박헌영 등 남로당계 숙청(1953년), 최창익, 김두봉 등의 숙청, 박창욱 등 소련파의 숙청, 김일성 계열의 박금철, 이효순의 제거(1967. 3) 김창봉, 최광 등 군부의 숙청 등이 있다. 이 모든 경우의 공통점은 노선투쟁을 통한 유일사상체계의 확립으로 귀결되었다는 것이다.

다섯째, 주체사상의 합리화 기능을 들 수 있다. 주체사상의 형성과 전개과정을 보면 결과적으로 그것이 김일성 개인숭배 과정과 밀접한 상관관계가 있음을 알 수 있다. "주체사상의 혁명적 기치밑에서 혁명전통이 이룩되었고..... 당의 혁면전통은 김일성동지에 의해 이룩되었다"는 것이다. 주체사상의 핵심기능은 우선 권력투쟁의 무기로서 장기집권의 합리화수단, 둘째로는 자력갱생을 위한 동원이데올로기이고, 셋째로는 자위를 내세운 군사적 동원수단이며 넷째로는 체제의 지도이념화 등을 들 수 있을 것이다. 한편, 대외적으로는 중·소 등 주변강국의 내정간섭 배제와 자주적 외교의 전개수단일 수 있으며, 둘째로는 제3세계의 지지 확보수단이 될 수 있겠고, 셋째로는 국제관계에 있어 대남우월성의 합리화수단으로 활용될 수 있는 점 등을 들 수 있다. 주체사상은 북한의 지도이념이며 권력세습의 논리를 정당화하는 강력한 이론적 기반을 제공해온 것이 사실이다.

여섯째, 권력의 개인화로서 수령체제의 확립이라는 특수성을 찾아 볼 수 있다. 1970년대 이후의 북한정치는 김정일 후계체제의 확립과정에 대한 적절한 논의 없이 이해할 수 없다는 특성이 있다. 원래 마르크스의 혁명이론은 인민대중이 혁명의 주체이며 역사발전의 주인공으로 되어 있다. 공산주의 체제에서 권력의 개인화의 개연성을 제시한 최초의 인물은 다름 아닌 레닌이었다.

북한의 경우 혁명에 있어 인민의 역할보다는 '수령'의 역할이 보다 결정적인 것이라는 인식이 요구되며 이를 준행하는 것이 공산주의자들의 의무라고 강조되고 있다. 북한에 있어 수령은 혁명사상(주체사상)의 창시자, 혁명의 주체, 당의 창건자이기 때문에 김일성 자신이 체제의 정통성이라는 논리가 성립될 수 있을 것이다. 그러므로 김일성은 당중앙위원회에서 선출하는 형식적 절차로서 총비서가 되기는 하지만 그것은 사실상 추대로 이해되어야 마땅하다. 또한 이와 같이 수령론에 의거한 김정일로의 권력승계는 단순한 승계가 아니라 수령의 승계가 되는 것이다. 요컨대, 김정일 후계체제의 완결은 수령체제의 제도적 완성을 의미하는 것이므로 앞으로도 수령의 후계자는 혁명의 혈통에서 나와야 한다는 것으로 볼 수 있다.

일곱째, 북한의 후계자론은 여전히 유효하다. 후계자의 요건에서 수령 후계자는 수령에 의해 육성되고 준비되어야 함을 강조하고 있다. 이는 후계자 결정의 주체는 수령이며 수령의 후견 하에 육성됨을 전제로 한다. 또한 수령의 생존시에 후계자가 추대되어야 한다는 조건을 명시함으로써 사후에 생길 수 있는 승계위기를 방지하자는 의도가 엿보이기도 한다.

북한에서는 혁명전통을 계승 발전시켜야 한다는 점을 강조, 이른바 계속혁명의 원칙을 내세우고 있다. 이는 김일성의 혁명가계를 통하여 대를 이어 충성해야 한다는 요건을 제시함으로써 김정일과의 유사한 방식을 통한 세습형태의 후계관리에 들어가 있다는 개연성을 시사하는 징후가 뚜렷이 보이고 있다.

북한의 경우처럼 통치엘리트의 인격이 체제의 성격전반을 강력히 통제하는 사회에 있어서는 누가 통치권력의 후계자가 되느냐에 따라서 권력구조상의 변화가 기대될 수 있으며 엘리트구조 전반에 대한 충원조건도 달라지기 마련이다. 이러한 맥락에서 북한의 정치는 권력의 정점에서 다시 후계관리가 시작되지 않을 수 없다는 사실의 인식을 근거로 권력승계의 정치라 규정될 수 있을 것이다.

제1부
항일에서 국가건설까지

김일성의 만주항일유격운동

신 주 백

1. 머리말

민족통일이 우리 민족의 과제임을 부인할 사람은 없다. 민족통일을 위한 우리의 직접 대화의 상대는 북한이며 그곳의 최고 실력자는 김일성이다. 만주항일유격운동 시기 김일성에 버금가는 능력을 가진 한인은 많았지만, 그가 학문적 관심의 대상이 되는 이유도 여기에 있다. 따라서 김일성에 대한 학문적인 관심은, 한반도의 반쪽을 차지하고 있는 북한을 객관적으로 이해하는데 많은 도움을 줄 것이다. 그것은 대화의 상대자를 올바로 파악하는 출발이며, 우리들의 행보를 더욱 정확하게 해주는 밑거름이 될 것이다.

그런데 그에 대한 우리나라의 평가는 '위대한 수령'과 '민족의 원수'로 양분되어 있다. 이러한 이분법은 우리 현대사의 반영이다. 그것은 김일성에 대한 현재적 평가에 머물지 않고, 과거 그의 행적 자체에 대한 파악까지 양극단을 달리게 하고 있다. 특히 일제하 만주에서의 김일성의 행적에 대한 언급에서 이를 쉽게 확인할 수 있다. 즉 타인의 경력을 사칭한 '가짜 김일성' 내지 '복수의 김일성'과 '조선혁명'을 '주체'적으로 지도한 '진짜 김일성'이 바로 그것이다. 세계 현대사에서 생존인물을 놓고 이처럼 양극단으로 언급된 경우도 없을 것이다.

최근 김일성의 만주시절에 대한 연구는 활발하게 이루어져 사실에 접근하고 있다. 서대숙의 『북한의 지도자 김일성』(서울: 청계연구소, 1989), 임은 林隱의 『金日成正傳』(서울: 沃村文化社, 1989), 『解放前後史의 認識』 5(서울: 한길사, 1989)에 수록된 이종석의 "북한 지도집단과 항일무장투쟁", 와다 하루끼和田春樹의 『김일성과 만주항일전쟁』(서울: 창작과 비평사, 1992) 등을 꼽을 수 있다. 특히 와다하루끼의 저작은 최근 새롭게 연구되고 발굴된 사실에 근거하여 김일성에 관한 새로운 사실과 주장을 많이 제기하고 있어 이 분야 연구에 좋은 길잡이가 되고 있다.

그럼에도 불구하고 여전히 김일성의 만주시절에 대한 양극단의 언급은 남아있으며, '가짜 김일성'이란 인식 또한 광범하게 존재하고 있는 것이 우리의 현실이다. 더욱이 앞서 언급한 현실의 상황을 고려할 때, 필자는 김일성의 만주시절에 대한 사실적인 접근 또한 의미있는 작업이라고 생각한다.

이 글은 김일성의 행적을 정리하면서 특히, 선행 연구와 달리 볼 수 있는 부분이나 언급되지 못한 부분을 집중적으로 고찰하였다. 제2장에서는 국민부國民府가 좌우파로 분립하는 과정과 맞물려 김일성의 행적을 정리하고자 한다. 제3장에서는 1930년대 전반기 김일성의 군사활동과 '반민생단투쟁'에 초점을 맞추어 살펴보려 한다. 제4장에서는 1936년 3월 미혼진회의迷魂陣會議 이후 코민테른 주재 중국공산당(이하 중공)중앙위원회 대표단의 재만한인 민족운동에 대한 새로운 대안을 간략히 정리하고, 이를 실천하는 과정에서 김일성의 활동도 고찰하고자 한다. 제5

장에서는 1940년 10월 소련으로 이동하는 전후시기 김일성의 태도와 활동 등을 중점적으로 정리하려 한다.

이 글에서는 '가짜 김일성'론이 아닌 '진짜 김일성'론에 입각하여 김일성을 고찰하였다. 또 실사구시實事求是에 입각하여 조선혁명의 주체적 '창시자'가 아닌 역사속의 개인으로서의 김일성을 살펴보았다. 이를 위해 비록 '중공의 문헌'이지만, 당시 한·중 활동가들이 함께 항일 유격운동을 했다는 점을 감안해 운동 당사자의 기록이라는 차원에서 문헌자료를 가장 적극 활용하였다. 이밖에 회고록, 일본의 정보자료, 김일성의 회고록인『세기와 더불어』(1-4)(평양: 조선노동당출판사, 1992, 93)를 배치하는 방식으로 이 글을 서술하고자 한다.1)

2. 재만한인 민족운동의 동향과 국민부 좌파左派에서의 활동(1929∼1931)2)

1) 재만한인 민족운동의 방향전환

국내 및 중국관내와 마찬가지로 만주에서도 1927년 들어 민족·공산 세력의 통일전선운동인 민족유일당운동이 전개되었다. 그러나 민족유일당운동은 1928년 5월 반석盤石과 화전樺甸에서 열린 전민족유일당촉성회의를 계기로 전민족유일당촉성회와 전민족유일당협의회, 즉 촉성회와 협의회로 양분되었다. 촉성회 계열은 1928년 12월에 민족유일당 재만책진회를 결성했고, 협의회 계열은 1929년 4월에 국민부를 조직하였다. 전자는 개인가입을, 후자는 단체가입을 주장하였다. 양자의 대립은 ML그룹 대對 정의부 다수파(혹은 국민부)로도 압축시킬 수 있다.

1929년 초 재만한인 사회주의운동 세력은 '12월테제'를 전달받고 이

전과 다른 활동양상을 보이기 시작하였다. 즉 코민테른은 '계급 대 계급' 전술에 입각한 소비에트혁명노선의 실천과 중국공산당 가입을 지시하였다.[3] 이에 따라 신화요회그룹의 경우 1929년 6월 제12차 집행위원회에서, ML그룹의 경우 9월의 제10회 확대위원회에서 각각 조선연장주의 노선[4]을 폐기하고 중공에 가입하기로 결정하였다.

1930년 들어 재만한인 활동가들의 중공 입당에 커다란 영향을 끼친 회합이 1월[5]과 3월에 각각 열렸다. 특히 3월에 열린 '동북성중한공산당연합집행위원회'를 계기로 입당문제는 "급격하게 촉진"되었다.[6] 즉 조선연장주의 노선을 폐기하고, 당재건운동을 하려면 국내에 들어가 전개해야 하며, 재만 거주자는 중공에 개별 입당해야 한다는 방침이 이제 확고한 대세로 자리잡았던 것이다. 이에 따라 1930년 3월 20일 ML그룹에서는 해체성명[7]을 발표했고, 신화요회그룹의 당동만도구역국에서는 5월에, 신화요회그룹의 당만주총국에서는 6월 10일에 각각 중공 입당을 결정하였다.[8]

다른 한편, 두 정파는 민족주의 단체와의 상층연합을 포기하고 고립화시키고자 하였다. 이에 따라 국민부 등 민족주의 세력의 영향아래 있는 대중들에게 주민회, 자위경비대 등의 결성을 선동하여 재만한인 동포사회에서 반민족주의 분위기와 행동을 고조시켰다. 그것은 곧바로 민족주의운동 단체의 지역기반 축소와 정치적 영향력의 감소, 활동자금의 궁핍으로 나타났다.[9]

ML그룹을 선두로 한 좌경노선의 실천은, 마침내 ML그룹과 국민부 사이에 극단적인 대결을 초래하였다. 1929년 10월 16일 국민부가 ML그룹 간부인 최봉崔峰 등 6명을 총살시킨 남만참변南滿慘變을 일으킨 것이다. 이에 ML그룹에서는 재만농민동맹과 재중국한인청년동맹在中國韓人靑年同盟을 통해 「소위 국민부 당국자들의 범행인 흥화興化지방 대학살참변을 낱낱이 만천하에 격檄함」[10]이란 선언문을 발표하는 등 국민부의

"박멸"을 공개적으로 제기하였다.[11] 국민부도 이에 뒤지지 않고 한인에게 선전전을 전개하고[12] ML그룹을 계속 공격하면서[13] 조직도 정돈하였다.[14]

그런데 재만한인 사회주의운동의 이러한 흐름과 어느정도 따로 움직였던 그룹이 1929년 6월에 결성된 조선공산당재건설준비위원회이다(이하 재건설그룹). 재건설그룹은 1929년 7월 하순경에 열린 길림청년동맹대회에서 신화요회그룹의 조선연장주의 노선 폐기에 반대하며 조선공산당 재건을 위해 힘을 모으자고 주장하였다.[15] 그리고 9월에 만주부도 결성하였다. 코민테른에서 지시한 '1국 1당 원칙'을 거부한 것이다.

재건설그룹은 만주에서 당재건 활동의 대중적 토대를 구축하기 위해 계급 대 계급 전술을 받아들였지만, 아직까지 ML그룹처럼 국민부 등 민족주의 단체를 정면으로 배격하지 않았으며 민족주의운동 단체 내에서 자신들의 조직원도 철수하지 않았다. 예를 들어 재건설그룹에서는 1929년 11월 광주항일학생운동을 계기로 재만한인 사이에 반일기운이 고조되자 1930년 1월 초 재만한인반제국주의동맹을 결성하였다.[16] 이때 동맹의 책임자에는 정의부 탈퇴파인 김동삼金東三을 선출했고, "재만 민족부르조아지 統治團體 政議府(國民部) 新民部(在滿韓族聯合會) 반대, 국민당 반대, 국민당 군벌 반대" 등을 강령으로 내걸었다.[17] 이미 이 시기에 국민부 등을 박멸의 대상으로 명시하고 살육전殺戮戰까지 전개한 ML그룹이나 신화요회그룹과 달리, 재건설그룹은 투쟁과 견인의 책략을 견지했던 것이다.

하지만 만주지역 재건설그룹은 당재건 방침을 고수할 수 없었다. 코민테른과 중공의 강력한 반대에 직면한 데다, 앞서 언급했듯이 ML그룹과 신화요회그룹가 조직을 해산하고 개별적으로 중공에 입당하기로 결정했기 때문이다. 1930년 6월 6일 길림에서 열린 조선공산당재건설준비위원회만주부 대표자회의에서는 당재건방침을 폐기하였으며, 8월 초

에 조직도 해산을 선언하였다.[18]

2) 국민부 좌파, 반민국부 세력과
'사회주의적 민족주의자' 김일성[19]

김일성은 1927년부터 1929년까지 정의부에서 제공하는 학자금으로 길림 육문중학毓文中學을 다녔다.[20] 이 사이에 그는 길림소년회와 유길학우회留吉學友會에 드나들며 여러 사람과 접촉하였다.[21] 유길학우회의 기관지『학회學海』의 창간호에는 철권생鐵拳生의 이름으로 "계급투쟁사階級鬪爭史" 서론의 일부가 번역되어 있다.[22] 이로 보아 1920연대 중반경의 길림의 한인 학생들 사이에서도 마르크스−레닌주의가 관심의 대상이었음을 확인할 수 있다. 김일성은 육문중학 재학시절인 1927년부터 29년까지 남만청년총동맹의 박소심朴素心과 상월尙鉞선생 등을 통해 사회주의 관련 서적을 구입해 읽었다.[23] 정의부 사람이었던 아버지 김형직金亨稷 등의 영향으로 어느 청소년 못지 않은 반일의식을 품었을 김일성이 마르크스-레닌주의에 빠져든 것이다.

그런데 이 시기 정의부가 운영하던 학교에 재학중인 학생들의 좌경화는 대단하였다. 국민부원이었던 계기화桂基華에 따르면, 1927년에는 길림지역이 "벌써 ML당의 마수에 넘어"갔고, 1928년에 들어서서는 남만학원南滿學院과 화흥중학化興中學의 학생들도 좌경화되어 길림성吉林省 반석현盤石縣까지 "ML당의 지반"이 되었다고 한다.[24] 김일성도 이러한 청년층의 동향과 무관하지 않았던 것이다.

그의 새로운 사상에 대한 관심은 지적 호기심에만 머무르지 않았다. 일제 정보자료에 따르면, 1929년 5월 상순경 김일성은 '조선공산청년회'의 결성에 참여하였다.

1. 5월 상순 길림성 대동문大東門 밖 모某 한인 방에서 남만공산청년회
   원 허소許笑 한석훈韓錫勳 조선공산당만주총국(화요파-인용자)연락원
   이금천李琴川, 동인의 부인 성숙자成淑子, 남만한인청년총동맹 김동
   화金東華, 법정학교 생도 신영근申永根 육문학교 생도 김성계金聖桂
   (金成桂25), 김일성-인용자), 남만학원 졸업생 차식車軾 외 수명 각 집
   합하여 조선공산청년회를 조직하고 좌의 임원을 선거하였다. 그 면
   면 및 협의 사항 등을 종합하면 이상은 정의부측에 후의厚義를 갖는
   자 같다. 책임비서 허소, 조직부 한석훈, 선전부 김동화

2. 5월 8일 송화강변 모(某) 한인 방에서 제1회 회의를 열고 아래와 같
   은 사항 결의하였다. …(인용자)
   (6) 소년단을 조직할 것.
   (7) 반동단체(策進會 在中靑年同盟 및 밀정)을 조사할 것.

3. 5월 10일 길림성성城 북산北山 부근 모처에서 제2회 회의를 열고 아
   래와 같은 사항을 결의하였다.
   1. 소년단 조직은 허소 · 차식(朴·次軾-인용자) · 신영근 · 김성계에게 일
      임할 것. …(인용자)
   3. 재중청년동맹의 조사는 허소 · 김성계 양 동지에게 일임하고 조
      사항목은 간부 강령 규약 회원수 및 발간문서 등으로 한다.
   4. 학생조사는 신영근 · 김성계 양 동지에게 일임하고 조사 항목은
      학교별 학년별 성격 년령 본적 현주소로 한다.…(인용자)26)

여기에서 알 수 있듯이, 조선공산청년회는 정의부 시기부터 좌익화한
신진 청년층 중심의 비합법 조직이다.27) 즉 김동화는 남만한인청년총동
맹 소속이며, 남만학원 또한 정의부 산하 학교로서 청년층 좌경화의 산
실이었으며, 박차식과 신영근도 정의부 사람이다. 달리 말하면 조선공산
청년회는 당시 세력구도 상에서 친국민부이자 반ML그룹 경향이었다.
김일성도 이 시기 국민부 소속 청년층의 새로운 동향과 같은 흐름에 있
었던 것이다.

김일성은 조선공산청년회에서 재중국한인청년동맹에 대한 조사와 소
년단을 결성하는 임무를 맡았다. 전자의 임무가 왜 그에게 분담되었는
지 알 수 없지만, 후자의 임무는 그의 나이 및 학력 등이 고려되었을

것이다. 실제 이 시기 김일성이 소년단 활동을 조직·지도했음은 신화
요회그룹 공산주의자 양환준梁煥俊, 국민부 간부 김학규金學奎의 회고를
통해 확인할 수 있다. 즉 양환준에 따르면, 그가 "1929년 초" 길림에
있을 때, "길림시 여러 중학교들에 조선족 학생 50~60명이 있었는데
무슨 학생회를 조직하였고 성城안의 여자상업학교가 있었는데 조선족
여학생 7~8명이 있었다. 한영애, 황귀헌, 김인숙, 현**(원문-인용자) 등인
데 그들은 소년단원이었고 활동분자 김성주가 지도원指導員으로 있었
다."28) 또 조선혁명군 참모장을 역임한 김학규도 1929년 "길림에서 어
떤 대표로 가서 있을 때에 그는 …(인용자) 육문중학에서 공부하면서 길림
에 있는 소년들을 몰아가지고 소년대少年隊를 조직하고 그가 대장으로
있으면서 나를 찾아다니던 것이 기억"된다29)고 회상였다.

　일제 정보자료에 조선공산청년회의 활동은 더 이상 등장하지 않는다.
김일성은 자신의 회고에서 1929년 가을 길림 제5중학교의 독서회사건
을 수습하던 중 중국관헌에 체포되어 "1930년 5월 초"에 석방되었다고
주장한다.30) 이 독서회 조직은 조선공산청년회와 관련이 있었을 것이
다. 김일성은 1929년 중반경 길림감옥에 간 것으로 보아야 할 것이다.
그렇지만 와다 하루끼의 주장처럼 긴 수형生活은 아니었을 것이다. 김
일성은 1930년 3월에 있었던 동성東省조선인농민총동맹 결성식에서 무
송撫松 안도安圖지역 담당 조직원으로 선출되었기 때문이다. 감옥에 있
는 그를 선출했을 리 만무한 것이다.

　그런데 김일성이 출옥했을 때는 국민부 좌파 소속 청년층의 좌경화
가 공개·비공개 조직을 불문하고 아주 심각하였다.31) 1929년 말~
1930년 상반기 국민부 좌파 소속 청년층의 동향을 이종락의 「ㅌ·ㄷ」
을 중심으로 비공개 조직부터 살펴보자.

　중공 남만특위南滿特委의 1931년 3월 17일자 문헌에 따르면, 1931년
3월 현재 '반국민부 세력'은 고할신高釳信파, 최창걸崔昌杰 중심의 프롤

레타리아동맹과 함께 이종락李鐘洛의 타도제국주의동맹이 있는데, "모두 국민부에서 분화되어 나"왔다.[32]

문헌에 따르면, 프롤레타리아동맹은 "2년전", 즉 1929년에 "국민부 내에서 국민부를 반대하는 행동을 하며 탈퇴한 일부 청년의 조직"이 다.[33] 동맹의 조직은 "조양진朝陽鎭, 유하柳河 일부, 금천金川 일부, 회란 回蘭(?)(원문-인용자) 일부 등"에 있었다. 동맹의 "활동분자들은 모두 청년이며 약 15개 무장"이 있었다. 타도제국주의동맹(이하 '이종락의 ㅌ·ㄷ')은 "국민부 군인중에서 분화되어 온 일부 사람의 조직"으로 "중심 지도자"는 이종락李鐘洛이며, 반석盤石 북부, 고유수孤楡樹, 길장연선吉長路線, 회덕 현懷德縣 등지에 조직기반이 있었다.[34] 1931년 3월경 「ㅌ·ㄷ」은, 800 여 호戶되는 한인 농민을 기반으로 "20여 개" 정도의 무장을 갖추고 있 었다. 중공의 비교에 따르면, 「ㅌ·ㄷ」은 "군중역량 및 사상상에서 모두 프롤레타리아동맹보다 못하지만 무장은 그들에 비해 강"하였다고 한 다.[35]

여기에서 먼저, 이종락의 「ㅌ·ㄷ」이 아무리 빨리잡아도 1929년 4월에 조직되었다는 점이다. 왜냐하면 국민부가 1929년 4월에 조직되었기 때문이다.[36]

그러면 어느 시기인가. 만주에서 반제열기는 1929년 하반기부터 였 다. 재만한인의 경우 1929년 11월 3일 광주항일학생운동이 그 계기였다 면,[37] 중국인의 경우 1929년 7월의 '중동로사건'을 계기로 한 만주성위 의 하반기 사업의 추진부터였다.[38] 또한 우리는 1930년 3,4월경 국민부 좌파 소속의 청년층과 국민부의 관계가 배타적인 대결국면으로 들어선 점에 주목할 필요가 있다. 즉 이종락은 1930년 3월의 동성조선인농민총 동맹 결성식에서 중앙집행위원에 선출되었다가 재차 선거된 위원 명단 에서 최창걸 등과 함께 배제되었다. 더욱이 이종락은 이통현의 고유수, 장춘현의 카륜카倫 등지에서 국민부와 노골적으로 대립함에 따라 1930

년 4월 조선혁명군 제9중대 중대장직을 박탈당하였다.[39] 따라서 이종락
의 「ㅌ·ㄷ」은 1929년 하반기부터 1930년 4월 전후시기에 결성되었을
가능성이 높다.

둘째, 이종락의 「ㅌ·ㄷ」은 국민부 군인을 중심으로 조직되어 최소
한 1931년 3월경까지 존재하였다. 상당히 오랜 기간 존속한 것이다. 이
종락의 「ㅌ·ㄷ」은 군인을 중심으로 '학술 사상문화'를 연구하는 모임
에서 출발했지만, 점차 농민 대중속에 기반을 확대해 나가며 단순한 군
사조직에서 정군혼합政軍混合조직[40]으로 변하였다.

그러면 이번에는 이 시기 공개조직에서의 국민부 좌파 소속 청년층의
동향을 살펴보자. 특히 1930년 들어 김일성과 행동을 함께 행동했던 이
종락 김근혁金根赫 차광수車光洙 최창걸 현균玄均 등의 활동을 살펴보자.

국민부는 ML그룹과 대립이 첨예해 지고 있고 조직 내부에서조차 청
년층이 좌익화하고 있는 현실에 대응해야 할 필요 때문에 청년단체를
정돈하려고 하였다. 국민부는 말 그대로 수습을 위해 1929년 11월 2일
부터 남만한인청년총동맹 수습대회를 열었다. 대회에서는 현균 김근혁
차광수 이종락 등이 21명의 중앙집행위원에 선출되었다. 또한 18일에
열린 제1회 중앙집행위원회에서 최창걸崔昌杰도 위원으로 보선되었다.
국민부 좌파 세력이 청년단체 지도부에 등장한 것이다.

수습대회에서는 세계와 국내의 "일반 정세보고"에 기초하여 "조선혁
명의 진로는 일본제국주의를 박멸하고 조선의 절대 독립을 완성하여 노
동자 농민의 민주정치를 건설함과 동시에 사회주의 혁명단계로 진입해
야 한다"고 결의하였다. 그리고 "노동자 농민 소비에트를 건설하자",
"공장 철도 광산 등 대생산기관을 몰수하여 국유國有로 하자", "대지주
의 토지를 몰수하여 농민에게 무보상 대부하자", "중국 국민혁명에 직
접 참가", "중국봉건군벌 타도" 등을 제기하였다.[41] 이러한 주장은
1930년 3월 3일부터 홍경현에서 열린 동성조선인농민총동맹 결성대회

에서 채택된 5대 강령과 33가지 정책에서도 마찬가지 였다.[42]

여기에서 첫째, 국민부 좌파 소속 청년층의 주장은 조선연장주의 노선의 고수 이외에는 당시 재만한인 사회주의운동 및 중공의 주장과 별다른 차이가 없다. 1929년 말부터 1930년 봄 사이의 정치적 입장이 이러하다면, 이는 재건설그룹과 친밀해 질 수밖에 없는 이유, 그리고 1930년 8월 이후 중공과의 정치적 연대만을 모색하는 배경의 하나였을 것이다. 국민부 좌파 소속의 청년층이 아직까지 조직적 분리를 선언하지 않은 이유도 여기에 있을 것이다. 둘째, 당시 국민부는 사회주의운동 세력과의 대립에서 세력을 만회하기 위해 중국국민당과 군벌의 힘을 빌려 사회주의운동 세력을 탄압하는 선두에 나서고 있었다. 때문에 국민부 좌파 소속의 청년층이 봉건 군벌의 '타도'를 제기한 것은 국민부 지도자들과 정면으로 대립하는 주장이다. 이후 서로가 함께 할 수 없는 사상적 연원의 한 단면을 볼 수 있다. 또 국민부에 대한 태도의 측면에서 볼 때, 국민부 소속으로 좌익화한 청년층은 1929년 말 ~ 1930년 초에 이르면 조선공산청년회 시기와 달리 반反 국민부 태도를 취하였다. 셋째, 국민부 좌파 소속의 청년층은 이 시기에 정치적으로 분화되었다. 원래 국민부에서는 수습대회를 통해 청년단체를 정돈하려 하였다. 그러나 남만한인청년총동맹 소속 3개 청년단체가 탈퇴하고[43] ML그룹 기관인 재중국한인청년동맹에 가입할 것을 선언하였다. 이들의 정치적 행보는 이종락 등과 다른 것이다. 이는 역설적으로 이종락 등의 좌파 청년들이 비록 좌익화하고 있지만, 여전히 독립을 1차적인 과제로 제기하는 민족주의적인 성향을 강하게 가지고 있었음을 나타낸다. 다섯째, 남만한인청년총동맹 수습대회 및 동성조선인농민총동맹의 강령과 구호를 보건데, 이종락의 「ㅌ · ㄷ」의 강령은 일제 '박멸'과 독립획득, 소련 옹호, 국민당 및 군벌 반대, 중국혁명 참가, 좌파정권의 건립 등등이었을 것이다. 국민부 좌파 소속 청년층의 좌익화 정도를 또한 시사받을 수 있다.

따라서 이 시기 김일성의 활동은 조선연장주의 노선을 고수하고 있기는 했지만, 계급 대 계급 전술에 입각해 있던 사회주의운동의 좌경화 경향에서 자유로울 수 없었다고 볼 수 있다. 그렇지 않다면 1930년에 중공에 입당·입회했거나 이종락 차광수 최창걸 현균 김근혁 등과 결별하고 국민부 우파에 합류했을 것이다. 그런데 김일성은 이후에도 국민부 좌파 소속의 청년층과 함께 활동하였다.

이처럼 1930년 들어서도 국민부의 공개·비공개 영역에서 좌경화가 확산되자, 국민부 지도부에서는 조직 내부의 좌파 청년층을 공개적으로 배제하기 시작하였다. 국민부는 1930년 3월 3일 동성조선인농민총동맹 결성대회에서 뽑힌 21인의 집행위원을 인정하지 않고, 14일에 재차 선출하게 하였다. 이때 차광수만 심사위원에 재선출되고 이종락 김근혁 현균 최창걸은 배제되었다. 이에 반해 김일성은 6인의 지방지부동맹 조직원 가운데 무송·안도지방 담당으로 선출되었다.44) 이때 그의 나이 18세다. 그가 국민부 좌파 세력과 함께하고 있다는 것을 국민부 지도부가 몰랐던지, 아니면 상호관계가 미약했는지 모르겠지만 집행위원과 동격의 지위에 등용된 일은45) 대단한 것이다.

그렇지만 김일성은 무송 안도일대에서 활동하지 않았다. 오히려 그는 최형우의 언급처럼 이통현과 회덕현 등 길장연선 일대에서 국민부 좌파 소속의 청년들과 함께 활동하였다. 그런데 이 청년들은 주 27)에서 언급한 김일성과 박일파의 관계, 또는 안붕安鵬처럼 재건설그룹과 긴밀한 관계를 맺고 있었다. 또 재건설그룹도 동성조선인농민총동맹 결성대회에 조직원들의 참가를 시도하는46) 등 1930년 6월경까지는 국민부와의 연대를 완전히 포기하지 않고 조직원들을 철수시키지 않았다.47)

특히 재건설그룹으로서는 국민부의 무장을 기초로 적군군사위원회를 결성하려는 구상을 갖고 있었으므로 기초적인 무장을 갖추고 있던 국민부 좌파 소속의 청년 등과 연대를 강화해야 했을 것이다. 실재 재건설그룹 만주부에서는 1930년 6월 초 국민부 출신인 이웅 이종락 안붕 등 다섯 사람을 적군군사위원회 위원으로 선정하였다.[48] 이후 재건설그룹 은 6월 16일에 적군군사위원회를 열고, 적군의 편성을 완료하고자 이웅 을 통해 국민부의 무장부대인 조선혁명군의 책임자 이진탁李辰卓 김송계 金松溪를 지도하여 군인들을 획득하는 한편, 길림부근에 있던 이종락의 군대를 '자위대自衛隊'로 우선 편성하고, 길림 액목額穆 교하蛟河 고유수 孤楡樹지방에서도 국민부 탈퇴공작을 하기로 결정하였다.[49] 여기에서 주목되는 점은 재건설그룹이 국민부와의 정면대결을 선언한 것이다. 달 리 말하면 국민부로부터 조직원의 철수를 전제하고 있는 것이다. 또 이 종락의 「ㅌ・ㄷ」의 활동지역 가운데 하나인 길림과 고유수 지방이 중 점 공작지대로 선정된 점이다.

이 시기에 대한 김일성의 회고에 따르면, 처음에는 김원우와 이종락 이 고유수에 파견되어 "혁명군 결성을 준비"했고, 후에 차광수가 파견 되어 그 준비를 "완료"하였다. 그리고 국민부 좌파 소속의 청년들은 1930년 7월 6일에 고유수에서 "조선혁명군 결성식"을 거행하였다. 이들 이외에 김혁 최창걸 계영춘 최효일 박차석 박근원 등도 "조선혁명군" 성원이었다.[50] 이들은 국민부 좌파로 분류할 수 있는 청년들이었다. 요 컨대 김일성의 회고가 재건설그룹의 무장조직 결성방침, 장소, 관련 인 물 등과 아주 흡사한 것이다. 따라서 1930년 7월 6일에 결성되었다는 조선혁명군이란, 앞서도 언급했던 것처럼 1930년 6월 6일 재건설그룹 만주부의 지방대표회의와 6월 16일 적군군사위원회의 자위대 편성방침 과 관련이 있을 것이다.

1930년 8월, 재건설그룹은 조선연장주의 노선을 폐기하고 중공에 개 별 가입하기로 결정하고 해체를 선언하였다. 국민부 좌파의 다수는 이 에 동의하지 않고 독자적인 행보를 선택하였다. 그렇다고 국민부 우파 와 손을 다시 잡은 것도 아니었다. 즉 고활신 이진탁 이웅 등은 1930년

8월 중순경 신빈현에서 열린 조선혁명당 대표대회 때 국민부가 "이미 민중을 이반離叛한 반동기관"이므로 해체하고 적위군 및 농민협회 등에 편입되어야 한다고 주장하였다.[51]

이때부터 김일성과 그의 동료들은 공개적으로 별도의 조직을 결성하고 활동하기 시작하였다. 이제 국민부 내에서 우파와 다른 조직을 한 사람들이 아니라 국민부를 이탈하여, 국민부를 반대하는 조직을 결성하고 활동하는 반국민부 세력이 된 것이다. 즉 반국민부 세력은 8월 25일 국민부를 타도하기 위한 회합을 갖고 역할을 분담하는 한편,[52] 1930년 9월 10일 "전중국의 계급적 통일적 적군기관으로 편성"을 전제한 단체인 조선혁명군길강성지휘부朝鮮革命軍吉江省指揮部의 결성을 선언하였다.[53] 이 조직은 총지휘에 이종락, 정치부에 안붕, 정치부 소속인 비서부와 선전부에 최창걸과 김원근金元根, 군사부에 김광렬金光烈을 각각 책임자로 구성되었다.[54] 또 반국민부 세력은 9월 중순경 반국민부위원회反國民部委員會도 조직하였다.[55] 11월에는 중국 관헌의 탄압을 피하기 위해 길강성지휘부를 "민족단체를 표방"한 재만조선혁명군사령부在滿朝鮮革命軍司令部로 개편하였다.[56]

반국민부 세력은 중공에서 만주성위 특파원 오성륜 등을 파견하여[57] 입당과 입군入軍을 교섭할 때, "아직 전만적全滿的으로 공산군의 유격전이 개시"되지 않았기 때문에 무장대는 그대로 유지하고, 농민협회도 유지하면서 이면裏面에서 중공의 지도를 받아야 한다고 주장하였다.[58] 또 중공과 정치적으로 연대는 하나 당분간 조직적으로 분리하자는 입장이어서 다른 사회주의운동 파벌들이 중공에 입당했던 방식인 개별입당도 반대하였다.[59]

그런데 1931년 1월 28일 이종락 장소봉張小峰[60] 등이 일제 경찰에 체포되었다. 이에 반국민부 세력의 박근원 고활신 최창걸 등은, 1931년 3월 23일 길림에서 "제3세력第3勢力"[61]을 지향한 단체로서 세화군世火軍

을 결성하였다.[62] 세화군에서는 조직원을 만주 각지에 파견하여 군자금 조달에 주력하는 한편, 최창걸 등 간부들은 유하현 금천현지방에서 "공산당원과 연락"하며 반국민부 활동을 전개하였다.[63]

세화군에서 김일성은 신영근[64] 박근원[65] 차광수와 함께 10인의 위원으로 선출되었으며, 최창걸은 군사부 책임자가 되었다.[66] 김일성이 1929년부터 동고동락한 국민부 좌파 소속의 청년층과 여전히 행보를 같이하고 있음을 확인할 수 있다. 1930년 10월 소련유학이 좌절된 김일성은, 고유수 오가자 등지에서 활동하고 있었는데, 이제 반국민부 세력의 지도급 인물로 부상한 것이다.

세화군의 강령은 다음과 같다.

> (1) 공산주의 수립하에 조선혁명에 노력함.
> (2) 순노계급純努階級을 통하여 혁명의 선봉을 조직토록 함.[67]

세화군의 첫번째 강령을 문맥 자체로만 해석한다면, 만주지역에 '공산주의'를 수립하고 이를 기반으로 '조선혁명'에 노력한다는 내용이다. 이는 1929년 11월에 열린 남만한인청년총동맹 수습대회와 1930년 3월에 개최된 동성조선인농민총동맹 창립대회 때 일제를 물리치고 독립을 획득한 이후 좌파정권을 건설한다는 전망을 결의했던 정치적 입장과 다르다. 1930년 11월이면 재만한인 활동가들의 중공 입당이 대체적으로 완료된 시점이다. 세화군의 강령은 이러한 분위기와도 무관하지 않았을 것이다.

그렇지만 이 시기 활동가들은 1920년대와 달리 재만한인의 사회경제적 처지를 해결하는데 많은 비중을 두고 있었다. 예를 들어 1930년 동만지방 등지에서 전개된 '붉은 5월 투쟁'이 대표적인 경우다. 투쟁과정에서 활동가들은 이립삼으로 대표되는 좌경노선에 따라 계급 대 계급 전술을 실천하여 중공 입당에 필요한 검증도 받아야 했는데, 그 와중에 조선인 사회주의자 상호간의 극단적인 대립을 연출하기도 하였다. 따라서 세화군의 강령에 조선혁명을 명시한 것은 주목할 만 하며, 그들만의 독특한 지향 또는 민족주의적 성향이 강한 지향을 시사한다고 볼 수 있다. 달리 말하면, 세화군은 독립된 개체로서 중공과의 정치적 연대를 모색하는 한편, 제3세력으로서 독자적인 세력화를 지향하였다.

세화군의 이러한 지향은 중공의 정치방침과 달라 활동현장에서 마찰을 야기할 수밖에 없었다. 유하방면에서 활동하던 최창걸은 반국민부 대중을 끌어들여 중공의 영향 아래 있던 농민협회를 '반대'하고 '조선농회'를 조직하였다. 관전현의 고활신 세력도 중공의 농민협회와 유격대 건설에 '반대'하였다. 남만한인청년총동맹의 간부였던 한창국韓昌國도 1931년 2월 최창걸의 권유로 통화通化지방의 중공 유격대에서 이탈하여 세화군 간부가 되었다.[68]

그러나 반국민부 세력은 1931년 9월 18일 만주사변 발발 이후 활동이 활발하지 못하였다. 그 원인은 대체적으로 세 가지를 들 수 있다.

우선 중공은 국민부 좌파 세력의 제3세력화를 대단히 경계하였다. 중공남만특위는 세화군의 결성 이전부터 자신들이 '당면한 최대 장애물의 하나'로 세화군을 지목하였다.[69] 더 나아가서 만주성위에서는 '제3세력'을 '새로 나타난 파벌'로 규정하고, 국민부 등의 민족주의운동 단체와 다를 것이 없는 '반혁명조직'으로 규정하면서 '반대'를 결의하였다. 또 만주성위는 재만한인의 해방을 중공이 지도해야 하며, 자신의 지도를 부인하는 세화군의 활동은 인정할 수 없다는 입장이었다.[70] 김일성이 관여한 조직이 중공으로부터 파벌로 비판받으며 부인되고 있는 것이다.

둘째, 만주사변의 발발은 이들에게 자신들의 진로에 대한 새로운 논쟁을 야기시켰을 것이다. 일제의 정보자료에 따르면, 동방혁명군은 만주사변을 계기로 활동이 '점차 부진'하게 되었다. 그 부진의 중요한 원인 가운데 하나가 최창걸과 한창국의 '마찰'이었다고 한다.[71] 두 사람의 논

쟁 내용을 전해주는 직접적인 자료는 보지 못했지만, 만주사변이란 급
변한 정세는 이들로 하여금 활동의 포기, 전향과 친일, 항일무장투쟁을
전재한 반일·친중공 활동 가운데 하나를 선택하도록 요구하였다. 그렇
지만 친중공·반국민부·반국민당·반일親中共·反國民部·反國民黨·反
日이란 그들의 정치노선으로서는 선택의 폭이 좁을 수밖에 없었고, 마지
막 입장의 선택 또한 쉽지 않았을 것이다. 왜냐하면 반국민부 세력은
중공 가입원칙인 개별입당을 반대했고, 1931년 들어 중공과 대립했기
때문이다. 지도부의 마찰은 여기에 기인했을 가능성이 많다.

셋째, 지도부의 지도력이 약화되어 조직이 동요했을 가능성이 많다.
실제 한창국은 '1931년 일본에 귀순'했고, 최창걸 또한 1931년 11월 중
순 조선혁명군의 양세봉梁世鳳 부하에게 '살해'되었다.[72]

3. 반만항일反滿抗日운동 참가와
오해로 인한 고난(1931~1935)

1) 만주사변 발발과 구국군 속에서 항일 무장활동 개시

1931년 9월 일제는 만주를 침략하였다. 이에 중공 동만특위는 1931
년 12월 옹성랍자翁聲拉子에서 40여 명의 간부가 참가한 가운데 '당·단
열성자회의'를 개최하였다. 회의에서는 각종 대중조직을 발전시켜 반일
운동을 조직하고, 병사반란과 유격대를 조직하여 항일유격운동을 전개
하자고 결의하였다.[73] 동만지방에서 항일 무장 유격활동이 본격적으로
개시된 것이다.

이 시기 김일성은 고유수 등을 떠나 안도에 있었다. 당시 그의 지위에
대해서는 '안도현 공청구위 서기'일 것으로 추측하는 견해도 있지만,[74]

그의 입당에 대한 다양한 자료들이 정리되지 않는 한 쉽게 단정할 수
없을 것이다. 왜냐하면 김일성의 중공 입당 시기에 관해서는 1931년,[75]
1932년,[76] 1933년[77] 등 다양한 주장이 있을 뿐만 아니라 입회入會 여부
도 확인되지 않고 있기 때문이다. 따라서 그가 명월구회의에 참가한 40
여 명 가운데 한 사람이었는지 단정할 수 없다. 설령 김일성이 회의에
참여하였다 하더라도 지도적인 위치는 아니었을 것이다. 또한 김일성이
중공에 입당했다는 것은 그의 정치적 입장이 사회주의적 민족주의에서
민족주의적 사회주의로 바뀌었음을 의미한다.

채만규蔡万奎의 증언에 따르면, 안도 유격대는 1932년 2월∼3월 쯤
'양포'로 무장한 20명과 일반 대중 10명으로 조직되었다.[78] 오늘날 중
공의 안도현 조직에 관한 기록에 따르면, '별동대'는 1932년 봄 안도현
덕화향德化鄉에서 김일영金日榮(한인)을 대장으로 조직되었다. 대원은 이
영배李英培 김철희金哲熙 등 대사하 소사하 일대 30여 명의 청년이었
다.[79]

김일성은 회고에서 안도의 '반일인민유격대' 참가자 가운데 기억나
는 사람을 언급하고 있다. 그 가운데 앞서 언급한 사람과 중복되는 경우
는 '김철(김철희, 홍륭촌)', '리영배(홍륭촌)'이다. 그는 '김일룡(소사하)'이란 사
람도 언급하고 있는데, 별동대 대장 김일영일 가능성이 많다. 또 김창하
金昌河의 회고에는 당원인 이봉규李鳳奎와 곽하림郭河林이 나오며, 곽하
림의 둘째 동생은 김일성과 함께 항일 무장 유격운동을 하였다.[80] 그런
데 김일성의 회고에는 '리봉구(삼인방)'와 '곽○○(홍륭촌)'이 나온다. 같은
사람일 가능성이 많다. 김일성은 또한 반국민부 활동시기에 함께했던
차광수를 유격대 '참모장'으로 언급하고 있다.[81]

김창하의 회고에 따르면, 자신은 1932년 8,9월경 "지하공작원 임무"
를 띠고 소사하小沙河에 와서 이봉규와 곽하림을 만났다. 이때 그는 김일
성이 "청년들을 조직하여 남만으로 건너갔"었는데, "갈 길에는 창을 가

지고 갔으나 올적에는 무장을 가지고 왔다"고 들었다.[82] 여기에서 우리
는 김일성이 청년층의 리더였으며, 이미 이 시기에 중공에 입당했음을
알 수 있다. 왜냐하면 만주국군의 탄압 속에서 비밀활동을 해야 했던
시기에, 지하공작원 임무를 맡은 김창하가 김일성의 행동방향을 안다는
것은, 조직 내부에서 의사소통이 있었기 때문에 가능한 것이다. 따라서
김일성은 아무리 늦어도 남만으로 가기 이전인 1932년 5월경까지 입당
했을 것이다. 그가 중공에 입당한 것은, 만주사변이 일어난 이후 제3세
력이 급격히 쇠락했으며, 항일의지가 있는 사회주의자라면 중공에 가입
하는 것 이외에 달리 정치적 대안이 없었기 때문일 것이다.[83]

김일성의 남만원정은 조선혁명군 사령관인 양세봉과 연대를 모색하
는 한편, 무장을 해결하기 위해서였다.[84] 김일성의 구국군 내에서의 공
작이 본격적으로 시작된 것이다. 조선혁명군 참모장을 엮임했던 김학규
의 회고에 따르면, 김일성은 1932년 여름[85] "무송으로부터 한국공산청
년 수십명을 데리고 중국인 유본초劉本初"와 함께[86] 당취오군唐聚五軍의
사령부가 설치된 통화通化에 와서 양세봉과 김학규에게 "자기네도 항일
할 터이니 무기를 달라고 요구"하였다.[87] 남만원정 기간에 김일성은
"우사령별동대라는 명함장"을 사용하였다.[88] 김일성은 몽강에 있던 당
취오군 소속의 무장부대에서 무장을 해결하고 인원도 증원시킨 후[89],
9월경 다시 안도의 양강구兩江口로 돌아와 우사령부대인 '맹단盟團'[90]에
주둔하였다.[91] 이때 김일성이 거느린 부대는 중공의 영향을 받았겠지
만, 형식상의 편재는 구국군의 한 부대였다.

그러나 김일성과 오의성吳義成부대는, 1932년 안도현 구국군에 대한
일제와 만주국군의 토벌, 구국군 지도자인 목한장穆漢章 등의 변절로 인
해 안도현에서 더 이상 주둔할 수 없었다. 그리하여 김일성은 10월 말경
구국군과 함께 돈화 액목 남호두南湖頭를 거쳐 그해 말에 왕청현 라자구
羅子溝에 도착하였다.

2) 왕청汪淸지방 중심의 유격대 활동과 민생단 혐의

왕청현에 도착한 김일성은 영안寧安 일대의 구국군과 함께 활동하였다. 그는 1933년 초 일본군의 토벌로 오의성의 부대가 소련으로 넘어갈 때까지 구국군에 있었다. 당시 구국군 공작을 했던 왕윤성王潤成은 다음과 같이 회상하였다.

> 안도구국군의 1개 영營에는 일부분 조선동지가 있었는데 그 가운데 김일성동지가 있었다. 이 영은 1932년 하반년 구국군 전방사령 오의성을 따라 돈화 영안 동녕 일대로 갔다. 1932년 말 1933년 초 일본군이 구국군을 추격하여 동녕에 이르렀을 때, 구국군의 아주 커다란 일부분은 소련으로 퇴각하였다. 그 부분의 조선동지는 국경을 넘지 않고 왕청으로 철撤하였다. 이때 우리는 이미 구국군 속에서부터 왕청까지 공작을 하여 그들의 정황보고를 특위(중공 동만특위·인용자)에 주었다. 특위는 그들을 왕청유격대에 편입시켰다.[92]

요컨대 김일성이 인솔하던 부대는 구국군 소속의 한인 조직이었다. 그의 부대는 1933년 초 소왕청, 즉 마촌馬村에 와서 왕청현유격대대(대대장 : 梁成龍)의 제3련連에 합류하였다. 그러나 그와 동고동락했던 차광수는 이미 없었다.[93] 김일성은 이후 연連의 정치지도원이 되었다.

이런 와중에 있던 1933년 5월, 만주성위 순시원 반경유(潘慶由, 한인), 양파楊波는 중공중앙의 새로운 방침인 「中央給滿洲各地黨部及全體黨員的信－論滿洲的狀況和我黨的任務(1933.1.26)」, 즉 '1월서한'과[94] 이 서한을 만주성위에서 접수한다고 결의한 「中共滿洲省委關于執行反帝統一戰線與爭取無產階級領導權的決意-接受中央1月26日來信(1933.5.15)」을 갖고 동만에 가져 왔다.[95]

동만에서 1월서한의 방침이 전달된 것은 1933년 6월 9일 왕청현위 확대회의에서부터 였다. 회의에서 관철된 핵심 내용은, ① 소비에트정

부의 해체와 인민혁명정부의 수립, ② 적위대 및 유격대에 기초한 인민
혁명군의 결성, ③ 각종 대중조직의 정리와 반일운동의 활성화, ④ 다른
반일부대와의 공동전선 확립이었다.96) 계급 대 계급 전술에 기초한 좌
경노선에 변화의 바람이 분 것이다. 만주성위에서 1월 서한을 접수하여
결의한 5월 15일자 문헌에 따르면, 만주성위는 전체 당원 가운데 중국
인을 2/3, 노동자를 1/5 이상 차지하도록 개조하기로 결정하였다.97) 즉
만주성위는 당내 민족성분과 사회성분의 개조도 결정했던 것이다. 동만
특위는 3개월간의 노선전환 과정을 거쳐 동만특위 제1차 확대회의를 9
월 중순에 열고 이를 총결總結하였다.

항일무장 통일전선을 강화하고 당내 성분을 개조하자는 방침이 강조
되고 있던 시기인 1933년 9월 6일, 이미 왕청현유격대대의 정치위원이
된 김일성은 동만특위 내외에서 자신의 성가를 뒷받침할 수 있는 중요
한 전투를 치렀다.98) 오의성부대와의 연합행동인 동녕현성전투東寧縣城
戰鬪가 바로 그것이다.

즉, 김일성은 전투에서 훈춘과 왕청현의 일부 유격대를 지휘하였다.
김일성이 지휘하는 유격대는 동녕현성의 서쪽 포대 쪽을 공격하고, 시
세영이 지휘한 구국군은 동쪽 포대 쪽을 공격하기로 짜여진 작전대로
움직였다.99) 김일성부대는 동쪽 포대 쪽 작전이 원활하기 진행되지 못
하는 와중에도 퇴각하라는 '지휘부의 명령'을 받지 못한 채 계속 전진하
였다. 그리하여 동녕현성의 외곽까지 돌진했을 때 그만 포위되고 말았
다. 이때 유격대는 김일성의 "침착하고도 교묘하고 영활한 지휘밑에 태
연한 자태"로 "아무런 손실도 없이 매우 안전"하게 포위를 돌파하였다.
이번 전투에서 김일성이 지휘하는 유격대는 '상당한 손실'을 당한 구국
군에 비해 두 명의 전사자만 냈다. 더욱이 유격대는 구국군의 '사충항史
忠恒 여장旅長'을 구출해 냈다. 이번 전투에 대해 제2군은 "모든 반일전
사들에게 마멸할 수 없는 양호한 인상을 남겼"으며 "고려공산당은 반박

성이 아주 크고 믿음성이 없다"는 등의 재만한인에 대한 나쁜 인상을 "절반 이상" 없앴다고 자체 평가하였다.100) 이처럼 동녕현성전투는 항일 무장부대원들의 사기를 높여주고 조선인 대원과 중국인 대원 사이에 민족간 유대를 강화시켜 주었다. 또 김일성이 조직 내에서 자신의 군사적 지휘능력에 대한 신임을 얻는 계기가 되었다.

김일성에 대한 신망은 1933년 12월부터 40일간 진행된 소왕청유격근거지 방어전투에서 확인할 수 있다. 즉 일제는 1933년 11월부터 '제2기치안숙정계획'에 따라 6000여 명의 병력을 동원하여 소왕청유격근거지와 왕우구王隅溝유격근거지를 집중 공격하였다. 이에 왕청현유격대대에서는 '반토벌투쟁' 계획에 따라 3중대에 마촌지역을, 4중대에 요영구腰營溝 지역을, 2중대에 서대파西大坡 지역을 각각 보위하도록 하였다. 그리고 김일성의 지휘 아래 제1중대와 제5중대를 유격전에서 방어전투의 주력인 '유동대流動隊'로 편성하였다.101) 비록 소왕청유격근거지 방어전투를 통해 대중이 400여 명으로 감소하는 등 많은 피해를 당했지만, 왕청현유격대대는 '반토벌투쟁'에서 기본 무장역량을 보존할 수 있었다. 그러므로 조직 내에서 김일성에 대한 신망이 높았다. 예를 들어 동북인민혁명군 제2군 독립사가 결성되기 직전인 1934년 3월 21일, 동만특위 서기 동장영童張榮은 십리평十里坪에서 회의도중 일제의 습격으로 사망하였다. 김일성은 그의 장례식 사회를 맡았다.102) 동만특위 내에서 그에 대한 높은 신망과 더불어 중국어 실력도 갖춘 인물이었기에 가능했을 것이다.

한편, 1월서한의 꾸준한 관철을 통해 동만의 항일 무장역량은 성장해 갔다. 그리하여 1934년 3월 하순경 연길현 삼도만三道灣의 능지영能之營에서 4개 현 유격대와 의용군 등 900여 명의 병력으로 동북인민혁명군 제2군 독립사가 결성되었다.

그런데 동만지방 항일 무장역량의 발전과 반대로 이즈음 김일성에게

시련이 닥쳐왔다. 김일성이 왕청현 가야하에서 열린 '대중심판대회'에
서 민생단원으로 몰린 것이다.[103] 이미 함께 활동하던 대대장 양성룡이
민생단 혐의를 받아 동만특위의 위원과 대대장 직책을 박탈당하고 일반
병사로 전락한 때였다.[104] 김일성도 목숨까지 위태로웠지만, 사충항 등
구국군 부대의 반대로 위기를 모면할 수 있었다. 김하윤金河允의 증언이
그 의문을 풀어준다.

> 김일성은 원래 대대에서 공작하였다. 당시 대대장은 조趙대대장(한족
> 키가크다·원문)[105] 이○. 김일성은 민생단 혐의를 받아 담임하는 공작이
> 없었다. 그러나 나머지 사람들과 구별하여 대하였다. 다른 사람들은
> 구류되어 풀려나지 않았다. 김일성은 풀려난 후 자유로웠다. 단지 직
> 무가 없었다. 그 원인은 김일성이 중국말을 아주 잘하고 구국군 속에
> 서 연계가 있고 또한 위력이 있었다. 김일성에 대한 처리가 나쁘게 되
> 면 구국군이 일어나게 되어 유격대가 처리하기 어렵다. 그 결과 과단
> 하게 처리하지 못하였다. 어느 날 김일성을 조대대장에게청구하기를
> '죽일바에는 빨리 죽여라 그렇지 않으면 공작을 안배하라'고 하였다.
> 후에 대대장은 상급과 연락한 후 김일성에게 '너 무슨 공작을 하면 적
> 합하겠는가'고 청구하였다. 김일성은 '나는 순수청년들로 조직된 한
> 개 련連을 조직해 가지고 동신東新 태양太陽에 가서 주둔하겠다. 그 지
> 방 자위단이 아주 사납다. 다만 나이가 있는 연장 안安××(원문대로·인용자)
> 를 요구하였다. 이리하여 1934년 7,8월경 또 다른 1개 청년련(20세 이하의
> 30여 명·인용자)이 동신공사태양대東新公社太陽大隊(오늘날의 지명으로 말한 것·
> 인용자) 앞쪽에 군대 숙영지를 건립하고 자위단을 다스렸다.[106]

이처럼 민생단 혐의를 받은 김일성은 처음 감옥에 수용되었다.[107] 그
러나 그는 구국군과의 신뢰관계가 두터웠다. 당시 중공의 문헌에서도,
김일성은 "대원속에서 신뢰가 있으며 구국군 속에서 또한 신뢰"가 있다
든지,[108] "구국군 속에서 상당한 신앙이 있다"고 평가하였다.[109] 항일
무장부대와의 무장 통일전선이 중요했던 시기에 구국군과 유대가 깊은
김일성의 처형은, 중공의 통일전선사업에 많은 악영향을 끼칠 것이 분

명하다. 감옥에서 풀려난 김일성은, 이후 왕청현위汪淸縣委 비서처에서
아무런 직책도 없이 구국군공작을 하거나 혁명자녀학교의 교사로서 활
동하다110) 천교령天橋嶺 지방에 있던 태양촌에서 유격전을 전개하여 많
은 성과를 거두었다.111) 이 시기 그는 민족의식과 한·중 연대의식을
강하게 갖고 있었다. 예를 들어 민생단 혐의를 받고 있던 김일성이 태양
촌에 있을 때 다음과 같은 일화가 있다.

> 어느 날 김일성은 통신원을 데리고 지주집에 이르러 부탁하여 말하
> 기를 우리들은 유격대. 현재 봉쇄당하여 급양하기 곤란한데 일본놈
> 이 죽이지 않는다고 하면 귀순하려고 준비한다. 자위단 탄장團長(인용자)
> 을 데려와라고 하였다. 주인은 자기에게도 좋은 점이 있을 줄 생각하
> 고 동의하였다. 주인이 가서 자위단 단장을 데려왔다. 자위단 단장은
> 말을 타고 혼자 왔다. 김일성은 자위단 단장과 오래 서서 교우하였다.
> 김일성이 말하기를 당신이나 네나 모두 조선인인데 왜놈들이 조선을
> 통치하고 우리가 망국노로 되어 중국에 와서 혁명을 하면서 해방을 바
> 라고 있지 않느냐? 너희들이 앞으로 계속 우리에게 총을 쏜다면 우리
> 는 네놈들을 소멸해버릴테다 …(원문대로-인용자) 자위단 단장을 내놓았다.
> 자위단 있는데 가도 총질을 하지 않았다.112)

또 1년 뒤의 일화지만, 김일성은 1935년 6월 노흑산전투 때도 포로들
앞에서 "중국인들은 망국노로 되지 말아야"하는데 "너희들은 어째서 침
략자 왜놈을 따르느냐?"고 훈계하고, 중국인은 석방한데 반해 일본 지도
관 한 사람은 죽였다.113)

태양촌에 주둔하고 있던 김일성은 동북반일연합군 제5군 군장인 주
보중이 동만특위에 제시한 요청에 따라 1934년 10월 왕청현유격대대
제5련 등을 이끌고 '제1차 북만원정'을 떠났다.114) 이로써 김일성은 반
민생단투쟁이란 회오리바람의 직접적인 영향권에서 벗어날 수 있었다.
달리 말하면, 김일성이 반민생단투쟁으로부터 자유로울 수 있었던 것은
주보중의 바람막이 역할 때문이기도 하였다.

 정치위원직을 쫓겨난 김일성은, 1935년 2월 27일부터 3월 3일 사이에 열린 동만당·단특위 제1차 연석확대회의, 즉 대황외회의大荒崴會議에 참석하지 못하였다.115) 영안 일대에서 활동하고 있었기 때문이다. 그러나 그는 회의에서 동북인민혁명군 제2군 제3단의 정치위원으로 선출되었다. 이후 김일성은 3월 21일경에 열린 동북인민혁명군 정치위원연석회의, 즉 요영구회의腰營溝會議에 참석하였다. 회의록의 첫 부분에 언급된 참석인원에 따르면, 중국인이 8명, 한인이 3명이라고 언급하면서 '1, 3, 4단 정치위원'이라고 밝히고 있다.116)

 그런데 요영구회의에서는 반민생단투쟁 문제를 놓고 논쟁이 일어났다.117) 김○성도 두 회의에서 반민생단투쟁에 대해 논쟁이 있었으며, 그 자신도 이 투쟁을 비판하였다고 회상하고 있다.118) 하지만 필자가 본 두 회의의 기록에서는 논쟁의 실체를 확인할 수 없었다.119) 두 회의에서는 이제까지의 반민생단투쟁이 하층 대중만 잡았다고 지적하며, 정확하고 신중하게 반민생단투쟁을 진행하기 위해 숙반위원회肅反委員會를 구성하여 전문적으로 투쟁하자는 결의만 있었다. 논쟁이 있었다면 이 결의수준을 벗어나지 못했을 것이다.

 두 회의에서는 또 재만한인 민족운동에 대해 새로운 문제도 제기되었다. 즉 양송은 1935년 2월 10일자 편지에서 "일만통치하의 한인민족자치구를 반대하고", "일만통치를 벗어난 간도한인자치구를 건립"하자는 정치구호를 제기하였다. 또한 "「한국독립군」파"를 반대하는 것은, "한국 민족혁명투쟁을 반대 또는 홀시"한 것이며, "한국의 독립"은 당면 "중심구호의 하나"여야 한다고 주장하였다.120) 이에 따라 두 회의에서는 "부분 무장을 국경 넘어"로 보내 "진정으로 고려인의 독립을 원조"하자,121) 국경지대에 무장부대를 진출시켜 "중한유격구"를 건설하자고 결의하였다.122)

 어찌보면 양송의 주장과 대황외회의 및 요영구회의 결정은 당연한

것, 아니 그러한 결의 자체가 이상할 수도 있다. 그렇지만 반민생단투쟁
이 당내투쟁으로 변질되었던 1932년 10월 이후부터 한국의 독립과 관
련된 일체의 정치적 주장은 입 밖으로 꺼낼 수 없었다. 당시 분위기는
이에 대해 언급하는 것만으로도 민생단원으로 지목될 수 있었고, 그리
되면 자신의 신상을 스스로 책임지지 못할 정도였다. 왜냐하면 반민생
단투쟁은 민족주의자=파쟁분자=민생단원이란 논법에 따라 잔인하게
진행되었기 때문이다. 또한 두 회의에서는 1월서한의 지시에 따라 당과
군대에서 민족 및 사회성분의 개조를 결의하였다. 이는 민족적 편견을
계속 조장할 수 있는 사상적 배경으로 작용하였다. 더욱이 1935년 전과
정에서 새로운 결의를 실천한 경우도 없었다. 결국 선전의 차원에 머물
렀던 것이다.

　따라서 김일성이 요영구회의에서 반민생단투쟁을 비판하였다고 하더
라도 투쟁의 정확성과 신중성이란 차원이었을 것이다. 즉 투쟁의 중지
를 주장하지는 못했을 것이다. 설령 문제를 제기하였다고 하더라도 그
렇게 강도높지는 않았을 것이다. 김일성 자신도 1935년의 활동에서 이
를 실천한 경우가 없기 때문이다. 더욱이 김일성은 3단 정치위원에 불과
했을 뿐만 아니라 반민생단투쟁이 완전히 정지되지 않는 한, 그 이전의
민생단 혐의자라는 딱지는 그에게 여전히 붙어 다녔을 것이다.[123] 예를
들어 김일성은 1935년 6월 '제2차 북만원정'을 떠나 서부파견대의 일원
으로 주보중의 일부 부대와 함께 액목 등지에서 활동하였다. 이때 김일
성을 적극 보호해주던 주보중 조차, "서부파견대 제1,2단 군부 직속부대
는 고려인의 련連으로 민생단의 영향을 받아 기초가 종래 보다 공고하지
않"다고 지적했던 것이다.[124]

　그럼에도 불구하고 그에 대한 부하들의 믿음은 깊었다. 예를 들어
1935년 제2차 북만원정''의 지도자는 김일성과 왕윤성이었다. 그런데
부대원들은 왕윤성이 "책임지고 전투에 참가하면 왕왕 실패"했기 때문

에 "모두 김일성과 같이 전투에 참가하기를 요구하였다". 왜냐하면 "김일성의 영도하에 참전하면 왕왕 승리했기 때문이다".125)

그러나 김일성도 그의 동료들이 볼 때 부대를 잘못 지휘한 경우도 있었다. 즉 위증민이 보기에 김일성이 영도하는 제3, 4연連, 즉 서부파견대는 너무 한 곳에 오래 있어 일제가 아주 커다란 힘을 집중하여 대토벌을 전개할 수 있는 기회를 주었다. 이로 인해 위증민은 김일성의 부대가 "지금 활동하기에 아주 곤란해 하고" 있다고 보았다. 그렇기 때문에 위증민은 왕윤성 등 4단團의 활동구역도 이를 교훈 삼아 너무 한곳만 지키지 말라고 지적하였다.126) 위증민의 김일성 비판이 정확한 것이라면, 그도 실패할 수 있는 지도자, 항상 승리만 하는 '수령'은 아니었다.

당시 활동가들은 1931년 만주항일유격운동의 개시부터 1936년 2월의 시점까지 김일성에 대해 다음과 같이 평가하였다.

> 김일성, 고려인, …, 학생, 23세, 용감적극, 중국말을 할 수 있으며 유격대원에서 승진한 사람, 민생단이라는 진술이 여러 차례 있으며, 대원 속에서 말하기를 좋아하고, 대원 속에서 신뢰가 있으며, … 정치 문제는 아는 것이 많지 않다.(점선-인용자)127)

다음 '제4장'에서도 언급되겠지만 김일성과 그의 부대원들의 민족주의적인 성향도 강조해야 할 것이다. 중공에 입당한 이후 반민생단투쟁으로 발현하지 못했던 김일성의 개성과 성향은 1936년 3월 미혼진회의 시절부터 본격적으로 나타나기 시작하였다.

4. 항일민족통일전선 방침과
새로운 활동공간(1936〜1938)

1) 재만한인 민족운동에 대한
신방침의 정립定立과정과 김일성

1935년 7, 8월 코민테른 제7회 대회에서는 식민지 피억압 민족에 대한 반제국주의 민족통일전선방침을 채택하였다. 코민테른 주재 중공중앙 대표단은 이에 따라 "망국의 노예가 되는 것을 바라지 않는 모든 동포"에게 '국방정부'와 '항일연군' 건설에 참여하자고 호소하였다.128) 이 방침은 동만특위 서기 위증민에 의해 곧바로 길동吉東과 동만지방에 전달되었다. 즉 위증민은 1936년 2월 5,6일 영안현 북호두北湖頭에서 동북반일연합군 제5군장 주보중에게 새로운 방침을 전달하고, 7일에 동북인민혁명군 제2군 군부를 찾아 안도 방향으로 떠났다.129) 1936년 3월 상순경, 위증민은 안도현 미혼진迷魂陣에서 열린 동만특위와 제2군 영도간부회의, 즉 미혼진회의 때 중공중앙 대표단의 만주항일유격운동과 재만한인 민족운동에 관한 새로운 방침을 전달·토론하였다.

중공중앙 대표단의 "동북 한국 민족문제"의 내용을 간추리면, 첫째 한·중민족은 연합하여 만주에서 일제를 몰아내고 간도에 "한인자치구를 건립"한다. 둘째, 동북인민혁명군을 "중한항일연군"으로 개조하고 "동만에서 단독적으로 한국민족혁명군을 성립시켜 한국 내부에 가서 유격을 하고 한국민족독립을 쟁취한다". 셋째, 모든 재만한인 반일대중을 연합시켜 "한국민족혁명당"을 조직한다. 넷째, 중공 당원의 훈련편의와 비밀공작의 측면에서 구위區委 혹은 현위縣委에 한국인 당원 단독의 "당소조 및 당지부를 건립"한다. 그리고 현위 또는 특위特委에 "반드시 1개의 한인공작부"를 두고 그 부장을 현위 또는 특위에 참가시킨다.130) 아울러 중공중앙 대표단은 반민생단투쟁에 있어 민생단의 우두머리와 하층을 엄밀하게 구분하고 신중하게 투쟁하라고 총결하였다.131)

중공중앙 대표단의 새로운 방침에 대해 미혼진회의는, 우선 동북항일연군 제2군을 민족별로 분리하는 대신에 제3사를 결성하고 그 사장에 김일성을 선출하였다. 이후 그에게는 한·중국경지대에서 활동할 임무가 주어졌다. 둘째, 반민생단투쟁은 1935년 2월 대황의회의의 결정, 즉 민생단 혐의자에 대한 구체적인 혐의에 근거하여 신중하고 정확하게 처리하자는 방침에 따른다.『東北文件滙集』甲132) 이후 1936년 4월 제2군 정치부주임 이학충李學忠과 김일성은 안도현 내두산유격근거지에 가서 민생단 혐의자들을 석방하였다.133) 김일성은 이들을 제3사로 받아들어 7,8단의 병력 충원을 완료하였다. 셋째, 미혼진회의는 한국민족혁명당 대신 재만조선인조국광복회(이하 조광)에 재만한인 반일대중을 결집시키기로 결정하였다.134) 이처럼 미혼진회의는 중공중앙 대표단의 신방침을 기본적으로 받아들이는 한편, 반민생단투쟁의 여파를 극복한 김일성이 동만지방 조직 내부에서 재만한인 문제를 담당하는 실질적인 지도자로서 부상되었음을 확인해 주는 회합이었다.

미혼진회의의 방침은 1936년 5, 6월경에 열린 동북항일연군 제2군 '군사급軍師級간부회의', 즉 동강회의東崗會議에서 구체화하기 시작하였다. 김일성도 회의에 참여하였다. 회의에서는 무송 장백長白 임강 등 백두산 지역에 김일성의 제3사가 진출하여 새로운 유격구를 건립하기로 결정하는 등 제2군의 향후 행동계획을 구체적으로 확정하였다.135) 회의에서는 조광문제도 논의하였으며, '재만한인조국광복회동만성주비회기초在滿韓人祖國光復會東滿省籌備會起草'라는 이름의 「한인민족광복회(초안)」도 이즈음 작성되었다.136) 요컨대 동강회의에서부터 재만한인 민족운동에 대한 중공중앙의 신방침을 동만지방에서 실현시키기 위해 구체적인 방안이 마련되기 시작했던 것이다.

그렇지만 동만특위와 제2군은 일제의 집중적인 토벌과 반민생단투쟁 등으로 간도 4현의 일제 통치구역에서 대중적 기초를 상실하고 안도 등지의 오지奧地로 이동해야 하였다. 위증민은 "동만성위 동서부 지방당의 건립과 회복은 적정敵情환경과 주관역량의 제한으로 인해 매우 곤란한 처지"에 빠져있다고 보고할 정도였다.137) 지역적으로 보면, 동만지방의 중심 공간에서 밀려난 상태였던 것이다. 때문에 애초 위증민은 동부중심현위(책임 : 왕윤성)와 서부중심현위(책임 : 위증민)로 나누어 조직을 정돈한 후 동만성위원회를 조직할 의도였지만 그럴 수 없었다.138) 그는 정돈된 당조직을 중심으로 제2군을 국경지대로 진출시키고, 항일 대중단체를 결성하려고까지 구상했으나 이것조차 뜻대로 이룰 수 없었다. 동만특위는 난제를 해결하기 위해 남만특위와의 결합을 자각적으로 모색하였다.

1936년 6월 말, 위증민은 15명으로 구성된 한 개 기관총반과 함께 남만특위 제2차 대표대회가 열리고 있던 금천현 하리河里에 도착하였다. 김일성도 그와 동행하였다.139) 위증민은 대표대회에 참여하여 코민테른 주재 중공중앙 대표단의 지시사항을 전달하였다. 이어서 남만특위 및 동만특위와 제1,2군 주요 영도간부연석회의, 즉 하리회의河里會議도 열었다. 하리회의에서는 남만특위와 동만특위를 합쳐 남만성위원회를 결성시키고,140) 동북항일연군 제1,2군을 합쳐 동북항일연군 제1로군도 결성하였다.

또한 두 회의에서는 '소수민족문제'에 관한 결의와 더불어 「韓人工作의 復活問題」가 결의되었다. 그 가운데 현재까지 어느 정도의 내용을 확인할 수 있는 회합은 하리회의다. 즉 하리회의에서는 동만과 남만의 재만한인 항일역량을 결합하여 "극비리에 한인 대중속에 조국광복회를 조직"하기로 결의하였다. 또한 "재만한인의 조국광복을 위한 반일전쟁에서는 만주항일연군은 이것을 적극적으로 원조하는 조건으로 한인

공작에 임할 것"도 결의하였다.[141] 한중 연대를 강조한 가운데 한인의
독립운동에 적극적인 지지를 보낸 것이다. 그리고 하리회의에서는 제6
사를 백두산지대로 진출시키기로 결정하였다.[142] 이는 동북항일연군 제
1, 2, 4군의 열하원정熱河遠征에 대한 호응전략일 뿐만 아니라 재만한인
의 민족운동에 대한 신방침을 실현시키기 위한 방침이기도 하였다. 요
컨대 하리회의에서는 동남만지방의 정황과 정치정세의 요구에 대응하
여 재만한인에 관한 최종 활동방침이 확정지었다.

　김일성은 하리회의에서 이동광李東光 전광全光 서철徐哲과 함께 13인
의 동남만성위원회의 위원에 선출되었다.[143] 그가 지도하던 제3사도 제
6사로 바뀌었지만, 활동구역은 동강회의의 결정대로 였다. 그에게 중대
한 임무가 최종적으로 부과된 것이다.

2) 재만조선인조국광복회 결성 활동과 김일성

　1936년 8월, 무송현 만강漫江[144]에 진출한 김일성의 제6사에서는, 대
덕수전투大德水戰鬪부터 12월의 흑할자구전투黑割子溝戰鬪까지 치르면서
장백현에 반半유격구를 건설하였다. 제6사에서는 이 과정에서 흑할자구
밀영을 건설하는 한편, 10월에 "신흥동新興洞 특별구(책임 : 李悌淳)"를 조
직[145]하여 장백현에서의 활동에 교두보를 마련하였다. 마침내 1937년
2월 국내 조직인 조선민족해방동맹,[146] 같은 달에 중공장백현공작위원
회(책임 : 權永璧)와 조광장백현위원회(책임 : 이제순)가 각각 결성되었다.[147]

　김일성은 조광을 지도하는 한편, 재만한인 민족운동의 새로운 방침에
따라 국내에 들어와 유격운동을 전개하였다. 1937년 6월의 보천보전투
가 바로 그것이다. 이 전투는 김일성의 대외적 명망성을 한층 높여 주었
다. 이제 김일성이란 이름은 조직 내외에서 확실한 상징성을 갖기 시작
하였다.

그런데 보천보전투 직후인 1937년 7월에 중일전쟁이 일어났다. 이번 전쟁은 재만한인 활동가들에게 반전反戰투쟁의 전개와 광범한 반일역량의 결집을 요구하였다.

김일성도 이에 호응하였다. 그는 중일전쟁이 독립을 위해 활동할 수 있는 "좋은 시기"로 간주하고[148] 길주 명천 성진에서처럼 아무런 통제도 없이 "적노赤勞 적농赤農운동", 즉 계급 대 계급 전술에 입각한 "혁명적" 대중운동을 전개하지 말고 "부농富農 빈농貧農은 물론 모든 계급을 획득하여 항일통일전선"을 결성하려 하였다.[149] 김일성은 새로운 정치방침에 따라 "항일인민전선"을 결성하고자 조직원을 군사상 중요 지점인 흥남 원산 함흥 등지에 "증파增派"하였다.[150] 예를 들어 1937년 10월 하순경 흥남에 파견된 박태협朴泰脇의 경우, 조광흥남지부위원회(1937.8.상순 결성)의 책임인 위무찬魏武燦 등을 "연락 지도"하기 위해 파견되었으며, 허석선許錫先도 10월 하순경 원산에 파견되었다.[151] 김일성은 결정적 시기를 대비하여 "무장봉기 후방교란의 전위적前衛的 실행기관인 생산유격대生產遊擊隊"도 조직하고자 하였다. 그것은 다음과 같은 정세 전망을 염두에 둔 것이다.

> …(인용자) 생산유격대 조직을 완성하여 언제라도 무장봉기를 일으킬 수 있도록 준비하고 상부의 지령이 있으면 즉시 유격대를 선봉으로 군수공장, 군사상 중요한 공작물, 철도, 기타 교통 운수 통신기관 경찰관서 등의 관공서 및 민가를 습격하여 총기 탄약 및 금품을 강탈하여 치안을 방해하는 활동을 벌여야 한다. 우리 항일연군에서는 곧 모든 재만 반일분자를 총동원하여 일만 군경을 소멸하고 국내로 진격하여 이들 생산유격대와 협력하여 일제를 조선으로부터 구축할 것이다.[152]

이 운동론은 일본군의 중국관내 진공을 저지하기 위한 후방교란 활동의 일환이기도 하였었다.[153] 그러면서도 정세변동에 따라 중일전쟁을 내란으로 발전시킨다는 전략적 전망도 상정하고 있었다.

당시의 역량과 정세를 고려할 때, 필자는 이 방침이 중앙의 지도가 전제된 유격근거지론의 관점에서 국내와 만주의 연관성을 갖는 것으로 보아서는 안된다고 생각한다. 오히려 반일과 소련옹호라는 공동의 과제를 놓고 한·중 활동가들이 각각의 지역에서 자각적으로 활동하기 위한 운동론으로 보아야 한다. 따라서 우리의 입장에서 이러한 운동론은 실천 결과를 놓고 보면 만주지역에서 활동하던 한·중 항일세력간의 역할 분담론의 차원을 넘어서지 못한 것이며, 우리나라 민족운동사 속에서도 지도적인 의미를 부여받기에는 지나친 평가이다.

그러나 필자는 국내와 만주를 직접적이고 조직적으로 결합시키려 하였다는 점에서 이 운동론에 주목해야 한다고 생각한다. 이는 조광의 결성과 활동 이외에 당재건 방안에서 명백히 드러난다. 즉 코민테른으로부터 조공의 재건을 지시받은 중공에서는, "지리적으로 조선에 근접한" 남만성위 및 동만특위에 지시하여 국내에 "정치공작원을 파견"하도록 지시하였다.[154] 비록 낮은 차원이기는 하지만, 1938년 8월에 결성된 "중국공산당 선내(鮮內)파견지부"가 그러한 노력의 일환이었다.[155] 이때 김일성은 "직접 코민테른으로부터 조선에 파견"된 조직원과 함께 조공을 결성하는데 노력해야 한다고 강조하였다.[156] 당재건문제는 이때에 이르러 비로소 중공 소속의 재만한인 활동가와 국내의 활동가 사이에 직접적인 결합을 전망할 있게 되었다. 당시 김일성의 행동 또한 배타적이거나 배제의 차원이 아닌 결합의 차원에서 이루어진 것이었다.

조광의 이러한 입장과 활동은, 1930년대 전반기 국내지역과 반민생단투쟁의 와중에 있던 만주지역 한인 활동가들 사이에서 보이지 않던 것이다. 달리 보면, 정세의 요구에 따른 결과이면서도 이 요구를 수행한 대표적인 재만한인 활동가가 김일성이었다는데 주목해야 한다. 그의 행동은 이중의 임무, 즉 '중국혁명에 직접 참가'하면서 '조선혁명을 간접 지원'하자는 방침 자체에 충실한 것이었다.

동시에 다른 측면에서도 조광을 평가할 수 있다. 조광은 일제의 탄압으로 739명의 검거자를 내고[157] 1938년 10월경에 와해되었다.[158] 조직 와해의 직접적인 계기는 보천보전투 였다. 전투 자체가 갖는 상징적인 의미를 간과하는 것은 아니지만, 결과를 놓고 보면 조직의 복구도 불가능할 정도로 일제에 타격을 받았다는 점에서 조직 보위와 전술적 퇴각에 문제가 있었던 행동이었다. 왜냐하면 조직의 복원력은 그 조직을 평가하는 하나의 중요한 평가 척도이기 때문이다. 따라서 항일투쟁을 통해 항일역량의 직접적인 조직화에 기여한 전투는 아니었다. 이러한 측면에서 보면, 보천보전투를 전후한 시기 김일성의 지도는 정치적 지도력의 한계를 보여준 행동이었다고도 볼 수 있다.

5. 만주항일유격운동의 퇴조와 소련으로의 월경越境(1938~1941)

1) 만주항일유격운동의 시련과 김일성의 제2방면군

1937년경부터 항일유격운동 세력에게 커다란 어려움이 닥치기 시작하였다. 월등한 무력을 앞세운 일제의 탄압이 결정적인 요인이었다. 관동군에서는 1936년부터 지구적地區的 치안숙정계획을 제정하고, 1937, 38년 들어 "지역차별 중점주의"에 의거하여 동변도東邊道특별공작과 삼강성三江省특별치안숙정공작을 실행하였다.[159] 1939년 10월에는 항일무장부대를 찾으면 "철저하게 급추急追"하여 섬멸한다는 동남부치안숙정공작東南部治安肅正工作도 실시하였다. 이때 김일성의 목에는 양정우 조아범曹亞範 진한장陳翰章 최현崔賢과 함께 1만원의 상금이 걸렸다.[160] 일제는 물리적 탄압 이외에 1938년까지 12,565개의 집단부락을 설치하

는 등 '비민匪民분리공작'을 실시하였다.161) 마침내 1937년경 1만여 명
이었던 항일연군은 1939년 말에 약 2500명, 1940년 5월에 약 1500명으
로 급격히 감소하였다.162)

이 과정에서 제1로군도 대단한 어려움에 처하게 되었다. 제1로군은
주요 지도자들을 잃었다. 1938년 1월에 남만성위 서기 이동광의 사망,
2월에 제1군 참모장 안광훈의 검거, 6월에 제1군 제1사장 정빈程斌의
투항, 1940년 2월에 제1로군 총지휘 양정우의 사망, 참모장 방진성方振
聲의 검거, 제1방면군 참모장 임수산林水山의 투항 등이 있었다.163) 특히
정빈과 임수산의 투항과 과거 동료에 대한 토벌164)은, 조직 내에서 사상
적 동요까지 유발시켰다.165) 1940년 초 제1로군의 지도자 위증민도 "지
금 당장 도망 투항을 방지하는 것"이 곤란하다고 고백할 정도였다.166)
달리 보면, 중일전쟁의 발발 이후 후방교란의 차원에서 더욱 적극적인
유격운동을 전개해야 했는데, 그 반대로 내부상황은 현재의 역량을 보
존하는 것 자체가 힘겨울 정도로 어려운 처지였다.

제1로군이 이렇게 곤란하게 된 데는 대중사업을 등한시한 "군사주
의"적인 편향에도 그 원인이 있었다. 즉 제1로군에서는 1937년 이후
"통화 환인 홍경 무송 장백현 및 조선북부의 중심지구"가 파괴되었음에
도 불구하고 "지방공작을 경시"하여 회복공작을 진행하지 않았다. 오히
려 "일반 상급간부"들은 "단순히 군대를 거느리고 활동"하는 데만 주의
했던 것이다.167)

이에 따라 제1로군에서는 1938년 5월 11일부터 6월 1일 사이에 집안
현輯安縣 노령老嶺에서 제1차 노령회의를 열고, 김일성의 제6사와 제2군
군부가 임강 무송 등지에서 활동하기로 하는 등 향후 활동계획을 결정
하였다.168) 그러나 회의 직후 정빈이 투항함에 따라 7월에 제2차 노령
회의를 열고 군軍·사師편재를 3개 방면군方面軍체제로 개편하기로 결정
하는 등 제1로군의 조직과 활동을 재편하였다. 김일성은 두 차례의 노령

회의에 참석하지 않았지만, 제2방면군 군장으로 선출되었다.[169] 이때 제1방면군이 제2, 3사를, 제3방면군이 제4, 5사를 통합하여 결성한데 반해 제2방면군은 김일성의 제6사를 개편하기로 결정하였다. 전쟁기간에 주어진 임무를 달성하면서도 부하들의 희생을 최대한 줄이는 것 또한 지도자의 능력이다. 이 점에서 본다면 군사지도자로서의 김일성의 지도 능력은 제1로군 내에서 남달랐다고 할 수 있다.

1938년 11월 25일, 김일성은 하리방면으로 이동하고 있던 양정우를 몽강현 남배자南排子에서 만나 제2차 노령회의의 결정을 전달받고 제2방면군을 편성하였다. 당시 김일성은 1937년 10월 조광 검거사건 이후 장백에서의 대중적 기반을 상실하고, 1938년 들어 무송 임강 몽강 일대에서 주로 활동하고 있었다. 그렇지만 이 일대에서도 대중적 기초가 없어 활동이 극히 곤란하였다.[170] 1939년 3월 김일성은 '고난의 행군'을 하며 장백현으로 이동하였다. 이어 제2방면군은 1939년 5월에 함북 무산茂山에 진출하는 등 안도 화룡 돈화 일대에서 활동하였다.

일제의 추격에도 굴하지 않고 취한 김일성부대의 행동은, 이중의 임무에 충실한 행동이면서도 민족주의적인 색채가 농후한 김일성과 제2방면군의 정서를 반영한 것으로 보인다. 1939년 8월~1940년 6월까지 김일성부대와 함께 활동했던 일제의 첩자 지순옥池順玉에 따르면, 제2방면군 대원들은 민족차별 관념이 없었으며, 대원과 간부들은 대부분 민족주의사상을 품고 운동에 뛰어들어 항일을 내세우며 활동하다 점차 "공산주의에 공명"하였다. 그리하여 제2방면군의 대원과 간부들은 "농후한 민족적 공산주의사상을 소지"하게 되었다. 또 김일성은 "맹렬한 민족적 공산주의사상을 소지"하고 있으며 "완건頑健과 통제의 묘妙"를 갖고 있었다고 한다.[171]

1940년 들어 그의 부대는 더욱 위기에 처하였다. 비록 김일성이 지휘하는 부대가 1940년 3월 화룡현 홍기하에 있는 일본인 목재소를 습격하

고, 이어 안도현 대마록구에서 마에다중대를 섬멸하여 성가를 높였다고
하지만, 이미 제1로군은 뿔뿔이 흩어져 있었고 존립 자체가 위태로운
상황이었다. 더욱이 2월 20일 제2방면군 참모장 임수산이 부하 10여 명
과 함께 일제에 투항하였다. 그는 임수산공작대를 조직하여 나가시마공
작반과 함께 김일성 토벌에 앞장섰다. 임수산의 투항과 변절은 김일성
의 활동을 더 어렵게 하였다. 1940년 7월 현재 제2방면군의 정황은 다
음과 같다.

> 제2방면군의 부대는 금년(1940년-인용자) 봄 일선日鮮비단과 만난후 식
> 량곤란 때문에 배반자가 점차 증가하고 있다. 또한 최근 지휘(제2방면군
> 정치주임)(伊俊山-인용자)의 잘못 때문에 일부는 와해되고 잔여부대 역시 불
> 온한 경향을 나타내고 있다. 금년 봄 부상한 여주임(여백기) 동지는 모처
> 에서 치료중 배반자의 밀고 때문에 적에게 체포(6월 29일-인용자)되어 생사
> 불명이다.172)

2) '월경'문제와 소부대 활동

1940년 2월 23일 제1로군 총사령 양정우가 사망하였다. 이에 위증민
은 3월 중순경 화전현 두도류하에서 제2차 두도류하회의를 열고, 소부
대 형식의 활동 및 무장부대의 중·소국경 지대로의 이동 등을 결정하
였다.173) 김일성은 이 방침을 아무리 늦어도 7월 초에는 알았다. 왜냐하
면 김일성이 소련으로 월경하였다가 위증민을 찾기 위해 1941년에 다시
만주로 돌아와 활동하던 상황을 보고한 문헌에 따르면, 1940년 7월 그
는 돈화현의 한총구漢蔥溝에서 위증민과 만난 일이 있었기 때문이다.174)
그런데 위증민은 1940년 7월 1일자 글에서 "부대 내의 수년간의 유격전
투에서 부상당한 동지 또는 연장자들은 부대와 함께 행동하기가 여의치
않기 때문에 그들을 국경안전지대로 보내어 부대의 행동을 용이하게 하

고, 또 정신의 안정을 꾀한다"고 언급하였다.[175] 결국 1940년 중반경 위증민은 유격전을 수행할 수 없는 사람에 한해 소련으로의 이동도 고려했음을 알 수 있다. 위증민의 이러한 생각을 김일성이 몰랐을 리 없다. 이즈음부터 소련으로 월경하던 때까지 김일성의 행로를 정리하면, 김일성은 돈화현－안도현－연길현 천보산 및 노두구－도문圖們의 안산－훈춘의 경신향을 경유하였다.

서순옥徐順玉은 월경 전후정황을 다음과 같이 묘사하고 있다.

> 1940년 8월에 김일성 강위룡 등 우리 16명은 소련으로 향하여 떠났다. 소련 땅을 들어서기 전에 훈춘의 어느 산 꼭대기에서 김일성과 김정숙의 결혼식을 하였는데 혁명가를 부르며 오락을 진행하였다. 김일성 강위룡 등 우리 16명 유격대 전사들은 소련 땅에 들어선 다음 김일성 동지가 강위룡과 다른 한 동무를 파견하여 소련 변방 전사들에게 체포당하라고 지시하였다. 체포된 다음에 정황을 소련 당조직에 알리자는 계획인 것 같았다. 그리하여 우리는 체포되어 땅굴 감옥에 감금되게 되었다.[176]

여기에서 우선 김일성의 월경시기를 검토해 보자. 서순옥의 '8월' 주장은 다음 표에서 알 수 있듯이, 잘못되었다.

이름	이력서履歷書에 나타난 월경 날짜
김문섭金文燮	"1939년 9월 23일 김일성과 함께"
임춘추林春秋	"1940년 9월 김일성 지도아래 나는 7사람을 거느리고 여덟 사람이 함께 소련에 도착하였다"
강위룡姜渭龍	"1940년 가을(9월) 김 지휘金 指揮와 함께 왔다"
최인덕崔仁德	"1939년 9월 김일성과 함께 왔다"
이두익李斗益	"1939년 1월 14일 김일성과 함께 왔다"

출천 : 楊昭全 李鐵環 編, "A,B野營人員履歷書," 앞의 책, 939∼969쪽.
비고 : 김일성과 함께 월경한 사람들의 이력서만 정리한 것이다.
　　　'1939년'은 1940년의 착오다.

강위룡은 1961년의 증언에서도 "1940년 9월 차창자에서 떠나 입소入蘇"하였다고 밝히고 있다.[177] 또 주보중 일기 1940년 12월 11일자에 따르면 "김일성이 16명을 거느리고 10월(9월 23일) 22일 훈춘을 경유하다"라고 쓰여 있다.[178] 여기에서 음력陰曆 9월 23일은 양력으로 10월 23일이다. 앞의 표에서 말하는 9월 역시 음력임을 알 수 있다. 결국 김일성은 1940년 10월 22일 또는 23일경에 월경했던 것이다.

두 번째로 보아야 할 문제는, 소련 군대가 월경한 제1로군 대원을 체포하여 감금한 사실이다. 제1로군만이 그러한 대접을 받았는지 알 수 없지만, 소련군은 이들을 우군友軍으로 대접해 주지 않았다. 일본 관동군과의 긴장 상태를 반영한 것이다. 동시에 제1로군의 많은 월경병사들이 암호문이 없는 상태에서 월경했으며, 주보중과 소련의 원동군간에 월경문제에 대해 아직 합의가 이루어지지 않았음을 시사한다. 실재 이문제는 1941년 1,2월에 있었던 제2차 하바로브스크회의에서 최종 결정되었다. 때문에 1940년에 월경한 제1로군 병사들은 죄인 취급을 받고, 이에 충격받아 정신병에 걸린 사람도 있었다.[179]

마지막으로 김일성은 왜, 어떻게 월경했는지 검토해 보자. 서순옥의 증언에 따르자면, 김일성은 월경 이전에 소련군으로부터 월경에 필요한 암호를 전달받지 못하였다. 이는 김일성이 소련과 사전연락이 없었음을 의미한다. 당시 제1로군이 나머지 항일연군과 떨어져 고립된 상태에 있었기 때문이다.

김용근과 여영준의 상세한 증언에 따르면, 제1로군 지휘부는 하급부대에게 "소련으로 가기전에 먼저 노약자와 부상자를 보내고 부대는 변경지대에서 활동하라"고 지시하였다. 이에 따라 제1로군의 지도자 위증민은 자신을 경호할 1개 소대만 남기고 "대부분의 사람을 왕청쪽"으로 보냈다. 이때까지만 해도 위증민을 경호하던 김용근金龍根 등은 "단지 장소 이동인줄만 알고 있었"다. 그러나 오겠다던 부대가 오지 않고 위증민도 죽자 "남아있던 15,6명"은 부대를 찾아 떠났다. 김용근 등은 남호두에서 부대를 수소문했는데, 농민들에게서 부대가 해산되고 소련으로 갔다는 말을 듣고 토론한 끝에 입소하기로 결정하였다. 또 여영준 등 6명도 위증민의 지시로 최현과 박득범에게 편지를 전하려 했으나 실패하고, 왕청현 라자구와 황니하자黃泥河子에서 부대의 월경 소식을 들었다. 그리하여 10월경 당원인 박장춘 태병렬과 토론하여 월경을 결정하였다.[180]

이처럼 1940년 봄 제1로군 지도부에서는 유격대를 중소中蘇 국경지대로 이동시키기로 결정했지, 월경을 결의한 것은 아니었다. 대원 가운데 1940년 하반기까지도 월경이 '장소이동'에 불과한 것으로 파악한 사람도 있었다. 김용근과 여영준 등도 자신들이 수집한 정보에 근거하여 독자적으로 월경을 결정하였다. 요컨대 제1로군의 월경은 조직적 후퇴이면서도 분산적인 월경이었다. 또 일제의 탄압으로 인해 역량의 확대보다 부대의 정돈과 존립 자체가 의미있는 시점에서, 제1로군 대원들은 월경을 임시적인 조치로 생각하고 자연발생적이고 연쇄반응적으로 대응했던 것이다. 더욱이 당시 상황에서 동료들을 찾는 것은 자연스러운 행동이었다. 김일성의 월경도 여기에서 예외는 아니었다.[181] 그런데 당시 김일성의 월경에 비판적인 견해도 있었다.

어떤 상태에 이른 곤란과 원인을 불문하고 김일성, 이준산 두 동지의 소속인 0(원문-인용자)경境은 오류적이다. 이 착오는 전반적 혁명입장이 동요되었거나, 전체 방향이 소실된 것도 아니다. 그렇지만 이 착오는 직접적으로 제1로군 총부를 이탈하고 유격대가 투쟁을 지지할 수 있는 가능한 조건을 포기하였으며, 전반 환경을 이해하지 않고 충분한 준비를 하지 않았으며 곤란을 극복할 방법을 더 많이 생각지 않고, 기회주의적인 성질의 0경境 방법을 취하였다. 이는 용서할수 없는 일이다. 비록 김일성과 그 이하 당간부 동지가 각성하고 오류를 승인했지만, 기율상에서 김일성 박덕산朴德山(김일-인용자) 이복록李福祿 동지에게 반드시 적당한 처벌이 있어야 한다. 우리들이 당신(위증민·인용자)에게 제의하는바 당신이 적당한 처분을 주기 바란다. 이준산은 우리와 접촉이 없어 0경境 이후의 정황을 우리는 모르고 있다. 그의 개인 문제에 대해서 우리가 의견을 제출할 근거가 없다.182)

월경한 김일성은 B야영, 곧 남야영에 머물렀다.183) 그는 제1로군 월경부대의 최고지도자 였다. 그는 이곳에서 월경하는 제1로군 대원들의 재배치를 지휘하였다. 예를 들어 김용근이 감옥에 있을 때, 김일성은 일부를 본부로 보내고, 김용근과 3명을 "소련 정치기관(정보기관)에서 공작하게 하였다".184)

김일성은 또 안길安吉 서철과 함께 남만성위를 대표하여 1941년 1, 2월에 열린 제2차 하바로브스크회의에도 참여하였다.185) 회의에서는 유격대를 남만·북만·길동성위의 지도와 분리시키며, 소련인을 지도자로 하는 동북항일연군총사령부를 건설하자는 안건 등을 토론하였다. 소련군은 이 문제를 관철시키기 위해 회의에 앞서 몇몇 항일연군 지도자와 개별접촉을 하였다. 그 결과 회의가 열렸을 때, 이조린이 이를 찬성하는 의견을 피력하였다. 회의 초반에는 찬성하는 의견이 우위를 점하였다. 이에 주보중은 "민족모순이 결코 해결되지 않았음을 지적하고, 투쟁 또한 전도가 있으며, 일본이 우리들을 소멸시킬수 없으며, 설령 일본이 우리들을 소멸할 수 있다고 할지라도 우리들은 투쟁을 끝까지 견지해야 하며, 동북당과 유격운동은 절대 취소할 수 없다"고 주장하여 만장일치로 동의를 얻어냈다. 김일성 등 남만의 지도자들도 주보중과 같은 의견이었다.186) 제1로군의 월경부대는 도남특위道南特委의 영도를 받았다.187) 김일성도 도남특위의 집행위원이었다.188)

1941년 3월, 교정활동을 마친 제1로군 월경부대는 김일성을 지대장으로 하는 제1지대支隊로 편성되었다. 그리고 "음력 4월 9일" 저녁, 김일성 등 총 29명의 제1로군 병사들은 위증민을 찾기 위해 훈춘 왕청방면으로 돌아왔다.[189] 5월 20일, 김일성은 부대를 세 갈래로 나누어 안도 돈화 화룡 무송 등지에서 위증민을 찾는 활동하였다. 이때 위증민이 죽었다는 소문을 들었다. 다른 한편 김일성은 박덕산에게 김철우金鐵宇 등 9명의 대원을 거느리고 왕청지방에서 "민중관계를 개척"하라고 지시하였다. 그 결과 왕청현 라자구의 "4, 5곳"에서 예전의 조직관계를 회복한 것을 비롯하여,[190] 왕청역, 흥동선興東線, 도문 부근의 남북대동南北大洞에서 노동자 농민과 연계를 맺었다. 김일성 자신도 연길현 명월구의 작은 마을에서 "이전의 관계를 회복"하였다. 김일성의 표현에 따르면, 새로 획득한 대원이 공작을 잘했기 때문에 "그에게 공작임무를 맡기"였다고 한다.

김일성의 월경부대는 8월 19일 대전자大甸子 남부에 집결하여 월경 이후의 활동을 총결하였다. 이에 따라 김일성은 활동도 보고하고 새로운 지시도 받기 위해 김철우 등 10명의 대원을 거느리고 8월 28일 밤 쌍성자에 돌아왔다. 다른 한편, 박덕산과 유산손柳三孫 중대장은 14명의 대원들과 함께 도문 및 왕청 부근에 머물면서 "적정을 살피고 또 가을을 이용하여 영양을 보충할 준비" 등을 하며 대기하였다.[191]

6. 맺음말

이상에서 만주항일유격운동 시기 김일성에 대해 살펴보았다. 그는 태어났을 때부터 사회주의자는 아니었다. 민족주의적인 집안 분위기에서 자란 김일성은, 강한 반일의식을 품은 소년이었지만 길림의 육문중학에 다니면서 사회주의사상을 접하며, 국민부 좌파 소속의 청년층과 조선공산청년회, 이종락의 「ㅌ·ㄷ」, 조선혁명군길강성지휘부, 재만조선혁명군사령부, 세화군, 동방혁명군 등에서 함께 활동하였다. 이 시기 국민부 좌파 소속의청년들은 1931년 9월 만주사변 시기까지도 계급 대 계급 전술을 채용하면서도 중공 입당을 거부하고 조선연장주의 노선 내지는 독자적인 세력화를 모색하였다. 이 시기 김일성의 정치적 태도는 사회주의자라기 보다 사회주의적 민족주의자라고 볼 수 있다.

김일성이 국민부 좌파에 속하는 사람들과 함께 한 활동은, 이후 중공에 입당해서도 그가 민족주의적인 성향이 강한 사회주의자로 성장하는 자양분으로 되었을 것이다. 또 이종락 등과의 군사활동 경험은 1930년대 전반기 그가 군사지도자로서의 능력을 발휘하는 밑거름이 되었을 것이다. 당시 사회주의운동 계열의 파벌구도와 관련해서 김일성의 행적을 보면, 국민부 좌파 소속의 청년층은 재건설그룹과 함께 활동했던 경우도 많았지만, 양자는 지도·피지도 관계로까지 발전하지 않았다. 따라서 당시 파벌구도의 관점에서 1929년에서 1931년 사이에 김일성의 행적을 이해하는 것은 단편적인 것이며, 당시 그의 행적과 생각을 파악하는데 별다른 도움이 되지 않는다. 그는 파벌로부터 자유로웠다고 볼 수 있다.

김일성은 중공에 가입한 이후 안도에서부터 항일유격활동을 시작했으며, 1930년대 전반기 그의 주요 활동무대는 왕청과 영안 일대였다. 이곳에서 그는 군사지도자로서의 능력을 발휘하면서 구국군과 유격대원들의 신망을 획득하였다. 그러나 조직 내에서 승승장구하던 그도 민생단 혐의를 받아 위기에 직면하였다. 당시 동만특위의 내부 분위기로 보아 목숨까지 잃을 수 있는 상황이었다. 그가 자신의 묵숨을 부지할 수 있었던 힘은, 무장 항일통일전선의 필요라는 객관적인 상황의 요구와 이에 부응한 김일성의 능력 내지는 영향력, 그리고 주보중의 보호였다.

김일성은 반민생단투쟁의 중지를 제기하거나, 조직적인 반대투쟁을 전개하지 못하였다. 그 만큼 당내 분위기가 살벌했던 것이다. 그럼에도 불구하고 그는 자신의 민족주의적인 성향과 한·중 연대의식을 버리지 않은 채, 자신의 능력을 계속 발휘하였다.

정치적 숙련과 군사적 경험이 풍부한 동만의 한인 지도자들은, 반민생단투쟁 과정에서 죽음을 당해야 하였다. 이것은 민족운동의 지도역량의 소실을 의미했지만, 김일성 개인으로서는 동만특위 내에서 한인의 지도자로 더 빨리 떠오를 수 있는 외적 조건으로 작용하였다. 여기에 그의 축적된 군사적 지휘능력이 내적 조건으로 작용하면서 1936년 3월 미혼진회의 때 완전히 정치적으로 복귀할 수 있었을 뿐만 아니라 이전과 다른 새로운 활동의 장場이 그에게 열렸다. 이런 측면에서 본다면 1936년 7월의 하리회의는 이를 최종적으로 확인한 회의였다. 이후 김일성은 재만조선인조국광복회의 하부조직이 장백현과 함경도 일대에서 결성될 수 있도록 구체적이고 실질적으로 지도했고, 동북인민혁명군 제2군 제3사와 동북항일연군 제2군 제6사를 편성하고 지도했으며, 1937년 6월의 보천보전투를 치렀다. 이러한 활동은 국내와 인접하고 월경이 용이한 동만지방에서 활동하였다는 조건과 함께, 그의 지도력 및 민족주의적인 성향과도 밀접한 연관성이 있을 것이다. 이 시점을 고비로 유격대 내에서 김일성은 확고한 기반을 구축하는 한편, 항일 지도자로서의 대중적 인지도를 확보했다고 볼 수 있다.

이 시기 그가 실천한 후방교란 활동은, 당시 항일유격운동 세력이 도달한 운동 수준과 재만한인 민족운동의 새로운 방침을 고려할 때, 북한의 주장처럼 '전반적 조선혁명'을 지도한 활동의 일부로 보기에는 제한적이다. 큰 틀로 보면 김일성의 활동은 역할 분담의 영역에서 벗어나지 못한 채 오히려 이중의 임무에 충실한 활동이었다. 또 전체 만주항일유격운동이란 조건, 동북항일연군 제1로군 내에서의 그의 위치, 일제의 강력한 물리력이란 조건을 전제해야겠지만, 1936년 6월 보천보전투 이후 조광의 와해는 그의 정치적 지도의 제한성을 의미하기도 한다.

1930년대 후반 김일성의 활동은 생존자체가 의미 있는 시점에 이루어졌다. 만주 전체 항일 유격운동이 군사주의적인 편향 빠졌던 것도 그 원인의 하나였으며, 김일성도 여기에서 자유로울 수 없었다. 동시에 이 러한 정황에서 그의 소련으로의 월경은 항일 무장역량의 보존과 지도부 이탈이란 두 가지 측면 모두 있었다. 위태로울 때, 자신을 정돈할 곳이 있다는 것은 국내와 비교하여 운동의 유리한 조건이다.

만주항일유격운동 시기 김일성에 대한 연구는, 그의 정치적 군사적 활동에 대한 면밀한 검토가 전제되어야 한다는 면에서 그에 대해 어떤 결론을 내리는 것은 성급한 행동이다. 본고는 이를 염두에 두면서 작성 한 것이지만, 정치적 활동은 자료의 제약으로 검증할 수 없었으며, 군사 적 활동력은 상당했음을 확인할 수 있었다. 동시에 그는 민족적 성향이 강한 공산주의자였음을 알 수 있었다. 이러한 성향은 이후 북한정권에 서 '주체사상'을 형성하는 역사적 배경의 하나로 되었다. 우리가 지금의 북한을 이해하기 위한 첫 걸음으로서 김일성의 항일유격활동에 관심을 갖어야 하는 이유가 바로 여기에 있다.

그렇다고 현재적 의미를 여기에만 한정시켜서도 안된다. 남북한의 현 대사에 가장 큰 영향을 끼친 사람은 박정희와 김일성이었다. 두 사람은 같은 시기에 만주라는 동일한 공간에서 명확히 대비되는 삶을 살았다. 이것 자체에도 우리가 관심을 가져야 하겠지만, 두 사람의 삶에 대한 보다 더 큰 관심은 현재의 남북한사를 이해하는 데도 중요한 문제이기 때문이다. 또한 북한과 일본은 1990년대 들어서부터 지금까지 두 차례 의 수교협상을 진행하다 중단한 상태이다. 두 나라의 수교협상에 큰 쟁 점의 하나는 1931년 이후 만주지역의 항일유격운동, 그리고 그 속에서 조선인의 항일활동을 어떻게 평가하느냐이다.[192] 그에 따라 수교의 형 식과 배상금의 성격 및 액수가 달라질 수 있다. 그것은 곧 바로 두 나라 의 국민교육도 일정 부분 바꿔야하는 문제로 이어질 수 있고, 1965년의 한일기본조약에도 영향을 미칠 수 있다.

※ 이 글은『역사와 현실』12(1994)에 수록되었다. 이후 필자는 박사학위논문과 저서 및 논문 등을 발표하였다. 이번 수정문에서는 '추가'라는 형식을 빌려 새로운 성과를 언급하고, 되도록 발표 당시의 원문에 충실하려 하였다.

주註

1) 원래 본고에서는 1929~30년 시기 재만한인 사회주의운동세력을 둘러싼 내외
적 정세, 중공의 동향도 고려하면서 이에 대응한 김일성의 활동을 정리해야
하였다. 그러나 필자의 능력부족으로 주어진 지면의 분량에 애초의 의도를모두
충족시킬 수 없었다. 때문에 이 글에서는 우선 행적을 중심으로 서술하되, 필요
한 부분에서 간략히 내외적 정세와 중공의 동향을 정리하면서 그에 대응한 김
일성의 행동을 언급하겠다. 논문의 제목도 여기에 연유한 것이다.

2) [1926년 화성의숙 시절부터 1931년까지 김일성의 행적과 사상에 관한 보다
정밀하고 구체적인 분석은 辛珠柏, "靑年金日成の行動と世界觀の變化－
1920年代の後半から31年まで", 『思想』912 (동경: 岩波書店, 2000.6) 참조
(추가)].

3) 중공 입당과정에 대한 구체적인 것은 졸고, "1929-30年 時期 間島地域 韓人
社會運動의 方向轉換에 關한 硏究(上)(下)," 『史學硏究』46·47, 1993·94
참조.

(이 논문을 수정 보완한 내용은 『만주지역 한인의 민족운동사(1920-45)』, 아세
아문화사, 1999, '제3장 제2절' 참조, 추가).

4) 조선연장주의 노선이란 만주지역, 특히 동만지방은 외국이 아니라 국내의 연장
이라는 입장에서 만주와 국내 지역의 차별성을 보지 않고 양 지역 운동세력의
결합을 모색했던 활동방침을 말한다. 이 노선에 따르면, 조선의 독립을 위한 활
동이 제1차 과제로 된다. 1929년 이후 이 노선을 폐기하고 중공에 입당한다는
것은 중국혁명을 제1차 실천과제로 상정했음을 의미한다. 1925~28년 시기 조
선연장주의 노선의 실체에 대해서는 졸고, "1926-28년 시기 간도지역 한인 사회
주의자들의 반일독립운동론－민족유일당운동과 청년운동을 중심으로," 『韓國
史硏究』78, (1992) 참조.

(이 논문을 수정 보완한 내용은 『만주지역 한인의 민족운동사(1920-45)』, '제2
장 3절' 참조, 추가).

5) "在滿鮮人共産黨ノ中國共産黨ニ入黨シタル經過及延邊地方鮮地人共産
黨ノ現狀," 梶村秀樹 姜德相 編, 梶村秀樹 姜德相 編, 『現代史資料』29,
みすず書房, 1972, 581쪽.

6) 梶村秀樹 姜德相 編, "滿洲ニ於ケル共産黨ノ直接行動ニ關スル件," 같
은 책 29, 595쪽.

7) 와다는 자신의 책, 55쪽에서 ML그룹의 해체선언을 중공만주성위가 환영했으
나, "문제가 된 것은 ML그룹의 반국민부 방침을 중공당의 방침으로 내걸었다
는 사실이다"고 언급하고 있다. 무엇이 문제인지 전후문맥에서 잘 드러나지

않지만, 필자는 당시 활동가들이 반국민당=반국민부로 상정했기 때문에 문제
될 것이 없다고 생각한다.

8) 와다는 자신의 책, 57쪽에서 "1930년 6월 10일 신화요회그룹의 만주총국은
조직해산의 선언을 발표하였다"고 언급하였다. 중국측 연구자의 의견을 그대
로 인용한 결과이지만, 신화요회그룹 만주총국은 해산을 선언한 적이 없다. 신
화요회그룹의 지도자 金燦에 따르면, 신화요회그룹 東滿道 조직에서 먼저 해
체를 선언하자, '대회를 개최하는 것도 불가능하게 되어 만주총국도 틈도없이
해체'되었다. 金俊燁・金昌順 共編, "金洛俊調書," 『韓國共産主義運動史
(資料編 I)』, (서울: 고려대학교 아세아문제연구소, 1980), 78쪽.

9) "昭和6年1月19日附在吉林石射總領事發信田中外務大臣宛報告要旨－昭
和5年吉林地方朝鮮人事情ニ關スル件," 『外務省警察史：在吉林總領事
館及敦化分館』, 9982～9983, 9990쪽. 이하 이 책은 『警察史』로 줄인다.

10) "昭和4年11月11日附在吉林石射總領事發信幣原外務大臣宛報告要旨－
農民同盟及在中青年同盟共同追悼會ノ件," 『警察史』, 9688～9700쪽.

11) "검거때부터 총살된 까지의 凝血된 史實(1929.11.11)"("昭和6年1月19日附
在吉林石射總領事發信田中外務大臣宛報告要旨－昭和5年吉林地方朝
鮮人事情ニ關スル件," 『警察史』, 10001～10002쪽). 신화요회그룹："南滿慘
變追悼會宣布文(1929.12.20)"과 "世界帝國主義ノ「ソブエ-ト」進攻ノ危機
ハ迫ツタ(1929.11.20)"(梶村秀樹 姜德相 編, 앞의 책29, 658쪽. 640～641쪽)

12) 1930년 1월, 2월 15일, 2월 5일자로 각각 성명서를 발표하였다. 자세한 사항은
"昭和6年1月19日附在吉林石射總領事發信田中外務大臣宛報告要旨－
昭和5年吉林地方朝鮮人事情ニ關スル件," 『警察史』, 10011～10013쪽 참조.

13) 그 간략한 실례는 량환준, "20년대후기 재만 조선공산당인들의 활동," 『연변문
사자료』 제4집, 1985, 10쪽을 참조.

14) 다음 절에서 國民府 左派의 동향을 서술할 때 함께 간략히 언급하겠다.

15) 량환준, "20년대후기 재만조선공산당인들의 활동," 앞의 책 제4집, 6쪽.

16) 梶村秀樹・姜德相 編, "滿洲ニ於ケル共産黨ノ直接行動ニ關スル件," 같
은 책29, 594, 600쪽. 국민부 좌파로는 위원장인 金東三, 선전부 및 재무부위
원인 安鵬, 재무부위원인 金應燮 高齡信이 있었다("昭和6年1月19日附在吉
林石射總領事發信田中外務大臣宛報告要旨－昭和5年吉林地方朝鮮人
事情ニ關スル件," 『警察史』, 10058쪽).

17) "北滿に於ける鮮人共産主義運動の狀況," 『外事警察報』122號, 38쪽.

18) 이에 대해서는 "朝鮮共産黨再建設滿洲部ノ地方代表會議ニ關スル件,"
梶村秀樹 姜德相 編, 앞의 책 29, 555～556쪽과 "滿洲朝鮮人共産主義者
同盟ノ解體宣言ニ關スル件," 梶村樹秀 姜德相 編, 같은 책 29, 566～570,

579~580쪽 참조. 입당거부자 : 尹滋英, 張道政, 柳東植 등

19) 이 절이 다루는 시기는 김일성의 행적과 생각을 정리하는데 있어 다른 어느
시기보다 방증자료의 빈약함과 함께 異說이 많다. 문헌 뿐만 아니라 증언, 일제
정보자료도 아주 빈약하고 서로 충돌되는 부분이 많다. 때문에 필자는 김일성
이 이 시기에 친숙했던 인물들의 행적을 통해 그의 행적과 생각을 유추하는
방식을 택하겠다.

20) 金學奎, "白波自敍傳,"『한국독립운동사연구』제2집, 1988, 589쪽.

21) 김일성은 자신과 동료들이 1927년 4월에 吉林少年會를 만들었고, 5월에 旅
吉學友會를 留吉學友會로 개편하였다고 언급하였다(김일성,『세기와 더불어
(1)』, (평양: 조선로동당출판사, 1992), 238~239쪽. 하지만 1926년 8월 20일에
창간된『學海』는 창간호 말미에 창간을 축하한 여러 단체의 이름을 제시했는
데, 그 가운데 吉林少年會도 있다. 김일성이 길림에 오기 이전에 이미 두 조직
은 결성되어 있었던 것이다.『學海』창간호는『日本外務省 外交史料館, 分
類番號 4.3.2 2-1-1, 不逞團關係雜件 朝鮮人ノ部 新聞雜誌 5卷』에 있다.
(추가)

22) 譯者는 이후 계속해서 번역하여 게재하겠다고 밝히고 있다. (추가)

23) 김일성은 "나에게「자본론」을 안내해준 선생"이 박소심이라면, "고리끼의「어
머니」와「홍루몽」"을 소개해 준 사람은 1928년 2월경 육문중학 어문교원으로
부임한 중국인 상월선생이라고 회상하였다(김일성, 앞의 책(1), 222쪽).
尙鉞은 1929년 1월 중국국민당의 검거를 피해 吉林에 왔고, 이후 毓文中學
의 교사로 부임하였다. 이때부터 그는 謝仲五와 謝潘이란 가명을 사용하며
학생들에게 魯迅과 고리끼의 작품을 소개해 주는 등 육문중학의 독서회를 지
도하였다. 당시 육문중학에는 中國共産主義靑年團 조직만 있었다(「訪問尙
鉞同志的記錄(1959.8.5)」). (추가)

24) 桂基華, "三府・國民部・朝鮮革命軍의 獨立運動 回顧,"『한국독립운동사
연구』제1집 (1987), 405쪽. 여기에서의 ML당이란 주로 ML그룹이었겠지만 그
렇다고 그들만을 말하는 것이 아니라 재만한인 사회주의자 일반을 말한 것으
로 보아야 한다.

25) 이에 대해서는 와다 하루끼, 앞의 책, 42쪽의 설명 참조.

26) "昭和4年5月10日附在吉林森川越總領事發信田中外務大臣宛報告要旨-
朝鮮共産靑年會組織ノ件,"『警察史』, 9640~9643쪽. 이 자료는 허동찬이
처음 주목한 것이다.

27) 파벌 관련성에만 호기심 어린 관심이 집중되는 것은, 김일성의 이 시기 생각을
정리하는데 그다지 도움을 주지 못하지만, 굳이 조선공산청년회를 전후한 시기
김일성이 어느 파벌과 관련되었는가를 밝힌다면, 필자는 재건설그룹과 친숙해

지고 있었다고 생각한다. 그 이유를 정리하면 다음과 같다.

첫째, 회의록에 알 수 있듯이, 조선공산청년회는 반ML그룹의 단체이다.

둘째, 필자는 허소와 한석훈이 누구인지 밝히지 못했지만, 이금천이 신화요회 그룹 조직원으로서 新民部 民政派에서 활동했던 인물이라는 일제 정보기록 ("昭和4年5月10日附在吉林森川越總領事發信田中外務大臣宛報告要旨 －朝鮮共產靑年會組織ノ件,"『警察史』, 9994쪽)에 얽매일 필요도 없다고 생각한다. 왜냐하면 앞서 보았듯이, 길림지역 신화요회그룹은 조선공산청년회 가 결성되기 이전인 1929년 3, 4월경 '남만도위원회 확대회의'를 열고 당재건 운동은 조선에 들어가서 해야하며, 만주 거주자는 중공에 입당하여 중국혁명에 직접 참가해야 한다고 입장을 정리했기 때문이다(량환준, "20년대후기 재만조 선공산당인들의 활동," 정협연변조선족자치주위원회문사자료연구위원회 편, 앞의 책 4, 12쪽). 이러한 입장이라면 조직의 이름을 조선공산청년회로 할 수 없다. 단 이금천이 조직의 결정을 거부했을 가능성은 있다.

셋째, 이후 조선공산청년회 성원들의 행보를 볼 때, 오히려 조선연장주의 노선 을 포기하지 않고 길림을 중심으로 활동하던 재건설그룹과 관련성이 많았다고 보아야 한다. 다만 아직까지 그렇게 밀접하지 못했을 것이다. 재건설그룹 만주 부는 1929년 9월 길림에서 결성되었기 때문이다. 넷째, 양환준의 회고(같은 책 4, 14쪽)에 따르면, 서울파인 吉林靑年同盟은 朴一波 金仁基 安鵬 서중석 金舜基 등이 주요 인물로서 조선공산청년맹이란 비밀결사의 지도를 받았다. 명칭이 '회'와 '동맹'의 차이일 뿐이다. 그리고 김일성은 길림청년동맹의 朴一 波에 대해 길림대학생으로서 1929년 시기에도 서로 알고 지냈다고 회고하고 있다(앞의 책(2), 22쪽). 1930년 중반경에도 박일파와 金仁基는 재건설그룹 만 주부 소속인 共靑 中央幹部이면서 길림의 留吉學友會 吉林少年會 등을 지 도하였다. 安鵬도 재만한인반제국주의동맹 등 재건설그룹 조직에 깊게 관여하 였다.

28) 량환준, "중국 조선족 인민의 공산주의운동(草稿)(1988.1.5)," 67쪽. 양환준은 1929년 4,5월경에 열린 신화요회그룹의 '남만도위원회 확대회의'에 참석하고 자 길림에 있었다.

黃貴軒은 연변대학 헌법학 교수로 있다 1970년대 말에 북한으로 갔다. (추가)

29) 金學奎, "白波自敍傳," 앞의 책 제2집, 589쪽.

30) 김일성, 앞의 책 (1), 345∼361쪽.

31) 이제까지 만주지역 민족주의 운동에 대한 연구가 團體 中心이었고, 그 실상을 해명하는데 상당한 공헌을 했던 것도 사실이다. 그런데 필자는 각 시기 정치쟁 점과 이에 따른 각 세력들의 동향을 살펴보는 것도 당시 역사를 역동성 있게 볼 수 있게 한다고 생각한다. 때문에 필자는 이 절에서 국민부를 좌 · 우파로

나누고자 한다. 많은 연구와 검토가 필요하겠지만, 좌파는 1920년대 후반 민족
유일당운동에서 사회주의 세력과의 결합을 모색했던 부류라고 일단 규정하겠
다. 즉 1928,29년 김동삼 등의 정의부 탈퇴파, 1929년부터 그 실체를 본격적으
로 확인할 수 있는 국민부의 좌파 청년들이 여기에 해당된다. 국민부 좌파 소
속의청년층은 1929년 말과 1930년 8월에 국민부에서 이탈하였다. 이들은 당시
시점까지 사회주의에 완전히 동조하지는 않았다. 굳이 표현하자면, 적극적인
우호 세력이었다고 할 수 있다.

첨언하자면, 이제까지 민족주의 좌우를 구분하는 기준으로 사회주의세력과의
관계 여부가 중요한 기준이었다. 이러한 태도는 일면 정당하다. 그러나 필자는
또 다른 측면도 있다고 생각한다. 즉 이른바 '민족주의 좌파'는 그들 나름의
세력화(또는 독자성 추구)와 기반구축을 위해 활동한 측면도 있다는 것이다.
선행 연구는 이점을 간과하였다. 이때 좌파는 막연한 大同團結을 부인하고
反帝에 철저하려 하며, 독립 이후 권력체제에 관한 구상을 하는 한편에서 대중
을 조직화시키기 위한 활동을 전개하는 그들 나름대로의 행동양식을 표출한다.
그러나 이들의 세력화는, 중국과 우리의 경우를 보더라도 사회주의운동 세력의
묶인, 내지는 그들과의 연대하에서만 가능하였다. 때문에 사회주의운동 세력이
이들을 지지하지 않거나, 정세가 양자택일을 요구하는 상황으로 전개되면 '민족
주의 좌파'의 세력화는 실패할 수밖에 없는 길을 걷는다. 이러한 가정은 많은
논증을 요구받는 거친 주장이지만, 필자는 이러한 입장에서 국민부 좌파의 1931
년까지의 행보를 정리하였다. 필자의 민족주의 좌파에 대해 이러한 생각은, 閔
斗基가 편집한 『中國國民革命 指導者의 思想과 行動』(서울: 지식산업사,
1988)과 역사문제연구소 운동사분과 성원들과의 토론에서 많은 시사를 받았다.

32) '고할신파'는 1929년 8월 반국민부 세력이 조직화한 이후 결성된 그룹으로 보
아야 할 것이다.

33) 일제의 정보자료에는, 이종락이 1930년 "春 崔昌杰 車光洙 등 주의자와 별도
로 프롤레타리아同盟"을 조직하였다고 나온다. 許東粲, 『金日成評傳』(서
울: 北韓研究所, 1987), 340쪽에서 재인용(原典 : "機密公 제512호," 昭和5
년 7월 16일, 吉林總領事館發, "不逞鮮人李鐘洛의 行動에 관한 件").

34) 필자는 이종락의 「ㅌ・ㄷ」과 김일성의 「ㅌ・ㄷ」를 구분하고자 한다. 즉 김일
성은 「ㅌ・ㄷ」이 1926년 10월 17일 樺甸의 김시우 집에서 화성의숙의 학생
들로 결성되었다고 회고하고 있다(앞의 책(1), 165쪽). 요컨대 결성시기와 장소
및 조직원들의 신분이 다른 것이다. 그런데 필자는 두 「ㅌ・ㄷ」이 일치한다는
직접적인 논거를 찾지 못하였다. 따라서 신중을 기한다는 차원에서 두 「ㅌ・
ㄷ」을 분리하고자 한다.

그렇지만 필자가 보기에 崔衡宇의 『海外朝鮮革命運動小史(第一輯)』(서

울: 東方文化社, 1946)의 29～31쪽 가운데 "1926년"만을 제외하면 「ㅌ·ㄷ」
에 관한 대부분의 내용은 1929년 말～1930년에 관한 것이다. 이종락의 「ㅌ·
ㄷ」과 최형우의 서술이 일치하는 근거를 하나 하나 짚어 보자.

첫째, 이종락의 「ㅌ·ㄷ」의 활동기반과 최형우가 언급한 「ㅌ·ㄷ」의 활동 지
역이 일치한다는 점이다. 최형우는 김일성이 "伊, 懷間(伊通, 懷德兩縣)을 適
地로 定"하였다고 언급하고 있다.

둘째, 인물의 중복과 그 인물들의 동향에 관한 것이다. 즉 최형우는 김일성이
伊通縣과 懷德縣에서 '악수'한 인물로 李鐘洛 玄均 金根赫 등을 언급하였
다. 이들은 본 논문에서 살펴볼 국민부 좌파 소속의청년들로 1930년에 줄곧
김일성과 함께 활동하였다. 더구나 최형우는 김일성과 악수한 청년들이 모두
이미 "二十二,三의 靑年으로 急進的 運動을 展開하고 있었으며 新社會建
設에 適應한 學術,思想文化를 硏究하고 있었다"고 언급하고 있다. 이 내용
은 1926년의 재만한인 사회주의운동, 또는 민족주의운동 보다 1929년 11월 남
만한인청년총동맹 전후 시기에 더 적합한 상황 언급이다.

셋째, 김일성은 자신의 회고에서 1930년 7월 '첫 당조직'인 건설동지사를 결
성하였다고 언급하고 있다(앞의 책(2), 64쪽). 그런데 최형우는 「ㅌ·ㄷ」 결성
과 "때를 같이 하야 懷德에는 匿名 團體「建設同志社」가" 결성되었다고 언
급하고 있다.

따라서 필자는 본고에서 김일성의 「ㅌ·ㄷ」과 이종락의 「ㅌ·ㄷ」 자체는 다
를 수 있다고 전제하지만, 최형우가 언급한 김일성의 행적과 이종락의 「ㅌ·
ㄷ」이 상당히 일치하므로 김일성이 이종락의 「ㅌ·ㄷ」에서 활동하였다고 전
제하였다.

35) 이상 '반국민부 세력'에 대해서는 楊昭全 李鐵環 編, 『東北地區朝鮮人革命
鬪爭資料匯編』, 遼寧民族出版社, 1992, 727～728쪽 참조(原文 : "中共南
滿特委工作報告第二號－南滿政治形勢及黨的工作狀況(1931.3.17)," 滿
洲省委 文件 第25券 4號).

36) 국민부에 대한 본격적인 연구는 趙凡來, "國民部의 結成과 活動," 앞의 책,
제2집, 403～438쪽 참조.

37) 예 : ①1930년 1월 용정의 한인 학생들의 반일시위. ②재건설그룹과 신화요회
그룹의 반제단체 결성. ③국민부의 성명서－「學校에서 工場에서 城村都鄙
에서 분화와 같이 폭발한 전조선피압박대중의 혁명적 동원! 궐기! 자유인이 되
느냐 죽는냐 分岐戰이므로 거국일치 혁명전선으로 용감하게 진출하여 싸우
자!(1930.1)」

38) 滿洲國軍政部, 『滿洲共產匪硏究(第1輯)』, 1936, 6～7쪽.

39) 許東粲, 앞의 책(續), 339쪽에서 재인용(原典 : "機密公 第207號," 昭和5年5

月12日, "國民府革命軍과 第9隊長 李鐘洛과의 關係에 대한 報告의 件," 長春發 全文). 이때 이종락은 일부 무기의 인도도 거부하였다고 한다.

40) 또 이종락이 함께했던 서울 상해파의 군사조직, 1930년 8월 이후 반국민부 세력의 군사조직을 보면, 반드시 정치부와 군사부를 함께 두었다. 이는 단순히 군사조직으로만 볼 수 없음을 시사해 준다.

41) 이상 수습대회에 대해서는 梶村秀樹 姜德相 編, "南滿韓人靑總收拾大會 經過及決議錄," 앞의 책 29, 646~647, 651~652쪽 참조.

42) 동성조선인농민총동맹의 결성대회에 대해서는 梶村秀樹, 姜德相 編, "東省朝鮮人農民總同盟ニ關スル件" 같은 책 29, 558~565쪽 참조.

43) 돈화청년동맹, 길림청년동맹, 拉法청년동맹제4지부. 이에 대해서는 梶村秀樹 姜德相 編, "南滿慘變追悼會宣布文," "宣言," "拉法同盟臨時大會非法ヲ聲明シツツ同盟整理大會ヲ開催ス," 앞의 책 29, 638, 637, 649~650쪽 참조.

44) 이상 동성조선인농민총동맹의 결성대회 정황에 대해서는 梶村秀樹 姜德相 編, "東省朝鮮人農民總同盟ニ關スル件," 같은 책 29, 558~565쪽 참조.

45) 와다하루끼, 앞의 책, 53쪽.

46) 梶村秀樹, 姜德相 編, "東省朝鮮人農民總同盟ニ關スル件," 앞의 책 29, 559쪽.

47) 이 시기까지 재건설그룹의 조직에 가담했던 '정의부 탈퇴파' 또는 국민부 간부들을 가능한데로만 열거하면, 안붕 김동삼 이진탁 고활신 김응섭 이웅 이종락 등이다.

48) 梶村秀樹, 姜德相 編, "朝鮮共産黨在建設滿洲部ノ地方代表會議ニ關スル件," 앞의 책 29, 555쪽.

49) 梶村秀樹, 姜德相 編, "朝鮮共産黨在建設滿洲部ノ赤軍軍事委員會組織ニ關スル件," 같은 책 29, 558쪽. 이 시기 재건설그룹은 이미 조선연장주의 노선을 폐기하고 중공 가입을 선언하였다.

50) 이상 조선혁명군 결성에 관해서는 김일성, 앞의 책(2), 70~75쪽 참조.

51) "昭和6年1月19日附在吉林石射總領事發信田中外務大臣宛報告要旨－昭和5年吉林地方朝鮮人事情ニ關スル件," 『警察史』, 9998~9999쪽. 국민부와 반국민부의 殺戮戰에 대해서는 같은 책, 10022~10024쪽 참조.

52) 이에 대해서는 "昭和6年1月19日附在吉林石射總領事發信田中外務大臣宛報告要旨－昭和5年吉林地方朝鮮人事情ニ關スル件," 『警察史』, 10021~10022쪽 참조.

53) 姜德相 編, 앞의 책 30, 729~730쪽.

54) "昭和6年1月19日附在吉林石射總領事發信田中外務大臣宛報告要旨－昭

和5年吉林地方朝鮮人事情ニ關スル件," 『警察史』, 9쪽. 김광렬 이외에는 모두 국민부 출신이다.

55) 위원 : 王昌(중공당원) 玄正卿 등 5인. 이후 보강 : 고활신 이웅 金錫夏 李允煥 차광수 李成根

56) 사령장 : 이종락, 고문 : 고활신, 군사부 : 김광렬, 참모부 : 안붕, 정치부 : 장기명 박진("在滿鮮人民族共産主義運動の沿革と現狀," 앞의 책 124號, 82쪽).

57) 와다는 자신의 책, 58쪽에서 재건설그룹에서 탈퇴한 국민부 탈퇴파가 ML그룹(예 : 오성륜, 陳公木)에 접근하였다고 보았다. 그러나 두 사람은 만주성위 산하 소수민족운동위원회 위원으로 盤石 등지에서 활동하였다. 따라서 ML그룹이 아닌 중공과 국민부 좌파의 접근으로 보아야 한다.

58) 許東粲, 앞의 책, 309쪽에서 재인용(原文 : "機密公 第868號," 昭和5年12月18日, 吉林發, "不逞鮮人李鐘洛一派ノ動靜ニ關スル件"). 이종락의 발언이다.

59) 楊昭全 李鐵環 編, 앞의 책, 728쪽(原文 : "中共南滿特委工作報告第二號-南滿政治形勢及黨の工作狀況(1931.3.17)"). 고활신의 주장이다.

60) 장소봉은 김일성과 카륜 일대에서 활동하였다(김일성, 앞의 책(2), 74쪽).

61) 김일성은 제3세력이란 "민족주의도 아니고 공산주의자도 아닌 새로운 중도세력이라는 뜻"에서 일제가 이 단어를 사용하였다고 회고한다. 그러면서 그는 "민족운동 내부에서 반국민부파와 같은 「제3세력」이 대두하였다는 것은 이 운동의 방향을 공산주의운동에로 전환시키기 위한 지향이 실천단계에 들어섰다는 것을 실증해주었다"고 의미를 부여하고 있다(김일성, 앞의 책(2), 42쪽). 제3세력이란 용어를 당시에 김일성이 직접 사용했는지는 모르겠으나, 이종락의 「ㅌ·ㄷ」을 비판한 중공 문헌에서도 이를 사용하고 있다. 즉 중공 만주성위는 이들 제3세력이 "반국민부 세력 가운데 이제 형성될" 세력으로서 "아직 완전히 형성되지 못했지만 확실히 제3세력의 행동과 주장을 형성하고 있다고 보았다.

여기에서 필자가 주목하고자 하는 점은, 제3세력을 중국 정치세력의 동향과 관련시켜서도 시사받을 수 없는가 이다. 중국에서 제3세력은 1927년 6∼8월경에 형성되었다. 제3세력은 1927년 4월 장개석의 상해쿠데타 이후, 국민당 당원이며 국민혁명군 총사령부 정치부 주임으로 국민당에서 추방된 鄧演達과 중공 당원으로 무한정부 시기 농민부장이었으나 중공의 토지몰수 정책에 반대하여 당에서 제명된 譚平山 등이 중심이었다. 이들은 '제3당'을 결성했으며, 1930년 8월에 "우리들의 정치주장"이란 글에서 사회주의에 이르기까지 국가자본주의라는 과도기적 경제구조를 지향한다고 공표하기도 하였다. 요컨대 제3당 등 제3세력은 국민당 우파와 중공으로부터 독립하여 독자적인 길을 추구했던 것이다. 菊池貴晴, 『중국혁명에 있어서 제3당의 성립과 전개』, 동경대학출판부 編, 윤석인 譯, 『중국혁명의 해부』(서울: 이삭, 1984).

그런데 일제와 중공은 모두 1931년 초반기 김일성과 그의 동료들의 행동에 대해 제3세력이란 용어를 빌어 설명하고 있다. 이들이 제3세력으로 가는 어떤 지향을 하고 있었기 때문에 일제와 중공에서 이렇게 보았을 것이다. 달리 말하면, 김일성과 국민부 좌파 소속의 청년들이 국민부 등과 같은 민족주의운동 세력의 지향도 아니며, 그렇다고 중공에 입당하여 중공의 당면 노선을 실천하는 것도 아닌, 그 어떤 독자적인 자기 지향을 했기 때문에 이러한 표현을 사용했을 것이다.

62) "昭和6年在吉林總領事館警察事務狀況,"『警察史』, 10261쪽. 5월에 東方革命軍으로 바뀌었다.

63) "昭和6年在吉林總領事館警察事務狀況,"『警察史』, 10262쪽.

64) 1929년 5월에 결성된 조선공산청년회의 성원이었다. (추가)

65) 정의부 소속 군인 출신으로 김일성이 주장하는 조선혁명군의 창립 멤버 가운데 한 사람이었다. 김일성, 앞의 책 (2), 72쪽·63쪽. (추가)

66) "在滿鮮人民族共産主義運動の沿革と現狀," 앞의 책 124號, 83쪽. 그가 세화군을 결성하는 모임에 참여했는지 확인하지 못하였다. 그런데 ≪東亞日報≫ 1931년 3월 26일자에 '근일' 고유수에서 金一成 외 2명이 체포되었다는 기사가 나온다.

67) 許東粲, 앞의 책 (續), 23쪽에서 재인용.

68) 楊昭全, 李鐵環 編, 앞의 책, 727~728쪽(原文 : "中共南滿特委工作報告第二號－南滿政治形勢及黨的工作狀況(1931.3.17)").

69) 楊昭全, 李鐵環 編, 같은 책, 728쪽(原文 : 「中共南滿特委工作報告第二號－南滿政治形勢及黨的工作狀況(1931.3.17)").

70) 이상 중공의 견해는 楊昭全, 李鐵環 編, "中共滿洲省委委關于韓國民族問題決議案(1931.5.26 省委常委會通過)," 같은 책, 732~733쪽·735쪽. 이 문헌의 첫 머리에는 중공중앙의 「滿洲韓國民族問題決議草案」과 당면 재만한인의 실제공작 정형에 의거하여 특별히 의결한 것이라고 언급되어 있다.

71) "在滿鮮人民族共産主義運動の沿革と現狀," 앞의 책 124號, 83쪽.

72) "在滿鮮人民族共産主義運動の沿革と現狀," 같은 책 124號, 83쪽. 김일성도 비슷한 회고를 하고 있다. 김일성, 앞의 책 2, 392쪽.

73) 『중국공산당연변자치주조직사』(연변인민출판사, 1991), 67쪽.

74) 와다하루끼, 앞의 책, 87쪽.

75) "金日成將軍의 略歷,"『우리의 태양』, 북조선예술총동맹, 1946, 1쪽. V.M.마주로프, 『조선인민의 반일무장투쟁(1931-40년)』, 1958, 48쪽. 이상은 와다하루끼, 같은 책, 86쪽의 주 86)에서 재인용.

『우리의 태양』은『北韓解放直後極秘資料(1945.8-1951.6)』1 (고려서림, 1998)
에 수록되어 있다. 본문과 관련된 내용은 자료집의 226쪽에 나온다. (추가)

76) "中共東滿特委書記馮康的 報告(之一)-關于東滿特委黨團幹部和人民革
命軍幹部簡歷(1935.12.20)," 中央檔案館・遼寧省檔案館・吉林省檔案
館・黑龍江省檔案館 編,『東北地區革命歷史文件滙集』乙1 (1991), 180
쪽. 이것이 '풍강보고서(1)'이다. 와다하루끼가 인용한 '풍강보고서(1)'에는
'1931년'으로 되어 있다.
　　앞으로 中央檔案館・遼寧省檔案館・吉林省檔案館・黑龍江省檔案館 編,
『東北地區革命歷史文件滙集』은『東北文件滙集』으로 축약하겠다.

77) "中共東滿特委***給省委的信-關于東滿黨的工作, 軍事計劃及幹部問題
(1935.3.3),"『東北文件滙集』甲30, 247쪽. 대황외회의의 문건 가운데 하나다.

78) "訪蔡万奎談話記錄(1960)," 安圖縣. 채만규는 왕윤성의 부하였으나, 1936년
경 김일성과 함께 활동하였다.

79)『中國共產黨吉林省安圖縣組織史資料(1928.8-1987.11)』, 27쪽.『安圖黨史
資料』第3輯 (1991), 4쪽. 김일영은 11월까지 대장을 역임하였다. 채만규는
별동대를 大沙河 四哺頂子에서 건립했다고 회상하였다.
　　'별동대'라는 표현도 중공의 정식명칭은 아니었을 것이다. 현재까지 남아있는
중공의 문헌에는 汪淸에서 李光이 조직한 別動隊만 언급되고 있다.

80) "訪金昌河談話記錄(1960)," 安圖縣.

81) 이상 김일성의 회고는 앞의 책(2), 300쪽. 315쪽 참조.

82) "訪金昌河談話記錄(1960)," 安圖縣.

83) 김일성은 1931년 말~1932년 5월 사이에 중공에 입당했을 것이다.
　　김일성의 중공 입당은 항일에 열의가 있는 사회주의자라면, 좀더 효과적인 항
일을 하기 위한 불가피한 선택이었을 것이다. 일제의 통계에 따르면 이 시기
만주 전체 인구 3천만 명 가운데 재만한인은 100만 명도 채 안되었으며, 한반
도보다 몇 배나 넓은 만주지역에 흩어져 있었다. 따라서 재만한인만으로 일제
와 싸우는 것보다, 중국인과 함께 싸우는 것이 더 효과적인 항일운동이 될 것
은 자명하다. 더구나 재만한인 동포들도 일상적 생활에서 부딪치는 문제는 해
결해야 할 필요가 있었다. 이는 국내의 문제가 해결된다고 해서 해소되는 사안
도 아니었다. 오히려 이를 먼저 해결하는 것이 독립을 위해 더 중요하였다. 그
러므로 이를 다른 민족의 공산당 밑으로 들어간 행동, 내지는 사대적이고 종속
된 행위로만 볼 수 없는 점이 여기에 있다.

84) 이에 대한 시사는 김일성, 앞의 책 (2), 401~402쪽 참조.

85) 김일성은 6월 29일 통화에 도착하였다. 김일성, 같은 책 (2), 357~365쪽.

86) 김일성이 통화로 갈 때쯤, 당취오군과의 합작을 위해 于司令 部隊도 유본초의

인솔래 200여 명이 통화지방에 갔다. 김일성, 같은 책 (2), 340쪽.

87) 金學奎, "白波自敍傳," 앞의 책 2, 589쪽. 김학규와 양세봉은 "사상적으로 우리와는 적대진영에 있다는 것을 알기 때문에" 김일성의 제안을 거절하였다.

88) 김일성, 앞의 책 (2), 404쪽.

89) 김일성, 같은 책 (2), 408쪽.

90) 우사령의 한개 연대의 지휘자 이름을 따서 부른 것이다.

91) "訪金昌河談話記錄(1960)". 安圖縣. 우사령 부대의 참모장은 중공 당원인 漢族의 陳翰章이었다.

92) 王潤成의 回顧(1962.9). 中國語.
  허동찬은 김일성이 1934년 8, 9월경에 중공 유격대에 "접근"한 것으로 보았다 (허동찬, 앞의 책 (續), 415쪽). 이는 사실과 다름을 알 수 있다.

93) 그가 살아있었다면 김일성보다 먼저 높은 지위에 올랐을 것이다.

94) 이에 대한 번역문은 신주백 편, 『1930년대 민족해방운동론 연구』 II (서울: 새길, 1990), 265~285쪽 참조.

95) 東北抗日聯軍史料「編纂組」編, 『東北抗日聯軍史料(上)』(中共黨史資料出版社, 1987), 73~74쪽.

96) 軍政部顧問部, 『滿洲共産匪の硏究』(1936), 86쪽.
  이에 해당되는 문헌인 「中共汪清縣委第1次擴大會議的決義(1933.6.9)」(『滙集』35) 이다. (추가)

97) 주 92)참조. 반민생단투쟁이 격화된 배경 가운데 하나였다.

98) 1933년 6월 대대 정치위원 金明均이 민생단 혐의를 받고 도망치자 그 후임으로 정치위원이 되었다.

99) "訪李洛善談話記錄(1962.9.8)," 『有關延邊抗日時期的調査訪問資料』第6輯 (1964), 123쪽. 汪清縣. 이낙선은 1929년 라자구에서 反日會에 참가하였고 1931년 중공에 입당하였다. 1935년 말 귀순하여 농사를 지었다. (추가)

100) 동녕현성전투는 楊昭全, 李鐵環 編, "東北人民革命軍第二軍産生及其發展的經過(1938)," 앞의 책, 859~860쪽 참조.

101) "訪李万燮老人談話記錄(1981.8.4)," 汪清縣 汪清鎭. 이만섭은 羅子溝 사람. 1932년 왕청유격대가 성립 때 대장을 엮임했고, 이어 왕청반일정부 비서, 왕청소비에트정부 당 비서를 지냈다.

102) "訪李万燮老人談話記錄(1981.7.9)," 汪清縣初代所 202호.

103) 민생단은 1932년 2월 친일파 박석윤 전성호 등이 간도 한인의 생활안정과 자치실현을 내걸고 조직된 친일·반공단체이다. 민생단은 결성되자마자 간도 한인들의 강력한 대중적 저항에 부딪쳤다. 이로 인해 1932년 7월 사무실을 스스로 폐쇄해야 했고, 10월에는 공식 해산을 선언해야 했다. 그런데 이즈음

부터 중공 동만특위에서는 조직 내에 민생단원이 침투해 있는 것으로 파악하고 이에 대한 반대투쟁을 시작하였다. 이것이 반민생단투쟁이다. 이 투쟁은 점차 중국인이 한국인을 배척하는 방향으로 전개된 결과, 560여 명 이상의 한인이 처형당하였다.

민생단과 반민생단투쟁에 관해서는 『만주지역 한인의 민족운동사(1920-45)』, '제4장 제4절' ; 김성호, 『1930년대 연변 민생단사건 연구』(서울: 백산자료원, 1999) 참조. (추가)

104) 필자는 김일성이 민생단 혐의를 받은 시기에 대해 직접적인 사료를 보지 못하였다. 때문에 필자는 단정하여 언급하지 못하고, 1933년 10월 대대장 양성룡이 민생단혐의를 받은 시기부터 1934년 3월 제2군 독립사의 성립 이전 사이일 것으로 생각한다.

105) 趙春學은 韓人이며, 그는 양성룡에 이어 왕청현유격대대장이 되었다.

106) "金河允口述(1981.3.27)". 韓語. 김하윤은 당시 馬村반일정부 통신원, 혁명자녀학교 근무원이었다.
김하윤은 유격대의 혁명자녀학교에서 불을 피우고 종을 치며 청소 등의 일을 하였다. 그의 동생도 김일성의 청년련에 참가하였다가 팔에 부상을 당하였다. (추가)

107) 감옥에서 김일성은 대단히 떠들며 "전쟁판에서 고엄하라고 야단쳤다"고 한다. (추가)

108) "中共東滿特委書記馮康的報告(之一)－關于東滿特委黨團幹部和人民革命軍幹部簡歷(1935.12.20)," 『東北文件滙集』 乙1, 180쪽.

109) "中共東滿特委***給省委的信－關于東滿黨的工作, 軍事計劃及幹部問題(1935.3.3)," 『東北文件滙集』 甲30, 247쪽.

110) "訪金河允老人訪問記錄(1981.7.27)". 中國語.
한 증언에 의하면 김일성은 학교에 처음 들어올 때, "긴 가방을 들고 고개를 숙이고 들어"왔다고 한다. (추가)

111) 1934년 6월 김일성은 민생단 혐의에서 벗어나지 않은 가운데 周保中 사충항 등과 함께 羅子溝戰鬪에 참여하였다. 한 자료에는 김일성이 參謀長을 하였다는 기록이 있다("中共東滿特委***給省委的信－關于東滿黨的工作, 軍事計劃及幹部問題(1935.3.3)," 『東北文件滙集』 甲30, 247쪽). 이때를 전후한 시기일 것이다.

112) "金河允口述(1981.3.27)". 韓語. 원문대로이다.

113) "訪金河允老人訪問記錄(1981.7.27)".

114) 주보중의 부인인 王一知가 연변에 와서 증언한 바에 따르면, 당시 주보중은 동만지방에서 김일성만큼 싸움을 잘하는 사람이 없다고 생각했다. 필자의 실

수로 그녀가 증언한 년도를 확인하지 못했으나 1980년대 전반기인 것만은
확실하다.

115) 楊松이 1935년 2월 10일자로 동만에 보낸 글에 따르면, 김일성이 가면 '제1
차 북만원정' 중인 5連의 영도에 문제가 있었다고 한다("中共滿洲省委吉東
巡視員(吳)致東滿特委的信－關于東滿反日遊擊運動, 統一戰線, 反民生
團鬪爭的策略及黨和工作等問題(1935.2.10)," 『東北文件滙集』 甲21, 63
쪽). 양송은 당시 吉東特委 書記였다.
  김일성은 자신의 회고록 제4권의 30～72쪽에서 대황외회의에 참석한 것으로
언급하고 있는데 그렇지 않음을 알 수 있다.

116) "[東北]人民革命軍政委聯席會議－關于人民革命軍內部的改選與今後
活動的方向等問題(1935.3.21)," 『東北文件滙集』 甲44, 425쪽. 김일성이
민생단 혐의를 받고 대대 정치위원에서 물러나자 후임에 南昌一이 되었다.
그러나 남창일이 1934년 9월 희생되었으므로 김일성이 그를 이어 정치위원에
복귀했을 가능성이 있다. 김일성의 입장에서 대황외회의는 이를 재차 확인한
회의일 가능성이 있다.

117) 『중국공산당연변조선족자치주조직사』, 84쪽.

118) 김일성의 반민생단투쟁에 관한 회고는 김일성, 앞의 책(4), 30～72쪽 참조.

119) 대황외회의 : "中共東滿黨團特委第1次聯席擴大會議的報告－關于執行
中央路線與對敵鬪爭情況及今後的任務等問題(1935.2)," ; "中共東滿黨
團特委關于反民生團鬪爭的決議(1935.3.1)" ; "中共東滿特委***給省委
的信－關于東滿黨的工作,軍事計劃及幹部問題(1935.3.3)," 『東北文件
滙集』 甲30
  요영구회의 : "[東北]人民革命軍政委聯席會議－關于人民革命軍內部
的改選與今後活動的方向等問題(1935.3.21)," 『東北文件滙集』 甲30

120) "中共滿洲省委吉東巡視員(吳)致東滿特委的信－關于東滿反日遊擊運動,
統一戰線, 反民生團鬪爭的策略及黨和工作等問題(1935.2.10)," 『東北文
件滙集』 甲21, 55～56쪽.

121) "中共東滿黨團特委關于反民生團鬪爭的決議(1935.3.1)," 『東北文件滙
集』 甲30, 229쪽.

122) "[東北]人民革命軍政委聯席會議－關于人民革命軍內部的改選與今後
活動的方向等問題(1935.3.21)," 『東北文件滙集』 甲44, 432쪽.

123) 반민생단투쟁에 관한 선행 연구는 각 논자마다 관점의 차이를 불문하고 김일
성의 부각과정과 맞물려 서술한 경우가 많았다. 그러나 김일성 등이 반민생단
투쟁에 대해 조직적으로 반대운동을 전개했다고 보는 북한학계(『조선전사』
18, 152～202쪽)와 이재화(『한국근현대민족해방운동사－항일무장투쟁 편』,

225~238쪽) 및 김일성(『세기와 더불어』 4, 1~69쪽)의 주장과 달리 볼 수 있는 측면도 있다. 본문에서 검토했던 것처럼, 김일성은 반민생단투쟁에 대해 적극적이고 조직적인 반대운동을 전개할 수 있는 처지에 있지 못했다. 더욱이 당과 군대내에서 그럴만한 위치에 있지도 않았다.

124) "東北人民革命軍第二軍,反日聯合軍第五軍黨委特別會議記錄(第二人分)(1936.1.20)," 『東北文件滙集』 甲45, 385쪽.

125) "訪姜熙俊談話記錄(1960)," 『有關延邊抗日時期的調査訪問資料』(第6輯), 1964.11.30, 52쪽. 汪淸縣. 강희준은 1931년 입당. 반일회 활동.

126) "魏給潤成, 中山同志的信－關于組織少年營,四團之工作領導與活動問題(1936.3.8)," 『東北文件滙集』 甲46, 44쪽.

127) "中共東滿特委書記馮康的報告(之一)－關于東滿特委黨團幹部和人民革命軍幹部簡歷(1935.12.20)," 『東北文件滙集』 乙1, 180쪽. 앞서 인용한 부분은 뺐다. 와다 하루끼가 인용한 '풍강보고서(1)'과 필자의 자료에는 입당 연도 및 학생이란 신분이 빠져 있다. 또 보고서 마지막 부분이 다르다. 필자는 이 보고서의 필사본, 인쇄본을 확인해 볼 기회가 있었는데, 필자가 인용한 것이 맞다.

문헌 내용의 중요성 때문에 중국어 원문을 제시하면 다음과 같다.

金日成, 高麗人, 1932年入黨,學生, 23歲, 勇敢積極, 會設中國話, 遊擊隊員提升的, 有民生團的口共很多次, 愛在隊員中說話, 在隊員中有信仰, 在救國軍中亦有信仰, 政治問題知道不多. (추가)

128) 신주백 편, "항일구국을 위해 전국 동포에게 고하는 글(1935.8.1)," 앞의 책 Ⅱ, 149~150쪽. 제4장의 이해를 돕기 위해 필자가 미리 간략히 언급하려는 것은, 南湖頭會議는 북한의 주장처럼 "전반적 조선혁명의 일대 앙양을 위한 전략적 방침 제시"된 회의가 아니라 신방침을 전달하는 회합 이상이 아니었다는 점이다. 오히려 필자가 보기에는, 미혼진회의와 하리회의에 주목하는 것이 신방침의 구체화 과정 및 요즈음 우리가 알고 있는 실천 결과를 이해하는 데 도움이 된다. 때문에 제4장에서는 남호두회의를 언급하지 않고 바로 미혼 진회의부터 다루었다. 신방침의 내용, 관철과정, 그 실천에 대한 구체적인 사항은 졸고, "1935-38年 時期 在滿韓人 民族運動의 새로운 模索－東南滿 地域을 中心으로," 『韓國史研究』 85 (1994)로 대신한다.

수정 보완된 자세한 분석은 『만주지역 한인의 민족운동사(1920-45)』, '제5장 제2절' 참조. (추가)

129) 李鴻文 曹凡秀 金眞義 譯, "周保中日記片斷(1935.9.9-1936.2.19)," 『東北抗日鬪爭史論叢』 1 (吉林省社會科學院, 1983), 250~252쪽.

130) 이상 대표단의 재만한인 민족운동에 대한 신방침은 楊昭全, 李鐵環 編, "中

共吉東省委致饒河中心縣委及四軍四團的信－關于建立七軍, 對敵鬪爭的方式及城市工作策略問題的指示(1936.3.12)," 앞의 책, 741~742쪽 참조.

131) 『共産國際』(中文版)(1936年 第102期), 127쪽.

132) 이상은 "魏民生王德泰給工委及潤成同志的信－關于二軍的組織編制及黨的組織問題(1936.3.8)," 『東北文件滙集』 甲46. 49쪽.

133) 楊昭全, "以金日成同志爲代表的朝鮮共産主義者與我國人民的共同抗日鬪爭," 『中朝關係史論文集』(世界知識出版社, 1988), 411쪽.

134) 軍政部顧問部, 앞의 책 第1輯, 126쪽 ; "朴春日老人1981년 5월 22일-5월 26일 談話記錄," 延吉黨州委. 中國語. 朴春日은 1사 1단 통신원이었다. 김일성은 자신의 회고록 제4권의 228~256쪽에서 이러한 방침이 남호두회의에서 결정된 것으로 언급하고 있다. 그러나 본문에서 보았듯이, 재만한인 민족운동에 대한 전반적인 토의는 미혼진회의에서 있었다.

135) 霍燎原, 呂永華, 于文藻, 『東北抗日聯軍第一軍』(黑龍江人民出版社, 1987), 123쪽. 동강회의 후 중국인 馬德全의 병력으로 제3사 9, 10단의 편성도 완료하였다("原9團長馬德全老人1984년 9월 22일-9월 26일 談話記錄," 延邊朝鮮族自治州濱館. 中國語).

136) 姜德相 編, "中國共産黨の朝鮮內抗日人民戰線結成および日支事變後方攪亂事件," 앞의 책 30, 316~319쪽에 수록되어 있다.

137) "中共吉東省委, 寧安縣委, 第五軍黨委書記周保中給王明, 康生的信－關于吉東黨與各軍狀況麵臨的團難等問題(1936.4.10)," 『東北文件滙集』 甲28, 15쪽.

138) "王潤成給中央代表團的報告－關於1935-1936年東滿東部工作情況(1937.1.17)," 『東北文件滙集』 甲28.

139) 王傳怪, 胡維仁, 『豊雪長白山－王傳怪會憶錄』(吉林敎育出版社, 1992), 76쪽. 왕전괴는 제1군 군장인 楊靖宇의 警衛員. 위증민 이외에 15명은 모두 한인이었다.
김일성이 위증민과 동행한 이유는 ① 제1장에서 보았듯이 금천현과 그 일대는 김일성의 과거 활동구역으로서 동만의 지도자들 가운데 김일성만큼 이 지역을 잘 아는 사람은 없었을 것이다. ② 미혼진회의 등에서 알 수 있듯이, 김일성은 재만한인 민족운동의 신방침을 실천하는 과정에서 비중 있는 인물로 부상한 韓人이었기 때문일 것이다.

140) 애초 중공중앙 대표단은 4대 유격근거지를 중심으로 4개 성위(길동 북만 남만 동만)를 결성하라는 방침이었다. 이 지시사항이 실천과정에서 변한 것이다. 와다하루끼는 자신의 책, 142쪽에서 '코민테른 주재 중공대표의 지시에 따라' 동만과 남만을 합쳐 남만성위가 결성되었다고 언급하고 있는데, 이는 잘못된

파악이다.

141) 李命英, 『在滿韓人共産主義運動硏究』 (서울: 成均館大學校 出版部, 1975), 138쪽에서 재인용(原典 : 滿洲國治安部警務司特務科, 『特務彙報』 第2號, 1939年 41~42쪽).

142) 霍燎原, 呂永華, 于文藻, 앞의 책, 129쪽.

143) 中共吉林省委地方黨史編委會辦公室 編, 『中國共産黨吉林省地區組織 沿革槪況(1921年7月-1945年9月)』, 1962, 22쪽.

144) 김일성은 이곳에서 8명의 조직원을 파견하여 "지방공작"을 지도하였다. 이후 조광 조직과 중공 만강 조직이 결성되었다(『訪問姜渭龍談話記錄(1961. 11.7)』, 52쪽).
    만강은 무송과 장백 임강 몽강을 연결하는 요충지였기 때문에 항일 부대와 일제 모두에게 중요한 곳이었다. 만강의 花拉子村에서 유명한 연극 '血海' 가 공연되었다. 송영, 『백두산은 어데서나 보인다』 (평양: 민주청년사, 1956), 138, 145~146쪽. (추가)

145) 『訪問姜渭龍談話記錄(1961.11.7)』, 52쪽.

146) 이 조직에 대해서는 『일제하 사회주의운동사』 (서울: 한길사, 1992)에 수록된 이준식의 「항일무장투쟁과 당재건운동－조선민족해방동맹을 중심으로」를 참조.

147) 조광의 구체적인 내용에 관해서는 『만주지역 한인의 민족운동사(1920-45)』, '제5장 제3절' 참조. 조광의 발기인, 회장, 선언문과 관련된 문제에 대해서는 같은 책, 449~450쪽 참조. 분명한 것은 김일성은 회장이 아니었다는 점이다. (추가)

148) 朝鮮總督府警務局, 『最近に於ける朝鮮治安狀況(1938년판)』, 413쪽.

149) 姜德相 編, "中國共産黨の朝鮮內抗日人民戰線結成および日支事變後 方攪亂事件," 앞의 책 30, 283~284쪽. 이에 따라 천도교도 그 대상이었는 데, 이에 대해서는 姜德相 編, 같은 책30, 294~297쪽 참조.

150) 金正柱 編, "惠山事件判決書," 앞의 책 6, 611쪽.

151) 姜德相 編, "中國共産黨の朝鮮內抗日人民戰線結成および日支事變後 方攪亂事件," 앞의 책 30, 291쪽.

152) 金正柱 編, "惠山事件判決書," 앞의 책 6, 611쪽. 김일성은 국내에서 무기 구입이 곤란한 경우 항일연군의 '무기를 鮮內로 密送'할 계획이었다(姜德相 編, "中國共産黨の朝鮮內抗日人民戰線結成および日支事變後方攪亂 事件," 같은 책 30, 285쪽).

153) 朝鮮總督府警務局, 앞의 책(1938년판), 428쪽.

154) 姜德相 編, "中國共産黨の朝鮮內抗日人民戰線結成および日支事變後

方攪亂事件," 앞의 책 30, 284쪽. 1937년 7월 하순경 김일성과 朴金喆의 대화 내용의 일부다.

155) 朝鮮總督府警務局, 앞의 책(1938년판), 413쪽.

156) 姜德相 編, "中國共産黨の朝鮮內抗日人民戰線結成および日支事變後 方攪亂事件," 앞의 책 30, 284쪽.

157) 朝鮮總督府 高等法院檢事局思想部, 『思想彙報』20號, 1939, 11～13쪽.

158) 祖光 조직현황 : 長白縣工作委員會 : 구회 3, 지회 11, 분조 41, 반 10, 생산 유격대 6(미조직 2) 祖光 國內 組織 : 한인민족해방동맹 1, 지회 3, 분조 3, 정우회 1, 반일회 1, 반일그룹 14, 생산유격대(미조직) 2, 그리고 甲山, 三水, 豊山郡의 천도교세력(姜德相 編, "中國共産黨の朝鮮內抗日人民戰線結 成および日支事變後方攪亂事件," 앞의 책30, 260쪽).

159) 滿洲國治安部警務司, 『滿洲國警察史』(1942), 331～332쪽.

160) 『滿洲國軍』(蘭星會, 1972), 402～403쪽.

161) 滿洲國治安部警務司, 앞의 책, 383쪽.

162) 『滿洲共産主義運動槪史』(1940), 105쪽.

163) 『滿洲共産主義運動槪史』, 103～104쪽.

164) 정빈의 경우 1938년 8월에 富森工作隊에 편입되어 輯安縣 일대에서 제1로 군의 투항공작을 전개하였다(王傳怪, 胡維仁, 앞의 책, 166쪽).

165) 이에 대해서는 위증민, "중공당 남만성위원회 서기 겸 동북항일연군 제1로군 부사령 위증민으로부터 국제공산당 중국대표위원 등에게 제출한 상황보고서 (1940.4)," 신주백 편, 앞의 책 Ⅱ, 226쪽 참조.

166) 위증민, "중공당 남만성위원회 서기 겸 동북항일연군 제1로군부사령 위증민 으로부터 국제공산당 중국대표위원 등에게 제출한 상황보고서(1940.4)," 신주 백 편, 같은 책 Ⅱ, 226쪽.

167) 위증민, "중공당 남만성위원회 서기 겸 동북항일연군 제1로군부사령 위증민 으로부터 국제공산당 중국대표위원 등에게 제출한 상황보고서(1940.4)," 신주 백 편, 같은 책 Ⅱ, 234～235쪽.

168) 王傳怪 胡維仁, 앞의 책, 155～156쪽.; 「關于第一路軍的活動情況及南滿 黨組織的情況－訪問宋茂松同志的談話錄音記錄(1960.8)」, 13쪽.

169) 王傳怪 胡維仁, 같은 책, 166～167쪽.

170) 『訪問姜渭龍談話記錄(1961.4.1-2)』, 41쪽.

171) 이상은 "金日成匪團ノ內部狀況ニ關スル件," 梶村秀樹 姜德相 編, 앞의 책 30, 446～449쪽 참조.

172) 위증민, "동북항일연군 부사령 위증민으로부터 국제공산당 중국대표 강생 등 에게 보내는 제2차보고서(1940.7.1)," 신주백 편, 앞의 책 Ⅱ, 243쪽.

173) 『연변당사 사건과 인물』(연변인민출판사, 1988), 229~230쪽.

174) 「金日成給周保中,金策的信-關于附帶西遷情況化對一支隊工作的意見(1941.9.30)」, 『東北文件滙集』甲61, 372쪽.

175) 위증민, "동북항일연군 부사령 위증민으로부터 국제공산당 중국대표 강생 등에게 보내는 제2차보고서(1940.7.1)," 신주백 편, 앞의 책 Ⅱ, 2343~244쪽.

176) "徐順玉的抗日生活情況(1981.5.26),"『延邊人民革命鬪爭史資料』3, 137쪽.

177) 『訪問姜渭龍談話記錄』, 11~13쪽 (1961년 8월 3일).

178) "周保中短篇日記,"『東北文件滙集』甲42, 283~284쪽. 음력 날짜는 1993년 10월 5일 대전천문대에 전화로 확인. 그런데 1991년 북경인민출판사에서 출판된 周保中의『東北抗日遊擊日記』에는 "김일성, 16명을 대동하고 훈춘을 통해서 들어오다"라고 되어 있다. 때문에 와다하루끼는 12월 11일에 주보중이 김일성의 입소 소문을 들은 것으로 파악하고 있다. 필자는 두 일기를 비교해 보았는데, 공개출판된 주보중 일기는 약간 바뀌어 출판되었다. 정치적 고려 때문일 것이다.

179) "呂英俊回憶(2回)(1981.5.18)," 64쪽.

180) 이상은 「訪金龍根談話記錄(1962.9.11)」, 12~14쪽과 "呂英俊回憶(2回) (1981. 5.18)," 61~62쪽을 정리한 것이다. 최현은 1940년 11월 27일에 월경하였다.

181) 다만 김일성은 월경 직전에 이미 월경하였다가 다시 만주로 돌아오던 제5군의 柴世榮부대와 만나 월경문제에 대해 알았을 가능성은 있다(청취에 의한 것임).

182) "周保中,金策給魏拯民的信-請求X城商討全滿黨和遊擊運動等問題(1941. 3.12),"『東北文件滙集』甲61, 107쪽. 이 문헌의 말미에, "이 편지는 B성에서 제1로군 제1부대를 파견할 때 김일성에게 맡기여 남만에 가져 간 것이다"고 되어 있다. 김일성이 1941년 4월 9일 위증민을 찾기 위해 만주땅에 돌아왔을 때 휴대한 문헌인 것이다.

183) 제1로군 월경부대의 최초 모습은 건강한 편이 아니었다는 비판도 있었다. 당시 문헌에 따르면, "제1로군 越境 부대 내부의 정형은 최초에 그리 좋지 못하였다. …(인용자) 이 부대는 실패와 비관의 소극적인 정서를 가지고 王新林 동지에게 불만과 분개의 정서를 가지고 있으며 자기의 유격운동사업에 대하여 절망적인 정서"를 갖고 있었다. 이에 대해 김책이 주로 책임지고 敎程活動을 하였다. 그 결과, 주보중은 "제1로군 월경부대의 실패정서, 사상의 복잡성, 무정부상태의 악랄한 행위, 소련을 반대하는 정서 등등은 상당한 정도로 제거"되어 "주요 방면에서 조직과 사상의지가 일치하고 있으며 의연하게 혁명적 유격부대로 회복되었다"고 진단하였다("周保中給王新林的信-關于一路軍野

營附帶整理情況及哈綏道南遊擊運動的幾項決定(1941.3.16),"『東北文件
滙集』甲61, 127쪽).

184) "訪金龍根談話記錄(1962.9.11)," 12〜14쪽.

185) 북만대표 : 金策, 李兆麟, 馮仲云, 길동대표 : 周保中, 季青, 王效明, 崔石
泉＝崔庸健, 柴世榮, 남만대표 : 金日成, 徐哲, 安吉

186) 이상은 "訪問周保中同志記錄－有關土龍山事件, 聯軍總司令, 與蘇聯的
關係等問題, 以及抗聯後期的鬪爭情況(對東北地方黨史大綱意見之三)
(1960.9.17)"과 彭施魯, 『我在抗日聯軍十年』(吉林敎育出版社, 1992),
274〜279쪽을 정리한 것이다.
와다 하루끼는 자신의 책, 254쪽에서 소련의 의견에 찬성한 사람은 "제1로군
이나 제2로군 중 누군가로부터 나왔을 것이다"고 보았다. 와다 하루끼가 잘못
보았다. 이후 이 문제에 관한 최종 결론은 스탈린에 의해 내려졌다.

187) 도남특위는 1936년 9월 제2군의 파견대와 제5군에 결합하여 결성되었다.

188) "周保中, 金策給魏拯民的信－請求X城商討全滿黨和遊擊運動等問題(1941.
3.12)," 『東北文件滙集』甲61, 106쪽. 집행위원 : 季青, 柴世榮, 김일성, 안
길, 박덕산. 후보 집행위원 : 崔賢, 金潤浩

189) 김일성의 소부대 활동은 "金日成給周保中,金策的信－關于附帶西遷情況化
對一支隊工作的意見(1941.9.30)"(『東北文件滙集』甲61)을 정리한 것이다.
항일유격대가 존립 자체가 의문시 될 정도로 일본 관동군에 밀린 것은 사실이
다. 그렇지만 김일성 등 29명의 활동에서도 알 수 있듯이, 김일성과 그의 동료
들의 월경을 서대숙처럼 '도피'나 '탈출'로 보아서는 안된다(서대숙, 앞의 책,
26쪽. 44쪽). 또한 항일무장역량의 월경으로 인해 보존되었다는 점에서 보면
더욱 그렇게 보아서는 안된다.

190) 예를 들어 3로군 朴吉松의 부친, 제2방면군 제7단 단장 吳中洽의 가족과
친척, 아동단원 등과 연계되었다.

191) 야영지 생활과 귀국과정에 관해서는 『만주지역 한인의 민족운동사(1920-45)』,
'제6장' 참조. (추가)

192) 이와 관련된 현재적 의미와 역사해석의 문제는 신주백, "1930년대 항일무장
투쟁사－과거 기억과 현재의 相存,"『1930-30년대 중국지역 민족운동사』
(서울: 선인, 2005), 128〜132쪽 참조.

〈참고문헌〉

1. 북한문헌

김일성,『세기와 더불어』1, 2, 3, 4 (평양: 조선로동당출판사, 1992).
북조선예술총동맹, "金日成將軍의 略歷,"『우리의 태양』(1946).
사회과학원 력사연구소,『조선전사 18』(평양: 과학백과사전출판사, 1981).
송영,『백두산은 어데서나 보인다』(평양: 민주청년사, 1956).

2. 남한문헌

桂基華, "三府·國民部·朝鮮革命軍의 獨立運動 回顧,"『한국독립운동사연
　　구』제1집 (1987).
菊池貴晴, "중국혁명에 있어서 제3당의 성립과 전개," 동경대학 출판부 編, 윤석
　　인 譯,『중국혁명의 해부』(서울: 이삭, 1984).
金俊燁·金昌順 共編, "金洛俊調書,"『韓國共產主義運動史(資料編I)』(서울:
　　고려대학교 아세아문제연구소, 1980).
金學奎, "白波自敍傳,"『한국독립운동사연구』2 (1988).
閔斗基 편,『中國國民革命 指導者의 思想과 行動』(서울: 지식산업사, 1988).
신주백, "1929-30年 時期 間島地域 韓人 社會運動의 方向轉換에 關한 研究
　　(上)(下),"『史學研究』46·47 (1993·94).
신주백, "1926-28년 시기 간도지역 한인 사회주의자들의 반일독립운동론-민족유
　　일당운동과 청년운동을 중심으로,"『韓國史研究』78 (1992).
신주백 편,『1930년대 민족해방운동론 연구』Ⅱ (서울: 새길, 1990).
신주백 편, "항일구국을 위해 전국 동포에게 고하는 글(1935.8.1),"『1930년대 민족
　　해방운동론 연구』Ⅱ (서울: 새길, 1990).
신주백, "1935-38年 時期 在滿韓人 民族運動의 새로운 模索-東南滿地域을
　　中心으로,"『韓國史研究』85 (1994).
신주백, "1930년대 항일무장투쟁사-과거 기억과 현재의 相存,"『1930-30년대 중
　　국지역 민족운동사』(서울: 선인, 2005).
서대숙,『북한의 지도자 김일성』(서울: 청계연구소, 1989).
와다하루끼(和田春樹), 이종석 역,『김일성과 만주항일전쟁』(서울: 창작과 비평
　　사, 1992).
위증민, "중공당 남만성위원회 서기 겸 동북항일연군 제1로군부사령 위증민으로부
　　터 국제공산당 중국대표위원 등에게 제출한 상황보고서(1940.4)," 신주백

편,『1930년대 민족해방운동론 연구』Ⅱ (서울: 새길, 1990).

李命英,『在滿韓人共産主義運動硏究』(서울: 成均館大學校 出版部, 1975).

이재화,『한국근현대민족해방운동사 – 항일무장투쟁 편』(서울: 백산서당, 1986).

이종석, "북한 지도집단과 항일무장투쟁"『解放前後史의 認識』5 (서울: 한길사, 1989).

林 隱,『金日成正傳』(서울: 沃村文化社, 1989).

趙凡來, "國民部의 結成과 活動,"『한국독립운동사연구』2 (1988)

崔衡宇,『海外朝鮮革命運動小史(第一輯)』(한성: 東方文化社, 1946).

彭施魯,『我在抗日聯軍十年』(吉林敎育出版社, 1992).

한국역사연구회,『일제하 사회주의운동사』(서울: 한길사, 1992).

許東粲,『金日成評傳』(서울: 北韓硏究所, 1987).

3. 외국문헌 및 자료

姜德相 編,「中國共産黨の朝鮮內抗日人民戰線結成および日支事變後方攪亂事件」,『現代史資料』30 (みすず書房, 1972).

霍燎原・呂永華・于文藻,『東北抗日聯軍第一軍』(黑龍江人民出版社, 1987).

東北抗日聯軍史料「編纂組」編,『東北抗日聯軍史料(上)』(中共黨史資料出版社, 1987).

량환준,『중국 조선족 인민의 공산주의운동(草稿)(1988.1.5)』.

량환준, "20년대후기 재만 조선공산당인들의 활동,"『연변문사자료』4 (1985).

滿洲國軍政部,『滿洲共産匪硏究(第1輯)』(1936).

梶村秀樹・姜德相 編,「金日成匪團ノ內部狀況ニ關スル件」,『現代史資料』30 (みすず書房, 1972).

梶村秀樹・姜德相 編, "南滿慘變追悼會宣布文(1929.12.20)"『現代史資料』29 (みすず書房, 1972)

梶村秀樹・姜德相 編, "南滿慘變追悼會宣布文,""宣言,""拉法同盟臨時大會非法ヲ聲明シツツ同盟整理大會ヲ開催ス,"『現代史資料』29 (みすず書房, 1972).

梶村秀樹・姜德相 編, "南滿韓人靑總收拾大會經過及決議錄,"『現代史資料』29 (みすず書房, 1972).

梶村秀樹・姜德相 編, "東省朝鮮人農民總同盟ニ關スル件"『現代史資料』29 (みすず書房, 1972).

梶村樹秀・姜德相 編, "滿洲朝鮮人共産主義者同盟ノ解體宣言ニ關スル件,"『現代史資料』29 (みすず書房, 1972).

梶村秀樹・姜德相 編, "滿洲ニ於ケル共産黨ノ直接行動ニ關スル件,"『現代史資料』29 (みすず書房, 1972).

梶村秀樹・姜德相 編, "在滿鮮人共産黨ノ中國共産黨ニ入黨シタル經過及延邊地方鮮地人共産黨ノ現狀," 梶村秀樹 姜德相 編, 『現代史資料』29 (みすず書房, 1972).

梶村秀樹・姜德相 編, "朝鮮共産黨再建設滿洲部ノ地方代表會議ニ關スル件," 『現代史資料』29 (みすず書房, 1972).

梶村秀樹・姜德相編 "世界帝國主義ノ「ソブエト」進攻ノ危機ハ迫ツタ (1929. 11. 20)," 『現代史資料』29 (みすず書房, 1972).

辛珠柏, "青年金日成の行動と世界觀の變化-1920年代の後半から31年まで," 『思想』912 (岩波書店, 2000. 6).

楊昭全 李鐵環 編, "A,B野營人員履歷書," 『東北地區朝鮮人革命鬪爭資料匯編』(遼寧民族出版社, 1992).

楊昭全, "以金日成同志爲代表的朝鮮共産主義者與我國人民的共同抗日鬪爭," 『中朝關係史論文集』(世界知識出版社, 1988).

楊昭全・李鐵環 編, 『東北地區朝鮮人革命鬪爭資料匯編』(遼寧民族出版社, 1992).

楊昭全・李鐵環 編, "中共吉東省委致饒河中心縣委及四軍四團的信-關于建立七軍,對敵鬪爭的方式及城市工作策略問題的指示(1936.3.12)," 『東北地區朝鮮人革命鬪爭資料匯編』(遼寧民族出版社, 1992).

李鴻文・曹凡秀・金眞義 譯, "周保中日記片斷(1935.9.9-1936.2.19)," 『東北抗日鬪爭史論叢』1 (吉林省社會科學院, 1983).

中共吉林省委地方黨史編委會辦公室 編, "中國共産黨吉林省地區組織沿革概況(1921年7月-1945年9月)" (1962)

"昭和6年1月19日附在吉林石射總領事發信田中外務大臣宛報告要旨-昭和5年吉林地方朝鮮人事情ニ關スル件," 『外務省警察史 : 在吉林總領事館及敦化分館』

"昭和4年11月11日附在吉林石射總領事發信幣原外務大臣宛報告要旨-農民同盟及在中靑年同盟共同追悼會ノ件," 『警察史』

"北滿に於ける鮮人共産主義運動の狀況," 『外事警察報』122號

"昭和4年5月10日附在吉林森川越總領事發信田中外務大臣宛報告要旨-朝鮮共産靑年會組織ノ件," 『警察史』

"在滿鮮人民族共産主義運動の沿革と現狀," 『外事警察報』124號

『중국공산당연변자치주조직사』(연변인민출판사, 1991).

"中共東滿特委書記馮康的報告(之一)-關于東滿特委黨團幹部和人民革命軍幹部簡歷(1935.12.20)," 中央檔案館・遼寧省 檔案館・吉林省檔案館・黑龍江省檔案館 編, 『東北地區革命歷史文件滙集』乙1 (1991).

"訪蔡万奎談話記錄(1960)," 安圖縣.

"訪金昌河談話記錄(1960)," 安圖縣.

『中國共產黨吉林省安圖縣組織史資料(1928.8-1987.11)』.

軍政部顧問部, 『滿洲共產匪の研究』(1936).

"訪李洛善談話記錄(1962.9.8),"『有關延邊抗日時期的調查訪問資料』6 (1964).

『訪李万燮老人談話記錄(1981.8.4)』, 汪淸縣.

『訪李万燮老人談話記錄(1981.7.9)』, 汪淸縣初代所 202호.

『中共東滿特委***給省委的信－關于東滿黨的工作, 軍事計劃及幹部問題
    (1935.3.3)』, 『東北文件滙集』 甲30.

『訪金河允老人訪問記錄(1981.7.27)』.

『中共滿洲省委吉東巡視員(吳)致東滿特委的信－關於東滿反日遊擊運動, 統
    一戰線, 反民生團鬪爭的策略及黨和工作等問題(1935.2.10)』, 『東北文
    件滙集』 甲21.

『(東北)人民革命軍政委聯席會議－關于人民革命軍內部的改選與今後活動
    的方向等問題(1935.3.21)』, 『東北文件滙集』 甲44.

『(東北)人民革命軍政委聯席會議－關于人民革命軍內部的改選與今後活動
    的方向等問題(1935.3.21)』, 『東北文件滙集』 甲30.

『中共滿洲省委吉東巡視員(吳)致東滿特委的信－關於東滿反日遊擊運動, 統
    一戰線, 反民生團鬪爭的策略及黨和工作等問題(1935.2.10)』, 『東北文
    件滙集』 甲21.

『中共東滿黨團特委關于反民生團鬪爭的決議(1935.3.1)』, 『東北文件滙集』 甲
    30.

『東北人民革命軍第二軍, 反日聯合軍第五軍黨委特別會議記錄(第二人分)(1936.
    1.20)』, 『東北文件滙集』 甲45.

『訪姜熙俊談話記錄(1960)』, 『有關延邊抗日時期的調査訪問資料』(第6輯),
    1964.11.30, 52쪽. 汪淸縣.

『魏給潤成, 中山同志的信－關于組織少年營, 四團之工作領導與活動問題
    (1936.3.8)』, 『東北文件滙集』 甲46.

『共產國際』(中文版)(1936年 第102期).

『魏民生王德泰給工委及潤成同志的信－關于二軍的組織編制及黨的組織問
    題(1936.3.8)』, 『東北文件滙集』 甲46.

『中共吉東省委, 寧安縣委, 第五軍黨委書記周保中給王明, 康生的信－關于吉
    東黨與各軍狀況麵臨的團難等問題(1936.4.10)』, 『東北文件滙集』 甲28.

『王潤成給中央代表團的報告－關於1935-1936年東滿東部工作情況(1937.1.17)』,
    『東北文件滙集』 甲28.

朝鮮總督府警務局, 『最近に於ける朝鮮治安狀況(1938년판)』.

金正柱 編, 『惠山事件判決書』.

朝鮮總督府 高等法院檢事局思想部, 『思想彙報』 20 (1939).

滿洲國治安部警務司, 『滿洲國警察史』 (1942).

『滿洲國軍』 (蘭星會, 1972).

『滿洲共産主義運動槪史』 (1940).

『연변당사 사건과 인물』 (연변인민출판사, 1988).

『金日成給周保中, 金策的信－關于附帶西遷情況化對一支隊工作的意見(1941.
     9.30)』 『東北文件滙集』 甲61.

『徐順玉的抗日生活情況(1981.5.26)』, 『延邊人民革命鬪爭史資料』 3.

『周保中短篇日記』, 『東北文件滙集』 甲42.

『呂英俊回憶(2回)(1981.5.18)』.

『訪金龍根談話記錄(1962.9.11)』.

『呂英俊回憶(2回)(1981.5.18)』.

『周保中, 金策給魏拯民的信－請求X城商討全滿黨和遊擊運動等問題
     (1941.3.12)』, 『東北文件滙集』 甲61.

『訪問周保中同志記錄－有關土龍山事件, 聯軍總司令, 與蘇聯的關係等問題,
     以及抗聯後期的鬪爭情況(對東北地方黨史大綱意見之三)(1960.9.17)』.

해방 후 김일성의 권력 부상

기 광 서

1. 머리말

반세기가 넘는 북한 역사에서 김일성 개인이 끼친 영향은 가히 절대적이었음은 말할 것도 없다. '주체'사회주의의 모습을 띤 현 북한체제는 바로 해방 후 김일성이 '걸어온 길'에서 원형을 찾을 수 있을 것이다.

김일성과 김정일로 이어지는 북한 체제의 본질과 성격을 규명하기 위해서는 북한의 국가 형성 시기에 대한 면밀한 검토를 필요로 한다. 특히 그 가운데 해방 후 김일성의 활동과 권력 부상에 대한 정확한 해명은 많은 점에서 이 문제를 풀 수 있는 핵심적 열쇠라 할 수 있다. 그의 정치적 부상과 집권과정이 올바로 인식되지 않는 한 현 북한 체제의 작동원리를 객관적으로 파악하기는 매우 어려울 수밖에 없다. 이를테면, 그가 단순한 소련의 '괴뢰'로서 정치적·대중적 기반이 거의 없이 권좌에 올랐다는 전통적 시각이 통용되는 한 오늘날 고도로 집중화된 '유일

체제'가 어떻게 기능할 수 있는지를 설명하기는 불가능하다.

북한사 연구에서 해방 직후 김일성의 권력 부상 문제만큼이나 관심과 논란의 주제가 된 분야는 많지 않다. 그의 권력 등극은 소련의 적극적 지원이 큰 역할을 한 것은 부인할 수 없는 사실이다. 그러나 그 자신의 투쟁 경력과 이후의 주도적인 정치적 활동 또한 무시할 수 없는 조건이 되었다.

현재까지 이 주제에 관한 연구 성과는 결코 적지 않지만, 아쉽게도 대다수 연구는 냉전 시기 이데올로기적 양극화를 반영하면서 상당한 시각적 편향성을 띠어 왔다. 그 가운데도 특히 김일성의 권력 등극이 전적으로 소련에 의해 추진된 대북정책 계획의 일환으로 보는 것이 일반적이었다.[1] 선행연구에서 보이는 적지 않은 사실적 오류들은 실증적 연구의 결여와 이데올로기적 판단이 빚어낸 결과로 볼 수 있다. 근래에는 이념적 잣대를 배제하고 실증적 자료에 입각하여 주객관적 요인들의 결합에 의한 그의 권력 부상을 바라보는 연구도 늘고 있다.[2]

김일성의 정치적 성장을 분석하기 위해서는 우선 그것이 매우 복잡한 과정을 거쳤다는 사실을 전제하면서 그 흐름을 평면적, 순차적으로 파악하는 수준에서 벗어날 필요가 있다. 여기에는 주체적 정치 역량, 정치세력 내에서의 권위, 소련과의 관계, 대중적 인지도와 지지, 그리고 국내·외 정세 변동 등 다양한 요인과 변수들을 다각적이고 면밀하게 고찰해야 한다. 그렇지 않을 경우 그의 권력 등극을 단순히 '소련의 지지'로 등식화시키거나 일종의 '필연론'에 빠질 위험이 있다.

본 연구는 해방 직후 김일성의 정치적 부상을 가능케 한 여러 요인간의 상호연관성이 깔려 있다는 기본 전제에서 출발하였다. 구체적인 내용으로 제2장에서는 귀국을 전후한 그의 국내적 입지를 살펴보고, 북한 내의 '잠재적' 경쟁자들과의 비교를 통해 그것을 확인코자 하였다. 제3장은 시간적 흐름에 맞추어 다양한 변수를 고려하면서 그의 정치적 부상과 집권에 이르는 과정을 다루었다. 이를 통해 기존의 김일성 연구에 내재된 일부 사실적 '오류'를 극복하고, 나아가 해당 주제에 대한 발전적 패러다임을 모색하고자 한다.

본 주제를 객관적이고도 실증적으로 고찰하기 위한 전제는 1차 사료에 대한 충실한 접근이 될 것이다. 여기서 러시아 문서보관소의 관련 자료를 중심적으로 이용하였고,[3] 교차 비교에 의해 신뢰할만한 각종 1, 2차 자료들을 활용하였다.

2. 해방전후 김일성의 위상

1) 귀국 전후 정치적 입지

1930년대 중반 이후 조선 접경지역에서 빨치산 활동을 전개해 온 김일성은 1937년 6월 자신의 부대를 이끌고 보천보 전투를 치름으로써 국내에 자신의 이름을 널리 알리게 되었다.[4] 이로부터 김일성의 인지도는 해외민족주의 세력에게도 각인되었는데, 이를테면 김구 역시 독립군이 사라진 뒤에 이를 뒤이은 김일성 부대의 활동을 높이 평가하기도 하였다.[5]

1940년 10월 소련으로 들어온 김일성은 조선인 빨치산 출신 가운데 이미 선두에 서 있었다. 그와 거의 같은 동등한 지위에 있었고 나이로 보아 연장자들이었던 최용건과 김책金策은 빨치산 활동을 통한 조선 내 지명도, 조선인 대원 내에서의 위상, 88여단 내 중국측 지휘부와의 관계, 소련군 지도부의 평가 등에서 김일성과 일정한 차이를 보였다.[6]

대일전對日戰을 준비 중이던 소련군 지휘부는 사전에 김일성을 전후 대한반도정책의 주요 현지 파트너로 삼을 계획을 가지고 있었다. 제1극동전선군 사령관 K. A. 메레츠코프 원수와 해방 후 대한반도 정책의 최고 집행 책임자가 된 동 전선군 군사회의 위원 T. F. 슈티코프 상장은 이 시기에 김일성과 여러 차례에 걸친 만남을 통해 전후 조선에서 소련과의 협력적 역할에 대해 암시해주었다. 모스크바지도부는 대일전을 앞두고 그를 비롯한 88여단 지휘부를 모스크바로 초대하여 환대를 베풀었다.7) 이때 김일성이 스탈린을 만난 지 여부는 확실하지는 않지만 최고 실력자 가운데 하나인 소련공산당중앙위원회 이념문제 담당 서기 A. A. 즈다노프를 면담함으로써 일찌감치 자신의 위상을 확인해 볼 수 있었다.8)

1945년 9월 19일 김일성은 조선공작단 60여명을 이끌고 원산항에 귀국하면서 본격적인 국내활동을 시작하였다. 그의 귀국이 비밀리에 이루어졌듯이 귀국직후의 활동 역시 완전한 베일을 벗는 것은 아니었다. 그는 자신의 이름을 내세우고 공식적으로 대중 앞에 나선 10월 14일까지 거의 한 달 동안 비공개적인 활동에 몰두하였다. 분명한 것은 그가 건국이라는 총체적 목표에 다가서기 위한 일환으로 민족통일전선 형성과 북한 내 공산당 지도 조직의 결성에 힘을 집중하였다는 점이다.9) 그 실례로 9월 30일 김일성은 조만식曺晩植과 첫 대면을 가진 자리에서 건국문제에 대해 완전자주독립과 각계 각층의 단결과 협력을 강조했다고 한다.10) 다른 한편으로 그는 김용범金鎔範, 박정애朴正愛 등 토착 공산주의 지도자들과의 협력하에 북한 지역 공산당 조직 건설을 위해 본격적으로 나섰다.

김일성의 귀국을 전후로 해서 국내에서 그의 정치적 위치와 비중을 직접적으로 드러내주는 증거 가운데 하나는 당시 서울에 집결한 국내공산주의자들이 그를 어떻게 바라보았는가에 있을 것이다. 김일성의 회고록에 따르면, 일제 말기 경성콤그룹의 지도 구성원인 이현상은 김일성 그룹과 연계를 시도하였고, 김일성측 공작원도 서울에 침투하여 경성콤

그룹과 접촉하였다 한다.[11] 이후의 사태 진전으로 판단하건대, 이 회고는 정확한 것으로 보이며, 양자간에는 최소한 서로의 존재를 인지하고 있었다. 한편 해방과 더불어 조선의 정치중심지 서울에서 공산주의세력들은 정국의 주도권 확보를 위해 분주히 움직였으며, 여기서 박헌영의 '경성콤그룹'은 이영과 정백 중심의 장안파 공산당을 압도하고 남한에서 조선공산주의운동의 주류로 등장하였다. 처음 이들은 북한지역까지 신속하게 세력을 확대하였다.[12]

9월 11일 박헌영의 주도하에 조선공산당 중앙위원회가 발족하였는데, 그 구성은 시기별로 일부 차이를 보이고 있다. 우선 소련측 자료에 20명으로 구성된 명단은 다음과 같다. 이 명단 자료는 김일성을 제외한 빨치산계와 연안계가 빠진 것을 고려할 때 9월 중순께 작성된 것으로 보인다.[13]

> 1. 박헌영, 2. 이관술李觀述, 3. 김일성, 4. 이주하李舟河, 5. 김삼룡金三龍, 6. 이현상李鉉相, 7. 이주상李冑相, 8. 김점권金點權, 9. 허성택許成澤, 10. 이순금李順今, 11. 김형선金炯善, 12. 이인동李仁同, 13. 박광희朴光熙, 14. 권오직權五稷, 15. 이승엽李承燁, 16. 미상, 17. 미상, 18. 이복기李福基, 19. 최원택崔元澤, 20. 서완석徐完錫.

조공 중앙위에서 김일성은 박헌영, 이관술에 이어 서열 3위로 기록되어 있다. 그러나 4인으로 구성된 최고 정책결정 기관인 정치국에는 박헌영에 이어 두 번째 서열을 차지하고 있고, 군사부의 최고 책임자로 임명되었다. 이로 보아 당시 국내 공산주의 지도부에서 김일성이 차지한 비중을 높게 인식했음을 단적으로 드러내주고 있다. 위 조공 중앙위 명단의 특징은 김일성을 제외하고는 모두 해방 당시 국내에서 활동했던 공산주의자들이 선출되었다는 점이다. 여기에는 당시 국내에도 널리 알려진 해외파 인물들이 빠져 있었다. 중앙위원회를 구성할 당시 김일성의 귀국 여부가 조공 지도부에 의해 알려졌는지 여부는 불확실하지만 김일성만이 조공 중앙위에, 그것도 최고지도부의 일인으로 포함된 사실은 그의 지명도를 직접적으로 확인해주는 척도로 볼 수 있다.

이보다 늦게 박헌영은 조공중앙위원 28명의 명단을 직접 작성하였는데, 여기에는 앞의 구성과는 다소 차이를 보이고 있다.[14] 이에 따르면, 김일성은 박헌영 다음 서열로 나타나 있고, 그밖에 무정武亭, 최용건崔庸健, 최창익崔昌益 등 해외공산주의자들과 김용범金鎔範, 오기섭吳琪燮 등 북한 지역 공산주의자들이 포함되었다. 중요한 것은 두 조직 명단 자료 모두 김일성의 위치에 변동이 없었다는 점이다.

이후에도 조선공산당은 김일성의 권위를 적극 인정했을 뿐만 아니라 조선공산당의 강화를 위해서 그의 역할을 요구하기도 하였다. 1945년 11월 경 조선공산당 지도부가 평양의 소련군 사령부에 보낸 서신에는 이 점이 잘 나타나 있다. 이 서신은 먼저 공산당 중앙위원회의 개선을 위해 당·정치 지도를 할 수 있는 인물들을 중앙위원회에 끌어들일 필요성을 역설하면서 "가능하다면 중앙위원회와 당의 지도를 위해 김일성 동지를 중앙위원회로 보내줄 것을 우선 붉은 군대 사령부에 요청합니다"라고 쓰고 있다.[15] 계속해서 서신은 김일성의 '효과'에 대해 이렇게 지적하고 있다.

> 그가 서울에 온다면 서울의 상황은 근본적으로 변화될 것입니다. 인민정부(인민공화국을 말함 - 인용자)에서 그의 활동은 그에게 승리를 보장할 듯 싶습니다. 조선인민 내에서 김일성 동지보다 더한 명성과 존경을 누리는 사람은 없지 않습니까.[16]

이 서신은 김일성의 위치에 대해 다소 과장되게 표현하고는 있으나 그의 존재가 서울의 조선공산당 활동에 상당한 도움을 줄 수 있다는 것을 숨기지 않았다. 물론 조선공산당측의 김일성 파견 요청은 수용되지 않았다. 소련군사령부나 김일성측 모두 부담감을 가질 수밖에 없는 남쪽에서의 활동보다도 북쪽 사업이 더욱 절실했을 것이다. 더구나 북한에는 좌파세력을 신장시킬 지도 인력이 남한에 비해 더욱 열악한 실정이었다. 이 서신은 또한 박헌영과 김일성의 양자관계가 알력과 견제보다는 협력적 색채에 더 가까웠음을 보여주고 있다.

이 시기 남한 내에서 김일성의 대중적 인지도는 우익성향의 선구회先驅會가 1945년 11월 남한에서 발표한 여론조사에서도 잘 드러나고 있다. 이에 따르면 김일성은 '조선을 이끌어갈 지도자' 가운데 여운형(33%), 이승만(21%), 김구(18%), 박헌영(16%)에 이어 9%를 획득함으로써 다섯 번째를 차지하였다. '일제시기 최고 혁명가'를 묻는 질문에서도 7%를 얻어 여운형(20%), 이승만(18%), 박헌영(17%), 김구(16%)의 뒤를 이었다.[17] 이 여론조사가 우익성향의 단체에 의해 이루어졌고, 또한 남한 공간에서 실시된 점을 고려한다면 당시 김일성의 대중적 위상은 결코 낮은 수준으로 분류하기는 어렵다.

2) 북한 내 '잠재적 경쟁자들'

해방 직후 김일성의 입지를 점검하기 위해서는 당시 북한 내 유력한 정치지도자들의 면면을 살펴볼 필요가 있다. 비록 이들이 실질적인 김일성의 경쟁자가 되지 못했을지라도 그의 위치를 간접적이나마 평가하는데는 의미가 있기 때문이다.

먼저 주목되는 인물로 김용범과 오기섭을 살펴볼 필요가 있는데, 이들은 1945년 10월 13일 조선공산당 북부분국의 책임자와 제2비서로 각각 선출되어 당시로선 형식적이나마 김일성보다 지위가 높았다. 전임자 현준혁玄俊爀이 9월 3일 우익단체인 백의사白衣社 단원에 의해 암살된 후 공산당 평남도 책임자가 된 김용범은 초기부터 소련군, 김일성 그룹

과 긴밀한 협력 관계를 유지하면서 지도자의 일원으로 성장해 갔다. 그
는 일제 시기 중국 유격대를 거쳐 콤소몰(공산청년동맹)에서 활동하였고,
소련에서 수학한 다음 코민테른에 의해 국내로 파견되어 적색노동조합
에 가담하였다. 이로 인해 두 차례에 걸쳐 6년 이상 옥고를 치렀다.[18]
그의 아내 박정애 역시 소련에서 중학과 고등사범을 졸업하고 소련공산
당에 가입하였으며, 조선으로 돌아와 다년간 노동운동에 투신한 공산주
의자였다. 그러나 그는 화려한 활동 경력에 걸맞지 않게 대중적 지명도
가 미약했다. 이는 일제시기 대부분의 비타협적 국내 공산주의자들이
지하활동을 할 수밖에 없었고, 따라서 대중적 명성을 획득할 기회가 거
의 전무했던 사정이 그에게도 그대로 적용되었다. 더구나 김용범 자신
이 정치적 부상을 하기에는 여러모로 문제점을 가진 것 같았다. 1947년
소련군 당국은 그가 "노혁명가로서 당과 인민 속에서 권위를 가지고 있
다"고 평하면서도 그의 단점을 지적하는 것도 잊지 않았다.

> 과거 김용범은 엠엘파에 가담하였고, 이전의 과오와 낡은 관계에서
> 완전히 벗어나지 못했다. 그리하여 개인적으로 박헌영지도부를 공개
> 적으로 표현은 하지 않지만 완전히 신뢰하고 있지 않다. 이론적으로
> 뒤떨어졌고, 옛 지식을 잊어버렸으며, 스스로 잘 연마하지 않고 있다.
> 북조선공산당 지도부에 있을 때 극좌적 질서를 주장하는 과오를 범했
> 다... 소련에 우호적이고, 소련을 목표로 하지만 소련사령부 대표들에
> 게 늘 솔직하지는 않다.[19]

김용범은 1945년 10월 김일성을 대신하여 조선공산당 북부 분국 책임
자로 선출되지만 실질적으로 그가 김일성의 지도적 지위에 대해 도전하
려는 욕망을 드러낸 증거는 없다. 오히려 그 자신은 초기부터 김일성과
긴밀한 협력관계를 형성하였을 뿐 아니라 그의 든든한 지지자였다.
김용범과 대등한 위치에 있던 국내 공산주의자로는 해방직후 북한에
서 좌익 세력이 가장 강력했던 함경남도에서 공산당 조직을 지도한 오

기섭을 들 수 있다. 3·1운동에서 시작된 그의 반일활동은 공산주의자로 입문하는 것으로 이어졌다. 한 차례의 투옥 생활을 거쳐 모스크바 동방 노력자공산대학에서 수학하고, 국내로 돌아왔지만 일제에 의해 재차 체포되었다. 도합 10여 년이 훨씬 넘는 투옥 기간은 그의 반일활동만큼이나 길었다. 그는 해방 직후 첫 시기부터 이 지역 조직사업을 지도하였으며, 뛰어난 문필력을 가지고 있어서 신문, 잡지에 많은 글을 기고하였다. 소련측 평가에 따르면, 그는 "자존심과 자부심이 강하며, 스스로를 과거 조선공산주의운동의 주요 지도자 가운데 하나로 생각"하였다.[20]

그런데 오기섭은 해방 이후 상당 기간 동안 김일성보다는 오랜 동지였던 박헌영의 '서울 중앙'에 더욱 충성심을 보였는데, 이 점은 북한 내 정치무대에서 그가 '이단'이 되기에 충분하였다. 또한 그의 초기 노선과 활동은 그의 정치적 성장에 장애요인이 되었다. 해방직후 그의 활동은 조선에서 소비에트 질서 수립을 지향하는 것이었는데, 이것은 소련 및 박헌영·김일성이 공통으로 지향한 '부르주아민주주의' 노선과 방침에 배치되는 좌경적 노선이었다. 그는 자신의 투쟁 경력을 밑천으로 조선공산당 북부 분국 제2비서로 선출되었으나 "실제 사업에 불충분한 조직력을 보여주었기"[21]에 얼마 후 해임되었다. 이후 당과 정권기관에서 중책을 맡아 활동하지만 자신의 권력 지향성과는 달리 그의 지위는 점차 하강선을 긋게 되었다. 특히 1948년 4월 북로당 제2차 전당대회에서 그는 해방 후 활동에 대해 혹독한 비판과 자아비판 대상이 되었으며, 선출된 중앙위원 67명 가운데 유일하게 반대표(5표)를 받는 수모를 겪었다.[22]

연안파의 거두 무정은 해방 직후 북한으로 들어온 해외파 지도자 가운데 김일성과 더불어 가장 명망 있는 인물이었고, 황해도 등지에서는 그를 '위대한 아버지'로 부를 정도로 대중적 지도자로 추앙 받았다[23]. 사실상 김일성의 가장 강력한 경쟁자로 부상할 수 있는 조건을 갖춘 인물이었던 셈이었다. 그는 중국 팔로군에서 활동하였고 중국 호남(湖南) 강서江西 일대에서 대단위 전투 경험을 쌓았다. 조선인 가운데는 거의 유일하게 2만5천리 대장정에서 살아남았으며, 중일전쟁 후에는 팔로군 포병부대의 창설자, 총사령관으로서 화북각지에 혁혁한 전과를 올리기도 했다.

그러나 무정은 1942년 결성된 조선독립동맹의 주요 지도자이자 조선의용군 총사령으로 나서면서 중국공산당의 지원을 업고 독립동맹의 운영에 적극 관여하였고, 노간부들을 비롯하여 다른 지도자들을 무력화하는데도 앞장섰다.[24] 이로 인해 중국공산당의 지지하에 해방 후 자신을 중심으로 한 조선공산당 재건을 꿈꿔왔음에도 정작 연안파 내부의 단결은 기대하기 어려웠다. 한편으로 다년간 팔로군에서 활동한 무정은 국내의 조직적 기반을 가지고 있지 않았다. 게다가 내부 분열에 시달리면서 북한으로 온 후에는 공산당과 신민당으로 나누어지는 연안파 인물들도 그를 옹립하여 지도자로 추대하려는 움직임이 전혀 없었다.[25]

소련측의 평가에서 그는 "정치적으로 준비되어 있고, 단호하고 능력 있는 조직자"[26]였음에도 불구하고 적지 않은 부정적인 인상도 남겼다.

> 그는 순전히 이기주의적인 파벌 활동 성향을 가지고 있다. 이에 대해서는 팔로군 내에서도 처분을 받은 바 있다. 높은 사람에 대한 복종을 바르지 않고 모욕적으로 받아들인다. 필요한 조직 역량을 지니지 못하고 있다. 자신의 부하들과의 상호관계를 올바로 조직하지 못한다.[27]

연안파 내부 및 소련군 지도부의 외면 속에서 무정이 더 이상 성장하기는 불가능했다. 그런 이유 때문에 1946년 북로당 창당 전 그가 소련 유학을 강렬하게 희망한 것은 어찌 보면 당연한 것인지도 모른다. 내외부적으로 불리한 조건을 가진 그 역시 북한 정치 무대에서 점차 내리막 길을 걷게 되었다.

위에서 거명된 인물들이 정치적 위상 면에서 김일성의 경쟁자가 되기에는 역부족이었다. 그 이외에는 어느 누구도 빨치산 그룹처럼 결속력 있는 조직을 가지지 못했고, 공산주의자들 내부의 확고한 지지도 없었다.

반면 민족주의적 토양이 비교적 강한 평안도에서 민족주의세력을 대표하는 조만식의 입지는 해방 정국의 큰 변수로 작용하였다. 조선의 간디로 불린 조만식은 일제하 조선물산장려운동을 주도하고 좌우합작단체인 신간회 결성에도 참여하는 등 조선의 대표적인 민족주의지도자였다. 그가 비록 끝까지 식민지권력에 반대한 비타협적인 투쟁을 벌이지는 않았지만 그렇다고 일제에 협력한 흔적은 없었다. 이에 대해서는 훗날 김일성도 간접적으로 시인하였다.[28] 소련군 당국은 해방 초 한 때 그를 '일본의 주구'로까지 묘사하기도 했으나[29] 민족주의자들과의 통일전선 방침에 따라 그를 적극 견인하고자 하였다. 제25군 군사회의 위원을 역임한 N. G. 레베데프의 회고는 조만식과의 협력에 상당한 어려움이 있었음을 보여주고 있다.

> 군 참모부가 평양에 도착하자마자 조만식이 이끄는 조선대표단이 우리에게 왔다. 우리는 평남위원회의 존재에 관해 사전에 알고 있었다. 우리는 당시 이 유명한 민족주의지도자의 정치 활동에 관한 상세한 정보를 가지고 있었다. 조만식과 그의 그룹을 우리 편으로 끌어들여 그들을 통해 조선의 민주화 노선을 수행하는 것은 바람직했다. 협의는 어렵게 진행되었다.
> 조만식은 그가 표현한 대로라면 "외국점령국"의 군사령부와 협력할 의사를 표시하였다. 그러나 그가 제시한 협력 조건은 우리를 안정시키지 못했다. 그럼에도 우리는 첫 시기에 일정한 타협을 하지 않을 수 없었다. 그리하여 우리는 우리의 최초의 모든 정치적, 조직적 대책들에 대해 공산주의에 공감하지 않는 이 사람과 동의해야만 했다."[30]

소련군 당국은 조만식에 대한 '믿음'이 부족했음에도 민족주의진영에서 그가 지니는 위치 때문에 그의 협조를 받아야 했을 것이고, 조만식으로서는 모든 분야의 헤게모니를 가지고 있는 소련군 당국의 영향력을 무시하기는 힘들었을 것이다. 다만 조만식은 소련군 당국에 일면 협조를 하면서도 남쪽의 미군정과도 관계를 맺었다. 1945년 10월 5일 미군정청은 각계 명망 있는 조선인 지도자 11명을 군정장관의 고문관으로 임명하였는데, 북쪽 출신으론 유일하게 그를 포함시켰다.[31] 이후로도 조만식과 미군정은 상호 밀사를 파견하는 등 긴밀한 연대를 이어갔다. 소련군 당국의 입장에서는 조만식의 '친미성'이라는 불안한 인식을 안고 그와 협력을 모색하게 된 것이다. 소련측이 그를 북한 내 정치구도에 포섭하기 위해 큰 공을 들인 것은 '부르주아민주주의 권력' 수립의 요건과 명분 이외에도 민족주의자들에 대한 세력 확보 차원에서도 절실하였다. 때문에 북한의 지도자를 놓고 본다면 김일성 개인으로서는 잠시나마 조만식과, 아직까지 전혀 인식되지 않을뿐더러 표출되지도 않은 경쟁 관계에 들어섰는지도 모른다.

3. 김일성의 입지 확대와 권력 부상

1) 공식 활동 개시와 입지 확대

김일성의 귀국 후 북한 내 공산주의자들은 그의 지도적 위치와 역할에 대해 자연스럽게 동의하고 있었다. 그것은 그가 소련의 지지를 받고 있었던 측면도 있었지만 조선공산주의운동에서 차지하는 권위를 반영한 것이기도 했다. 그러나 후술하겠지만 이 위상은 완전한 것은 아니었다.

한 자료에 따르면, 김일성은 1945년 10월 10일 이북5도 인민위원회 연합회의를 통해 공식 행사에 처음 모습을 드러냈다고 한다.[32] 이 회의는 10월 7~11일 간에 걸쳐 북한 각도의 정치, 경제적 조직화에 있어서 통일적 원칙을 마련할 목적으로 제25군 군사회의에 의해 소집되었으며, 여기에는 조만식, 김용범, 오기섭 같은 지도급 인사들이 대거 참가했지만, 연합회의 참석자 대표 명단 111명 가운데 빨치산 출신은 단 한 명도 없었다[33]. 김일성 그룹이 그때까지 권력 기관 내에 진입하지 못한 것은 이미 북한 각지에 자치기관들이 조직된 상황에서 귀국 후에 곧바로 본격적인 활동을 벌이지 않았기 때문이었다. 곧이어 김책, 최용건, 김일과 같은 일부 지도급 구성원들은 당과 권력기관에 배치되기도 했으나 다수는 그간의 군사적 경험을 바탕으로 군사 및 무력 분야에 참여를 준비하고 있었다.

미·소에 의해 남북으로 통치지역이 분리된 상황에 대처하고자 김일성은 귀국 후 열흘 남짓만에 북한의 독자적인 당조직 결성에 나섰다. 10월 1일 평양에서는 북한 각 도당 위원회 서기들과 지도적 간부들이 회합하여 '북조선 당 조직의 지도를 위한 조직국', 즉 조선공산당 북부분국을 결성하기로 합의했다[34]. 이와 같은 과정은 당연히 소련측의 이해관계와 무관하게 이루어질 수 없었다. 소련군 당국은 북조선에 부르주아 민주주의 권력 수립을 주요 내용으로 하는 스탈린의 대북한정책 지침[35]이 하달된 상황에서 그 실행을 뒷받침 해줄 공산주의 세력의 조직화를 절실히 느꼈다.[36]

10월 13일 북한 각도의 대표적 공산주의자 69명이 참석한 가운데 서북5도당 책임자 및 열성자 대회가 열려 조선공산당 북부분국의 창설을 공식적으로 결정하였다[37]. 현 조선로동당의 모태가 된 분국의 창설 결정은 향후 공산주의 운동의 주도적 역할이 북쪽으로 이동할 것을 예고하는 순간이었다. 동월 20일에 결성된 분국의 책임자로는 김용범, 제2비서는 오기섭이 선출되었다. 북조선 5개 도와 평양시 대표들로 구성된 분국 집행위원의 명단[38]과 그들의 주요 경력은 아래의 <표 1>과 같다.

<표 1> 조선공산당 북부분국 집행위원 명단

대표지역	성 명	주 요 경 력
평안남도	김일성	생 략
	김용범	생 략
	장시우	1895년 평남 용강 생, 1917년 평양 숭실중학 졸업, 1926년 조공 만주총국 입당, 1927년 블라디보스톡으로 이동하여 당학교에서 자연과학과 수학을 가르침, 1929년 중국공산당 입당, 1930년 공산주의활동으로 체포되어 10년을 선고받음, 1939년 출옥, 석방 후 평양으로 와 해방 전까지 고무신 공장을 함, 해방 후 조공 평남도위원회 정치부장.
	박정애	1907년 함북 경흥 출생,보로실로프 시 기술학교 졸업, 1923년 소련공청에 가입, 1932년까지 모스크바 소재 공장공청선전부장, 소련공산당 입당, 1932년 귀국 후 평양 고무공장 등에서 노동운동 종사,1934년 검거되어 1년간 복역, 해방 후 조공평남도위원회 위원, 김용범의 부인.
	윤상남	1905년 전북 김제 출생, 소학교 졸업 후 1925년 동경외국어학교 1년 수료, 1926년 상해로 건너감. 1928년 공산당(중국) 입당, 1931년 귀국하여 평양 등지에서 선전 및 조직활동, 1933년부터 5년 간 투옥됨, 이후 다시 검거되어 4년 간 복역, 해방 후 조공 평남도당 부조직부장 및 시당 조직부장
평안북도	김휘	1910년 생, 1938년 중국 중앙육군군관학교 졸업, 조선의용대 입대,3차례 체포되어 도합 6년간 투옥됨, 해방 후 공산당 평북 도당 비서
함경남도	오기섭	생 략
	이주하	1905년 함남 북청 출생, 1929년 원산 총파업 주도, 1929년 공산당 입당, 1930년 공산주의조직 결성 혐의로 체포되어 1935년 석방됨, 1935년 중국으로 가 소련군이 들어올 때 귀국, 해방 후 공산당 원산시당 비서, 조공중앙위원, 조공중앙위 정치국원
	정달헌	1897년 함남 홍원 출생, 1925년 조선공산당 입당, 모스크바 동방노력자 공산대학 졸업, 1931년 평양에서 동맹파업을 수도로 인해 1938년까지 복역, 1940년 재차 피검되어 해방 후 출옥
함경북도	허현보	1899년(또는1903년) 생, 혁명운동으로 10년간 투옥됨, 조공 함북 도위원회 비서
	이주봉	1905년 함북 성진 출생, 1927년 3월 조선공산당 만주총국입당, 동만도東滿道 수신향守信鄕 제7야체이까로 활동

황해도	최경덕	1908년 함남 함흥 출생, 반제활동으로 1932～1945년 투옥, 일본의 패망 후 조공중앙위에 의해 조공황해도위원회 제1비서로 파견됨
	김응기	1900년 경북 예천 출생, 1930년 평양에서 노동운동으로 투옥됨, 1935년 출소 후 반제운동을 벌이던 중 재차 투옥됨, 해방 후 출소
강원도	정재달	1894년 충북 진천 출생, 1920년 동경에 사회주의자운동 가담, 1922년 경성에서 공산주의비합법 조직에서 사업, 1924～1927년 투옥, 1929년 10월 동방노력자 공산대학 입학, 1931년 귀국하여 조공 재건에 가담. 1933년 부산에서 체포되어 1937년까지 투옥됨, 1945년 7월 29일 재차 체포되어 감옥에서 해방을 맞음.
평양시	이동화	1902년 생, 모스크바 의과대학 졸업, 제2차세계대전 시 소련 극동전선군 정치국 제7부 한국어 통역, 88독립보병여단 내 군의관, 분국 조직부장
	김일[39)]	1910 함북 어랑 출생, 1931년 항일활동에 투신, 1936년 김일성 빨치산부대에 가담. 1940년 빨치산 부대와 함께 소련 이동, 88독립보병여단에서 대대 부참모장 역임, 해방 직후 공산당 평북도당 조직부장
	김 책	1903년 함북 성진 출생, 1930년 중공당 입당, 1927～1930.1, 1930.11～1931.12 투옥, 1910년 부친과 만주 이주, 1926년이래 민족해방운동에 참여, 하바롭스크 소재 88독립보병여단 정치담당 부대대장, 해방 직후 함남에서 당 활동

* 출전: 강만길·성대경 엮음, 『한국사회주의운동인명사전』(서울: 창작과비평사, 1996) ; 『조선대백과사전』4 (평양: 백과사전출판사, 1996) ; ≪정로≫ 1946년 2월 20일 ; ≪로동신문≫ 1946년 10월 26일, 30일, 11월 1일자 ; 메클레르, "북조선 정당·사회단체 지도자들의 경력 및 평정(1946. 1.12)" ЦАМО, ф. 172, оп. 614631, д. 43, лл. 14, 16, 17-19: РГАСПИ, ф. 17, оп. 128, д. 61, л. 55, 60; д. 205, л. 24 ; "남북조선 정당 및 사회단체 목록" ЦАМО, ф. 172, оп. 614631, д. 43, л. 14, 15: ЦАМО, ф. 142, оп. 540936, д. 1, лл. 9-10.

분국 집행위원 17인 구성은 당시 북쪽에 있던 공산주의자들을 대표하는 인물들을 뽑았으나 급히 서둘러 인선한 색채가 두드러진다. 이것은 이들 가운데 김일성, 이주하, 김책, 박정애 등 몇몇을 제외하곤 나머지는 이후 정치적으로 더 이상 성장하지 못한데서 알 수 있다. 위의 인선은 초기 당이 정비되지 않은 상황에서 경력과 능력을 엄밀히 적용한 것이 아니었는데, 그만큼 분국 결성이 치밀한 준비를 거치지 못했음을 입증한 것이었다. 얼마 후 연안파 출신을 비롯한 거물급 인사들이 충원되면서 당 권력 구조가 점차 개편되었다.

김일성은 분국 내에 어떠한 책임 있는 지위를 맡지 않았으며, 빨치산 출신 중 김책, 김일 그리고 소련계 한인 이동화와 함께 선출된 17명의 위원에 포함되었을 뿐이었다. 나머지는 모두 해방 당시 국내에서 활동했던 인물들이었다. 하지만 김일성은 이 대회에서 <당조직문제>에 대한 보고를 통해 '자본민주주의 정권' 수립 등 당의 노선을 천명함으로써 자신의 '지도적 지위'를 간접적으로나마 드러내 보였다.40) 그의 보고는 김영환金永煥이란 가명으로 발표되었는데41), 이는 민족부르주아지를 포함한 통일전선 형성을 이유로 그 자신이 공산당원임을 공개하지 않으려고 했음을 엿볼 수 있다.

분국의 창설을 둘러싸고 대회 이전에 진행된 논의과정에서 국내파 공산주의자 중 반대 의견이 있었다. 사실 분국 결성은 김일성과 박헌영 간의 담판에 의해 최종 결정된 것으로 알려지고 있다.42) 처음 박헌영은 분국 설치를 반대하였으나43) 분국이 중앙당에 직속된다는 조건에서 타협이 이루어졌다. 북한에서는 함남의 대표적인 공산주의자들인 오기섭, 이주하, 정달헌 등이 분국 설치에 대해 이러저러한 이유를 들어 반대의사를 표시하였다. 특히 오기섭은 자신이 책임비서로 선출될 것을 기대하였지만 막상 김용범이 선출되자 분국에 대해 반대하였다.44) 요컨대 이 때까지 그들은 김일성을 자신들의 지도자로 인정하는데 주저했던 것이다.

이러한 까닭에 김일성이 대회 개최의 완전한 주도권을 행사한 것도 아니었다. 조선공산주의 운동 내에서 김일성의 입지가 견고했을지라도 불과 열흘 남짓 만에 각 도당조직의 합의를 도출시키기는 무리가 따를 수밖에 없다. 하지만 평남도당을 비롯한 각 도당은 처음부터 소련군 사령부와 지속적인 협력 관계를 유지하고 있었고, 김일성은 귀국 직후부터 김용범, 박정애 등과 긴밀한 연계 속에서 활동하였다. 따라서 이들에 대해 강력한 영향력을 행사한 소련군 사령부의 존재를 고려한다면, 대회는 김일성 그룹과 평남도당을 중심으로 한 국내파의 합작으로 이루어진 것임을 알 수 있다.

한 가지 분명히 지적해야할 점으로 분국설치를 둘러싸고 일어난 불협화음을 국내파와 김일성그룹 간의 갈등이나 헤게모니 투쟁으로 돌리는 것은 잘못된 판단이다.[45] 분파간 대립의 주요 원인은 대체로 기본노선의 불일치에서 나타나는데, 이 시기 오기섭 등 일부 국내파 공산주의자들의 문제는 노선보다는 '충성 대상'과 개인적 '욕심'의 문제였다. 더욱이 중요한 것은 평남도당이 국내파의 대표 구실을 했다고는 하나 아직 각 도당은 '지방할거적' 경향이 강했기 때문에 '국내파'라는 용어가 의미하는 내부적 결속력은 매우 미약했다. 또한 국내파 공산주의 지도자의 다수는 과거 소련의 동방노력자공산대학[46] 등에서 교육을 받고 코민테른에 의해 파견될 정도로 대부분 소련과 직·간접적인 인연을 가지고 있었다. 결국 그들이 내세운 주요 반대 명분이었던 1국 내 2당 불가 원칙도 남북의 분단이라는 복잡한 상황과 분국 결성을 적극 추진한 '김일성 계열'과 소련군 당국의 압력 앞에 꺾이게 된 것이다.

분국 결성 시 김일성은 제1비서로 선출되지 않았지만 사실상의 분국 지도자로서 분국 결성을 막후에서 지휘하였다. 다만 이때까지 스스로 가명을 사용한 데서 볼 수 있듯이 김일성 자신이 공산당 소속임을 대외적으로 공표하지는 않았다. 특정 정파의 지도자보다는 '민족적 영웅'의 인식을 확산하려는 의도를 확연하게 보여준 것이었다.

북부 분국은 서울에 소재한 조선 공산당 중앙위원회의 권위를 부정한 것이 아니라 그 직속으로 설치되었다. 소련측도 박헌영이 이끄는 조선공산당 중앙위원회를 전조선 공산주의 조직의 지도를 위한 유일한 중앙기관으로 인정하였고, 북조선공산주의조직들의 지도를 위해 그 직속으로 설치된 분국을 올바른 것으로 간주하였다.[47] 북부분국이 사실상 한국공산주의 운동의 중심적 기관으로 자리한 것은 대략 1946년 3월 토지개혁 실시 이후의 시점일 것이다. 그럼에도 북부분국의 결성을 애초부터 '새로운 당' 창건으로 보는 다소 성급한 논의는 북부분국의 위상 변화가 미소관계와 남북의 정세 변동에 따라 점차적으로 이루어졌음을 간과한 것이다.[48] 국내파 다수가 조공의 영향을 받고 있는 상황에서 그들의 급작스런 태도 변화는 가능한 상황이 아니었다.

분국 결성 결정이 있고 난 다음 날인 14일 해방 후 북한에서 최대 규모의 집회인 '평양시 군중대회'가 평양공설 운동장에서 열렸다. 현재 북한이나 김일성의 사전 '내정설'을 입증하려는 측은 이 집회가 '김일성 장군 개선 환영 대회'였다고 주장하고 있다.[49] 그런데 개최 준비에만 상당한 시간과 준비가 소요된 집회가 김일성을 위한 '환영식'이었다면 그는 그 후 곧바로 최고 지도자로 등장했어야 하지 않았을까? 김일성이 대회에 나서서 '영웅적인' 소개를 받고 연설을 했으나 본래의 목적은 소련군의 환영을 위해 조직된 것이었다.[50] 다만 김일성의 등장이 대중적으로 큰 주목을 받았고 공산당원들이 대회 개최 전 이를 대대적으로 선전했던 까닭에 '김일성 환영대회'로 알려지기도 했다. 아무튼 이 대회는 김일성의 대중적 인지도를 북한 정치세력과 소련군 지도부에게 각인시켜준 계기가 되었다.

북한 지도자로서의 김일성 등장은 전반적인 정세의 변화와도 밀접한 연관이 있었다. 그가 어떤 시기에, 어느 직위에 발탁될 것인지는 전반적인 정치 노선과 정세에 의해 영향을 받았다. 소련군 지도부가 1945년 10월에 정치, 경제 부문의 지도를 위해 중앙 권력의 필요성을 강조하고 '북조선임시민간자치위원회'를 결성하려고 시도했을 때[51] 그 위원장 직으로는 조만식이 천거되었다. 하지만 조만식은 이를 한사코 거부하였고, 그에 따라 이 기구의 결성은 무산되고 말았다[52]. 그 만큼 조만식의 권위는 무시하기 힘든 것이었으며, 소련군 사령부도 그를 배제하고서 정국을 이끌기는 쉽지 않았다. 사실 조만식에 대한 소련의 '집착'은 ― 물론 김일성도 이에 동조했지만 ― 그가 북한 내에서 가진 영향력을 고려한 것 뿐 아니라 해방 후 소련의 '부르주아 민주주의 권력' 수립 노선과도 관련을 가지고 있다. 더욱이 아직 분단정권 탄생을 염두에 두지 않은 상태에서 미국과의 교섭하에 자국에 우호적인 정권 수립에 관심을 가진 소련으로서는 조만식의 역할에 큰 기대를 걸었던 것이다.

　해방직후만 해도 김일성과 조만식은 특별히 불편한 관계를 유지하지는 않았다. 김일성은 조만식을 통일전선의 큰 축으로서 예우를 표시하였고 반대로 조만식은 김일성의 과거 투쟁경력을 인정한 것으로 보인다. 11월 3일 조선민주당 결성식에서 조만식은 공산주의자들과의 협력을 강조하였고, "민주당이 김일성의 주도로 창설된다"고 하는 등 김일성을 추켜세우기도 했다.[53] 그러나 조만식은 조선의 즉시 독립을 주장하는 입장을 보였으며, 건국문제에서 연합국의 입김을 받아들일 수밖에 없다는 공산주의자들의 주장에는 불만을 드러냈다. 이후 이 두 사람간의 갈등적 요소는 표면화되기 시작하였다. 그 실례로 남한에서 독립촉성중앙협의회 결성 시 이승만은 조만식에게 밀사를 보내 김일성을 초청할 것을 제의하였는데, 이에 따라 조만식은 김일성을 만나 북조선 각도가 조선 정부 창설에 참여하고 중앙정부는 12월 이전까지 수립되어야 한다고 하였다.[54] 이때까지 정부가 수립된다면 미소 정부에게 남북조선에서 점령군 철수에 관한 문제를 제기할 수 있다는 것이었다. 김일성이 이 제의에 동의하지 않자 조만식은 측근들을 통해 그가 통일을 방해하고 있고 붉은 군대를 위해 일한다는 비난을 퍼부었다.

　김일성의 최대 후원자는 물론 북한에 주둔한 소련군 지도부였다.

1945년 11월 초 슈티코프는 모스크바지도부에 보낸 보고에서도 김일성에게 적극적인 평가를 내리고 있다.

> 김일성의 이름은 조선인민의 광범위한 계층 가운데서 알려져 있다. 그는 일본 제국주의에 반대한 조선인민의 전사와 영웅으로 알려져 있다. 조선인민은 그에 관한 많은 전설을 만들어냈고 그는 진실로 조선인민의 전설적인 영웅이 되었다. 일본인들은 김일성을 잡기 위해 온갖 수단을 이용했으며, 그의 머리에 많은 액수의 돈을 걸었다. 김일성은 특히 농민을 위시하여 모든 민주계층 사이에서 인기가 높다. 그는 미래 조선 정부 내에서 알맞은 후보이다. 인민민주전선의 창설 시 김일성은 이를 이끌 알맞은 후보가 될 것이다.[55]

슈티코프는 계속해서 북한에서 "공산당, 민주당, 민주청년동맹, 민주여성조직, 직업동맹 및 기타 반일민주조직들을 기반으로 민주주의통일블록을 세울 것"을 주장하면서 그 선두에 김일성을 등용할 것을 상부에 제의하였다.[56] 슈티코프의 이 제의는 곧바로 실행에 옮겨지지 않았으나 소련이 구상하는 김일성의 '활용 방안'의 일단을 드러내주고 있다. 슈티코프는 분국 결성 시 "그가 비서로 선출되지 않은 것은 조선 정부 기관으로의 진출을 고려하기 때문이다"[57]고 하였다. 이것은 당의 영역을 넘어 조선 전체를 아우르는 역할을 취하고자 한 것이었다. 하지만 슈티코프의 보고는 김일성을 북한이나 전한반도의 최고 지도자로 고려한 것이라기보다는 그 후보군에 속한다는 것을 밝혔다고 볼 수 있다. 그렇다하더라도 소련측은 그가 북한 내 공산당 조직의 실질적인 책임자임을 부인하지 않았다.

사실 소련군 지도부와 김일성의 관계를 살펴볼 때, 동일한 이념을 공유하고 있던 양자간에는 정책적 견해차가 드러날 소지는 그리 크지 않았다. 김일성은 많은 부분에서 소련의 견해와 조치를 따랐다. 그러나 그가 소련의 정책적 입장에 동조하였더라도 그것을 무조건 추종한 것은

아니었으며 오히려 자신의 독자적인 구상을 제기하는 편이었다.[58] 이를
테면 1945년 11월 14일 슈티코프와의 대담에서 그는 미래 조선 및 공산
주의자들의 과업에 대해 소련공산당 중앙위원회와 협의하기 위해 남조
선공산당 대표 1인과 북조선공산당 대표 2인을 모스크바에 파견시켜 줄
것을 요청하였다.[59] 이 자리에서 그는 또한 공산당과 도 인민위원회 사
업을 지원해줄 소련계 한인 1500명의 파견과 조소문화협회 조직, 군당
산하에 청년 정치학교 설립 등을 제기하였다. 물론 김일성의 요청이 전
부 수용된 것은 아니지만 김일성은 소련과의 관계에서 수동적인 자세를
취하고, 일방통행적인 관계를 유지하지는 않았다.

2) 북한 내 정치적 주도권 획득

알려진 대로, 김일성의 공식적인 정치적 부상은 12월 17～18일에 열
린 분국 제3차 확대집행위원회에서는 책임비서로 선출되면서 이루어졌
다. 이 회의는 각 지방당에 대한 분국의 조직적 지도가 혼란에 빠진 상
황[60]에서 상하부의 조직체계를 갖추기 위한 것이었다. 김일성의 전면
부상은 이제까지 '민족적 영웅'으로만 알려진 상황에서 처음으로 공산
주의자임을 공개적으로 천명하는 것이기도 했다. 이로 인해 북한 내부
에서는 일부 혼란스러운 반응이 나타나기도 했는데, 가령, 민주당 지도
부는 "김일성이 공산당을 이끌고 있다는 것을 사전에 알았다면 그의 사
상적 지도 밑에 민주당을 창설하지 않았을 것"이라고 하였다.[61] 이 때
문에 소련군 일각에서는 김일성이 공산당원임을 밝히지 않은 것은 심각
한 정치적 실수였음을 지적하였다.[62] 그럼에도 이 시점에서 김일성은
"북조선뿐 아니라 남조선 인민들 사이에서 큰 인기를 누리고" 있는 "북
조선의 특출한 사회정치 활동가"로 평가받았다.[63]

김일성의 부상에는 소련측의 지원을 비롯하여 국내파 공산주의자들

의 협력, 그리고 특히 10월 14일 군중대회 이래 확보된 그의 정치적 위상이 큰 밑거름이 되었다. 그러나 북한의 지도자 발탁에 있어서 이니셔티브를 쥐고 있던 소련 지도부는 '지도자' 문제에 대해 탁치정국 이전까지는 분명한 태도를 취하고 있지 않았다. 1945년 12월 25일 자 소련군 총정치국장 I. V. 쉬킨이 외무 부인민위원(차관) S. A. 로조브프스키에게 보낸 보고서 결론의 일부는 이러한 상황을 극명하게 보여준다.

> 현 시기에 북조선에서 우리는 조선에서 우리 군대가 철수할 경우 우리의 국가이익을 보장해줄 수 있는 견고한 정치·경제적 입지를 아직 획득하지 못했습니다. 민주적인 민족 간부에 대해 충분하리만큼 연구하지 못했습니다. 현재 민족민주 활동가 가운데는 공산당 지도자들인 김일성과 박헌영, 민주당 지도자 조만식이 북조선에서 가장 지명도가 높습니다. 조만식의 소련에 대한 정치적 입장은 아직 불명확합니다. 연해주군관구 군사회의의 견해에 따르면 민주적인 조직들이 이끌고 조선에서의 우리의 이익을 보장할 수 있는 민족민주 간부들을 준비시키는데는 아직 4∼5개월이 더 소요될 것입니다.[64]

분명한 사실은 1945년 12월 시점에서 누가 북한의 '공식대표'로 될 것인가는 소련 지도부 차원에서도 확인이 돼 있지 않았다는 것이다. 그리고 '북조선임시민간자치위원회' 위원장 자리를 거부했던 조만식에 대한 '미련'도 완전히 버리지 않았음을 암시한다. 조만식이 1946년 1월 초 한국 문제에 대한 모스크바 삼상회의 결정(한국임시민주정부 수립 및 신탁통치 실시) 수용을 거부하였을 때, 소련군 사령부와 북한공산당은 그에게 이 결정을 지지해줄 것을 수차례에 걸쳐 끈질기게 설득하였다. 그가 이 결정을 받아들일 경우 한국(조선)임시정부의 대통령으로 추대하겠다는 제의까지 있었다.[65] 그러나 1946년 1월 4일 평남 인민정치위원회 회의에서도 조만식은 "내가 (평남)인민정치위원회 위원장으로 있는 동안에는 모스크바 결정에 찬동할 수 없다"고 거부의 의사를 분명

히 하였다.66) 그의 언급 가운데 "김구를 포함한 남조선 정당 · 사회단체
의 저명한 지도자들이 참여하는 반탁운동이 개시된 것으로 알고 있
다"67)한 것으로 보아 그가 모스크바 결정 지지를 거부한 이유가 남한
우익세력과의 교감에 있음을 간접적으로 시사하였다. 조만식을 설득하
려는 시도는 결국 수포로 돌아가고 그의 정치적 생명은 소련군 당국에
의한 연금이 이어지면서 끝나고 말았다.

조만식의 퇴장은 그를 지지하던 상당수 민족주의적 인사들의 동시적
인 탈락을 이끌었다. 그만큼 공산당이 제기한 통일전선의 범위는 상대
적으로 협소해지면서, 이후 정국은 공산주의자 및 '용공적' 민족주의자
들이 완전하게 주도하게 되었다. 만일 조만식이 그 이전에 '북조선임시
민간자치위원회' 위원장직을 수락하고 모스크바 결정을 지지하고서 공
산당과의 협력 속에 북한 정국을 주도적으로 이끌어 갔다면, 김일성의
위치는 비록 궁극적인 변동이 없었을지라도 다양한 요인에 의해 가변적
이 될 수밖에 없었을 것이다.

조만식이 축출된 후 그 공백을 한꺼번에 메워줄 인물로는 김일성 이
외에는 대안을 찾기가 쉽지 않았다. 그의 위상 강화는 신탁통치 문제를
놓고 전국적으로 좌우익 세력간의 대립이 첨예화 된 상황에서 북한의
'민주기지'를 강화시키는 흐름과 일치되어 나타났다. 1946년 2월 8일
김일성은 북한 최초의 중앙권력 기관인 북조선 임시인민위원회 위원장
으로 선출되어 명실상부한 북한 정치체제 내에서 1인자의 지위에 오르
게 된다.68) 북임위는 북한공산당 지도부와 소련군 당국이 추구했던 '상
향식' 권력 구조 원칙에 따른 최고권력기관이자 북한정부의 모태였다.
그 시점에서 북임위 결성을 결정한 한 가지 이유는 모스크바 결정으로
인해 복잡해진 한반도 정세를 능동적으로 대처하고 향후 한국(조선)임
시정부가 수립될 경우를 대비하는데 있었다. 또한 북한 내 좌파에 의한
주도권을 확실히 다지고 이를 통해 남측의 우파들과의 경쟁에서 우위를

점해 전한반도 차원의 좌파 헤게모니를 장악하고자 함이었다.김일성의 입지는 북한 '민주기지'의 강화를 위해 추진된 토지개혁의 시행과 더불어 더욱 단단해지게 되었다. 이 즈음에 이르러 북한 언론에는 김일성과 견줄 정치지도자가 거명되지 않았다. 조선공산당 북부분국은 더 이상 '서울 중앙'의 지시를 받는 하부 조직이 아닌 독자적이고 대등한 북조선공산당이 되어 있었다. 더욱이 북한 내에서 "김일성장군이 발표한 20개 정강은 앞으로 수립될 조선임시정부의 기초적 정강이 되어야"[69] 한다는 주장이 보편화됨으로써 사실상 향후 한국(조선)임시정부 수립에 있어 김일성의 주도적 역할이 강조되기 시작하였다. 토지개혁이 실시되면서 북한의 신문 매체에는 박헌영을 추앙하는 문구는 사라지고 김일성을 '높이 받드는' 구호와 글들이 늘어났다. 토지개혁이 완료되고 제1차 미소공동위원회가 진행 중에는 한국(조선)임시정부 수반으로 김일성을 내세우자는 캠페인이 본격적으로 등장하기 시작하였다.[70] 1945년 9월부터 입국하기 시작한 당원, 인텔리 출신의 소련계 한인들도 '김일성 우상화' 작업에 적극성을 발휘하였다.[71] 사실상 소련의 명령체계에 의해 움직인 그들은 당과 행정 경험이 풍부하고 사상이론적 수준이 높았기 때문에 이를 바탕으로 당 및 권력기관의 발전에 중요한 역할을 수행하면서 김일성의 권력기반을 강화시켰다.

그런데 만일 1946년 미소공동위원회 사업이 성공적으로 진행되어 한국(조선)임시정부가 수립되었다면 김일성의 위치는 다른 국면을 맞았을 수 있었다. 박헌영과 김일성의 의견이 반영된 임시정부 내각 후보 명단에는 남조선인민당 당수이자 저명한 중도좌파 지도자인 여운형이 수상 후보에, 중도우파 지도자 김규식과 박헌영이 부수상 후보로 천거되었다.[72] 김일성은 군부를 담당하는 국방상 후보로 추천되었다. 다시 말해서 통일정부가 수립될 경우 1946년 초 소련측이 구상한 대로라면 그는 최고 지도자로 예정된 것은 아니었고, 이후로도 남측 후보자들과의 치

열한 경합을 벌여야 했을 것이다. 하지만 한국(조선)임시정부 수립을 상
정한 이 같은 내각 구도는 미소공위가 결실을 거두지 못하면서 실현되
지 못했다. 이렇듯 김일성의 정치적 입지는 자신에게 유리한 정치적 국
면이 조성됨에 따라 한층 견고해지게 되었다.

3) 박헌영과의 최종 경쟁

한결 탄탄해 보이는 김일성의 북한 내 입지는 그 변동 요인이 완전히
상실된 것으로 볼 수는 없었다. 남북 분단의 위험성이 점차 가시화되는
단계에서 그의 입지를 결정적인 것으로 단정짓기는 어려웠다. 그의 위
상을 결정짓는 요인은 향후 정국의 전개 과정에서 등장하는 여러 복잡
한 변수, 특히 남북 조선노동당의 합당 등에 의해 다소간에 변화 가능성
이 남아 있었다. 가령 북한만의 단독정부 수립을 예정했을 경우에도 김
일성은 비록 우위를 점하기는 했지만 박헌영과의 경쟁이 완전히 끝나지
는 않았다. 반대로 통일정부가 수립될 경우에도 1946년 초 소련측이 구
상한 대로라면 그는 최고 지도자로 예정된 것은 아니었고, 이후로도 남
측 후보자들과의 치열한 경합을 벌여야 했을 것이다.

1946년 7월 초 김일성과 박헌영은 모스크바를 방문하여 스탈린과 대
담한 적이 있다. 스탈린은 소련의 대한반도 이해관계를 실현하려는 의
도에서 두 공산주의 지도자와 처음으로 대면하였다. 그런데 스탈린이
이 자리에서 '북한의 지도자'에 대해 소련 외무성이 추천한 박헌영과
군부가 지지하는 김일성 사이에서 최종적으로 김일성을 선택했다는 주
장이 제기되어 왔으나, 이는 명백히 상황을 잘못 이해한 데서 나온 것이
다.[73] 왜냐하면 '북한의 지도자'라 함은 분단이 기정사실화되었을 때 나
올 수 있는 말이므로, 분단 결정이 이루어지지 않은 1946년 7월 당시에
이를 상상하기는 대단히 어렵다. 더욱이 남한 혁명을 위해 그곳을 주활

동 무대로 삼은 박헌영을 북의 지도자로 삼는 것은 가정하기 힘든 일이
었다. 실제로 박헌영은 미군정의 체포령이 떨어진 후인 1946년 10월 6
일에야 월북하였고,[74] 북한 정부 수립 이전까지 북한의 내정에는 사실
상 참여하지 않았다. 그럼에도 박헌영이 입북한 후의 상황에는 권력 구
도의 가변성이 존재하였으며, 그것은 남북로동당간의 관계 및 소련의
입장을 반영한 듯이 보였다.[75] 특히 남북분단이 점차 가시화되는 과정
에서 권력 내부의 주도권을 위한 세력간의 경쟁은 피할 수 없게 되었다.

　김일성과 박헌영의 모스크바 방문 직후 남북의 좌파 정당들의 합당
이 추진되었다. 1946년 8월 말 북한에서는 북조선공산당과 연안독립동
맹이 주축이 된 북조선 신민당이 합당하여 '대중적 좌파정당'인 북로당
이 탄생하였다. 반면 북로당과 동시에 합당 절차를 밟으려고 했던 남한
좌파정당들은 내부 이견으로 얼마간 지연되다가 11월에 되어 남로당으
로 합당되었다. 김일성과 박헌영은 북로당과 남로당의 부위원장직을 각
각 맡게 되지만 두 사람 모두는 각 당의 실질적인 지도자였다. 남북 각
각에 남로당과 북로당의 탄생은 좌파세력들의 통합을 통해 대중적 기반
을 확장하고 향후 정국의 주도권을 확보 내지 강화하고자 하는 뜻이 담
겨 있었다. 그러나 두 당의 존립은 북로당의 우위에도 불구하고 '한반도
혁명'의 참모부가 두 개로 분할됨을 의미했으며, 단일한 지도체계의 형
성을 불가능하게 만들었다. 따라서 이같은 난관을 극복하기 위한 남북
노동당 통합지도부 형성 문제는 두 노동당과 소련측으로서는 매우 예민
한 사안이었다.

　1947년 1월 초 김일성과 슈티코프는 남북로동당 통합지도부 선출 문
제를 가지고 간략히 논의하였다. 이때 슈티코프는 북로당 위원장 김두
봉金枓奉과 남로당 위원장 허헌許憲 가운데 선출된다면 그들 사이에 갈
등이 일어날 수 있다는데 우려하였으며, 박헌영을 지명하면 김두봉이
반대할 것이라고 생각하였다. 따라서 김일성과 슈티코프는 이 문제는

후일 재검토하기로 약속하였다.[76] 이 대담에서 김일성을 통합당 위원장
으로 선출하는 문제는 제기되지 않은 것 같다. 아마도 양자 모두는 남로
당과의 관계를 염두에 두었거나, 그가 아직 전국적인 대표성을 갖기에
는 시기상조라는 판단을 내렸을 것이다. 이 시기에 김일성과 박헌영 가
운데 누가 우위에 있었는지를 명백히 속단하기는 힘들다. 북한 내 정치
지형을 놓고 보면 김일성이 단연 유리하였지만 전국적인 '대표성'을 따
질 때 박헌영이 유리한 측면도 있었다. 더구나 소련측도 김일성의 손을
들어준 것만은 아니었다.[77]

　당지도부 통합 문제는 이후에도 지속적인 현안이 되었다. 1948년 1
월 초 슈티코프는 스탈린에게 "미래 조선의 통일과 이어지는 남북조선
노동당들의 합당 시에 당 내 지도적 지위를 놓고 투쟁이 일어날 가능성
이 있으며, 이것은 특히 우리가 부재한 가운데 진행된다면 파벌간 대립
과 분열을 가져올 수 있다"고 우려하였다. 그는 이 문제를 해결하기 위
해서 다음과 같은 건의를 내놓았다.

> 1. 9인으로 구성된 북남조선 노동당 비공개 통합중앙위원회를 설치할
>   것. 통합중앙위원회에는 남북노동당 중앙위원회 정치위원회의 결정
>   에 의해 대표들을 뽑을 것. 통합중앙위원회 위원장은 남로당 부위
>   원장 박헌영을, 부위원장들로는 북로당 측의 김일성과 김두봉을 선
>   출할 것.
> 2. 통합중앙위원회 상주지를 평양으로 할 것.
> 3. 통합중앙위원회는 정기적으로 모임을 갖고 정치전반뿐 아니라 내부
>   적 성격의 실제 문제들을 논의하며, 양당 중앙위원회에 있어 의무적
>   인 이들 문제에 대한 결정을 할 것.[78]

　스티코프의 남북노동당 '통합중앙위원회' 설치안이 김일성이나 박헌
영과 협의하여 마련된 것인지는 분명하지 않다. 하지만 이 계획에 따르
면 중앙위원장으로 박헌영이 천거되었고, 김일성과 김두봉은 부위원장

을 맡도록 되어 있었다. 주목해야 할 점은 박헌영은 김두봉이나 허헌과
같은 '상징적인' 인물이 아니라는 것이다. 그는 한반도 인구의 2/3를 망
라하는 남한 지역 좌파세력의 대표격이며, 유력 인사들이 다수 포진한
남로당의 수뇌이기도 했다. 자신의 직계 가운데는 북로당 간부들보다
경륜 면에서 앞선 인물들도 많았다.

슈티코프가 박헌영을 추천한 것은 이때까지도 김일성의 위치가 확고
불변한 것이 아니며, 그것은 정세 및 세력관계의 변화에 의해 가변적이
라는 평범하지 않은 사실을 보여주고 있다. 물론 슈티코프의 남북노동
당 '통합위원회' 설치 구상은 곧바로 시행되지 않았다. 이 시점에서 스
탈린의 북한 최고 지도자에 대한 견해가 어떠한 것인지, 아니면 그러한
견해가 확고히 있었는지 여부는 알 수 없다. 다만 소련측은 두 사람 모
두에게 거부감이 없는 상황에서 이 문제에 대해 결정적인 개입을 자제
하지 않았을까. 그에 따라 남과 북 노동당지도부 내부의 각자 이견으로
인해 논의를 미루고 그 사이에 '보이지 않는' 치열한 권력 경쟁이 벌어
졌을 것이다.[79] 그 결과로서 남북 조선로동당 연합중앙위원회는 북한
정부 수립 직전인 같은 해 8월 평양에서 탄생하였고, 위원장으로는 박헌
영이 아닌 김일성이 선출되었다.[80] 1월과 8월 사이 두 세력 간에 내부적
인 경쟁은 김일성의 승리로 판가름 난 것이다. 결국 해방 후 3년 간 북
한에서 견고한 대중적, 조직적 기반을 닦은 김일성은 '명망가' 그룹이
주축인 남로당 책임비서 박헌영을 물리치고 북한의 최고 권력에 등극할
수 있었다.

김일성의 등극은 정치적, 대중적 위상의 측면에서 북한 1인자로 올라
선 것을 의미하였으나 세력 판도에서 '흔들릴 여지'가 전혀 없었다는
것은 아니었다. 즉, 남쪽에서 커다란 역량 손실을 입은 남로당 세력이
자신들의 주무대를 떠나 북쪽에 터전을 잡은 불리한 상황에서 정치적
주도권 획득에는 분명 한계가 있었지만 그들은 1949년 6월 남북로동당

합당 시 당지도부 계파별 구성에서 다수를 차지하는 등 여전히 견고한 세력을 유지하였다.81)

<표 2> 해방 후 김일성의 권력 부상 일지

연월일	정치상황	내용 및 영향
1945년 9월 19일	김일성의 귀국	소련배 푸가쵸프호를 타고 빨치산 출신 대원 60여 명과 함께 원산항 입항
10월 1일	조선공산당 북부 분국 창설 결정	남북이 미소에 의해 분할되어 있는 사정을 감안하여 북측 공산주의자들의 독자적 활동에 대한 필요성의 제기에 의함. 오기섭, 정달헌 등 국내파 일부의 반대.
10월 13일	서북5도당 책임자 및 열성자 대회	조선공산당 북부분국 설치 결정. '서울 중앙'에 직속된 형태이며, 분국 책임자로는 김용범이 되었으나 김일성은 분국을 실질적으로 지도하기 시작함.
11월	행정10국 설치	중앙행정기구인 '임시민간자치위원회'을 대신한 기구. 조만식의 위원장직 취임 거부로 행정10국이라는 불완전한 행정기구가 됨.
12월 17~18일	분국 제3차 확대 집행위원회 개최	북조선 공산당 지도자로 김일성의 공식 등장. '서울 중앙'으로부터의 독립성 강화 계기.
12월 27일	모스크바삼상회의 결정 발표	결정 직후 반탁 입장을 견지한 조만식의 탈락과 북한 내 김일성의 대표성이 부각됨.
1946년 2월 8일	북조선임시인민위원회 결성	김일성, 북한 행정 권력기관에서 최고지도자로 올라섬.
3월 5일	미소공동위원회 개최(서울)	소련대표단, 김일성을 국방상으로 한 조선(한국)임시정부 내각구성안을 마련.
8월 28일	북조선로동당 창립대회 개최	북로당은 조선 혁명의 '총참모부'로 스스로를 규정함. 남로당과의 관계에서 우위를 공식화 함.
10월 6일	박헌영의 입북	박헌영의 북한 내 내정 불개입으로 김일성와의 경쟁은 표면화하지 않았으나 분단 정권이 본격화될 경우 권력 경쟁의 가능성을 안게 됨.
1947년 2월 22일	북조선인민위원회 발족	북한 권력기관의 '임시적' 성격이 빠지고, 김일성의 북한 내 권력에 '적법성'이 부여됨.
1948년 8월	남북 조선로동당 연합중앙위원회 설치	김일성, 위원장으로 선출되어 박헌영과의 경쟁에서 1인자로 등장함.

전쟁 전 북조선에 올라온 300~400명의 남한 출신 당원들은 권력
기관 내에서 지도적 지위에 등용되었다.[82] 김일성은 실제로 최소한 한
국전쟁 초기까지는 박헌영과 협력과 동시에 경쟁 관계를 이어갔다. 그
실례로서 당 정치위원회 같은 권력기관이 아닌 국가 수장 명의의 주요
정책 결정은 대부분 김일성-박헌영의 공동명의로 이루어졌다. 즉, 국가
수립부터 한국전 초창기에 이르기까지 북한은 사실상 '쌍두체제'라 말
할 수 있을 정도로 이 두 사람에게 최고 권력이 집중되어 있었다. 이것
은 북한의 1인자로 등장한 김일성의 권력이 계속해서 당내에서 도전 받
을 가능성을 내포하는 것이었다. 그러한 순탄치 않은 조건에도 불구하
고 김일성이 최종 승리자가 될 수 있었던 것은 그 자신이 지속적으로
쌓아온 수많은 '자산'과 남북분단으로 이어지는 객관적 환경이 크게 작
용하였다고 말할 수 있다.

4. 맺음말

김일성의 정치적 성장과정은 치열한 역사 현장으로 거슬러 올라가면
서 시작되었다. 그는 일찍이 1930년대 만주에서의 항일무장투쟁을 통한
경력에 힘입어 해방 당시 상당한 대중적 명성을 가지고 있었고, 해방
직후 재건된 조선공산당 내에서는 박헌영 다음 가는 2인자로 오를 만큼
튼튼한 입지를 지니고 있었다. 다른 한편으로 그를 소상히 파악하고 있
던 소련측은 그의 후견 역할을 충분히 수행해 줌으로써 그의 정치적 성
장을 지원하였다. 이와 같은 요인들은 김일성이 자연스럽게 북한의 정
치 무대에서 주도권을 장악하는데 도움을 주었다. 그럼에도 김일성의
정치적 입지는 북한의 상황변화는 물론이고 한반도 차원의 정세 변동과
연관되어 작용하였다. 그는 귀국 초기부터 북한의 최고 지도자로 부상

된 것은 아니었으며, 이를 위해서는 일정한 정치적 '시험무대'를 통과해야만 하였다.

김일성은 귀국 후 민족주의자들과의 통일전선 구축에 힘쓰면서도 한편으로 북한 내 공산주의자들의 조직화에 몰두하였다. 그는 1945년 10월 13일 조선공산당 북부 분국 결성에 주도적 역할을 하지만 분국 창설시 17명으로 구성된 위원이 된 것 말고는 아무런 직책도 갖지 않았다. 그가 전면에 등장한 것은 지방당에 대한 분국의 조직적 지도가 혼란에 빠지고 상·하부의 조직체계를 갖추기 위한 필요성이 절실해 지면서였다. 김일성은 12월 17~18일 분국 제3차 확대집행위원회에서 책임비서로 선출되어 분국 내의 주도권을 획득했으나 이는 곧바로 북한 지도자로서 김일성의 완전한 위상 정립을 뜻하는 것은 아니었다.

김일성의 가능한 경쟁자가 될 수 있었던 조만식은 주목받는 역할을 수행할 여건이 갖추어져 있음에도 모스크바결정에 찬성하지 않았기 때문에 강제적으로 북한의 정치 무대를 떠날 수밖에 없었다. 그의 퇴장과 동시에 유산 민족주의자들을 비롯하여 그를 지지한 세력의 상당수가 북한 정치질서로부터 이탈하면서 김일성의 정치적 입지를 더욱 공고히 해주는 결정적인 계기가 되었다. 신탁통치 문제로 인한 좌우 대립으로 한반도 정세가 급변하게 되자 북한공산당과 소련지도부는 좌익세력에 유리한 한국(조선)임시정부 수립을 위해 북한의 토대를 튼튼히 구축하는 방향을 세웠다. 이처럼 그의 정치적 부상에는 정세 변동적 요인이 적지 않게 작용하였음을 볼 수 있다.

1946년 2월 북한 최초의 중앙권력기관인 북조선임시인민위원회에 김일성이 위원장에 취임함으로써 북한의 1인자로 등장하는 출발점이 되었다. 북임위는 창설 직후 토지 개혁을 비롯한 일련의 개혁 정책을 실시하였는데, 특히 토지개혁은 김일성의 대중적 권위를 강화시키는 중요한 기반이 돼 주었다. '민주개혁'의 성공적인 추진으로 김일성은 자신의 잠재적인 경쟁자들과의 간격을 현저히 넓히는데 성공하였다.

김일성의 정치적 기반은 현저히 확대되었지만 그의 최종적인 지위는 확정적인 것은 아니었다. 만일 미소 합의에 의한 한국(조선)임시정부 수립이 성공했다면 그는 위치는 불확실했을 것이고, 그럴 경우 그는 남측의 많은 인물들과 경쟁관계에 놓였을 것임에 틀림없었다. 또한 1946년 후반기 박헌영의 남로당 지도부가 북한으로 이전함으로써 일부 유동성이 존재하였다. 더구나 소련의 대북정책 입안과 집행을 책임진 슈티코프는 남북노동당 통합중앙위원회의 위원장으로 박헌영을 천거하였다. 그러나 이미 북한에서 확고한 기반을 가진 김일성을 박헌영으로 대체한다는 것은 세력관계의 측면에서도 실현되기 어려운 일이었을 것이다. 반면 김일성은 북한 내 1인자로 등극하고서도 박헌영의 남로당으로부터 '보이지 않는' 도전을 받아야만 했다.

김일성은 귀국 직후 대중적 이미지 각인, 탁치정국을 통한 조만식의 퇴장, 한국(조선)임시정부 수립 좌절, 박헌영과의 경쟁 승리 등과 같은 계기적 경로를 거쳐 최고 권력자로 등장하였다. 이것은 공산당의 지도자가 국가 지도자로 거듭나기 위해서는 다양한 주·객관적 요인들이 작용하였으며, 소련에 의한 '김일성 사전 내정'과 같은 논리가 커다란 취약성을 띠고 있음을 보여주고 있다.

※ 이 글은 『역사와 현실』 48호 (2003)에 수록되었다.

주註

1) 이러한 관점에서 쓰인 대표적인 국내외 저술로는 다음과 같다. 金昌順, 『北韓十五年史』 (서울: 知文閣, 1961) ; Robert A. Scalapino & Chong-Sik Lee, *Communism in Korea - Part 1: The Movement* (Berkeley and Los Angeles: University of California Press, 1972)(한홍구 옮김, 『한국 공산주의 운동사』 2 (서울: 돌베개, 1986)) ; 林隱, 『金日成王朝秘史』 (서울: 한국양서, 1982) ; 서대숙, 서주석 옮김, 『북한의 지도자 김일성』 (서울: 청계연구소, 1989) ; Ree, Erik Van, *Socialism in one zone, Stalin's policy in Korea, 1945-1947* (Oxford: St. Martin's press, 1989).

2) 예를 들면 다음의 연구성과들을 들 수 있다. 이종석, 『조선노동당연구』 (서울: 역사비평사, 1995) ; 김광운, 『북한정치사연구 I. 건당·건국·건군의 역사』 (서울: 선인, 2003) ; 서동만, 『북조선사회주의체제성립사(1945~1961)』 (서울: 선인, 2005).

3) 러시아 문서보관소 관련 자료 가운데는 사실 관계상의 오류를 보이는 것들도 간혹 발견되고 있다. 하지만 이들 자료 모두는 소련 국가의 내부 비밀 문건이 었던 만큼 그 가치는 매우 높다고 말할 수 있다.

4) 일본 통치자들에게 보천보전투는 당시 《동아일보》가 호외를 발행할 정도로 '심각한' 사건이었고, 김일성 자신에게는 전국적인 명성을 심어주는 계기가 되 었다.

5) 김구는 자신의 자서전에서 김일성의 활동에 대해 이렇게 언급하고 있다. "정세 로 말하면 동북 3성 방면에 우리 독립군은 벌써 자취를 감추었을 터이나, 신흥 학교 시절 이후 30여 년이 지난 오늘까지 오히려 김일성 등 무장부대가 의연히 산악지대에 의거하여 엄존하고 있다. 이들이 압록·두만을 넘나들며 왜병과 전쟁할 수 있었던 것은, 중국 의용군과도 연합 작전을 하고, 러시아의 후원도 받았기 때문이다. 이렇게 현상 유지를 하는 정세라, 관내 임시정부 방면과의 연락은 극히 곤란하게 되었다." 도진순 주해, 『백범일지』 (서울: 돌베개, 2002), 315쪽.

6) 이에 대해서는 졸고, "1940년대 전반 소련군 88독립보병여단 내 김일성그룹의 동향" 『역사와 현실』 28 (1998) 참조.

7) 『김일성동지 회고록: 세기와 더불어』(계승본) 제8권 (평양: 조선로동당 출판사, 1998), 448쪽. 김일성은 대일전에 직접 참전하지는 않았지만 "1931~1940년 만주에서 일본점령자들과의 투쟁에 있어 빨치산 운동에 적극 참여하고 소속 부대를 전투 작전에 훌륭히 준비시킨" 공로로 소련극동군 총사령관 A. M. 바실리엡스키로부터 다른 동료 17명과 함께 적기훈장을 수여 받았다. "포상리스

트," ЦАМО, ф. Наградный , оп. 687572, д. 2317, л. 22.

8) 이에 대해 전 소련공산당 국제부 일본과장 코발렌코는 자신이 전해들은 이야기로 1945년 9월 김일성이 모스크바로 불려 가 스탈린을 면접했다고 말했다. 《중앙일보》 1991년 10월 4일 자. 그러나 김일성 자신은 스탈린과의 만남 여부에 대해서는 언급하지 않았다.

9) 이때 그는 자신의 실체를 드러내지 않고, 김동환 또는 김영환이란 가명을 쓰면서 활동하였다. 빨치산 시절 일부 간부급들이 사용하던 방식을 되풀이 한 것이었다.

10) G. K. 메클레르와의 인터뷰(연해주 군관구 정치국 7부장 역임. 1993년 5월 28일).

11) 『김일성동지 회고록: 세기와 더불어』(계승본) 제8권, 359~361쪽.

12) 소련군 문건에 따르면, 조공 중앙위는 전권대표들에게 중앙위원회 비서 박헌영의 서명이 담긴 위임장을 주어 그들을 모든 도에 파견하였다. 1945년 9월 초 당중앙위원회는 황해도, 평안남도, 평양시, 그리고 다른 군들에 일부 영향력 있는 당조직들을 설립하였다. 칼라쉬니코프, "조선에서 공산당의 상황에 대하여" ЦАМО ф. 32, оп. 11306, д. 682, л. 271.

13) "조선공산당 조직구조" ЦАМО, ф. 172, оп. 614631, д. 25, лл. 102-106.

14) 박헌영, "조선공산당의 재건과 그 현 상황"(노문), F. 샤브쉬나 소장 자료. 이 문건은 해방 후 박헌영이 직접 노어 자필로 작성하여 서울 주재 소련 총영사관 측에 전달한 자료이다. 장복성의 저술에도 일부 구성원들이 나타나 있다. 장복성, 『조선공산당파쟁사』 (서울: 돌베개, 1984), 46쪽.

15) "당중앙위원회의 강화 문제에 대하여," ЦАМО, ф. 172, оп. 614631, д. 25, л. 94. 위 서신의 정확한 작성 주체는 표기되지는 않았지만 조선공산당 지도부에서 작성된 것은 분명하다.

16) Там же.

17) 이 조사는 10월 10일부터 11월 9일까지 각 정당, 언론사, 문화단체, 학교 등 지식사회를 대상으로 실시되었는데, 이 시기는 김일성이 막 대중 앞에 등장한 시점과도 일치한다. 중앙일보 현대사연구팀 지음, 『발굴자료로 쓴 한국현대사』, (서울: 중앙일보사, 1996), 166~174쪽.

18) 그의 약력에 대해서는 『조선대백과사전 4』 (평양: 백과사전출판사, 1996), 245쪽 ; "북조선 정당·사회단체지도자들의 약력 및 평가" РГАСПИ, ф. 17, оп. 128, д. 61, л. 54 ; 메클레르, "북조선 정당·사회단체 지도자들의 경력 및 평정(1946. 1.12)" ЦАМО, ф. 172, оп. 614631, д. 43, лл. 11-12 참조

19) "개인 카드 – 김용범," ЦАМО, ф. 172, оп. 614632, д. 24, л. 33.

20) "개인 카드 – 오기섭," ЦАМО, ф. 172, оп. 614632, д. 24, л. 18.

21) 파뉴슈킨에게, "조선정치활동가들의 간략한 평정" РГАСПИ, ф. 17, оп. 128, д. 61, л. 23.

22) "북조선로동당 제2차 전당대회 회의록" 『北韓關係史料集 Ⅰ』(과천: 국사편찬위원회, 1982), 452~455쪽.

23) 일제시기 무정의 경력에 관해서는 ≪정로≫ 1946년 2월 20일자 참조.

24) 이에 대해서는 한상도, "선의용군의 위상과 동방각민족 반파시스트대동맹의 관계," 『역사와 현실』 44 (2002) 참조.

25) 중앙일보 특별취재반, 『비록 조선민주주의 인민공화국』(서울: 중앙일보사, 1992), 155~162쪽 참조.

26) "조선임시민주정부 후보자 평정" РГАСПИ, ф. 17, оп. 128, д. 61, лл. 7-8.

27) "개인 카드-무정" ЦАМО, ф. 172, оп. 614632, д. 24, л. 13.

28) 김일성은 조만식에 대해 이렇게 쓰고 있다. "9월 호소문을 발표한 때로부터 5~6년이 지난 어느 날 신문지상에 조선청년학생들에게 학도병진출을 권고하는 조만식의 권고문이 실린 적이 있었다. 그것이 진짜 조만식이 쓴 글인지 아니면 일제가 조작한 글인지 그 내막은 알 수 없었으나 어쨌든 그 글은 세상사람들을 놀라게 하였다. 조만식이까지 전향하면 천하의 민족운동지도자들 중 전향하지 않을 사람이 누구이겠는가. 아마 사람들은 그때 이런 생각을 한 것 같다.(강조는 인용자)"(김일성, 『세기와 더불어』 6 (평양: 조선로동당출판사, 1995), 383쪽). 1946년 1월 조만식이 강제로 물러난 후 북한측은 바로 이 '조만식의 권고문'을 증거로 그를 친일파로 몰아세웠다. 그러나 훨씬 훗날 김일성은 사실상 이를 뒤집는 발언을 한 것이다.

29) 메클레르, "조선의 권력구조 및 정당·단체에 관한 조회" ЦАМО, ф. УСГА СК, оп. 433847с, д. 1, л. 40

30) Корея: расчление, война, объединение/한국: 분단, 전쟁, 통일/, М., 1995, с. 73-74.

31) ≪자유신문≫ 1945년 10월 7일 자.

32) Пак В. К.(박길룡) Становление трудовой партии Кореи. 1945-1950 гг./조선노동당의 탄생. 1945-1950년/. Кан. дисс. М., 1967, с 111. 현재 북한에서는 이 날을 조선노동당 창건일로 기념하고 있다. 일본 학자 와다 하루끼和田春樹는 이날 "北朝鮮 黨中央을 만든다고 하는 (국내파와 빨치산파간의) 합의가 이루어졌다는 의미에서" 당 창건일이 되었다고 주장한다. 와다 하루끼, "北韓에서의 蘇聯軍政과 共産主義者(1945년8월~1946년2월)," 『한국현대사와 美軍政』(춘천: 한림대학교 아시아문화연구소, 1991), 163쪽. 그러나 분국 창설 합의는 10월 10일 이전에 이루어졌으며, 이 날은 김일성의 첫

공식 등장에 의미를 부여한 것으로 보인다. 아마도 "조선무산계급의 지도자 박헌영 동무 만세!"가 울려 퍼진 날을 당 창건일로 기념하기는 어려웠지 않을까 싶다. 『조선중앙년감 1949』, 62쪽에는 "1945년 10월 10일 조선인민의 벗이며 지도자인 김일성 장군은 평양에 입성하였다"고 나와 있다.

33) "도 위원회 대표단" ЦАМО, ф. УСГАСК, оп. 433847C, д. 1, лл. 28-31.

34) "조선의 정치정세에 관하여" РГАСПИ, ф. 17, оп. 128, д. 1119, л. 216; Бюллетень Бюро информации ЦК ВКП(б). вопросы внешней политики(전연방공산당 정보국 공보. 대외정책문제). № 1 (25) РГАСПИ, ф. 17, оп. 128, д. 94, л. 140б; Там же, оп. 128, д. 266, л. 2.소련 측은 당시 작성된 모든 문서에는 조선공산당 북부분국이 조선공산당 중앙위원회 조직국(Оргбюро ЦК Компартии Кореи)으로 표기되었다. 즉, '조직뷰로'란 다른 별개의 지도체계가 아니라 바로 분국을 일컫는 말이다.

35) 이에 대해서는 졸고, "해방 후 소련의 대한반도정책과 슈티코프의 활동" 한양대학교 아태지역연구센터, 『中蘇研究』 제26권 1호 (2002) 참조.

36) 레베데프는 자신이 북한공산주의자들에게 이북에 조직위원회를 둘 것을 강력히 주장했다고 언급했다. 중앙일보 특별취재반, 『비록 조선민주주의 인민공화국』, 113쪽.

37) 분국 결성에 관한 대표적인 논의로는 서동만, "'조선공산당북조선분국' 10월 10일 창설 주장에 대하여," 『역사비평』 30 (1995) ; 김광운, "소련의 대북한정책과 공산당 중앙지도기관의 결성," 『역사와 현실』 22호 (1996) ; 李圭泰, 『米ソの朝鮮占領政策と南北分斷體制の形成過程』(東京: 信山社, 1997) 등이 있다.

38) 슈티코프, "북조선의 정치 상황에 대하여" ЦАМО, ф. 172, оп. 614631 д. 38, лл. 19-20; Пак В. К, Там же, с. 104-105. 슈티코프의 보고에는 김책이 누락되어 있다.

39) 주 38)의 두 자료에는 '김철(Ким Чер)'로 표기되어 있으나 김일성의 동료 김일이 확실하다. 북한의 전 외무성 부상을 역임한 박길룡 씨는 필자와의 인터뷰에서 '김철'이 평양시 대표로 김일성의 동료인 김일金一이라고 정정한 바 있다(1996년 2월 16일 인터뷰).

40) 그밖에 이 대회에서는 제25군 정치부 요원 I. S. 네우메이코프 대위가 '국제정세에 대한 강연'을 하였고, 오기섭이 '당 및 공산주의자의 정치적 과업 보고'를, 김용범이 '지방정권 및 도당 사업 강화문제 보고'를 각각 수행하였다. 슈티코프, "북조선 정치 상황에 대하여" ЦАМО, ф. 172, оп. 614631, д. 38, л. 19. 서북5도당 책임자 및 열성자 대회 회의록은 『옳은 路線을 爲하야』(서울: 우리文化社, 1945), 35~68쪽에 수록되어 있다.

41) ≪正路≫ 창간호(1945년 11월 1일).

42) 중앙일보 특별취재반, 『비록 조선민주주의 인민공화국』, 108~111쪽.

43) 라주바예프, "1953년 3월 21일 김일성과의 대담기록 발췌" РГАСПИ, Ф. 495, оп. 228, д. 23, лл. 17~21.

44) "북조선로동당 제2차 전당대회 회의록"『北韓關係史料集 I』, 417쪽.

45) 이에 대해 기존 연구 가운데는 김일성그룹과 국내파 공산주의자 사이의 대립관계를 설정하고 있다. 그러나 김일성을 환영하는 선전과그의 '우상화'에 앞장선 측이 상당수 국내공산주의자들이었음을 상기한다면 그러한 주장은 설득력을 잃게 된다. 예를 들면 국내파 주도의 ≪평북민보≫ 10월 10일자는 적지 않은 지면을 할애하여 "조선의 해방을 위해 투쟁했고 그로써 일본 제국주의를 위협했던 김일성 장군이 며칠 전 자신의 부대를 이끌고 환국했다"고 쓰고 있다. ЦАМО, ф. 2, оп. 11306, д. 604, л. 283에서 인용. 또한 조선공산당 기관지 ≪해방일보≫(45.11.5)도 "조선의 청년 영웅 김일성장군을 환영"이라는 제하의 기사를 게재하는 등 그에 대한 선전을 게을리 하지 않았다.

46) 이 대학(КУТВ)은 1921년 4월 소비에트 동방 각 공화국과 주의 간부 양성을 위해 모스크바에서 개교하였고, 존속 기간 동안 모두 73개 민족 대표들이 수학하였다. 타쉬켄트, 바쿠, 이르쿠츠크에 지부를 두었고 1923년부터 수학 기간은 3년이었다. 당사업, 정치교육, 노동운동, 경제, 행정법 등의 학과들로 구성되었으며, 1927년에는 소비에트·해외 동방과 식민지민족 사회경제문제연구회가 결성되었다. 이 대학은 수천 명에 달하는 동방 소수민족 출신의 당, 콜소몰, 노동조합 일꾼을 양성하였지만 1930년대 말 중앙아시아와 시베리아 등지의 각 민족 공화국에서 고등 학원들이 개설되면서 문을 닫았다. Большая советская энциклопедия/소비에트대백과사전/. Т. 12, М, 1973, с. 575.

47) "슈티코프가 말렌코프, 불가닌, 쉬킨 동지에게" ЦАМО, ф. 172, оп. 614631, д. 23, л. 25.

48) 그러한 해석은 당 창건의 정통성을 김일성에 두고자 하는 북한식 해석의 다른 표현이며, 소련과 김일성 그룹이 분단질서 구축 자체를 목표로 했다는 결론으로 이어진다. 이를테면, 박명림, 『한국전쟁의 발발과 기원』 2 (서울: 나남출판, 1996), 104~115쪽. 그러나 결성 당시 분국이 박헌영이 이끄는 조선공산당 중앙위원회를 당 중앙으로 공식 인정한 것은 단순히 형식적인 조처가 아니었음을 주목해야 한다. 소련측도 북조선노동당이 출범(1946. 8)이전까지 북부 분국을 한결같이 조선(또는 북조선)공산당 중앙위원회 조직국으로 칭했다. 이는 서울의 조공 중앙위와의 분리될 수 없는 관계를 시사한 것이다.

49) 『조선전사 23』(평양: 과학, 백과사전 출판사, 1981), 31~32쪽 ; 金昌順, 『北韓 十五年史』(知文閣, 1961), 57쪽.

50) 구소련 시절에 쓰여진 러시아측 문헌들은 한결같이 이 대중집회가 "조선의 해
    방을 경축하고 신조선을 건설하기 위해" 개최되었음을 지적한다. 이를테면 Oc
    вободительная миссия Советских вооруженных сил во вто
    рой мировой войны (제2차세계 대전에 있어서 소련군의 해방적 역
    할). M., 1974, c. 441 참조. 임은도 이 점에 대해 동일한 견해를 보였다. 林隱,
    위의 책, 155쪽.

51) 10월 17일 소련 외무인민위원부(외무성 전신)는 11월 초 평양에 조선인 25～
    30인으로 이루어진 '임시민간자치 위원회'를 수립할 것을 내용으로 하는 훈령
    안을 작성하였다. АВПР, ф. 0102, оп. 1, п. 1, д. 5. л, 7～8. ЦАМО,
    ф. 19, оп. 266, д. 27, лл. 247～248.

52) 趙靈巖,『古堂 曺晩植』(政治新聞社, 1953), 60쪽 ; 吳泳鎭,『蘇軍政下의
    北韓』(서울: 국토통일원, 1983), 89쪽.

53) ЦАМО, ф. УСГАСК, оп. 433847с, д. 1, л. 126.

54) 슈티코프가 말렌코프에게, "조선의 정치 상황에 대한 보고" ЦАМО, ф. 172,
    оп. 614631, д. 23, лл. 3-4.

55) "슈티코프가 말렌코프, 불가닌, 쉬킨 동지에게" ЦАМО, ф. 172, оп. 614631,
    д. 23, л. 23.

56) Там же, л. 26.

57) 슈티코프, "북조선의 정치상황에 대하여," ЦАМО, ф. 172, оп. 614631, д.
    38, л. 20.

58) 소련 지도부의 대북 정책은 일방적이라기보다는 김일성을 위시한 공산당 지도
    부와의 사전 의견 조율을 거친 경우가 많았다.

59) 슈티코프가 말렌코프에게, "조선의 정치 상황에 대한 보고" ЦАМО, ф. 172,
    оп. 614631, д. 23, лл. 4-5.

60) 일례로 1945년 12월경 25군 정치·행정 부장 이그나티에프는 "특히 미군 점령
    지역에 접한 도(강원도, 황해도 - 인용자)의 일부 지도적 공산주의자들은 38선 이남에
    서 왔고 서울(조공 중앙위원회 - 인용자)과 더욱 많은 관계를 갖고 있다"고 언급하였
    다. ЦАМО, ф. УСГАСК, оп. 343253, д. 2, л. 250. 원산시 경무사령부도
    이주하가 이끄는 원산 시당에 대한 분국의 중앙 지도가 없음을 기본적인 결함
    으로 지적하였다. Там же, л. 88.

61) "표도로프가 칼라시니코프에게(1945.12.29)" ЦАМО, ф. 172, оп. 614631, д.
    37, л. 29.

62) Там же.

63) 메클레르, "북조선 정당·사회단체 지도자들의 경력 및 평정(1946. 1.12)" ЦА
    МО, ф. 172, оп. 614631, д. 43, л. 12.

64) "북조선 정치상황에 대한 보고서," АВПР, ф. 13, оп. 7, п. 4, д. 46, л. 12.

65) 중앙일보 특별취재반, 『비록 조선민주주의 인민공화국』, 62~64쪽. 이 책에서는 조만식에게 제의된 직책이 "북한의 대통령"이었다고 주장하고 있지만, 이는 명백한 오류이다. 모스크바 결정이 전국적인 정부 창설을 고려하였기 때문에 그가 '제의' 받은 직책은 북한의 대통령이 아니라 한국(조선)임시정부의 대통령(혹은 수상)이라 할 수 있다.

66) 추코프, "모스크바삼상회의 결정과 관련한 조선의 정세(1946.1.12)" ф. 172, оп. 614631, д. 37, л. 42.

67) Там же.

68) 처음 김일성은 '제의된' 직책을 거부했으나 그는 제25군 사령관 I. M. 치스차코프와 몇 차례 협의를 거친 후에야 이를 승낙했다고 한다. ЦАМО, "김일성—선택의 원인?"(미공개 논문) л. 6. '제의된' 직책이 분국 책임비서인지 북조선임시인민위원회 위원장인지는 불명확 하지만 정황을 고려할 때 후자가 아닌가 한다.

69) ≪정로≫ 1946년 4월 26일.

70) 예를 들면, 강원도 인민위원회 기관지 ≪江原人民報≫는 1946년 4월 26일자 제1면 오른쪽 하단에 '조선임시정부 수석으로 김일성 장군을 추대하자'는 문구를 그의 사진과 함께 게재하였다.

71) 1945년 9~11월까지만 해도 소련 중앙아시아 지역에서 소련계 한인 128명이 북한지역으로 파견되었다. РГАСПИ, ф. 17, оп. 128, д. 55, л. 5

72) РГАСПИ, ф. 17, оп. 128, д. 998, лл. 3-4.

73) 이러한 주장의 일단은 林隱, 앞의 책, 159쪽과 중앙일보 특별취재반, 앞의 책, 326~330쪽에 잘 나타나 있다.

74) 『쉬띄꼬프 일기 1946~1948』 (과천: 국사편찬위원회, 2004), 23~24쪽.

75) 1947년 1월 4일 김일성과의 면담에서 슈티코프는 현재 북한에 체류 중인 박헌영을 합법화하자고 제의하였다. 그러나 이 제의는 뜻밖에 김일성의 반대에 부딪혔는데, 그는 그럴 경우 그가 남한에서 활동할 수 없게 될 것이란 이유를 제시했다. 『쉬띄꼬프 일기 1946~1948』, 70쪽.

76) 『쉬띄꼬프 일기 1946~1948』, 70쪽.

77) 문건에 나타난 성명의 순서는 서열을 나타내는데 중요한 지표가 될 수 있는데, 박헌영의 이름이 김일성 보다 앞에 나와 있는 경우가 적지 않았다. 예를 들면, 1947년 4월 27일 소련공산당 중앙위원회에서 나온 조선 관련 문건인 "수슬로프가 즈다노프에게" РГАСПИ, ф. 17, оп. 128, д. 1119, л. 93 참조.

78) "슈티코프가 스탈린에게," ЦАМО, ф. 172, оп. 614633, д. 3, лд. 9-10.

79) 1948년 3월 북로당 제2차 당대회에서 오기섭, 정달헌, 최용달 등 국내파 공산주의자들이집중적으로 비판받은 내밀한 원인의 하나는 이들이 박헌영의 남로

당의 '우군'이 될 수 있다는 우려를 차단하기 위한 것으로도 볼 수 있다.

80) 박연백,『조국의 평화적 통일을 위한 조선 로동당의 투쟁』(평양: 조선로동당출판사, 1958), 40쪽.

81) 조선로동당의 실질적 최고권력기관인 정치위원회 구성 9인 위원 중에는 빨치산파 2명(김일성, 김책), 연안파 2명(박일우, 김두봉), 소련파 1명(허가이), 남로당계 4명(박헌영, 이승엽, 김삼룡, 허헌)으로 이루어졌다. 수적으로는 북로당계가 5명으로 남로당계보다 1명이 많지만, 북로당계는 3파로 나누어져 있음을 고려해야 한다. 이종석은 이 때 "김일성의 위상이 약화되고 대신에 소련계 한인들과 박헌영의 남로당 계열이 부상하는 새로운 질서, 즉 '1949년 6월 질서'가 형성되"었다고 주장하고 있다. 이종석,『조선노동당연구』(서울: 역사비평사, 1995), 212쪽. 그러나 김일성의 위상이 약화되었다기보다는 남로당계 세력이 만만치 않았던 것이고, 그러한 질서는 사실상 남북 조선로동당 연합중앙위원회가 탄생한 1948년 8월에 이미 형성되었을 것이다.

82) 라주바예프, "1953년 3월 21일 김일성과의 대담기록 발췌" РГАСПИ, Ф. 495, оп. 228, д. 23, лл. 17-21.

<참고문헌>

1. 북한문헌

김일성, 『김일성동지 회고록: 세기와 더불어』(계승본) 8 (평양: 조선로동당 출판사, 1998).

김일성, 『세기와 더불어』 6 (평양: 조선로동당출판사, 1995).

박연백, 『조국의 평화적 통일을 위한 조선 로동당의 투쟁』 (평양: 조선로동당출판사, 1958).

『조선대백과사전 4』 (평양: 백과사전출판사, 1996).

『조선전사 23』 (평양: 과학, 백과사전 출판사, 1981).

『조선중앙년감 1949』 (평양: 조선중앙통신사, 1949).

≪江原人民報≫ 1946년 4월 26일.

≪로동신문≫ 1946년 10월 26일, 30일, 11월 1일.

≪자유신문≫ 1945년 10월 7일.

≪정로≫ 1945년 11월 1일, 1946년 2월 20일, 4월 26일.

≪해방일보≫ 1945년 11월 5일.

2. 남한문헌

강만길·성대경 엮음, 『한국사회주의운동인명사전』 (서울: 창작과비평사, 1996).

기광서, "1940년대 전반 소련군 88독립보병여단 내 김일성그룹의 동향," 『역사와 현실』 28 (1998).

기광서, "해방 후 소련의 대한반도정책과 슈티코프의 활동," 『中蘇硏究』 제26권 1호 (2002).

김광운, "소련의 대북한정책과 공산당 중앙지도기관의 결성," 『역사와 현실』 22 (1996).

김광운, 『북한정치사연구 Ⅰ. 건당·건국·건군의 역사』 (서울: 선인, 2003).

김성보, "소련의 대한정책과 북한에서의 분단질서 형성," 『분단 50년과 통일시대의 과제』 (서울: 역사비평사, 1995).

金昌順, 『北韓 十五年史』 (서울: 知文閣, 1961).

도진순 주해, 『백범일지』 (서울: 돌베개, 2002).

박명림, 『한국전쟁의 발발과 기원』 2 (서울: 나남출판, 1996).

박헌영, "조선공산당의 재건과 그 현 상황"(노문), F. 샤브쉬나 소장 자료.

『北韓關係史料集 Ⅰ』 (과천: 국사편찬위원회, 1982).

서대숙·서주석 옮김, 『북한의 지도자 김일성』(서울: 청계연구소, 1989).

서동만, "'조선공산당북조선분국' 10월 10일 창설 주장에 대하여"『역사비평』30 (1995).

서동만, 『북조선사회주의체제성립사(1945~1961)』(서울: 선인, 2005).

『쉬띄꼬프 일기 1946~1948』(과천: 국사편찬위원회, 2004)

『옳은 路線을 爲하야』(서울: 우리文化社, 1945).

와다 하루끼, "北韓에서의 蘇聯軍政과 共産主義者(1945년8월~1946년2월),"『한 국현대사와 美軍政』(춘천: 한림대학교 아시아문화연구소, 1991),

李圭泰, 『米ソの朝鮮占領政策と南北分斷體制の形成過程』(東京: 信山社, 1997).

이종석, 『조선노동당연구』(서울: 역사비평사, 1995).

林隱, 『金日成王朝秘史』(서울: 한국양서, 1982).

吳泳鎭, 『蘇軍政下의 北韓』(서울: 국토통일원, 1983).

趙靈巖, 『古堂 曺晩植』(서울: 政治新聞社, 1953).

중앙일보 특별취재반, 『비록 조선민주주의 인민공화국』(서울: 중앙일보사, 1992).

중앙일보 현대사연구팀 지음 『발굴자료로 쓴 한국현대사』(서울: 중앙일보사, 1996).

한상도 "조선의용군의 위상과 동방각민족 반파시스트대동맹의 관계,"『역사와 현 실』44 (2002).

≪중앙일보≫ 1991년 10월 4일.

3. 외국문헌

Ree, Erik Van, *Socialism in one zone, Stalin's policy in Korea, 1945-1947* (Oxford: St. Martin's press, 1989).

Robert A. Scalapino & Chong-Sik Lee, *Communism in Korea - Part 1: The Movement*, (Berkeley and Los Angeles: University of California Press, 1972)(한홍구 옮김, 『한국 공산주의 운동사』 2 (서울: 돌베개, 1986)).

Корея: рассчление, вой на, объединение/한국: 분단, 전쟁, 통일/, M., 1995,

Большая советская энциклопедия/소비에트대백과사전/, Т. 12, M, 1973.

Освободительная миссия Советских вооруженных сил во втор ой мировой вой ны (제2차세계 대전에 있어서 소련군의 해방적 역 할). M., 1974.

Пак В. К.(박길룡) Становление трудовой партии Кореи.

1945-1950 гг./조선노동당의 탄생. 1945-1950년/. Кан. дисс. М., 1967.

4. 러시아문서보관소 관련 자료

"개인 카드," ЦАМО, ф. 172, оп. 614632, д. 24.
"남북조선 정당 및 사회단체 목록," ЦАМО, ф. 172, оп. 614631, д. 43.
"당중앙위원회의 강화 문제에 대하여," ЦАМО, ф. 172, оп. 614631, д. 25.
"도 위원회 대표단," ЦАМО, ф. УСГАСК, оп. 433847С, д. 1.
라주바예프, "1953년 3월 21일 김일성과의 대담기록 발췌," РГАСПИ, Ф. 495,
    оп. 228, д. 23.
메클레르, "북조선 정당 · 사회단체 지도자들의 경력 및 평정(1946. 1.12)," ЦАМ
    О, ф. 172, оп. 614631, д. 43.
메클레르, "조선의 권력구조 및 정당 · 단체에 관한 조회," ЦАМО, ф. УСГАС
    К, оп. 433847с, д. 1,
"북조선 정당 · 사회단체지도자들의 약력 및 평가," РГАСПИ, ф. 17, оп. 128, д. 61.
"북조선 정치상황에 대한 보고서," АВПР, ф. 13, оп. 7, п. 4, д. 46.
"수슬로프가 즈다노프에게," РГАСПИ, ф. 17, оп. 128, д. 1119.
"슈티코프가 말렌코프, 불가닌, 쉬킨 동지에게," ЦАМО, ф. 172, оп. 614631, д. 23.
슈티코프가 말렌코프에게, "조선의 정치 상황에 대한 보고," ЦАМО, ф. 172, оп.
    614631, д. 23.
"슈티코프가 스탈린에게," ЦАМО, ф. 172, оп. 614633, д. 3.
슈티코프, "북조선 정치 상황에 대하여," ЦАМО, ф. 172, оп. 614631 д. 38.
"조선공산당 조직구조," ЦАМО, ф. 172, оп. 614631, д. 25,
"조선의 정치정세에 관하여," РГАСПИ, ф. 17, оп. 128, д. 1119, л. 216.
"조선임시민주정부 후보자 평정," РГАСПИ, ф. 17, оп. 128, д. 61,
추코프, "모스크바삼상회의 결정과 관련한 조선의 정세(1946.1.12)," ф. 172, оп.
    614631, д. 37.
칼라쉬니코프, "조선에서 공산당의 상황에 대하여," ЦАМО ф. 32, оп. 11306,
    д. 682.
파뉴슈킨에게, "조선정치활동가들의 간략한 평정," РГАСПИ, ф. 17, оп. 128,
    д. 61.
"포상리스트," ЦАМО, ф. Наградный , оп. 687572, д. 2317,
"표도로프가 칼라시니코프에게(1945.12.29)," ЦАМО, ф. 172, оп. 614631, д. 37.
Бюллетень Бюро информации ЦК ВКП(б). вопросы внешней
    политики(전연방공산당 정보국 공보. 대외정책문제). № 1 (25) РГАС
    ПИ, ф. 17, оп. 128, д. 94, д. 266.

АВПР, ф. 0102, оп. 1, п. 1, д. 5. л, 7~8. ЦАМО, ф. 19, оп. 266, д. 27.

РГАСПИ, ф. 17, оп. 128,д. 55, д. 61, д. 205, д. 998.

ЦАМО, ф. 2, оп. 11306, д. 604.

ЦАМО, ф. 142, оп. 540936, д. 1.

ЦАМО, ф. УСГАСК, оп. 343253, д. 2.

ЦАМО, ф. УСГАСК, оп. 433847с, д. 1.

ЦАМО, "김일성-선택의 원인?"(미공개 논문)

소련의 대북한 전략적 인식의 변화와 점령 정책 : 1945~1948년 점령 기간을 중심으로

1. 머리말

이 논문은 1945~1948년 북한 점령 기간 중 소련의 북한 인식 변화를 살펴보는데 그 목적이 있다. 소련의 북한 점령 정책에 대한 기존 연구들의 문제점 중 하나는 북한의 '민주화'를 중시한 나머지 소련 측 입장을 충분히 고려하지 못했다는 점이다. 북한을 점령할 당시 이미 소련은 '민주화'의 목적을 가지고 있었다. 그러나 '민주화'의 의도를 가졌다는 것이 곧 구체적이고도 명확한 '민주화'의 예정표(time-table)를 가졌음을 의미하는 것은 아니다. 점령지 북한의 혼란된 상황 외에도 소련의 인식 상 특성은 정책 수행과정에서 때로는 한계로 작용하는 한편, 때로는 정책의 방향에 결정적 영향을 줄 수 있다. 그럼에도 기존 연구들은 왜 소련이 그러한 정책을 수행하였는가에 대한 논의가 부족하다.

이와 같은 문제의식에서 이 논문은 첫째, 모스크바 회의에서 소련안의 배경을 이해하기 위해 1945년 말 소련이 '조선 문제' 해결에 부정적인 입장을 가졌으며, 공위 결렬은 미국의 대일 정책으로 소련에게 북한의 전략적 가치가 높아졌고, 또 철군 후 북한의 '민주화'를 자신했기 때문임을 밝힐 것이다.

2. 소련의 북한 인식과 '모스크바 결정'

「조선에 관한 모스크바 3상회의 결정서」(이하 '모스크바 결정')는 소련의 북한 점령 정책에서 매우 중요한 위치를 차지하고 있다.[1] 우선 '모스크바 결정'의 근간은 소련 안이었다. 또한 미소공위에서 소련은 '조선 문제'의 해결 원칙을 '모스크바 결정'으로 제시하였고, 미국 측의 '모스크바 결정' 불이행을 이유로 분단의 책임이 미국에 있다는 주장을 해왔기 때문이다.[2] 이러한 점에서 '모스크바 결정'의 배경을 살펴보는 것은 미소공위에서 소련이 '조선 문제' 혹은 북한을 어떻게 인식하였는가의 단면을 보여줄 수 있다. 여기에서는 당시 소련군 보고서를 중심으로 '조선 문제'와 북한 정세에 대해 소련이 어떻게 인식하고 있었는가를 살펴보도록 한다. 소련은 분할을 정치적으로 인식하지 못했을 뿐더러 '조선 문제'를 국제협력의 틀 속에서 해결할 문제로 파악하고 있었다.

1) '조선 문제'에 대한 소련의 인식

1945년 당시 소련의 인식에서 가장 두드러진 특성은 조선을 '제국주의의 식민 체계' 중의 일부로 보고 있었다는 점이다. 소련군 보고서나 문헌을 보면 조선의 행정, 경제 체제에 대한 식민성 표현을 쉽게 볼 수 있다.[3] 예를 들어, 샤브시나(F. I. Shabshina)는 조선을 "2차 대전의 결과 제국주의의 압박으로부터 벗어난 첫 번째 식민지"로 제시하고 조선의 '해방'이 "전후 제국주의 식민지 체계의 위기의 성격을 단적으로 보여 준다"고 한 바 있다.[4]

그러나 소련이 '조선 문제'를 독자적인 '식민지 해방' 문제로 인식한 것은 아니었다. 「민정부 보고서」를 보면, "일본 제국주의자들이 섬멸된 이후, 조선 문제의 해결 방침은 총체적인 전후 정비 계획 속에 포함되었는데 …"[5]라는 표현을 볼 수 있다. 여기서 '전후 정비 계획'이란 전시 서방 국가들과 함께 논의한 국제 질서 재편 과정을 말한다. 이는 소련군 정치요원 그로차르의 「인민정부수립요강」에도 나타나 있다. 여기에서 그는 미래 조선은 정부로 4개국 보장하의 '노동자·농민 정권'을 제시하였는데,[6] 그 4개국은 점령 당사국 외에 영국, 중국 등 전시 회담의 구성원이었다. 이러한 특징은 '모스크바 결정'에 그대로 반영되어 있다. 소련은 미국을 '조선 문제' 해결의 파트너로 인정하는 한편, 4개국의 관여를 허용하였다. 즉, 당시 소련은 '조선 문제'를 전시 연합국간 회담의 연장선상 혹은 국제 협력 속에서 해결할 문제로 파악하고 있었던 것이다.

그러면 소련은 왜 '조선 문제'를 독자적인 문제로 인식하지 못했는가의 의문이 제기된다. 그 이유 중 하나는 조선이 일본의 식민지였으며, 또 조선의 '해방'이 미국과의 군사적 합의로 이루어졌기 때문이었다. 타브로프(G. Tavrov)의 설명은 이러한 현실론에 근거하고 있다. 조선에 소련군과 미군의 협력 하에 해결될 수 있다는 점을 고려했다는 것이다.[7]

그러나 보다 근본적인 이유는 소련 외교 정책의 흐름 속에서 파악해야 한다. 1944년 가을 이래 소련은 전시처럼 서방과 협력 관계를 지속할 것인가, 아니면 독자적인 정책을 구사할 것인가를 모색 중이었다.[8] 스탈린의 지적처럼, 전쟁 전 소련의 "전체 공업의 3분의 2가 미국의 기술

원조로"[9] 가능하였고, 이제 전후 경제 복구에는 서구의 원조가 보다 필요하였다. 1944년 11월 서구와의 동맹 관계는 '장기적 이해관계'에 기초하고 있다는 스탈린의 언급이나,[10] 1945년 10월 13일 북한 5도 당 책임자 및 열성자 대회에서 소련 측 인사가 미국, 영국의 정책에 대해 불만을 표명하면서도 '연합국과의 친선 도모' 등을 강조[11]한 것은 모두 소련이 서구와 지속적인 협력을 바라고 있었음을 보여준다. 이 와중에 소련이 '조선 문제'를 국제 협력의 틀 밖에서 독자적으로 제기할 실익이 있다고 보기는 어렵다.

소련이 왜 신탁안을 용인했는가는 바로 이와 같이 당시 소련이 '조선 문제'를 국제 협력의 틀 내에서 파악했다는 점으로부터 설명된다. 절반의 북한을 확보하고 있는 마당에 영국, 중국 등의 참여자 증가는 소련에게 불확실성을 의미할 수 있었다. 실제 모스크바 회의에서 소련은 12월 20일 자국안을 제출할 때까지 신탁안의 수용 자체에 머뭇거렸다. 미국안 제출 후 소련은 4개 안을 거쳐 최종안을 마련하였으며,[12] 마지막 안에 '후견'기간을 명시하고 일부를 수정하여 12월 20일 모스크바 회의에 제출하였던 것이다. 이때 첫 3개 안의 공통점은 임정의 신속한 수립, 국내 '민주' 단체의 참여 외에 신탁에 대해 부정적이었다는 점이다. 최종안 제출을 이틀 앞둔 12월 18일에도 외무인민위원회는 신탁에 대한 조선 내 불만을 지적하며 미소위원회의 검토 후 4개국에 그 해결책을 제시하여야 한다는 내용을 포함시켰다.

그럼에도 소련 외무인민위원회는 그 대응 방법을 논의하였다. 1945년 6월 외무인민위원회 제2극동부 주코프(Dmitiri Zhukov) 부장, 자브로딘(Evgeni Zabrodin) 차장의 보고서를 보자. 그들은 소련의 신탁 참여를 다음과 같이 주장하였다.[13] 조선의 독립과 소련의 안보를 위해서는 일본, 나아가 여타 강대국의 대소 공격 기지화를 차단해야 한다. 이를 위해 소련과 조선 간에는 '우호적이고 긴밀한 관계'가 수립되어야 하며,

이러한 점에서 소련은 신탁에 적극 참여할 필요가 있다는 것이다.

유사한 견해는 1945년 9월 또 다른 메모에서도 볼 수 있다.[14] 내용을 요약하면, 미군 점령이 지속되는 한 소련군도 점령을 지속한다. 또한 2년 간 점령 후 4개국의 후견제 지역이 되어야 하며, 소련군은 부산과 진해, 제주도, 인천 등을 통제한다. 이러한 통제권은 태평양 지역에 대한 미국의 전략적 이해를 이용하여 주장하며, 미국이 거부 시 중국과의 공동 통제를 제안한다. 그리고 일본과 조선 간 국경 확정 시 대륙 국가, 특히 대조선 침략 기지였던 대마도를 조선에 교부할 것을 제안 한다 등 이다.

이 보고서들은 관련 부서의 정책 제안서나 보고서 중 하나에 불과하며, 정책 결정에 직접적으로 영향을 주었다는 증거도 없다. 그러나 적어도 다음 두 가지를 뒷받침해 준다. 미국과의 협의를 위해 신탁 조건을 검토하였고, 신탁안을 조선의 '민주화'와 일본(과 미국)의 재위협 방지 등 전략적 차원에서 준비했다는 점이다. 즉, 소련은 신탁 그 자체에 부정적이었음에도 '조선 문제'를 미국과 함께 해결할 문제로 인식하고 그 대응 방법을 모색했던 것이다.

모스크바 회의에서 소련이 신탁을 수용한 데에는 또 다른 외부 변수, 즉 '일본 문제'의 처리도 고려해야 한다. 전후 극동 지역에서 소련의 최우선 관심은 미국의 대일 정책이었으며, 모스크바 회의에서 소련의 최우선 관심도 일본의 처리 문제였다.[15] 경제 회생을 위해 미국의 협조가 필요했음에도 1945년 소련이 공개적으로 대미 비난과 불만을 제기한 배경에는 미국의 소련 무시,[16] 그리고 대일 정책에 있었다.[17] 특히 11월 6일 제28차 혁명 기념일 연설에서 몰로토프는 미국의 행동을 직접적으로 비난하였는데, 일본의 항복 조건이 제대로 이행되지 않는다는 그의 불만 뒤에는 미국의 일방적인 대일 정책이 깔려 있었다.

모스크바 회의에서 '일본 문제'와 관련, 소련의 최소 목적은 미국만의 책임권에 반대하고 일방적 주도를 막는 것이었다. 이를 위해 소련은 대일이사회(Allied Council for Japan)를 제안하였고, 12월 16일 대일이사회의 도쿄 설치와 극동위원회(Far Eastern Commission)의 워싱턴 설치가 합의되었다. 달린(David J. Dallin)은 결과적으로 대일이사회가 미국 정책을 제어하지 못했기 때문에 모스크바 회의는 사실상 소련의 대일 정책의 '후퇴'를 의미한다고 평가한 바 있다.[18] 그 후 일본이 미국 중심의 '반소 진영'의 일원이 된 점을 고려한다면, 그의 지적은 일면 옳다.

그러나 주목할 부분은 대일이사회의 실제 운영보다 소련의 주장을 미국이 받아들였다는 사실이다. 모스크바 회의의 결정에 불만이 있더라도 일본의 점령 정책은 이제 시작 단계였고, 소련이 점령 정책에 영향을 미칠 수 있는 여지는 아직 있었다. 오히려 소련은 일본 정책에 절대 권한을 가진 미국과 '원만한' 관계를 유지하며 향후 기회를 모색하는 것이 합리적이다. 따라서 소련은 일본과 관련된 최소한도의 목적을 이루고자 조선의 신탁안을 받아들인 것이다.

한편 1945년 소련의 '조선 문제' 인식의 두 번째 특징은 조선의 분할을 '정치적'으로 인식하지 못했다는 점이다. 1945년 당시 소련은 조선의 분할에 대해 명확한 입장을 가졌다고 보기 어렵다. 당시 소련군의 포고문들을 살펴보자.

1945년 8월 치스차코프(Ivan Mikhailovich Chistiakov)의 포고문을 보면,[19] 소련군과 연합국이 조선을 공동으로 '해방'시켰다고 했을 뿐, 그는 두 외부 세력이 남한과 북한을 각기 '해방'시켰다는 사실을 언급하지 않았다. 소련군 보고서나 소련 학자들도 조선 전체를 개괄적으로 다루거나,[20] 북한을 '조선의 소련군 배치 지역'[21] 또는 '조선의 북쪽 지역'[22] 등 지리적 개념으로 표기하였고, 이는 남한에 대해서도 마찬가지였다.[23] 이러한 지리적 표현은 소련이 계획적으로 사용했다고 보기 어렵다. 당시 소련이 일본군의 패배를 중시하였고, 또 '조선 문제'를 국제 협력의 틀 내에서 파악한 점을 고려한다면, 지리적이건 정치적이건 간에 소련은 분할 문제를 미처 고려하지 못했다고 보는 것이 타당하다.

이와 관련하여 와다 하루키, 웨더즈비(Kathryn Weathersby), 리(Eric van Ree) 등은 남북 교류에 대한 소련의 소극적 태도를 제시하며 1945년 소련이 이미 분단 정책을 결정하였다고 주장한 바 있다.[24] 미국은 1945년 9월 8일 맥아더의 연락관 교환 제의 후 9월에 경제 문제 논의를 위해 치스차코프를 초청하였다. 그러나 10월 10일 치스차코프는 부정적 입장을 표명했으며, 이것이 바로 소련의 분단 의지를 보여주었다는 것이다.

이에 대한 해석에는 당시 10월 상황에 대한 고려가 필요하다. 외무인민위원 로조프스키(S. A. Lozovskiy) 보고서[25]를 보면, 1945년 9월 20일 스탈린 지령 이후 소련은 10월 중순 구체적으로 정책 수행 기구의 구성을 논의 중이었다. 점령군 사령관 치스차코프의 필요성 제기 → 연해주 군관구 사령관, 군사평의회 위원 및 외무인민위원회 관련인의 공동 제안 → 외무인민위원회 제2극동지부와 군 정치국원 간의 논의 후 초안 마련 → 군 총참모장 및 총 정치국장의 재가, 외무인민위원회에 통보 등의 과정을 거친 것이다. 바로 이 와중에 미국의 교류 제안과 치스차코프의 거부가 이어졌다.

치스차코프는 북한의 점령군 사령관이었지만 정치경제적 성격의 남북 교류를 결정할 만한 권한이나 능력이 없었다. 더욱이 현지 점령군의 요청에 따라 국방인민위원회와 외무인민위원회가 북한의 정치·경제 업무의 담당자와 기구를 논의하는 마당에 미국의 제안을 받아들이기는 더더욱 어려웠을 것이다. 따라서 치스차코프는 미국 측 제안에 머뭇거리다 정치 문제 담당자의 부임 후로 미루며 거절했던 것이다.

2) 소련의 북한 정세 판단

'모스크바 결정'의 내용은 국내 세력을 통한 '우호 정부' 수립으로 요약된다. 소련이 국내 세력의 참여를 주장한 이유를 살펴보는 것은 당시 소련의 북한 정세 인식의 단면을 보여줄 것이다.

소련 측 주장에 따르면, 모스크바 회의에 제출한 그들의 안은 '조선 문제'의 해결 주체를 국내 세력으로 하는 한편, 외부 세력을 최소화하였다는 점에서 미국 안과는 다르다. 샤브시나도 '민주주의'적 정당 및 단체들과의 협의가 '모스크바 결정'의 이행에 가장 중요한 부분이며,[26] 바세츠키(G. Vasetskiy) 또한 '모스크바 결정'이 "외국의 간섭 없이 통일된 조선 독립 민주주의 국가 형성의 실행"이라고 주장한 바 있다.[27]

소련군 보고서를 종합하면 당시 소련의 북한 정세 평가는 다음과 같이 요약된다.[28] 소련은 북한에서 '우호 국가'의 수립을 위해 '부르주아 민주주의적 개조'를 시도하였다. 일부 성과가 있었으나, 철군 후 소련의 이익이 보장될 수 있는 정치경제적 상황은 아직 조성되지 않았다. 따라서 향후 소련은 인적 요원을 준비하는 한편, 개혁 과제를 수행해야 한다. 즉 소련은 당시 북한 정세가 소련의 이익을 보장할 수 없다고 판단한 것이다. 이를 통제력, 지지 기반, 주민의 친소 성향 등으로 나누어 살펴보자.

통제력을 가늠할 수 있는 가장 좋은 방법은 소련의 정책 수행 기구가 제 기능을 발휘하고 있었는가이다. 지역 경무사령부에 이어, 대민 행정 기구, 고문 등 기구의 구성 면에서 소련은 일부 성과를 거두었다. 그러나 1945년 특히 대민 행정 기구가 제대로 작동되고 있었다고 보기는 어렵다. 현지 점령군의 요구로 기구 구성이 논의된 것이 10월 중순이었고, 동 기구를 관장할 부사령관 로마넨코(Andrei Alekevich Romanenko)의 정식 임명이 12월 초에나 이루어졌음을 감안한다면, 1945년 점령 첫

해는 기구의 구성에 그쳤다고 보는 것이 타당하다.

11월 11일자 갈락티오노프(Galaktionnov) 기술소좌의 보고서는 부사령관 임명 전 소련군 내에 업무 중복이 있었음을 증언하고 있다.29) 그는 군사령부, 젤레즈노프(Zheleznov) 그룹, 로마넨코 그룹 가운데 기업소의 가동, 생산물 공급 및 판로 문제와 관련 임무를 정할 필요성을 제기한 것이다. 그 이유는 다음과 같이 추정된다. 리에 따르면, 로마넨코는 군사적 업무를 부사령관 라구틴(P. F. Lagutin) 중장에게 인계하고 대민 업무에 주력하였다.30) 대민 업무에는 당연히 산업소 가동 문제가 포함되었을 것이고, 그 결과 젤레즈노프 그룹과 업무가 중복되었을 가능성이 있다. 업무 분담 문제가 제기되는 마당에 효율적인 운영을 기대한다는 것은 무리이다.

한편 북한에서 소련의 지지 기반은 공산당이었다. 당시 이들은 당원이나 지부의 증가 등 양적인 면에서는 괄목할 만한 성과를 거두었다. 그들 자료에 따르면, 8월 말 2,124명에 불과하던 당원 수가 12월 초에는 총 4,500명으로 두 배 증가하였고, 1946년 1월 1일에는 6개 도 8개 군에 공산당위원회가 설치되었다.31) 그러나 그 조직력과 통제력에 대한 소련의 평가는 부정적이었다. 통일된 중앙 조직의 부재, 적대 요원과 친일분자에 의한 오염, 당파 투쟁과 규율 부재 등의 문제를 안고 있었다는 것이다.32) 11월 하순에는 민주당 주도로 '해방' 후 최초의 반소, 반공 시위인 신의주 사건이 있었고,33) 지주나 부르주아가 당의 지도적 위치를 차지하거나 일부 남한 접경 지역에서 공산당원들이 서울과 밀접한 관계를 유지한다는 보고조차 있었다.

더욱이 군 총 정치국장 시킨은 1945년 말 보고서에서 공산당이 당시 정세를 제대로 파악하지 못하고 '실수'를 저질렀다는 평가를 내린 바 있다.34) 그가 말한 '실수'란 평남 인민위원회에서 공산당의 주장(급진 개혁의 대책과 민족주의자의 배제)으로 판단되며, 그 결과 공산당은 전

계층의 협력을 끌어들이는 데 실패했다는 것이다. 공산당은 통일 전선의 구심점으로 역할하기에는 아직 역부족이었던 것이다.

그렇다고 주민들이 소련에 대해 '우호적'인 것도 아니었다. 일부 보고서는 '우호성'을 주장하였다. 도시와 농촌 주민 대부분이 소련에 '호의적'이라는 시킨의 보고나, 해방 당시 소련군이 '열렬한 호응'을 받았다는 「민정부 보고서」의 언급이 그 예이다.35) '해방' 직후 북한 주민들이 소련군에 호의적이었으리라는 추측은 그리 어렵지 않다. 그러나 테러나 창고 파괴 등 적대 행위의 대상이 주로 소련군과 공산당에 집중되었다는 보고 내용으로 미루어보아 주민들은 소련에 상당한 불만을 가지고 있었음을 알 수 있다. 황해도, 평북, 함북 등지에서 소련군이나 공산당원 살해를 목적으로 테러 집단이 조직되었다는 이그나치예프(Aleksandr Matvevich Ignat'ev)의 보고는 이를 뒷받침해 준다.

이렇게 본다면 1945년 말 북한 정세는 통제력, 지지 기반, 주민의 친소 성향 등 모든 면에서 미흡하였다. 여기에서 중요한 점은, 그럼에도 북한의 '개혁' 준비 작업이 순조롭게 진행되고 있었다는 것이다. 대민 행정 기구의 구성은 중앙 통제력의 발판을 의미하였고, 북한에서 정치적 실세는 공산당이었으며, 주민들의 불만은 오히려 예정된 '개혁' 수행의 근거가 될 수 있었다.

이는 소련이 북한을 기반으로 향후 조선에서 '민주' 정부의 수립 가능성을 긍정적으로 판단하였으리라는 추측을 가능케 한다. 이와 관련하여 1945년 12월 25일 시킨의 보고서를 보자. 연해주군관구 군사평의회는 반 년 후면 북한에서 '우호적'인 조선인 간부들을 확보할 수 있다는 판단을 내렸다. 북한에서 소련의 '정치적 입장'을 보장받기 위해서는 '민주' 요원이 필요한데 그 준비에 약 4~5개월이 소요된다는 것이다. 그는 필요한 '민주' 요원의 수나 어떠한 근거로 4~5개월을 제시하였는가에 대해서는 별다른 설명을 하지 않았으며, 그의 보고서는 '모스크바 결정'과 직접적으로 관련된 것도 아니었다. 그럼에도 그 내용은 모스크바 회의 당시 소련군의 인식을 예측하는 데 도움을 준다. 소련군 관계자들은 '우호적'인 북한, 그리고 이를 발판으로 '조선 문제' 해결에 자신감을 가지고 있었던 것이다.

소련이 임정 수립 과정에 국내 세력의 참여를 주장한 데에는 바로 이러한 인식이 깔려 있었다. 소련 측 예상대로라면 1946년 4~5월경에는 북한의 여러 단체 및 정당에 '우호적' 간부진을 포진시킬 수 있다. 그렇다면 향후 미소공위 개최 시 소련은 북한 국내 세력의 '우호성'을 자신할 수 있다. 더욱이 남한에는 조선공산당 중앙위원회가 있었다. 따라서 국내 세력들이 '조선 문제' 논의에 참여할 수 있다면 미래 조선이 '민주' 국가가 될 수 있다고 판단하고 이를 소련 안에 반영시켰던 것이다. 실제 모스크바 회의 후 조선공산당 북조선분국 집행위 상무위원회가 결정한 임정의 2 대 1 원칙은 북한 및 남한의 공산주의 세력 3분의 2, 남한의 여타세력 3분의 1을 상정했던 것이다.[36]

3) 1차 공위 후 소련의 부정적 태도

공위 과정에서 소련의 일관된 목적은 '우호 정부'의 수립이었다. 따라서 이를 고려한다면, 소련이 공위 자체에 부정적이었고, 소련 대표단은 1차 공위부터 결렬을 전제로 하였다고 추측할 수 있다. 예비회담부터 소련과 미국의 견해 차이는 분명히 드러났다.[37] 그러나 이를 확인할 수 있는 소련 측 대표단장 슈티코프(Terentiy Formich Shtykov)의 당시 일기는 아직 공개되지 않았고, 소련군 보고서에서도 관련 내용을 찾을 수 없었다. 그럼에도 소련이 결렬을 전제로 공위에 임했다고 보기는 어렵다. 다음 두 가지 이유에서이다.

우선 슈티코프는 소련의 대북 정책의 실질적 책임자로, 그가 모르는 가운데 미소공위의 파행이 결정되었다고 보기는 어렵다. 일기를 보면,[38] 그는 1946년 9월 26일 로마넨코에게 공위 재개 준비를 지시하였고, 2차 공위 중 공위의 지속과 결렬 파장에 대해 상당히 고심한 흔적을 볼 수 있다. 이 시기는 1차 공위 결렬 후로, 소련이 처음부터 공위를 제스처로 생각하였다면 슈티코프의 고민은 이해하기 어렵다.

또한 소련이 반탁과 관련하여 왜 미국에 대해 직접적인 비난을 자제했는가를 고려할 필요가 있다. 반탁과 관련하여 소련은 반탁 운동의 배후로 미국을 지목하였다. 그들은 미국이 이러한 '잘못된' 움직임을 묵인할뿐더러 주도하고 있다고 생각하였다. 소련군 보고서도 마찬가지이다. 그들은 북한 주민들이 '후견제'와 '위임 통치'를 동일시하는 '오해'를 낳은 것은 남한 측이 '후견제'를 부정확하게 번역한 결과라면서 미국 측 책임을 제기했던 것이다.[39]

그럼에도 소련의 대미 비난은 상당히 조심스러웠다. 반탁의 배후로 미국을 비난하면서도 반동 세력으로 미국을 직접 거론한 적은 없었으며, 1946년 1월 29일 북한의 정당 및 사회단체들의 공동 성명은 오히려 '우호적'인 양국 관계를 강조하였다. 이러한 태도는 2차 공위를 앞두고도 마찬가지였다. 1947년 1월 22일 슈티코프는 레베데프(Nikolai Georgevich Lebedev)에게 스탈린의 명령서를 전달하며, 북한 지도부에게 반미 발언을 하지 말도록 지시하였다.[40] 또한 8월 18일 몰로토프가 미국의 좌익 탄압에 대한 항의를 지시한 후에도 마찬가지였다. 남한 민전(민주주의민족전선)에 "미국 정부를 반대하는 행위를 하지 말 것"을 함께 지시한 것이다.[41] 여기에는 서구로부터의 경제 협력이나 좌익 세력에 대한 미국 측의 탄압 저지 측면도 작용하였지만, 이와 함께 알 수 있는 것은 소련이 '조선 문제'의 협상 파트너인 미국에 대해 공개적인 반미를 꺼리고 있었다는 점이다. 공위의 파행을 전제로 했다면 이러한 소련의 소극적 태도는 이해하기 어렵다.

소련 대표단과 소련군이 공위에 대해 부정적인 입장을 갖게 된 것은
1차 공위를 거치면서였다. 1차 공위 과정에서 임정 참여 단체를 논의하
며 비로소 미국과의 현격한 입장 차이를 깨달았고, 그 결과 공위에서
'조선 문제' 해결에 부정적인 입장으로 선회하였던 것이다. 이를 뒷받침
하는 자료로 소련군 보고서를 제시할 수 있다. 이 자료들은 상부의 판단
을 보여주는 명령서가 아니라는 점에서 한계가 있다. 그러나 소련 대표
단은 슈티코프를 중심으로 회담 내용과 향후 계획안을 함께 소련공산당
중앙에 보고하였고, 당과 외무성은 그 범위 내에서 지시를 내렸다. 한
예로, 1947년 7월 14일 슈티코프의 제안에 대해 외무성의 말리크(A. Ya.
Malik)는 7월 21일자 전보를 통해 지시를 내렸다. 이러한 지시 루트는
대표단 및 점령군의 입장이 상부에 전달되었고 상부의 최종적 결정에
영향을 주었을 개연성을 보여준다.

첫째, 1946년 6월 12일 슈티코프가 스탈린과 몰로토프에게 보낸 제1
차 공위 결과 보고서를 보자.[42] 그는 공위에서 양국 입장이 다르다는
점이 분명해졌음을 지적하며, 타결 가능성에 부정적인 견해를 표명하였
다. 미국은 '모스크바 결정'에 대해 소련과 '다른' 태도를 취하며 임정에
반탁 우익 세력의 제외를 절대적으로 거부하였으나, 소련의 양보는 불
가능하다는 것이다. 슈티코프는 1차 공위에서 양국간의 차이를 인식하
였고, 이것이 서로 다른 성격의 조선 정부를 상정하기 때문임을 깨달은
것이다. 현지의 소련군 내부에서도 양국의 입장 차이를 둘러싼 논의가
있었다. 1946년 9월 11일 소련군 정치부서 책임자 회의에서 카르피체프
(Karpychev)는 (중국, 영국을 포함하여) 미국이 반대하기 때문에 소련이
조선에서 영향력을 행사하기 쉽지 않다는 견해를 제시했던 것이다.[43]

둘째, 소련이 양보할 수 없다면 공위에서의 타협은 미국의 양보를 전
제로 하나 이에 대해 소련은 부정적인 판단을 내렸다. 우선 소련은 미국
의 공위 재개 제안에 부정적이었다. 몰로토프와 하지의 공위 재개 서신

(1946년 6월 15일, 8월 12일)에 대해 타스(TASS) 통신은 부정적 태도를 표명하였고,44) 더욱이 소련공산당 중앙위원회 정보국은 1946년 9월 1일자 「통보」에서 미국이 양보하지 않을 것임을 노골적으로 지적하였다.45) 미국의 대조선 정책은 '제국주의 정책의 일환'으로 군사 전략적으로 조선을 동방의 침략 기지이자 반소 교두보로 이용하는 한편, 경제적으로 값싼 원료의 수입 및 시장 판로로 만드는 데 그 목적이 있기 때문이라는 것이다.

2차 공위에 즈음하여 작성된 소련군 보고서도 미국이 2차 공위에서 소련 측 요구(반탁 우익 세력의 제외)를 받아들이지 않으리라 판단하고 있었다. 1947년 5월 14일, 16일 레베데프는 보고서에서 남한 정보 요원의 보고를 종합하여 다음과 같이 전망하였다.46) 2차 공위에서 미국은 임정에 보다 많은 우파를 참여시킬 것이며, 이것이 불가능하다면 재차 공위를 중지시키고 남한에서 독자 정책을 취할 것이라는 것이다.

셋째, 현지 소련군은 미국의 좌익 세력 '탄압'으로 2 대 1의 임정 원칙이 현실적으로 불가능하다는 판단을 내렸다. 슈티코프 등은 1차 공위 중 이미 미국의 남한 정책을 '반동' 정책으로 언급하였으나, 소련의 미국의 대남 정책을 심각하게 인식하기 시작한 것은 1차 공위 결렬 후였다. 미군 당국의 탄압 정책으로 민전(민주주의민족전선)이 파괴되었고, 여운형의 사회노동당 창당 등 좌익 세력의 합당이 지연되었으며, 남조선로동당은 불법화되었다는 것이다.47)

시실 남한 좌익 세력의 약화는 좌익 세력의 불화, 박헌영의 「신전술에 대한 지시」, 여운형과 박헌영의 갈등 등 전술의 실패와 노선의 차이에 있었다. 그러나 여기에서 중요한 것은 1946년 이후 남한의 좌익 세력이 실제 약화되었고, 또 소련이 이를 민감하게 받아들였다는 점이다. 소련은 좌익 세력의 복원을 위해 시위와 항의 집회 지시,48) 시위 자금 지원49) 등 일련의 대응 조치를 취하였다. 그럼에도 2차 공위에 앞서 소련

군 보고서들은 남조선로동당의 비관주의적 태도와 민전 대표, 전 인민
당원, 사회노동당원, 남조선로동당 기회주의자들의 동요, 그리고 이들과
미군정과의 타협 가능성을 보고하였다.[50] 이는 임정의 2 대 1 원칙이나
공위를 통한 '우호적' 정부 수립이 이제 불가능하며, 소련이 더 이상 공
위를 지속할 이유가 없음을 의미한다.

넷째, 2차 공위에 대한 북한 주민들의 태도 역시 소련군의 부정적 입
장을 뒷받침한다.[51] 특히 평양을 방문한 미국 대표단에게 북한 주민들
은 '악의를 표명'하며 '불손한 태도'를 보였다. 당시 소련이 주민들의
집회를 철저히 통제[52]한 점을 고려한다면, 현지 소련군들이 협상에 부
정적이었기 때문에 이러한 공개적인 태도가 가능했다고 볼 수 있다.

이와 관련, 흥미로운 보고서를 볼 수 있다. 40SD 부대장 에르몰라예
프(Ermolaev)와 연해주군관구 군사평의회 조토프(Zotov)의 보고서를 보
자.[53] 에르몰라예프는 제25군 군사평의회에 1946년 7월 22일자 제25군
지령서(No. Uk/4/01023)를 근거로 어느 소좌 아내의 북한 입국 증명서
교부를 청원하였고, 9월 24일 조토프는 레베데프에게 북한 주둔 소련군
의 가족 거주는 아내와 아이로 제한하는 결정을 상기시키며 한 장교 어
머니의 입국을 거부하였다. 아쉽게도 1946년 7월 22일 지령서 내용을
찾을 수 없으나, 보고 내용으로 보건대 가족의 입국 허가서로 추정된다.
그렇다면 소련은 1차 공위 후 '조선 문제' 해결이 쉽지 않다고 판단하고
장기 주둔에 대비하였으리라는 추측이 가능하다.

4) 공위 결렬과 북한의 전략적 가치 : 친소 국가의 수립

이제 살펴볼 부분은 공위의 완전 결렬과 철군이 무엇을 의미하는가,
즉 소련은 북한의 가치를 어떻게 평가하였는가의 문제이다. 북한에서
소련의 일관된 목적은 '우호 정부'의 수립이었으며, 이는 공위에서도 마

찬가지였다. 1차 공위에서 소련 측 대표인 슈티코프는 성명서를 통해 미래 조선이 소련에 '우호적'이고 장래에 소련에 대한 공격 기지가 되지 않는, '진정한 민주주의 국가'가 되어야 한다고 주장한 바 있다.54) 소련 군 내부 보고서는 보다 직접적이다. 1946년 6월 12일 슈티코프는 스탈린과 몰로토프에게 보내는 1차 공위 결과보고서에서 "북한에서 우리의 영향력을 확고히 하는" 것이 협상 목적임을 분명히 하였다. 조선 정부가 '반동' 분자 중심으로 구성 된다면 "미국인의 입장을 강화"시키는 한편, "조선에서 우리의 이익에 해를 끼친다"는 것이다.55)

여기서 '우호 정부'는 두 가지 성격, 한편으로는 소련의 안보, 또 다른 한편으로는 이념적 측면과 관련되어 있다. '우호 정부'는 대외적 '우호성'인 친소 국가, 그리고 대내적 '민주성'인 사회주의 체제를 동시에 포괄하는 개념인 것이다.

그런데 1945년 말 군 총 정치국장 시킨은 조선에서 소련의 '정치적 입장'을 보장받을 수 있는 정치경제적 상황이 조성되었을 때 비로소 철군이 가능하다는 입장을 피력하였으며,56) 민정부사령관 레베데프는 철군을 앞둔 1948년 8월 말 북한에 "인재가 양성"되었고 "평화, 질서, 안정을 유지할 수 있다"고 한 바 있다.57) 더욱이 1947년 철군 제의는 북한이 아니라 소련에 의해 이루어졌다. 1947년 9월 26일 제2차 유엔총회에서 철군 제의 전 소련이 북한과 논의하였다는 증거는 없으며, 1948년 9월 북한의 공식적 요구 뒤에는 소련군이 있었다. 레베데프와 슈티코프의 일기를 보면, 점령군 상부에서는 이미 1948년 5월 철군 후를 대비하여 논의가 있었고 슈티코프와 레베데프의 검토를 거쳐 북한이 철군을 요구하였던 것이다.58)

이를 고려한다면, 공위 결렬 및 철군의 배경은 바로 북한 체제에 대한 소련의 자신감을 의미한다. 북한에서 사회주의 질서가 수립되었고, 북한의 '민주화'를 발판으로 조선에서 소련의 입장이 보장된다는 판단을 내렸을 개연성이 있는 것이다. 북한의 '우호성'이 전제되어야 비로소 철군은 '조선 문제' 해결의 수순으로서 의미를 지니는 것이다.

이와 관련하여, 철군 당시 북한 체제의 성격에 대한 현지 소련군과 소련 학자들의 평가는 엇갈린다. '민주' 개혁을 성공적으로 평가하고 북한을 '민주' 진영의 일원으로 주장하는가 하면,[59)] 다른 한편에서는 경제적 어려움을 지적하면서 1948년 북한에서는 여전히 "건설 업무가 진행 중"임을 밝힌 바 있다.[60)] 전자가 정치적 측면에서 '민주화'의 완성을 말하는 반면, 후자는 아직 북한이 경제적 '민주화' 과정에 있다는 등 이중적인 평가를 내린 것이다.

또한 소련 학자들의 문헌과 소련군 보고서들도 '민주화'의 성과에 대해 조금 다르게 표현하고 있다. 소련 학자들이 '민주화'의 예로 든 것은 정치 부문에서 인민위원회의 성립, 경제 부문에서 토지 사유화 폐지, 국유화 등이었다.[61)] 이와 달리 「민정부 보고서」는 '민주' 개혁의 결과를 제시하며 정치 부문에서는 조선인민민주주의공화국 수립을 제시한 반면,[62)] 경제 부문에서는 1946년의 복구 활동과 1947~1948년 부문별 산업 개편 과정을 나열하는 데 그쳤다.[63)]

이러한 '민주화'에 대한 이중적인 평가나 표현들은 결국 소련이 경제 부문의 '민주화'를 자신하지 못했음을 의미한다. 경제 부문에서 가장 큰 특징은 사회주의적 요소와 자본주의적 요소가 동시에 존재하는 혼합 경제였다. 1945년 10월 4일 「개인 기업의 창의력 발휘에 의한 결정서」는 산업 및 상업 부문에서 사적 소유를 공식적으로 인정한 공식 문서였으며, 1946년 3월 23일 「20개 정강」, 「1947년도 인민경제계획안」 모두 사적 요소를 인정하였다.[64)] 예를 들어, 북한에서 상업 부문(상점, 음식점, 서비스업 등)은 국영상업, 협동조합, 사영업의 형태로 운영되고 있었다. 그런데 사영업은 점차 줄어드는 추세(1946년 91.46%, 1947년 66.32%)이기는 하나 1948년 전 상업 부문에서 약 5분의 3(61.82%)을

차지하였고, 소련 역시 「민정부 보고서」에서 사영업의 중요성을 인정하
였다.65)

또한 북한 사회의 '개혁'에 중간 부르주아들이 참여하였다. 스탈린이
『레닌주의의 제문제』에서 '프롤레타리아 독재'를 언급했을 때, 노동 계
급과 여타 계급과의 모든 협조마저 부인한 것은 아니다. 그러나 그가
제시한 '프롤레타리아 독재'의 특징은 하나의 마르크스-레닌주의당이 존
재하고, 다른 계급 및 다른 당과 권력을 공유하지 않는다는 점이었다.66)
1946년 8월 말 공산당과 신민당의 합당으로 북조선로동당은 독점적 위
치에 있었으며, 소련은 이들 노동자를 '개혁'의 선봉 계급으로 주장하였
다.67) 북한의 주요 사회 세력이 노동 계급(과 농민들)임에는 틀림없으
나, '개혁' 세력은 노동자, 농민 외에 사적 소유를 기반으로 한 일부 부
르주아, 지식인들이었다.68)

사적 소유제가 존재하고 중간 부르주아가 '개혁'에 참여하였다면,
1948년 북한 체제는 스탈린이 제시한 '프롤레타리아 독재'라고 보기 어
렵다. 소련은 1948년 당시 북한에서 사회주의의 기반을 조성하기는 하
였으나, 완전한 '소비에트 질서'를 수립한 것은 아닌 것이다. 그 결과
「민정부 보고서」는 '민주화'의 성공을 주장하면서도 한편으로는 경제
개혁이 진행 중임을 밝혔고, 소련 학자들도 점령 기간 중 북한의 체제를
규정하는 대신 그 기간을 '독립과 민주화를 위한 투쟁 기간'으로 제시하
고 개혁 과정의 설명에 주력한 것이다.

그렇다면 철군을 가능하게 한 북한 체제의 성격은 사회주의 체제의
완성이라기보다는 '우호 정부'의 대외적 측면인 친소 국가로 보는 것이
타당하다. 무엇보다 북한 정부는 친소적이었다. 최고인민위원회 및 정부
구성과 관련하여 슈티코프는 1948년 8월 30일 김일성, 박헌영과 함께
논의하는 한편, 발라사노프에게 외무성의 각료 구성을 직접 지시하였고,
김일성의 정부 성명서 초안도 슈티코프와 레베데프의 검토 후 발표되었

다.69) 또한 소련은 민족간부 학교 등을 직접 운영하여 국가 및 당의 책임자, 사회단체의 책임자, 선전선동원, 교원 등 전 부문의 지도급 인사들을 교육시켰다.70) 북한의 지도부는 '사회주의 이념의 실천가'로서는 미흡할지라도 친소적이었던 것이다.

이러한 친소 정부, 친소 지도층의 형성은 철군 후에도 북한의 경제개혁이 예정대로 수행될 수 있음을 의미한다. 소련의 점령 기간 중 이룩한 정치 부문의 '민주화'는 이제 경제 부문의 '민주화'를 이끌 수 있으며, 그 결과 소련은 북한에서 자국의 이익이 보장될 수 있다는 평가를 내린 것이다.

당시 소련이 친소 국가 북한에 만족한 배경을 이해하기 위해서는 주변 상황의 변화, 즉 대미 관계의 악화, 그리고 당시 조선과 일본 상황을 고려해야 한다. 무엇보다도 소·미 관계는 돌이킬 수 없는 대립 관계로 들어섰다. 공위에서 소련이 다시 강경 입장으로 돌아선 1947년 7월 22일 이후 양국 관계는 3개국(소련, 영국, 프랑스) 외상회의(1947년 6월 27일~7월 2일)가 결렬되고 파리 유럽부흥회의(7월 12~15일)에서 마셜 플랜의 실현이 기정사실화되는 등 악화 일로를 걸었던 것이다.71) 마셜 플랜의 실현은 동구권에 대한 영향력 상실, 나아가 소련에 대한 안보 위협을 의미하였다. 안보가 위협받는 한, 소련이 여타 문제에서 유화적 태도를 보일 이유가 없어진 것이다.

또한 북한과 남한은 각각 정부를 구성하고 대치 양상을 띠고 있었다. 1948년 남한의 대통령으로 선출된 이승만은 소련이 임시 정부의 참여를 저지하려 했던 '반동분자'의 핵심 인물로, 남한은 '반동화'되었던 것이다.

더욱이 전후 소련이 주력했던 '우호적' 일본의 수립도 실패로 돌아갔다. 소련이 이 문제에 얼마나 심혈을 기울였는가는 북한 거주 일본인 주민 및 군속에 대한 선전 선동 사업을 통해 짐작할 수 있다.72) 1945년 12월 24일 메레츠코프의 명령 제00394호에 따라 1946년 1월 24일 이들을 통제할 상설 '일본난민원조위원회'(위원장 로마넨코)와 도별 위원회를 구성하였다. 제25군 제7호과는 연해주군관구의 명령에 따라 송환 준비 기간(~1946년 10월)과 송환 기간(~1947년 3월)에 각기 선전 선동 사업을 전개하였다. 특히 송환자에 대한 선전 선동은 1946년 12월 13일 소련 국방성 총 정치국장의 명령에 따라 수행될 정도였다.

그러나 전후 소련은 일본의 점령 정책에 전혀 관여하지 못했고, 일본은 미국의 영향력 하에 있었다. 달린에 따르면, 1947년 7월 11일 소련 정부는 평화 조약과 관련된 다음의 정보를 입수하였다. 미국이 소련이 거부권을 갖는 평화 조약 협상에 반대하고 극동위원회에서 조약 초안을 준비하도록 결정했다는 것이다. 극동위원회에서 소련의 권한은 미미할 뿐이며, 당시 일본은 소련에 '비우호적'이었다. 소련은 미국의 계획에 대응하여 7월 23일(11월 27일 재차) 4개국 외상회의를 제안하였으나 7월 29일 미국의 반대에 부딪혔고, 1947년 말 평화 조약 방식을 둘러싼 미국과 소련의 논의는 완전 결렬되었다. 이제 일본의 반소화를 막는 동시에 극동에서 영향력을 확보하려던 소련의 목적은 완전 실패로 돌아갔음이 명백해졌다.

이는 일본이 다시 소련의 안보에 직접적인 위협 요인이 될 수 있음을 의미한다. 극동 지역에서 소련의 전통적 위협 세력인 일본이 미국의 세력권으로 들어간 이상, 소련은 '조선 문제'에 유화적 제스처를 보일 필요가 없으며 타협 가능성이 적은 공위를 지속할 이유도 없었다. 따라서 소련은 남한의 '반동화'와 일본의 미국 영향력 편입에 대응할 수 있는 대안을 찾아야만 했고, 그 대안이 바로 북한이었던 것이다.

주코프는 북한의 '민주화'와 남한의 '반동화'로 조선에서 소련과 미국이 정치적으로 대립하는 한편, 태평양 지역에서도 소련은 일본 제국주의를 대신한 미국과 맞서게 되었다고 주장한 바 있다.[73] 그는 태평양 지역에서 소련과 미국의 대립이 북한과 남한에 반영되고 있음을 지적한 것이다. 그 결과 북한의 전략적 가치는 보다 증대되었고, 소련은 친소 국가의 성격을 대외적으로 강조할 필요가 있었던 것이다.

즉, 소련이 공위의 완전 결렬과 연이은 철군을 결정할 수 있었던 것은 대미 관계 및 일본 문제와 관련하여 더 이상 머뭇거릴 여지가 사라졌고, 미국과 일본, 그리고 남한에 대응할 수 있는 친소 국가 북한이 수립되었기 때문이다. 그들이 철군을 주도하고 점령 정책을 긍정적으로 평가한 것도 일본의 대안으로 북한의 전략적 가치가 중요한 한편, 북한이 친소 정부와 친소적 지도 인사들을 기반으로 향후 '민주화'를 계속 수행할 수 있다고 판단하였기 때문이다.

3. 맺음말

지금까지 북한 점령기에 소련의 인식상 변화와 이에 따른 정책을 살펴보았다. 이를 통해 첫째, 1945년 점령 첫 해 소련은 '조선 문제'보다는 일본에 중점을 두었고, 둘째, 1945년 모스크바 회의 후 소련은 비로소 '조선 문제'를 그 자체로 인식하게 되었으며, 셋째, 공위 결렬과 철군은 대미 관계가 악화되고, 일본에의 개입 여지가 불투명하게 되는 등 외부적 요인과 함께 조선의 전략적 가치가 부상하였고, 친소 국가 북한만으로도 소련의 입지를 굳힐 수 있다는 판단에서 가능하였음을 밝혔다.

이와 관련, 1948년 소련이 친소 국가 북한에 만족하였다는 것이 곧 북한만의 공산화를 의미한다고 보아서는 안 된다. 이는 분단의 현실성을 인정한 것이지 분단의 영구화를 용인한 것은 아니다.

우선, 소련은 공위의 교착 상태에서도 남한의 '반동화'를 심각히 우려하였다. 1947년 8월 2일 슈티코프의 일기를 보면, 그는 공위 지속과 분과위원회 업무를 남한 상황과 연계시켜 고려하였다.[74] 공위의 지속은 남한 내의 좌익 세력을 강화시키지만, 공위가 결렬되면 이들 세력이 약화되고 미국의 입장이 강화되며, 분과위원회 업무는 "소련 대표단이 더 오래 남아있으므로 우리 친구들의 입장을 강화"시키는 효과가 있다는 것이다. 특히 1948년 8월 말 슈티코프는 레베데프와 함께 남한에서 집회를 개최하고 행동을 조정할 합법적인 특수 기관에 대해 논의한 바 있다.75) 즉, 소련은 남한의 '반동화'를 저지할 수 있는 현실적인 대안으로 공위 지속을 고려하였던 것이다.

또한 「민정부 보고서」에서 소련은 철군 후 조선의 '해방' 정책을 지속할 것임을 언급하고 있다.76) 그 내용은 다음과 같이 요약된다. 점령 정책을 통해 '조선 문제'의 해결을 성공적으로 이끌었지만, 아직 조선의 통일 및 독립 과제는 수행되지 않았다. 조선의 '민주' 세력은 "평화 애호적 · 민주적" 조선 정부 수립에 광범위한 사회적 기반과 결의를 갖고 있으며, "전과 마찬가지로 소련의 원조에 기대"하고 있었다. 따라서 소련과 북한은 선린 관계에 기초하여 양국 관계를 보다 긴밀히 해야 한다는 것이다. 소련은 향후 북한을 기반으로 남한의 좌익 세력에게 "우호적 · 형제적 원조"77)를 취하는 등 '해방' 정책을 계속 수행할 것임을 분명히 밝힌 것이다.

당시 소련은 남한의 공산화를 적극 추진한 것은 아니지만, 그렇다고 포기하지도 않았다. 1948년에는 국제 환경에 부응하여 미국과 일본, 그리고 남한에 대항할 수 있는 친소 국가에 만족했던 것이다. 따라서 국제 정세의 변화에 따라 남한의 '민주화'를 추구할 여지는 남아 있었던 것이다. 당시 국제 정세에 대한 소련의 부정적인 판단은 1949년 9월 14일 슈티코프가 스탈린에게 보낸 보고서78)에서 확인할 수 있다. 슈티코프는 북한의 남침 의사에 부정적인 의사를 표명하며 그 이유를 제시하였는데, 북한군 수와 물자의 부족, 국제 정세의 복잡함이 그것이다. 남침은 "소련에 대항하는 반동적 제국주의 국가들"이 국제 정세를 이용할 수 있으며, 특히 미군이 이에 "개입하여 남쪽에 적극적인 원조를 표명"할 것이기 때문에 남침에 부정적이었던 것이다.

※ 이 글은 『현대북한연구』 2권 2호(1999)에 수록되었다.

주註

1) 소련 측 학자들은 점령기의 시기 구분을 중앙 권력 기관인 북조선(임시)인민위원회의 형성이 아니라, 모스크바 회의와 그 후 공위의 전개 과정을 기준으로 ① '해방'－모스크바회의기, ② 공위기, ③ 정권수립기 등으로 구분하고 있다. F. I. Shabshina, "Koreya posle vtoroi mirovoi voiny(2차대전 후 조선)", E. M. Zhukov ed, Krizis Kolonial'oy Sistemy(식민 체제의 위기)(Moskva : Tokhookeanskiy Institut, Akademiya Nauk SSSR, 1949), pp.243-289 ; G. E. Samosonov, Bor'ba Sovetskogo Soyuza za Demokraticheskoe Reshenie Koreiskogo Voprosa/1945~1948gg(조선 문제의 민주적 해결을 위한 소련의 투쟁 /1945~1948)(Avtoreferat dissertatsii na soiskanie ychenoy stepeni kandidata istoricheskikh nauk, Bysshaya Diplomaticheskaya Shikola MID SSSR)(Moskva, 1954).

2) Doklad ob itogakh raboty Upravleniya Sovetskoy Grazhdanskoy Administratii v Severnoi Koree za tri goda(avgust 1945~noyab' 1948), Tom 1(이하 Doklad(a))(Phkenv'yan, 1948), pp. 19-20 ; E. M. Zhukov, Sovietskiy Soyuz v Bor'be za Demokraticheskoe Reshenie Polevoennykh Problem Dal'nego Vostoak (소련과 극동 문제의 민주적 해결을 위한 투쟁)(Moskva, 1950), p. 17 ; G. Vasetskiy, "Narodno-demokraticheskiy story v Severnoy Koree(북조선의 인민민주주의 건설)", p. 1 ; P. Kraynov(a), Bor'ba za edinuyu demokratischeskuyu koreyu(민주 통일 조선을 위한 투쟁)(Moskva : Izdatel'stvo Pravda, 1948), p. 3.

3) Doklad(a), p. 319, Doklad(b), pp. 2-5 ; E. Pigulevskaya, "Koreyskiy narod v bor'be za nezavisimost'i demokratiyu(독립 · 민주 투쟁에서 조선 인민)", Vopros' Ekonomiki, no. 6(Iyun' 1950), pp. 1-2 ; L. Zenina, "Bor'ba koreyskogo naroda za demokraticheskoe edinstvoinatsional'nuyu nezavisimost'(조선 인민의 민주 통일 및 독립 투쟁)," PropagandaiAgitatsiya, no. 13(Iyul' 1950), p. 1 ; P. Kraynov(b), Bor'ba koreyskogo naroda za nezavisimost'(조선 인민의 독립 투쟁)(Moskva : OGIZ, 1948), pp. 19-27.

4) F. I. Shabshina, "Koreya posle", p. 249.

5) Doklad(a), p. 18.

6) 민주주의민족전선, 『해방조선 I : 자주적 통일 민족국가 수립 투쟁사』(서울: 과학과 사상, 1988), 118~119쪽.

7) G. Tavrov, "Koreyskiy vopros", p. 30.

8) Vojtech Mastny, "The Cassandra in the Foreign Commistariat : Maxim Litvinov and the Cold War", Foreign Affairs, vol. 54, no. 2(Jan. 1976), pp. 366~376.

9) Eugene Lyons, *Workers' Paradise Lost*, 하준락 · 김영수 역, 『소련의 신화와 현실』 (서울: 형설출판사, 1972), 148, 159~160쪽.

10) Vojtech Mastny, *Russia's Road to the Cold War : Diplomacy, Warfare and the Politics of Communism, 1941~1945*(New York : Columbia University Press, 1979), p. 233.

11) Eric van Ree, *Socialism in One Zone : Stalin's Policy in Korea, 1945~1947*(Oxford : Bery Publishers, 1989), p. 99, 115.

12) 러시아연방 대외정책 문서보관소 문서. Fond 0430, Opic' 2, Papka 5, Delo 18. 외무인민위원 로조프스키의 「조선 독립정부 수립에 대한 외무인민위원회 초안」 (1안), 몰로토프와 차랍킨(S. K. Tsarapkin)의 「조선 독립정부 수립에 대한 외무 인민위원회 초안」(2안), 12월 18일 말리크(Ya. A. Malik)의 「조선 문제에 대한 소련 대표단의 초안」(3안), 「조선 문제에 대한 소련 대표단의 초안」(4안).

13) 러시아연방 대외정책 문서보관서 문서, Fond 0430, Opic' 2, Papka 5, Delo 78. 이외에도 1945년 12월 외무인민위원회 제2 극동지부 고문 페투호프(Petukhov) 의 보고서(「조선의 소미 점령과 북조선 및 남조선 간의 경제적 · 정치적 유대 문제」), 12월 10일 말리크의 보고서(「단일 조선정부의 문제에 대해」), 외무인민 위원회 제2 극동지부 고문 수즈달레프(Suzdalev)의 보고서(「조선에서 일본의 군수 중공업에 대한 보고서」) 등이 있다.

14) 러시아연방 대외정책 문서보관소 문서. Fond 0431/1, Opic' 1, Papka 8, Delo 2, 작성자 불명, 「과거 일본의 식민지 및 위임 통치 지역 문제에 대한 메모」.

15) Max Beloff, *Soviet Policy in the Far East 1944~1951*(London : Oxford University Press, 1953), p. 108.

16) 한 예로 소련은 미국이 쿠릴 점령의 대가로 기지의 영구 사용권을 요구하였다 고 잘못 이해한 바 있다. 소련에게 이는 피정복국이나 약한 동맹국에나 가능한 요구로 (William Taubman, *Stalin's American Policy : From Etente to Detente to Cold War*(New York : W. W. Norton, 1982), p. 114) 일본에 대한 소련의 영향력을 무력화시킬뿐더러 '강대국' 소련을 무시하는 태도였다. 1945년 10월 25일 스 탈린은 해리먼 주 소련 대사에게 맥아더가 소련이 '마치 2류 국가이고 동맹이 아닌 것처럼' 대접하고 있다고 직접 불만을 토로하였다. (William A. McNell, *Survey of International Affairs, America, Britain & Russia : Their Cooperation and Conflict, 1941~1946*(London : Oxford University Press, 1953), p. 703).

17) David J. Dallin, *Soviet Russia and the Far East*(New Haven : Yale University Press, 1948), pp. 239-241 ; Max Beloff, *Soviet Policy in the Far East 1944~1951*, p. 110.

18) David J. Dallin, *Soviet Russia and the Far East*, p. 268.

19) "치스차코프 대장의 포고문" 편집부 엮음, 『분단자료집 : 1945~1948년 자료 모음』(서울: 한백사, 1989), 16쪽.

20) TsAMO, Fond 32, Opic' 11318, Delo 196, 『장교들의 조선 편람』.

21) TsAMO, Fond ?, Opic' 687572, Delo 2317, 1945년 9월 19일 제25군 군사평의 회 위원 Lebedev 소장, 정치부장 Gromov 대좌가 연해주군관구 사령부 군사평 의회 위원 Shtykov 대장, 연해주군관구 정치부장 Kalashnikov 중장에게 보내는 보고서, 「북조선 주민 정세」, 1쪽 ; 목록 불명, 1945년 9월 20일자(조선의 소련 군 분할 지역 상황에 대한) 「정보통보」(제1극동방면군 정치국 제7호과장 Mekler 중좌 작성), 1쪽 ; 목록 불명, 1945년 9월 22일 Kraskevich가 Shikin에게 보내는 보고서, 「조선의 소련군 배치 지역의 정치·경제 상황에 대한 간략한 보고」, 1쪽.

22) TsAMO, Fond USGASK, Opic' 433847, Delo 1, 「조선 이북의 정치상황과 지방 자치기관의 행정기구」, p. 1 ; L. Zenina, "Bor'ba koreyskogo", p. 1.

23) TsAMO, Fond USGASK, Opic' 433847, Delo 1, 북한에서의 사업을 위한 조선 공산당 중앙위원회 대표 리순근 및 최용달과 Romanenko와의 대담 기록, p. 4.

24) 와다 하루키, "소련의 대북한 정책 : 1945~1946," 브루스 커밍스 외, 『분단 전후의 현대사』(서울 : 일월서각, 1982), 263쪽 ; Eric van Ree, Socialism in One Zone, pp. 125-128 ; Kathryn Weathersby, "Soviet Aim in Korea and the Origins of the Korean War, 1945~1950 : new evidence from Russian Archives", Working Paper, no. 8, Cold War International History Project, Woodraw Wilson International Center for Scholars(November 1993), p. 8.

25) TsAMO-A, Fond 19, Opic' 266, Delo 27, 1945년 10월 17일 문서입수번호 392-1, 외무인민위원 Lozovskiy가 적군 총참모장 Antonov와 총 정치국장 Shikin 에게 보내는 보고서.

26) F. I. Shabshina, "Koreya posle", p. 259.

27) G. Vasetskiy, "Narodno-demokraticheskiy", p. 1.

28) 이하 내용은 다음을 참조할 것. 외무성 문서, Fond 013, Opic' 7, Papka 4, Delo 46, 1945년 12월 25일 적군 총 정치국장 Shikin이 외무인민위원 Lozovskiy에게 보내는 보고서, 「북조선 정세보고」 ; 1945년 12월 27일 Ignat'ev의 보고서.

29) TsAMO, Fond USGASK, Opic' 433847, Delo 1, 1945년 11월 11일 Galaktionnov 기술소좌의 보고서, 「1945년 11월 10일 북조선 산업 현황에 대한 조회·보고」, p. 9.

30) Eric van Ree, Socialism in One Zone, p. 93.

31) Doklad(a), p. 71 ; 「조선 이북의 정치상황과 지방자치기관의 행정기구」, p. 2.

32) 「조선 이북의 정치상황과 지방자치기관의 행정기구」, p. 2 ; TsAMO, Fond

USGASK, Opic' 102038, Delo 2, 1945년 12월 30일 문서입수번호 020, Ignat'ev 의 보고서, 「도군사령부 대표 및 사령관으로부터의 보고 자료에 대한 보고」, pp. 1-3.

33) 와다 하루키, "소련의 대북한 정책," 276~283쪽 ; 중앙일보사 특별취재반, 『조 선민주주의인민공화국(상)』 (서울: 중앙일보사, 1994), 163~170쪽.

34) 1945년 12월 25일 Shikin의 보고서, p. 3.

35) Doklad(a), p. 4 ; TsAMO, Fond ?, Opic' 687572, Delo 2317, 1945년 9월 19일 제25군 군사평의회 위원 Lebedev 소장, 정치부장 Gromov 대좌가 연해주군관구 사령부 군사평의회 위원 Shtykov 대장, 연해주군관구 정치부장 Kalashnikov 중 장에게 보내는 보고서, 「북조선 주민 정세」, p. 1.

36) 중앙일보사 특별취재반, 『조선민주주의인민공화국(상)』, 191~192쪽.

37) 자세한 내용은 Eric van Ree, *Socialism in One Zone*, Ch. 13을 참조할 것.

38) Shytkov의 일기, 1946년 9월 26일, 1947년 7월 30일, 8월 2일, 15일, 29일.

39) TsAMO, Fond USGASK, Opic' 102038, Delo 2, 1946년 1월 4일 Gromov, Ignat'ev가 연해주군관구 정치국장 Kalashnikov에게 보내는 보고서, p. 2.

40) Shytkov의 일기, 1947년 1월 22일.

41) 위의 일기, 1947년 8월 29일.

42) 국방성 문서, 1946년 6월 12일 Shytkov가 Stalin과 Molotov에게 보내는 보고서, 「1946년 3월 20일~5월 6일 서울 소미공위 관련 보고」.

43) Shytkov의 일기, 1946년 9월 11일.

44) TASS, Izvestiya, no. 257(9173), 31 Oktyabr' 1946, Vneshnyaya politika sovetskoro soyuza 1946 god, Gosudarstvennoe izdatel'stvo politicheskoy literatury, p. 813 ; TASS, Izvestiya, no. 296(9212), 9 Dekabr', 1946, Vneshnyaya politika sovetskoro soyuza 1946 god, p. 817.

45) TsAMO, Fond 17, Opic' 128, Delo 205, 1946년 9월 1일 소련공산당 중앙위원 회 정보국통보 No. 16(40), 「극동에서의 미국 정책」, p. 19.

46) TsAMO, Fond 142, Opic' 540934, Delo 4, 1947년 5월 14일 Lebedev가 Meretskov와 Shtykov에게 보내는 보고서, 「군정활동과 관련하여 남쪽의 우리 벗들에게서 받은 정보」, p. 3 ; TsAMO, Fond 142, Opic' 540934, Delo 4, 1947 년 5월 16일 Lebedev의 보고서, 「우리 벗들의 정보에 의거 소미공위 재개에 대한 남조선 각 정치그룹의 태도」, p. 2.

47) TsAMO, Fond 142, Opic' 540934, Delo 4, 1947년 5월 4일 Lebedev가 Shtykov 에게 보내는 보고서, 「1947년 4월 19일 남조선 정세자료 보고서」(이승엽 작 성), p. 1 ; TsAMO, Fond 17, Opic' 218, Delo 205, 1946년 7월 1일 총 정치국 제7호과 부국장 Sapozhnikov가 소련공산당 중앙위원회 Suslov에게 보내는 1946

년 6월 27일 연해주군관구의 '조선 및 요동반도의 정치정세 보고' 보고서, p. 1.

48) Shtykov의 일기, 1946년 9월 16일 ; TsAMO, Fond USGASK, Opic' 102038, Delo 2, 1946년 9월 23일 Ignat'ev가 제25군 군사평의회에 보내는 보고서 ; 1946년 10월 5일 Romanenko가 Shtykov에게 보내는 보고서, 「남조선 미군정의 반동정책에 항의하는 북조선 인민들의 집회 결과에 대해」.

49) 러시아연방 대외정책 문서보관소 문서, 1946년 3월 28일 Shikin이 Bulganin에게 보내는 박헌영 서한 관련 요청서 ; Shtykov의 일기, 1946년 10월 1~3일, 12월 6~7일.

50) TsAMO, Fond 142, Opic' 540934, Delo 4, 1947년 5월 8일 Korotkov와 Lebedev 가 Meretskov와 Shtykov에게 보내는 보고서, p. 3, 7.

51) TsAMO, Fond 379, Opic' 578927, Delo 3, 1947년 5월 15일 Ignat'ev의 보고서, 「Molotov와 미국 무장관 Marshall의 조선문제 서환교환 보도에 대한 반향」, pp. 1-5 ; TsAMO, Fond 142, Opic' 540934, Delo 4, 1947년 5월 29일 Shanin이 Meretskov에게 보내는 보고서, 「소미공위 재개에 대한 각계각층의 반응에 대한 보고」, p. 2 ; TsAMO, Fond 379, Opic' 578927, Delo 3, 1947년 7월 10일 제25 군 정치부장 Gromov의 보고서, 「미국 대표단의 평양 방문과 관련한 북한주민 의 동향 보고」 ; 1947년 8월 8일 Marmorshteyn의 보고서, p. 5.

52) Shtykov의 일기, 1946년 11월 4일.

53) TsAMO, Fond 379, Opic' 532092C, Delo 2, 1946년 8월 28일 40SD 부대장 Ermolaev대좌가 제25군 군사평의회에 요청한 서신 ; 1946년 9월 24일 연해주 군관구 군사평의회서기 Zotov중좌가 제25군 군사평의원 Lebedev에게 보내는 서신.

54) Vneshnaya Politika Soveskogo Suyuza 1946 god(Moskva : Gosudarstvennoe Izdatel'stvo Politicheskoy Literatury, 1952), p. 808.

55) 1946년 6월 12일 Shtykov의 보고서.

56) 1945년 12월 25일 Shikin의 보고서, p. 9.

57) Lebedev의 일기, 1948년 8월 27일.

58) 1948년 레베데프는 철수를 공표하고 이를 소련 정책을 선전하는 데 이용할 것인가(5월 13일), 북한에 체류 중인 조선계 소련인들을 어떻게 처리할 것인가 (5월 25일)을 고려하였으며, 8월에는 대사관의 구성을 논의하였다(8월 17일, 30일). 슈티코프도 8월에 북한의 당면 문제 중 하나로 소련과 미국 정부에 대한 군 철수 제기를 거론하였고(8월 27일), 9월 3일 철군 문제를 검토하였으며, 북 한의 철군 요청 한달 후 본국과 정부 승인 문제를 논의하였다(10월 2일). Lebedev의 일기, 1948년 5월 13일, 25일, 8월 17일, 30일 ; Shtykov의 일기, 1948년 8월 28일, 9월 3일.

59) Doklad(a), p. 20 ; V. P. Nikhamin, *Bor'ba SSSR za demokraticheskoe reshenievoprosov poslevoennogo ustroystva mira na dal'nem vostoke*(1945~1949gg)(전후 극동의 평화수립 문제의 민주적 해결을 위한 소련의 투쟁 1945~1949)(Moskva : Bybshaya politinaya shkola pri TsK KPSS, 1955), pp. 6-7.

60) Doklad(a), p. 3.

61) E. Pigulevskaya, "Koreyskiy narod", pp. 3-6 ; M. Shver, "Koreyskiy narod v bor'be za nezavisimost' i demokratiyu(조선인민의 독립민주투쟁)", pp. 4-5.

62) Doklad(a), pp. 20-22.

63) Doklad(b), p. 13.

64) 서남원, 『북한의 경제정책과 생산관리 : 독재경제의 이론과 실제』, 아세아문제연구소 공산권연구총서 5 (서울: 아세아문제연구소, 1966), 50~51쪽 ; 양호민, 『북한의 이데올로기와 정치』, 제2권, 아세아문제연구소 공산권연구총서 7 (서울: 고려대학교 출판부, 1972), 1장.

65) Doklad(b), pp. 159-173.

66) Vaprosy Leninizma, pp. 114-115, G. Vasetskiy, "Narodno-demokraticheskiy", p. 6에서 재인용.

67) F. I. Shabshina, "Koreya posle", pp. 282-284 ; G. Vasetskiy, "Narodno-demokraticheskiy", p. 3.

68) Eric van Ree, Socialism in One Zone, p. 159.

69) Shtykov의 일기, 1948년 9월 2일, 4일 ; Lebedev의 일기, 1948년 8월 8일, 30일.

70) 이에 대해서는 필자, "소련의 북한점령정책 : 정책수행기구와 통제방식을 중심으로," 『북한 사회주의 체제와 변화전망』, 1999년 4월 2일 세계지역연구협의회 춘계 학술회의(1999)를 참조할 것.

71) 1947년 7월 몰로토프 플랜(Molotov Plan)으로 불리는 양자무역협정(1949년 1월 코메콘<COMECON>)이 이루어졌고, 8월 말 미 국무성은 전 세계가 양세계로의 분단에 직면하였다고 주장하였다. 10월 4일 유엔에서 마셜 플랜 원칙이 승인되었고, 소련은 10월 5일 코민포름 창설을 공표하였으며, 10월 6일 유엔의 발칸 감시안을 거부하였다.

72) TsAMO, Fond 25A, Opic' 532092, Delo 1, 1946년 1월 15일 제25군 군사평의회의 북조선 거주 일본 주민의 상황 조건 및 물자 개선에 대한 결정 제01호 ; 1946년 7월 14일 제25군 군사평의회의 일본 난민의 급식 보장 문제에 대한 결정 제015호 ; TsAMO, Fond 379, Opic' 578927, Delo 3, 1947년 1월 27일 제25군 제7호과장 Kovyshenko 소좌의 보고서, 「1947년 1월 15일 현재 일본인 주민 및 군속 현황 보고」 ; 1947년 4월 24일 제25군 제7호과장 보좌관 Komilov 소좌의 보고서, 「북조선 거주 일본 민간인 및 포로에 대한 사업 보고」.

73) E. M. Zhukov, Sovietskiy Soyuz v Bor'be za Demokraticheskoe Reshenie Polevoennykh Problem Dal'nego Vostoak, pp. 4-5, 20.

74) Shtykov의 일기, 1947년 7월 30일, 8월 2일. 특히 공위 중단의 파장으로 다음을 고려하였다. ① 반탁투쟁위원회 소속 정당 및 단체가 특히 선언서 서명 이후 모스크바 결정에 계속 반대하고 있다는 것을 입증할 자료가 적다. ② 24개 정당 때문에 결렬시킨다면 인기를 잃을 것이다. 작년에도 이 문제로 공위 업무가 중단되었기 때문이다. ③ 우리 우방 진영에 타격이 될 것이고, 그들은 실망할 것이다. 그들에 대한 테러가 거세질 것이며 그들은 약화될 것이다. 그들은 우리의 작업 동안 아주 커지고 강화되었기 때문이다. ④ 반동 세력은 그들의 정책을 실현하기 위해 공위 중단을 이용할 것이다. ⑤ 미국은 자신의 입장을 견고히 할 수 있을 것이다.

75) 위의 일기, 1948년 8월 28일.

76) Doklad(a), pp. 24-34.

77) TsAMO, Fond 127, Opic' 468007, Delo 4, 1948년 11월 2일 연해주군관구 정치국 제7호과장 Marmorshteyn이 극동군 정치국 제7호과장 Gaydar 중좌에게 보내는 「조선신문」 비평 보고서(연해주군관구 정치국 제7호과 선임 검열관 Khroshavtsev 작성), p. 8.

78) 1949년 9월 15일, Shtykov가 Stalin에게 보내는 보고서.

〈참고문헌〉

1. 1차 자료

□ 국방성 문서

TsAMO, Fond USGASK, Opic' 102038, Delo 2.

TsAMO, Fond USGASK, Opic' 433847, Delo 1.

TsAMO, Fond 17, Opic' 218, Delo 205.

TsAMO, Fond 25A, Opic' 532092, Delo 1.

TsAMO, Fond 32, Opic' 11318, Delo 196.

TsAMO, Fond 127, Opic' 468007, Delo 4.

TsAMO, Fond 142, Opic' 540934, Delo 4.

TsAMO, Fond 379, Opic' 532092C, Delo 2.

TsAMO, Fond 379, Opic' 578927, Delo 3.

TsAMO, Fond ? Opic' 687572, Delo 2317.

TsAMO-A, Fond 19, Opic' 266, Delo 27.

Doklad ob itogakh raboty Upravleniya Sovetskoy Grazhdanskoy Administratii v Severnoi Koree za tri goda(avgust 1945~noyab' 1948), Tom 1, 2, Phkenv'yan, 1948.

□ 러시아연방 대외정책 문서보관소 문서

Fond 0430, Opic' 2, Papka 5, Delo 18.

Fond 0430, Opic' 2, Papka 5, Delo 78.

Fond 0431/1, Opic' 1, Papka 8, Delo 2.

□ 외무성 문서

Fond 013, Opic' 7, Papka 4, Delo 46.

□ 일기

Shtykov의 일기(1946년 9월~1947년 2월, 1947년 7월~10월, 1948년 7월~9월).

Lebedev의 일기(1948년 3월~5월, 7~9월).

2. 2차 자료

Institut Vostokovedeniya, Akademiya Nauk SSSR ed., Osvobozhdenie Koree-vosponimaniya i stat'i(Moskva : Izdatel'stvo Nauka, 1976).

Kraynov, P., Bor'ba koreyskogo naroda za nezavisimost'(Moskva : OGIZ, 1948).

_____, Bor'ba za edinuyu demokraticheskuyu koreyu(Moskva : Izdatel'stvo Pravda, 1948).

Vneshnyaya Politika Sovetskogo soyuza, 1946, 1947, 1948 rog(Moskva : Gosudarstvennoe Izdatel'stvo Politicheskoy Literatury, 1952).

Zhukov, E. M. ed., Krizis Kolonial'oy Sistemy(Moskva : Tokhookeanskiy Institut, Akademiya Nauk SSSR, Moskva, 1949).

_____, Sovietskiy Soyuz v Bor'be za Demokraticheskoe Reshenie Polevoennykh Problem Dal'nego Vostoak(Moskva, 1950).

Bayanov, B. "Koreya", Moskovskiy propagandist, no. 7(Iyul' 1950).

Pigulevskaya, E. "Koreyskiy narod v bor'be za nezavisimost'i demokratiyu", Vopros' Ekonomiki, no. 6(Iyun' 1950).

Shver, M. "Koreskiy narod v bor'be za nezavisimost' i demokratiyu".

Vasetskiy, G. "Narodno-demokraticheskiy story v Severnoy Koree".

Zenina, L. "Bor'ba koreyskogo naroda za demokraticheskoe edinstvoinatsional'nuyu nezavisimost'," PropagandaiAgitatsiya, no. 13(Iyul' 1950).

북한 토지개혁의 추진주체:
소련주도설에 대한 비판

이 주 철

1. 서 론

1945년 8월 일제로부터 해방과 함께 미·소의 점령을 맞은 우리 민족 앞에 통일된 독립 국가 건설은 최대의 당면 과제로 제기되었다. 또한 인구의 절반 이상이 소작 농민인 실정에서 토지개혁은 일제지배 질서의 청산과 새 사회건설의 바탕으로서 제기될 수밖에 없었다. 토지개혁에 대한 오랜 농민들의 요구가 있었고, 토지문제의 해결은 역사의 발전에서 회피될 수 없는 과제[1]였으므로 소련에 의한 점령 상태에서 북한의 정치세력은 정치적 주도권과 연관하여 토지문제를 해결하려 하였다.

1946년의 북한 토지개혁은 '혁명'이었다. 단순히 토지를 농민에게 재분배하여 경제적 평등을 이루어 본다는 차원에 그치지 않고 사회 전반의 구질서를 뒤엎는 혁명적 조치였다. 이러한 급반전은 자주적인 국민국가 수립을 저지 당하고 일제의 식민지라는 굴절된 역사를 가진 민족이 새로운 역사의 발전 경로를 찾으려는 과정에서 나타난 것이라고 할수 있다. 그러나 이러한 북한의 혁명적 토지개혁이 민족 전체에 미친영향은 여러 가지 평가를 가능하게 하고 있다.

최근 김성보, 전현수[2]의 적극적인 소련측 자료의 발굴과 연구를 통하여 해방 직후의 북한에 대한 이해는 크게 진전되었다. 이들의 연구 성과는 1차 자료들에 의거하지 못했던 기존의 연구를 극복하고 구체적인 분석에 접근하였다. 또한 이 과정에서 북한 토지개혁에 관한 이해의 폭을넓혀 주었다. 다만 자료의 발굴이 완벽하게 이루어지지 않음으로 인하여 부분적으로 과대 평가되는 측면이 있다고 생각된다.

북한 토지개혁에서 중요한 문제의 하나는 토지개혁의 주체에 관한문제이다. 현재 북한의 대표적 연구는 토지개혁 전과정全過程의 중심에김일성만을 부각하여 놓고 있다.[3] 남한측 연구[4]는 차이는 있지만 소련측의 역할을 부각하고 있는데 특히 박명림은 "농민의 요구를 수용하는방식이었으되 위로부터의 방식이었으며 그 수용 주체는 소련이었다"[5]고 주장하여 소련의 역할을 중심으로 서술하였다. 김성보는 토지개혁법령의 원칙을 소련과 조선공산당북조선분국이 협의하여 만들었다는 견해를 보이고 있다.

이와 다른 입장에서 류길재는 비록 토지개혁을 비롯하여 수많은 정책들을 소군정이 입안했다 하더라도 소군정이 전국적인 수준에서 직접집행한 것이 아니었다면서, 인민위원회의 집행기구적 역할은 토지개혁에서 결정적이었으며, 정책을 "누가 결정했는가"라는 종래의 문제 제기는 핵심을 벗어나 있다[6]고 주장한다. 그러나 기존의 연구들이 이미 합의에 이른 '집행을 누가 했는가'하는 문제가 논의의 핵심이 될 수는 없으며, 오히려 결정과정과 입안 주체에 대한 논의는 불가피하다.

박명림의 연구는 소련이 '최대유일의 결정자'였다는 인식을 기본 바탕에 깔고 전개된 면이 있으며, 일부 연구와 자료의 발굴은 이러한 측면을 보여 주기도 하였다. 그러나 이제는 각 부문별, 시기별로 구체적인 개입 여부를 확인하여 소련의 개입 영역을 확인할 필요가 있는데 이를 위하여는 먼저 이 당시의 소련이 '완벽한 결정자'는 아니었음을 인식할 필요가 있다. 또한 조선인이 한 역할을 제대로 평가하는 방향으로 연구가 진전될 필요가 있다.

해방 직후를 이해하는데 있어서 소련을 중심에 놓고 단일한 조직으로 이해하는 것은 적절하지 못하다고 할 수 있다. 해방 직후의 북한사회는 급작스럽게 일제지배 질서가 붕괴한 상태에서 소련군의 일정한 리더십이 존재했지만 기본적으로 크고 작은 다핵으로 구성된 각 영역의 자율성이 존재 가능한 공간이었던 것을 이해할 필요가 있다. 따라서 북한의 토지개혁을 볼 때 '위로부터의 개혁'과 '아래로부터의 개혁'이라는 설명을 도식적으로 대입하려 하는 것은 역사적 구체성을 반영하기에는 적절하지 못하다.

필자는 해방 시점에서부터 토지개혁법령의 실행과정을 고찰하면서 특히 농업부문과 토지개혁에서 소련의 개입 문제와 일제하에서부터 국내에서 활동했던 토착 공산주의자들과 농민조합운동 주체(이하 '농운주체'로 줄임)의 역할을 주목하고자 한다. 본 논문의 주제는 자료의 발굴만으로 해결될 수 없는 부분이며, 전체 권력구조 속에서 각각의 위치와 역할 그리고 시기별 차이를 명확하게 해석할 필요가 있다.

2. 토지개혁의 준비과정(1945. 8~12)

1) 농민의 토지분배 요구

일제하 농민 생활은 토지 소유의 편중, 고율 소작료, 각종 잡세의 과

중한 부담 등으로 궁핍이 극에 달하여 있었다. 북한 농민의 73.8%가 자작 겸 소작농이거나 소작농의 처지에 있었는데[7] 북한의 총경지면적 약 173만 정보 중에서 약 98만 정보가 소작경영되고 있었다.[8] 이중에서도 특히 논의 69%(밭은 49%)가 소작지였으며[9] 관개된 토지의 64%가 소작지였다.[10] 논의 생산성이 밭의 3~4배에 이르고 관개 여부가 농사의 중요한 요건임을 감안하면 실제적인 지주의 토지 지배는 훨씬 컸음을 알 수 있다.

소작농들은 평균 50~60%에 이르는 소작료를 부담하고 있었으며[11] 수세, 농회비 등 수십 종의 잡세와 무보수의 노동, 그리고 1930년대 후반기 이후에는 통화 증발에 따른 인플레이션에 의한 강제 수탈에까지 시달려야 했다. 이러한 형편에 1945년에는 수확 감소[12]와 소련군의 주둔[13]으로 북한의 식량난이 가중되었고 북한 농가 총 호수 100여만 호 중에서 59만여 호의 농가가 기아 또는 반기아 상태에 빠져 있었다.[14]

이런 궁핍한 농가의 실정은 일제하에서부터 오랫동안 토지를 갈망하던 농민들에게 일제 패망의 급변기에 따르는 새로운 질서의 편성과 토지 획득을 요구[15]하게 하였다. 무엇보다도 일제의 패망으로 내팽개쳐진 일본인 소유 토지가 토지분배 요구를 크게 자극하였음에 틀림없다. 처음에는 11만 2,623정보[16]정도의 일본인 소유 토지의 분배와 관리에서 문제가 제기되었으나 일본인이 소유하였던 분배토지의 부족은 조선인 지주의 소작지에 대한 분배문제를 제기하게 하였다.

일본인이 관계된 토지의 양은 1946년 토지개혁 당시 몰수 토지의 11.3%에 달했는데 이 토지 규모는 농촌사회 내의 불만과 요구를 조장하기에 충분했다고 볼 수 있다. 토지의 무상 획득이 가능한 상황이 눈앞에 전개되고 그것이 평등한 분배 요구를 고양시키면서도 만족스러운 분배 가능 토지가 부족한 상황은 대립과 투쟁이 전개될 수 있는 필요 충분조건을 갖추었다고 할 수 있다.

토지의 무상 획득에 대한 암묵적 동의가 팽배해 질 수 있는 상황이
전개되었던 것이다. 이러한 암묵적 동의는 '잠재적 운동역량'으로서 상
황의 전개에 따라 폭발할 준비가 되어 있었고 이를 표출하는데 기여한
것이 농운農運주체라고 할 수 있다.

조선의 농민들은 불과 50년 전에 동학농민전쟁의 주역으로 목숨을
건 투쟁을 하였으며, 일제의 침략에 맞서 의병전쟁에 참가하였다. 일제
하에서는 일제와 지주에 대항하여 투쟁한 경험을 가지고 있었다. 북한
지역에서는 함경남도를 중심으로 1930년대 이후 혁명적 농민조합운동
이 발전하면서 각 농조는 당면투쟁의 목표로는 소작료 인하나 소작권확
립을 제기하는 한편 궁극적으로는 지주제의 철폐나 토지혁명을 주장하
는 슬로건을 제기하였다.17)

혁명적 농민조합운동의 전개과정에서 농민 출신의 토박이 활동가들
이 많이 배출되기 시작했는데 이들이 '해방'공간에서 전개된 지역단위
의 인민위원회운동과 농민조합운동을 주도하였다.18) 해방후 북한의 농
운주체들과 농민들은 새로운 정세에 대응하였다. 평안북도에서는 10월
20일경에 3·7제를 발표했는데도 불구하고 도 간부들이 5·5제를 운운하
자 인민 만 여명이 도(인민위원회)를 포위하고 담판하여 3·7제로 규정 짓기
도 하였다.19)

일제하의 가렴 잡세는 국세 32종목, 도세 13종목, 시·면세 13종목 등
도합 58종목에 이르렀는데 당시 북조선 각 지방에 성립된 인민위원회들
은 재정을 조달하기 위하여 일제시대의 조세제도를 그대로 답습하였다.
이에 대하여 의식이 급격히 성장한 농민들은 일제시대를 답습한 세금을
부인하고, 납세를 부정하기까지 하였다.20) 또한 북조선임시인민위원회
(이하 '북임위'로 줄임)가 토지개혁법령에서 '무상분배'와 더불어 '명백히 소
유권을 농민에게 넘겨주는 것'으로 정할 수밖에 없었던 것은 농민세력
에 의해 견제된 것이라고 볼 수 있다.

<표 1> 농민조합 조직상황(1945년 11월 현재)

도	도 연맹	부·군· 도지부	면지 부	리·부 락반	조합원수 (A)	도별 농가 호수(B)	A/B (단위%)	추정 조합원수(C)	C/B (단위 %)
강원	1	21	179	1,857	175,852	234,209	75.0	87,926	37.5
황해	1	17	227	981	204,277	248,646	82.1	102,138	41.0
평남	1	14	140	1,640	173,545	175,721	98.7	86,772	49.3
평북	1	19	178	1,600	279,424	202,739	137.8	139,712	68.9
함남	1	15	135	1,979	450,746	181,576	248.2	225,373	124.1
함북	1	11	76	783	199,532	72,997	273.3	99,766	136.6
계	6	97	935	8,840	1,483,376	1,115,888	132.9	741,687	66.4

자료: 민주주의민족전선, 『조선해방연보』, 1946년, 167쪽.
　①도별 농가 호수(B); 1942년 조선인 농업호수 임.(『朝鮮總督府統計年報』)
　②추정 조합원수(C); 1945년 12월 8일의 전국농민조합총연맹(이하 '전농'으로
　줄임) 결성대회 당시의 보고와 비교하면 차이가 있는데 평북 지역의 경우 조
　합원이 160,891명으로 되어 있다.[21] 조합원은 1농호에서 여러명이 가입한 경
　우도 있겠지만 통계의 정확도가 가장 높을 것으로 보이는 1946년 1월의 전국
　농민연맹 북조선연맹 결성 당시 조합원이 70여 만명이었다는 점에서 실제
　조합원의 수는 (A)의 50% 정도로 추정된다.

　농민의 의식이나 행태를 측정할 수 있는 지표로 사용할 수 있는 것의
하나가 바로 농민조합에의 참여 여부이다. <표 1>에서 필자가 추정하
는 농가 호수에 대한 조합원수의 비율은 66.4%에 달한다. 각 도별로
농민조합 참여에 상당한 차이가 있음을 알 수 있는데 함경남·북도의
높은 조직상황이 주목된다. 농민들의 조합 참여는 이들의 세력화 가능
성을 보여주는 중요한 지표가 된다. 1946년 1월 31일에는 도·시·군
농민대표들이 참석한 가운데 전국농민연맹 북조선연맹이 결성되었는데
결성 당시 북조선연맹은 이미 70여만의 농민을 망라하였다.[22]
　지배 세력(위)과 피지배 세력(아래)이 대립되었을 때와 지배 세력과
피지배 세력이 연합될 수 있을 때의 농민의 대응은 다를 수밖에 없는데
북한 농운農運주체와 농민들은 소련군의 진주와 이에 따른 좌익 세력의
우세 상황 속에서 신축적으로 운신해 나갔다. 북한지역은 좌익 세력이

우세한 상황에서 오히려 소군정과 조선공산당북조선분국(이하 '조공분국'으로 줄임)이 초기에 통일전선의 현상유지와 치안의 안정을 위하여 농민들의 요구를 억제한 측면이 있다. 특히 농민운동이 강했던 함남지역 등을 중심으로 소작료 불납투쟁[23]이나, 토지요구 투쟁이 발생하는 것을 좌편향이라 하여 억압한[24] 것은 이러한 주장의 논거가 될 수 있다. 오히려 전농결성대회에서 평남대표는 "농민의 토지에 대한 요구가 강렬하야 그 대책에 고심중"[25]이라고 할 지경이었으며 "소작인의 자식이 지주의 자식을 구타"[26]했다는 사회질서의 변화를 소개하기까지 하였다.

2) 소작료 3·7제의 완료

조선공산당 창립기의 강령은 대토지 소유자와 회사, 은행이 점유한 토지를 몰수하여 국가 소유의 토지와 함께 농민에게 돌려 줄 것과 소작료의 폐지를 궁극적인 목표로 하였다.[27] 또한 '12월테제'는 토지문제와 민족혁명을 조직적으로 결합해야만 민족해방투쟁의 승리가 있을 수 있음을 지적하고, 소작지와 국유지의 농민에의 무상분배를 기본적 슬로건으로 할 것[28]을 강조하였는데 이는 조선의 '운동세력'에게 영향을 주었다.

1920년대에 소작인조합의 결성에서 시작된 조선 농민의 조직 결성은 자작빈농과 자작중농 등의 일반 농민을 포함하면서 광범위한 농민을 결집한 대중적 조직으로 발전하였다. 그러나 1930년경부터 일제의 탄압으로 농민조합은 합법적 활동이 불가능하게 되었고, 따라서 각지에 있던 농민조합은 지하활동을 주로 하는 비합법 조직인 혁명적 농민조합으로 개편되었다. 특히 혁명적 농민조합의 출현 단계에서는 함경남·북도를 중심으로 북부 지방에 농민 조직이 다수 설립되었다. 이들은 해방후 농민조합운동의 주요 역량이 되었다.[29]

해방 후에 조선공산당은 「8월테제」를 발표하여 조선혁명의 현 단계를 부르조아민주주의혁명단계로 규정하고, 민족적 완전 독립과 토지문제의 혁명적 해결을 가장 중요한 과업으로 제시하였다. 이를 위하여 일본제국주의자와 민족적 반역자와 대지주의 토지를 무상 몰수하여 토지가 없거나 적은 농민에게 분배할 것과 토지혁명의 진행 과정에 있어서 조선인 중소 지주의 토지에 대하여는 자기 경작토지 이외의 것은 몰수하여 분배할 것을 밝혔다. 농민운동의 당면 임무로서 "소작료를 3할 대 7할제로 인하하고 소작관계에 있어서 봉건적 잔재를 일소할 것, 농촌 내에서 혁명적 계몽운동을 일으킬 것, 지주, 고리대금업자, 금융조합, 은행에 대한 농민의 일체 부담을 무효로 할 것"30)등을 제시하였다.

조선공산당은 10월 초에 다시 '토지는 농민에게 적정분배'라는 결의를 하였는데, 이 결의에 의하면 부르조아민주주의 혁명과정에서는 전토지를 국유화하고 이것을 농민의 노력과 그 가족 수에 비례하여 재분배함으로써 완전 해결되는 것이라 하였다. 그러나 토지 회수는 "우리 투쟁 역량에 따라서 해결해야 한다"는 단계적인 개혁을 제시하면서, 당면 투쟁요구로서 소작료는 3할 대 7할제로 잠정하고 소작료 인하를 위한 농민투쟁을 전국적으로 전개하여 지주 대 농민의 계급적 정치투쟁을 일으킬 것을 결정하였다.31)

이와 비슷한 시점인 1945년 10월 13일의 서북5도당 대표자 및 열성자대회에서는 「정치노선과 조직확대강화에 관한 결정서」를 채택하여 조공분국의 설치를 결정하였다. 이 결정서는 조공분국이 당중앙에 충실히 복종할 것을 밝히고 있으며, 정책도 조선공산당 중앙과 커다란 차이가 없었다. 일본제국주의의 토지는 물론 '조선인 민족반역자'의 토지를 몰수하여 농민에게 무상 경작케 할 것과 현 혁명단계를 자본민주혁명으로 규정하고 현 혁명단계를 사회주의혁명단계라고 보는 것은 좌경적 오류라 하였다.32)

10월 16일에 열린 조공분국 중앙 제1차 확대집행위원회에서는 「토지

문제에 대한 결정」을 채택하여 3·7제를 결정하였고, 10월 23일에 평남 인민위원회에서는 3·7제에 기초하여 「소작료 잠정규정」을 결정하였다.[33] 이러한 과정을 거쳐서 결정된 3·7제 투쟁은 토지개혁을 단기간에 성공적으로 완수할 수 있게 되는 기반이 되는데, 이 과정의 주도자가 토지개혁 추진의 실제적인 주도자였다고 하여도 과언이 아니다.

소작료 3·7제 결정을 주도한 주체는 토착 조선공산주의자들이라고 할 수 있다. 박헌영은 「8월테제」에서 이미 소작료 3·7제를 당면 과제로 제시하고 있었다.[34] 소련 역시 무리한 사회주의 체제로의 진행을 유보하여 당면 정책은 소작료를 3·7제로 하고, 일본인과 친일파의 토지만을 몰수하는데 그치고 조선인 지주들에 대한 공격은 유보하고 있었다.

그러나 지역에 따라서는 8월 하순에 이미 농민조합이 결성되거나 일제 소유 농장이 농민조합에 의하여 장악되는 상황이 벌어졌다. 이런 상황에서 황해도와 함경남도를 중심으로 소작료 불납운동이 벌어지기도 하였는데[35] 이것은 초기의 농민운동이 이들 지역을 중심으로 농운주체에 의하여 주도되었음을 보여준다. 3·7제 투쟁은 일제시대부터 혁명적 농조활동이 왕성하였으며 해방 후에도 공산주의자들의 세력이 컸던 함경남도에서 11월 2일부터 전개되었는데[36] 함남은 북한지역에서도 가장 많은 농민조합 조합원을 가지고 있었다.

12월 17일의 조공분국 중앙 제3차 확대집행위원회에서 김일성이 "지방당위원회들은 분국의 지시를 무시하거나 실행하지 않고 있다"[37]고 비판하고 있는 것은 지방당의 독립성을 보여주는 것인데, 국내에서 활동하였던 토착 공산주의자들이 독자적으로 투쟁을 선도하고 있음을 보여준다.

12월 8일의 전농결성대회에서 나타난 각 도별 보고에 의하면 남한지방에서도 이미 3·7제가 진행되고 있으며, 북한지역에서는 3·7제가 완료되고 있는 보고를 볼 수 있다. 이 자료에 근거하고 본래 소작료 문제가 추수 직후에 제기된다는 점에서 판단한다면 3·7제 투쟁은 이미 1945년 말 이전에 북한에서는 대체로 마무리되었다고 판단된다. 소작료 3·7제 투쟁의 성과를 엮어 낸 것은 일제하 국내에서 투쟁경력을 쌓은 토착 공산주의자와 농운주체라고 할 수 있다.

물론 이들을 박헌영 지지세력으로 일치시키는 것은 타당하지 않다. 하지만 박헌영 지지 여부와 상관없이 대부분의 공산주의 운동세력이 조선공산당으로 결집되었다는 점을 상기하면 3·7제 투쟁의 성과가 토착적 운동세력을 중심으로한 조선공산당에 의하여 주도되었다고 볼 수 있다.

해방후 북한의 주요 도시 중 오직 평양만을 제외한 함흥·원산·청진·신의주·해주 등지에서는토착 공산주의자들이 권력을 장악하게 되었는데, 12월에도 대부분의 지방당, 도당 기관들이 국내파의 지도를 받고 있는 상황이었다.[38] 북한지역의 농민운동도 각 지역을 중심으로 국내에서 활동했던 농운주체들에 의하여 진행되었던 것이다.

<표 2>를 통해 보면 전농, 조공분국, 인민위원회 가담자의 대부분이 일제하 농민운동이나 조선공산당에 관련되었던 인물이었다. 특히 <표 2> 인물의 70%는 조선공산당과 관계를 갖고 있었는데, 지방 농민조합의 조직을 장악한 이들 토착 농운農運주체의 주도로 강력한 3·7제 투쟁이 전개되었다고 할 수 있다. <표 2>와 같은 기준으로 찾아 보면 남한의 경우도 53명의 해방 직후 전농 관계자 중에서 31명이 일제하에서 조선공산당에 관여하였음이 확인되고 있다.[39] 이상과 같이 농운주체와 조선공산당은 밀접한 연계성을 가졌고 북한전역에 조직된 농민조합을 통해 토착 조선인공산주의자들의 활동이 농민사회에 깊이 관계되었음을 알 수 있다.

김일성과 3·7제 투쟁과의 관계는 뚜렷하지 않은데 실제로『김일성선집』이나『김일성저작집』에서 김일성이 3·7제 투쟁에 관련하여 한 연설이나 문건은 발견하기 어렵다.

<표 2> 해방 전후 농민조합 관련자의 이력(북한)

이름	일제하		해방 직후	
	운동분야	조선공산당*	관련 조직	직책
강진건	농민	참여	청진·함북농민조합	조합장
김기환	농민		전농	중앙집행위원
현칠종	농민	참여	북조선농민연맹	중앙집행위원
한상준	공산청년	참여(공청*)	전농	금천대표
최종길	농민		전농	양양대표
최돈근	농민	참여	전농	인제대표
채수철	농민	참여	영흥군인민위원회	위원장
장회건	노동		함남인민위원회	농촌국장
장순명	농민	참여	조공분국	집행위원
이태화		참여	전농	명천대표
이주연	농민		평남인민정치위원회	총무부장
이문홍	노농	참여	전농	검사위원
박용준	농민	참여	전농	철원대표
김학걸	농민		전농	중앙준비위원
김채룡	농민	참여(공청)	조공분국 함북도당	책임
김재규	농민	참여	함남인민위원회좌익	
김병후	농민	참여	전국인민대표자회의	함남화대위원

자료: 강만길·성대경 편, 『일제하 사회주의운동 인명사전』(서울: 창작과 비평사, 1996).
*공청 가담자는 조선공산당 참여로 표시(조선공산당 참여로 표시하지 않은 경우도 당원이었을 가능성이 있으며 당재건운동에 관련되었을 수 있다)

　논란이 있기는 하지만 김일성은 12월의 조공분국 중앙 제3차 확대집행위원회에서 전면에 등장하기까지는 중앙에서의 활동에도 한계가 있었다. 또한 각 지방의 공산당이 지역별 장악을 근거로 비교적 큰 견제 없이 자유롭게 농민 조직을 확대하고 지주와의 투쟁을 강화할 수 있었던데 비하여 중앙인 평남에서 김일성은 조만식과 조선민주당의 견제를 받지 않을 수 없었다.[40]
　또한 귀국한 김일성파의 항일유격대원들 중에서 김책, 최용건, 안길,

김일, 김경석, 이봉수만이 정계로 진출할 수 있었다.[41] 김일성파의 대부분은 모두 순수한 군인이었기 때문인데 대부분이 군사 방면에 결집되어 있었다.[42]

3) 농업부문에서 소련의 개입 양상

소련의 점령은 중요한 정치적 환경 조건이 되었다. 그러나 실제 소련의 개입이 긴밀한 부문과 제한적인 부문을 구분할 필요가 있으며 소련군의 개입 역시 구체적으로 살펴 볼 필요가 있다. 소련의 '독자적인 정권수립 구상' 등을 전제로 하여 각 부문마다의 특수성을 고려하지 않고 연역적으로 추론하는 방법은 회피되어야 한다.

3·7제에 관한 소련의 입장은 1945년 9월 27일에 평양의 소련군사령부에서 내놓은 「7가지 항목의 포고문 발표」를 통하여 알 수 있다.[43] 이 문건에서 소련은 '한국의 실정에 맞지 않는 소비에트정부체제를 강요하지 않을 것과 부르조아민주혁명을 인정'[44]하였다. 이 문건이 보여주는 소련측의 입장은 소비에트정부체제를 '즉각 강요'하지는 않겠다는 의미로 읽을 수 있으며 이는 그 시점에서 소련측 개입의 제한성을 예고한 것이라고 할 수 있다. 그리고 토지문제에 대하여 일본인이나 친일파들이 소유하고 있던 토지는 몰수하며, 소작료는 3·7제로 고정할 것을 밝히고 있다. 따라서 소작료 3·7제의 원칙은 기본적으로 조선공산당에서 내놓은 안을 소련측이 수용한 것으로 볼 수 있다.

소련군 사령관이었던 치스챠꼬프는 "로마넨코 소장이 지도한 소련민정이 지방인민위원회에 자기의 의견은 강요함이 없이 조선의 동지들에게 조언을 하고 실제적인 사업을 하는데 있어서 전면적인 원조를 하였다"[45]고 주장한다. 이 말은 조선인 측에서 실제적인 사업을 하는데 있어서 전면적인 소련군의 원조가 필요하지 않은 부문은 조선인의 자율성이 높았다는 이해를 가능하게 한다.

소련군은 북한 6개 도, 85개 군, 7개 시에 경무사령부를 설치하였는데 경무사령관에게는 행정·경제·정치 영역에서 광범한 권한이 부여되었으며 군郡경무사령부는 사령관, 정치부관, 지휘부관, 통역, 사무관 등 총 6명과 경비소대로 구성되었다. 경무사령관의 가장 중요한 정치활동은 반소전선을 분쇄하고 적대분자를 적발하는 일46)이었을 뿐이며, 일체의 권한을 가지고는 있었지만 역량이나 조직의 한계로 인하여 그 밖의 일에는 개입에 어려움이 있었다.

소련군사령부는 군부대를 지휘하는 고유 업무에 여념이 없었을 뿐만 아니라 민정업무를 다룰 만한 경험과 지식을 소유한 전문가들이 많지 않음으로 인하여 민정업무 수행에 상당한 곤란을 겪고 11월 말에 민정담당 부사령관 직제를 도입하였다.47) 이상의 소련군이 처했던 여건은 지방인민위원회에 '자기(소련)의 의견을 강요함이 없을 수' 있었던, 개입에 제한적일 수밖에 없었던 원인이라 할 수 있다.

소련군의 제일 중요한 역할은 "소련군 위수사령부의 존재는 민주적인 사회조직사업과 민주적인 사회개혁을 방해하는 절대적이고 반인민적인 세력을 용납하지 않았다"48)는 언술을 통해 알 수 있다. 초기에 위수사령관과 정치부부사령관이 매일 인민위원회의 일꾼들과 만났으나 후에 경험있는 조선의 친구들이 확보됨에 따라 회합은 점차 줄어들었다.49) 또 소련 제25군 대좌들의 일부가 도道고문으로 일했으나50) 이들이 한 역할은 이들의 역량과 조선 상황에 대한 지식의 한계 등으로 제한적일 수밖에 없었다.

북한에서 행정 10국의 조직이 이루어지고 사업에 들어간 것은 1945년 11월 15일 경이다.51) 설립 목적은 중앙집권적 방법으로 조선인에게 경제, 행정, 정치 생활의 기본 분야 지도를 돕는 것 이었는데 각 국의 국장 고문의 자격으로 소련군사령부의 대표가 있었고, 오직 조선인들만이 국의 직원이 될 수 있었고 주로 '민주적인' 경향의 전문가들이 뽑혔다.52) 이상의 내용은 11월 15일경까지 소련군의 개입 정도가 실제적인 준비의 부족으로 인하여 제한적이었던 것으로 볼 수도 있으며, 조직 원리상으로도 고문의 자리에 소련군이 있었다는 점 자체가 일정한 개입의 제한성을 보여준다고 할 수 있다.

소련군은 점령 초기에 북한 내의 중요한 공업 시설에 관심을 가지고 일부 시설을 북한 외의 지역으로 반출시킨 것으로 확인되고 있다. 해방 직후 북한은 공장 기업소의 가동을 위한 소련측의 실제적인 원조를 요청하였다.53) 이러한 내용은 북한 측의 자료를 통해서도 알 수 있다. 11월 27일의 '북조선에 있어서의 중공업기업소의 우선적인 가동에 관한 북조선 주둔 소련군 사령관의 명령'은 북한의 중공업기업소의 가동 날짜, 복구에 필요한 물적, 기술적 자원 조달, 전문 기술자, 식량, 원료, 자동차 수송, 자금의 문제에까지 개입하고 있었음을 보여준다.54) 레베데프의 회고에도 전력 문제, 공장, 기업체의 지원 문제에 대한 서술이 반복되는데 비하여 농업 지원 문제에는 뚜렷한 언급이 없다.55)

북한의 자료에서도 소련의 지원이나 간여가 잘 보이지 않는 부분의 하나가 농업부문이라고 할 수 있다. 공업 부문의 경우 기술 문제, 부품 문제, 원자재 문제 등으로 인한 지원이 불가피하였지만 오랜 농업 국가 조선으로서는, 그리고 기후와 토양이 다른 조선으로서는 농업부문에 있어서는 소련의 직접적인 개입이 한계가 있을 수밖에 없었다. 또한 계절적인 요소가 중요한 역할을 했다고 할 수 있다. 추수가 끝난 조선의 농촌문제는 식량문제를 제외하고는 이듬해 봄의 춘기 파종까지는 중요한 일이 존재하지 않았다. 바로 이러한 점들이 농업과 관련된 부문에 있어서는 북한 사람들이 소련의 개입 없이 주도적으로 움직일 수 있었다는 해석을 가능하게 한다.

12월 8일의 전농결성대회에서 북한지역 농민대표들이 일관되게 주장하는 것의 하나는 인민의 손으로 정치가 운영된다는 것이다.[56] 이것은 농업부문 관계자들이 그들의 영역에서 느끼는 자율성을 크게 평가한 것으로 보인다.

소련군의 점령 상태가 정치적 환경 조건이 되었음을 강조하는 것이 지나쳐서 소련측의 논의 일점일획이 모두 결정적 원인이나 배경이었던 것으로 평가하는 것은 곤란하다. 소련군의 점령이라는 조건 속에서 농민문제의 개혁을 선도해 나간 토착 공산주의자들과 농운農運주체의 역할을 주목하여야 한다

3. 토지개혁의 법령제정과정(1946. 1 ~ 3)

1) 모스크바 3상회의와 북조선임시인민위원회의 수립

모스크바 3상회의(이하 '3상회의'로 줄임)는 해방이후사의 전개에 있어서 결정적인 의미를 갖는 회의였다. 남북한이 모두 외국군의 점령 하에 있었던 상황에서 점령군의 정책은 사실상 민족의 진로에 커다란 영향력을 가지고 있었다. 3상회의 결정은 북한 정치에 있어서는 더욱 중요한 의미를 갖는다. 왜냐하면 북한에서는 이후의 정책이 3상회의 결정의 성사를 의식하고 추진 됐기 때문이다. 북한에서는 1946년 1월 6일에 대규모의 3상회의 결정 지지시위가 있었으며, 3상회의 결정을 반대한 세력에게는 커다란 타격으로 작용하였다.

조선민주당의 당수이자 평남인민위원회의 위원장인 조만식은 1946년 1월 5일경부터 반탁입장으로 인하여 연금 상태가 되고, 우익인사가 월남한 조선민주당은 독자성을 상실하고 말았다. 이로써 조공분국은 3상회의 결정후 정국에 대한 주도권을 장악하게 되었다. 1월 20일에 각

정당, 사회단체, 각 리대표가 소집되어 제1회 평양시 확대위원회를 개최하고 시위원 25명을 새로 선거하였다.

이때 평양시인민위원회는 중요한 당면 과제로서 '인민정권 강화에 대하여 갖은 발악을 하며 민주주의 진영을 파괴하려 하는 친일파, 민족반역자, 반동분자들과의 투쟁'을 제기하면서 3상회의 결정에 대한 반대자들의 정치적 입지를 박탈하였다. 이와 더불어 시내 각 정당, 사회 단체들과 협력하여 각 리회별 교양선전대를 조직하는 등, 시민들에게 새로운 경각심을 재고시키기 위한 광범한 선전공작을 행했으며, 이 과정에서 행정기관 내에 있는 반대파들을 제거하였다.[57] 북한은 이후 '진보적 민주주의 원칙'에 찬성하는 세력만이 활동할 수 있는 전국적인 '사상통일'이 이루어지게 되었다.[58]

이미 김일성은 1945년 12월 17일에 조공분국의 책임비서 자리에 앉게 됨에 따라 조공분국 내에서 지도권을 확보하게 되었지만, "아직도 황해, 평북 공산당의 내부에 그룹이 있고, 하급당위원회가 중앙조직위의 지시를 무시하고, 도당위원회가 중앙조직위에 대한 보고를 소홀히 하거나, 인사행정을 무시하는 등 민주주의적 중앙집권제의 원칙이 확립되지 않았으며, 인민위원회에 미치는 조공분국의 영향이 약한"[59] 상황에 있었다.

조공분국은 3상회의 결정 성사를 목표로 하고, 토지개혁을 통해서 정권의 지지 기반을 확보하려 하였다. 조공분국은 '3상회의가 예견한 조선민주주의 임시정부 수립의 물질적 기초를 마련하고, 북조선에서 공산당이 민주주의 민족통일전선의 결성을 완수하여 토지개혁 등의 제 민주개혁을 통해서 민주주의적 국가 관리의 경험을 쌓은 북임위를 통일정부의 핵심이 되게 한다는 것을 전조선 인민이 승인하게 한다'[60]는 계획을 세웠다. 이를 위하여 '정당들과 사회단체의 지도자들'이 발기부를 조직하고 발기부의 의견을 소련군 사령관에게 진정하여 '환영'을 받았다.[61]

해방 초기의 북한측 자료는 '소련군 사령관에게 진정하여 환영을 받았다'는 당시의 정황을 숨기지 않고 있다. 이 자료는 일면으로는 소련의 영향력을 보여주지만, '정당들과 사회단체의 지도자들'이 일제와의 투쟁 경력을 가진 당당한 면모를 보여주기도 한다. 1946년 8월의 북조선로동당 창립대회에 당원 40만 명을 대표하여 참석한 801명중 263명이 평균 4년 이상의 옥살이를 하였고, 53%인 427명이 국외에서 반일투쟁을 한 경력62)을 가지고 있었다. 바로 이러한 투쟁 경력은 해방 당시의 '정당들과 사회단체의 지도자들'이 단순한 소련의 꼭두각시는 아니었다는 점을 설명해 줄 수 있다.

소련은 독립투쟁 경력을 가진 정치세력들 속에서의 선택이라는 제한을 받지 않을 수 없었다. 이러한 제한 안에서 각 정치세력의 관계를 존중하면서 자신들의 선택을 관철해야 했던 것이다. 레베데프 소장은 "김일성은 완전히 자기 손 안에 있었으며, 소련이 좌로 가라면 좌로 가고 우로 가라면 우로 갔다"고 증언하였다 한다.63) 하지만 레베데프가 해방공간 북한의 정치 · 경제 · 사회적 조건에서 벗어나 자유로운 결정을 했다는 것으로 해석해서는 안된다. 또 북한의 정치세력 전체를 좌지우지한 것으로 해석해서도 안된다.

1946년 2월 8일에 각 정당, 사회단체, 행정국, 각 도 · 시 · 군 인민위원회 대표확대협의회에서 김일성은 새로 수립되는 북임위의 위원장이 되었다. 2월 15일, 조공분국 중앙 제4차 확대집행위원회에서는 공산당의 영도 아래 북임위가 탄생하였으며, 북임위는 북조선 민족통일전선의 완성체이고, 공산당이 영도하는 정권64)이라고 조공분국과 북임위의 관계를 규정지었다.

2) 토지개혁법령 제정과정

북임위가 성립되어 당면 임무로서 '최단기간 내에 일본 침략자 급 친
일적 반동분자에게서 몰수한 토지와 삼림을 정리하며 적당한 방법으로
조선인 대지주의 토지와 삼림을 국유화시키며 반분소작제를 철폐하며,
무상으로 농민에게 분여하는 것으로써 토지개혁의 준비기초를 세우기
위하여 노력할 것'[65]을 공표하였을 때에는 이미 3·7제 투쟁이 완료된
상황이었다. 따라서 북임위는 3상회의 결정 이후 정치 정세의 변화 속에
서 질적으로 변화된 농민들의 토지요구에 응하면서 연계를 강화시켜 나
가기 시작하였다.

해방후 평남과 강원도 등에서 일본인과 친일파의 재산을 몰수하여
농민에게 분배한 사례가 이미 있었[66]고 북한내 농민의 토지요구는 고양
되어 있었는데도 조선인 지주에게서 소작하던 농민의 강렬한 토지욕구
를 조공분국은 제어해야 했었다. 그러나 정치권 내의 우익세력의 약화
는 토지개혁 추진의 부담감을 감소시켰다. 조선민주당과의 불안한 통일
전선의 유지를 이유로 토지분배 요구를 제어해야 할 필요성이 없어졌던
것이다.

1946년 1월 29일에 평원군에서 44인의 지주가 467.8정보를 포기[67]
하고 있는 것을 볼 수 있는 것과 같이 농촌 상황은 토지개혁 요구 단계
로 전환되었다. 북한지역 공산주의자들과 농운農運주체들은 통일전선의
유지를 위하여 토지분배 요구나 소작료 불납운동을 억제하고 있었던 것
이었는데 더 이상은 이런 억제를 계속해야 할 이유가 없어졌다고 판단
한 것이다. 1월의 분위기는 자연히 찬탁과 반탁의 대립적 분위기에서
우익의 월남으로 이어졌고, 이러한 정세에 편승한 농운주체와 소작농들
은 자연스럽게 토지개혁 요구로 전환하였고 '농민들의 토지에 대한 요
구는 점점 커 오기 시작하였'[68]던 것이다.

모스크바 3상회담의 결정에 의하여 방향을 잡고, 소련군의 지지를 받으며 성립한 북임위는 당면 과업으로서 지방정치기관의 강화와 농촌 경제의 발전과 부흥뿐만 아니라 '민주주의적 국가건설'을 위한 토지개혁의 수행을 제시하였다.그리고 지방인민위원회와 행정10국의 과업 지도에 나서게 되어 북한 내에서는 분산적이던 사업을 벗어나 북임위의 '통일적 지도'하에 움직이게 되었다.[69]

2월 15일의 조공분국 중앙 제4차 확대집행위원회는 최단기간내에 토지의 수목數目 등을 조사하고, '농민대중의 의견과 요구에 의하야 토지문제를 정리하도록 노력할 것'[70]을 결정하였다. 이것은 토지개혁의 구체적 내용을 농민의 요구에 응하는 방향으로 정리할 것을 결정한 것을 의미한다.

2월 19일의 평북 도인민위원회 확대회의의 집단적 조직적 정치투쟁 결정[71]은 토지개혁을 위하여 중앙에 의한 통일적인 지침이 전달된 것으로 보여진다. 이즈음에 시위는 각 지역으로 번져서 평남 강동군에서는 아달리를 중심으로 각지의 농민들이 '토지는 농민에게로!'라는 표어를 들고 일대 시위 운동을 일으키고, 토지요구 결의문을 채택했다.[72] 그리고 2월 18〜19일에 평남의 지주 6인이 5만 5천평, 평북 24명의 지주가 모두 5만 7천평의 토지소유권을 포기하였다.[73]

2월 18일에 평양에 인접한 평남 강동군 강동면, 성천군, 순천군, 양덕군에서 토지요구 농민대회가 열리고, 이어서 19일에 승호, 안주, 덕천에서 토지요구 농민대회가 계속되었다.[74] 이로써 소작농들의 투쟁은 위압적인 시위 운동으로 발전하여 지주에게 위력적인 시위가 벌어졌고, 점차 전지역에서 토지개혁 요구운동이 계속 되었다. 각 지방을 중심으로 추진되던 농민운동이 중앙정권기관인 북임위와 연계하는 양상을 보여 준다고 할 수 있다.

2월 18일에는 일제하에서 20년이나 옥살이를 한 북조선농민연맹위원장 강진건이 북임위 위원장 김일성을 만나[75) 농민연맹의 주도적 역할을 확인 받은 것으로 보인다. 이어서 24일부터 3일간 북조선농민연맹내 토지문제분과회가 열렸는데 참석자는 북조선연맹위원 5명, 조공분국 1명, 함남 11명, 함북 11명, 평남 11명, 평북 9명, 황해 7명, 강원 9명, 지도자 2명, 방청자 수명이었다.[76) 토지문제분과회는 북조선농민연맹에 의하여 주도되었음을 보여주는데 조공분국의 1인을 제외하면 대부분이 북조선농민연맹의 사람들로 보인다. 실제 이들의 대부분이 조선공산당의 당원이었을 것[77)이므로 이들을 구별하는 것은 큰 의미가 없다.

3월 1일에 3·1운동 27주년을 기념하는 전국적인 시위 운동을 계기로 북한지역에서 총 '200여만'의 농민이 낫과 호미를 들고 "토지는 밭갈이 하는 농민에게"라는 구호를 외치며 전국적인 시위를 하였다.[78) 북조선 농민연맹은 이러한 준비과정을 거쳐서 3월 3일에 「북조선농민연맹대회 결정서」를 내놓았는데 여기에는 북임위와 북조선농민연맹 사이의 협의가 이미 마무리되었음을 알 수 있다.

* '북조선농민연맹대회 결정서' 요약
1. 일본인들에게 소속되었던 토지, 변절자인 조선인들에 속한 전 토지를 몰수하는 것이 필요하다고 인정한다.
2. 소작제를 철폐하며, 자기의 전체 토지를 소작으로 주었거나, 그것을 고용노력으로 경작하는 조선 지주들에게 속한 토지를 몰수하며, 동시에 사원과 기타 종교단체에 속한 토지도 몰수하는 것이 필요하다.
3. 고용 노동자들과 토지 없는 농민들과 토지 적은 농민들에게 토지를 분여하며 그에게 부가된 제부채로부터 본토지를 해방시킬 목적으로써 몰수한 전 토지를 무상으로써 농민들에게 영원한 소유로 넘겨줄 것을 북조선임시인민위원회에 요청한다.
4. 몰수한 토지의 소유자 지주들에게 관한 농민과 고용자들의 제부채는 취소할 것으로 포고함을 요구한다.
5. 전 관개 시설을 인민화(國有化)하며, 농민에게 속한 소소한 산림을 제除한 외外의 전 산림은 반드시 무상으로 인민화(國有化)할 것을 요청한다.

6. 북조선임시인민위원회의 요망에 응하여 토지개혁에 대한 결정을 작
   성하기 위한 13명의 성원으로써 위원회를 선정할 것이다.
   (자료: "북조선농민연맹대회 결정서,"『북한관계사료집 7』, 340~341쪽).

원칙적으로 북임위와 소련군사령부에 제출할 법령과 결정의 초안을
작성하는 것은 북임위의 각 국局의 직무였는데,[79] 실제적인 법안은 북
조선농민연맹에서 13인의 성원으로 위원회를 선정하여 작성하기로 하
였다. 이러한 결과를 가져올 수 있었던 이유는 북조선농민연맹이 일제
하에서부터 투쟁을 해 왔던 공산주의자들과 농운農運주체에 의해 결성
된 것이었기 때문이며, 토지개혁의 집행과정에서 볼 수 있듯이 북조선
농민연맹의 적극적인 활동이 토지개혁의 완수에 필수 요건이었기 때문
이다.

북조선농민연맹은 해방 직후 북한에 있었던 최대조직이라는 점을 상
기할 필요가 있다. 조공분국은 1945년 12월에 4,530명이라는 빈약한 당
원을 가지고 있었다. 그런데 당원중의 34%가 농민(로동자 30%, 인텔리·상인
기타 36%)으로 구성되어 있었던 점[80]과 북조선농민연맹이 약 70만을 망
라하는 조직이었던 점을 감안하면 북조선농민연맹이 중요 역할을 하는
것은 당연하였던 것이다. 해방 직후의 사회는 일정한 리더십이 존재했
지만 각 영역의 자율성이 존재 가능한 공간이었다.[81]

위의 「북조선농민연맹대회 결정서」는 이후 토지개혁법령의 원칙과
거의 같은 것인데 이것은 토지개혁법령의 작성에서 북조선농민연맹이
중요 역할을 하였음을 보여주는 것이다. 토지개혁법령의 작업은 실제적
으로는 조공분국의 '토지개혁법령 작성위원회'의 협조 아래 북조선농민
연맹의 '위원회'[82]에서 만들어졌다. 3월 5일에는 북임위의 토론을 거치
게 되는데 토론에 나선 11명 가운데 대부분은 법령안에 찬성했지만, 산
업국장 이문환은 5번에 걸친 토론을 통해 지주 토지의 국가에 의한 보
상 방안을 제시했고, 재정국 차장 이봉수도 중지주의 토지는 매입할 것

을 건의했다. 평남인민위원회 위원장 홍기훈은 무상분배가 공산주의 건
설로 보일 것을 우려하였다. 이 과정에는 소련군사령부 간부가 방청을
하였고 별다른 수정 없이 만장일치로 채택되어[83] 6일에 출판물로 공표
되었다.

북임위에서의 토지개혁법령 토론은 소련군사령부 간부가 방청을 하
고 있었다는 점, 그리고 지주 토지의 유상매입을 주장하는 반대 의견이
있었다는 점을 주목할 수 있다. 소련군사령부의 간부가 방청을 하였음
에도 불구하고 이런 반대 의견이 제시될 수 있었던 것은 이 안이 소련군
사령부에서 배타적으로 작성된 안이 아니라는 점을 의미한다. 또한 '지
주 토지의 매입' 제안과 '무상분배의 반대' 주장은 둘 다 농민의 이익을
제한하는 결과를 가져온다는 특징이 있다. 결국 반대론의 핵심은 소련
과 대립되는 것이 아니라 농민의 입장과 대립되는 것이다. 이것은 토지
개혁법안이 농민의 이익을 최대화하는 방향으로 농민단체에 의해서 작
성되었다는 것을 보여 준다.

북임위는 1946년 3월 3일의 북조선 농민연맹대표대회 결정서를 수용
하여 3월 5일에 「북조선 토지개혁법령」을 발표하고 동시에 피몰수 지주
의 은닉, 훼손, 매각 등을 막기 위하여 「토지개혁 실시에 대한 임시 조치
법」을 발표하였다. 이어서 3월 8일에는 「토지개혁 법령에 관한 세칙」을
공포함으로써 법령의 정리는 일단락 되었다.

3) 토지개혁에서 소련의 개입 문제

3상회의 이후 북한지역에 대한 소련의 정책 방향이 보다 구체화 되었
다. 특히 토지문제에 있어서 소련군은 1946년 1월 2일에 「북조선주둔
소련군사령관의 명령서(제2호)」를 통하여 "전 농호를 각각 조사하여 각
종 토지 사용자들의 소유지(농민, 소작농, 지주, 사원 소유지 기타)와 일

체 국유지, 이전 일본인 소유지를 세밀히 조사 등록할 것"과 농림국장과 각 도인민정치위원회장은 1946년 2월 15일까지 조사 진행과 각 도에 의한 합계 작성의 완료를 보장할 것을 명령하였다.[84] 이 문건이 진본이라면 소련측이 토지개혁의 시기 결정에 일정한 역할을 하였음을 알 수 있다.

그러나 이것이 소련의 토지개혁 주도론이 될 수는 없다. 왜냐하면 토지개혁은 그 구체적 내용이 중요하기 때문이며 소련측은 시기적으로 토지개혁을 준비하는 어느 시점에 있음을 확인한 것일 뿐이다. 소군정의 조사 완료 명령 기한인 2월 15일에 조공분국 중앙 제4차 확대집행위원회는 "토지문제에 관하야 최단기간 내에 토지의 수목數目과 등별等別 인구수와 노동력의 여하한 형편 등을 자세히 조사할 것"을 결정하였다.[85] 이것은 소련군사령관의 명령이 정해진 기간안에 시행되지 않았음과 더불어 토지개혁의 준비진행과정도 북한 정치세력의 주도로 이루어졌음을 확인시켜 준다.

시기 결정이 소련측의 일방적인 주도로 되는 것이 아니라 조선인 공산주의자의 주체적인 역량이 이루어졌을 때라야 가능함을 보여주는 다른 사례도 있다. 소군정과 소련정부는 1945년 10월 중순에 '중앙집권적인 북조선임시인민위원회(또는 북조선임시민정자치위원회)'를 창설할 것을 시도하지만 이 시점에서는 수립을 실현시키지 못하였다.[86]

이처럼 토지개혁을 준비하고 법령을 작성하고, 개혁을 집행한 것이 모두가 조선의 공산주의자와 농운주체, 농민이었다는 점은 소련의 역할에 대한 재론을 요구한다. 구체적이고 특수한 사례로서의 북한토지개혁은 조선인의 손으로 넘겨졌다고 할 수 있다. 따라서 토지개혁법령의 추진·제정과 그 집행에 소련군이 주도하지 않았으므로 토지개혁은 그 영향의 평가와 관계없이 조선인에 의해 주도되었다고 할 수 있다.

최근의 소련측 자료를 발굴한 연구는 특히 토지개혁법령의 결정에 대한 부분에서 소련측의 움직임을 보여주고 있다. 1946년 2월말 소련 국방성은 메레츠코프와 스티코프로 대변되는 군부의 토지개혁 방안을 가지고 있었는데 이 안에 대하여 외무성의 V. M. 로조프스키가 3월 1일 자로 제동을 걸며 폴란드, 루마니아의 토지개혁 경험과 북한 사람들에 의하여 제출된 제안을 참고한 안을 소련공산당 중앙위원회에서 채택할 것을 건의하였다.[87]

위 연구에서 북한의 토지개혁법령이 국방성안에 가깝다[88]는 것은 소련 외무성의 개입이 성과가 없었던 것으로 볼 수 있다. 그리고 소련 국방성안이 조공분국에서 작성된 토지개혁안을 중심으로 이루어졌다[89]는 점에서 소련측의 개입이 수동적이었던 것으로 해석할 수 있다. 소련측은 북한의 토지문제에 개입하려면 할 수 있는 정치적 위치에 있었다. 그러나 외무성이 이 문제를 소련공산당 중앙위원회에 건의하였다는 사실은 개입에 일정한 절차와 과정의 제한이 있었던 것이라는 시사점으로 해석될 수도 있다.[90] 또한 각 국의 토지개혁에 있어서 현지의 실정을 감안한 차이가 존재함을 감안한다면 이 부분은 소련공산당의 일방적인 개입 영역이 아니었음을 알 수 있다.[91]

<표 3> 각 국의 토지개혁 유형[92]

토지개혁 유형	국 명
무상몰수 무상분배	유고슬라비아, 알바니아
무상몰수 유상분배	루마니아
유·무상몰수 유상분배	폴란드, 동독, 체코슬로바키아, 헝가리
유상매수 유상분배	불가리아, 쿠바

3상회의 이후의 정황, 그리고 소련측과 북한 내부 간여자들의 증언이나 문건을 통해 보면 토지개혁에서의 소련의 개입이 제한적인 것이었음을 알 수 있다.

첫째, 당시 정황의 핵심은 해방 직후와 마찬가지로 소련군이 굳이 전 영역을 장악해야 할 필요성마저 없었으며, 전 영역을 장악할 수도 없었다. 심지어 소련군은 '각국各局들과 지방인민위원회 사업에서 많은 난관들과 실제적 결점'93)을 해결해야 하는 입장에 가지도 않았다. 김일성은 '많은 난관들과 실제적 결점'이 '지금까지 북조선에는 각국들의 사업의 방향을 인도하며 지도할 유일한 조선중앙주권기관이 없음'으로 말미암은 것이라고 보았다. 이것은 소련측에서 '유일한 조선중앙주권기관'의 역할을 수행하지 못했음을 보여준다.

둘째, 토지개혁 직후인 조공분국 중앙 제6차 확대집행위원회(1946. 4.10)에서 김일성은 공산당이 "토지개혁을 결정하고 전당의 일절의 역량과 기능을 이 사업 완수에 경주하였다"고 보고하였다. 이 보고는 소련측의 역할을 명백히 밝히는 당시의 상황에서 보면 당黨의 역할이 강조된 것으로 볼 수 있다. 뿐만 아니라 공산당이 "토지개혁 사업을 인민에게 제시하였고 또 선두에서 견결한 집행자이었"94)음을 주장하기까지 하였다. 전체적으로 김일성은 농민과 공산당의 역할을 강조하였는데 김일성의 보고를 문자 그대로 이해할 수는 없지만 당시의 문건들이 보이는 경향과 정황을 감안하면 김일성의 보고는 토지개혁 실행의 주도적 역할을 소련에 두고 있지 않은 것만은 알 수 있다.

조공분국은 위의 김일성의 보고에 대한 결론을 내리면서 "붉은 군대는 조선의 정치 경제상에 있어서 민주주의 방향에의 신속한 발전을 위한 새 조건을 만드러 주었다"고 덧붙여 소련이 기본 조건임을 명시하였다. 그러나 이번 토지개혁은 "각 민주주의 정당과 각 사회단체의 튼튼히 결성된 민주주의통일전선의 힘으로 실시된 것이며 우리 공산당은 이 민주주의통일전선에 있어서 핵심적 작용과 주동적 역할을 하였다"95)고 공산당의 역할을 강조하고 있는 점은 동일하다.

셋째, 소련의 개입을 부정하는 입장으로는 서용규(가명)96)의 증언이 있다. 서용규는 토지개혁의 필요성이 높았지만, 소군정도 이렇다 할 조치를 취하지 않아 방치되다가 북임위가 만들어지는 과정에서 본격적으로 거론되기 시작했다고 밝히고 있다.[97] 그는 또한 허가이 등 당시 북에 와 있던 소련파도 토지개혁에 대해서는 경험이나 지식이 없어 토지개혁에 앞장설 수 있는 입장이 아니었으며 스탈린의 지시에 따라 소련 내의 전문가들이 개혁법안을 만들어 갖다 준 것도 아니었다[98]고 증언하였다. 토지개혁법령 작성위원회는 박문규·최용달·김광진 등 전문가와 안길·김책·주영하 등 당인사를 중심으로 구성됐으며, 위원장은 김책이 맡았고 소군정 측에서는 아무도 참가하지 않았다[99]고 증언하였다.

서용규의 증언은 증언자의 당시 위치가 확실하지 않은 점은 있지만 각 사건에 대한 구체적인 증언 내용은 신뢰감을 준다. 서용규는 소군정의 역할을 '추인' 이상으로는 평가하고 있지 않으며 소군정이 대단히 제한적인 위치에 있었음을 보여준다.

넷째, 해방 직후 소련군정사령부의 사법부장이었던 B. V. 시쩨찌닌은 "1946년 2월 북조선임시인민위원회의 수립과 더불어 모든 국局과 재판소 그리고 검찰은 그 위원회에 속하게 되었다. 이와 관련하여 소련군정사령부의 활동 성격은 근본적으로 달라졌다. 사령부의 모든 직원은 지금 고문관의 지위로 넘어갔다. 우리는 문제의 최선의 해결책을 조언하고, 설명하고, 암시해 주곤 했다. 결정적인 해결권은 조선기관과 관리에 있었다"고[100] 밝히고 있다.

시쩨찌닌의 증언 역시 소련측의 토지개혁 추진 과정에서의 영향력을 제한적인 것으로 평가할 수 있게 한다. 시쩨찌닌의 주장은 「북조선임시인민위원회구성에 관한 규정」에서도 동일한 내용으로 확인할 수 있다. 북임위는 각 局長의 선임과 해임 또는 전임을 행할 수 있게 되었는데[101] 이것은 결정적인 해결권이 '조선기관과 관리'에게 있었던 것을 의미하는 것이다.

4. 결 론

북한 토지개혁 추진주체에 대한 앞의 논의를 정리하면 다음과 같다.

일제하 조선 농민은 오랫동안 토지문제의 해결을 갈망하였다. 그런데 일제의 패망은 토지획득이 단순한 희망이 아니라 가능한 것임을 눈앞에 보여주었다. 소련군의 점령이라는 유리한 조건하에서 일제때부터 국내에서 활동했던 토착 공산주의자들과 농운農運주체들은 토지개혁의 전前단계로 3·7제 투쟁을 시작하였고, 이를 1945년 말에는 거의 완료하였다.

이 과정에서 소련은 조선공산당의 투쟁방침을 수용하였는데 소련군 사령부는 1945년 후반기 동안 군부대를 지휘하는 고유 업무에 여념이 없을 뿐만 아니라 민정업무를 다룰 만한 경험과 지식을 소유한 전문가들이 많지 않음으로 인하여 민정업무 수행에 상당한 곤란을 겪고 있었다. 소련군은 점령군이었지만 '완벽完璧한 결정자'가 될 수는 없었다. 일제의 국가 권력이 붕괴된 상황에서 크고 작은 다핵多核으로 구성된 조선인 세력의 자율성自律性은 상대적으로 컸으며 특히 이들을 중심으로 북한의 농업부문은 주도되었다.

모스크바 3상회의 결정으로 인하여 한반도의 정세는 새로운 국면을 맞이하였다. 3상회의 결정 이후 북한 내에서의 통일전선이 균열되고 우익세력의 월남이 이루어지자 토착 공산주의자들과 농운주체들은 억제해 왔던 토지요구를 분출시켰다. 농민들의 토지개혁 요구가 분출하면서 3상회의 결정후 탄생된 북임위는 토지개혁을 실시하지 않을 수 없었다. 토지개혁을 통해 농민의 지지 기반을 확보하려던 북임위와 조공분국은 북조선농민연맹과 함께 연대하여 토지개혁법령의 제정을 추진하였다.

토지개혁법령의 작성은 북조선농민연맹이 주요 역할을 하였고, 북임위와 조공분국은 이를 지원하였다. 법령과 결정의 초안을 작성하는 것은 북임위 각 국局의 직무였는데 이를 북조선농민연맹이 주도한 것은 농운農運주체의 대부분이 조공분국의 당원이었기 때문에 가능한 것이었다. 동시에 북조선농민연맹이 가지고 있는 자율성과 위상을 드러내 준 것이라 할 수 있다. 북임위의 토지개혁법령 결정과정에서는 '농민의 이익을 중심'으로한 토지개혁법령에 대한 반대 의견도 있었으나 묵살되었다.

북한의 토지개혁에 대하여 '위로부터의 개혁'과 '아래로부터의 개혁'이라는 설명을 도식적으로 대입하려 해서는 안된다. 북한 토지개혁은 국가권력의 강화를 추진하는 초기에 '아래로부터의 추동력'에 의하여 이루어진 개혁이라고 할 수 있다. '아래로부터의 추동력'은 일제하에서부터 국내에서 활동한 토착 공산주의자들과 농운주체라고 할 수 있다. 이들 중에서 특히 농운주체들은 농민 속에서 성장하여 그들과 깊이 연계되어 있었다. 일제 지배권력의 붕괴 속에서 기층사회에 바탕을 둔 조직이 북한토지개혁을 진행시켰다고 할 수 있다.

정치적 환경 조건에 가까운 소련군의 점령을 결정적 조건으로 설정하고 그 안에서 벌어지는 모든 사건의 원인과 동력으로 파악하는 것은 문제의 규명에는 중요한 도움이 될 수 없다. 북한 토지개혁에 대한 소련의 역할은 토지개혁의 실시 시기와 관련된 것이다. 일부 연구는 1946년 1월 2일의 '북조선주둔 소련군사령관의 명령서'에 있는 '토지 소유관계 조사'에 주목하여 소련의 '결정자' 역할을 주장하였다. 그러나 이러한 소련군의 명령이 제대로 집행되지 않았고, 이 '조사'를 조공분국에서 다시 주도적으로 추진한 것은 토지개혁에서의 조선인의 주도적 역할을 보여주는 것이다.

이 논문에서는 다루지 않았지만 토지개혁의 실제적 집행도 빈농, 농민조합, 조공분국 등의 주도로 수행되었다. 결론적으로 북한 토지개혁은 해방공간에서 조선인에 의하여 준비되고 집행되었다고 할 수 있다. 토지개혁의 실행과정에서 북임위는 집행자로서의 역할을 수행하면서 북한의 중앙권력으로서의 위력을 강화시킬 수 있었으며 이것은 김일성의 권력기반 강화로 이어졌다.

　　※ 이 글은『한국사학보』창간호 (고려사학회, 1996)에 수록되었다.

주註

1) 강만길, "독립운동과정의 민족국가건설론,"『한국민족운동사론』(서울: 한길사, 1985). 토지를 국유화하여 농민에게 분배하는데는 조선공산당과 민족혁명당, 조선독립동맹이 모두 같은 정책을 제시하였다. 좌파뿐만 아니라 1939년의 우파 연합체인 한국광복운동단체연합회도 광복 후의 토지개혁에 공통의 합의를 이루었다.

2) 김성보, "소련의 대한정책과 북한에서의 분단질서 형성, 1945～1946"『분단 50년과 통일시대의 과제』(서울: 역사비평사, 1995) ; 전현수, "소련군의 북한 진주와 대북한정책,"『한국독립운동사연구』9 (1995).

3) 손전후,『우리나라토지개혁사』(평양: 과학·백과사전출판사, 1983).

4) 전현수, "해방직후 북한사 연구의 몇 가지 문제에 대하여－러시아 대외정책문서보관소 소장 북한관계자료의 검토,"『역사와 현실』10 (1993) ; 박명림, "한국전쟁의 발발과 기원," (고려대학교 정치외교학과 박사학위논문, 1994) ; 김성보, "북한의 토지개혁(1946)과 농촌계층구성변화－결정과정과 지역사례"『동방학지』87 (1995) ; 유길재, "북한의 국가건설과 인민위원회의 역할, 1945～1947" (고려대학교 정치외교학과 박사학위논문, 1995).

5) 박명림, 앞의 글, 264쪽. '위로부터의 방식'이라는 박명림의 표현은 장제목에 나오는 '지침'의 뜻으로 보인다.

6) 유길재, 앞의 글, 8쪽.

7) 북조선임시인민위원회 농림국장 이순근, "북조선 농업발전을 위한 제문제"『인민』창간호, 68쪽 (1946).

8) 한림대학교 아시아문화연구소,『북한경제통계자료집』, 135쪽 (1994). 이 수치는 1946년 토지개혁 당시 소작지로 인정되어 몰수된 면적이다.

9) 한림대학교 아시아문화연구소, 앞의 책, 135쪽.

10)『북조선 토지개혁의 역사적 의의와 그의 성과』, 12쪽.

11) 姬野實 編,『朝鮮經濟圖表』(朝鮮統計協會, 1940), 216쪽. 소작료율은 타조 打租의 경우인데 북한지역은 타조비율이 논畓에서 77.5%이고, 밭田에서 69.8% 였다.(위의 책, 211쪽).

12) 함경도는 미곡 부족, 황해도는 풍작으로 도별 상황에 차이가 있었다("전국인민위원회대표자대회회의록,"『한국현대사자료총서』12(이하 '총서'로 약함) (돌베개), 448쪽).

13) 강원도의 경우는 1945년 미곡성출량(17,580톤)의 100%가 소련군에 조달됐는데 이는 1946년 3월에서 9월까지의 식량 부족량(13,190톤)의 133%에 이른다. 해방 이후의 성출 실적이 미약했음을 감안하여도, 북한의 식량난에 소련군의

주둔이 영향을 미쳤음을 알 수 있다(「1946. 4. 20. 북조선 제2차 사법책임자회의 강원도 사업보고서」).

14) 북조선통신사, 『북조선통신』, 8월 중순호 (1947), 3쪽.

15) 1949년 남한의 일부 농민의 유상 구매 희망 표현을 근거로 해방 직후 농민들의 무상 토지 획득 욕구를 추론하여 부인하고자 하는 것(박명림, 앞의 책, 416쪽)은 정확한 평가가 아니다. 농민들이 '공식적인 대면 상태'에서 보인 '유상 구매' 표현을 농민들의 본심으로 읽어 낸 것은 실상에는 근접하지 못한 것이다. 남한의 경우이지만 "소작인은 지금 땅을 거저 준다고 하면 그 뒤에 세금을 안 받는 것을 조건으로 할 때에 기뻐할 것입니다"라는 조봉암의 말이 실상에 가깝다고 할 것이다. 『제헌국회속기록』 4, (서울: 여강출판사 영인본, 1987), 124쪽 이시기 농민의 운동역량을 '농민의 계급의식'의 수준에만 초점을 맞추어 평가하는 것은 적절하지 못하다.

16) 북한 토지개혁 과정에서 일본 국가 및 일본인 소유 토지 명목으로 몰수한 양이다.

17) 이준식, 『농촌사회변동과 농민운동』 (서울: 민영사, 1993), 467쪽.

18) 지수걸, 『일제하 농민조합운동연구』 (서울: 역사비평사, 1993), 400쪽.

19) "전국농민조합총연맹 결성대회의사록"(이하는 '전농의사록'으로 약함) 『총서』, 12권, 585쪽.

20) 『북조선세제』 (평양: 민주조선사, 1947) 41쪽. 1945년 11월에 성립된 북조선 재정국은 세제를 간소화하며 인민의 부담을 경감할 것을 목표로 1945년 12월 14일에 국세와 도세의 정리를 단행하지 않을 수 없었다.

21) "전농의사록" 『총서』 12권, 585쪽.

22) "북조선토지개혁의 역사적 의의와 그의 성과," 27쪽.

23) 손전후, 앞의 책, 92쪽.

24) 불납운동을 극좌적인 과오로 보고 청산하였다.("전농의사록" 『총서』 12권, 587쪽). 일제하에서 매년 전체 조선의 검거자 만 명의 반수 이상이 함남이었다("전국인민위원회대표자대회의사록" 『총서』 12권, 488쪽).

25) "전농의사록" 『총서』 12권, 586쪽.

26) "전농의사록" 『총서』 12권, 586쪽.

27) 梶村秀樹, 姜德相편, 『現代史資料 29: 朝鮮5』, 421쪽.

28) 임영태편, "12월테제," 『식민지시대 한국사회와 운동』 (서울: 사계절, 1985), 365쪽.

29) 지수걸, 앞의 책, 382쪽.

30) 김남식 엮음, "8월테제," 『남로당연구』 2 (서울: 돌베개, 1988), 27쪽.

31) ≪해방일보≫ 1945. 10. 3(김남식 엮음, 『남로당연구』 2, 40쪽에서 재인용). 토지문제의 해결 방향은 '1.일본제국주의자와 민족적 반역자의 토지는 무상 몰

수할 것, 2.조선인 지주의 토지에 대하여는 우선 대지주, 고리대금업자의 토지를 무상 몰수할 것, 3.사원, 향교, 종중 등 기타 공공체의 토지는 무상 몰수할 것, 4.조선인 중소 지주의 토지에 대한 것은 우리의 투쟁의 발전에 따라 해결된다. 즉 그들의 자기 경작 토지면적 이외의 것은 몰수함을 의미한다. 5.몰수된 전 토지는 토지 없는, 또는 토지 적은 농민에게 분여할 것이요, 그 관리권은 (노동자, 농민의 이익을 대표하는 진보적 인민정부가 수립될 때까지) 농민위원회 혹은 인민위원회에서 가질 것' 이었다.

32) ≪해방일보≫ 1945년 11월 5일.

33) 손전후, 앞의 책, 93쪽.

34) 김남식·심지연 편저, 『박헌영노선비판』(서울: 세계, 1986), 188쪽.

35) 손전후, 앞의 책, 92쪽.

36) 『옳다』 1945년 11월 6일(손전후, 앞의 책, 96쪽에서 재인용).

37) 『김일성저작선집 1』(평양: 조선로동당출판사, 1967), 13쪽.

38) 스칼라피노·이정식 공저, 한홍구역, 『한국공산주의운동사』 2 (서울: 돌베개, 1986) 408·431쪽.

39) 강만길·성대경 편, 『일제하 사회주의운동 인명사전』(서울: 창작과 비평사, 1996).

40) 조선민주당의 경제 정책은 '8.소작제도의 개선, 자작농 창정의 강화, 농업기술의 향상 9.균정 간편한 세제의 확립 10.노동운동의 정상적 발전을 조성함 11.노자문제의 일치점을 득하야 생산의 지장이 없기를 기함'등 이었다('조선민주당강령', 1945. 11. 3). 조선공산당과 소련측이 소작제도의 근본적 폐지를 목표로 하고 있는데 반하여 조선민주당의 정책은 소작제도를 개선한다 하여 토지문제에 대한 해결 방안을 제시하지 못하였다.

41) 와다하루끼, 이종석 역, 『김일성과 만주항일전쟁』(서울: 창작과 비평사, 1992), 304쪽.

42) 와다하루끼, 위의 책, 307쪽.

43) 이 포고문은 9월 20일자의 '스탈린 지령'에 바탕을 두고 있다.

44) 스칼라피노·이정식 공저, 앞의 책, 424쪽에서 재인용.

45) I. M. 치스쨔코프, "제25군의 전투행로,"『조선의 해방』(서울: 국토통일원 조사연구실, 1987), 71쪽.

46) 전현수, 앞의 글, 358쪽.

47) 전현수, 위의 글, 358쪽.

48) N. G. 레베데프, "수행해야 할 의무를 자각하며,"『조선의 해방』(1987) 125쪽.

49) N. G. 레베데프, 위의 글, 125쪽.

50) N. G. 레베데프, 위의 글, 126쪽.

51) B. V. 시체찌닌, "해방후 조선에서," 『조선의 해방』 (1987), 325쪽.

52) B. V. 시체찌닌, 위의 글, 324쪽.

53) I. M. 치스쨔코프, 앞의 글, 68쪽.

54) 소연방 과학아카데미 동양학연구소, 국토통일원조사연구실 번역, 『소련과 북한과의 관계: 1945~1980』 (1987), 43~44쪽.

55) N. G. 레베데프, 앞의 글, 82~133쪽.

56) "전농의사록," 『총서』, 12권, 584~586쪽.

57) 평양특별시 인민위원회, "각도인민위원회 2년간 사업개관".

58) "46년 4월 평북인민위원회 사업보고서".

59) 김일성, "북조선공산당 공작의 착오와 결점에 대하여," 『북한관계사료집』 1 (국사편찬위원회), 4쪽.

60) 『당건설』, 107쪽 및 "목전 당내정세와 당면과업에 관한 결정서," 『북한관계사료집』 1, 29쪽.

61) "목전 조선 정치형세와 북임위 조직문제에 관한 보고," 『중요보고집 조선민주주의인민공화국 수립의 길』, 7쪽.

62) "북조선 로동당창립대회 회의록," 『북한관계사료집』 1, 110쪽.

63) 김국후 인터뷰(94.11.18) ; 백학순, "북한의 국가형성에 있어서 김일성의 자율성 문제," 『한국정치학회보』 28-2 (1994), 386쪽에서 재인용. 이 논문에서 백학순은 김일성정권의 자율성에 대하여 그 가능성을 부분적으로 문제제기하고 있다.

64) "목전당내 정세와 당면과업에 관한 결정서"(1946. 2. 15) 『북한관계사료집』 1, 29쪽.

65) 조선공산당 평남위원회, "북조선임시인민위원회의 당면임무" 삐라.

66) '전농의사록' 『총서』 12권, 586쪽.

67) ≪정로≫ 1946년 1월 29일 ; 손전후, 앞의 책, 103쪽에서 재인용.

68) 김일성, "토지개혁사업의 총괄과 금후 과업," 『북한관계사료집』 1, 49쪽.

69) 김일성은 조공분국 중앙 제4차 확대집행위원회에서 당면 과제로서 "당 성분개조 공작 임무의 완수와 더불어 분파주의에 대한 무자비한 투쟁"을 결정하여 당내 분파에 대한 확고한 분쇄를 표명하는 변화를 나타내고 있고, 분국선전부 부장 윤상남을 종파분자라고 비판하고 조공분국의 기관지 ≪정로≫를 비서부에 직속하여 철저히 개조할 것을 결정하고 있다. 이러한 일련의 결정은 북임위의 수립 시기에 있어서의 김일성의 권력의 강화를 보여주는 것이다.

70) "목전 당내정세와 당면과업에 관한 결정서," 『북한관계사료집』 1, 34쪽.

71) ≪평북신보≫ 1946년 2월 20일(손전후, 앞의 책, 95쪽에서 재인용).

72) ≪정로≫ 1946년 2월 25일(손전후, 앞의 책, 100쪽에서 재인용).

73) ≪평북신보≫ 1946년 2월 27일(손전후, 앞의 책, 103쪽에서 재인용).

74) 손전후, 앞의 책, 100쪽.

75) 『조선전사』 연표2 (평양: 과학·백과사전출판사), 112쪽.

76) 민주주의민족전선, 앞의 책, 173~174쪽.

77) 필자가 확인한 전농의 북한지역 관계자는 대부분이 이미 일제하에서 농민운동을 했거나 조선공산당과 연계되어 있었다. 앞의 <표 2> 참조.

78) 『조선전사』 연표2, 113쪽.

79) "북조선임시인민위원회 구성에 관한 규정"『북한관계사료집』 5, 149쪽.

80) "북조선공산당단체들의 사업에 있어서의 착오와 결점에 대하여"『북한연구자료집』 1 (서울: 고려대학교 출판부, 1969), 28, 29쪽.

81) 평안북도와 황해도의 당단체에 관하여는 '유일과 강고한 당규율'이 없었던 결과 각종 그룹이 발생하였고, 공산당은 도·군·면 인민위원회에 영향이 약했다. ("북부조선당 공작의 착오와 결점에 대한 결정서,"『북한관계사료집』 1, 10~11쪽). 공산당내에 '함남당부책자들의 분파주의'가 존재하고 있었으며, 군중단체는 그 '테두리'만 만들어 놓은 데에 불과하였다("목전 당내 정세와 당면과업에 관한 결정서," 위의 책, 30·33쪽). 공산당은 로동조합에 대한 통제에도 한계가 있었다.

82) 중앙일보사 특별취재반, 『조선민주주의인민공화국』 하권 (1993), 52쪽.

83) 북임위의 토론 내용은 전현수, 『역사와 현실』 앞의 글, 301~302쪽.

84) 한림대학교 아시아문화연구소, 『조선공산당문건자료집(1945~46)』 (1993), 446쪽. 박명림은 이 자료를 토지개혁에서 소련의 역할을 강조하는 핵심적 자료로 사용하고 있다.(박명림, 앞의 책, 264쪽).

85) "목전 당내 정세와 당면과업에 관한 결정서"『북한관계사료집』 1, 33쪽.

86) 전현수, 앞의 글 (1995), 363쪽.

87) 전현수, 『역사와 현실』, 앞의 글, 301~303쪽 및 김성보, 『동방학지』 앞의 글, 72~75쪽 참조

88) 전현수, 『역사와 현실』 앞의 글, 303쪽.

89) 김성보, 『동방학지』 앞의 글, 73쪽.

90) 소련측의 실제적인 개입 여부가 확인될 필요가 있다. 소련의 북한 화폐개혁 개입 사례를 보면 소련군사령부의 건의후 3개월이 지나서야 소련정부 내에서 심의가 본격화되고 소련측의 입장을 결정하는데는 이로부터 다시 7개월이 지나야 했다. 전현수, '1947년 12월 북한의 화폐개혁', 『역사와 현실』 19 (1996) 197~200쪽.

91) 북한의 경우 '무상몰수 무상분배'의 원칙이었다고 하지만 1년 수확량의 10%를 매년 부담하는 유상분배에 가깝다고 할 수 있다. 이주철, '토지개혁 이후 북한 농촌사회의 변화－1946~1948년을 중심으로', 『역사와 현실』 16 (1995), 258쪽.

92) 박동삼, "북한의 토지개혁정책에 관한 연구," (국민대학교 정치외교학과 박사학위논문 1991), 53∼57쪽.

93) 김일성, "목전정치형세와 북조선임시인민위원회의 조직문제에 관한 보고"(1946. 2. 8) 『북한 연구자료집』 1, 42쪽.

94) 김일성, "토지개혁사업의 총결과 금후 과업," 『북한관계사료집』 1, 45·46쪽.

95) "김일성동지의 '토지개혁사업의 총결과 금후 과업'의 보고에 대한 결정서" 『북한관계사료집』 1, 63쪽.

96) "서용규는 전 노동당 고위 관리로 현재 망명해 유럽에서 살고 있다. 북한의 정권수립에서부터 최근의 사건에 이르기까지 권력의 최근접 거리에서 직접 보아 온 … 현재로서는 조선민주주의인민공화국의 역사에 관한 가장 중요한 증언자라고 할 수 있다." 중앙일보사, 앞의 책, 26쪽.

97) 중앙일보사, 앞의 책, 50쪽.

98) 중앙일보사, 앞의 책, 52쪽.

99) 중앙일보사, 앞의 책, 52쪽.

100) B. V. 시체쩌닌, 앞의 글, 327쪽.

101) 『북한관계사료집』 5, 150∼151쪽.

〈참고문헌〉

1. 북한문헌

김일성, 『김일성저작선집 1』 (평양: 조선로동당출판사, 1967).

김일성, "북조선공산당 공작의 착오와 결점에 대하여," 『북한관계사료집』 1 (과천: 국사편찬위원회, 1982).

김일성, "토지개혁사업의 총괄과 금후 과업," 『북한관계사료집』 1 (과천: 국사편찬위원회, 1982).

『북조선세제』 (민주조선사, 1947).

북조선통신사, 『북조선통신』 1947년 8월 중순호.

사회과학원 력사연구소, 『조선전사』 연표2 (평양: 과학, 백과사전출판사, 1983).

손전후, 『우리나라토지개혁사』 (평양: 과학, 백과사전출판사, 1983).

≪정로≫ 1946년 1월 29일.

≪해방일보≫ 1945년 10월 3일, 1945년 11월 5일.

2. 남한문헌

강만길, "독립운동과정의 민족국가건설론," 『한국민족운동사론』 (서울: 한길사, 1985).

강만길·성대경 편, 『일제하 사회주의운동 인명사전』 (서울: 창작과 비평사, 1996).

김남식 외 편, "전국인민위원회대표자대회회의록," 『한국현대사자료총서』 12 (서울: 돌베개, 1994).

김남식 외 편, "전국농민조합총연맹 결성대회의사록," 『한국현대사자료총서』 12 (서울: 돌베개, 1994).

김남식 엮음, "8월테제," 『남로당연구』 2 (서울: 돌베개, 1988).

김남식·심지연 편저, 『박헌영노선비판』 (서울: 세계, 1986).

김성보, "소련의 대한정책과 북한에서의 분단질서 형성, 1945~1946," 『분단 50년과 통일시대의 과제』 (서울: 역사비평사, 1995).

김성보, "북한의 토지개혁(1946)과 농촌계층구성변화 – 결정과정과 지역사례," 『동방학지』 87 (1995).

김준엽 외 편, "북조선공산당단체들의 사업에 있어서의 착오와 결점에 대하여," 『'북한'연구자료집』 1 (서울: 고려대학교 출판부, 1969).

대한민국 국회편, 『제헌국회속기록』 4 (서울: 여강출판사 영인본, 1987).

류길재, "북한의 국가건설과 인민위원회의 역할, 1945~1947" (고려대학교 정치외교학과 박사학위논문, 1995).

박동삼, "북한의 토지개혁정책에 관한 연구," (국민대학교 정치외교학과 박사학위
　　논문, 1991).

박명림, 『한국전쟁의 발발과 기원" (고려대학교 정치외교학과 박사학위논문, 1994).

백학순, "북한의 국가형성에 있어서 김일성의 자율성 문제," 『한국정치학회보』
　　28-2 (1994).

소연방 과학아카데미 동양학연구소, 국토통일원조사연구실 번역, 『소련과 북한과
　　의 관계: 1945~1980』 (서울: 국토통일원 조사연구실, 1987).

스칼라피노·이정식 공저, 한홍구역, 『한국공산주의운동사』 2 (서울: 돌베개,
　　1986).

와다 하루끼, 이종석 역, 『김일성과 만주항일전쟁』 (서울: 창작과 비평사, 1992).

이주철, "토지개혁 이후 북한 농촌사회의 변화 - 1946~1948년을 중심으로" 『역사
　　와 현실』 16호 (1995).

이준식, 『농촌사회변동과 농민운동』 (서울: 민영사, 1993).

임영태 편, "12월테제," 『식민지시대 한국사회와 운동』 (서울: 사계절, 1985).

전현수, "소련군의 북한 진주와 대북한정책," 『한국독립운동사연구』 9 (1995).

전현수, "해방직후 북한사 연구의 몇 가지 문제에 대하여 - 러시아 대외정책문서보
　　관소 소장 북한관계자료의 검토," 『역사와 현실』 10 (1993).

전현수, "1947년 12월 북한의 화폐개혁," 『역사와 현실』 19 (1996).

중앙일보사 특별취재반, 『조선민주주의인민공화국』 하권 (서울: 중앙일보사, 1993).

지수걸, 『일제하 농민조합운동연구』 (서울: 역사비평사, 1993).

한림대학교 아시아문화연구소, 『북한경제통계자료집』 (춘천: 한림대학교, 1994).

한림대학교 아시아문화연구소, 『조선공산당문건자료집(1945~46)』 (춘천: 한림대
　　학교, 1993).

I. M. 치스쨔코프, "제25군의 전투행로," 『조선의 해방』 (서울: 국토통일원 조사연
　　구실, 1987).

N. G. 레베데프, "수행해야 할 의무를 자각하며," 『조선의 해방』 (1987)(서울: 국토
　　통일원 조사연구실, 1987).

B. V. 시체찌닌, "해방후 조선에서," 『조선의 해방』 (1987)(서울: 국토통일원 조사
　　연구실, 1987).

"목전 당내정세와 당면과업에 관한 결정서," 『북한관계사료집』 1 (과천: 국사편찬
　　위원회, 1982).

"북조선 로동당창립대회 회의록," 『북한관계사료집』 1 (과천: 국사편찬위원회,
　　1982).

"북조선임시인민위원회 구성에 관한 규정," 『북한관계사료집』 5 (과천: 국사편찬위
　　원회, 1982).

"김일성동지의 '토지개혁사업의 총결과 금후 과업'의 보고에 대한 결정서,"『북한 관계사료집』1 (과천: 국사편찬위원회, 1982).
이순근, "북조선 농업발전을 위한 제문제,"『인민』창간호 (1946).
姬野實 編,『朝鮮經濟圖表』, 朝鮮統計協會 (1940).

3. 외국문헌

梶村秀樹・姜德相 편,『現代史資料 29: 朝鮮5』(동경: みすず書房, 1972).

김일성의 권력 경쟁의 승리와 당·국가 건설

백 학 순

1. 머리말

북한의 당·국가 건설과정은 한마디로 김일성金日成그룹이 경쟁그룹 내지 경쟁파벌들을 제거하거나 중립화시켜 '단일적 지도력'을 확립해 가는 과정이라고 할 수 있다. 단일적 지도력을 수립하려는 집념은 당· 국가건설자들에게는 정치적 본능이며, 단일성의 획득과정은 불가피하게 당·국가건설 경쟁자들을 정치적으로 제거하거나 무력화無力化해 가는 과정을 수반한다.[1] 이는 지금의 서구 민주주의 국가들이 성립되었던 근대국가 형성기에도 그러하였을 뿐만 아니라, 18세기 후반의 미합중국의 형성이나, 20세기 전반기에 구소련의 형성에서도 그러하였으며, 제2차 세계대전 이후의 신생국가의 건설에서도 그러하였다.

김일성[2]은 공산당 건설을 위해 여러 파벌의 공산주의자들과, 국가(정

府)를 건설하기 위해서는 민족주의자들과 두 개의 전선에서 동시에 투쟁해야만 하였다. 북한의 당·국가건설에서 가장 중요한 기간은 해방 직후부터 1946년 2월까지의 첫 6개월간이었다. 이 시기에 소련은 소련점령군 당국을 통하여 북한의 당·국가건설의 전과정을 감독하였고, 김일성그룹의 후견자였다.3) 이러한 소련의 후견 하에, 김일성그룹은 한편으로는 국내파인 오기섭吳淇燮그룹과 박헌영朴憲永그룹을 차례로 무력화시켜 당에서의 '단일적 지도'를 확립하였고, 다른 한편으로는 조만식曹晚植그룹을 제거하고 국가(정부)기구를 수립하였다.4)

김일성, 오기섭, 박헌영, 그리고 조만식은 당과 국가 건설이라는 공통의 '목표'를 가지고 있었고, 이러한 목표의 달성에 대한 자기 나름대로의 '생각'과 '이익'을 가지고 있었다.또한 이들은 당과 국가 건설에 쓰일 수 있는 나름대로의 '자원'과 '능력'을 가지고 있었으며, 이 자원과 능력을 자신들이 처한 '정치기회구조'5) 하에서 최대껏 이용하여, 당과 국가 건설을 위한 자신의 '전략'을 구사하며 상호 경쟁하였다. 이들 사이의 상호경쟁 과정이 바로 북한의 당과 국가 건설 과정 그 자체이며, 이러한 상호경쟁의 결과가 김일성에 의한 북한의 당·국가의 건설로 나타났다.

이하에서는 이러한 문제의식을 가지고 1945~1950년 기간에 김일성그룹이 '공산당' 틀 내에서 소련파 및 연안파와 연합하여 오기섭그룹과 박헌영그룹을 차례로 무력화시키고 제거해 나가는 과정과 '국가(정부)'의 틀 내에서 민족주의자 조만식그룹을 제거해 나가는 과정에 초점을 맞추어 북한에서의 당·국가건설 과정을 종합적으로 살펴 볼 것이다.

2. 김일성 대 오기섭

1945년 10월 13일에 개최되었던 <조선공산당 서북5도 당책임자 및

열성자대회>(이하에서는 '서북5도당대회'로 약칭)에서 만주 빨치산파와 국내파의 정치노선이 김일성과 오기섭에 의해 각각 제시되었다.[6] 당시 북한의 정치세력들 간에 최대의 정치현안 중의 하나는 통일전선형성 문제였다. 그런데 이는 정치 지도자들 자신의 정치노선 뿐만 아니라 소련점령군 당국의 대북한정책과도 깊은 관계가 있는 문제여서, 사실상 통일전선 노선 문제는 소련군 점령이라는 환경구조 하에서 북한 지도자들의 운명을 가름하는 매우 중요한 문제였다.

김일성은 '민족통일전선'을, 오기섭은 '인민전선'을 제시하였다. 민족주의적 지주와 자본가를 포함시킨 김일성의 '민족통일전선'은 오기섭의 '인민전선'보다 더 포괄적이었다. 즉 김일성은 민족통일전선에 자본가를 포함시켰다.[7] 김일성은 만주 항일빨치산 시절에 거대한 일본제국에 대항하여 싸우기 위해서는 민족주의자들을 포함한 모든 항일세력을 총결집하는 '민족통일전선'이 매우 유용하고 중요하다는 것을 직접 체험하였고, 또 당시 소련점령군 당국의 북한에서의 통일전선 노선이 민족통일전선이었기 때문에, 그는 공산주의 세력이 극히 미미하고 민족주의 자본가와 지주들의 힘이 컸던 해방 직후의 북한 상황에서 민족통일전선이 정치적으로 현명하고 정당한 노선이라고 주장하였다.

한편, 오기섭은 인민전선에 자본가와 지주를 포함시키지 않았다. 그는 오히려 민족통일전선이라는 명분 하에 친일파와 반동분자들을 끌어안는 것을 반대하였다.[8] 오기섭은 일제통치 하에서의 지주와 자본가는 그 성격상 친일한 계층으로 간주하였고, 따라서 모든 자본가과 지주를 가능하면 통일전선에서 제외시키는 인민전선을 지지하고 있었다.

김일성은 그가 최초로 한 공식연설인 「민족 대동단결에 대하야」에서 민족통일전선과 인민전선을 구별하고 있다. 김일성의 구분에 의하면, 민족통일전선과 인민전선 양자가 '파쇼를 타도'한다는 목적에서는 동일하지만, 당시의 조선 상황을 '외부의 제국주의에 의해 식민지화의 위협받고 있다'고 판단하는 사람은 민족통일전선을 주장할 것이요, 반대로 조선이 외부 제국주의 세력보다는 '내부의 파쇼세력에 의해 더 큰 위협을 당하고 있다'고 평가하는 사람은 인민전선을 주장할 터이었다.9)

김일성은 비록 국제적으로는 미·소 연합국이 독일과 일본, 이탈리아의 파시즘을 패배시켰으나, 당시 조선의 상황이 친일파, 민족반역자, 남한을 강점한 미제국주의자들과 연합한 자 등의 '외부' 제국주의 세력에 의해 위협 받고 있는 것으로 보았고, 따라서 이들 세력에 대항하기 위해 민족주의적 지주 및 자본가들까지 포함한 전민족이 대동단결하는 민족통일전선이 필요하다고 보았던 것이다.10)

한편, 오기섭의 노선이 전체적으로 '인민전선'이기는 하였지만, 그의 노선이 김일성이 「민족대동단결에 대하야」에서 정의한 바와 같은 엄격한 의미의 '인민전선'이었는지는 정확히 판단할 수 없다. 다시 말해, 오기섭이 외부 제국주의 세력은 제2차 세계대전에서 패배하였으므로 당시 조선의 상황을 외부 제국주의자들에 의해서 위협 당하고 있다기보다는 '내부' 파시스트 세력에 의해서만 위협받는 상황으로 인식하였는지는 현재 필자가 가지고 있는 자료 만으로서는 판단하기 힘들다.11)

남한의 박헌영도 통일전선에 자본가와 지주를 포함시키는 것을 반대하였다.12) 당시 조선에 들어 온지 얼마 되지 않았던 해외파 공산주의자들이 지주와 자본가를 포함시키는 포괄적인 민족통일전선을 추구한 이유는 물론 그들의 국내 기반이 허약하고, 그들이 이제 새롭게 권력 기반을 넓혀야할 처지에 있었기 때문이었다. 따라서 해외파는 명백하고도 지나친 친일 행위를 한 자본가와 지주를 제외하고 나머지 자본가와 지주를 포함하는 폭넓은 연합세력 형성을 적극적으로 추구하였다.

해외파 공산주의자들이 포괄적인 민족통일정책을 지지한 또 다른 이유는 해외파 공산주의자들은 국제정치의 복잡한 동학動學이 한반도에 미치는 영향에 대해 국내파보다 훨씬 더 넓은 시각으로 보다 민감하게

이해하고 있었기 때문이었다. 구체적으로, 그들은 북한에서의 소련점령
군 당국의 정책은 처음부터 '민족통일전선'이라는 것을 간파하고 자신
들도 민족통일전선을 추구하였던 것이다.

서북5도당대회에서 채택된 「정치노선 확립 조직 확대강화에 관한 결
정서」를 분석해 보면,[13] 많은 주제에 있어서 국내파와 해외파 사이에
그런 대로 타협이 균형적으로 이루어지고 있음을 알 수 있다. 그러나
국내파는 당의 정치노선으로서 인민전선을 밀어부치는 데 성공한 것으
로 보인다. 대회 결정서 어느 곳에도 김일성의 민족통일전선이 오기섭
의 인민전선 주장만큼 뚜렷이 드러나 있는 곳은 없다. 국내파의 힘은
결정서의 초안작성위원회를 구성하는 데 있어서도 마찬가지로 과시되
었다.[14]

이러한 현상은 어찌 보면 당연한 일이었다. 서북5도당대회는 김일성
이 귀국한지 미처 1개월도 되지 아니한 시점에서 개최되었고, 김일성그
룹은 국내파 공산주의자의 숫자에 비해 문자그대로 소수의 빨치산 전사
들의 그룹에 불과하였다. 제2차 세계대전의 끝난 직후, 소련군 88독립보
병여단내의 조선인은 항일연군출신 88명과 소련계 한인 15명 등 모두
103명에 불과하였다.[15]

그러나 서북5도당대회는 김일성에게는 중요한 당대회였다. 필자의
생각으로는 우선 이 당대회에서 김일성과 오기섭의 역할은 의미심장한
차이가 있다. 조선공산당 북부조선분국 설립, 당규약 기초, 당증 발행,
전 ▲ 조선당대회 소집과 같은 중요한 문제들을 회의에 내놓은 사람은
오기섭이 아니라 바로 김일성이었다.[16] 당시 남한과 북한 어느 곳에도
조선공산당의 제대로 확립된 공식 당규약, 당증과 같은 것들이 없었기
때문에, 이러한 문제에서 김일성이 주도적인 역할을 하였다는 것은 앞
으로의 조선공산주의 운동에서 큰 의미를 갖는다고 평가할 수 있다.[17]

1945년 11월 15일에 있었던 조선공산당 북부조선분국 제2차 확대집

행위원회 회의에서 김일성의 '민족통일전선' 노선이 마침내 오기섭의 '인민전선' 노선에 대해 승리한 것으로 알려져 있으나,[18] 김일성은 1945년 12월 17~18일에 열렸던 북부조선분국의 제3차 확대집행위원회 회의에 와서야 본격적으로 오기섭을 꺾고 당권을 장악하였다. 이 회의 는 북한의 당건설 역사에서 '당의 가면'을 쓰고 있던 '친일파,' '비무산 계급적 비공산주의 분자'와 '파벌사상의 소유자들'을 숙청하고 '중앙집 권제를 확립'하여 공산당을 '사상통일의 유일당'으로 다시 태어나게 한, 그야말로 당사업에 있어서 '신기축新機軸'을 이룩한 중요 회의였다.[19]

제3차 확대집행위원회는 집행위원을 선출하고 부서를 개편하였는데, 김일성, 김용범, 무정, 오기섭 등 19명이 집행위원에 선출되었고, 김일성 은 북부조선분국의 책임자(책임 비서)가 되었다.[20] 동시에 북한에서의 당·국가 건설을 돕기 위해 북한에 들어온 소련파 공산주의자들이 북부 조선분국 조직을 장악하기 시작하였다.[21]

제3차 확대집행위원회에 국내파에 대한 비판과 관련되어 토의된 내 용은[22] 크게 세 가지였다. 첫째, 당시 노동자의 공산당에의 입당은 1년 이상 당이력을 가진 보증인이 있어야 가능하였는데, 김일성은 당이력이 1년 이하인 보증인이라도 2명 이상이 보증을 하면 노동자가 입당이 가 능하도록 규정을 완화하는데 성공하였다.[23]

둘째, 김일성은 공산청년동맹(이하 '공청'으로 약칭)의 민주청년동맹 (이하 '민청'으로 약칭)에로의 재조직에 대한 함남도당과 오기섭의 반대 를 비난하였다.[24] 김일성이 민청을 조직하려던 것은 청년들 사이에서 민족통일전선을 형성하려는 노력의 일환이었다.[25]

셋째의 문제는 북한에서의 직업동맹의 성격과 지위에 관한 것이었다. 오기섭은 직업동맹(이하 '직맹'으로 약칭)(노동조합)은 당의 지지단체나 국가에 종속되는 조직이 아니라 노동자의 이익을 위한 독립적인 조직이 므로, 직맹은 노동자들의 이익을 실현하기 위하여 투쟁해야 한다는 생각을 가지고 있었다. 더구나 오기섭은 직맹은 당과 대등한 지위를 가지고 있으며, 심지어 직맹에 대한 당의 지도는 거부되어야 한다는 논리를 제시하고 있었다. 이것이 사실이라면, 이는 당의 우월성에 대한 지극히 중대한 도전이었다.26)

그런데 제3차 확대집행위원회가 열리기 약 한달 전에 ≪정로正路≫에 실린 '레닌의 공산당 조직원리 개요'라는 해설기사에서, 오기섭은 '당과 노동조합과의 관계도 명확히 인식하지 못하는 당원들도 있다'고 하면서 당은 '노동계급의 한 부분이며 한 부대'이기는 하지만 당은 '보통 부대'가 아니라 '노동계급과 노력대중의 지도단체'이며 '노동계급의 전위 조직이고 노동조합은 노동자의 군중조직'이다. 또 '당은 노동계급의 모든 단체 중에 최고단체이며 노동계급의 모든 단체를 지도한다'고 설명하고 있다.27) 이 해설기사는 오기섭이 노동조합과 당이 대등한 위상을 갖는다고 주장했다는 것과 전혀 일치하지 않는다.

이로써 공간물公刊物에 나타난 오기섭의 주장과 실제정치에서의 오기섭의 생각과 행동 사이에 괴리가 있다는 것을 알 수 있는데, 만일 그가 대단한 기회주의적 처세주의자였는지는 몰라도, 이는 오히려 국내파 공산주의자들이 외국군 점령 하에서 자신의 정치적 생존을 위해 이중적 언술과 이중적 행위를 하며 활동해야 했던 당시의 구조 환경을 반영하고 있다고 하겠다.

제3차 확대집행위원회에서 김일성의 오기섭의 직맹관에 대한 비판은 준엄하였다.

김일성은 평양의 사동에 있는 한 생산기업소를 예로 들면서, 당조직이 직맹을 잘 지도하지 못하였으며, 일부 직맹들은 노동자들을 혼란시키고, '북조선행정국'(5도행정국) 일을 돕지는 않고 5도행정국의 일을 오히려 파탄시킨다고 비난하였다. 김일성은 공산당은 노동계급의 당이며 당은 직맹과 다른 조직들을 지도하여야 한다고 강조하였다. 김일성

은 비록 오기섭의 이름은 거론하지 않았지만, '우리 중에는 아직도 직업
동맹 지도는 공산당의 사업이 아니며 직업동맹은 당지도 하에서 사업할
것이 아니라고 논증하는 자들이 있다'고 오기섭을 공격하였다.[28] 앞으
로 보겠지만, 직맹문제는 주요 당회의나 당대회마다 김일성과 그 추종
자들이 들추어 내어 오기섭을 공격하는 구실로 이용하게 된다. 직맹문
제는 오기섭을 끝까지 수령텅이로 몰고 간 필생의 악재로 작용하였다.

이제 1945년 12월 중순에 북한의 공산당 조직에서 권력의 추는 김일
성그룹에게로 넘어 갔다. 제3차 확대집행위원회에서 채택된 결정서의
한 조항을 보면, 확대집행위원회는 '당의 유일과 엄격한 규율을 위반하
는 자들에게 당적 책벌을 주며 또는 당대열에서 출당시킬 것까지 강요
한다'고 되어 있다.[29] 이는 '사상통일의 유일당'의 책임비서로서 김일성
이 자신의 반대자들에게 앞으로 어떠한 종파주의적인 행위도 용서하지
않겠다는 지극히 엄중한 경고였다. 이 모든 것이 김일성이 귀국한지 3개
월도 미처 못된 기간 안에 소련점령군의 후견 하에 일어난 일이었다.

제3차 확대집행위원회가 끝난 3일 후에 열린 '조선공산당 평양시당
제1차 대표대회'에서[30] 오기섭은 며칠 전의 북부조선분국의 제3차 확
대집행위원회가 '위대한 결정'을 하였다고 강조하고 '자아비판'의 정신
으로 당내에 잠입해 있는 이색분자와 가仮공산주의자의 숙청을 강조하
였다. 위에서 보았듯이, 오기섭은 북부조선분국 제3차 확대집행위원회
에서 심한 비판을 받았기 때문에, 오기섭은 앞으로의 생존을 위해 공식
석상에서 태도를 완전히 바꾸어 발언했던 것으로 보인다.[31]

오기섭은 북부조선분국 제3차 확대집행위원회에서 큰 타격을 받았지
만, 1946년 2월 초순에 북조선임시인민위원회가 수립되기 전까지는 그
의 힘이 당장 꺾어지는 않았던 것으로 보인다. 예컨대, 오기섭은 1945년
12월 25∼27일에 개최된 '평남도당 제1차 대표대회'와 당기관지 ≪정
로正路≫에 주요 인물로서 등장하고 있다.[32] 제3차 확대집행위원회 이

후 ≪정로≫에 실린 오기섭의 글이나 기사를 살펴보면,33) 그 숫자도 많았을 뿐만 아니라, 오기섭은 뛰어난 '당 이론가', '정치 이론가', 그리고 상대적으로 소련에 정통한 '소련통'이었음에 틀림없다. 선전선동 수단으로서의 ≪정로≫의 중요성을 감안할 때,34) 만주 항일빨치산파의 글은 거의 없고,35) 오기섭, 최용달崔容達 등36) 국내파 공산주의자들이 압도적으로 많은 집필을 하고 있다는 것은 그만큼 국내파의 힘이 살아 있었고, 당이론가들이 국내파에 상대적으로 많았다는 증거로 보인다.37)

오기섭은 1948년 2월 8일 북조선임시인민위원회가 수립되면서 북부조선분국 비서직과 함남도당 위원장직에서 물러나 북조선임시인민위원회의 선전부장으로 좌천되었는데, 이렇게 오기섭의 힘이 크게 꺾였다는 것은 ≪정로≫에 실리는 오기섭의 글이 2월 중순부터 눈에 띄게 감소하고 있는 것을 보아도 미루어 짐작할 수 있다.38) 1946년 3월 1일 이후에는, 오기섭의 글은 8개월만인 1946년 10월 하순과 1947년 1월에 ≪로동신문≫에 겨우 두 편 실렸을 뿐이다.39) 이는 오기섭의 추락을 웅변적으로 상징하고 있다.

오기섭그룹은 북조선임시인민위원회가 창립된 후 1946년 2월 15일에 열린 조선공산당 북부조선분국 제4차 확대집행위원회 회의에서 그동안 종파주의적 행동을 하였으며, 당규약과 규율을 지키지 않았다는 이유로 또 다시 심한 공격을 받았다.40) 그러나 본격적인 공격을 받은 것은 1946년 8월 28~30일에 개최된 북조선로동당(이하 '북로당'으로 칭함) 창립대회에서였다.

날개 꺾인지 이미 오래된 오기섭은 이번에도 김일성 측의 여러 가지 국내정치적 필요와 계산 때문에 계속하여 '준비된 희생양'이 되었다. 오기섭은 북로당 창립대회에서 합당의 중요성과 북로당의 유일성과 견고성, 이론과 사상의 통일, 당강령과 규율 등의 중요성을 강조하였다. 그는 당원들을 이전의 당적에 따라 구별하는 행위는 종파주의적 경향을 부추기고 당의 통일성을 저해하는 것으로 규정하여 이를 크게 반대하였다.[41] 북로당 창립대회에서의 김일성에 대한 오기섭의 존경의 표시와 복종은[42] 그가 처한 처지로 볼 때 기본적으로 방어적인 성격의 것이긴 해도, 무엇보다도 패장敗將의 목숨을 부지하기 위한 전략이었다.

북로당 창립대회에서 한 대의원은 '만일 김일성 동무를 깎는 자가 있다면 그는 반동분자요 반역자라는 것을 지적'하였다.[43] 이는 김일성에 대한 어떠한 반대나 비난도 예방적 차원에서 금지하는 효과를 노린 발언이었다. 오기섭은 북로당 중앙위원회 위원 43명중에서 34번으로 선출되었고,[44] 제1차 중앙(집행)위원회는 13명의 상무위원을 선출하였는데,[45] 오기섭은 13인중 13번째로 선출되었다.[46]

김일성의 오기섭에 대한 공격은 북로당 창립대회에서 오기섭이 김일성을 찬양하고 복종하였다고 해서 끝나지 않았다. 1946년 8월의 북로당 창립대회에서부터 1948년 3월의 북로당 제2차 전당대회 사이에 김일성과 오기섭, 그리고 그들의 추종자들에 의해 벌어진 논쟁 중에서 가장 의미심장하고 흥미로운 논쟁은 '국유화된 경제분야에서의 노동조합(직맹)의 성격'에 관한 논쟁이었다. 천형天刑과도 같은 이 직업동맹문제는 결코 오기섭을 놓아 주지 않았다.

김창순에 의하면, '1946년 11월'에 개최되었던 '북로당 중앙위원회 제4차 확대회의'[47]에서 주녕하朱寧河가 1946년 9월 혹은 10월 날짜 미상의 북로당기관지 ≪로동신문≫에 발표된 "국가와 직업동맹에 관하여"라는 오기섭의 글에 대해 공격을 시작하였다고 한다. 오기섭의 글의 요지는 '노동자의 이익은 심지어 국유화된 경제산업기관에서도 노동자의 이익은 직맹에 의해 보호되어야 하며, 만일 노동자의 이익이 무시되거나 침해되면, 직맹은 심지어 국유화된 경제산업기관과 싸워서라도 노동자의 권익을 보호하여야 한다'는 것이었다.[48] 서대숙은 문제의 글이 ≪로동신문≫ 9월 18일자에 실린 것으로 기술하고 있다.[49]

필자가 확인한 바로는 1946년 9월 1일 창간호부터 1947년 4월말까지의 기간의 ≪로동신문≫에 오기섭의 그러한 글은 보이지 않는다.[50] 김창순은 당시 회의에서 휴식시간에 문제의 ≪로동신문≫이 배부되었다고 기술하고 있으며,[51] 그가 당시의 사건을 그렇게 생생하게 기억하고 있는 것을 보면, 오기섭의 글이 ≪로동신문≫은 아니더라도 다른 어떤 신문이나 잡지에 실렸던 것은 사실인 것으로 보인다.[52]

주녕하는 '북한의 공장과 기업소들이 이미 사회주의적 소유로 전환되었기 때문에 북한의 노동자들은 국유화된 산업경제기관에 반대하여 투쟁할 수 없다'는 논리로써 오기섭을 매섭게 공격하였다.[53] 그는 또한 오기섭은 자본주의사회의 노동조합이론을 북한에 적용함으로써, 사리를 잘 모르는 노동자들로 하여금 투쟁의 대상이 국유화된 산업경제기관인 것으로 착각하도록 고의로 선동하였다고 공격하였다.[54]

소련도 초기에는 직맹문제와 관련하여 북한이 경험한 것과 동일한 경험을 하였다는 것은 매우 흥미 있는 일이다.[55] 1920년 3~4월에 개최되었던 러시아공산당 제9차 당대회는 당 · 국가와 직맹과의 관계에 대해 준엄한 평결을 내렸다. 1920년 4월 1일자 "직맹과 그의 조직문제에 관하여"라는 결정은 '직맹과 소비에트 권력기관 사이의 어떠한 반대[이익 충돌]도 가히 있을 수 없다'는 것이었다.[56] 이 결정은 러시아공산당 제10차 당대회에서도 '어떠한 수정도 필요하지 않다'고 재확인되었고, '러시아공산당은 당의 중앙과 지방 조직들의 이름으로 직맹 사업의 이데올로기 전슾측면을 무조건적으로 지도한다'고 다시 한번 선언하였다.[57]

말할 것도 없이, 주녕하는 직맹과 당 · 국가와의 관계에 대해 평결을 내렸던 러시아공산당의 결정을 반복하고 있는 셈이었다.[58] 오기섭은 이번에도 지는 싸움을 하고 있었다. 소련에서 직맹에 관한 당의 노선이 이미 1920년대에 확립되었던 것을 고려할 때, 직맹과 당 · 국가와의 관계에 대한 오기섭의 이론은 '반당 · 반국가적' 주장으로 공격당하고도 남을 이론이었다.

어떻게 오기섭이 직맹에 관한 소련공산당의 입장을 모를 수 있었을까? 오기섭은 소련 유학을 한 사람이었고 상대적으로 소련 공산당과 소련 정치에 대해 정통한 지도자였다. 오기섭이 소련점령군 당국 치하에서 소련에서의 당 · 국가와 직맹과의 관계에 대해 모든 것을 알면서도 소련공산당의 입장에 반反하는 주장을 전개하였다는 것은 생각하기 힘들다. 그렇다면 오기섭은 북한에서 자신의 권력투쟁의 마지막 보루로서 직맹의 지지를 추구하고 있었을 가능성이 높다. 오기섭이 가진 권력기반이 하나 있었다면, 그것은 아마도 자신이 조직하고 일해온 노동조합, 즉 직맹 조직이었을 것이다. 오기섭은 자신이 지도하였던 1929년의 유명한 원산 노동자파업을 잊지 않고 있었을 것이다.

오기섭의 시대에 맞지 않는 직맹관에 대한 또 한가지 추측은 오기섭이 과거 10여년 동안 감옥 생활을 하면서 일제 사상경찰의 고문과 회유에 전향하지 않으려고만 마음을 다지면서 감옥이라는 제한된 공간 속에서 현재보다는 과거의 생각과 이미지에 더 많이 묶여 있었을 가능성이다. 감옥 생활 때문에 오기섭은 사고와 전략에 있어서 신축성을 많이 잃게 되었을 지도 모른다.59) 김일성이 만주에서 항일빨치산 투쟁시, 장기적으로 이루어 내야 할 목표인 '기본 강령'과 생존을 위해 날마다 취해야 하였던 '행동 강령'을 구별하면서, 날마다 변화하는 환경과 생존조건에 적응하면서 사고와 행동에 있어서 신축성을 키운 빨치산 경험과 오기섭의 수인囚人생활 경험과는 큰 차이가 있다.60) 오기섭은 해방직후 객관적으로 보아 민족통일전선이 더 적합한 시기에 인민전선을 주장하고, 함경남도 등에 '노농勞農 소비에트'의 수립을 주장하는 등 좌경주의적 경향을 보였다는 이유로 비판을 받았다는 것을 기억할 필요가 있다.61)

1947년 3월 15일에 열렸던 북로당 중앙위 제6차 확대회의에서 위에서 논의하였던 직맹에 관한 오기섭의 신문 투고가 또 다시 문제가 되었다.[62] 이번에는 김일성이 직접 직맹에 관한 오기섭의 이론을 공격하였다. 김일성의 비판은 이전에 주녕하가 비판하였던 내용과 기본적으로 동일하였다.[63] 김일성은 당과 직업동맹에서는 '직맹사업에 대한 오기섭의 그릇된 이론을 비판하는 결정서를 채택하여 하급단체들에 내려보내도록' 지시하였다.[64]

그렇다면, 오기섭의 글이 출판된 지 꽤 많은 시간이 흐른 후, 왜 주녕하가 1947년 2월에, 그리고 연달아 김일성이 3월에 오기섭의 직맹 이론을 공격하였을까? 필자는 주녕하와 김일성이 오기섭의 직맹에 관한 이론을 공격한 진짜 이유는 다른 곳에 있었다고 생각한다. 즉 직맹문제는 당시의 상황에서 당·국가건설에 필요한 노력勞力 자원을 최대껏 동원하여 1947년도 인민경제계획을 완수하는 문제와 직접적인 관련이 있었다. 혹시 직맹이 노동자의 이익을 대변한답시고 당과 정부의 노력 추출抽出 계획에 반대하거나 지장을 준다면 큰일이었다.

이 직맹문제를 북한에서의 국가건설이라는 큰 맥락에서 보다 정확히 이해할 수 있도록 당시의 상황을 잠깐 되돌이켜 보자. 김일성은 1946년 3월부터 10월에 걸쳐 '민주개혁'을 수행함으로써 북한의 사회·경제적 구조를 개조하고, 이를 바탕으로 선거를 통해 '인민'의 지지를 획득하였다. 그리고 선거에서의 승리를 바탕으로 '민주개혁'을 통해 도입한 새로운 제도를 '법적으로 공고화' 할 수 있게 되었다. 그러나 국가건설을 위해서는 법적·제도적 토대뿐만 아니라 튼튼한 '물적物的 토대'도 필요하였다. 이제 당·국가 건설에 필요한 자원, 특히 경제적인 자원을 최대껏 동원하고 추출하는 것이 필요하였다. 이 목적을 달성하기 위해 '1947년도 인민경제계획'이 수립되고, 이 인민경제계획을 완수하기 위해 인적·물적 자원을 총동원하는 <건국사상동원운동>이 1946년 12월초부터 시작되었다.65) 국가건설을 위한 이러한 중요한 과업을 앞에 두고 있는데, 만일 직맹이 노동자들을 잘못 선동하여 인민경제 계획숫자를 채워나가는 데 차질이라도 생긴다면 이는 큰 문제가 될 터이었다.

이러한 큰 흐름 속에서 1946년 11월 28일에 북로당 제3차 중앙확대위원회가 열렸고, 이번 회의는 '선거승리의 경험과 교훈을 살려 생산부흥과 당내교양을 가강加强하자'는 취지의 결론을 내리는 회의였다.66)이 회의에서 특히 강조된 내용은 '생산부흥'에 관한 것이었다. 따라서 오기섭의 직맹에 대한 '잘못된' 이론이 크게 문제가 된 것은 당연하였다. 1946년 12월에 들어 건국사상동원운동에 관련된 보도와 사설이 ≪로동신문≫의 지면을 채우기 시작하였다. 그리고 건국사상동원운동은 구체적으로 농업부문에서는 <김제원애국미헌납운동>으로,67) 그리고 산업부문에서는 <김회일(채탄돌격)운동>으로 나타났다.68) 북조선임시인민위원회 산업국에서는 1946년 12월 1일부터 3일간 제3차 '각도 산업부장 및 국영기업장 책임자회의'를 개최하였다. 김두봉이 대독한 훈시를 통해 김일성은 '건국사상을 고도로 발양하여 경제건설의 난관을 극복하라'고 지시하였다.69) 1946년 12월 4일자 ≪로동신문≫의 사설은 '산업발전 문제에 대하여'였는데, 이는 산업발전 문제에 대한 사설로서는 처음이었다.70)

1947년 1월 24일 북조선임시인민위원회는 노동부를 노동국으로 승격시키고 오기섭을 국장으로 임명하였다.71) 1947년 1월 26일자 ≪로동신문≫ 사설은 '직업동맹의 사업을 강화하자'였는데, 직업동맹이 '노동자 및 사무원들의 조직체이라는 것만 빙자하여 국영공장이나 사회단체의 기관임에도 불구하고 그 공장의 지배인이나 그 단체의 지도자들과 대립적으로 나아가는 옳지 못한 경향조차 있다'고 경고하고 있다.72) 북조선직업총동맹 평안남도연맹은 1월 31자로 산하 각 공장과 직장에 면리(面里)인민위원회 선거에 적극 참가하고 이 선거를 증산운동과 결부시

켜 '강력한 증산운동을 전개'하도록 지시하였다.[73]

1947년 2월 9일에 개최되었던 '도·시·군 인민위원회 대회'에서 김일성은 '1947년 인민경제계획'을 제시하였다. 이는 북한의 당·국가의 '물질적인 기반'을 놓는 일이었다. 당시 북한은 자본과 기술이 모두 부족하였고, 무역부문의 역할도 한계가 있었다. 따라서 국가건설자들은 우선적으로 노동자들로부터 가능한 한 많은 노동 자원을 추출해 내는 일이 시급하였다. 이런 맥락에서 볼 때, 김일성은 노동에 관한 오기섭의 주장이 노동자들로부터의 노력을 추출해 내는 데 나쁜 영향을 끼치는 것을 경계하지 않을 수 없었던 셈이다.

1947년 2월 12~13일에 개최된 '제3차 각도 노동부장·과장회의'에서 북조선임시인민위원회 노동국장 오기섭은 사업보고를 하였는데, '직업동맹은 노동행정에 절대적으로 협력을 해야 할 것을 요구'하였다.[74] 김일성은 1947년 5월 29일에 열렸던 북로당 중앙위원회 상무위원회 회의에서 직맹의 기구를 개편하고 선거를 통하여 직맹의 간부의 구성을 개선하려는 의도를 나타내었다. 그는 직맹의 간부대열에서 농민과 지식인들을 축출하고 대신 노동자를 배치코자 하였다.[75]

1948년 3월 27~30일에 북로당 제2차 전당대회가 개최되었다. 김일성은 어김없이 오기섭과 다른 국내파 공산주의자들에 대한 공격을 재개하였다. 김일성은 종파주의, 개인 영웅주의, 자유주의적 경향, 지방 할거주의, 정실주의 등을 그 어느 때보다도 강하게 비난하였다. 김일성은 오기섭과 다른 국내파 공산주의자들을 심지어 '천상천하 유아독존'의 생활 습성에 젖은 '우물 안의 개구리들'에 비유하였다.[76]

오기섭과 다른 국내파 공산주의자들에 대한 직접적인 공격은 소련파인 한일무韓一武와 김열金烈이 담당하였다. 한일무는 오기섭, 정달헌鄭達憲(이상 북한 국내파), 최용달, 이강국李康國(남한 국내파)이 그들의 종파주의적 행위에 대해 자기비판을 하도록 요구하였다.[77] 오기섭과 정달헌의 소위 종파주의, 좌경 및 우경주의적 경향, 영웅주의 등에 대한 가장 심한 공격은 소련파 공산주의자 김열로부터 나왔다.[78]

오기섭은 다시 한번 복종하였다. 오기섭은 서울에 있는 공산당 중앙에 대한 자신의 지지와 같은 자신의 과오를 열거하고 그는 '정중지와'井中之蛙(우물 안의 개구리)격으로 당시의 상황을 잘못 평가하였으며, 자신의 소부르조아 급진적 조급성과 분파사항의 잔재가 깨끗이 청소되지 못하였다는 것을 자아비판 하였다. 오기섭은 자신이 북부조선분국의 제4차 확대집행위원회의 결정을 사상적으로 받아들이지 않고 형식적으로 받아들였으며, 그 때문에 4차 확대집행위원회 이후에도 계속하여 직맹에 관해 과오를 저질렀다고 고백하였다.[79]

북로당 제2차 전당대회에서 공격을 당하자 과감하게 반격을 시도한 사람은 최용달이었다.[80] 최용달은 남한 국내파 출신이었으나 1945년 11월에 이미 월북하여[81] 5도행정국에서 사법국 부국장,[82] 북조선임시인민위원회에서 사법국 부국장,[83] 국장, 그리고 북조선인민위원회에서 사법국장, 그리고 북로당 제1차 중앙검열위원회 상무위원[84]을 지낸 인물로서, 이러한 경력은 남한 국내파 출신으로서는 매우 이례적인 것이었다.[85]

전혀 예기치 못한 최용달의 과감한 반격은 전당대회가 계획된 토론 스케줄을 변경해야 할만큼 심각한 것이었다. 사태가 이렇게 되자, 실세實勢인 허가이許哥而가 등단하여 오기섭, 최용달, 이순근李舜根(국내파), 장시우張時雨(국내파) 등을 맹렬히 공격하였다. 허가이는 그들은 아직도 비당적 행동과 옳지 못한 사상을 완전히 청산하지 못하였으며, 오기섭은 자아비판을 한다 하면서도 자기자신의 입장을 견지하려고 자기 위신을 보장하기 위해 노력하고 있다고 비판하였다.[86] 주녕하가 공격에 가담하였다.[87]

오기섭, 최용달 등이 당시의 두 명의 실세로부터 맹렬한 공격을 받자, 오기섭의 최측근 지지자 중의 하나인 정달헌은 무조건 항복하기로 결정

하고 그의 모든 과오를 인정하였다.[88] 또 다른 국내파 공산주의자인 장
순명張順明도 김일성에게 무조건 복종하기로 작정하고, 자신의 종파주의
적 경향은 '쉽게 청산되지 않으며, 아마 죽어야 청산될 것'이라고까지
자아비판을 하였다.[89]

토론을 총결하면서 김일성은 특히 오기섭과 최용달을 사정없이 비판
하였다. 예컨대, 김일성은 '작난[장난]을 많이 하였다'와 같은 매우 경멸
적인 표현을 사용하여 오기섭을 비난하였고, 최용달에 대해서는 '전연
계급적 각성이 없고 당을 존종히 여기기 않고, 또한 친일파들과 가까운
표현을 많이 하였다'고 비난하였다.[90] 당시의 상황에서 '친일파'를 들먹
인다는 것은 앞으로 언젠가 닥쳐올 최용달의 정치적 숙청을 의미하였다.

왜 김일성은 제2차 전당대회에서 오기섭을 또 한번 죽이려고 하였을
까? 물론 오기섭은 김일성에 도전하고 그에게 반대하면 어떤 값을 치르
게 되는가를 교훈적으로 보여 주는 좋은 시범 케이스였음에 틀림없었
다. 김일성이 오기섭과 정달헌을 공격할 때 김일성은 그들이 새로 저지
른 과오가 아닌, 이미 여러 번 과거에 공격한 과오를 또 다시 들추어
내어 공격한 것 자체는 특별히 새삼스런 것은 아니었지만, 이번의 공격
은 왜 또 그렇게 무자비 하였을까?

더욱 의미심장한 것은, 김일성그룹이 최용달을 왜 그렇게 무지막지하
게 공격하였으며, 왜 또 이강국이 이제 공격을 받기 시작하는 것일까?
그리고 왜 또 김일성그룹은 장시우, 이순근, 장순명과 같은 국내파 공산
주의자들도 함께 공격하였을까? 남한에서 월북한 최용달이나 이강국이
공식적인 당대회에서 이번처럼 자아비판 하도록 공격당한 적은 이전에
는 한 번도 없었던 일이었다.

북로당 제2차 전당대회에서 소련파 한일무가 이강국의 종파주의를
공격한 내용을 보면, 한일무의 공격의 목표는 결국 '서울', 즉 박헌영이
라는 것을 말해 준다.[91] 박헌영이 궁극적인 과녁이라는 것은 김일성 자

신의 공격에서 명백히 드러난다. 김일성은 어떤 당기관들이 '홍원 사람'이나 '서울 사람'들만을 충원하고 있다고 비난하였다. 함경남도 홍원은 오기섭과 정달헌의 고향이며, 서울 출신은 물론 박헌영 지지자, 특히 최용달과 이강국을 의미하였다. 김일성은 오기섭과 박헌영 지지자들을 '과거에 있어서는 공산주의자들의 활동이 홍원, 서울식으로 지방 지방에 고립적으로 생기고' 또 '유아독존식으로 제 이론이 제일 좋고 제가 수령인 양하고 사업하였다'고 비난하였다. 김일성은 또한 '남조선에서 온 동무들은 남북로동당간에 이간행동을 취하고 자기와 친한 사람들이 남조선에 있고 자기도 과거 콩그룹이니까 한자리 있지 하는 태도를 가지고 있는데 이것은 어리석은 생각'이며, '지금 38선 때문에 당이 둘로 되었지만 북로당은 한 개의 당이며 북로당에서 쫓겨나간 자가 남조선에서 용납될 수는 절대 없다'고 경고하였다.92)

김일성이 의도적으로 오기섭을 박헌영에 연계시켜 양자를 함께 묶어 공격하였다는 것은 의미심장한 일이다. 김일성의 진정한 의도는 박헌영과 그의 추종자들에게 앞으로 종파주의적 행동과 같은 짓을 하면 오기섭처럼 된다는 것을 경고하는 것이었는데, 오기섭과 그의 추종자들이 그러한 목적을 위해 도구로써 이용되었던 것이다. 다시 말해서, 북로당 제2차 전당대회는 김일성이 박헌영그룹에게 장차 어떠한 도전도 아예 생각지 못하도록 예방적인 차원에서 경고를 주는 장場으로 이용되었던 것이다.

북로당 제2차 전당대회에서의 김일성의 행동의 특징은 '당근'과 '채찍'의 동시 사용이었다. 김일성은 그의 반대자들을 무자비하게 단죄하였으나, 동시에 그들에게 상징적인 혜택을 통한 관용을 보여주면서, 자신은 '폭력을 사용할 수 있지만 그렇게 하고 있지 않다'는 것을 의도적으로 보여 주었다.93) 김일성은 오기섭에게 채찍을 가한 후, 이제 '누구나 한 번 잘못은 다 있는 것'이며 장차 '오기섭 동무에 대한 기대가 크다'는 식으로 당근을 제공하였다. 그는 심지어 오기섭은 '과거 일제와 가장 열렬히 싸운 동무'라고 칭찬까지 하면서, '출당 당할 일까지 한 것'도 너그럽게 보아주어서 오기섭에게 '중한 책임'을 맡기고 있다고 당근을 제공하였다. 나중에 북로당 중앙위원회 선거를 할 때, 김일성은 비판의 목적은 오기섭을 '버리기 위한 것이 아니고 그를 더욱 격려하여 살리기 위한 것'이라고 말하였다.[94] 그리고 오기섭은 북로당 제2차 전당대회에서 67명 중 42번째로 중앙위원회 위원으로 재선되었다.[95] 오기섭은 김일성의 고도의 계산된 관용의 쇼케이스였던 것이다.

왜 김일성은 희망이라고는 한치도 없는 오기섭에게 그렇게 잔인한 공격을 퍼부은 다음에 또 그렇게 관용을 베풀었을까? 김일성은 오기섭에 대한 공격을 이용하여 박헌영에게 예방적 경고를 하려는 그의 계산된 목표를 달성하고, 관용을 베풀어 보임으로써 오기섭과 그의 추종자들이 혹시라도 박헌영에게 넘어가는 것을 막고자 하였을 것이다. 이러한 계산은 1949년 6월 30일 북로당과 남조선로동당(이하 '남로당'으로 칭함)이 조선로동당으로 합당할 때 그가 오기섭과 박헌영 측근인 이주하李舟河에 대해 다시 한번 당근과 채찍 전술을 사용한 경우에도 그대로 해당하였다.[96] 김일성은 이제 자신이 전全조선에서 단일 공산당을 조직하고 당내에서 '단일적 지도력'을 확립하게 되었지만, 국내파 공산주의자들이 혹시라도 자신의 권위에 도전하고, 또 그들이 박헌영 편으로 넘어갈 가능성을 미리 차단하고자 하였던 것이다.

3. 김일성 대 박헌영

새로운 당·국가를 건설하는 데 있어서 서울에 있는 박헌영의 생각과 이익은 북한의 김일성과 소련점령군 당국의 생각 및 이익과 동일할 수는 없었다. 그러나 남한에서의 박헌영의 운명은 미군정의 정책에 달려 있었고, 미국의 정책은 남한에서 공산주의자들의 활동을 억제하는 것이었다. 따라서 박헌영은 북한에 있는 소련점령군 당국과 김일성의 지시와 원조에 점점 의존할 수밖에 없었다.

박헌영은 해방 직후 조선공산당 재건에 바로 착수하고, 9월초에는 자신의 위임장을 휴대한 '전권위원'들을 황해도, 평안남도, 평양시 및 기타 군 등 북한지역에 파견하여 당을 조직, 정비하여 서울 중앙당 지도하의 통일적인 공산당의 재건을 추진하고 있었다. 레베제프에 의하면 '비교적 규모가 큰 북한의 당위원회들에는 대부분 서울 중앙에서 대표가 파견되었다.97)

당시 박헌영은 조선공산당 중앙위원회 총비서로서 명목적인 권위는 있었지만,98) 이미 위에서 살펴 보았듯이, 서북5도당대회에서 김일성이 당규약 제정, 당중 인쇄, 전조선당대회 소집 등을 거론함으로써 조선공산주의 운동에서 이니셔티브를 취하기 시작하는 모습을 보였다.99) 당규약은 당의 조직체계와 재정적인 문제뿐만 아니라 당원의 자격, 의무, 입당과정 등과 같은 당중에 관한 제반 규정을 포함하고 있었다. 이러한 여러 문제에 대한 김일성의 제안은 만장일치로 통과되었다.100) 이제 서울이 평양을 돕는 것이 아니라, 평양이 서울을 도와야 되는 상황이었고, 이것이 박헌영이 활동해야 하는 구조적 상황조건이었다.

김일성은 서북5도당대회에서 당대회는 국제 형제당, 즉 무엇보다도 소련공산당과 북한에 있는 소련점령군 당국의 지지를 받는 당대회가 되어야 할 것이라고 말함으로써 조선공산주의 운동에서 자신의 지위를 과시하는 것을 잊지 않았다. 달리 말해, 김일성은 북한에서 소련군이 조성해준 소위 '유리한 조건'을 이용하여 해방된 조선 공산주의운동에서 주도권을 잡을 수 있는 기회를 하나 하나 포착해 가고 있었다.

당시 소련점령군 당국은 박헌영 등의 국내파 공산주의자들에 대해 매우 부정적인 평가를 내리고 있었다. 소련점령군 당국은 박헌영을 조선공산당의 중앙당이라기보다는 하나의 '파벌'로서 인식하고 있었고, 박헌영의 활동이 많은 오류와 결함을 표출하고 있다고 생각하였다.[101] 따라서 당시 북한에서 정치분야를 책임지고 있던 레베제프는 서울의 중앙당과 관계없이 북한에 당조직을 만들되, 나중에 남북 공산당 조직이 합치는 한이 있어도 우선 북한에 따로 하나 만들어야 한다고 주장하였다.[102]

결국 박헌영은 1945년 10월 23일자로 서북5도당대회에서의 조선공산당 북부조선분국의 설립에 대한 결정을 승인하고, 11월에 들어서는 '중앙의 지도와 연락의 중계기관으로 또는 보다 더 정치 행동을 효과적으로 하기 위하여 북부조선 각도 책임자와 열성자는 중앙지도하에서 조선공산당 북부조선분국을 조직하야 지도하도록 결정'하니, '북부조선 각도 당부에서는 북부조선분국의 지도와 지령을 준수'하도록 지시하고 있다.[103]

1945년 12월 27일에 발표된 모스크바 삼상회의에 의해 조선의 신탁통치가 결정되었지만, 내심으로는 한반도에서 북한만을 차지하여 친소정부를 세우겠다는 소련의 정책이 구체화되자,[104] 이제 공산주의 운동 내에서의 권력 구조와 공산주의자들과 민족주의자들 사이의 관계에 근본적인 변화가 생기기 시작하였다. 우선, 서울에 있는 조선공산당 중앙당과 진보주의적 정당들과 단체들은 소련의 지시를 따라야 하였다. '신탁통치가 김일성을 살리고 박헌영을 죽였다'는 세간의 유행어처럼, 신탁통치문제는 김일성과 박헌영의 권력 싸움에서 일대 분수령을 이루었다.[105] 나중에 살펴보겠지만, 신탁통치문제는 박헌영뿐만 아니라 민족주의자 조만식도 죽이고 말았다. 신탁통치문제는 당내·외에서 최대의 경쟁자들을 없애거나 무력화시키는 일석이조의 기회를 김일성에게 제공하였던 셈이다.

박헌영은 1945년 12월 28일 신탁통치에 대한 소련의 입장을 알아보고, 행동 지침을 받기 위해 38선을 넘어 평양에 갔다가 1946년 1월 2일 서울에 돌아와 모스크바 결정에 대한 지지를 발표하였다.106) 김일성과의 회동에서 합의한 중요한 사항은 김일성이 남한에 있는 중앙당에 재정적 지원을 해 주고, 양측간에 통신 채널을 확립한다는 것이었다.107) 박헌영이 재정적으로 김일성에게 의존하게 되었다는 것은 앞으로의 김일성의 승리와 박헌영의 패배를 예고하는 것이었고, 양측간의 통신 채널은 남한에서의 박헌영의 활동에 대한 김일성의 직접적인 개입을 보장해 줄 터이었다.

박헌영은 1946년 10월 6일 월북한 이후, 망명 상태에서 평양으로부터 남로당을 운영하고 있었다. 비록 김일성의 힘이 박헌영에 비해 압도적이었고 박헌영은 남로당을 운영하는데 김일성의 재정적 지원에 의존하고 있었지만, 두 지도자들은 공식적으로는 각각 독립적인 조직을 운영하고 있었다. 쉬띄꼬프는 북로당과 남로당이 '업무상 긴밀한 협력관계를 형성하도록 상당한 주의를 기울'였고, 이러한 상황에서 박헌영은 남로당과 북로당의 단일한 비합법적 중앙을 창설할 것을 제기하였고, 김일성도 양 노동당의 통합중앙위원회 창설에 동의하기도 하였다. 그래서 1947년 1월 4일에는 쉬띄꼬프, 치스쨔꼬프, 로마넨꼬, 김일성의 4자 회담에서 이 문제가 제기되기도 하였으나, 최고지도자의 선정 문제에 막혀 남북로동당 통합문제는 보류돼었다.108)

박헌영의 월북 당시 북한에서 특히 국내파들에게는 박헌영의 명성과 위상이 생각보다 대단했다는 것을 나타내 주는 증거는 김용범이 ≪로동신문≫ 1946년 11월 13일자에 쓴 '남조선 민주운동의 지도자 박헌영선생'이라는 장문의 글이다. 그는 이 글에서 조선공산당 역사와 조선혁명운동 역사, 그리고 민족 독립을 위한 조선인민의 투쟁역사가 '진정한 애국자 박헌영선생'의 활동과 관련되어 있다고 하면서, 박헌영의 일제

시대의 활동을 중심으로 그를 찬양하면서, '조선인민은 그를 사랑하며 아낀다'고 적고 있다.109)

이미 위에서 살펴보았듯이, 1948년 3월 27～30일의 북로당 제2차 전당대회 때까지 해서는 북한공산당내의 모든 경쟁세력들은 실질적으로 분쇄되었거나 무력화 되었다. 따라서 북로당 제2차 전당대회 현재, 김일성에게 조금이라도 한번 도전할 수 있는 그룹이 있다면, 그것은 박헌영 그룹 뿐이었다. 이러한 상황하에서 김일성이 이미 날개가 꺾인지 오래된 북한의 국내파 공산주의자들과 남한출신 공산주의자들을 공격한 것은 실제로는 박헌영에 대한 공격을 의미하였다. 아래에서 살펴보겠지만, 북로당 제2차 전당대회의 시점은 김일성측이 고도의 계산 하에 전략적으로 결정한 시점이기도 하였다.

김일성으로서는 북로당 제2차 전당대회에서 남한출신 공산주의자들이 개시할 지도 모르는 도전에 대비하여야 할 또 다른 이유가 있었다. 당시 수많은 저명한 남한 공산주의자들과 사회주의자들이 이미 월북하였거나 1개월 내에 월북할 계획을 가지고 있었다. 즉 1948년 4월에 평양에서 개최될 '남북조선 제정당 사회단체 대표자 연석회의' 참석차, 많은 남한 공산주의 지도자와 사회주의 지도자들이 점점 심해지는 미군정의 탄압을 피해 월북하려는 계획을 가지고 있었던 것이다.110) 이런 모든 것 때문에 북로당 제2차 전당대회는 긴장감이 팽팽한 분위기에서 개최되었고, 김일성은 장차 박헌영그룹으로부터의 어떠한 도전에도 대비하는 차원에서 예방적 공격을 감행하였던 것이다.

김일성의 박헌영에 대한 공격은 북로당 제2차 전당대회에서 계획대로 진행되었다. 이미 위에서 설명한 장시우, 장순명, 이순근에 대한 공격은 최용달과 이강국에 대한 공격이 '표적 공격'이라는 것이 너무 쉽게 눈에 띄지 않도록 하기 위한 '위장 공격'으로 해석할 수 있다. 박헌영을 드러내 놓고 공격을 할 시기는 아직 아니었다. 상기 3인은 국내파이긴 하지만 최용달이나 이강국처럼 박헌영의 측근은 아니었다.111) 따라서 그들은 최용달과 이강국을 공격하고 궁극적으로는 박헌영을 공격하기 위한 일종의 '위장 공격의 미끼'로 쓰였다고 볼 수 있다. 장시우, 장순명, 이순근 3인 모두 북로당 제2차 전당대회 최종일 중앙위원회에 재선된 것을 보면,112) 이러한 해석은 더욱 설득력을 얻게 된다. 물론 상기 3인의 북로당 중앙위원회의 재선은 장차 그들이 박헌영에게로 넘어가는 것을 예방하려는 의도도 그 속에 숨어 있었다.

오기섭의 측근인 정달헌과 박헌영의 측근인 최용달과 이강국의 경우는 장시우, 장순명, 이순근의 경우와는 매우 대조적이었다. 정달헌은 함경남도당 위원장, 평남도 인민위원회 위원장, 평안북도 인민위원회 위원장을 지냈음에도 불구하고, 북로당 창립대회나 제2차 전당대회에서 중앙위원회에 선출된 적이 없었다. 일찍이 1945년 11월에 월북하여 행정기관에서 고위직을 연이어 맡았던 최용달도 결코 북로당 중앙위원회에 선출된 적이 없었다. 남조선민주주의 민족통일전선 사무국장과 북조선임시인민위원회 및 북조선인민위원회의 외무국장의 직을 맡았던 이강국도 마찬가지로 북로당 중앙위원회에 선출되어 본 적이 없었다.

1948년 9월 9일 최고인민회의는 조선민주주의인민공화국 내각을 구성하였는데, 김일성은 수상이 되었고, 박헌영은 부수상겸 외무상으로 선출되었다. 최용달과 이강국은 박헌영의 강력한 후원이 있었는데도 새로 탄생한 내각에 입각하지 못하였다.113) 이유는 이들이 박헌영의 최측근들이었기 때문이었다.114)

1949년 6월 30일 북로당과 남로당은 공식적으로 합당하여 '조선로동당'을 창당하였다. 북로당과 남로당 중앙위원회 연합전원회의에서 내린 결론에서 김일성은 '사상 의지적 통일'을 강조하고 어떠한 '종파주의적' 행위에 대해 경고하였다. 그는 조선로동당은 '단일한 정당'임을 선언하였다.115) 김일성은 이 합당대회에서도 당근과 채찍의 수법을 또 다시

사용하였다. 이번 대상은 오기섭과 이주하였다. 이주하는 유명한 박헌영 추종자였다.116)

1949년 7월 1일 현재, 조선로동당의 정치위원회와 조직위원회의 구성을 보면, 북한 국내파 공산주의자는 단 한 명도 없다.117) 이는 남한 국내파들이 합당을 통해 북로당에 입당할 때까지 모든 북한 국내파는 이미 정치적인 숙청을 당한 다음이었고, 따라서 남북 국내파 사이의 어떠한 연계도 불가능하도록 사전에 완벽히 격리시켜 놓았다는 것을 의미한다.

이제 조선공산주의 운동에서 하나의 단일 당을 이루었기 때문에 당내에서 어떤 파벌정치가 당장 문제되지는 않았다. 김일성도 한국전쟁 발발 전까지 해서는 어떤 사람의 과거의 과오를 더 이상 공격하지 않았던 것으로 보인다. 그러나 허가이가 공식적으로는 박헌영보다 당내 서열이 낮았음에도 불구하고 북한의 출판물에 허가이의 연설이 박헌영의 연설보다 먼저 실려 있는 것을 보면,118) 바야흐로 시대는 국내파 공산주의자들의 것이 아니요, 만주 빨치산파와 소련파의 시대였던 것이다.

4. 김일성 대 조만식

국가(정부)기구의 건설과 장악을 중심으로 이루어진 조만식과 김일성과의 권력투쟁의 기간은 해방직후 초기 5~6개월간이었다. 평양은 전통적으로 민족주의자들의 세력이 강한 곳이었다. 평양과 평안남도가 북한에서 차지하고 있는 위치는 '38도 이북에서 평양문제는 평남문제이며 평남문제 해결은 북부조선문제 해결'이라는 오기섭의 표현에 잘 나타나 있다.119) 그런데 소련군이 평양에 진주할 때, 평양은 소위 '조만식의 세상'이었다. 소련점령군 당국은 일단 조만식을 '영입'하는데 나름대로 성

공하였고, 조만식과 소련민정청과의 관계는 상호간에 일단 '함께 일할
수 있는' 관계였던 것으로 보인다.

조만식은 치스짜꼬프와의 첫 만남에서 '소련군은 해방군인가, 아니면
점령군인가'를 물었고, 치스짜꼬프는 '소련군이 온 목적은 조선해방'이
라고 대답하였다고 한다.[120] 조만식은 레베제프를 만나 '해방 직후 평양
의 정치·경제·사회상황 등을 상세히 설명'하고 기본정치노선은 '민
주주의'여야 하고 '자본주의'에 입각한 경제제도를 채택해야 하며, '자
주 독립국가'의 건설로써 피압박민족의 한恨을 풀어야 하며, '언론, 집
회, 결사의 자유의 보장'을 강조하였다고 한다.[121]

소련은 당시 북한에 소비에트정권을 수립하는 것보다는 '반일적 민
주주의 정당 및 사회단체와의 광범한 동맹에 기초한 부르조아민주주의
정권'의 수립을 바람직한 것으로 판단하고, 민족주의자들과의 세력 연
합을 추구하였다. 소련은 민족주의 세력과의 연합을 위해 조만식과 함
께 일을 하면서 '원만한 관계를 유지'했지만,[122] 조만식의 명확하지 못
한 태도 때문에 1945년 12월 25일 현재까지도 '조만식의 소련에 대한
정치적 입장이 아직 확정되지 않았다'고 평가하였다.[123]

조만식은 처음에 소련에 대해 일종의 희망을 가졌던 것으로 보인다.
예컨대, 조만식이 1945년 12월에 남한점령 미군사령관 하지에게 보낸
밀서를 보면, 조만식은 '북한에서 공산주의는 문제가 되지 않을 것이고,
북한 주민은 소련의 점령으로 치유될 것'이라고 언급한 후, '미군정이
남한에서 혁명을 부추기고 싶지 않다면, 조심해야 할 것'이라고 오히려
하지장군에게 '경고' 하고 있다.[124] 조만식이 의미한 바는 '소련군정이
북한에서 나름대로의 적절한 개혁을 수행하여 북한주민들은 소련군의
정책에 만족하고 있다'는 것이었다.

조만식은 아마도 북한에서의 소련군의 의도를 '정직'한 것으로 해석
하였던 것으로 보인다. 소련군은 조선을 점령하여 통치하려는 것이 아

니라 '해방'하는 것이 목적이라고 선언한 터였다. 더구나 남한에서는 미
군정이 조선인들 사이에서 자발적으로 생겨난 인민위원회와 같은 자치
조직들을 부정한데 반하여, 북한에서는 소련군이 조선인들의 자치조직
들을 인정하였던 것인데, 이는 조만식으로 하여금 소련의 의도에 대해
조금은 희망적으로 생각하게끔 하였던 것으로 보인다.[125] 소련점령군
당국이 당시 북한에서 내세웠던 '민족통일전선'와 '부르조아민주주의
혁명'은 최소한 명목상으로는 조만식의 정치노선과 일치하고 있었다.

　당시 북한에서 소련군만이 변화를 추구하는 유일한 세력은 아니었다.
조만식 진영에 있는 사람들도 당시 개혁의 필요성을 절감하고 있었
다.[126] 사회 전체적으로 구석구석 모든 분야에서 개혁을 요구하는 압력
이 급증하고 있었다. 예컨대, 실업자들과 노동자들은 1945년 8월 29일
평양에서 집회를 갖고 8시간 노동제, 실업 보험, 언론·출판·결사의
절대적인 자유, 소년노동의 금지, 의료서비스의 국가운영, 18세 이상 남
녀의 선거권과 같은 개혁적인 요구들을 내어놓았다.[127] 한마디로 당시
의 상황은 소위 정치가라면 그 누구도 개혁의 목소리에 귀를 틀어막고
있을 수 없는 상황이었다.

　공산당과 소련점령군 당국은 '우리는 조만식 영감을 다소간 생각이
있는 영감이라고 보았기 때문에 건국사업에 협력을 요청했던 것'이고,
물론 조만식이 '계급적 본질로 보아서 때때로 동요하는 태도가 있었던
것은 사실'이었으나, 공산당과 소련점령군 당국은 그가 '큰 방향에 배반
되지 않는 한에 있어서 양보하기를 겁내지 않았고 오직 그가 대국大局에
눈을 떠서 반성함이 있기를 요망했던 것이며 노력했던 것'이고,[128] 조만
식은 '조선의 해방을 가져온 붉은 군대 및 소련 인민들에게 감사를 드리
며 친선을 맹세한다'고 하였다고 하는 것을 보면,[129] 이는 조만식이 신
탁통치문제로 실각한 이후에 나온 표현들이므로 문자 그대로 받아들이
기는 어렵다 할지라도, 조만식과 소련점령군 당국간에는 서로 '함께 일

할 수 있는' 관계였던 것은 틀림없어 보인다.

당시 조만식의 행위를 이해하기 위해서는 그의 생각(신념가치 체계), 이익, 그리고 권력기반 및 자원, 그리고 전략을 자세히 살펴볼 필요가 있다. 우선 조만식은 어떠한 사회・경제체제를 원하였는가? 조만식은, 간단히 말해, 자산계급에 기초한 기존의 자본주의체제를 제한된 개선과 개혁만을 한 채 존속시키고자 하였다. 그는 소작인과 지주간의 소출 분배 비율에 대해, 소작인들과 당시 공산당이 과도기에 있어서 가장 적합한 비율이라고 주장한 '3・7제'를 반대하고, 대신 지주들이 더 많은 소출을 받는 '4・6제'를 주장한 것으로 알려져 있다.130) 조만식이 주장한 '4・6제'는 '3・7제', 그리고 보다 급진적인 안案인 '2・8제' 혹은 '무상몰수 무상분배'와는 큰 대조를 이루었다.

조선공산당 북부조선분국의 기관지인 ≪정로正路≫ 창간호는 조만식이 위원장으로 있는 평남도 인민정치위원회가 1945년 10월 23일에 발표한 '소작에 관한 규정 세칙'은 '종래 지주의 착취방법을 기술적으로 합리화시키는 반동적 규정'이라고 비난하는 기사를 싣고 있다. 이 세칙은 '지주의 이익을 옹호하는 입장에서 농민의 무지를 이용하여 타협적, 기술적으로 착취형태를 바꾸는 방법'이며 '철두철미 지주본위의 소작조령'條令이라는 것이다.131)

조만식이 처음부터 자산계급의 이익을 옹호하였다는 증거는 많다. 예컨대, 1945년 8월 26일 평남도 인민정치위원회를 조직하는 회의에서 조만식은 자본주의를 옹호하였고,132) 며칠 후인 8월 30일에 있었던 평남도 인민정치위원회 후원 소련군 환영대회에서도 자본주의를 옹호하였다.133) 조만식의 가장 확실한 권력기반은 평안도지방의 기독교들134) 외에 지주와 자본가 등의 자산계급이었다.

이러한 상황 하에서 1945년 11월 3일 조만식과 그의 추종자들은 '조선민주당'을 창당하였다. 조선민주당의 '선언'은 '확고한 민족적 자각과 열렬한 애국정신' 하에 사회 전체의 대동단결을 이루고, 중앙정부를 수립하되, '대중을 본위로한 민주주의 정체로서의 자주 독립국가의 수립'을 주장하였다. 조선민주당은 중앙정부의 수립에 있어서 '목적과 취지가 같은 단체'와는 협력을 명백히 하였다.[135] 따라서 당시 소련군점령군과 김일성그룹이 공히 민족의 단결과 민족통일전선을 주장하고 있었으므로 조만식의 조선민주당은 소련군점령군 및 김일성의 공산당과 협조할 수 있는 여지가 있었다고 하겠다.

조선민주당은 또한 6개 '강령'을 발표하였다. 강령은 민주공화국의 수립, 전민족의 복리 증진, 민족문화의 앙양, 사회 각계 '유지'有志 결합(연합), '전민족의 통일', 소련과 기타 민주주의 국가들과의 친선 모도 등을 포함하였다. 물론 여기서 '유지'는 자산계급을 의미하였다.[136]

조선민주당은 또한 12개 '정책'을 내세웠다.[137] 조선민주당의 정책을 종합적으로 분석해 보면, 조선민주당은 '자작농', '산업 자본' 및 '상업 자본'에 기반을 둔 '의회제도'를 수립하고자 하였다는 것을 알 수 있다. 농업분야에서의 개혁은 소작제도의 개선에 국한되었지, 결코 소작제도의 폐지가 아니었다. 조선민주당은 노동개혁에 대한 점증하는 요구에 대해 산업노동 분야에서 몇 가지 요구를 수용하였지만, 예컨대, 노사간의 화합으로 '중단 없는 생산'을 강조한 것은 당시 민족경제의 회복을 강조한 것이기도 하지만, 역시 공장주의 이익을 중시한 하나의 예로써 이해할 수 있을 것이다. 환원하면, 기존의 체제는 존속되어야 하고, 불가피한 개혁은 '부르조아민주주의' 틀 내에서 이루어져야 한다는 입장이었다.[138]

요약하면, 조선민주당은 제한된 범위의 개혁을 통한 기존 체제의 존속을 주장하였고, 자산계급을 바탕으로 한 의회제 민주공화국을 수립하고자 하였다. 또한 조선민주당은 사회 각계의 '유지'들의 세력 연합을 주장함으로써 자신의 정치성향을 드러내었다. 조선민주당이 주장한 소작제도, 복지, 보험, 노동임금에 있어서의 개선은 기본적으로 개혁적인 성향의 것이었지 혁명적인 성격의 것은 아니었다. 조선민주당의 선언, 강령, 정책에서 사용한 용어들은 '민족', '국민', '대중'이었지, '인민', '노동자', '농민', '근로 인테리'는 아니었다. 후자의 용어는 조선민주당 창당시 문건에는 어디에도 보이지 않는다. 단지 조선민주당 규약은 '민족반역자로 인정되지 않는 자'에게만 당원 자격을 부여하고 있다.139) 이 규정은 '민족통일전선'에의 참여와 공산당과의 세력 연합을 가능케 하는 최소한의 조건이었다고 하겠다.

조선공산당 북부조선분국의 조선민주당에 대한 생각은 1945년 11월 7일에 성대하게 러시아 '10월 혁명' 기념식과 행진을 한 후, 《정로》에 실린 평양시당원회의에서 한 '10월 혁명 기념 투쟁 총결산 보고'에 부분적으로 나타나 있다. 보고자인 오기섭은 '부르조아지의 당이 있다면'이라는 표현으로써 조선민주당을 지칭하면서 조선민주당에게 네 가지 조건을 제시하였는데, 이는 첫째, 친소정책을 써야 할 것, 둘째, 조선공산당에 대해 친의親誼정책을 쓸 것, 셋째, 친일적 반동분자를 철저히 숙청할 것, 넷째, 말로만이 아니라 실질적으로 친일적 반동분자와 투쟁을 할 것이었다.140)

공산당과 소련점령군 당국은 조선민주당의 강령을 당시의 상황에서는 민주주의적이라고 생각하였고,141) 더구나 조만식을 이용하고자 하였기 때문에, 그의 정치노선을 더욱 진보적으로 변경하도록 요구하지도 않았고, 조선민주당과 공산당 사이에서 야기될 수 있는 알력은 민족통일전선 하의 공존의 틀 안에서 수용될 수 있었다. 소련군 점령 하에서 조만식의 자신계급에 기초한 부르조아 국가 수립의 주장은 대중에게 공산당이 아닌 대안代案정당을 제공하는 데 성공하였으나, 바로 이러한 성공은 궁극적으로는 조선민주당의 운명에 드리운 암운을 의미하였다.

조선민주당의 설립이 소련측의 정치적 결정이었던 것은 의심의 여지가 없다. 조만식은 1945년 11월 3일의 조선민주당 창립대회에서 '붉은 군대만이 우리가 자유롭게 회합하여 오랫동안 갈망해온 정당을 조직할 수 있는 자유를 우리에게 주었다. 김일성의 이니시어티브에 의해 조선 민주당은 조직될 수 있었다. 남조선 인민은 우리가 북조선에서 향유하는 그러한 자유를 누리지 못하고 있다'고 언급하였다.[142] 이는 조선민주당의 창당은 소련의 전략적인 행위였을 뿐만 아니라 동시에 조만식측의 전략적인 행위이기도 하였다는 것을 암시해 주고 있다. 더구나 조선민주당이 소련군점령당국과 김일성의 도움에 의해 북한의 공산당의 '우당 友黨'으로서 창당되었다는 것은 조선민주당 부당수이며 나중에 당수가 되는 최용건이 1945년 12월부터 1946년 1월까지 비밀리에 '북조선공산당 중앙조직위원회 상무집행위원회 위원'이었다는 사실에서도 알 수 있다.[143]

여기서 한가지 지적해야 할 것은 조만식이 창당대회를 2주일 정도 남긴 1945년 10월 20일경에야 조선민주당 창당을 논의하기 시작하였다는 사실이다.[144] 조선민주당이 창당될 때까지 해서 공산주의자들은 이미 북한에서 자신의 중앙당을 조직하였고, 김일성은 이미 1945년 10월 14일 조만식 자신이 위원장으로 있었던 평남도 인민정치위원회 주최로 개최된 평양시민운동장에서의 환영대회에서 '민족의 영웅'으로 치켜세워지고 있었다. 다시 말해서 소련점령군 당국이 조만식으로 하여금 당을 창당하도록 종용 내지 허용하였지만, 그것은 어디까지나 공산주의자들이 이미 자신들의 권력을 확고히 한 다음이었다.

조만식으로서는 당을 창당하여 추종자들을 집결시켜 동원함으로 점차 감소하고 있던 자신의 힘을 되찾아 보려고 하였다. 조만식의 이러한 전략적인 계산은, 조선민주당이 창당된 후 많은 숫자의 당원을 획득한 것을 보면, 근거가 있어 보인다. 그러나 이는 역설적으로 소련점령군 당국과 김일성으로 하여금 여태껏 드러나지 않았던 반공산주의자를 식별해 내는데 도와준 면도 있었다. 창당한지 1개월도 못되어 민주당은 공산당보다도 더 많은 당원을 확보하였고,[145] 3개월도 못되어 당원수는 수만 명으로 증가하였다.[146] 오기섭은 민주당의 당세가 이렇게 확장된 이유를 북한에 '공산당과 민주당밖에 없었기 때문에, 소부르조아 일부는 좌악진영에서 흡수되고 그 외의 분자는 조선민주당에 흡수되었기 때문'으로 설명하고 있다.[147]

그러나 이는 조선민주당 창당 3개월도 못되어 당원이 '50만명'이나 되었다는 주장[148]과는 큰 거리가 있으며, 1946년 3월 7일에야 조선민주당 함경남도지부가 결성되고,[149] 4월 1일 제2차 중앙위원회 회의에서 '이미 조직된 황해, 함남은 이를 강화하고 현재 임시 도당부로 있는 평남, 평북에 대하여는 굳은 조직으로 변경하며, 강원, 함북에는 새로운 조직을 가져오게'해야 된다고 하고 있고,[150] 또 4월 25일 평남도 위원회를 결성할 때, '당원 200여명이 출석'한 것으로 보아,[151] 조선민주당 중앙당이 생긴 지 3개월도 못되어 면 단위까지 지방당을 창당하였다는 주장은 결코 정확한 주장은 아니다.

1945년 12월 하순 모스크바 삼상회담에서 한반도 신탁통치안이 결정되자, 조만식은 이에 대해 '경성京城의 다른 정당들과 연락한 후 태도를 결정하겠다'는 태도를 취하였고, 평남도 인민정치위원회 내에서 일하는 조선민주당 소속 직원들을 사직 소환시켰다.[152] 박길용의 증언에 의하면 치스쨔꼬프는 1945년 12월 30일 조만식에게 모스크바 삼상회의의 신탁통치 결정에 대한 지지를 요구하였는데, 그것도 '즉석에서 찬성'할 것을 요구하였다고 한다. 이는 치스쨔꼬프는 조만식이 모스크바 결정에 대해 '반대하지 않을 것'으로 생각하고 있었다는 것을 강하게 시사한다.[153] 소련군점령 당국으로서, 그 동안 조만식과의 협조관계를 고려할 때, 조만식의 신탁통치문제에 대한 반대는 예상하지 못한 것이었을 지도 모른다.

　모스크바 결정에 대한 조만식의 반대로 인하여 조선민주당과 평남도 인민정치위원회는 실질적으로 그 기능이 마비되었다.154) 1946년 1월 5일 개최된 평남도 인민정치위원회에서 조만식, 이윤영 등 다섯 명이 신탁통치 결정에 반대하여 위원장직과 위원직을 사임하였고, 후임 위원장으로는 홍기황이 피선되었다.155) 1월 10일 회의에서는 사임한 위원들 숫자만큼의 위원이 새로 선출되었다.156) 조만식에 대한 비난이 공산당과 민주당으로부터 거세게 쏟아져 나왔다.157) 조만식이 민주당에서 실각하자 공산당은 이제 조선민주당을 '우당'으로 인정하고 조선민주당의 강령을 원칙대로 실천할 것을 요구하였다.158)

　1946년 2월 5일, 진보적인 인사로 구성된 '조선민주당 열성자협의회'가 소집되어 '보수 독선적인 조만식 선생 일파를 민족통일의 파괴자요, 배반자요, 결과에 있어서는 조국건설의 방해자'로 규정하였다.159) 이어 2월 20일 내로 정식 당대회를 소집하기로 하고 그때까지 당을 이끌 임시중앙위원회를 조직하였다. 강량욱이 임시당수로 선출되고,160) 나중에 최용건이 정식 당수가 되었다.161)

　조선민주당은 4월 1일 제2차 당중앙위원회를 개최하여, 다시 한번 과거 조만식의 잘못을 성토하고, 각도당부와 시군당부를 강화하고, 4월말까지 전당원의 성분심사를 완료할 것을 결정하였다. 그리고 당 정치학교를 즉시 설치하고 당기관지를 발행하도록 노력할 것을 결의하였다.162)

　최용건은 3월 30일, '가(仮)애국자 민족반역자 조만식의 정체를 보라!'는 글을 ≪정로≫에 기고하였고,163) 4월 10일자 ≪정로≫는 조만식이 ≪매일신보≫ 1943년 11월 16일자에 '학도에게 고(告)한다'라는 글을 기고하여 학도지원병을 모집하는데 도왔다고 폭로하는 기사를 ≪매일신보≫ 1943년 11월 16일자의 사진판을 동시에 실으면서 조만식을 '일본 파시스트 전쟁을 충실히 협력한 전쟁죄범으로 인민의 재판을 받아야 한

다'고 공격하였다.[164)]

조선민주당은 4월 25일 평남도위원회를 결성하였는데, 이를 보도한 ≪정로≫ 1946년 5월 7일자는 '일반사회에서 뭣 모르는 사람은 조선민주당을 생각할 때 모스크바 삼국외상회의를 지지하지 않는 완고보수파, 반대파들만이 모인 당으로 오해하는 사람이 더러 있을는지 모르나 그것은 큰 잘못'이라고 쓰고 있는 것을 보면, 이제 조선민주당은 조만식과 그 지지자가 완전히 제거된 '민주주의 정당'이 되었음을 이야기해 준다.[165)]

제2차 세계대전 이후의 큰 국제정치적 흐름에서 보면, 북한에서의 조만식의 몰락은 어찌 보면 예정되어 있었다고 할 수 있다. 당시 북한과 남한, 그리고 남북간의 관계는 기본적으로 미국과 소련의 이익 및 미·소간의 관계 변화라는 큰 틀 속에서 결정되었다고 할 수 있다. 소련은 1945년 9월 중순부터 10월 초순까지 런던에서 개최되었던 미·영·소 3국 외상회담에서 미·소간에 특히 일본의 전후처리 문제에서 합의를 도출하는데 실패한 후 모스크바 삼상회담에서 한반도 문제를 결정할 때까지 해서, 대한반도 정책을 이제 북한만을 차지하여 그곳에 친소정권을 수립하는 방향으로 전환하였던 것이다.[166)] 그렇기 때문에, 소련으로서는 1946년에 들어서도 조만식을 비롯한 민족주의자들의 협조를 얻어 자신의 대북한정책을 실행하면 좋은 일이겠지만, 조만식 등이 소련의 정책에 대해 완강히 반대하는 데도 불구하고 비용을 들여가면서까지 민족주의자들과 연합할 필요는 이제 없게 되었던 것이다.

이러한 국제정세의 변화와 조만식의 모스크바 결정에 대한 완고한 반대에 직면하여 소련점령군 당국과 김일성은 이제 조만식을 실각시킨 가운데 북한에서의 중앙정권기관으로서 북조선임시인민위원회를 수립하고, 북한에서 '민족통일전선이 완성'되었음을 선언하였다.[167)] 북조선임시인민위원회의 수립으로 '민족통일전선'이 '완성'되었으므로, 소련점령군 당국과 김일성은 '민족통일전선'의 포함 대상이었던 '민족주의적 지주나 자본가'에 대한 예우를 이제 더 이상 하지 않고, '토지개혁'과 '중요산업의 국유화조치'를 통해 친일파 지주와 자본가뿐만 아니라 민족주의적 지주와 자본가를 포함한 모든 지주와 자본가를 본격적으로 숙청하기 시작하였다.

김일성은 토지개혁이 바로 끝난 후인 4월 10일 열린 조선공산당 북부조선분국 제6차 확대집행위원회에서 당시의 조선 혁명의 단계를 '부르조아민주주의 혁명'의 단계로 재확인하고 당의 정치노선을 '반팟쇼, 반봉건, 민주주의 민족통일전선'으로 규정하였다.168) 그런데 여기에서 '반팟쇼, 반봉건, 민주주의 민족통일전선'이라는 표현은 말로만 이전의 민족통일전선과 동일한 민족통일전선이었지, 실제는 성격이 다른 민족통일전선이었다. 즉 '반팟쇼, 반봉건, 민주주의적'이라는 말의 의미는 실제에 있어서 '반지주, 반자본가'를 의미하는 것이었다. 따라서 1946년 1월에 들어서부터는 조만식과 그의 추종자들은 점점 발붙일 곳이 없어졌던 것이다.

마지막으로, 왜 조만식은 지난 4개월 동안 소련점령군 당국과의 협력을 그렇게 중단하고 완고하게 신탁통치를 반대하였을까? 그가 그렇게 반대하지 않고 여태껏처럼 그런 대로 협조관계를 유지했더라면, 그에게는 예우와 더불어 상당기간 동안 정치적 활동이 보장되었을 것이다. 조만식의 완고한 반대 입장은 본질적으로 그의 굽히지 않는 민족주의, 즉 통일된 조선독립정부 수립 등에 대한 염원과 깊은 관계가 있었던 것으로 보인다. 조만식은 북한만의 독자적인 정권기구인 북조선행정국을 만들려는 소련의 구상에 반대하였던 것으로 알려져 있다.169)

조만식은 또한 민족통일전선이라는 이름 하에 북한에서 공산당의 힘이 점점 커지고 공산주의 정책들이 점점 압도해 간 데에 대해 크게 걱정하였을 것이다. 더구나 대부분 자산계급 출신과 기독교도들인 조만식

추종자들은 당시 공산주의 세력이 급속히 확대되는 것을 크게 우려하고
있었다.

위에서 논의한 이런 모든 것은 우리가 조만식의 행위와 전략을 설명
할 때, 조만식의 생각, 이익, 그리고 그의 자원 및 권력기반 등을 이해하
는 것이 중요하다는 것을 말해준다. 조만식의 생각, 이익, 그리고 자원과
능력이 무엇이었든, 소련의 한반도에 대한 정책의 목표에 어떠한 변화
가 있었든 간에, 조만식의 소련 정책에 대한 거부는 그의 정치적 생명을
요구하였다. 신탁통치문제를 둘러싼 공방과 그 결과는 국제정치에서 오
는 충격이 당시 북한의 국가건설자들에게 얼마나 결정적인 영향을 미쳤
는가를 잘 나타내 준다. 조만식의 몰락은 행위자가 구조적 맥락에 대한
이해를 의식적으로 거부하고 반ₓ구조적 행위를 하는 경우에 어떠한 값
을 치르는지를 극적으로 보여주었다. 결과적으로 조만식의 자율성은 한
반도에 대한 소련의 전략적 구상의 한계 내에서만 주어졌던 것이다.

5. 맺는 말

이상에서 필자는 북한의 당·국가 건설과정을 김일성그룹이 경쟁그
룹이나 경쟁파벌을 제거 내지 중립화시키면서 '단일적 지도력'을 확립
해 가는 과정으로 이해하고, 당을 건설하는데 있어서 오기섭과의 투쟁,
박헌영과의 투쟁, 그리고 국가(정부)를 건설하는데 있어서 조만식과의
투쟁을 살펴보았다. 이는 당·국가건설자, 즉 '행위자'의 생각, 이익, 자
원, 능력 및 전략, 당·국가건설자가 그 안에서 활동하는 '구조'적 환경,
그리고 이 양자의 상호작용에 대한 정확한 분석과 이해가 있어야만 북
한의 당·국가 건설을 보다 분석적이면서도 종합적으로 이해할 수 있다
는 것을 실증적으로 보여 주었다.

우선, 김일성과 오기섭 양 지도자가 생각하는 통일전선의 종류가 서로 달랐다. 당시 북한의 상황에서 민족통일전선과 인민전선이라는 정치노선의 차이는 향후 권력투쟁과 연관하여 볼 때에 양 지도자의 정치적 운명이 걸려있는 사안이었다. 국유화된 산업분야에서의 직맹(노동조합)의 성격과 지위에 관한 양 지도자의 노선의 차이도 마찬가지였다. 김일성과 오기섭의 직맹에 관한 논쟁은 당·국가건설을 위한 자원 추출의 필요성과 관련된 문제였고, 김일성은 새로운 국가건설을 위한 인민경제계획의 완수를 위해서는 노동력을 동원·추출할 수밖에 없고, 또 그것이 무엇보다도 시급한 일이라고 주장한 반면, 오기섭은 이를 반대하는 입장으로 몰려 수세적인 입장에 처하였다.

김일성과 오기섭이 자신이 당·국가를 건설하고 권력을 장악하려 한 점에서 양 지도자의 이익은 동일하였지만, 여러 면에서 그들의 생각이 달랐고, 그들의 이익 추구 내용과 전략은 그들의 자원과 능력, 그리고 정치기회구조에 의해 크게 영향을 받았다. 오기섭은 차츰 축소되어 가고 있던 자신의 자원과 공간을 어떻게든 지켜보려고 안간힘을 쓰는 방어적 처지였던 반면, 김일성은 그가 가지고 있는 자원과 능력의 확대를 위해 유리한 정치기회구조 하에서 공세적인 입장을 취하였다. 김일성 자신의 항일빨치산 활동의 명성, 항일빨치산 활동에서 체득한 생존의 전략적 능력, 그리고 소련점령군 당국의 후견은 김일성으로 하여금 적극적으로 공세적인 입장을 취할 수 있도록 해 주었다.

양 지도자의 생각, 이익, 자원과 능력, 그리고 그들의 전략은 당시 구조적 환경을 이루었던 소련점령군 당국과의 관계와 밀접한 관계를 가지고 있었다. 사실 소련의 점령 하에서 김일성은 오기섭에 비해서는 여러모로 유리한 자원을 가지고 있었다. 그가 1941년부터 1945년까지 소련 연해주의 88독립여단에서 생활하면서 소련군 장교들의 신임을 얻었고, 스탈린이 싫어하였던 코민테른에 관계한 적도 없었으며, 조선공산당에서 어떤 종파주의적 행동에도 관여하지 않았다는 것은 소련의 후견을 얻는 좋은 자원이 되었다. 오기섭은 이러한 자원들을 가지고 있지 못하였다. 김일성은 소련의 대북한 정책의 시행에 기꺼이 협조하여 소련군의 신망과 지지를 획득하였다. 이에 비해 오기섭의 전략은 상대적으로 보다 방어적이었으며, 소련군과의 관계도 그렇게 매끄럽지 못하였던 것으로 생각된다.

더구나 김일성은 '기본강령'과 '행동강령'을 구분하는 데서도 알 수 있듯이, 자신이 처한 상황을 이해하고 또 변화하는 상황에 맞추어 행동하는데 있어서 고도의 전략적 신축성과 융통성을 발휘하였다. 김일성은 민족주의적인 성향을 가지고 있었고 중국공산주의 영향을 크게 받았지만, 해방 후 소련점령 하에서 그것이 너무 표출되어서 소련군의 신뢰를 잃지 않도록 신경을 쓰기도 하였다. 즉 김일성은 생각과 전략에 있어서 오기섭에 비해 신축성과 융통성을 훨씬 더 많이 가지고 있었으며, 당시 소련군 점령이라는 환경 구조의 성격과 의미, 그리고 살아남고 성공하기 위해서는 그 구조의 요구에 순응할 수밖에 없다는 것을 보다 더 명확하게 인식하고 있었다.

조선공산당 중앙당과 남로당을 이끌었던 박헌영의 경우는 오기섭의 경우와는 또 달랐다. 물론 서울에 있는 박헌영의 생각과 이익, 자원, 그리고 전략은 북한의 김일성과 소련점령군 당국의 생각 및 이익, 자원, 전략과 같지 않았다는 것은 당연한 일이었다. 당시의 상황에서 박헌영에게 결정적인 영향을 미친 요소도 역시 구조환경적 요인, 즉 한반도를 분할점령하고 있었던 미국과 소련의 정책이었다. 박헌영의 경우, 불행히도, 소련은 김일성을 후견하고 있었고, 미국은 남한에서 공산주의자들의 활동을 탄압하고 있었다. 과거의 그의 화려한 조선공산주의 운동의 경력과 지도력이 이제 와서 유용한 자원으로 충분히 변환되지 못한 조건 하에서 박헌영의 전략은 큰 성과를 내지 못하였다.

이러한 상황에서 박헌영은 남한에 있을 때는 김일성에게 정치적·재정적인 도움을 받아야만 했고, 북한에 망명한 이후에는 김일성에게, 다소간 과장하자면, 모든 것을 의존하여야만 하는 처지였다. 그러나 남한에 남로당의 독자적인 조직이 존재하였고 남한에 수많은 진보주의적 정당들과 단체들이 활동하고 있었던 상황이었기 때문에 김일성으로서는 박헌영에 대한 경계를 늦출 수 없었다. 이러한 맥락에서 김일성은 북로당 제2차 전당대회에서 박헌영의 측근인 최용달과 이강국에 대한 공격을 통해 박헌영그룹에 대한 예방적 공격을 감행하였던 것이다.

민족주의자 조만식의 경우는 오기섭과 박헌영의 경우와는 또 달랐다. 조만식의 경우, 그의 생각과 이익, 자원과 능력, 그리고 전략은 소련군 점령과 급변하는 국제 정세 하에서는 기껏해야 일시적인 생명만을 갖는 것이었다. 조선 민족주의, 조선의 독립, 사회 엘리트의 세력연합, 그리고 제한된 개혁을 통한 부르조아민주주의 국가의 건설이라는 조만식의 사상은 지주와 자본가와 같은 자산계급에 기초한 기존 자본주의체제를 지속시켜 자신의 권력기반을 유지하려는 그의 이익과 맥이 닿아 있었다.

조만식이 당시 북한에서 정치가들의 자율성의 범위를 규정하였던 구조환경의 요구, 즉 소련점령군 당국의 정책에 대해 처음에는 그런 대로 수용하는 태도를 보였으나, 나중에 자신 생각과 이익을 내세우며 소련 정책에 전면적으로 대항하자, 그가 나름대로 가지고 있던 자원, 능력 및 전략은 구조가 투사하는 강력한 힘에 부딪쳐 순식간에 분쇄되어 버렸고, 그의 정치생명을 끝나고 말았다.

조만식의 경우는 행위자 수준에서의 변수, 즉 민족주의, 민족 독립국가 수립, 자본주의 체제의 지속 등과 같은 조만식의 생각과 이익이 구조적 수준에서의 변수, 즉 소련의 대한반도 정책과 경쟁하여 결국 행위자가 큰 대가를 치르게 되는 대표적인 경우이다. 역시 행위자와 구조라는 양 수준에서의 변수들과 그 변수들의 상호작용에 대한 정확한 이해가 북한의 당·국가건설을 분석적이고 종합적으로 이해하는데 있어서도 필수적이라 하겠다.

※ 이 글은 백학순, "북한에서의 '단일적 지도력'의 확립과 당·국가 건설," 『현대북한연구』, 2권 1호 (1999), 9∼62쪽을 일부 수정 보완한 것이다.

주註

1) Charles Tilly, "War Making and State Making a Organized Crime," in Peter B. Evans, Dietrich Rueschemyer, & Theda Skocpol, eds., *Bringing the State Back In* (Cambridge: Cambridge University Press, 1985), p. 181; Charles Tilly, ed., *The Formation of National States in Western Europe* (Princeton: Princeton University Press, 1975), pp. 71-75; Hak Soon Paik, "North Korean State Formation, 1945-1950" (A Ph.D. Dissertation in Political Science, University of Pennsylvania, 1993), pp. 25-26; 백학순, 『국가형성전쟁으로서의 한국전쟁』(성남: 세종연구소, 1999), 8쪽.

2) 본 논문에서는 '김일성', '오기섭', '박헌영', '조만식' 등의 개인명은, 특별한 경우를 제외하고는, 지도자 개인보다는 그들이 지도자로 있는 그룹을 각각 지칭한다.

3) 북한의 국가형성과정에 있어서의 소련의 감독과 김일성그룹의 자율성에 관한 문제는 백학순, "북한의 국가형성에 있어서 김일성의 자율성 문제," 『한국정치학회보』 28집 2호 (1994), 385~403쪽을 참조.

4) 북한의 '당·국가건설' 연구의 기반을 놓는 데 공헌한 대표적인 기존 연구 업적은 다음과 같다. Robert A. Scalapino & Chong-Sik Lee, *Communism in Korea, Part I: The Movement* (Berkeley: University of California Press, 1972), pp. 313-388; Chong-Sik Lee, *Korean Workers' Party: A Short History* (Stanford: Hoover Institution Press, 1978), pp. 73-85; Dae-Sook Suh, *The Korean Communist Movement, 1918-1948* (Princeton: Princeton University Press, 1967), pp. 294-329; Dae-Sook Suh, *Kim Il Sung: The North Korean Leader* (New York: Columbia University Press, 1988), pp. 59-105.

5) '정치기회구조'라 함은 '어떤 그룹이 정치적 요구를 주장하는 데 영향을 미치는 그 그룹의 정치적 환경에서의 힘의 배열'을 의미한다. Charles D. Brockett, "The Structure of Political Opportunities and Peasant Mobilization in Central America," *Comparative Politics* vol. 23, no. 3(April 1991), p. 254.

6) ≪정로≫ 1945년 11월 1일(창간호). 필자는 자신이 소장하고 있는 ≪正路≫ 1945년 11월 1일 (창간호)~1946년 5월 17일자 복사본을 필자가 볼 수 있도록 도와준 이종석李鍾奭 박사에게 감사의 뜻을 표한다. 조선산업노동조사소, 『옳은 노선』(서울: 1945년 11월 24일) (東京: 민중신문사 출판부, 1946년 6월 20일)(轉刊), 32~48쪽도 참조.

7) 조선산업노동조사소, 『옳은 노선』, 40~45쪽.

8) 위의 책, 36~38쪽.

9) 김일성장군 술,「민족대동단결에 대하야」(1945년 10월), 1~2쪽; Georgi Dimitroff, *The United Front: The Struggle Against Fascism and War* (San Francisco: Proletarian Publishers, 1975), pp. 35-41, 45-47, 68-69, 197-216.

10) ≪정로≫ 1945년 11월 14일.

11) 오기섭의 1946년 1월 2일 조선민주청년동맹(민청)의 초청 강연 '3국외상회의 조선문제 결정과 조선공산당의 태도'와 1월 6일 모스크바 3상회담 결정을 지지하는 '10여만'의 대중 가두시위의 다음날인 1월 7일 평양인민극장에서의 '모스크바회의 결정 지지시위의 의의와 교훈'을 보면, 오기섭은 친일파와 일제 잔재가 아직 청산되지 않았고, 오히려 이들은 외래의 힘과 결탁하려 하는 새로운 파쇼세력으로서 등장하고 있다고 경고하고 있다. 이는 전체적으로 보아 '인민전선'이 아닌 '민족통일전선'의 주장에 더 가깝다. ≪정로≫ 1946년 1월 17일 및 24일. 그러나 오기섭의 통일전선 노선과 관련하여 위 연설의 내용을 곧이곧대로 받아 들여 판단하기에는 무리가 있다. 나중에 살펴보겠지만, 1945년 11월 15일과 12월 17~18일에 열린 조선공산당 북부조선분국 제2차 및 제3차 확대집행위원회에서 오기섭의 인민전선 노선이 김일성의 민족통일전선 노선에 의해 패배하였고, 위 연설은 그러한 일이 있은 후의 일이었으므로, 오기섭으로서는 자신의 생존을 위해 '인민전선'에서 '민족통일전선'으로 입장을 바꾸어 이야기했었을 가능성을 배제할 수 없기 때문이다.

12) 김준엽외 편,『'북한'연구 자료집』제1권 (서울: 아세아문제연구소, 고려대학교 출판부, 1969), 6, 7, 16쪽.

13) 조선산업노동조사소,『옳은 노선』, 49~54쪽.

14) 중앙일보 특별취재반,『비록: 조선민주주의인민공화국』(서울: 중앙일보사, 1992), 123쪽.

15) 기광서, "1940년대 전반 소련군 88독립보병여단 내 김일성 그룹의 동향,"『역사와 현실』제28호 (1998. 6), 280~285쪽.

16) 조선산업노동조사소,『옳은 노선』, 44쪽.

17) 박헌영과 조선공산당 중앙위원회는 1945년 11월 5일 현재에도 아직 명확한 행동강령을 준비하고 있지 못한 것으로 소련군점령 당국은 보고하고 있다. 전현수, "소련군의 북한 진주와 대북한정책,"『한국독립운동사 연구』, 9집 (1995), 23쪽, 각주 88번 참조.

18) 중앙일보 특별취재반,『비록: 조선민주주의인민공화국』, 172쪽 ; 제2차 확대집행위원회의 날짜에 대해서는 김일성,『김일성 저작집』제1권 (평양: 조선로동당출판사, 1949), 402쪽 참조.

19) ≪정로≫ 1945년 12월 21일.

20) ≪정로≫ 1945년 12월 21일. 오기섭은 집행위원 19명중에서 4번째로 선출되

였다.

21) 중앙일보 특별취재반, 『비록: 조선민주주의인민공화국』, 174, 181쪽.

22) 태성수 편, 『당문헌집: 당의 정치노선 급 당사업 총결과 결정』제1권 (평양: 정로사 출판부, 1946), 3~4쪽.

23) 위의 책, 16쪽. 당시 1년이상의 당원 생활 이력을 가진 보증인들은 현실적으로 국내파 공산주의자들뿐이었기 때문에, 이러한 입당 규약은 국내파 공산주의자들이 당권을 유지하는데 결정적인 안전조항이었음에 틀림없다. 해외파 공산주의자들은 숫자도 적었을 뿐만 아니라 조선에 돌아온 지 이제 겨우 4개월도 되지 않은 상황이었다. 《정로》 1945년 11월 14일.

24) 북조선로동당 중앙위원회, 『북조선로동당 제2차 전당대회 회의록』(1948), 55~56, 166쪽.

25) 한재덕, 『김일성장군 개선기』 (평양: 민주조선사, 1948), 114~119쪽.

26) 중앙일보 특별취재반, 『비록: 조선민주주의인민공화국』, 311쪽.

27) 《정로》 1945년 11월 14일.

28) 태성수 편, 『당문헌집: 당의 정치노선 급 당사업 총결과 결정』제1권, 5~6쪽. 북부조선분국 제3차 확대집행위원회가 끝난 후얼마 안되어 《정로》는 '노동 정신의 혁명'이라는 제목의 '사설'을 싣고 있는데, 노동조합 지도자들의 엄정한 '자아비판' 하에 노동자들의 생산을 독려하고 있다. 사설은 '파업이나 태업은 노동운동의 목적이 아니라 수단'이라는 것을 강조하고, '노동자 농민이 직접 주권에 참가하여 인민주권을 수립하기 위한 건설적 생산인 해방된 조선의 생산목적은 해방전과는 근본적으로 다르다'는 것을 지적하고 있다. 《정로》 1945년 12월 26일.

29) 태성수 편, 『당문헌집: 당의 정치노선 급 당사업 총결과 결정』제1권, 15쪽.

30) 《정로》 1945년 12월 21일 및 26일.

31) 《정로》 1945년 12월 26일.

32) 《정로》 1946년 1월 1일 및 8일.

33) 《정로》 1945년 11월 14일, 21일; 2월 5일, 14일, 26일; 1946년 1월 1일, 9일, 10일, 11일, 12일, 16일, 17일, 18일, 21일, 23일, 24일, 25일, 26일, 29일, 30일, 31일; 2월 5일; 3월 13일.

34) 《정로》 자체가 선전선동의 중요성을 강조하는 글을 싣고 있는데, 《정로》 창간사를 보면 '당기관지는 군중의 조직자이며 선전자이다'라고 밝히고 있다.

35) 빨치산으로서는 림춘추의 글과 최용건의 글이 유일하게 《정로》 1946년 1월 9일과 1월 10일자에 각각 실리고 있다.

36) 《정로》 1946년 1월 11일, 17일, 18일, 23일, 24일, 25일.

37) 당이론가, 공산주의 이론가들이라고 볼 수 있는 소련파의 글은 1946년 1월 중

순에서부터 실리기 시작하는 데, 이는 주로 번역물로서 ≪정로≫ 창간 2개월
반 이후부터인 것이다. ≪정로≫ 1946년 1월 12일, 13일, 14일, 16일, 17일,
18일, 21일, 24일 ; 2월 7일, 8일. 1946년 3월 15일부터는 레닌, 스탈린에 대한
소개와 그들의 저술들을 비롯한 소련 및 소련공산당역사, 소련최고연방회의 등
에 관한 글의 번역 및 소개가 압도적으로 ≪정로≫의 지면을 차지하기 시작하
고 있다.

38) 오기섭의 글은 ≪정로≫ 1946년 2월 12일자와 3월 1일에 실려 있을 뿐이다.
≪정로≫ 1946년 2월 14~21일자에는 '북조선임시인민위원회 각 위원의 포
부'와 '북조선임시인민위원회 위원 약력'란이 있는데 오기섭은 소개되어 있지
않다. 오기섭은 북조선임시인민위원회 위원 23명 중에는 포함되지 못하였고
북조선임시인민위원회 선전부장에 불과하였다.

39) ≪정로≫ 1946년 3월 1일 ; ≪로동신문≫ 1946년 10월 20일; 1947년 1월 2일.
필자는 자신이 소장하고 있는 ≪로동신문≫ 1946년 9월 1일~1947년 4월 30
일, 1976년 9월 20일자 복사본을 필자가 볼 수 있도록 해준 이종석李鍾奭 박사
에게 감사의 뜻을 표한다.

40) ≪정로≫ 1945년 12월 21일 ; 태성수 편,『당문헌집: 당의 정치노선 급 당사업
총결과 결정』, 제1권, 19~24쪽 ;『북조선로동당 제2차 전당대회 회의록』, 136~
137쪽.

41) 북조선로동당 중앙위원회,『북조선로동당 창립대회 회의록』(1946), 61~62쪽.

42) 위의 책, 60, 62쪽.

43) 위의 책, 43쪽.

44) 위의 책, 103쪽.

45) 상무위원의 명단은 다음과 같다. 김두봉, 김일성, 주녕하, 허가이, 최창익을 정
치위원으로, 김두봉, 김일성, 주녕하, 허가이, 최창익, 김책, 태성수, 김교영, 박
정애, 박일우, 김창만, 박효삼, 오기섭.

46) ≪로동신문≫ 1946년 9월 1일(창간호).

47) 북로당 중앙위원회 제4차 확대회의는 1947년 2월 2일에 개최되었으므로, 1946
년 11월이라면 김창순은 아마도 1946년 11월 28일에 열린 중앙위원회 제3차
확대회의를 이야기하고 있는 것으로 보인다.

48) 김창순,『북한 15년사』(서울: 지문각, 1961), 107~108쪽 ; 김창순,『역사의
증인』(서울: 한국 아세아 반공연맹, 1956), 144~151쪽.

49) Dae-Sook Suh, *Kim Il Sung: The North Korean Leader,* p. 85 ; Dae-Sook Suh,
Korean Communism 1945-1980: A Reference Guide to the Political System (Honolulu:
The University Press of Hawaii, 1981), p. 283.

50) 다음에 열거하는 날짜의 ≪로동신문≫은 필자가 보지 못하였으므로, 이 날짜

의 ≪로동신문≫에 오기섭의 직맹에 관한 글이 실렸을 가능성은 있다. ≪로동신문≫ 1946년 9월 7일 제2면, 9월 9일, 9월 10일 제1면, 9월 21일, 10월 23일, 11월 9일, 11월 17일, 12월 6일 제1면, 12월 12일, 1947년 1월 21일자.

51) 김창순, 『역사의 증인』, 148쪽.

52) 나중에 1947년 3월 15일 북로당 중앙위원회 제6차회의에서 김일성 자신이 오기섭의 직맹에 관한 '논문'에 대해 문제삼고 공격하고 있는 것을 보면, 오기섭이 그러한 논문을 발표했던 것은 틀림없는 사실로 보인다. 김일성, 『김일성 저작집』 제3권, 185~187쪽.

53) 김창순, 『북한 15년사』, 108~109쪽. 1946년 10월 19일 개회된 '각도 노동부장회의'에서 북조선임시인민위원회 노동부장 오기섭은 '금후에 있어서 우리는 먼저 기술을 타개하여 산업국과 협력하야 생산을 높이며 생산을 높임으로써 실업자를 없애야 하겠다'고 강조하였다. ≪로동신문≫ 1946년 10월 22일. 이는 김창순의 이야기와는 조금 차이가 있다.

54) 김창순, 『북한 15년사』, 108~109쪽.

55) 소위 '전시戰時 공산주의 시기'(1918-21)에 산업부문에서의 행정과 직맹의 역할과의 상관관계에 대해서 열띤 공방이 있었다. 소위 '노동자 반대당'(Workers' Opposition)은 노동조합이 전국의 모든 경제활동을 실질적으로 관리해야 한다고 주장하였다. 그러나 레닌은 공산당을 전체 노동계급의 진정한 이익의 체현으로 보았고 직맹이나 파벌주의적인 이익이 당의 최고 권위에 도전하는 것을 허용하지 않았다. Leonard Schapiro, *The Communist Party of The Soviet Union*, 2d ed. (New York: Vintage Books, 1971), pp. 201-202; Alec Nove, *An Economic History of the U.S.S.R.*, 2d ed. (London: Penguin Books, 1989), pp. 62-63.

56) Richard Gregor, ed., *Resolutions and Decisions of the Communist Party of the Soviet Union: The Early Soviet Period, 1917-1929*, vol. 2 (Toronto, Canada: University of Toronto Press, 1974), pp. 100-5.

57) *Ibid.*, pp. 126, 128.

58) *Ibid.*, pp. 100-105, 126-129.

59) 오기섭은 북로당 제2차 전당대회에서의 자아비판을 통해, 자신의 오류가 "10년전 낡은 정세와 조건이 다른 시기의 인식을 고집"한 데 있었다고 고백하고 있다. 『북조선로동당 제2차 전당대회 회의록』, 136쪽.

60). 김일성장군 술, 「민족대동단결에 대하야」, 13~14쪽 ; 조선산업노동조사소, 『옳은 노선』, 40쪽.

61) 『북조선로동당 제2차 전당대회 회의록』, 128~129쪽.

62) 김일성이 '우리는 벌써 두 달 전에 북조선임시인민위원회 상무위원회에서 오기섭의 ≪리론≫을 뜨로쯔끼주의적 리론이라고 비판하였다'고 하는 것을 보면,

오기섭은 1947년 1월 중순경에 오기섭은 직맹문제로 또 한번 공격을 당했던
모양이다. 김일성,『김일성 저작집』제3권, 186~187쪽.

63) 위의 책, 185~187쪽.

64) 위의 책, 188쪽.

65) 김일성의 '건국사상동원 운동 제요提要'를 참조할 것. ≪로동신문≫ 1946년
12월 6일, 7일, 8일.

66) ≪로동신문≫ 1946년 11월 30일.

67) ≪로동신문≫ 1946년 12월 15일.

68) ≪로동신문≫ 1947년 1월 22일.

69) ≪로동신문≫ 1946년 12월 5일.

70) ≪로동신문≫ 1946년 12월 4일.

71) ≪로동신문≫ 1947년 1월 26일. (북조선임시인민위원회 결정 제161호). 제14
차 북조선임시인민위원회는 이미 1946년 9월 14일 노동법령을 옳게 실시하기
위하여 노동부를 설치하고 부장에 오기섭을 임명하였다. 오기섭이 조선공산당
북부조선분국의 비서 자리에서 북조선임시인민위원회의 선전부장으로 자리를
옮긴 것은 명백한 좌천이지만, 김창순은 선전부장에서 노동부장으로 자리를
옮긴 것도 또한 좌천으로 해석하고 있다. 김창순,『북한 15년사』, 107~108쪽.
그러나 당시 인민노력동원이 무엇보다도 절실한 상황에서 김일성은 불가피하
게 '노동전문가'인 오기섭의 역할을 어느 정도 기대했을 가능성도 있다.

72) ≪로동신문≫ 1947년 1월 26일.

73) ≪로동신문≫ 1947년 2월 2일.

74) ≪로동신문≫ 1947년 2월 16일.

75) 김일성,『김일성 저작집』제3권, 296~297쪽.

76)『북조선로동당 제2차 전당대회 회의록』, 25~73, 55쪽.

77) 위의 책, 85~86쪽.

78) 위의 책, 128~129쪽. 소련파인 박창옥도 오기섭의 이름을 직접 거론하지는
않았으나, 오기섭의 종파문제와 직맹문제에 대해 비난하였다. 위의 책, 112~
113쪽.

79) 위의 책, 134~138쪽.

80) 위의 책, 147~148쪽.

81) 최용달은 해방 직후 조선건국준비위원회 치안부장, 9월에 조선인민공화국 중
앙위원회 보안부장을 역임하였다.『로동신문』, 1946년 10월 29일.

82) ≪정로≫ 1946년 1월 3일.

83) ≪정로≫ 1946년 2월 17일자.

84) ≪로동신문≫ 1946년 9월 1일.

85) ≪로동신문≫ 1946년 9월 19일. 최용달은 ≪로동신문≫에 상대적으로 많은 글을 쓰고 있다. ≪로동신문≫ 1946년 9월 19일(연재물 시작), 9월 22일~10월 2일, 10월 2일(연재물 시작), 1947년 1월 5일, 9일, 2월 6일, 3월 30일, 4월 1일. 최용달은 1946년 9월 19일자 ≪로동신문≫에 '조선의 해방과 인민위원회의 결성'이라는 글을 싣고 있는데, 그는 이 글에서 김일성에 대해 '수령'이라는 표현을 쓰고 있다.

86) 『북조선로동당 제2차 전당대회 회의록』, 144, 149~150쪽.

87) 위의 책, 156~157쪽.

88) 위의 책, 159~160쪽.

89) 위의 책, 169~170쪽.

90) 위의 책, 176~178쪽.

91) 위의 책, 85~86쪽.

92) 위의 책, 57, 129, 176, 178쪽.

93) 이러한 전술에 대해서는 Yousseff Cohen, *The Manipulation of Consent: The State and Working-Class Consciousness in Brazil* (Pittsburgh: University of Pittsburgh Press, 1989), p. 77을 참조.

94) 『북조선로동당 제2차 전당대회 회의록』, 178, 230쪽.

95) 특별히 오기섭에 대한 선거에서만 회의 대표들이 소란을 피웠는데, 그 내용에 대해서는 위의 책, 234~235쪽 참조.

96) 김일성, 『김일성 저작집』 제5권, 136~137쪽.

97) 전현수, "소련군의 북한 진주와 대북한정책," 22쪽.

98) 1945년 10월 13일 개최된 서북5도당대회는 '귀중한 지도자 박헌영동무에게 건강 건투를 비는 축전을 보낼 것을 만장일치로 가결'하였다. ≪정로≫ 1945년 11월 1일. 그리고 1945년 12월 25~27일에 열린 '평남도당 제1차 대표대회'는 스탈린과 함께 박헌영에게도 메시지를 보냈다. ≪정로≫ 1946년 1월 8일.

99) 조선산업노동조사소, 『옳은 노선』, 45쪽.

100) 위의 책, 45~46쪽. 이는 서울에 있는 박헌영에 의해 서북5도당대회에 파견된 남한 대의원들도 모두 찬성하였다는 것을 의미한다.

101) 전현수, "소련군의 북한 진주와 대북한정책," 22~23쪽.

102) 위의 글, 24쪽.

103) ≪정로≫ 1945년 11월 7일.

104) 이정식, "냉전의 전개과정과 한반도 분단의 고착화" 유영익 편, 『수정주의와 한국 현대사』 (서울: 연세대학교 출판부, 1998), 67~102쪽 ; 전현수, "소련군의 북한 진주와 대북한정책," 26~35쪽 ; Erik van Ree, *Socialism in One Zone: Stalin's Policy in Korea, 1945-1947* (Oxford: Berg, 1989), pp. 126-128, 138-139,

268, 274-275.

105) 중앙일보 특별취재반,『비록: 조선민주주의인민공화국』, 199쪽.

106) 위의 책, 186, 188~192쪽.

107) 위의 책, 203~204쪽.

108) 전현수, "「쉬띄꼬프 일기」가 말하는 북한정권의 성립과정,"『역사비평』30호 (1995년 가을), 158~159쪽.

109) ≪로동신문≫ 1946년 11월 13일.

110) 김창순,『북한 15년사』, 119쪽 ; 방인후,『북한 '조선노동당'의 형성과 발전』 (서울: 고려대학교 출판부, 1967), 135쪽 ; 고준석,『해방 1945-1950: 공산주의운동사의 증언』(서울: 도서출판 한겨레, 1989), 211~216쪽.

111) 이강국은 미군정의 체포령 때문에 1946년 9월 6일부터 내린 체포령을 피해 바로 월북하였다. 이강국은 1946년 9월 18일에 열린 북조선민주주의 민족통일전선위원회의 제6차회의에서 '미군정의 반동정책에 관한 보고'를 통해 '남조선에 있어서의 영명한 민족지도자 박헌영선생'이라는 표현을 하고 있다. ≪로동신문≫ 1946년 9월 20일. 그는 이어 미군정반동정책반대 평양시민중대회에서 한 '남조선주둔 미군정 반동정책에 관한 보고'에서도 거의 동일한 표현을 하고 있다. ≪로동신문≫ 1946년 9월 24일. 이 두 가지 보고에서 이강국은 맨 나중의 구호에서 '조선인민의 지도자 김일성위원장 만세!'와 '조선민족의 영웅 김일성 장군 만세!'를 외치고는 있으나, 보고 본문에서 김일성에 대한 언급이 전혀 없음은 주목할 만하다.

112)『북조선로동당 제2차 전당대회 회의록』, 231~236쪽.

113) 중앙일보 특별취재반,『비록: 조선민주주의인민공화국』(하권) (서울: 중앙일보사, 1993), 401~402쪽.

114) 이러한 소위 '종파주의적' 요소 외에도, 김일성은 처음부터 이들에게 깊은 반감을 가지고 있었던 것으로 보인다. 예컨대, 정달헌은 1945년 10월에 서북5도 당대회에서 공공연히 조선공산당 북부조선분국 창설을 강력히 반대하였고, 최용달과 이강국은 1945년 9월 서울에서 김일성과 소련이 탐탁찮게 여겼던 '조선인민공화국'을 창립하는데 주된 역할을 하였던 것이다.

115) 김일성,『김일성 저작집』제5권, 132~136쪽.

116) 위의 책, 136~137쪽.

117) Dae-Sook Suh, *Korean Communism, 1945-1980: A Reference Guide to the Political System*, pp. 321-322.

118)『로동당중앙위원회 정기문헌집』(평양: 로동당출판사, 1950);『근로자』46호 ; ≪로동신문≫ 1949년 12월 20일, 23일, 24일.

119) ≪정로≫ 1945년 12월 14일.

120) 중앙일보 특별취재반, 『비록: 조선민주주의인민공화국』, 59, 91쪽.

121) 위의 책, 59~61, 92쪽.

122) 위의 책, 61쪽.

123) 전현수, "소련군의 북한 진주와 대북한정책," 33~34쪽.

124) State Department of the United States, *Foreign Relations of the United States: Diplomatic Papers, 1945*, Vol. 6 (Washington, D.C.: United States Government Printing Office, 1969), p. 1146.

125) 중앙일보 특별취재반, 『비록: 조선민주주의인민공화국』, 94쪽.

126) 오영진, 『하나의 증언』(부산: 국민사상 지도원, 1952), 114~115쪽 ; 조영암, 『고당 조만식』(부산: 정치신문사, 1953), 50쪽 ; 중앙일보 특별취재반, 『비록: 조선민주주의인민공화국』, 95쪽.

127) 森田芳夫, 長田かな子 編, 『朝鮮戰爭の記錄: 資料篇 第三卷』(東京: 巖南堂書店, 1964), p. 55.

128) ≪정로≫ 1946년 3월 9일.

129) ≪정로≫ 1946년 3월 12일.

130) ≪정로≫ 1946년 3월 12일. 공산당이 '3·7제'를 지지하였음을 보기 위해서는 ≪정로≫ 1945년 11월 1일, 1946년 1월 10일자를 참조. 오영진, 『하나의 증언』, 122~123쪽.

131) ≪정로≫ 1945년 11월 1일; 1946년 1월 11일.

132) Headquarters, U.S. Military Forces in Korea (USAFIK), "G-2 Weekly Summary"(이하에서는 'W/S'로 약칭), no. 9, Incl., no. 3, p. 1.

133) *Ibid.*, p. 2.

134) 해방 후에 북한 공산당이 기독교들에 대한 요구는 '기독교에 대한 일제언 提言'이라는 ≪정로≫의 사실에 잘 나타나 있는데, 공산당은 기독교도들에 대한 첫 번째 요구가 '외래세력과 혹은 민족파시스트 등에 이용되지 말고 조선의 해방을 위하여 가장 충실히 싸워온 소련과 친선하며 조선공산당과 우의적 관계를 가질 것'이었다. 종교가 '조선 혁명과 건국을 위하여 인민의 자극제가 되지 못하고 부정적 마취적 독제毒劑가 된다면 조선인민은 여기에 대한 해독제를 구하게 될 것'이라고 경고하고 있다. ≪정로≫ 1946년 1월 9일.

135) '선언' (조선민주당, 단기 4278년[1945년] 10월).

136) '강령' (조선민주당).

137) '정책' (조선민주당). 이들 12개 정책 중에서 우선 눈에 띄는 것들은 언론·출판·집회·결사·신앙의 자유, 선거권과 피선거권, 민족반역자로부터 위의 모든 자유와 공권의 박탈, 의회제도와 보통선거제, 교육과 보건의 기회 균등, 무역 및 상업의 발전 촉진, 소작제도의 개선, 자작농 창정創定의 강화, 농업기

술 향상, 공평하고 간편한 세제, 노동운동의 정상적 발전, 노사간의 일치점을 찾아 생산에의 지장을 제거, 실업자 대책 수립, 공장법, 생업生業보험, 건강보험, 최저임금제의 제정 등이다.

138) '정책' (조선민주당).

139) '조선민주당 규약' 제2장 제4조 '나'항.

140) ≪정로≫ 1945년 11월 21일 ; ≪정로≫ 1945 년 12월 14일자도 참조.

141) ≪정로≫ 1946년 3월 9일.

142) 전현수, "소련군의 북한 진주와 대북한정책," 25쪽. 조선민주당 창당과정에서 김일성의 역할에 대해서는 W/S, no. 9, Incl., no. 3, p. 5 ; Lim Un, The *Founding of a Dynasty in North Korea: An Authentic Biography of Kim* Il-song (Tokyo: Jiyu-sa, 1982), p. 150을 참조.

143) ≪로동신문≫ 1976년 9월 20일 (최용건의 사망을 부고하면서 게재한 '최용건 동지의 략력' 및 '애도사' 참조).

144) W/S, no. 9, Incl., no. 3, p. 5 ; 홍성준 편,『고당전』(서울: 평남민보사, 1966), 213~214쪽; 중앙일보 특별취재반,『비록: 조선민주주의인민공화국』, 101쪽.

145) 레베제프에 의하면, 1945년 21월 1일 현재, 북한의 공산당원은 총 4,000명 미만이었던 데 비하여, 조선민주원의 숫자는 5,406명이나 되었다. 중앙일보 특별취재반,『비록: 조선민주주의인민공화국』, 100쪽. 1945년 11월 15일에 치러진 면인민위원회 및 촌장 선거에서 보듯이 북한 주민들의 민주당에 대한 지지는 점증하였다. Headquarters, U.S. Military Forces in Korea(USAFIK), "Intelligence Summary of Northern Korea"(이하에서는 'ISNK'로 약칭), no. 2, p. 2 ; ISNK, no. 3, p. 2.

146) ≪정로≫ 1946년 2월 13일. 1946년 2월 5일에 열린 조선민주당 열성자협의회의 '선언문'은 '현재 결당結黨 3개월 여에 이미 수만의 당원의 획득'하게 되었으며, 민주당의 당원 숫자를 '몇 만'이라고 함.

147) ≪정로≫ 1946년 1월 16일.

148) 홍성준 편,『고당전』, 220쪽; 한근조,『고당 조만식』(서울: 태극출판사, 1970), 392쪽.

149) ≪정로≫ 1946년 3월 16일.

150) ≪정로≫ 1946년 4월 10일.

151) ≪정로≫ 1946년 5월 7일.

152) ≪정로≫ 1946년 2월 7일.

153) 정성임, "소련의 대북한 점령정책에 대한 연구: 1945년 8월-1948년" (이화여자대학교 정치학 박사학위 논문, 1999), 78쪽.

154) 조만식의 조선민주당은 1946년 1월 2일 '조선에 관한 소・미・영 3국외상

모스크바회의의 결정'에 대하여 공산당과 여러 사회단체들이 합동지지 발표를 하였을 때, 이를 지지하지 않았고, 1월 3일 발표된 5도행정국 국장회의에서 모스크바 성명을 지지하는 성명을 발표했으나, 위원장인 조만식은 이름을 넣지 않았다. ≪정로≫ 1946년 1월 3일.

155) ≪정로≫ 1946년 1월 12일.

156) ≪정로≫ 1946년 1월 12일.

157) ≪정로≫ 1946년 1월 16일(오기섭이 1946년 1월 2일 민청에서 한 연설), 1월 27일(민주당 평안남도 용강군당부의 13개면 민주당책임자 회의)(1946년 1월 26일에 평안남도 안주군 조선민주당 책임자), 1월 29일(조선민주당 부당수 최용건), 1월 31일(최용건) ; 3월 12일.

158) ≪정로≫ 1946년 1월 13일(사설).

159) ≪정로≫ 1946년 2월 7일.

160) ≪정로≫ 1946년 2월 13일. ≪정로≫ 1946년 2월 7일자를 보면, 당수에는 홍기황, 부당수에는 최용건으로 되어 있으나, 2월 13일자에 실린 당혁신 열성자협의회에서의 '결정서'를 보면, 부당수는 최용건, 임시당수 겸 총무부장에 강량욱을 선출하고, 홍기황은 여러 '위원' 중의 하나로 선출되었다고 되어 있다. 집행부 개편으로는 집행의원장 최용건, 강량욱은 위원 중의 하나로 되어 있다. 1946년 2월 12일 7개의 정당 및 사회단체 명의로 북조선임시인민위원회 결성대회 주석단에서 '스탈린 동지에게 보내는 편지'를 보면, 강량욱이 조선민주당 임시당수로 되어 있다. 따라서 강량욱이 임시당수가 되었던 것이 사실로 보인다. ≪정로≫ 1946년 2월 7일, 13일, 20일.

161) 3월 1일 평양에서의 3·1절 기념식에서 최용건이 민주당당수로서 기념연설을 하는 것을 보면, 2월 13~28일 사이에 최용건이 정식으로 조선민주당 당수가 된 것으로 보인다. ≪정로≫ 1946년 3월 4일.

162) ≪정로≫ 1946년 4월 10일.

163) ≪정로≫ 1946년 3월 30일.

164) ≪정로≫ 1946년 4월 10일.

165) ≪정로≫ 1946년 5월 7일.

166) 본 논문의 각주 102번을 참조.

167) 태성수 편, 『당문헌집: 당의 정치노선 급 당사업 총결과 결정』 제1권, 19~20쪽.

168) 위의 책, 25~43쪽.

169) 예컨대, 조만식은 1945년 11월 15일 김일성과의 대담에서 이승만, 김구, 김일성 등을 포함하는 중앙정부의 수립에의 참여를 주장하였고, 이러한 목적을 위해 자신이 서울을 방문할 것을 협의하였으며, '12월 1일 이전에 중앙정부를 수립해서 외국군대의 철수문제를 제기할 수 있도록 서둘러야 한다'고 주장하

고, '김일성이 점령군의 철수를 방해하고 있다'고 비난하였다고 한다. 전현수, "소련군의 북한 진주와 대북한정책," 21쪽.

〈참고문헌〉

1. 북한문헌

김일성, 『김일성 저작집 1-5』(평양: 조선로동당출판사, 1979, 1980).
김일성장군 술, 「민족대동단결에 대하야」(1945년 10월).
북조선로동당 중앙위원회, 『북조선로동당 창립대회 회의록』(평양, 1946).
_____, 『북조선로동당 제2차 전당대회 회의록』(평양, 1948).
『正路』, 1945년 11월 1일(창간호)~1946년 5월 17일.
조선민주당, '선언', '강령', '정책', '조선민주당 규약'(평양, 단기 4278년[1945년] 10월).
조선산업노동조사소, 『옳은 노선』(서울: 1945년 11월 24일 ; 東京: 민중신문사 출판부, 1946년 6월 20일)(轉刊).
태성수 편, 『당문헌집: 당의 정치노선 급 당사업 총결과 결정』제1권 (평양: 정로사 출판부, 1946).
한재덕, 『김일성장군 개선기』(평양: 민주조선사, 1948).
≪로동신문≫ 1946년 9월 1일~1947년 4월 30일, 1976년 9월 20일.

2. 남한문헌

고준석, 『해방 1945-1950: 공산주의운동사의 증언』(서울: 도서출판 한겨레, 1989).
기광서, "1940년대 전반 소련군 88독립보병여단 내 김일성 그룹의 동향," 『역사와 현실』제28호 (1998년 6월).
김준엽외 편, 『'북한'연구 자료집』제1권 (서울: 아세아문제연구소, 고려대학교 출판부, 1969).
김창순, 『북한 15년사』(서울: 지문각, 1961).
_____, 『역사의 증인』(서울: 한국 아세아 반공연맹, 1956).
방인후, 『북한 '조선노동당'의 형성과 발전』(서울: 고려대학교 출판부, 1967).
백학순, 『국가형성전쟁으로서의 한국전쟁』(성남: 세종연구소, 1999).
_____, "북한의 국가형성에 있어서 김일성의 자율성 문제," 『한국정치학회보』28 집 2호 (1994).
오영진, 『하나의 증언』(부산: 국민사상 지도원, 1952).
이정식, "냉전의 전개과정과 한반도 분단의 고착화" 유영익 편, 『수정주의와 한국 현대사』(서울: 연세대학교 출판부, 1998).
정성임, "소련의 대북한 점령정책에 대한 연구: 1945년 8월-1948년" 이화여자대학교 정치학박사학위 논문 (1999).

조영암, 『고당 조만식』 (부산: 정치신문사, 1953).

중앙일보 특별취재반, 『비록: 조선민주주의인민공화국』 상·하권 (서울: 중앙일보
　　사, 1992, 1993).

전현수, "소련군의 북한 진주와 대북한정책" 『한국독립운동사 연구』 9 (1995).

_____, "「쉬띄꼬프 일기」가 말하는 북한정권의 성립과정," 『역사비평』 30호
　　(1995년 가을).

한근조, 『고당 조만식』 (서울: 태극출판사, 1970).

2. 외국문헌

Brockett, Charles D. "The Structure of Political Opportunities and Peasant
　　Mobilization in Central America," *Comparative Politics* 23, 3 (Apr.1991).

Cohen, Yousseff. *The Manipulation of Consent: The State and Working-Class Consciousness
　　in Brazil*. (Pittsburgh: University of Pittsburgh Press, 1989).

Dimitroff, Georgi. *The United Front: The Struggle Against Fascism and War* (San
　　Francisco: Proletarian Publishers, 1975).

Gregor, Richard, ed. *Resolutions and Decisions of the Communist Party of the Soviet Union:
　　The Early Soviet Period, 1917-1929*. Vol. 2. (Toronto, Canada: University of
　　Toronto Press, 1974).

Headquarters, U.S. Military Forces in Korea (USAFIK). "G-2 Weekly Summary," No. 9.

_____, "Intelligence Summary of Northern Korea," Nos. 2, 3.

Lee, Chong-Sik, *Korean Workers' Party: A Short History* (Stanford: Hoover Institution
　　Press, 1978).

Lim, Un, *The Founding of a Dynasty in North Korea: An Authentic Biography of Kim
　　Il-song* (Tokyo: Jiyu-sa, 1982).

Nove, Alec, *An Economic History of the U.S.S.R.* 2d Ed. (London: Penguin Books, 1989).

Paik, Hak Soon, "North Korean State Formation, 1945-1950," (A Ph.D. Dissertation,
　　University of Pennsylvania, 1993).

Ree, Erik van, *Socialism in One Zone: Stalin's Policy in Korea, 1945-1947* (Oxford: Berg,
　　1989).

Scalapino, Robert A. & Chong-Sik Lee, *Communism in Korea, Part I: The Movement*
　　(Berkeley: University of California Press, 1972).

Schapiro, Leonard. *The Communist Party of The Soviet Union*. 2d Ed. (New York:
　　Vintage Books, 1971).

State Department of the United States, *Foreign Relations of the United States: Diplomatic*

Papers, 1945. Vol. 6. (Washington, D.C.: United States Government Printing Office, 1969).

Suh, Dae-Sook, *The Korean Communist Movement, 1918-1948.* (Princeton:Princeton University Press, 1967).

_____, *Korean Communism 1945-1980: A Reference Guide to the Political System.* (Honolulu: The University Press of Hawaii, 1981).

_____, *Kim Il Sung: The North Korean Leader.* (New York: Columbia University Press, 1988).

Tilly, Charles, ed, *The Formation of National States in Western Europe.* (Princeton: Princeton University Press, 1975).

_____, "War Making and State Making a Organized Crime," In *Bringing the State Back In*, eds. Peter B. Evans, Dietrich Rueschemyer, & Theda Skocpol (Cambridge: Cambridge University Press, 1985).

森田芳夫, 長田かな子 編,『朝鮮戰爭の記錄: 資料篇 第三卷』(東京: 巖南堂書店, 1964).

조선로동당의 형성과 체계화:
1945 ~ 1961

송 정 호

1. 서 론

북한의 조선로동당은 1946년 8월 공식적인 창당 이래 오늘날에 이르기까지 인민민주주의 혁명으로부터 사회주의 혁명과 그 건설에 이르는 과정 전반을 일관되게 이끌어 왔다. '혁명의 참모부'인 조선로동당은 다당제로 정치적 다원주의가 실현된 개방 사회와는 다르게 일원적 지도체계를 구축하여 모든 국가기관 및 사회단체들로 하여금 조선로동당이 수립한 정책과 노선을 집행하도록 지도·감독하여 왔다.

김일성의 항일무장투쟁 시기로부터 자신의 연원을 찾는 조선로동당은 1945년 10월 전신이었던 '조선공산당 북부조선분국'이 결성될 당시만 하더라도 당세가 4,500여 명에 불과한 미미한 존재였다. 하지만 오늘날 조선로동당은 김정일을 정점으로 300만 명이 넘는 것으로 추산되는 엄선된 당원과 대규모의 당 조직을 갖춘 대중정당으로 변모하였으며, 모든 국가기관 및 각 부문의 사회단체에 결정적인 영향력을 행사하고 있다.

그러나 조선로동당의 일당지배체제는 1990년대 이래 사회주의 국가들의 붕괴와 변화, 북핵문제의 대두 및 국제적 고립, 극심한 식량난과 경제난 등의 위기가 지속되면서 상당부분 약체화되었다. 당 대회, 당 중앙위원회, 당 정치국 등 의사결정기구가 정상적으로 작동되지 못하고 있을 뿐만 아니라, 군대가 당의 역할을 상당부분 대행하고 사회내 보안기구들의 기능이 확대되는 등 당의 여타 국가기관 및 사회단체에 대한 절대 우위성도 부분적으로 상실되었다.

그럼에도 불구하고 조선로동당의 조직 및 집행기능은 여전히 위력을 발휘하고 있으며 군대의 실행력과 함께 북한 통치조직의 근간으로 작동하고 있다. 김정일 시대 들어 '선군정치'의 주장으로 군의 역할 및 정치적 위상 제고 현상이 주목받고 있지만 군이 당의 통제를 벗어나 독자적인 힘을 확장해 나가고 있다고 보기는 어렵다. 오히려 군은 당의 지배 원칙에 가장 충실함으로써 김정일에 대한 충성에 있어서 여타 국가기관이나 각종 사회단체에 귀감이 되고자 하는 역할을 부여 받고 있다.[1]

따라서 우리가 오늘날 북한 사회를 이해하고 북한 체제의 분석을 통해 미래를 전망하고자 한다면, 권력의 초점으로서 조선로동당에 대한 이해를 선행할 필요가 있다. 조선로동당의 일원적 지도 체계가 약체화되었다고 하더라도 여전히 모든 국가권력이 조선로동당을 통해 김정일에게로 집중되기 때문이다. 이러한 면에서 조선로동당에 대한 연구는 북한 사회 연구의 첫 관문이자 핵심영역이라고 볼 수 있다.[2]

이 글은 조선로동당이 형성되고 체계화되는 과정에 대한 개괄적인 이해를 위해 준비되었다. 이를 위해 이 글은 1946년 조선공산당 북부조선분국의 결성 시기로부터 조선로동당의 일원적 지도체계가 구비되는

1961년 제4차 당대회 개최 시기까지의 기간을 중심으로 조선노동당의
형성 배경 및 과정을 살펴본 후, 당의 성격과 목적의 변화, 당세 및 당
핵심지도부의 변화, 당의 인적 구성 변화, 당 조직체계와 중앙권력기관
변화, 당-군 관계의 변화를 검토하였다.

2. 조선로동당의 형성 배경 및 과정

1) 당 형성 배경

북한의 역사는 조선로동당의 주도 하에 이루어져 왔기 때문에 오늘
날의 북한 체제나 사회를 이해하기 위해서는 이 당의 역사를 살펴볼 필
요가 있다. 그리고 조선로동당의 역사를 제대로 파악하기 위해서는 식
민지 시대에 국내외에서 다양하게 전개되었던 공산주의자들의 활동을
살펴볼 필요가 있다. 왜냐하면 이들 공산주의자들이 해방 직후 남북한
에서 좌파 세력의 중심이 되어 조선공산당을 재건하고 남북조선로동당
을 형성하였기 때문이다.

북한이 주장하는 공식적인 당 역사는 조선로동당의 전사前史로서 항
일무장투쟁만을 인정하고 나머지 공산주의 운동을 부정하고 있다. 북한
당국은 1926년 10월 김일성이 '타도제국주의동맹(ㅌ·ㄷ)'을 결성함으
로써 최초로 공산주의 혁명 조직다운 조직을 결성하여, 이것이 혁명적
당건설의 출발점이 되었고, 'ㅌ·ㄷ'으로부터 조선로동당의 뿌리가 내
리기 시작했다고 주장한다. 그리고 김일성이 1930년 '카륜회의'에서 주
체적인 혁명 노선을 제시하고, 당창건 준비사업을 추진하는 데 대한 방
침을 제시하였다고 강조한다.3)

그러나 북한당국이 주장하는 역사는 '신화'의 역사일 뿐 실재했던 역

사가 아니다. 조선로동당은 식민지 시대 일제의 가혹한 탄압 하에서 각자가 처한 투쟁조건과 노선에 따라 공산주의 운동을 전개하였던 여러 인물들에 의해 결성되었다. 다양한 항일경력을 가진 이들 대부분은 해방이 되자 남북한 지역에서 여러 정당들을 창당하면서 새로운 국가 건설의 경쟁에 뛰어들었다.4)

  조선로동당 형성의 기초가 된 한국 공산주의 운동의 뿌리는 1910년대 후반으로 거슬러 올라가 찾을 수 있다. 최초 한인 공산주의 운동은 1910년대 후반부터 1920년대 초반까지 러시아 극동지역과 상해 지역을 중심으로 한 단일 공산당 결성 시도에서 나타났다. 그 후 1920년대에는 여러 차례에 걸쳐 국내에서 조선공산당 결성 시도가 있었다. 그러나 이러한 시도들이 무산되자, 공산주의 운동의 각 분파들은 스스로가 처한 조건과 환경에 따라 각기 다른 노선과 방법으로 항일투쟁을 전개하였다. 이는 대체로 첫째, 1920년대 국내 공산주의 운동의 맥을 잇는 국내에서의 조선공산당 재건 운동, 둘째, 김일성·최용건·김책 등을 중심으로 10여 년간 지속된 만주 일대에서의 항일무장투쟁, 셋째, 1942년 '화북조선독립동맹'의 결성을 가져오게 되는 1930년대 이후 중국 관내에서의 공산주의 활동 등으로 구분되었다. 1930년대 국내 공산주의 운동의 대표적인 인물인 박헌영·김삼룡·이관술 등은 해방 이후 남한 지역에서 지도적인 위치를 차지하였으며, 오기섭·정달헌 등은 북한 지역에서 지도적인 인물로 부상하였다. 또한 만주 항일무장투쟁의 상징적인 인물로 등장한 김일성은 자신의 명망성에 힘입어 해방정국에서 단번에 주도적 인물이 되었고, 연안독립동맹의 김두봉이나 무정 역시 항일경력에 힘입어 북한 지역에서 유력한 지도자로 등장하였다.5)

  이들 공산주의자들은 남북한에서 조선로동당의 전신인 조선공산당 재건과 조선공산당 북부조선분국 결성에 참여하여 조선민주주의인민공화국이라는 새로운 국가 건설의 산파 역할을 하였다. 하지만 이들은 북한의 국가 건설 과정에서 때로는 상호 공존과 협력을 모색하고 때로는 상호 대립과 갈등을 반복하면서 부침을 거듭하다가 6·25 전쟁과 사회주의 개조 과정에서 서로 다른 운명을 맞게 되었다.

2) 당 형성 과정

북한 당국이 공식으로 기념하는 조선로동당 공식적인 창건일은 10월 10일이다. 이 날은 김일성과 김정일의 탄생일에 이은 큰 명절로서 기념된다. 북한은 조선공산당이 1925년 4월에 창건되었다고 인정하면서도, 1945년 10월 10~13일 조선로동당 창립대회가 열렸다고 주장한다.[6] 북한당국이 조선로동당 창립기념일을 10월 10일로 정식 확정한 것은 남로당 숙청 등을 반영하여 새로운 역사해석을 일단락 짓는 1958년에 이르러서였다.[7]

1945년 8월 15일 일제의 항복 이후 북한 지역에 진주한 소련은 점령 초기에 북한 지역만의 정권적 조직을 모색하고 있었다. 그러한 가운데 1945년 10월 8~10일 평양에서 정권적 기초를 형성하기 위한 '5도인민위원회연합회의'가 소련군사령관의 제안으로 개최되었다. 이 회의가 열리기 직전인 10월 5일 북한 지역만의 독자적인 당조직 형성을 위한 회의의 예비회의가 열렸다. 그리고 10월 10일 폐회된 5도대회 대표자 중 70여 명의 공산주의자들이 모여 <서북5도당책임자 및 열성자대회>가 개최되었고, 조선공산당의 북조선분국 설치를 둘러싼 논쟁 끝에 10월 13일 확대 개최된 <서북5도당책임자 및 열성자대회>에서 '조선공산당 북부조선분국'(이하 분국)이 결성되었다.[8] 당시 조직의 명칭은 북한의 공식 당사黨史에서는 '북조선공산당 중앙조직위원회'로 기술되고 있다.

분국은 창립 초기에 조선민주당 등에 비해 세력이 그리 크지 못하였다. 분국은 내적 갈등이나 대중성 결여 때문에 해방정국에서 힘이 강했던 인민위원회나 대중단체내 좌익세력들을 통제할 수 없었다. 1945년 12월 17일 분국 제3차 확대집행위원회에서 김일성이 북한으로 귀환한 연안계와 증강된 소련계의 지지를 얻어 책임비서에 취임하여 당조직의 중앙집권화를 추진하면서 공산당도 성장해 나갈 수 있었다.[9]

분국은 당세가 확장되어가자 점차 남한의 공산당 중앙에 대한 독자성을 드러내기 시작하였다. 분국의 양적 성장의 결정적인 계기가 되었던 것은 토지개혁이었다. 토지개혁이 공식적으로 거론되기 시작한 것은 1946년 1월 말 분국 5차 확대집행위원회 개최 당시였다.[10] 분국은 토지개혁을 총괄하기 위해 열린 분국 제6차 확대집행위원회 개최 이후부터 '북조선공산당'이라는 명칭이 사용되기 시작하였다.

이러한 가운데 중국에서 돌아온 연안계를 중심으로 1946년 2월 16일에는 '조선신민당'이 창당되었다. 조선신민당은 좌파 정치세력의 통합을 모색하던 소련의 정책적 의도에 따라 북조선공산당과 통합되었다.[11] 1948년 7월 22일 각 정당·사회단체대표회의가 개최되어 '북조선민주주의민족통일전선위원회'가 결성되고 난 후, 동년 8월 28~30일 북조선로동당 창립대회가 개최되었다. 위원장에는 신민당위원장인 김두봉, 부위원장에는 김일성과 국내계의 주녕하가 선출되었다. 창립대회에는 각 도에서 선출된 801명의 대표가 참가하였다. 대표들의 연령이 40대까지가 97%를 차지하고 31~40세까지가 반 이상을 이룬 젊은 정당이었다.[12]

한편 남한에서는 1945년 9월 11일 박헌영을 중심으로 '조선공산당'이 재건되어 대부분의 지방 토착공산주의자들은 서울 중앙을 지지하고 있었다. 조선공산당의 재건에 이어 남조선신민당(1946.7.13)과 조선인민당(1945.11.12)이 각각 결성되었다.[13] 그리고 북한에서와 마찬가지로 스탈린의 '제안'에 따라 조선공산당, 남조선신민당, 조선인민당의 합당이 추진되었다. 이들 3개 정당들은 1946년 11월 23일 합당대회를 통해

'남조선로동당'을 결성하였다. 하지만 남조선로동당은 극좌 노선 추구로 인한 미군정 당국의 탄압으로 핵심지도부가 북한 지역으로 피신하면서 1947년 7월 이후 세력이 급격히 약화되었다.14)

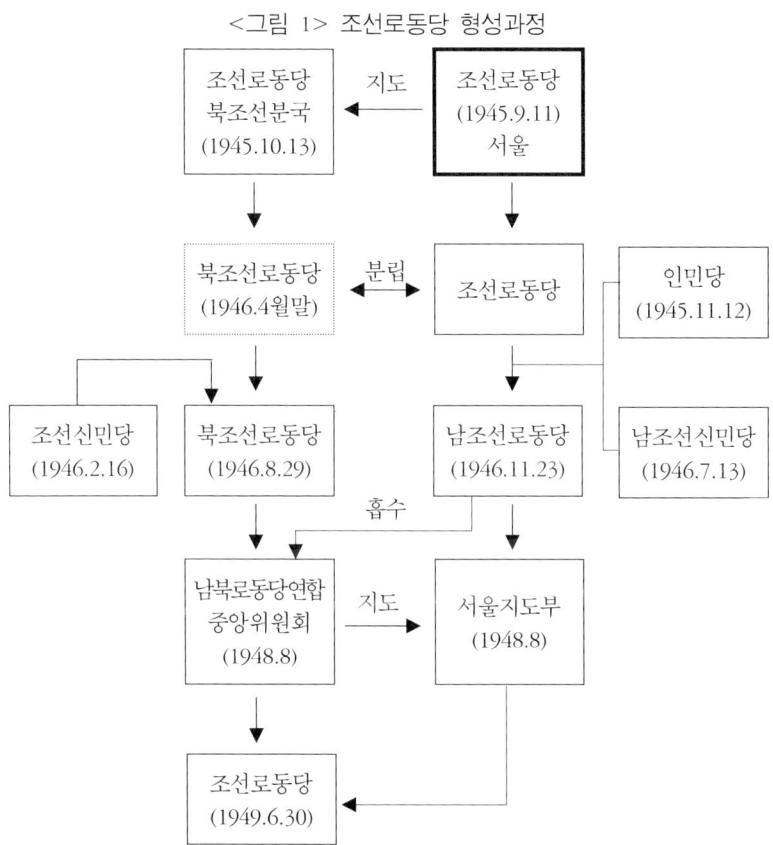

<그림 1> 조선로동당 형성과정

자료: 통일부, 『2004 북한개요』(서울: 통일부, 2004), 44쪽.

이후 1948년 4월 19~23일 <남북조선제정당·사회단체연석회의>가 개최된 뒤, '남북조선로동당지도부'는 양당의 합당을 주진하였다. 그 결과, 1948년 8월 2일 해당 결정서가 채택되어 '남북조선로동당 연합중앙지도기관'이 조직되었고, 이것이 '조선로동당 중앙위원회'가 되었다. 그리고 1949년 6월 30일 남북조선로동당 중앙위원회는 조선로동당 중앙위원회로 통합되어 '남북조선로동당 연합중앙지도기관'이 '조선로동당 중앙위원회 정치위원회'로 개편되었다. 양당 합당으로 위원장에 김일성, 부위원장에 박헌영·허가이가 선출되었다. 그리고 당무 전반을 관할하는 당비서직이 신설되어 제1~3비서에 허가이·리승엽·김삼룡이 각각 선출되었다.[15]

3. 조선로동당의 지도사상 및 목적 변화

1) 주체사상 성립 이전

조선로동당의 지도사상과 목적은 창당 이래 대내외 환경 여건에 따라 변화를 보여 왔고, 이는 역대 당 대회를 거치면서 당 규약에 반영되어 왔다.

조선로동당은 분국 결성 이래 주체사상이 고창되는 1960년대 중반까지 마르크스-레닌주의를 자신의 지도사상으로 내세웠다. 하지만 조선로동당은 북한정권 창립 이전에 개최된 제1, 2차 당대회에서 채택된 당규약[16]에서 자신의 지도사상을 명백히 명시하지 않았다. 이는 남북한의 통일문제가 최대 현안으로 등장하고 통일전선이 강조되는 해방공간에서 조선로동당을 마르크스-레닌주의 정당이 아닌 진보적인 대중정당으로 위치지울 필요가 있었기 때문이었다. 북조선로동당은 창립대회에서 채택된 당 규약 제2조를 통해 자신의 위상을 '조선근로대중의 이익의 대표자이며 옹호자'로 밝히고, 자신의 목적을 '조선근로대중의 민주주의적 자유를 보장할 수 있는 부강한 민주주의적 조선독립국가 건설과

근로대중의 정치, 경제 및 문화생활 수준의 향상'이라고 규정하였다.[17]

조선로동당은 6·25 전쟁을 계기로 1951년경부터 자신의 지도사상인 마르크스-레닌주의의 기치를 공개적으로 내세울 수 있었다. 김일성은 1951년 11월에 열린 당중앙위원회 제4차 전원회의에서 '마르크스-레닌주의적 당'이라는 표현을 사용하였다. 조선로동당은 전쟁 전부터 내부적으로는 당원들에게 마르크스-레닌주의 이론의 학습을 독려해 왔으나, 통일전선의 구축을 통한 통일의 달성이라는 열망 때문에 마르크스-레닌주의의 공개적 제기를 자제해 왔다.[18]

1956년 제3차 당대회가 개최되자 당규약에 마르크스-레닌주의를 반영시켰다. 당규약 제1조를 개정하고 마르크스-레닌주의를 당 활동의 최고 지침으로 제시하였다. 또한 조선로동당의 위상을 '노동계급과 전체 근로대중의 선봉적 조직적 부대'와 '민족적 독립과 해방을 위하여…투쟁한 조선 인민의 혁명적 전통 계승자'로 규정하면서, '전국적 범위에서 반제·반봉건적 민주혁명의 과업 완수'를 당의 당면 목적으로, '공산주의 사회 건설'을 최종 목적으로 내세웠다.[19]

2) 주체사상 성립 이후

1961년 9월 제4차 당대회에서 채택된 당 규약[20]에 나타난 조선로동당의 지도사상 및 목적은 3차 당대회 때와 비교하여 큰 변화가 나타나지 않았다. 하지만 1970년 11월 제5차 당대회에서 채택된 당규약에서는 조선로동당의 지도사상으로 마르크스-레닌주의와 함께 김일성의 주체사상이 처음으로 등장하였다.

김일성을 비롯한 조선로동당의 핵심지도부가 '주체' 확립 문제를 고민하기 시작한 것은 6·25 전쟁 당시부터였고, 이를 공개적으로 표면화하기 시작한 것은 1950년대 중반무렵였다. 김일성은 1955년 12월 28일

"사상사업에서 교조주의와 형식주의를 퇴치하고 주체를 확립할 데 대하여"라는 연설을 통해 주체 확립 문제를 제기하였다. 당시 주장의 핵심은 당 사상사업에 있어 마르크스-레닌주의를 북한의 현실에 창조적으로 적용해야 한다는 것이었다.[21]

1960년대 북한이 직면한 복잡한 대외환경은 이 같은 주체 확립의 문제 제기로부터 '주체사상'이 대두되어 발전할 수 있는 토대를 마련해 주었다. 특히 사회주의 두 강국인 소련과 중국의 격렬한 대립과 분쟁은 조선로동당의 주체노선 확립에 결정적인 영향을 미쳤다. 또한 남북 분단이라는 상황 하에서 외세배격과 미군철수라는 반외세 자주화의 기치는 주체를 더욱 고창하도록 하는 역할을 하였다.[22] 그리고 1967년 당중앙위 제4기 15차 전원회의 이후 김일성에 대한 개인숭배의 극단적 강화와 후계문제의 시동 및 김정일의 등장은 주체사상의 절대화를 가져오게 되었다.

<표 1> 조선로동당의 성격과 목적 변화

당 대 회	성격		당 면 목 적	비고
	위상	지도사상		
북조선로동당 창립대회 (1946. 8.28~30)	조선근로대중의 이익의 대표자이며 옹호자	미명기	조선근로대중의 민주주의적 자유를 보장할 수 있는 부강한 민주주의적 자주독립국가 건설과 근로대중의 정치, 경제 및 문화생활 수준의 향상	
북조선로동당 제2차 대회 (1948. 3.27~30)	위와 동일	미명기	위와 동일	
조선로동당 제3차 대회 (1956.4.23~29)	북한 노동계급과 전체 근로대중의 선봉적 조직적 부대, 조선 인민의 혁명적 전통의 계승자	마르크스-레닌주의 학설	전국적 범위에서 반제반봉건적 민주혁명과업 완수(추가)	

조선로동당 제4차 대회 (1961.9.11~18)	항일무장투쟁의 영광스러운 혁명 전통의 직접적인 계승자(추가)	위와 동일	북한에서 사회주의의 완전한 승리 보장과 전국적 범위에서 반제반봉건적 민주혁명과업 완수	
조선로동당 제5차 대회 (1970.11.2~13)	위와 동일	마르크스-레닌주의 및 마르크스-레닌주의를 북한의 현실에 적용한 김일성 주체사상	북한에서의 사회주의의 완전한 승리 성취와 전국적 범위에서 민족해방과 인민민주주의혁명 수행	유일사상체계 확립을 당규약에 명시
조선로동당 제6차 대회 (1980.10.10~14)	주체형의 혁명적 마르크스-레닌주의 당(추가)	위와 동일	위와 동일	

자료: 이종석, 『조선로동당 연구』, 344쪽.

4. 조선로동당의 인적 구성 변화

1) 당세 변화

　조선공산당 북부조선분국은 창설 초기인 1945년 말 당시에는 '조선민주당' 등에 비해 당세가 그리 크지는 못하였다. 분국은 초기에 각 지역 공산당 조직의 연합형태를 이루고 있었기 때문에, 당내 통제조차 제대로 이루어지기 힘들었던 조직이었다. 이는 당시 전체 당세에도 그대로 반영되어 나타났다. 김일성이 책임비서를 맡게 되는 1945년 12월 분국 제3차 확대집행위원회 개최 당시의 당원 수는 4,530명으로 매우 미미한 것이었다.[23]

　그러나 분국은 토지개혁을 계기로 급속한 양적 성장을 보였다. 즉 분국은 토지개혁 이후 세력이 강했던 인민위원회 조직을 올라타는 형태로 급속히 성장하였다.[24] 1946년 4월 토지개혁을 총괄하기 위해 열린 분국

제6차 확대집행위원회 직후 2만 6,000여 명에 불과하던 당원 수는 비약적으로 성장하여 '북조선로동당' 창립 직전인 1946년 8월에는 27만 6,000여 명이 되었다. 불과 4개월 만에 10배 이상 증가한 것이었다.[25) 이는 모집 입당 등 대대적인 당세 확장 작업에 의한 것이다.

그리하여 1946년 8월 28~30일 개최된 북조선로동당 창립대회 당시 당원 수는 37만 6,000여 명(공산당 27만 6,000여 명, 신민당 9만여 명)을 기록하였다.[26) 그리고 북조선로동당 창립대회 이후에도 당원 수는 계속 증가하였다. 북조선로동당 제2차 대회(1948.3.27~30) 직전인 1948년 1월에는 당원 총수가 75만여 명으로, 당 세포수도 창립대회 당시 1만 2,000여 개로부터 2만 8,000여 개로 증가하였다. 1949년에 당원 비율은 총 인구 수 대비 8.3%에 달하였다. 하지만 당원 수의 급속한 양적 증가는 동시에 당원의 질적 저하라는 문제를 가져왔다.[27)

6·25 전쟁 기간 중 당원들의 출당과 전사에도 불구하고 당원들은 오히려 증가하였다. 전쟁 기간 중 '당원재등록사업'이 실시되어 60만여 명의 당원 중 45만여 명이 출당되었으나, 1951년 11월 1~2일 당중앙위원회 제4차 전원회의를 통해 당 조직담당 제1비서 허가이가 '관문주의자關門主義者'로 비판받아 좌천되고 징벌 해제와 신규 입당이 대대적으로 이루어지면서 1952년 12월 제5차 전원회의 당시에는 당원 수가 100만 명에 육박하게 되었다.[28)

1956년 4월 23~29일 8년만에 개최된 3차 당대회에서는 2차 당대회에 비해 당원 수가 60% 증가한 116만 4,925명, 당세포 수가 96% 증가한 5만 8,259개를 기록하였다. 이처럼 당세의 확장은 조선로동당의 사회장악력이 지속적으로 증가함을 의미하였다. 당원 구성도 노동자 22.6%와 빈농 56.8%로 전체 당원의 79.4%에 달하여 1948년 2차 당대회보다 증가하였고, 전시 기간 및 전후 입당한 당원의 절반이 넘는 51.7%에 달했다.

1961년 9월 11~18일 제4차 당대회에서는 당원 수가 131만 1,563명, 당세포 수가 6만 5,000개를 기록하였다. 북한은 이후 당세에 관한 공식 통계를 발표하지 않고 있다. 1980년 10월 제6차 당대회에 참가한 당대 표 중 결의권 대표 수와 결의권 대표의 선출 비율을 감안하면 당시 당원 수는 약 320만 명 정도로 추정되고 있다.[29]

<표 2> 조선로동당원 증가 추세

시 기	당원 수(명)	당세포 수(개)
조선공산당 북부조선분국 3차 확대집행위원회 (1945. 12)	4,530	
북조선로동당 창립대회(1946. 8)	366,000	12,000
북조선로동당 제2차대회(1948. 3)	725,762	29,762
북조선로동당 중앙위 5차전원회의(1952. 12)	1,000,000	48,933
조선로동당 제3차대회(1956. 4)	1,164,945	58,258
조선로동당 제4차대회(1961. 9)	1,311,563[1]	65,000
조선로동당 창건20주년(1965. 10)[2]	약 1,600,000	
조선로동당 제5차대회(1970. 11)[3]	약 1,730,000	
조선로동당 제6차대회(1980. 10)[4]	약 3,220,000	약 210,000

출처: 각 당대회 중앙위 사업보고시의 김일성 연설, 『조선중앙년감』
자료: 통일부, 『2004 북한개요』(서울: 통일부, 2004), 48쪽.
* 주 : 1) 당원 1,166,359명 후보당원 145,204명
　　　2) ≪로동신문≫ 1965년 10월 10일.
　　　3) ≪로동신문≫ 1970년 10월 10일.
　　　4) 당 제5기 19차 전원회의(1979. 12 18) 당대표자 선출비율 (당원 1,000명 당 결의권자 1명, 후보당원 1,000명당 발의권자 1명)을 근거로 산출한 추정치

2) 당 지도부 변화

북한 체제의 형성을 조선로동당 핵심지도부의 세력구성 변화 차원에

서 살펴보면, 여러 정파의 연합체였던 당이 점차 김일성을 중심으로 한 빨치산과 단일의 정파로 재편되어 갔음을 알 수 있다. 초기 북한 체제의 기반을 이루었던 정치세력 중 연안계, 소련계 등 해외 세력과 남로당파, 국내계 등 중간파적 세력들은 철저하게 배제되어 갔다.[30]

1946년 8월 북조선로동당 창립대회, 1948년 3월 북조선로동당 제2차 대회에서 선출된 당 지도부를 살펴보면, 전체적으로 연안계, 소련계, 만주파 등 해외세력이 주류를 이루어 국내계를 압도하면서 정파 간에 일정한 균형을 이루는 모습을 보였다.

북조선로동당 창립대회 당시 선출된 중앙위원 43명 중 만주파, 연안계, 소련계 등 해외 출신자가 31명을 차지하여 국내계를 압도하였다.[31] 이는 당시 국내계 거물들이었던 각 도인민위원장은 중앙위원에서 배제되어 있었기 때문이기도 하였다. 해외 세력 중에서는 합당에 따른 조선신민당에 대한 배려로 연안계가 19명이나 포함되어 있었다. 초대 위원장에는 신민당 위원장이었던 김두봉, 부위원장에는 김일성과 국내계를 대표하는 주녕하가 선출되었다. 정치위원은 만주파 1명(김일성), 연안계 2명(김두봉·최창익), 소련계 1명(허가이), 국내계 1명(주녕하)의 5명으로 구성되었다. 상무위원에는 정치위원에 더해 김책(만주파), 태성수(소련계), 김교영(연안계), 박정애(국내계), 박일우(연안계), 김창만(연안계), 박효삼(연안계), 오기섭(국내계)의 13명이 선출되었다. 당기구의 근간인 조직부문과 선전부문은 소련계와 연안계에 의해 장악되었는데, 이러한 현상은 6·25전쟁 이후까지 지속되었다.[32]

북조선로동당 제2차 대회에서는 소련계가 당내 헤게모니를 쥐게 되었다. 창립대회에 비해 당 중앙위원 수가 약 2배로 증가하여 중앙위원 67명, 후보위원 20명이 선출되었는데,[33] 창립대회에 이어 재선된 위원은 30명이었고, 신규로 선출된 위원은 37명이었다. 중앙위원 37명과 후보위원 20명이 새롭게 등장한 인물이었다. 연안계는 기존 세력을 유지하였지만, 반소적인 주요 인물은 교체되었다. 소련계는 8명에서 중앙위원 16명과 후보위원 3명으로 대폭 증가하였다. 국내계는 거의 재임되었으나 중앙위원 수가 증가였기 때문에 축소나 다름없었다. 대신 기술자 출신의 테크노크라트와 생산증대에 기여한 모범 노동자·농민 출신자들이 등장하였다. 국내계에서는 김일성을 지지하는 '갑산계'가 등장하여 중앙위원 2명, 후보위원 1명이 선출되었다. 2차 대회는 여러 모로 국내계의 지지기반을 축소하기 위한 대회였다. 소련계가 전면에 나서서 국내계를 견제하기 시작한 것은 남북조선로동당 합당에 앞서 남한의 남로당세력과 북한의 국내계가 결합하는 것을 미리 차단하는 효과를 노린 것이었다.[34]

당대회가 끝나고 당중앙위원회 제1차 정기회의에서 당기구 구성과 인선이 이루어졌다. 위원장에는 김두봉, 부위원장에는 김일성·주녕하가 유임되었다. 최고결정기구인 정치위원회에는 7명(김두봉·김일성·허가이·김책·최창익·박일우·주녕하)이 선임되었다. 김책과 박일우가 추가되었다. 상무위원에는 만주파 3명(김일성·김책·김일), 연안계 4명(김두봉·최창익·박일우·진반수), 소련계 4명(허가이·박창옥·김재욱·기석복), 국내계 2명(주녕하·박정애), 테크노크라트 2명(정준택·정일룡)이 선출되었다. 허가이가 조직부장직을, 박창옥이 선전선동부장직을 차지함으로써 소련계가 당의 조직부문과 선전부문을 장악하였다.[35]

1949년 6월 30일 남북조선로동당 중앙위원회가 조선로동당 중앙위원회 정치위원회로 개편됨으로써 당의 정파연합적인 성격은 더욱 강화되었다. 양당 합당은 상층부를 중심으로 한 통합으로서 당 운영은 각 정파 거두의 합의에 의해 이루어지게 되었다. 통합 정당의 위원장에는 김일성, 부위원장에는 박헌영과 허가이가 선출되었다. 당무 전반을 관할하기 위해 신설된 제1, 제2, 제3 비서직에는 허가이, 리승엽(남로당파),

김삼룡(남로당파)이 각각 선출되었다. 당 정치위원회도 개편되어 김일성 · 박헌영 · 김책 · 박일우 · 허가이 · 리승엽 · 김삼룡 · 김두봉 · 허헌(남로당파)의 9명이 되었다. 상무위원회는 폐지되어 조직위원회로 통합되고, 정치위원에 최창익 · 김렬(소련계)이 추가되었다. 소련계 일색의 조직위원회가 정파별로 안배되어 개편되는 대신, 비서직을 신설하여 허가이를 제1비서로 함으로써 소련계의 당무 장악을 보장하였다. 정치위원회는 북로당 대 남로당이 5대4의 비율이고, 중앙위원은 북로당 3분의 2, 남로당 3분의 1의 비율이었다. 당 주요부서인 조직부장, 선전선동부장, 간부부장은 유임되었다.36)

그러나 이 같은 조선로동당의 정파연합적 세력관계는 6·25 전쟁을 계기로 점차 깨져 나가기 시작하였다. 1950년 10월 전세의 역전으로 김일성은 한때 불안정한 권력 상태에 놓이기도 하였지만, 1951년 중반 이후 전쟁이 교착상태에 들어서면서 자신의 권력기반을 다시금 다져나가 점차 당, 정부에 버금가는 권력 원천으로서 위상을 가지게 되었다. 그리하여 전쟁 이전 '이미지'로서 공고해 보이던 김일성의 권력이 전쟁이 끝나는 시점에서는 '제도'로서 공고화된 권력이 되었다.37)

이 같은 권력구조 상황은 휴전 직후인 1953년 8월 5∼9일 남로당파에 대한 숙청작업을 완결하기 위해 개최된 당 중앙위원회 제6차 전원회의에서 극명하게 나타났다. 연안계와 소련계가 세력을 유지하고는 있었지만 허가이의 몰락과 자살, 박일우의 좌천, 박헌영의 숙청이 이루어짐으로써 더 이상 김일성에 대항하여 세력을 결속시킬 만한 거물은 없어졌다. 정치위원에는 김일성 · 김두봉 · 박정애 · 박창옥 · 김일이 선출되었고, 부활된 상무위원회에는 정치위원 이외에 박영빈(소련계) · 최원택(남로당파) · 최창익 · 정일룡 · 김황일(국내계) · 강문석(소련계) · 김승화(소련계) · 김광협(만주파) · 박금철(국내계) · 남일(소련계)이 선출되었다. 정치위원과 상무위원 중 각각 4명과 10명이 당시 친김일성계열로

분류될 수 있는 인물들이었다.[38]

그렇다고 해서 전쟁 직후 김일성의 전일적인 지도가 보장된 것은 아니었다. 전쟁 과정에서 김일성의 권력 기반이 강화되었지만, 전쟁 직후에도 당내 다원성은 유지되고 있었다. 전후 당내 세력관계는 김일성을 비롯한 주류파와 박창옥·최창익 등 연안계와 소련계를 중심으로 한 반대파가 맞서는 양상을 보였다. 이들 세력들은 중공업중시 노선이나 농업집단화 방침 등을 둘러싸고 당내 논쟁을 치열하게 벌였다. 남로당파 숙청으로 인한 공백을 메운 것은 새로운 국내계였다. 그 중에서도 두드러지게 약진한 그룹은 박금철·리효순 등을 포함한 갑산계였다.

조선로동당 제3차 대회를 앞두고 당내 세력관계는 김일성 직계를 중심으로 안정되어 있었다. 당 정치위원 중에서 소련계는 완전 배제되었고, 김두봉을 제외하고는 김일성의 직계들이 차지하였다. 김일성 등 주류파는 1955년 12월 농업정책상 실책을 둘러싸고 박일우와 김렬을 숙청하는 등 반대파를 위축시켜 놓았다.

1956년 4월 개최된 제3차 당대회에서 선출된 당 지도부는 이러한 세력관계를 반영하였다. 당 상무위원회를 중심으로 한 지도부 내에서 정파 연합의 일각을 이루어 왔던 소련계가 붕괴되고, 김일성의 헤게모니가 확립되었다. 당 위원장에는 김일성, 부위원장에는 최용건·박정애·박금철·정일룡·김창만 등 김일성 추종자들이 선출되었다. 당 상무위원에는 김일성·김두봉·최용건·박정애·김일·박금철·림해·최창익·정일룡·김광협·남일, 후보위원에는 김창만·리종옥·리효순·박의완이 선출되었다. 최용건·김일·김광협은 빨치산파였고, 박정애·박금철·정일룡·남일·김창만·리종옥·리효순 등은 김일성의 권력 강화를 위해 힘써 왔던 자들이었다. 소련계의 박창옥·박영빈은 제외되었다. 연안계는 김일성의 절대 추종자였던 김창만을 제외하면서로 간에 횡적인 유대 관계가 없었다. 당 조직위원회도 김일성·최용건·박정애·박금철·정일룡·김창만·한상두 등 김일성 직계로 구성되었다.[39] 제2차 당대회와 비교하여 당 중앙위원 중 재선된 사람은 71명 중 30명에 불과하였다. 반면 2차 대회 당시 미미한 존재였던 빨치산파가 8명을 차지하였다. 연안계는 주류파와 일정한 타협을 이루어 중앙위원 19명, 후보위원 4명을 차지함으로써 최대 다수를 점하였다. 소련계는 당 지도부로부터 추출된 결과 중앙위원과 후보위원 수가 각각 9명과 7명으로 축소되었다.[40]

김일성 반대파의 의견이 제3차 당대회에서 수용되지 않음으로써 주류파와 반대파의 갈등은 김일성 개인숭배 비판을 둘러싸고 악화되었고, 이는 1956년 8월 당 중앙위원회 전원회의를 계기로 폭발하였다. 당 중앙위원 겸 상업상이었던 윤공흠 등이 김일성을 비판함으로써 소동이 벌어졌고, 신변의 위협을 느낀 반대파 4명이 북한을 탈출하여 중국에 망명함으로써 파문을 불러일으켰다. 하지만 당 전원회의 결정으로 반대파는 일거에 붕괴하고 말았다. 소련과 중국의 개입으로 8월 전원회의의 결정이 일시적으로 번복되었지만, 이후 김일성은 이를 뒤집는 대대적인 작업을 벌여 반대파를 완전히 숙청하였다.[41]

소위 '8월 종파사건'의 여파는 1958년 3월 조선로동당 제1차 대표자회에서 당내 '종파주의 및 수정주의' 청산이 선언됨으로써 결론지어졌다. 이 과정에서 1957년부터 김일성과 갑산계의 비호 하에 김영주·김도만 등 모스크바 유학 출신의 소장 강경파가 부상하고 한상두 등 적색농조운동 출신 국내계는 쇠퇴하기 시작하였다.

1961년 9월 제4차 당대회는 만주파의 대회가 되었다. 만주파는 당내 최대 다수로서 유일한 정파가 되었다. 정치위원에는 김일성·최용건·김일·박금철·김창만·리효순·박정애·김광협·정일룡·남일·리종옥, 후보위원에는 김익선·리주연·하앙천·한상두가 선출되었다. 가장 중요한 변화는 당 중앙위원의 구성에서 나타났다. 만주파는 중앙위원과 후보위원의 압도적 다수를 차지하였으며, 연안계와 소련계는 소수만 남았다. 중앙위원 85명 중 반 이상인 45명이 새로 선출된 자들이었다. 제3차 당대회의 중앙위원 71명과 후보위원 45명 중 각각 43명과 32명이 배제되었다.[42] 교체된 자리에는 주로 만주파가 채워졌다. 만주파 중앙위원 30명 중 14명은 현역군인, 2명은 직업군인 출신자이며, 후보위원 9명 중 6명은 현역군인였다. '중앙위원회의 만주파화'는 '당-군의 일체화'를 의미하였다.[43]

5. 조선로동당의 운영구조 변화

1) 당 조직체계 변화

조선로동당은 조직 원칙으로 '민주주의 중앙집권제 원칙'을 내세우고 있다. 이는 제3차 당대회에서 채택된 당 규약에서부터 공식적으로 반영되어 나타났다.[44] 이는 당원은 당조직에 복종하고, 하급 당 조직은 상급 당조직에 절대 복종하며, 모든 당조직은 당중앙위원회에 절대 복종하는 동시에 상급 당조직은 하급 당조직의 사업을 지도·검열한다는 원칙을 말한다. 각급 당 조직은 지역 또는 생산 및 노동단위별로 조직되고, 각급 당위원회는 각 해당 단위의 최고지도기관으로서 '정치적 총참모부'의 역할을 수행하도록 규정되어 있다.[45]

당조직의 최고지도기관은 당대회이며, 당대회가 열리지 않을 때는 당대회가 선출한 당중앙위원회가 최고지도기관이 된다. 도(직할시)·시(구역)·군당의 경우는 해당 당대표회가, 당대표회가 열리지 않을 때는 당대표회가 선출한 해당 당위원회가 최고지도기관이 된다. 초급 당조직의 최고지도기관은 당총회(당대표회)이며, 당총회가 열리지 않을 때에는 당총회가 선거한 해당 당위원회가 최고지도기관이 된다.

당대회는 초기에는 1년에 1회씩 당중앙위원회가 소집하도록 되어 있었다. 3차 당대회 때부터는 4년에 1회씩 정기대회를 소집하도록 하였다가, 6차 당대회 때부터는 5년에 1회씩 소집하도록 규정을 바꾸었다. 그러나 1961년 4차 당대회로부터 9년이 지난 1970년 제5차 당대회가 개최되었고, 또 근 10년이 지난 1980년 제6차 당대회가 개최되었다. 이후 제7차 당대회는 4반세기 지난 현재까지 개최되지 못하고 있다.

당대표자회는 당대회와 당대회 사이에 당중앙위원회가 필요에 따라 소집할 수 있다. 당대표자회는 당의 정책과 전술을 토의하며, 자신의 임무를 수행하지 못한 당 중앙위원 및 후보위원을 제명하고 보선하도록 규정되어 있다. 당대표자회는 1958년 3월과 1966년 10월에 각각 개최된 바 있다.

당중앙위원회는 당대회와 당대회 사이에 모든 당사업을 조직 · 지도하는 가장 중요한 기관이다. 당중앙위원회는 제2차 당대회 때부터는 3개월에 1회, 3차 당대회 때부터는 4개월에 1회, 4차 당대회 때부터는 6개월에 1회 소집하도록 규정되었다. 앞서 살펴본 바와 같이 조선로동당의 형성 및 체계화 과정에서의 정파간 세력관계는 당중앙위원회의 구성에 잘 나타나 있다. 당중앙위원회는 당중앙위원회 전원회의가 개최되지 않는 동안 당의 모든 사업을 조직 · 지도하는 정치위원회(혹은 정치국)를 구성한다.

당의 최고 중앙권력기관들은 세력관계에 따라 권력 배분 및 지도방식 개편 등을 이유로 수시로 변화하였다. 당중앙위원회 정치위원회(혹은 정치국)은 당의 모든 정책을 수립하는 절대권력기관이지만 여러 차례 진퇴를 거듭하였다. 정치위원회는 1946년 8월 처음 구성된 후 제3차 당대회에서 폐지되었다가, 제4차 당대회에서 다시 부활한다. 1966년 10월 제1차 당대표자회에서 신설된 정치위원회 상무위원회는 제5차 당대회에서 폐지되었다가 1980년 제6차 당대회에서 정치위원회가 '정치국'으로 명칭이 바뀌면서 신설된다.

당중앙위원회 비서국은 중앙위원회의 필요에 따라 설치된 부서를 일상적으로 지휘·감독하기 위하여 설치되었다. 비서국은 1966년 10월 종래의 중앙위원회 위원장 및 부위원장 제도를 폐지하고 설치된 것으로서 총비서와 분야별 비서들로 구성된다. 부위원장 제도의 폐지하고 총비서를 보좌하는 비서국을 설치한 것은 김일성의 지도성을 더욱 강화하기 위한 조치였던 것으로 추정된다.46) 이는 1949년 남북조선로동당 합당 당시 당위원장의 권한을 분산시키기 위해 허가이가 만들었다는 비서제와는 대조된다.

당의 기층조직은 당세포를 말한다. 당세포는 당원들의 생활의 거점으로서 당 주위에 대중을 집결시키고 대중 속에서 당의 노선과 정책을 직접 수행하는 당의 전투단위이다. 당세포는 당원 5~30명 단위에 조직되며, 특수한 경우에는 예외를 두고 있다. 당세포의 상급조직으로 초급당조직이 있으며, 이는 당원 31명 이상의 단위에서 조직된다. 당세포의 시기별 증가 추세는 <표 2>와 같다.

지방당 조직은 중앙당의 지시와 결정을 집행하고 계획을 실행하며, 해당 지역의 모든 기관(기업소, 공장, 협동농장)에 정책적 지도력을 행사하기 위하여 조직된다. 지방당 조직의 최고 지도기관은 도(직할시)·시(구역)·군 당 대표회이다. 각급 당 위원회는 중앙당 조직에 준하는 부처를 두고 있다. 따라서 중앙당 조직의 변화에 따라 지방당 조직 또한 시기별로 변화해 왔다. 예컨대 1966년 당 중앙위원회 비서국 설치에 따른 각급 당위원회 비서처 설치가 대표적이다.

조선로동당의 하부구조로는 행정구역별로 조직되어 있는 지방당조직 이외에 부문별 당조직이 있다. 즉 중앙행정기관, 군부, 공장, 기업소, 학교, 공장, 기업소, 병원 등 모든 단위에 당위원회가 조직되어 있다. 부문

별 당위원회는 성격과 규모, 중요도에 따라 지리적 위치에 관계없이 중
앙당위원회, 도(직할시)당위원회, 시(구역)·군당위원회, 초급당위원회
중 하나로 상급당위원회가 결정되나, 통제 목적 및 계선 변화에 따라
시기별로 변동되어 왔다.[47]

<그림 2> 조선로동당의 계층별 조직 체계

중앙	당대회	당중앙위 전원회의	정치국	비서국	부서
도 (직할시)	당대표회	당위원회 전원회의	집행위원회	비서처	부서
시(구역) ·군	당대표회	당위원회 전원회의	집행위원회	비서처	부서
동·리	초급당총회	초급당위원회 회의	집행위원회	비서 부비서	부원
세포	세포(결산) 총회	세포총회		비서 부비서	

자료: 전현준 외, 『북한이해의 길잡이』 (서울: 博英社, 2005), 83쪽.

2) 당 중앙권력기관 변화

조선로동당 창립대회에서 채택된 당 규약에 따르면, 당 중앙위원회의
권력구조는 정파연합적인 성격을 띠었다. 일상적인 정치지도를 위하여
당 중앙위원 중에서 5명의 정치위원회를 구성하여 정치위원 속에서 정
치위원장 1명, 부위원장 2명을 선출하며, 중앙위원회의 회의와 회의 사
이의 일상적인 당사업을 지도·집행하기 위하여 11~13명의 상무위원
회를 선출하도록 규정하였다. 당시 정치위원의 수를 한정하고 당위원장
에게 '정치위원장'이란 위치를 부여한 것은 정치위원회에 의한 집단지

도체제를 견지하기 위해서였다.[48]

소련계가 주도권을 쥐게 되는 2차 당대회에서는 집단적 지도원칙이 더욱 강화되었다. 집단적 지도를 강화하기 위해서 북한 정권 수립 직후 개최된 당 중앙위원회 제3차 회의(1948.9.24~25)에서 허가이를 위원장, 김일성·허가이·김렬·박창옥·박영성을 위원으로 하는 당 조직위원회가 설치되었다. 김일성 이외에는 조직위원 모두가 소련계로 구성되었다. 당 조직위원회는 상무위원회 사업의 일부를 담당함으로써 '집단적 지도원칙'을 더욱 강화하였다. 당 조직위원회는 당의 인사와 예산뿐 아니라, 일상적인 당 행정까지 포함하는 광범하고 강력한 권한을 부여받았다.[49]

1949년 6월 남북조선로동당의 합당으로 정파연합적인 권력구조의 성격은 더욱 강화되었다. 당 중앙위원회로 하여금 정치위원회와 정치위원 중 당위원장 및 부위원장, 비서들을 선거토록 함으로써 집단지도적 원칙이 강화되었다. 즉 당무 전반을 총괄하는 비서직이 신설되고 상무위원회는 폐지되어 조직위원회로 통합되었기 때문에 김일성이 맡고 있는 당위원장의 권한은 분산되고 정치위원회의 집단지도적 성격은 더욱 강화되었다.[50]

그러나 6·25 전쟁 기간 동안 박일우의 좌천, 허가이의 자살, 박헌영의 숙청이 이어지면서 당 조직구조도 완전히 개편되어 당 중앙으로의 권력 집중이 이루어졌다. 이를 위해 당내 집행기구의 중추였던 제1, 제2, 제3 비서직과 조직위원회는 폐지되고 상무위원회가 부활하였다. 종래 당위원장 하에서 당무상의 실권을 제1비서에 두었던 종래의 구조는 완전한 당 위원장 중심체제로 변모하였다.[51]

1956년 4월 조선로동당 제3차 대회에서는 당 규약을 개정함에 따라 당 기구는 당 지도부로 권력이 집중되는 방향으로 크게 개편되었다. 종래의 당 중앙위원회 정치위원회가 폐지되고 그 업무가 당 상무위원회로

집중되었다. 즉 당의 최고 의사결정기구가 당 상무위원회로 통일된 것
은 당내 권력의 집중을 의미하였다. 그리고 당 결정 결정의 집행과 검열,
간부의 선발·배치 등 당면 사업을 집행하기 위하여 당 조직위원회가
설치되었다. 1953년 8월 당 조직위원회가 폐지될 때와 비교하면, 조직
부문을 당 지도부의 관할 하에 두기 위해 부활되었다. 또한 당 중앙위원
회 내의 집행부서에 관한 규정은 따로 두지 않고 당 중앙위원회의 결정
에 맡기기로 함으로써 당 중앙위원회 부장들의 비중이 축소되었다.52)

1961년 9월 조선로동당 제4차 대회에서는 다시 한 번 당 지도부로의
권력 집중을 위한 당 규약 개정 작업이 이루어졌다. 종래 당 중앙위원회
상무위원회가 정치위원회로 명칭이 바뀌고, 당 조직위원회가 폐지되었
다. 간부사업 및 그 외의 당면 사업을 토의하고 조직하기 위하여 부장회
의가 신설되었지만, 당 중앙위원회 부장은 선출직이 아니라 임명직이었
다. 이로써 당 정치위원회에 모든 권한이 집중되었다.53)

이상과 같이 조선로동당 중앙권력기관의 성격은 조선로동당의 창립
대회로부터 제4차 대회에 이르기까지 초기 정파연합적 구조로부터 일인
지배적 구조로 점차 변화해 나갔다. 이후에도 조선로동당의 중앙권력기
관은 필요에 따라 변해 나갔다. 1966년 제2차 당대표자회를 통해서는
당 중앙위원회 위원장과 부위원장, 부장 제도가 폐지되는 대신 당 정치
위원회 상무위원회와 비서국 제도가 신설되었다. 1970년 제5차 당대회
를 통해서는 당 정치위원회 상무위원회가 폐지되고 비서국의 위상이 더
욱 강화되었다. 1980년 6차 당대회를 통해서는 다시 정치위원회가 정치
국으로 명칭이 변경되면서 정치국 상무위원회가 신설되었다. 제2차 당
대표자회 이후 중앙권력기관의 변동은 김일성의 일인지도체계 마련, 후
계자 선정 및 당 역할 부여 등과 밀접히 관련되었던 것으로 추정된다.

<표 3> 조선로동당 중앙권력기관의 변천과정

		정치위원회(정치국), 정치위원회(국) 상무위원회		상무위원회, 조직위원회, 비서제, 부장회의, 비서국		군사위원회	비고
제1차 당대회	명칭	정치위원회		상무위원회			
	기능	정치지도		일반적인 당 사업을 지도·집행			
제2차 당대회	명칭	전과 동일		전과 동일			
	기능						
중앙위 제3차 전원회의	명칭			상무위원회	조직위원회(신설)		
	기능	전과 동일			당 인사·예산 및일상적 당 행정		
남북조선로동당합당 (1949. 6)	명칭	정치위원회		조직위원회	비서제(신설)		상무위 폐지
	기능	정치지도		일반적인 당 사업을 지도 집행			
중앙위 제6차 전원회의 (1953. 8)		전과 동일		상무위원회(부활)			조직위, 비서실 폐지
제3차 당대회	명칭			상무위원회	조직위원회(부활)		정치위 폐지
	기능			당중앙위원회 사업지도	당의 결정집행 검열의 조직과 간부 선발배치사업 집행		
제4차 당대회	명칭	정치위원회(부활)		부장회의(신설)			상무위, 조직위 폐지
	기능	당의 모든사업 지도		간부사업 및 기타 당면사업의 토의, 조직			
제2차 대표자회 (1966.10)	명칭	정치위원회	정치위 상무위원회(신설)	비서국(신설: 총비서, 비서)			중앙위 위원장, 부위원제 폐지, 부장회의 폐지
	기능	전과 동일	당 및 국가사업에서 제기되는 문제들의 일상적 협의	당의 노선과 정책을 집행하기 위한 사업과 일상적인 당 사업의 조직			
제5차 당대회	명칭	정치위원회		비서국 위상강화		군사위원회(신설)	정치위 상무위원회 폐지
	기능	전과 동일		간부문제, 대내문제 및 그 밖의 당면문제를 정기적으로 토의결정하며 그 결정의 집행을 조직·지도		당 군사정책 수행의 토의 결정과 인민군대 지휘	

		정치국(정치 위원회에서 명칭 변경)	정치국상무 위원회(신설)	비서국	군사위원회	
제6차 당 대회	명칭					
	기능	당의 모든 사 업을 조직· 지도	당의 모든 사 업을 조직· 지도	전과 동일	전과 동일	

자료: 이종석, 『조선로동당 연구』, 347쪽의 <표> 일부 수정.

6. 조선로동당과 조선인민군 관계 변화

일반적으로 사회주의 정권 수립 이후 당-군 관계는 무장조직이 사회주의 혁명 과정에서 수행한 역할에 따라 달라진다. 북한 정권은 소련에 의해 탄생되었고 무장조직이 이 과정에서 별다른 역할을 수행한 바가 없음에도 불구하고, 당-군 관계는 동유럽보다는 중국형에 가까운 형태로 형성되었다. 이는 북한 정권 수립의 일축을 담당하였던 만주파의 역할이 정권수립 이후 새로운 역사해석에 의해 재규정되었기 때문이다.[54]

김일성의 빨치산파나 연안계 등 어떤 무장세력도 북한의 해방에 정치적·군사적인 기여를 하지 못했다. 김일성과 그의 동료들이 원산을 통해 북한에 들어온 것은 8·15 해방 이후 한 달 정도가 지난 9월 19일이었다. 무정이 이끄는 연안계 역시 소련에 의해 무장이 해제된 채 1945년 12월이 되어서야 중국에서 돌아올 수 있었다.

조선인민군은 북한 정권 수립 7개월 전인 1948년 2월 8일 창군을 선언하였다. 하지만 창군 당시 북조선노동당에는 군대를 담당하는 조직이나 인물이 없었다. 적어도 외형상으로는 군이 당의 계통적 통제로부터 그 자율성을 보장받은 것처럼 보였고, 당과 군대는 공식적·조직적 유대 없이 각각 독립적으로 창설되고 발전해 나갔다. 이는 북조선노동당이 통일전선을 추구하고 있었던 당시 정치적 조건과 관련이 있었다. 북한 지도부로서는 북조선로동당 이외의 정파와 남한 내의 여러 정치세력을 끌어들이기 위해서 인민군을 한반도 전체 인민의 이익을 보호하는 군대로 보이게 할 필요가 있었다.[55] 따라서 창군 당시 인민군 내에는 군관학교와 일부 부대를 제외하고는 당단체는 물론이거니와 당세포도 조직되어 있지 않았다. 하지만 남북조선로동당이 합당되고 국공내전에 참가한 조선인부대가 인도된 이후에는 당-군 관계가 더욱 복잡해져 버렸다.

그러나 인민군이 당의 통제로부터 완전히 자유로웠던 것은 아니었다. 군대 창설을 주도하였던 만주파는 초기 단계부터 군에 대한 정치적 통제에 상당한 관심을 기울이고 있었다. 당시 군에 대한 통제는 '문화부'라는 정치사업 전담부서를 통해 이루어졌다. 창군 초기 대대까지 설치되었던 문화부는 1949년 5월경에는 중대 단위로까지 확대되었다. 군사지위체계에 따른 명령계통과 문화부를 통한 명령계통이 병존하였지만, 이는 군사지휘자와 정치위원의 '이원통수체계'가 아니라 군사단일제 하의 정치사업이라는 특징을 지니고 있었다.[56]

상호 독립적으로 성장하던 당과 군은 6·25 전쟁이라는 위기 속에서 공식적이고 제도적으로 결합하기 시작하였다. 북한 지도부는 '이중통수제'에 가까웠던 제도를 가지고 있었던 중국인민해방군과의 조중연합사령부 설치를 계기로 전쟁 후퇴 과정에서의 인민군의 정치사업 방식을 재검토하게 되었다. 그리하여 북한 지도부는 1950년 10월 개최된 당 정치위원회에서 조선인민군 내에 당조직을 설치하기로 공식 결정하였다. 이 결정에 따라 민족보위성 문화훈련국은 총정치국으로, 각급 문화부는 정치부로 개편되었고, 각급 부대에 정치부대장을 두는 동시에 연대와 대대에는 당위원회, 중대에는 당세포를 설치하였다. 하지만 군내 당조직 설치는 군사지휘관과 '정치일군' 간의 영향력 및 권한 불일치로 인한 갈등을 가져와 부작용을 초래하였다.[57]

당의 군에 대한 통제는 연안파와 소련파의 숙청이 이루어진 후에 실질적으로 이루어질 수 있었다. 전시 기간 동안 군내에 당의 중앙기구인 총정치국이 설치됨으로써 해방 이후 표방되어오던 '인민의 군대'가 '당의 군대'로 변환되고 있었지만, 1950년대 중반까지 연안파와 소련파가 당군화를 반대함으로써 군의 성격은 여전히 모호한 상태였다. 이는 당의 군에 대한 통제 과정이 정파간 경쟁 과정에 종속된 데서 비롯되었다.

그러나 1956년 제3차 당대회를 계기로 특수기관 내에 당중앙위원회 직속의 정치제도 설치가 명문화되고 동년 8월 전원회의를 계기로 연안파와 소련파가 몰락하면서 군은 명실공히 '당의 군대'가 되었다. 1958년 3월 8일 개최된 당중앙위원회 전원회의는 당-군 관계 전환의 중요한 계기가 되었다. 이 회의에서 '반당음모사건'이 꾸며지면서 연안파와 소련파의 고위급 군 간부 대부분이 숙청되었고, 총정치국이 군내 당사업을 좌지우지하지 못하도록 하기 위하여 인민군당위원회 제도가 도입되었다. 인민군당위원회 제도는 총정치국으로 하여금 중앙당에 대해 자율성을 갖고 독자적인 결정을 내리지 못하도록 하는 대신 집체적 토론에 의해 이루어진 당위원회의 결정을 집행토록 하기 위한 것이었다. 이를 위해 인민군당위원회 밑으로 군단당위원회, 사단당위원회, 연대당위원회, 대대초급당위원회, 중대세포위원회가 조직되었다. 그리하여 인민군당위원회에 의한 일원적 통제제도는 1960년 9월경에 가서 어느 정도 정착되게 되었고, 1961년 제3차 당대회에서는 '조선인민군내 당조직'에 관한 규정이 마련되었다. 이어 1962년 12월 당중앙위원회 제4기 5차 전원회의에서 당내 군사부문의 최고 의사결정기구로서 '당 중앙위원회 군사위원회'가 설치됨으로써 군은 명실상부하게 당의 군대가 되었다.[58]

이후 당의 군 통제를 위한 마지막 제도적 장치는 1960년대 말에 마련되었다. 1969년 1월 소집된 인민군당위원회 제4기 제4차 회의에서 채택된 정치위원제의 도입이 그것이었다. 이는 1960년대 북한 대외환경의 변화에 따른 급격한 군비증강과 체제의 군사화로 군부 강경파와 '군벌주의'가 득세함으로써 다시 한 번 군 간부의 독자적인 정치적 영향력 행사를 규제할 필요성이 제기됨에 따라 도입되었다. 이는 이전의 군사 유일관리제로부터 군사지휘관과 정치위원이 공동 결정권을 행사하는 이원적 지휘체제로의 전환을 의미하였다. 정치위원제 도입을 골자로 한 군내 당 통제 체계는 1970년 제5차 당대회 규약과 1972년 헌법에 반영됨으로써 제도적으로 완결되었다.[59]

7. 결 론

북한의 조선로동당은 1946년 8월 창당 이래 모든 국가기관들과 사회단체들의 모든 사업과 활동을 직접·간접으로 관여하여 지도·감독함으로써 모든 인민대중들로 하여금 당이 결정한 노선과 정책을 준수하면서 생활하도록 통제하여 왔다. 북한 당국은 오로지 조선로동당의 '영도' 하에서만 북한의 모든 인민대중이 자기 운명을 개척해 나갈 수 있으며, 분단된 조국을 통일하고 사회주의의 완전한 승리를 이룩하여 온 사회를 주체사상화하는 역사적 위업을 완성할 수 있다고 주장하여 왔다.

조선로동당이 전 국가와 사회에 대한 당 우위의 일원적 지도 체계를 완성하였던 것은 1961년 제4차 당대회를 전후한 지점였다. 1945년 10월 조선로동당의 전신이 조선공산당 북부조선분국이 설치될 당시만 하더라도 4,500여명에 불과하던 당원은 제4차 당대회에 이르러서는 130만여 명의 당원에 6만 5,000여 개에 이르는 당세포를 갖춘 거대 정당으로 성장하였다. 그리고 조선로동당이 성장하는 과정 동안 다양한 항일 경력을 가지고 정파연합적 구성을 보였던 당 지도부는 제4차 당대회에 이르러서는 김일성을 중심으로 한 만주파로 단일화되었다.

조선로동당의 인적 구성이 변화하는 동안 당의 조직구조 및 운영체계 또한 최고지도자의 일인지배와 당의 여타 국가기관 및 각종 사회단체에 대한 일원적 지도를 가능케 하는 방향으로 변화하여 왔다. 그리고 이후 조선로동당의 역사는 이 같은 당 우위의 일원적 지도 체계를 보다 철저화하는 자기 수정의 과정이었다. 조선로동당의 지도사상 또한 최고지도자와 당의 변모를 정당화하는 방향으로 변화하여 왔다.

그러나 1994년 김일성 사망 이후 북한 체제가 위기에 빠져들면서 당의 지배 기능 또한 상당부분 마비되어 버렸다. 김정일 시대 개막 이후 당조직 개선이 점진적으로 진행되고 있지만 1961년 4차 당대회를 전후하여 갖추어진 당 우위 체계는 일정부분 기능을 상실하였다. 수령으로부터 당 세포에까지 이어지는 수직적 위계와 당 위원회가 동급 수준의 모든 기관의 권력을 장악하여 당과 정·군·사회의 일체화를 뒷받침해 주는 수평적 위계가 부분적으로 훼손되어 버렸다.

이 같은 조선로동당의 일원적 지도 체계의 훼손은 기존 정치 및 지배 구조를 유지하려는 북한 지도부의 노력에도 불구하고 지속될 것으로 전망된다. 장기적으로 보아 북한 체제가 대폭적인 정치 및 지배 구조의 변화를 동반하는 '체제의 변화'(change of the system)를 맞이하기보다 '체제내 변화'(change within the system)를 추구한다면, 과거와 같은 수령의 '유일적 영도'를 전제로 한 당의 일원적 지도 체계의 유지는 불가능하다고 볼 수 있다. 따라서 북한 체제가 외부 환경과 끊임없이 교호작용을 거듭하며 적응해 가는 가운데, 조선로동당의 조직 및 지배 구조 또한 각종 국가기관 및 사회단체에 권한 이양을 지속하며 적합한 형태로 변화해 나갈 것으로 보인다.

주註

1) 이교덕・박형중・정창현 외,『김정일 시대 북한의 정치체제』(서울: 통일연구원, 2004), 224쪽.

2) 이종석,『조선로동당 연구』(서울: 역사비평사, 1995), 15쪽.

3) 조선로동당출판사,『조선로동당략사』(평양: 조선로동당출판사, 1979), 17〜18쪽, 38〜44쪽.

4) 이종석,『조선로동당 연구』, 236쪽.

5) 이종석, 위의 책, 227〜238쪽.

6) 조선로동당출판사,『조선로동당략사』, 10쪽, 216쪽.

7) 서동만,『북조선사회주의체제성립사(1945〜1961)』(서울: 선인, 2005), 94쪽.

8) 분국 설치를 둘러싼 논란에 대해서는 위의 책과 김광운,『북한정치사연구Ⅰ: 건당, 건국, 건군의 역사』(서울: 선인, 2003) 참조. 아울러 이에 대한 자세한 상황 전개에 대해서는 중앙일보 특별취재반,『秘錄 조선민주주의인민공화국』(서울: 中央日報社, 1992), 105〜126쪽.

9) 서동만,『북조선사회주의체제성립사』, 135쪽.

10) 중앙일보 특별취재반,『秘錄 조선민주주의인군공화국ⓗ』(서울: 중앙일보사, 1993), 51쪽.

11) 조선신민당의 창당 및 양당의 통합과정에 대한 상황에 대해서는 위의 책, pp. 78〜88 참조.

12) 國土統一院,『朝鮮勞動黨大會資料集』第Ⅰ輯 (서울: 國土統一院, 1988), 20쪽.

13) 조선신민당과 조선인민당에 대해서는 심지연,『人民黨硏究』(마산: 경남대학교출판부, 1991)와 심지연,『朝鮮新民黨 硏究』(서울: 동녘, 1988) 참조.

14) 전인영, "조선 노동당: 북한 사회의 지도 세력," 전인영 편,『북한의 정치』(서울: 을유문화사, 1990), 203〜204쪽.

15) 서동만,『북조선사회주의체제성립사』, 228〜231쪽.

16) 조선로동당 제1, 2차 당대회 규약은 國土統一院,『朝鮮勞動黨大會資料集』第Ⅰ輯, 87〜91쪽, 270〜275쪽 참조.

17) 위의 책, 87쪽.

18) 이종석,『조선로동당 연구』, 69쪽.

19) 國土統一院,『朝鮮勞動黨大會資料集』第Ⅰ輯, 525쪽,

20) 제4차 당대회에서 수정된 규약은『北韓總鑑』(서울: 共產圈問題硏究所, 1968), 672〜678쪽 참조.

21) 이종석,『조선로동당 연구』, 70〜73쪽.

22) 위의 책, 74~88.

23) 그러나 당시 채택된 결정서에는 7,000명으로 되어 있는 등 정확한 통계는 갖추어져 있지 않았다. 서동만,『북조선사회주의체제성립사』, 84~85쪽.

24) 위의 책, 372쪽.

25) 손전후,『우리나라 토지개혁사』(평양: 과학백과사전출판사, 1983), 267쪽.

26)『조선로동당력사교재』(평양: 조선로동당출판사, 1964), 185쪽.

27) 서동만,『북조선사회주의체제성립사』, 194쪽.

28) 김일성은 징벌을 받은 총 당원의 80~85%가 당중관계 때문이라고 주장하였다. 김일성, "당조직사업에 있어서 몇가지 결점에 대하여(조선로동당 중앙위원회 제4차 전원회의에서의 보고),"『김일성저작선집 1』(평양: 조선로동당출판사, 1967), 304쪽. 징벌을 받은 당원의 약 70%가 징벌에서 해제되었고, 입당 연한이 20세에서 18세로 하향 조정되는 동시에 농민층의 대거 입당이 유도되면서 총 당원의 40%에 해당하는 45만여 명이 신규 입당하였다.

29) 통일부,『2004 북한개요』(서울: 통일부, 2004), 49쪽.

30) 분파에 대해서는 서동만의 분류에 따른다. 서동만은 김일성 등 유격대 출신자를 '만주파' 내지 '빨치산파', 연안에서 돌아온 공산주의자들을 정치집단으로서 보스를 가지고 세력 확대를 꾀하는 '파벌'까지는 아니었다는 의미로 '연안계', 소련군정이 파견해 소련에서 돌아온 조선인들을 같은 의미로 '소련계'로 분류한다. 국내에서 활동한 공산주의자들에 대해서는 박헌영을 중심으로 단결해 있는 남로당 출신자들을 남로당파, 그 외 남로당 출신은 남로계, 그 밖에는 '국내계'로 분류한다. 서동만,『북조선사회주의체제성립사』, 50~51쪽.

31) 창립대회에서 선출된 당 중앙위원 명단은 國土統一院,『朝鮮勞動黨大會資料集』第Ⅰ輯, 81~82쪽 참조.

32) 서동만,『북조선사회주의체제성립사』, 177~183쪽.

33) 제2차 당대회에서 선출된 당 중앙위원과 후보위원 명단은 國土統一院,『朝鮮勞動黨大會資料集』, 第Ⅰ輯, 256쪽, 259쪽 참조.

34) 서동만,『북조선사회주의체제성립사』, 216~219쪽.

35) 위의 책, 218~219쪽.

36) 위의 책, 229~231쪽.

37) 이종석,『조선로동당 연구』, 257~261쪽.

38) 서동만,『북조선사회주의체제성립사』, 498쪽.

39) 당 지도부의 명부는 ≪로동신문≫ 1956년 4월 30일자 참조.

40) 서동만,『북조선사회주의체제성립사』, 548~551쪽.

41) 1956년 8월 전원회의와 그로 인한 당내 숙청에 대해서는 위의 책, 553~589쪽 참조.

42) 당 지도부의 명부는 ≪로동신문≫ 1961년 9월 19일자 참조.

43) 서동만, 『북조선사회주의체제성립사』, 795~796쪽.

44) 제3차 당 대회 시 박정애, "조선로동당 규약 개정에 대한 보고" 참조. 國土統
一院, 『朝鮮勞動黨大會資料集』第Ⅰ輯, 518~520쪽.

45) 『北韓總覽』(서울: 北韓研究所, 1983), 190쪽.

46) 이종석, 『조선로동당 연구』, 298쪽.

47) 지방당 조직 및 부문당 조직에 대해서는 전현준 외, 『북한이해의 길잡이』(서
울: 博英社, 2005), 86~87쪽 참조.

48) 서동만, 『북조선사회주의체제성립사』, 197쪽.

49) 위의 책, 220~221쪽.

50) 위의 책, 230~231쪽.

51) 위의 책, 497쪽.

52) 위의 책, 548쪽.

53) 위의 책, 794쪽.

54) 이대근, 『북한 군부는 왜 쿠데타를 하지 않나: 김정일 시대 선군정치와 군부의
정치적 역할』(서울: 한울아카데미, 2003), 43쪽.

55) 위의 책, 46~47쪽.

56) 서동만, 『북조선사회주의체제성립사』, 272쪽.

57) 이대근, 『북한 군부는 왜 쿠데타를 하지 않나』, 53~57쪽.

58) 위의 책, 59~62쪽.

59) 위의 책, 63~66쪽.

〈참고문헌〉

1. 북한문헌

김일성, "당조직사업에 있어서 몇가지 결점에 대하여(조선로동당 중앙위원회 제4
차 전원회의에서의 보고)." 『김일성저작선집 1』 (평양: 조선로동당출판사,
1967).
손전후, 『우리나라 토지개혁사』 (평양: 과학백과사전출판사, 1983).
조선로동당출판사, 『조선로동당략사』 (평양: 조선로동당출판사, 1979).

2. 국내문헌

國土統一院, 『朝鮮勞動黨大會資料集』第Ⅰ輯 (서울: 國土統一院, 1980).
김광운, 『북한정치사연구Ⅰ: 건당, 건국, 건군의 역사』 (서울: 선인, 2003).
『北韓總鑑』 (서울: 共産圈問題研究所, 1968).
『北韓總覽』 (서울: 北韓研究所, 1983).
서동만, 『북조선사회주의체제성립사(1945~1961)』 (서울: 선인, 2005).
심지연, 『朝鮮新民黨 研究』 (서울: 동녘, 1988).
_____, 『人民黨研究』 (마산: 경남대학교출판부, 1991).
이교덕 · 박형중 · 정창현 외, 『김정일 시대 북한의 정치체제』 (서울: 통일연구원,
2004).
이대근, 『북한 군부는 왜 쿠데타를 하지 않나: 김정일 시대 선군정치와 군부의 정치
적 역할』 (서울: 한울아카데미, 2003).
이종석, 『조선로동당 연구』 (서울: 역사비평사, 1995).
전인영, "조선 노동당: 북한 사회의 지도 세력," 전인영 편, 『북한의 정치』 (서울:
을유문화사, 1990).
전현준 외, 『북한이해의 길잡이』 (서울: 博英社, 2005).
중앙일보 특별취재반, 『秘錄 조선민주주의인군공화국』 (서울: 중앙일보사, 1992).
_____, 『秘錄 조선민주주의인군공화국㊦』 (서울: 중앙일보사,
1993).
통일부, 『2004 북한개요』 (서울: 통일부, 2004)

제2부
권력투쟁과 수령제

정전 후 1950년대 북한의 정치 변동과 권력 재편

백 준 기

1. 머리말

이 글은 오늘날 북한 사회주의 체제의 기본 골격과 그 정치적 메커니즘이 형성되는 한국전쟁 후 1950년대를 연구 대상으로 하여, 당시 북한의 상층 정치(high politics) 행위자들 간에 당면한 현실 문제를 어떻게 인식하고 있었으며 해결 방안을 둘러싸고 정치적 경쟁 및 갈등 관계가 어떻게 형성되고 분출하였는지, 그리고 왜 정치 갈등이 '파국적 조정'을 거쳐 현재의 비경쟁적이고 폐쇄적인 정치 메커니즘을 형성하게 되었으며 이 과정에서 소멸된 정치적 경쟁 세력들은 북한 정치사에서 어떠한 의미를 지니는지 등을 조명해 보는 것을 목적으로 한다.

1950년대는 북한의 역사에 있어서 체제 이행의 다양한 길이 열려 있던 가능성의 시대이자 정치적으로 가장 풍부했던 시기였다는 데 대부분

의 연구자들이 동의한다.[1]

한국전쟁 후 북한의 1950년대는 다음과 같이 간략히 그 의미를 살펴볼 수 있을 것이다.[2]

첫째, 권력 구조 측면에서 보면 1953년부터 1956년까지 세 차례 (1953년, 1955년, 1956년)에 걸친 지배 엘리트 내의 권력 갈등을 통해 김일성 중심세력 이외의 정치 지배 엘리트 세력이 중앙 및 지방 권력에서 최종적으로 배제됨으로써 그 후 현재까지 북한에서의 정치적 역할은 사라지게 되었다. 뒤이어 약 3만 명 이상이 체포되어 투옥 또는 사형에 처해진 1957~1959년의 전 사회적 차원의 대대적 숙청 작업은 상층 지도부 수준에서 시작된 정치 지형 재편이 사회적·토대적 수준에서 완결되어 단일 지도 체제의 전일화가 이루어졌음을 의미한다.

둘째, 사회경제적 측면이다. 이 시기에 전 사회, 전 산업 분야에 걸친 전면적이고 근본적인 사회주의적 개조가 진행되어 현재의 북한식 사회주의경제 체제의 기본 골격이 형성되었다는 점이다. 전후 복구와 경제 발전이 공업화와 농업 집단화의 두 축을 중심으로 수행되었으며, 1959년에 이르면 실질적으로 사회주의적 개조가 완수된다.

셋째, 이 시기에 자주 외교 노선의 토대가 수립되었다는 점이다. UN에 '한국 문제'가 의제로 상정된 이후 국제 무대(사회주의권 포함)에 있어서 소련에 대한 의존은 절대적이었다. 특히 한국전쟁을 겪으면서 휴전 체제관리를 위해서는 소련의 역할이 북한에게 있어서는 절실히 필요한 것이었으며, 이로 인해 대 자본주의 진영 외교뿐 아니라 사회주의 진영 내에서의 관계 설정에 있어서도 소련의 대외 정책 지침이 북한의 외교 수행에 그대로 적용되었다. 그러나 1956년 북한의 권력 투쟁에 개입한 소련의 결과적 실패와 사회주의 진영의 분열로 인해 북한의 자주적 외교 노선의 길이 열리게 되었다.

마지막으로, 정전 후 3개년 계획과 5개년 계획을 통한 전후 복구와 경제건설 및 사회주의적 개조 완수－현 시점에서 이 경제 프로젝트가 성공한 것이었는지에 대한 평가는 여전히 논란의 여지가 있지만－에 힘입어 1950년대 말부터 북한은 '경제적 우월성'을 토대로 한 통일 전략을 수립하고 남한에 대해 물자 지원 및 자유로운 경제 문화 교류 등을 통해 남북한간의 긴장 완화 및 평화 상태 달성을 위한 일련의 제안을 시도하였다. 특히 1960년 4차 당 대회에서 발표한 '남북 련방제' 창설 제안은 북한의 통일 전략과 관련하여 하나의 전환점이 된다고 할 수 있는데, 이 제안은 정전 후 북한이 한국전쟁과 같은 전쟁의 형태가 아닌 비무력적인 통일 정책을 수립하고 정책을 제도화하려는 중요한 시도로 해석될 수 있다. 통일 분야에서의 이러한 시도들은 이후 북한의 통일에 대한 규범적 접근의 원형으로서의 의미를 지닌다.

　이 글에서 1950년대 북한의 정치 변동과 관련하여 주목하고자 하는 점은 위에서 열거한 네 가지 측면 중 두 번째 요소, 즉 사회경제적 요인이 여타 측면의 변동을 초래한 기본 요인이었다는 것이며, 그로 인한 1950년대 북한의 정치적 변동 정점에 '8월 전원회의 사건'3)으로 대변되는 1956년의 정치적 위기가 자리하고 있다는 사실이다. 따라서 향후 40여 년간 북한의 정치 체제를 규정할 1950년대의 북한의 정치 변동에 대한 쟁점 및 제 입장을 분석하고 정치 변동의 정점으로서 1956년의 정치적 위기의 원인을 전후 경제 복구와 발전 전략 수립 및 적용과 그로 인한 사회경제적 위기라는 측면에서 조명하고자 한다. 그리고 1956년의 '8월 전원회의 사건'이라는 상층 정치 차원의 권력 핵심부의 권력 갈등이 이후 국가 기구와 사회 전반으로 확대, 전화되어 북한 정치 지도 체제의 권력 지도가 재편되는 과정을 소위 '최창익 반당음모 사건 및 간첩 사건'과 '제3당 사건'을 통해 조명해보기로 한다.

2. 정치경제적 위기와 '8월 전원회의 사건'

1) '파벌'(faction), '분파'(fraction), 그리고 '당내 경쟁'

'일원주의 체계'(a system of unitarianism)로서의 일당제(one party system)에 있어서 당내 권력 갈등에 대한 분석은 정당 체계(party system)에 일반적으로 존재하는 '당내 경쟁'(intra-party competition)에 대한 비교 분석을 통해 좀더 객관적이고 가치 중립적인 분석 결과를 도출해 낼 수 있을 것이다.

그러나 분석에 앞서 전제가 되어야 할 것은 먼저, 일반적으로 정당 '체계'라는 개념을 사용할 경우 복수 정당의 존재를 전제로 하는 것이고, 이러한 '체계'에서의 경쟁은 당내 경쟁 뿐 아니라 '정당간 경쟁'(inter-party competition)을 포함하는 것이므로 일당제하에서의 '경쟁'은 정당 체계에서의 '경쟁'의 관점에서 볼 때 당내 경쟁만을 뜻하는 제한적 의미를 지닌다는 점이다. 따라서 다원주의적 정당 제도와 비교할 때, 일당제에서의 당내 경쟁은 당내 권력 보유자들이 '직접' 대면하는 투쟁의 형태를 띠게 된다. G.사르토리의 지적대로 일당제하의 당내 경쟁은 선거에서의 경쟁과 정통성 경쟁을 거치지 않는 상층 정치 지도자들간의 '대면 투쟁'―그것이 당 중앙위나 정치국 등의 제도적 기구를 통한 '실각'이든 일방적인 '숙청'을 통한 것이든―으로 표현되며,[4] 그로 인해 '경쟁'은 종종 직간접적인 물리적 강제의 성격을 지니게 된다는 것이다.

다음으로, 단일 정당 체계의 경우에는 위에서 언급한 당내 경쟁이 그 결과가 당의 유지를 위해 부정적인지의 여부에 대한 판정과는 별개로 불가피하게 내재되어 시기, 국면, 상황 변화에 따라 표출될 수 있는 가

능성이 상존한다는 점이다. 왜냐하면 단일 정당 체계의 경우 정당간의
경쟁이 부재한 상태에서 유일하게 경쟁할 수 있는 장은 당내뿐이고 단
일 정당만이 영원히 정권을 장악하게 되므로 유일하게 남는 문제는 '누
가 다스릴 것인가'이기 때문이다. 만약에 '(공산)당이 다스린다'고 답한
다면 '당이 당을 다스리는' 동어 반복일 뿐이다. 따라서 일당제하에서
역사적으로 논란이 되어온 당내 갈등이나 권력 투쟁을 비정상적인 정치
과정이나 정치 형태로 규정짓는 가치 개입적 평가에서 벗어나 일당제하
에서의 정치 과정의 한 부분으로 인정하는 것이 필요하다고 할 수 있다.
일당제하에서의 당내 경쟁이나 당내 권력 갈등에 대한 가치 개입적 평
가가 범할 수 있는 우는 다원주의적 입장에서건 일원주의적 입장에서건
경쟁 결과에 대한 평가에 있어서 항상 '적과 아'라는 이분법적인 논리에
빠지게 된다는 것이다. 즉 다원주의의 입장에서는 일당제하에서의 '경
쟁 패배자'를 '다원주의의 수호자' 또는 '희생자'로 평가하고 싶은 '학
문 외적 유혹'에 종종 빠지게 되며, 일당주의적 관점에서는 당을 분열시
키려는 음모를 꾀한 '반당 종파 분자' 또는 '제국주의의 스파이'로 낙인
을 찍어 '스테레오 타입'(stereo type)화한다. 물론, 여전히 남는 문제는
있다. 폭력이라는 물리적 강제력을 동원한 극단적인 형태의 권력 투쟁
－예를 들어, 1936～1938년의 스탈린의 대숙청－이 정상적인 당내 경
쟁이나 권력 갈등－예를 들어, 흐루시초프 시기의 당내 제도를 활용한
권력 투쟁, 또는 1955～1956년의 북한의 당내 갈등－과 동일시되어서
는 안 될 것이다. 후자가 전자로 발전되는 경우가 종종 존재하지만－
1955년부터 1959년까지 북한의 당내 갈등이 심화되는 과정－양자간의
필연적 연관성은 존재하지 않는다.

따라서 일당제하에서 '대면 투쟁'의 양상을 띠는 북한의 당내 권력
갈등을 '당내 경쟁'의 관점에서 분석하고 그것에 객관성을 부여하기 위
해서는 그에 필요한 유용한 분석 단위를 선정하는 것이 필요하며, 이를

위해 당의 하부 단위에 대한 개념 설정이 요구된다.[5]

　이 글에서는 북한 로동당의 하위 단위로서 최소한의 지역, 지방 단위
인 '당 세포'보다는 좀더 높은 수준의 단위, 즉 당의 상층 공간, 상층
정치 영역에 존재하는 하위 단위를 설정할 것이다. 구체적으로 표현하
면 북한을 비롯한 기존의 사회주의 체제에서 일반화된 — 물론 정치적 의
도가 내포된 개념이긴 하지만 — 단위 개념인 '종파'라는 용어에 주목하
고자 한다. 그러나 '종파'라는 용어를 분석 단위로 활용할 경우 전제되
어야 할 것이 있다. 사회주의 체제에서뿐만 아니라 역사적으로 오랜 기
간 '종파'(CEKTA/CEKTAHCTBO)나 '파벌'(faction)이라는 용어는 부정
적인 의미로 사용되어 왔다. '정당'이란 개념보다 오래된 '파벌'이라는
용어는 18세기 볼테르식 표현에 의하면 '혐오감을 주는 것'으로, 흄에
따르면 '정부를 전복시키고 법률을 마비시킬 뿐 아니라 국민들에게 적
대 감정을 불러일으키는 것'으로 표현된다. 그러나 현대에 이르러서도
'파벌'이 부정적인 요소를 지니는지의 여부와 관계없이 정당의 내적인
구성 요소로서 현실적으로 간주되고 있고 — 제3세계와 선진국의 경우가
'파벌'이 기능하는 양상이 다르긴 하지만 — 파벌이라는 용어가 다른 개
념이나 구성 요소로 대체되지 않는 상황을 고려한다면 이 용어는 여전
히 현실적 힘을 지닌다고 할 수 있을 것이다.

　그러나 '파벌'이라는 용어가 당내 갈등이나 경쟁을 분석하는 객관적
인 분석 단위가 되기 위해서는 역사적으로 형성된 '가치 평가적 의미'를
탈각시킬 필요가 있다. 따라서 '종파'나 '파벌'이라는 가치 평가적 개념
보다는 서구 정당 체계 분석에서 사용되는 '분파'(faction)라는, '파벌'이
나 '종파'보다 좀더 중립적이고 가치 구속적이지 않은 용어를 분석 도구
로 선택하고자 한다.[6]

　단일 정당 체계에서의 당내 권력 갈등을 당내 경쟁이라는 정상적인
정치 과정의 차원으로 인정한다면, '분파'는 당내 구조의 본질적인 구성

요소로서 인정될 수 있다. 북한의 공식 문건에서 표현되고 있는 '종파'
라는 용어는 정치적 의도가 내포된 가치 평가적인 용어이자 '경쟁 승리
자의 용어'이다. 1956년 8월에 발생한 북한 로동당 내 동일한 '사건'을
표현하는 다른 말인 "8월 '종파' 사건"과 필자가 사용하는 "8월 '전원
회'의 사건" 간의 차이는 용어 이상의 의미를 지닌다. 전자가 가치 평가
적인 용어라면 후자는 가치 중립적인 용어라고 할 수 있다.

2) 사회경제적 불안정과 권력 갈등의 내연

정전 후 1950년대의 권력 갈등의 원인, 배경과 관련하여 여러 가지
논쟁적인 가정7)이 존재하는데, 그 중에서 전후 경제 복구 건설 노선 수
립을 둘러싼 대내외적 논쟁과 대립이 북한 지도부의 권력 갈등의 직접
적인 원인이었다는 가정이 관련 연구자들 사이에서 특히 중요한 쟁점으
로 부각된다. 이와 관련하여 당시 전후 경제 복구 발전 계획 수립과 실
행의 실질적인 주체가 누구였는지, 그리고 정책 실행의 결과물은 무엇
이었으며 그 파장은 어떠했는지 등을 살펴보는 것 또한 이 가정의 성립
여부와 이 글이 의도하는 바를 가름하는 중요한 문제라 할 수 있다.

정전 직후인 1953년 8월, 소련 정부는 전후 북한 경제의 복구 건설을
위해 북한정부에 10억 루블을 무상 공여하기로 결정했다. 그리고 같은
해 9월 김일성을 단장으로 한 북한의 당·정 대표단이 소련의 원조와
전후 경제 복구 발전 계획 수립에 대해 논의하기 위하여 모스크바를 방
문하였다. 양국 지도부는 북한의 전후 복구 건설 방향에 대해 의견의
일치를 보았으며, 북한 지도부는 소련 지도부로부터 '계획'의 골격 및
지침을 전달받았다. 이 계획 초안을 토대로 하여 당시 북한의 정부 각
부처에 파견되었던 소련 경제 고문과 전문가들에 의해 경제 복구 발전
프로그램이 마련되었다. 따라서 '전후 복구 건설 노선 수립을 둘러싼

북한 지도부 내의 대립'이라는 가정은 재검토되어야 한다는 점을 우선 지적해야 할 것이다. 소련 지도부와 북한에 파견된 소련 경제 고문과 전문가들은 전후 복구 건설의 성공적 수행을 위해서는 공업 부문의 복구 건설이 선행되어야 한다는 점에서 일치하였다. 이러한 소련측 플랜은 소련을 필두로 한 중국 및 동구 사회주의 국가들의 원조 계획 실행으로 구체화되었는데, 각 산업 부문별, 단위 공장별, 도시별로 해당 국가에 복구 건설 과제를 할당하고 원자재, 설비는 물론 기술 지원에 이르기까지 담보하도록 하였다. 이것은 구체적인 시기별 일정 계획에 의해 진행되었다.

소련의 원조는 중공업, 경공업을 망라한 대규모 산업 단지 및 산업 시설의 복구 건설에 주안점이 맞춰졌다. 여기에는 수풍 발전소, 청진 금속 공장, 김책 제철소, 남포의 유색 비철금속 제련소, 자동차·트랙터 공장, 흥남 질소 비료 공장, 평양 대단위 섬유 단지를 포함한 섬유 산업 기업, 방식 공장 등 '인민 경제의 전반적 복구 발전을 촉진시킬 수 있는 기본 공업 시설'이 망라되어 있었다. 또한 1953~1954년에만 동구 사회주의 국가들에 의해 약 1억 2,000만 달러 상당의 공작 기계, 전기 발전 설비, 도로 건설 장비, 철강재, 전선, 제어 계측기 등 각종 원자재 및 기계, 설비들이 제공되었다. 이들 국가의 무상 원조가 1954년 북한 총예산의 31.6%를 차지했다는 사실로부터 이 원조 계획의 비중을 확인할 수 있다.[8]

따라서 당시에 북한 지도부가 산업 부문간의 발전 '우선 순위'의 선택 측면에서 재량권을 지니고 있었다고 보기 힘들며, 경제 복구 건설 수립 단계에서부터 당내 분파간의 갈등이나 소련측의 플랜과 불일치 또는 대립되는 점이 존재하였다고 단언하기는 어렵다고 할 수 있다.

1953년 6차 전원회의 결정 수행과 1954년 인민 경제 발전 계획 수립과 관련된 문제들을 토론하기 위해 1953년 12월에 개최된 당 중앙위 정치위원회에서 김일성은 "현 단계에 있어 당의 기본 과제는 전쟁으로 붕괴된 인민 경제의 조속한 복구와 공업화의 토대 건설, 그리고 인민의 물질 생활의 조속한 개선"이라고 주장하였다. 실제에 있어서도 앞서 살 펴본 소련의 5차 5개년 계획이 지향했던 과제들과 동일한 정책들이 북 한 지도부에 의해 시행되었는데, 인민 생활 조건 개선을 위한 상품 가격 인하와 소비재 생산 증대 조치 등이 예가 될 수 있다.

1953년 한 해 동안에만 세 차례에 걸친 상품 가격 인하 조치를 단행 하여 최소 20%에서 최대 65%에 이르기까지 생활 필수품의 가격이 하 락했으며, 이로 인해 인민들의 실질적 상품 구매력이 향상되었고 실질 임금 소득의 일정한 증가 효과를 가져왔다. 또한 1954년 인민 경제 계획 에는 물질·문화 수준의 지속적 제고의 기조하에 품목에 따라 10%에서 100% 이상에 이르는 소비재 생산 증대 과제가 포함되었다.9)

이상에서 살펴보았듯이 1950년대 북한 지도부 내의 권력 갈등의 직 접적 원인은 전후 경제 복구 건설 노선 수립을 둘러싼 내부의 이론적 대립이나 '외적인 환경'에 의한 북한 지도부의 대립에 의해 설명되기 어려운 측면이 있다.

그렇다면 '갈등'은 어디에서 그 직접적 계기를 발견할 수 있는가. 그 것은 '이론'에서가 아니라 '현실'에서 발견된다. 즉 '계획'의 '수립' 과 정이 아니라 '계획'의 '집행' 과정에서 발생한 오류들의 상승 작용 결과 전반적인 사회경제적 위기가 야기되었고, 이 위기의 대응 과정에서 북 한 지도부 내의 권력 갈등이 표면화되었다고 볼 수 있다.

따라서 애초부터 패권(supremacy)을 위한 능동적인 진군이었다기보 다는, 전후 복구와 경제 건설 과정에서 성과를 알리는 외형적인 통계 지수와는 무관하게 일련의 정책적 오류가 발생하여 이것이 정책 실패로 귀결됨에 따라 이에 대한 책임론이 대두되었고, 이러한 과정에서 김일 성과 그 내부 그룹이 기존의 우월적 지위를 방어하기 위한 상황적 대처

가 김일성과 내부 그룹의 정치적 존폐를 결정하는 '8월 전원회의 사건'
으로 비화되어 이후 '최창익 반당 간첩 음모 사건' 및 '제3당 사건'으로
확대, 전화되는 패권 장악 추진(drive for supremacy)으로 발전되었다고
보아야 할 것이다.

전후 경제 복구와 건설 계획의 실행 과정에서 발생한 가장 큰 문제
중의 하나는 계획을 집행할 엘리트의 선발과 충원, 그리고 당·정 간부
의 자질과 역량에 관한 문제였다. 즉 중앙 각 부처와 기관에서 지방 하
부 단위 기관에 이르기까지 집행의 주체인 관료들의 경험과 능력이 부
재했다는 것이다. 특히 농업, 상업, 경공업, 중공업 관련 부처 등 전후
복구 건설의 수행과 인민의 물질 생활 개선 추진을 위해 중요한 역할을
지닌 국가 기관들의 경험 부재로 인해 복구 건설 사업이 예정된 기간
내에 완수되지 못하고 있었으며, 복구 건설 사업이 질과 수준도 매우
낮은 형편이었다.10)

지방 하부 단위 기관에서의 간부 문제 또한 심각하였다. 군당위원회
의 경우 대다수 위원장들의 '준비된 정도'는 더욱 취약하였다. 경제 복
구 건설계획의 최종 집행 단위이자 계획 집행상에서 인민과 직접적인
대면 위치에 있었던 이들은 '생산 문제'에 관하여 지방 하부 단위의 기
업소 책임자들에게 중앙의 계획을 해명하고 관철시키지 못하는 실정이
었다. 이에 따라 당중앙위원회는 이러한 문제를 해결하기 위해 잘 교육
된 전문 인력을 선발하여 생산 현장으로부터 지방 당 기관으로 이동시
키려 하였으나 이러한 시도는 긍정적인 결과를 가져오지 못했다.11)

또 다른 문제는 국가 기구·기관의 잦은 개편 및 폐지로 인한 정책
수행상의 비일관성과 단절성을 지적해야 할 것이다. 당·정부 행정 조
직의 잦은 개폐는 해당 기관들의 정치경제적 당면 과제를 신속하고 일
관성 있게 결정하고 해결하는 데 장애가 되었고, 국가 경제의 개별 부문
에 대한 지도·통제 체계의 복잡화를 초래하였다. 예를 들어, 1954년

3월 공공 사업을 관장하는 부처가 폐지되고 그 기능이 국가건설위원회로 이전되었는데, 이듬해 1월 이 조직이 다시 복원되었다. 또한 1953년 폐지되었던 건설성이 1954년 다시 복원되었고, 이와 동시에 업무 기능이 많은 부분에서 중복되는 국가건설위원회는 그대로 존속되었다.

관료들의 사업 작풍 및 근무 기강 또한 문제점으로 지적되었다. 국가 경제 기관에 무절제와 관료주의가 팽배해 있었고, 관료들에 대한 전문 교육은 임시 방편적이고 위계적인 관료적 지시로 대체되었다. 정부가 수립되어 국가 기구가 채 정비되지 않은 시점에서 잇따른 전쟁의 여파를 감안할 때 국가 기구 간부의 경험이나 준비된 정도의 취약성은 이해할 수 있는 것이다. 하지만 국가 정책의 수립과 실행에 있어서 이들의 역량 정도가 정책의 성공적 수행의 중요한 관건임에 동의한다면 이들의 역량과 자질상의 취약성이 북한 지도부가 수립한 전후 국가 발전 전략 수행에 심대한 차질을 가져왔을 것이라는 예측은 어렵지 않다. 이와 더불어 국가 기구의 집행 역량과 이에 의한 결과를 타산하지 않은 정책 결정이라면 최종적인 정책 결정의 위치에 있는 정치 지도부는 현실적 조건과 준비된 정도를 고려하지 않은 정책 결정이라는 비판으로부터 자유로울 수 없는 것이다. 따라서 정책 집행 과정상에서 발생할 수 있는 상황적 불가예측성이나 정책 수행 환경의 가변성을 감안하더라도 해당 정책의 수행 결과 정책 실행의 대상자들이 직접적으로 받을 피해를 상정한다면 정책적 오류나 정책 실패에 대한 정책 입안자들의 책임 문제는 피할 수 없는 것이다. 역사적으로 과거 사회주의체제에서 이러한 정책적 오류에 대한 책임 문제는 당내 권력 갈등을 통해 숙청이라는 소위 속죄양적 해결 방식이 종종 채택되었으며, 북한 지도부 내의 전후 1950년대의 권력 갈등 양태 또한 이와 유사성을 지닌다고 할 수 있을 것이다.

국가 기구와 관료들의 취약성으로 인해 재정 운영상의 원칙과 규율의 해이, 회계 감사 기능의 약화, 그리고 사회·경제에 대한 국가 부문의 통제력 상실은 자연스런 귀결이었으며, 이로 인해 당·정 고위 간부는 물론이고 사회 전반에 걸쳐 국가 재산의 착복 및 낭비, 수뢰, 직무상 배임 등이 만연하였다.12)

1955년 4월 당 중앙위 전원회의는 전 국영 및 협동조합 부문 재산의 약 3분의 1이 착복되거나 낭비되었다는 결론을 내렸다. 국가 기관들의 사업 실태와 재정 운영 규율 감독 및 통제 기능이 내각 산하 인민통제위원회에 부여되어 있었으나 동 위원회는 활동이 거의 정지된 상태였으며, 당 중앙이 이 조직을 활성화시키는 데 필요한 조치들을 취하지 않은 결과 국가의 효율적인 통제가 부재한 상황이 초래되었다.13)

이렇듯 국가 기구가 취약한 상황 하에서 1955년에 들어서면서 화폐가 증발되고 통화량이 급격히 증가함에 따라 물가가 앙등되고 실질적 구매력이 감소하는 등 도시 근로자들의 생활고는 더욱 가중되었다.14)

전후 경제 복구 발전 계획의 집행 과정에서의 문제는 농업 분야에서 두드러지게 나타났다. 농업 협동화 수행 과정에서 많은 결점들이 드러났는데, 협동화 수행에 필요한 간부 교육이나 필요 불급한 물질적·재정적 지원조치 없이 협동화 속도를 강화하고 자발성의 원칙을 무시하면서까지 협동조합을 수적으로 증대시킨 결과(1954년 한 해 동안 1만 개소 이상의 농업 생산협동조합이 조직됨) 대부분의 협동조합이 열악한 상태에 처하게 되었다. 예를 들어 56가구로 구성된 명목뿐인 협동조합이 존재했을 뿐 아니라, 빈농들을 우선적으로 협동조합에 가입시킴으로써 30가구당 농경용 가축이 34두에 불과한 협동조합이 대다수 건설됨으로 인해 대부분의 협동조합은 구조적으로 취약한 상태에 처해 있었다.15) 또한 조합 구성의 대부분을 차지하던 빈농의 30% 이상이 생계 유지가 어려운 상태에 처해 있었으며 종자나 비료, 농기구뿐만 아니라 양곡에 이르기까지 국가로부터의 항상적인 지원에 의존하고 있는 실정이다.16)

농업 부문에서의 위기는 현물세 징수와 양곡 구매 사업 수행에서 절정에 달하였다. 1954년은 해방이래 북한에서 최대의 흉작을 기록한 해였는데(1954년 기준으로), 이로 인해 1954~1955년에 양곡 구매 및 현물세 징수 사업을 완수하는 데 중대한 지장을 초래하였다. 이 사업은 특히 전후 경제복구 및 3개년 발전 계획을 집행하는 데 있어서 생산 건설 담당자들인 노동자와 도시 근로자들에 대한 급양을 목적으로 국가에 의해 수행되었다. 따라서 이 사업의 실패가 경제 복구 및 발전 계획 수행에 결코 가볍지 않은 차질을 초래할 것이라는 점은 충분히 예상될 수 있었다.

전후 경제 복구 및 건설 계획을 예정대로 강행하기 위해서는 생산 노동자와 도시 근로자에 대한 급양 문제 해결이 사활적인 과제였다. 이에 따라 예상에 훨씬 못 미치는 작물 수확량에도 불구하고 농업 현물세가 추수 이전에 예상된 수확량에 따라 책정된 징수 비율이 그대로 강제 적용됨으로써 법적으로 25~27%인 현물세가 실제적으로는 30~32%를 상회하는 결과를 초래하였다. 따라서 농민들은 과중한 현물세 징수에 소극적으로 참여하거나 거부하는 현상이 발생하였고, 도시 지역과 농촌간의 긴장이 유발될 상황이었다. 양곡 수매 사업이 부진하자 내각은 1954년 10월 내각정령을 발표하여 쌀의 자유 거래를 완전 금지하는 조치를 취하였으며, 농가당 잠재적으로 국가에 대한 양곡 판매 기준을 부과하여 이를 감시 감독할 중앙당 및 정부 간부들을 도·군 단위에까지 파견하였다. 양곡 자유 거래 금지 조치에 의해 특용 작물을 생산하는 농민들이나 도시 근로자들은 자신들의 급양을 위해 필요한 양의 양곡을 구매하는 것조차 불가능하게 되었다. 그리하여 경제 복구와 건설을 위해 필수적이었던 생산 및 건설 노동자와 도시 근로자들에 대한 원활한 식량 공급이라는 원래의 목표조차 불확실하게 만드는 결과를 초래하였다. 이러한 조치들은 도시와 농촌 모두에서의 정책 실패로 귀결되어 도시 근로자 및 농민을 포함한 인민 전체의 불만을 야기하기에 이르렀다.[17]

특히 1954년 현물세 징수 시에 농민과 지방 단위 하급 간부들에 대한 사업 완수 압박과 심각한 편향이 존재하였다. 사업 수행 과정에서 할당된 실적 완수를 위해 농민들에 대한 구타, 체포, 강제 추방, 이주 등 강압적인 방법들이 동원되었다. 강압적인 현물세 징수와 양곡 수매 결과 당시 농민의 5%만이 여유 양곡을 보유하고 있었고, 나머지 95%의 농민에게서는 생계에 필요한 양곡조차 거의 모두 징수된 상태였다. 또한 사업 수행 과정에서 과업을 완수하지 못해 무능력자로 낙인찍혀 당적이 박탈된 말단 간부들이 자살한 사례가 빈번히 발생(약 300여 명)하였고, 수만 명의 농민들이 아사하였다.18) 게다가 농민들 수중에 양곡이 있는지의 여부에 관계없이 획일적 기준에 의해 사업을 수행하였기 때문에 빈농에서 중농에 이르기까지 의무 부과 방식으로 마지막 양곡까지 징수하였으며, 양곡이 남아 있던 부농조차 여유 양곡을 자유롭게 내다 팔 가능성이 봉쇄됨으로써 불만이 농민의 전 계층으로 확산, 고조되었다.19)

이에 대해 당시 김일성이 위의 사업 수행상의 오류 및 편향을 지적하면서, 실제로 당시 농촌 지역에서 양곡 수매 사업 수행에 대한 농민들의 대대적인 저항이 조직되고 있었던 점을 인정하고 농민 수중에 양곡이 남아있지 않은 상태에서 만약에 당초 계획된 목표량 달성을 위해 양곡수매 사업을 더 이상 강행하였더라면 당과 정부는 완전한 '정치적 패배'의 길로 들어섰을 것이라고 평가한 사실은20) 당시 북한 지도부가 전후 경제 복구와 건설 계획을 수행하는 과정에서 초래한 정책적 오류의 심각성을 웅변해 준다고 할 수 있다.

북한 지도부 내의 정책적 오류와 실패에 대한 심각한 상황 인식은 정책 실패에 따른 책임 소재 문제에 직면하게 되고 급기야 이를 둘러싼 지도부 내의 갈등이 권력 갈등으로 비화되기에 이른다. 이러한 갈등의 표출 과정에서 하나의 중요한 계기로서 중국과 특히 소련이라는 외부적 요인이 작용한 바가 크다고 할 수 있을 것이다.

3) 권력 갈등의 시작과 중·소의 영향력

1954·1955년의 정책 실패로 인해 초래된 북한의 사회경제적 불안정과 그에 따른 지도부 내의 갈등이 표면화되기 시작한 1955년 후반기에 있어서 소련과 중국간의 관계는 비교적 원만한 협력 관계를 유지하고 있었다. 이에 따라 사회경제적 불안정과 지도부 내의 갈등 등 당시 북한 내부 문제에 대한 시각에 있어서 양국 간에는 협조 관계가 형성되고 있었다. 그로 인해 당내 갈등을 해결하는 데 있어서 김일성 내부 그룹은 대대적인 숙청이나 패권적 지위 획득 등의 파국적이고 무리한 해결 방식을 동원할 수 없었으며, 소련과 중국의 정치적 견제를 무시한 채 내부적으로 자유로이 구사할 수 있는 정치적 전술의 경우의 수도 그리 많은 편은 아니었다. 따라서 1955년부터 표면화되기 시작한 당내 갈등에 대한 해결 과정에서의 김일성과 그 내부 그룹의 정치적 자율성은 '중·소 한계선(sino-soviet boundary)'에 의해 결정될 운명이었다.

한국전쟁 수행 과정에서 소련의 지원에 대한 중국 측의 불만족에도 불구하고 1956년 2월 소련공산당 20차 당 대회 이전까지 중·소간의 협력은 일반적으로 진전된 관계 유지로 평가된다. 다시 말하면 1950년대 중국의 대 소련 정책은 '향소 일변도'였다고 할 수 있다. 예를 들어, 1952년 8~9월에 걸친 저우언라이의 모스크바 방문시 양국은 19세기 이래로 역사적으로 중요한 이해 관심 사항인 소련의 뤼순 해군 기지 사용 허가에 합의하였으며, 스탈린 사후 1954년 9월에 개최된 중국 제1차 전국인민대표대회시에는 소련 공산당 제1서기 흐루시초프를 단장으로 한 대규모 소련 대표단이 중국을 방문하였고, 약 5억 2,000만 루블에 달하는 신규 차관이 제공되는 동시에 5개년 과학 기술 협력에 관한 협정이 양국간에 체결되는 성과를 올렸다. 또한 제1차 5개년 계획 시기에는 중국 공업 건설의 44%가 소련으로부터의 기계 도입과 기술 도입에 연관한 것이었다. 특히 제1차 5개년 계획(1953~1957)의 기본 전제인 '과도기 총노선'의 핵심인 중공업 우선의 '사회주의 공업화와 사회주의적 개조' 전략은 소련 모델에 대한 충실한 답습을 의미한다는 점에서 당시 중국의 경제 계획 완수에 있어서 소련에 대한 의존도 및 양국 간의 관계를 적절히 설명해 주고 있다.[21]

한국전쟁 이후 소련은 북한에 막대한 물질적·재정적 원조 및 기술 지원을 공여하고 있었음에도 불구하고 북한에 파견한 경제 고문 및 전문가들을 통한 경제 계획에 관한 조언들을 제외하고 북한의 내부 문제에 적극적인 개입을 하지 않는 방침을 고수하고 있었다. 예를 들어, 경제 복구 및 건설 계획의 실행 과정에서 해당 집행부 처벌로 여러 문제점들이 발생하고 있었음에도 불구하고 소련으로부터 파견된 경제 전문가들은 내정 간섭의 오해 여지로 인해 이에 대한 어떠한 통제나 조정도 하지 않았다.

그러나 1955년 초 북한 국내 정세의 불안정, 특히 경제 분야의 심각성을 인식하면서 북한 내부 문제에 적극적으로 개입할 필요가 있음을 결정하였다. 1954~1955년에 북한이 처한 상황을 분석한 결과 소련의 당·정 지도부는 경제 복구 발전 계획 수행에 있어서 북한 지도부의 정책이 전반적으로 실패하고 있다는 평가를 내렸다.

당면한 북한 정세와 관련하여 소련 측의 판단 중에서 주목할 만한 점은 경제 복구 발전 3개년 계획에 설정된 자본재 생산 부문의 성장 속도를 늦추는 동시에 소비재 생산 부문을 평균적으로 높이는 문제와 농업 발전에 있어서 농업 협동화의 지속적인 강행을 자제하고 기존에 건설된 농업생산 협동조합을 심화시키는 데 주력하는 문제, 물질 생활 개선에 관련된 문제(소비재 생산 증대, 생필품 가격 인하, 주택 건설 등)들에 대한 조속한 결정을 내릴 필요가 있다는 것이었다. 특히 인민의 물질 생활 수준의 개선 문제는 분단이라는 조건 하에서 특별한 의미를 지니므로 인민들의 물질 생활 수준 향상에 북한 지도부의 관심이 지대하다는 것을 남한에 보여줄 필요가 있었으며, 당과 정부 내에서 집단 지도와 당내 민주주의를 발전시킬 필요가 있었다.

1955년 1월 소련공산당 중앙위원회는 이러한 판단하에 몰로토프와 수슬로프의 발의로 1955년 4~5월로 예정된 김일성을 위시한 북한로동당 지도부의 모스크바 방문을 2월로 앞당겨 긴급히 비공식 초청하여 당 중앙위원회 상임위원회에서 북한의 내부 정세와 관련하여 북한 지도부들과 토론할 것과 이러한 입장을 중국 측에 알릴 것을 결정하였다.

당 중앙위의 이러한 결정에 따라 베이징 주재 소련 대사는 저우언라이를 접견하여 북한 내부 상황을 설명하고 이 문제에 관한 중국공산당 중앙위원회의 입장과 위에서 언급한 모스크바에서의 소련 지도부와 북한 지도부간의 회합에 중국 지도부가 어떤 형식으로 참석할 것인지에 대해 중국 측 의사를 타진하였다.22) 이것은 당시 북한 내정에 대한 중·소간의 협조 체제가 형성되어 있음을 보여주는 대목이다.23)

모스크바를 방문한 북한 대표단은 소련 당·정 지도부로부터 북한의 내부 문제에 대한 심각한 지적과 근본적인 정책 수정을 권고 받았다. 즉 양곡판매 금지 조치를 취소할 것과 국유화를 강행하던 상공업 분야 정책을 수정하여 사기업을 폭넓게 허용할 것, 농업 부문의 위기를 초래한 기존의 농업 현물세 징수 방식을 폐지하고 새로운 농업세 체계를 마련할 것, 기존의 5개년 계획안을 변경할 것, 그리고 노동당의 사회주의적 신강령 개정 작업을 중단할 것 등이 소련 당·정 지도부에 의해 지적된 사항이었다.24)

귀국 후 6월에 소집된 당 중앙위 상무위원회 확대회의에서 행한 모스크바 방문에 대한 결산 보고에서 김일성은 소련공산당 중앙위로부터 받은 충고를 전적으로 수용하여 지체 없이 이를 실행에 옮길 예정이라는 의견을 피력하였다.

농업 문제를 언급하면서 그는 전망 없는 공장들의 건설을 취소하고 그 재원으로 농업 부문에 대한 투자를 늘리는 등 5개년 계획안을 근본적으로 수정하라는 소련 지도부의 권고를 수용하면서 인민 경제 5개년 계획안이 비현실적인 판단하에 입안된 것임을 인정하였다.25) 이 회의에서 당과 정부가 농업 부문에서의 어려움을 과소평가하고 필수적인 경제적 기반 없이 농업 집단화를 강행하는 부적절한 정책을 집행하는 오류를 범했다는 점이 특히 강조되었다. 따라서 김일성은 농업 집단화 강행을 중단하고, 개별적으로 협동화를 원할 경우 축력 등 필수적인 경제적 기반을 갖춘 경우에만 허락할 것을 지시하였다.26)

농업세와 관련해서는 1955년에 발효된 농업 현물세의 인하 조치가 불가피함이 지적되었고, 이와 관련하여 1956년에는 농업세 징수 체계를 변경, 현금으로 납부할 수 있는 제도를 마련키로 하였다. 또한 기존의 반강제적인 국가 양곡 수매 사업 방식에서 탈피, 자발성에 기초하여 양곡을 시장 가격으로 매입하거나 부족한 생필품과의 교환으로 협동조합 기관이 매입하는 방식이 제시되었으며, 이 사업과 밀접한 연관이 있는 양곡 매매 금지조치도 모스크바의 판단에 따라, 당 중앙과 정부의 심각한 오류에 의해 발생한 것으로 인정되어 양곡의 자유로운 매매가 허용되었다.27)

개인 상공업의 국유화 정책도 수정이 불가피했다. 상무위원회 6월 회의에서 김일성은 소규모 개인 상공인들에 대한 배제와 제한 조치를 통한 국유화 강행의 오류를 인정하고, 특히 인민들의 생필품을 생산하는 기업들에 개인 자본의 투자를 장려할 것과 이들에 대한 세금 감면 조치를 고려할 것을 지시하였다.

또한 농업 분야 발전의 물질적 기반 확보와 관련하여 상무위원회는 약 27억 3,000만 원을 농업 부문에 추가로 배정할 것을 결정하였다.28)

모스크바로부터의 충고에 따른 당 중앙의 이러한 정책 수정과 제반

조치는 중앙을 비롯하여 각 지방 하부 단위 기관에 이르기까지 긍정적인 반응을 불러일으켰으며, 이러한 일련의 정책 수정으로 인해 이미 수립된 인민 경제 5개년 계획은 수정이 불가피하게 되었다.

그렇다면 사회경제적 불안정의 심화로 인한 북한 지도부의 내재적 균열은 이로써 봉합된 것인가. 당·정 지도부에 의해 취해진 조치들이 인민들의 피부에 체감되기까지는 시간이 필요하였으며, 지도부가 원했던 것처럼 상황이 빠르게 호전되지는 않았다.

1955년은 해방 10주년이 되는 해였음에도 불구하고 북한 지도부는 중국과 소련을 제외한 여타 국가들을 8·15 행사에 초청하지 않았다. 이는 사회주의 국가들의 전후 경제 복구와 건설에 대한 막대한 원조에도 불구하고 자원의 동원과 배분, 통제 등에 있어서 정책적 오류를 범함으로써 계획 달성에 차질을 초래하여 외부적으로 보여줄 만한 성과가 없었던 북한 지도부의 고민을 반증하는 것으로[29] 동년 가을에 예정되었던 3차 당 대회도 연기되는 등 상황은 그만큼 어려웠다.

대내적으로 정책 실패에 대한 불만의 고조와 대외적으로 이에 대한 소련의 강력한 문제 제기에 직면한 1955년의 상황은 북한 지도부에 정치적 선택을 강요하였다. 그 중에서도 김일성과 내부 그룹은 정책 결정 과정에서 차지하는 비중에 비례하여 정치적 선택에 대한 중압이나 압박감이 여타 정치 분파에 비해 한층 더 높은 것이었다. 김일성의 정치적 선택은 '책임론'을 통한 정국 돌파와 이를 통한 각 분파 내에서의 기존의 안정적인 지위 확인이었다. 김일성은 사회경제적 위기의 책임을 '우리'라는 표현으로 지도부 내의 오류로 돌리면서 자신의 일정표에 따라 '계획'을 집행해 나갔다. 경제 정책 실패의 책임 소재 문제와 더불어 모스크바 방문의 '후과' 또한 지도부 내의 정치적 압박과 함께 그를 정치적 해결의 길로 추동한 중요한 계기였다. 즉 모스크바로부터의 '소환성' 비공식 초청에 응했을 뿐 아니라 동행했던 '동료'들이 보는 앞에서 모스크바 지도부의 결정을 일방적으로 수용함으로써 상처 입은 자신의 권위를 회복할 필요 또한 김일성이 경제 위기의 돌파구를 정치 영역에서 발견하게 된 중요한 동기였던 것이다.

4) 권력 갈등의 분출과 '8월 전원회의 사건'

정전 후(박헌영 사건 이후) 당내에 존재한 4개 분파(소련 국적 조선인, 옌안 출신, 남로당 계열, 국내 토착 공산주의자)는 노선이나 이념적 스펙트럼상에 좌우로 정렬 배치되는 차별성을 지닌 집단의 성격을 띠고 있었다기 보다는 '출신'이 지니는 공통된 정서나 경험, 또는 당내의 주변적 이해 관계를 토대로 한 비교적 정치적으로 느슨한 결합체적 성격을 지니고 있었다. 어느 분파나 그 분파의 지도자는 패권적(hegemonic)이거나 지배적(dominant)이지 못하였다. 이것은 1952년 12월 남로당 계열에 대한 공격시, 나머지 3개 분파가―특히 소련계의 역할이 두드러졌음은 주지의 사실이다―연합한 사실에서도 잘 드러난다. 오직 김일성만이 '상대적으로' 우월적인 지위를 인정받고 있었을 뿐이다. 이 분파들은 정당의 하위 단위의 스펙트럼상의 양극에 위치한 순수한 '파벌'(특정적인 권력 집단)과 순수한 '경향'(tendency)[30] 사이의 중간 정도에 놓일 수 있을 것이다. 따라서 이들이 초기에 경쟁하던 대상이나 목표도 패권적 지위(supremacy)나 권력 정점이 아닌 직위 배분 등의 하위 권력 자원 배분이었다고 볼 수 있으며, 김일성은 이를 조정하는 역할을 수행하고 있었다고 평가된다. 물론 상황 변화에 따라 경쟁 목표가 하위 권력 자원 배분에서 우월적 권력 획득으로 이동할 가능성은 열려 있었고, 이에 따라 분파에서 파벌이라는 견고한 결합체로 발전할 개연성 또한 존재하는 것이다. 이것은 정치 환경의 변화와 더불어 각 분파들이 동원할 수 있는 정치적 가용 자원의 크기에 의해 미래 시점에 결정될 것이었다.

정전 직후 4개 분파들 간의 알력은 주로 당 중앙과 내각, 그리고 지방 당 인민위원회 등에서의 직위 배분 문제를 둘러싼 것이었다. 특히 김일성 내부 그룹을 비롯한 국내파들은 상대적으로 소련계가 중요 직책을 맡고 있는 것에 대해 불만을 품고 있었는데, 이와 관련하여 김일성은 1954년 1월의 인사 이동을 통해 소련계와 국내파 및 옌안 출신 간의 직위 배분을 조정함으로써 각 분파간의 세력 관계를 조정하였다. 이 인사 이동은 북한 당·정 지도부 내의 각기 다른 분파들의 존재를 인정하는 것이었으며, 지도부 내에서는 이것이 각 분파간의 직위 배분에 일정한 균형 원칙을 적용한 것으로 받아들여졌다. 이렇듯 1955년 사회경제적 불안정이 심화되어 당내 갈등이 표면화되기 전까지 김일성은 각 분파들 간의 하위 권력 자원 분배를 둘러싼 알력과 견제를 비교적 적절히 조정해 내고 있었고, 분파들 또한 서로간의 알력 발생시에 김일성에게 호소하는 등 그는 중재자로서 또는 그들보다 우월적 지위를 지닌 자로서 인정되고 있었다.31)

그러나 전후 복구 및 건설 계획 수행상에 막대한 차질이 발생하게 됨에 따라 당내 분파간의 균열이 가속화되기 시작하였다. 김일성은 경제 정책 실패의 원인으로 당원들의 계급 의식 해이와 간부들 사이에 팽배해 있던 관료주의와 부정부패 등을 지적하면서 분파의 해악을 문제의 본질로 규정하였다.

1955년 4월 당 중앙위 5차 전원회의에서 당 사업의 오류와 결함 문제에 직면하여 양곡 구매 사업 수행에 있어서의 당의 오류를 강조하면서 김일성은 특정 인물들을 지적하고 북한의 사회 경제 실상과 사업 수행 상황을 은폐하려 했다고 비판하였다. 박창옥과 김일은 1954년 곡물 수확에 대한 허위 통계 보고 은폐와 관련하여 심한 문책을 당했다. 특히 박창옥은 비현실적인 경제 복구 및 건설 계획을 작성한데 대한 책임을 추궁당하였다.32) 경제 정책 및 수행에 있어서의 오류에 대한 비판에서 더 나아가 김일성은 '분파주의'적 행동을 경고하였다. 이전에 외국에서 활동했던 분파(옌안계, 소련계)의 리더들의 '출세주의'적 경향을 비난하면서, 특히 옌안계 박일우, 김운, 방호산 등을 출세 분자로 비판하였다. 이들 중 박일우에 대한 공격이 현저하였는데, 한국전쟁시 범했던 그의 과오들이 지적되었다.[33] 당시 당이 처해 있던 문제의 핵심은 1954～1955년의 당 정책상의 오류에 대한 문책을 넘어서 과거 사실에 대해 중앙위 전원회의에서 김일성이 정식으로 비판을 제기한 것은 각 분파들에 대한 일종의 경고 메시지였으며, 미래 특정 시점에서 발생할지도 모르는 자신에 대한 각 분파들의 '정치적 시도'에 대한 예방의 의미를 지니는 것으로 해석할 수 있다. 따라서 김일성은 박일우에 대한 직접적인 처벌을 유보하면서 그가 당과 동료들에게 자신의 '마지막 가능성'을 보여주어야 하며, 올바른 사업 위치에 서는 결단을 내릴 것을 촉구하였다. 당시 박일우는 북한군 지도부뿐만 아니라 북한 주둔 중국인민지원군 지도부에 권위적인 영향력을 행사하고 있었으므로 박일우에 대한 처벌은 중국과 북한군 관계자들의 반발을 초래할 가능성이 있었다. 이러한 사실이 그에 대한 당적 처벌 유보 결정에 반영되었을 것이며, 또 다른 의미에서는 여전히 분파간의 균형 유지의 필요성이 존재한다는 인식에서 일종의 '정치적 관용'이 가능했던 것으로 해석된다.

4월 전원회의에서 당 사업의 결함에 대한 문책 이상의 구체적인 당적 처벌은 결정되지 않았으며, 참석한 당 중앙위 위원들도 토론에서 개별 당 및 국가 기관의 사업에 대해서는 격렬히 비판한 데 반해 정부 및 당 지도부 자체에 대한 비판은 거의 제기하지 않았다. 전원회의에서 행해진 비판은 외견상 각 분파 모두에 해당되는 것이었으나 실질적으로는 소련계와 옌안계에 비판의 초점이 맞춰졌다. 그만큼 양 분파가 다른 분파에 비해 당의 정책 결정과 사업 수행에 있어서 중요한 직책을 점하고 있었던 것으로 해석할 수 있다.

소련계는 전원회의에서 정책 실패 문책에 전적으로 공감하지는 않았다. 1955년 당시 소련 출신 고위 관료들의 대부분은 내각과 당 중앙의 전반적인 분위기를 '비정상적'인 것으로 평가하고 있었다. 그들은 정책 수행상의 심각한 결함들이 김일성 앞에서의 '아첨'에 의해 은폐되고 있다고 판단하고, 정부와 당이 자주 국내 실제 상황에 대해 정확한 정보를 받지 못함으로써 종종 잘못된 결정을 내리고 있다고 지적하였다. 따라서 김일성이 국내 문제에 대해 보고받고 있는 정보는 객관적인 것이 아니며, 이에 따라 1954년 수확 평가나 양곡 수매 사업 등의 수행에서 심각한 오류가 발생하였다는 것이다.[34] 이러한 지적은 특히 김일성 내부 그룹을 포함한 국내파를 겨냥한 것으로, 정책적 오류에 대한 김일성의 직접적인 책임은 제외시키고 있으나 결과적으로 그러한 정책 결정을 내린 김일성 또한 이러한 비판으로부터 자유로울 수 없는 것이었다.

경제 정책 실패로 인한 지도부 내의 균열은 책임 소재를 둘러싼 당내 분파간의 정치적 공방으로 발전하고 있었으며, 점점 김일성 주변 세력과 더 나아가 김일성 자신에게로 정치적 책임 문제가 접근해 오고 있었다. 4월 전원회의 직후 열린 정치위원회 회의에서 지도부의 당중앙위원회 강화문제가 토론되었는데, 일부 정치위원들이 김일성에게 내각 수상직을 사임하고 당 중앙위 위원장직만을 수행해 줄 것을 요청하였다. 이것은 공식적으로는 김일성 개인의 업무 과중에 대한 일종의 배려와 당의 강화 형식을 띤 것이었으나, 김일성으로서는 자신의 당과 정부 내 권력 지형과 관련하여 받아들일 수 없는 것이었다. 드디어 사태의 추이는 분파간의 균형 문제를 넘어서 하위 권력 자원 분배로부터 상층 권력·최고 권력의 분점 문제로 발전하고 있었다. 당내 경쟁에 있어서 궁극적인 문제인 지도 체제의 문제가 당내 갈등의 표면에 등장하게 된 것이다. 이러한 직위 이양 문제는 김일성에게는 자신의 권위에 대한 도전으로 해석되기에 충분한 것이었다. 그는 이 문제를 모스크바 방문 이후

에 결정하자는 제안으로 고비를 넘겼다.[35]

그러나 상황은 권력 구조 및 당내 민주주의의 문제로 확대되고 있었다. 소련계 및 옌안계 내부에서는 당내에 만연하고 있던 김일성에 대한 아첨과 개인 숭배 분위기를 지적하는 빈도수가 점점 늘어가고 있었고, 소련공산당 지도부는 모스크바를 방문한 김일성 및 북한 지도부와의 회합에서 집단지도 원칙에 입각하여 당을 운영할 것과 당면한 경제적 곤경을 해결하는 데 당력을 집중할 것 등을 조언하였다. 귀국 후 6월에 개최된 로동당 중앙위 확대 전원회의에서 김일성은 당내 민주주의 및 지도 체제에 관한 소련 공산당측의 이러한 견해를 언급하고 당과 국가의 중요한 문제 결정시 집단 지도의 원칙을 견지할 것이라는 견해를 밝혔다. 또한 박일우 그룹에 관련된 조직적 결정을 서둘러서는 안 되며, 자신들의 오류를 실제 사업을 통해 시정할 기회를 주어야 한다는 점을 분명히 하였다.[36]

이렇듯 당내 갈등의 분출은 소련의 충고와 경제 위기 해결이라는 요인에 의해 제어되고 있었으나 오히려 이 두 변수는 김일성에게 자신의 권위에 대한 위기 의식을 불러일으키는 요인으로 작용하였고, 시간이 경과함에 따라 '책임론'이 당내 전면에 부상하기 시작하였다.

4월 전원회의의 결정에 따라 '자백 운동'과 지방 간부들에 대한 통제와 검열이 진행되는 과정에서 지방 간부들 사이에서는 중앙의 지도부에 대한 불신이 팽배해 있었다.[37] 이에 따라 김일성은 재차 중앙의 지도 간부의 책임성 문제에 주목하기 시작하였다.

9월 말에서 10월 중순까지 주요 산업 부문의 책임 간부들과 경제 계획상의 문제에 대한 세부적인 사항에 이르는 전문적이고 구체적인 토론[38]을 벌인 결과 김일성은 다음과 같은 결론을 내렸다.

첫째, 계획 수립에 있어서의 오류 발생 원인은 무엇보다 국가계획위원회와 각 부처 기관들이 하급 기관들에 '내리먹이는' 관료주의적 병폐에 있다는 것,[39] 둘째, 정부 각 부처 기관들의 사업에서 할거주의적 경향이 강하다는 것,[40] 셋째, 기관 및 산업 관련 기관들에 대한 당의 통제의 약화로 인해 계획 수립상의 오류가 발생하였다는 것이다.[41]

이러한 김일성의 결론은 당내 소련계 및 옌안계 지도 그룹을 겨냥한 것으로서, 이들에 대한 당적 제재로 이어졌다.

1955년 12월 23일에 소집된 당 중앙위 전원회의는 옌안계의 박일우와 소련계의 김열의 '반당' 행위에 대한 당 중앙위 검열위원회 위원장 림해의 보고를 토론한 후 이들에 대한 당적 처벌을 결정하였다.[42]

이에 따라 박일우는 반당 분자로 규정되어 출당 조치되었으며, 당중앙위원회 위원에서 제명되었다.[43] 김열의 반당 행위는 주로 국가 재산 횡령과 풍기 문란에 관한 것이었다. 김열은 모든 혐의 사실을 인정하고 서면으로 해명서를 제출하였으며 체포되어 인민 재판에 회부되었다. 전원회의는 김열을 출당시키고 당 중앙위 위원에서 제명하는 당적 처벌을 내렸다. 이들에 대한 '반당' 행위의 내용이 당면한 문제의 본질인 부정부패나 정책 집행상의 오류라는 문제를 넘어서 박헌영 등과의 관계로 연결되어 재판에 회부된 사실은 당내 권력 갈등이 표출되어 양 분파에 대한 김일성과 내부 그룹의 정치적 조치가 본격화됨을 시사해 주는 것이다.

양 분파에 대한 이러한 상징적인 처벌 외에도 전원회의에서 소련계 지도 그룹에 대한 전반적인 비판이 진행되었다. 김일성은 소련계 정률, 손진화, 정국록, 기석복, 전동혁 등을 거명하면서 조선 문인들 사이에 반목을 조장하고 이승엽 그룹에 참여했던 이태준을 옹호했다는 이유로 신랄한 비판을 하였다. 또한 당시 소련계의 대표적 인물이던 박창옥을 지목하고 국가계획위원회 위원장 재직 당시 경제 계획 수립 과정에서 관료주의적 폐해를 조장한 것에 대해 비판하였다. 당 선전선동부장이었던 박영빈도 예외는 아니었다. 과거 박영빈이 여러 번 제의했던 서휘의 철직 사건이 부적절했음을 거론하면서 소련계와 옌안계 간의 미묘한 대립을 부각시켰다.

12월 27일과 28일 이틀간에 소집된 당 중앙위 상무위원회 확대회의에서 김일성은 박창옥, 박영빈, 기석복, 전동혁, 정률 등에게 자신들의 과오를 인정할 것을 요구하였는데 박창옥의 경우 100여 가지의 죄목이 부여되었다. 그 중에는 김일성을 대신하여 '제1인자'의 지위에 오르려 했다는 죄목이 포함되어 있었다.

1956년 1월 18일, 상무위원회는 이데올로기 전선에서 범한 반당적 과오를 비판하면서 박창옥을 당 중앙위 정치위원회 정치위원직에서, 박영빈을 정치위원 및 중앙위 위원직에서 제명할 것 등을 결정하였다.[44] 이로써 소련계는 정치적으로 회복하기 힘든 타격을 입었으며, 이를 반전시키기 위해서는 다른 정파와의 연대나 외부로부터의 도움 없이는 불가능한 것이었다.

1955년 12월에서 1956년 1월 사이에 숨가쁘게 진행된 일련의 사건은 그 정점으로서의 1956년 '8월 전원회의 사건' 만큼이나 중요한 의미를 지닌다.

먼저, 전원회의 사건의 직접적인 단초가 이미 이 기간에 마련되었다는 점이다. 앞서 언급한 대로 단일 정당 체계하에서 당내 경쟁은 종종 분파 지도자들간의 권력에 대한 직접적인 '대면 투쟁'의 형태를 띠게 되는데, 1955년 말에서 1956년 초에 발생한 사건들이 시사하는 바는 김일성의 당내 경쟁에 대한 조정 방식이 간부 인사를 통한 하위 권력 배분이나 1955년 전반기에 행해졌던 각 분파에 대한 경고 메시지를 넘어서 각 분파 지도자들에 대한 직접적인 권력 박탈이라는, 당내 경쟁의 정치적 기반과 기회의 박탈 형태로 급전되었다는 점이다. 1956년 1월 상무위원회에서 내린 박창옥에 대한 책벌 내용에서 보여지듯이 당내 경쟁의 초점은 이미 최고 권력획득의 문제로 비화되었다. 사르토리적 개념의 '분파'(fraction)나 로즈의 '경향'(tendency)에 가까웠던 각 정파들은 김일성과 내부 그룹의 시각에서는 이제 최고 권력 획득을 목표로 한 조직적 결속력을 갖춘 '종파'나 '파벌'로 규정되었다. 김일성은 이전과 같이 더 이상 각 분파간의 당내 경쟁을 조정하는 조정자의 위치에 머무르지 않고 '대면투쟁'에 들어서게 된 것이다. 이러한 정치 환경과 조건 변화에 직면하여 각 분파들(옌안계와 소련계) 또한 이전의 느슨한 분파적 결합에서 조직적 결속력과 최고 권력에 대한 도전이라는 구체적 목표를 지닌 '파벌'적 결합으로 전화되어 갔다. 이러한 조건하에서 김일성 및 그 내부 그룹과 옌안계 및 소련계가 당내 최고 권력을 목표로 한 쌍방간의 전면적인 '대면 투쟁'에 돌입한 것이 1956년 8월 전원회의 사건이다.

다음으로 주목해야 할 것은 1월 상무위원회의 결정이다. 동 위원회에서 결의한 "문학예술 분야에서 반동적 부르죠아 사상과의 투쟁을 더욱 강화할 데 대하여"라는 결정과 이에 대한 당내 토론은 외견상 사회주의적 문학 논쟁을 연상시킬 수도 있으나 이 문제의 핵심은 문학 예술 분야를 훨씬 넘어서는 의미를 지니고 있다. 이것은 당 정책상의 오류와 경제 정책 실패로 인한 당내 갈등이 이데올로기 차원의 투쟁으로 발전되고 있음을 의미한다. 중요한 핵심은 문학 예술 논쟁이 아니라 각 분파 지도자들의 연루 문제였으며, '반동적 브루주아 사상'의 유포 문제였다. 이에 대한 사실 여부를 떠나 중요한 것은 이러한 결정의 정치적 의도이다. 1955년에는 당 지도부 내의 갈등뿐 아니라 전 사회적 차원에서 사상 투쟁이 진행되고 있었다. 4월 전원회의 결정에 따라 국가 및 경제 기관, 그 일꾼들과 전체 당원들, 그리고 관련된 기업가와 상인들까지 사안의 경중에 관계없이 '자백 운동'에 망라되었다. 이러한 전 사회적 차원의 자아 비판 및 자백 운동과 사상 투쟁의 상층 정치 차원의 총화가 위에서 언급한 1월 상무위원회의 결정이었으며, 1955년 12월 말의 '주체'라는 용어의 제기와 더불어 이후 김일성의 주체 노선을 실현하기 위한 사상적 장애의 제거와 각 분파들에 대한 사상적 투쟁이 상무위원회의 결정이 의도하는 정치적 목적이었다고 해석할 수 있을 것이다.

1956년 1월 상무위원회의 결정으로 당내 경쟁 토대를 결정적으로 상실한 소련계와 옌안계에게 있어서 소련공산당 20차 당 대회는 정치적 반전의 기회로 보이기에 충분한 것이었다. 왜냐하면 양 분파가 당내 경쟁 기반을 회복하고 권력 분점이라는 목표 달성을 재시도하기 위해서는 로동당의 지도 체제 문제와 당내 민주주의 문제에 대한 전면적인 문제 제기가 이루어져야 하는데, 당내 상층 권력 기반 — 중앙위원회, 정치위원회, 상무위원회 — 을 거의 상실한 그들로서는 외부로부터의 지원이 필수적이었다. 20차 당 대회에 당내 민주주의와 집단 지도 체제와 같은 당의 지도 원칙 문제들이 토의될 안건에 상정되어 있다는 것이 이미 북한 지도부에게 잘 알려진 사실이었으므로 김일성은 동 대회에 최용건을 대신 파견할 것을 정치위원회에 제안하였다. 소련공산당 20차 당 대회는 개최 전부터 북한 지도부에 영향을 미치고 있었던 것이다.

20차 당 대회 기간 중(2월 14~25일)에 김일성은 소련계와 여타 당 지도 간부들에 대한 유화 조치를 취하였으며, 개인 숭배 경향이 당내에 존재하고 있음을 인정하였다.[45]

2월 20일에는 당 중앙위 부서장, 내각 책임 간부 및 장관들과의 회합에서 그간의 소련계 지도 간부들과의 옳지 못한 관계들을 지적하고[46] 전 도당위원회에 지시하여 소련계에 대한 비판 모임 등을 금지하는 조치를 내렸다. 동시에, 1955년 12월 전원회의와 1956년 1월 상무위원회 결정 사이에 직위 해제된 일련의 소련계 지도 간부들을 이전의 직위로 복귀시키거나 그와 상응하는 직위에 임명하였으며, 소련계 탄압을 적극적으로 수행했던 당 간부들은 좌천되었다.[47] 이렇듯 소련공산당 20차 당 대회의 영향은 김일성 그룹으로 하여금 여타 분파들에 대한 전면적 공격에서 후퇴하여 상황에 대한 수세적 방어 전술을 수용하게 하였다.

그러나 김일성과 내부 그룹이 집단 지도 원칙과 개인숭배 문제와 관련하여 자신들의 오류를 전면적으로 인정한 것은 아니었다. 그들은 소련 공산당 20차 당 대회의 결정인 집단 지도 원칙을 수용하는 한편, 개인 숭배의 책임을 박헌영과 허가이에게 지우는 이중 전술을 선택하였다.

이러한 김일성의 이중 전술을 1956년 4월에 개최된 로동당 3차 대회의 분위기를 압도하면서 공식화되었다. 당 대회의 토론의 주된 기조는 당중앙위원회가 당이 창건된 이래로 집단 지도 원칙을 철저히 고수하고 있다고 강조하면서 집단 지도 원칙이 당 조직 지도 노선임을 합리화하는 한편, 개인 숭배 문제 토론을 박헌영 비판 일색으로 진행시켜 김일성과의 관련성에 대한 공격을 애초에 차단하는 방향에 맞추어졌다.[48]

당 조직 지도 노선 변경과 관련하여 3차 당 대회에 많은 기대를 걸었던 소련계와 옌안계는 당 지도부에 이념적 충격(ideological impact)을 줄 것으로 예상했던 브레즈네프의 당 대회연설이 개인 숭배 배격과 당내 레닌적 집단 지도 구현에 관한 원칙적인 강조에 그치자 크게 실망했다.[49]

이러한 상황하에서 소련계는 북한로동당 지도부, 특히 김일성에 대한 소련공산당의 특별한 이념적이고 정치적인 충고가 절실하다는 데 의견을 같이하였으며, 이러한 공감대 형성은 이후 적극적인 상황 반전 시도로서 옌안계가 계획했던 '반김일성 투쟁', '김일성 제거 계획' 과정에 소련계가 동참하게 되는 동기가 되었다.

1956년에 들어와서도 경제 상황은 여전히 어려웠다. 배급권을 수령하지 못한 실업자가 '시' 단위에만 7만 명이 넘는 등 인구의 절반이 기아선상에 있었으며, 소련과 여타 국가들로부터 공여받은 막대한 양의 원조 물자가 여전히 비효율적으로 운용되었다. 이에 따라 당 중앙위 상무위원회는 경제 상황과 인민의 물질 생활 곤란을 타개하기 위한 원조를 재차 요청하기 위하여 소련 및 동구 국가 방문 계획을 수립하였다.

3차 당 대회 후 김일성은 당 중앙위 상무위원회를 소집하고 당 중앙위 주요 단위에 내부 그룹을 충원하여 소련계와 옌안계의 당내 복귀에 따르는 조직적 견제 및 통제 기반을 마련하였다. 이러한 조치는 소련계 및 옌안계에게 있어서 향후 당내 대면 투쟁에서의 장애로 작용할 것으로 예상되었다.50)

6월 2일 김일성을 단장으로 한 정부 대표단이 소련과 동구권 순방길에 오르자 옌안계를 중심으로 김일성과 내부 그룹에 대한 권력 교체 계획이 추진되었다.

이 계획은 '2그룹, 2방향'으로 진행되었다. 제1그룹은 옌안계 중심의 '지하 그룹'으로 정부와 당내 지도 간부뿐만 아니라 고위 장교들이 망라되어 있었고, 공식적으로는 리필규51)가 핵심 역할을 한 것으로 알려졌다. 그는 6월 20일 소련 대리 대사 페트로프를 만난 자리에서 정부와 노동당 중앙위 지도부 교체에 대한 자신의 견해를 밝히고, 일군의 지도 간부들로 구성된 '지하 그룹'이 김일성과 그 측근 세력들을 제거하기 위한 몇 가지 조치를 가까운 시일 내에 실행에 옮길 것이라는 점을 분명히 하였다. 그들이 모색한 계획은 두 가지 방식이었는데, 당중앙위원회 등에서의 '당내 비판과 자아 비판'에 의해 교체하는 방식과 '무력 전복'에 의한 방식이었다. 그러나 전자의 방식은 김일성이 이를 수용하지 않을 것이라는 판단하에 실효성이 없는 방식으로 기각하고 후자에 의한 방식을 잠정적으로 결정하였다. 이 그룹은 후자의 방법으로 거사할 사람들이 당정 지도부 내에 존재하며, 김두봉, 최창익, 최용건, 박의완 등이 자신들의 계획에 긍정적으로 응하고 있다고 확신하고 있었다.52) 전자의 방식이 '제도'를 통한 당내 경쟁의 범주에 들어간다면 후자의 방법은 이미 당내 경쟁을 넘어선 쿠데타의 성격을 띠는 정치 변동의 범주로 해석할 수 있으며, 그 행동의 결과 단일 정당 체계에 고유한 정당성―당내 제도(중앙위나 정치위원회 등)를 활용하여 당내 경쟁을 통한 권력 획득―

은 부정되는 것이다.

제2그룹은 소련계 중심의 '당내 비판' 그룹이다. 김승화 등 소련계는 김일성의 지도 방식에 대한 정부와 당내 간부들의 불만이 점차 높아지고 있는 가운데 옌안계가 반김일성 계획을 진행시키고 있음을 감지하자 그들도 또한 김일성에 대한 대항 계획을 추진하기 시작하였다. 리필규 등의 '지하 그룹'이 무력에 의한 김일성 중심 지도부 교체 방식을 선호한 데 비해서 이 그룹은 좀더 온건한 방법을 모색 중이었는데, 김일성이 동구 순방을 마치고 귀국하기 전까지 상황을 반전시키기 위한 어떤 구체적인 방법을 결정하지는 못한 상태였다. 이들은 당내 비판과 자아 비판을 통한 상황 반전의 방향으로 기울어지고 있었으며, 계획 실현을 위한 구체적인 통로로서 다가올 당 중앙위 전원회의를 상정하고 있었다.53)

이러한 반김일성 계획은 처음으로 옌안계와 소련계를 굳게 결속시키는 동기를 마련해 주었으며, 이들의 정치적 연합은 김일성과 내부 그룹이 위험을 느끼기에 충분한 것이었다. 따라서 김일성은 이들의 연합을 분리, 약화시키는 절박한 과제를 안게 되었는데, 이를 위해 두 가지 전술, 즉 유화책과 지연책이 활용되었다.

김일성과 내부 그룹은 8월 2일로 결정된 전원회의 일정을 별다른 해명 없이 지연시키면서 김일성 반대 세력을 동요시키고 그들의 계획 실행 일정에 혼란을 일으켰다. 지연 기간 동안 김일성과 내부 그룹은 예정된 전원회의에서 예상되는 반대 세력의 공격에 대비하는 치밀한 계획을 수립하는 등 전원회의 진행 시나리오를 충실히 준비할 수 있었다.

그리고 이러한 지연 전술과 더불어 당내 문제를 '점진적'으로 해결해 나가겠다는 유화전술을 구사하였다. 7월 30일 소집된 당 중앙위 부서장 회의에 각 성의 장관들을 초청한 후, 당 중앙위 부위원장 박금철은 참석자들에게 당 중앙에 심각한 오류가 있었음을 인정하였다. 특히 그는 김

일성 개인 숭배가 여전히 존재하고 있음을 시인한 뒤, 이러한 개인 숭배
와 그 후과를 극복하기 위해 당중앙위 지도부가 이 문제를 광범위한 대
중 토론 방식이 아닌 점진적인 방법으로 해결해 나가기로 결정하였음을
알렸다. 또한 그는 지도 간부 선발 배치 문제와 관련하여 당 중앙위가
실수를 범했음을 참석자들 앞에서 인정하였다.[54]

김일성과 내부 그룹의 이러한 '긍정 전술'(positive tactics)은 김일성
반대 세력의 주요 이슈를 약화시키는 효과를 가져왔으며, 김일성과 내
부 그룹에 대한 불만을 지닌 간부들을 반김일성 세력으로부터 중립적
위치로 전화시키거나 분리시키는 성과를 가져왔다.

김일성과 내부 그룹의 이러한 대비책과 더불어 사태의 향방을 결정
할 중요한 변수는 소련의 입장이었다. 오히려 김일성 그룹의 어떠한 대
비책보다도, 또 김일성 반대 세력의 어떠한 계획보다도 사태의 행동에
결정적 영향을 미칠 변수가 바로 소련의 입장이라고 할 수 있다.[55]

당시 소련은 북한 당 지도부의 안정성 확보를 원하고 있었다. 1956년
6월 북한 정부 대표단의 소련 방문시, 김일성 개인 숭배 문제를 언급하
면서 북한에서 개인 숭배가 위험한 수준인 것은 아니므로 이 문제를 광
범위한 대중 토론으로 해결하기보다는 점진적으로 극복해 나갈 것을 언
급하였다.

이러한 모스크바의 입장은 북한 주재 소련 대사 페트로프의 입장에
서 잘 드러난다. 그는 외무상 남일과의 면담에서 예정된 전원회의에서
김일성에 대한 반대 세력의 공격은 당 지도부의 권위를 심하게 훼손시
키고, 당 대중과 전 인민들에게 지도부의 균열을 드러내 놓는 것이며,
당 차원의 광범위한 논란을 초래해 원치 않는 결과를 빚어낼 수 있다는
의견에 동감하면서 박창옥 등 소련계에게 반김일성 계획을 주도하지 말
도록 설득해야 한다는 점을 분명히 하였다.[56]

소련은 소련 출신 지도 간부들이 김일성 제거 계획을 주도함으로써

국제 사회에서 소련이 져야 할 정치적 부담을 원치 않았다. 무엇보다도 당시 불안정한 동구 정세(폴란드, 헝가리 등)를 감안할 때, 동북아의 대 서방 접점인 북한 지도부가 불안정해지는 것은 소련이 원치 않는 결과였던 것이다. 김일성 제거 계획에 대한 소련의 이러한 입장은 반김일성 세력에게는 결정적으로 불리한 조건을 형성하였다. 당내 권력 자원 확보에 있어서 김일성에 비해 열세였던 그들에게 외부의 지원은 결정적인 의미를 지니는 것이었기 때문이다.

시간이 경과할수록 국내외 상황은 김일성 반대 세력에게 불리하게 전개 되었으며, 김일성 반대 세력 내부 또한 확고한 대항 방침이나 공격 의지가 퇴색되었다. 최창익이나 박창옥 등 계획을 주도해야 할 양 분파의 지도자들조차도 전원회의에서 '비판은 하되 반대나 대항은 않는다'는 모호한 태도를 취하고 있었다.

이러한 상황하에서 김일성 그룹은 하루 전에 기습적으로 전원회의 일정(8월 30～31일)을 발표하였다. 원래 이 회의의 주요 안건은 정부 대표단의 동구 순방 보고와 인민 보건 사업 개선 방안에 대한 토론이었다. 그러나 회의 첫날 김일성의 동구 순방에 보고 이후 진행된 토론에서 첫 토론자로 등장한 상업상 윤공흠이 의제와 관련 없는 당내 개인숭배 경향과 당 간부 선발 배치의 문제점을 신랄히 비판하면서 김일성과 그 내부 그룹을 비난하자 대부분의 중앙위원들은 일제히 김일성을 옹호하면서 반대 세력의 행위를 반당적 행위로 공격하였다. 전원회의는 그들의 행위를 '반당적 종파 음모'로 규정하고 제명 및 출당 조치라는, 당에서 내릴 수 있는 최고 수준의 처벌을 결정하였다.[57] 이렇듯 북한 역사상 유일무이한 조직적인 김일성 제거 계획은 제대로 시도되지도 못한 채 종결되고 말았다.

옌안계 중 윤공흠, 서휘, 리필규, 김강 등은 전원회의 도중 중국으로 비밀리에 망명하였다. 8월 전원회의 소식에 접한 중국공산당 지도부는 소련측을 설득하여 북한 정치에 개입하기에 이른다. 소련 부수상 미코얀과 중국 국방부장 펑더화이는 9월 평양을 방문하여 김일성에게 8월 전원회의 결정 사항을 취소할 것을 요구하였으며,[58] 김일성은 이를 수용, 문제해결 과정에서의 신중성 부족을 인정하였다. 9월 23일 개최된 9월 전원회의에서 8월 전원회의 결정을 번복하여 최창익과 박창옥 등 옌안계 및 소련계의 분파 지도자들을 중앙위원으로 복직시키고, 출당자들을 복당시켰다. 9월 전원회의 시기는 김일성 정권의 최대 위기였다.[59]

3. '제3당 사건'과 대숙청

1) 사회주의 진영의 분열

1956년 10월 헝가리 사태가 발생하여 국제 공산 진영이 분열하고 1957년부터 중국과 소련 간의 갈등이 표면화되기 시작하는 등 국제 정세가 급변하기 시작함에 따라 김일성은 국면 전환의 기회를 맞게 되었다.

중·소간의 갈등은 1949년 중국혁명 성공 직후 스탈린과 모택동 간의 국제 정세 인식에 대한 불편한 관계와 한국전쟁 지원 과정에서 이미 내연된 것이긴 하나 1956년까지는 제1차 5개년 계획을 수행하는 데 있어서 소련 모델을 비교적 충실히 따르는 '향소 노선'이 말해주듯이 양국은 협력 관계가 유지되고 있었다. 그러나 양국간의 관계가 긴장되고 갈등이 표면화되기 시작하는 계기가 된 것이 소련공산당 20차 대회라는 것은 이미 주지의 사실이다. 대회 직후 중국은 흐루시초프의 스탈린 비판에 대한 반비판을 소련측에 전달하면서 흐루시초프의 신노선(개인 숭배 비판, 평화 공존 및 이행)에 대한 문제 제기를 시작하였다.[60]

이러한 상황하에서 1956년의 폴란드 포즈난 사태와 헝가리 민주화

운동은 소련을 외교적으로 곤란에 처하게 만들었다. 20차 당 대회가 진행되는 도중 폴란드 노동당 제1서기 보레슬라프 배루트가 사망하고, 당 대회의 스탈린 비판에 힘입어 폴란드에서 대대적인 시위가 발생하자, 9월 흐루시초프를 위시한 소련 지도부는 폴란드를 전격적으로 방문하여 '무질서'상황을 종결시키기 위해 폴란드에 주둔하던 소련군의 무력 시위를 이용하였다. 또한 헝가리 사태에 개입하여 임레 나지 정부를 강제로 퇴진시켰다.[61]

이러한 소련공산당의 '형제당'에 대한 내정 개입으로 인해 사회주의 진영 내에서 불만이 고조되고 있었으며, 중국은 사회주의 진영 내의 불만을 활용하여 자신의 국제적 위상 제고의 기회로 삼았다. 1957년 1월 저우언라이의 소련 및 동구 순방은 이러한 국제적 지위 격상 시도의 일환이었으며, 소련은 동구에서의 불협화음을 조정하기 위한 중국의 정치적 시도를—이것이 이후 동구 및 사회주의 진영 내에서의 중국의 발언권 강화를 결과할 것이라는 점을 파악하고 있었음에도 불구하고—받아들이지 않을 수 없었다. 중국은 동구 순방을 통해 소련과 폴란드, 헝가리간의 정치적 갈등 관계를 교묘히 활용하여 조치하였다.

대 소련 관계 또한 평등의 관점에서 접근하기 시작하였다. 종래의 '향소 일변도'의 입장을 시정하여 '향소 노선은 중·소의 평등 속에서'라는 점을 분명히 하고, 1957년 들어서면서 '중·소간의 갈등'이 당·정 간부 사이에 공식적으로 언급되면서 중국측의 분명한 대외적 입장 표명이 정당한 것으로 평가되었다.[62]

1957년 11월, 소련의 10월 혁명 40주년 기념식에 참석하기 위해 펑더화이, 덩샤오핑 등을 포함한 중국 대표단을 이끌고 모스크바를 방문한 마오쩌둥은 "평화 이행 문제에 관한 의견 요강"이라는 문건을 통해 "전술적 관점에서 평화 이행에 대한 견해를 제기하는 것은 유익하지만 평화이행 가능성을 '지나치게' 강조하면 프롤레타리아트나 공산당의 혁

명적 의지를 약화시키고 사상적으로는 스스로를 무장 해제시키는 것"이
라는 주장을 피력했다. 특히 당시 미국이 1957년 6월 이후 중국과 북한
의 항의에도 불구하고 핵무기와 신형 미사일을 남한에 배치하고 있었는
데, 이러한 사실은 중국으로 하여금 이념적으로뿐만 아니라 현실적으로
'평화 공존 및 이행'의 가능성에 의구심을 갖게 하는 계기를 제공하였
다.63)

소련의 '신노선'에 대한 중국측의 이러한 입장은 미국의 대 북한 원
폭 사용 가능성을 우려하고 있던 북한측의 공감을 받기에 충분하였으
며, 중국 또한 사회주의 진영 내에서 소련과 주도권 경쟁을 하기 위해서
는 동구뿐만 아니라 동아시아 지역의 주요한 사회주의 국가인 북한의
지지를 얻는 것은 매우 중대한 문제였다. 따라서 중국은 1956년 9월 북
한에 대한 정치적 개입 이후 소원해진 북한과의 관계 개선이 필요하였
고, 이에 따라 1957년 11월 마오쩌둥은 모스크바 방문시에 김일성에게
전격적인 화해 움직임을 보이게 되었다. 이것은 북한의 김일성과 내부
그룹에게 있어서 여타 분파에 대한 제거 계획에 정당성을 부여하고 '반
종파 투쟁'에 본격적인 박차를 가하는 결정적인 계기로 작용하였다.

중국의 화해 움직임은 북한측의 기대 이상이었다. 김일성과 대담한
자리에서 마오쩌둥은 1956년 9월에 중국공산당이 북한 로동당의 내부
문제에 개입한 일에 대해 '사과'(북한측의 표현)의 뜻을 표명하고 당시 중국
이 개입을 위해 펑더화이를 북한에 파견한 일은 옳지 못한 결정이었음
을 인정한 후 이후엔 이러한 일이 발생하지 않을 것임을 밝혔다. 더 나
아가 8월 전원회의 사건으로 중국으로 망명한 북한의 분파 지도자들을
북한으로 소환하는 것을 허용하겠다는 뜻을 밝혔다. 또한 북한의 경제
정세와 관련하여 마오쩌둥은 북한 지도부의 '중공업 우선의 경공업과
농업의 병행 발전' 노선에 대한 적극적인 지지를 표명하였다.64) 또한
흐루시초프도 김일성과의 대담에서 김일성이 지도하는 조선로동당의

정책에 대한 적극적인 지지를 표명하였다. 중국과 소련지도부의 이러한 움직임을 8월 전원회의의 결정에 대한 정당성을 결과적으로 보증해 주고 김일성의 정책 노선에 대해 정당성을 부여하는 의미를 지니는 것이었다.

중국과 소련과의 갈등은 1958~1959년에 벌어진 중·소간의 국가적 차원에서의 대립—특히 국방 분야 협력 문제—을 계기로 본격적으로 표면화되었다.

1958년 7월, 중국의 요청에 따라 흐루시초프는 중국을 비공식 방문하였다. 의제의 핵심을 양국간의 공동 방위력 강화를 위한 공동 함대의 편성과 레이더 기지 건설 문제였다. 흐루시초프의 공동 함대 편성 제의에 대해 중국 내 여론은 '중국 옌안 지역을 통제하고 봉쇄하려는 의도'로 비판하였고, '자국의 해역은 자국이 수호한다'는 입장을 분명히 밝히면서 흐루시초프의 제안을 거부했다. 양국간의 회담 분위기를 단적으로 보여주는 것으로 마우쩌둥이 회담 말미에 흐루시초프에게 한 "다음 번 회담에서는 서로 충돌이 발생할 가능성이 있다"는 표현은 당시 양국간의 긴장 분위기를 잘 나타내고 있다.[65]

1959년 들어서면서 양국간의 대립은 더욱 표면화되었다. 2월에 개회된 소련공산당 21차 대회에서 흐루시초프는 평화 공존 및 평화 경쟁 노선을 재차 강조하였다. 그러나 소련이 평화 공존 정책을 강조할수록 중국과의 협력 문제는 더욱 복잡하게 되어갔다. 왜냐하면 당시 미국은 소련에게 핵실험 및 핵확산 금지를 요구하고 있었는데, 서독의 핵무장 저지를 위해 대미 적극 외교를 펼치고 있던 소련으로서는 미국의 요청을 무시하기 어려운 점이 있었고, 이에 따라 6월에 소련은 중국과 체결한 '국방용 신기술 협정'을 파기하기에 이른다. 미국의 동아시아 정책을 우려하고 있던 중국이 당시 소련으로부터 기대하던 군사 분야의 신기술 제공이 거부되자 중국은 적지 않은 타격을 입었으며, 이와 더불어 중

국·인도 국경 분쟁에서 보여준 소련의 중립적인 태도는 양국간의 국가
적 차원의 이해 관계 대립을 심화시켰다.[66]

중·소간의 대립과 맞물린 1957~1958년의 대대적인 반김일성 세력
에 대한 제거 작업은 중·소간의 협력 관계의 균열로 인해 1956년 9월
의 경우와 같이 외부의 개입 여지가 불가능한 상태에서 순조롭게 진행
되었다. 사회주의 진영의 분열은 김일성과 내부 그룹에게 국면 전환과
더불어 당내 분파들을 완전히 정리하고 단일 지도 체제를 구축할 수 있
는 결정적인 정치 환경을 제공한 것이다.

2) '제3당 사건'과 단일 지도 체제의 형성

1956년 9월 전원회의 후 미코얀과 펑더화이가 평양을 떠난 직후부터
당증 교환 사업을 시작으로 다시 반대파 제거 작업이 시작되어[67] 1959
년 그 막을 내릴 때까지 김일성과 내부 그룹은 '주체'를 기반으로 한
'단일 지도체제' 형성을 목표로 전 사회적 차원의 '반종파 및 사상 투쟁'
을 단행하였다.

1956년 말부터 지역 당 기관에서는 사상 검증 작업과 자아 비판 운동
이 대대적으로 진행되어 최창익과 관련된 당원 및 간부들에 대해 철직
및 출당 조치가 내려지고 있었다. 이와 동시에 진행된 당증 교환 사업은
명목상 북로당 시절에 교부된 구 당증을 교환하는 것을 목적으로 한 것
이었으나 내용적으로는 다분히 '정치적 의도'—당원의 사상의식 고취와
'최창익 그룹' 관련자들의 색출 및 출당—를 내포한 것이었다.

1957년에 들어서면서 중앙 차원의 전 국가 기관 및 당 기관뿐만 아니
라 산하 단체들에 대한 사상 검증과 '최창익 그룹'과의 관련자 색출 작
업이 광범위하게 진행되었다.[68] 그 대상자 및 범위에는 소련계 및 옌안
계뿐만 아니라 이들과 직접 관련이 없는 사람들까지 '방조'의 혐의를

반고 징계되었다.

　1957년 이후의 사태 전개는 이전과 비교할 때 몇 가지 특징을 지닌
다. 먼저 1956년 8월 전원회의 결정에서 지적하였듯이, 8월 사건은 각
분파(소련계와 옌안계)의 지도자들이 평양시 당 위원회 및 성·국 '일
부' 추종자들을 추동한 '반당 종파 음모'사건의 계획으로 규정되었는데,
당시에는 '음모'의 주체와 목적, 그리고 연루 범위가 구체적으로 제시되
지 않았다. 단지 '직위에 대한 불만'이나 '일부의 추종자', 그리고 '최창
익, 윤공흠, 서휘, 리필규, 박창옥' 등에 의한 '종파적 음모'로 규정되었
으나 1957년에 들어서면서 사건을 '최창익 그룹' 사건으로 구체화되었
다. 다음으로 사건의 범위와 대상이 '일부'에서 전 국가 기관과 당 기관
으로, 그리고 더 나아가 전사회적 차원으로 확대되어 갔다. 물론 '최창익
그룹'의 추종자ー목적과 행동을 같이한ー가 그 정도로 광범위하다는 데
는 판단 근거가 미약하지만[69] 사태는 이미 전 국가적 차원으로 확산되고
있었다. 마지막으로 '최창익 그룹'사건은 '제3당' 사건과 연결되면서 사
건의 성격이 '직위 불만'이라는 '당내 갈등'의 문제로부터 이승만 정권
및 미국과 연결된 국가 전복을 목표로 한 '간첩 사건'으로 비화되어 '당
내 경쟁'으로부터 '체제 전복'으로 문제가 확대, 변질되었다.

　전 국가 기관 및 당 기관 차원에서의 사상 검토 및 '최창익 그룹'
관련자 색출 작업이 진행되는 동안에 발생한 두 가지 사건을 김일성과
내부 그룹으로 하여금 정치적 정당성을 합리화시켜 주는 동인으로 작용
하였다. 이 동인은 외부로부터 주어졌다.

　먼저 1957년 6월 소련 공산당 내에서 발생한 '반당 그룹' 사건이다.
소련 공산당 중앙위원회는 1956년 말렌코프, 몰로토프, 카가노비치 등
당내 분파 지도자들의 '반당 음모 사건'을 폭로하였다. 여러 면에서 북
한의 8월 전원회의 사건과 유사한 이 사건은 1957년 봄, 당시 흐루시초
프와 함께 당내 최고 지도부를 형성하고 있던 말렌코프, 몰로토프, 카가

노비치 등이 당 중앙위 정치국 위원들과의 비밀 회동을 통해 흐루시초프를 축출하는 계획을 논의하면서 시작되었다. 보로실로프, 불가닌 등이 이들의 입장을 지지하여 중앙위 간부회의라는 실질적인 당 최고 권력 기구가 흐루시초프의 축출에 동의하는 양상이었다. 6월 중앙위 간부회의에서 말렌코프 등은 경제 정책에서의 오류와 집단 지도에 대한 경시 등을 이유로 흐루시초프를 비판하고 제1서기직 경질을 요구하였다. 흐루시초프의 반발에도 불구하고 강행된 '투표'에서 '경질 안건'이 통과되었으나 흐루시초프는 중앙위원회 전원회의를 거치지 않은 결정은 받아들일 수 없다는 입장을 분명히 하였다. KGB 의장 시로프와 국방상 주코프의 지지하에 개최된 중앙위 전원회의에서 흐루시초프는 과거 스탈린의 '대숙청'(1936~1938) 당시 말렌코프와 몰로토프 등의 역할을 거론하면서 이들에 대한 비판을 제기하였다. 과거로의 회귀를 원하지 않던 중앙위원들에 의해 대숙청의 잔혹함을 떠올리면서 말렌코프 그룹에 대한 야유와 장시간에 걸친 신랄한 비판이 진행되었고 회의는 흐루시초프의 승리로 끝났다. 전원회의는 말렌코프, 몰로토프 등의 중앙위 정치국원 등 중앙위에서의 직위를 박탈하였고, 이후 불가닌은 수상직에서 철직당하였다.[70] 이로써 흐루시초프는 제1서기직과 수상직을 겸하게 되었고 당과 정부의 명실상부한 실권을 장악함으로써 권력의 일인 집중도는 심화되어 '집단 지도'라는 원칙은 유명무실하게 되었다. 소련 공산당 내에서 발생한 이러한 정치 환경 변화는 김일성과 내부 그룹에게는 정치적으로 매우 고무적인 것이었다. 7월에 열린 중앙위 상무위원회에서 김일성이 소련공산당 6월 전원회의의 결정에 대해 소련공산당 지도부의 견고성 유지와 '형제당'들과의 연대에 있어서 중요한 의미를 지니는 것으로 평가하고 이러한 결정을 전 당 및 국가 기관, 전 인민적 차원에서 토론할 것을 지시한 점은 이 사건이 북한 지도부에 미친 영향을 잘 시사해 주고 있는 것이다.

다음으로 위에서 이미 언급한 1957년 11월 마오쩌둥과 펑더화이가 김일성에게 한 '사과'성 발언이다. 사회주의 진영 내의 갈등에 직면하여 소련과의 주도권 경쟁을 위한 유리한 입지 선정을 위해 북한과의 화해를 시도하는 과정에서 중국 지도부는 북한의 지지를 필요로 하였고, 이에 대한 대가로 중국은 1956년 9월 북한에 대한 정치적 개입에 대한 '사과'를 통해 김일성에게 정당성을 부여한 것이다. 소련의 '반당 그룹' 사건의 결과 흐루시초프의 권력 집중이 김일성과 내부 그룹에게 (단일) 지도체제에 있어서 '원칙'적 정당성을 부여한 것이라며, 마오쩌둥의 사과성 발언은 '정치'적 정당성을 제공한 것으로 평가 할 수 있다.

이러한 외부 환경적 동기에 고무되어 12월에 열린 당 중앙위 확대 전원회의에서 김일성은 '반당 종파 사건'에서의 완전한 승리를 선언하고 (정치)사회 전반에 걸친 '청소'(숙청)를 단행하게 된다.

12월 5~6일 진행된 확대 전원회의는 김일성과 내부 그룹에게 있어서 그 규모(1,509명 참가)나 내용면 (각 분파의 지도자들에게 발언 허용)에서 그간의 '반종파 투쟁'을 총화하기에 손색이 없었으며, 매우 자신감 넘치는 분위기 속에서 진행되었다. 이 회의는 러시아혁명 40주년 기념 대회참석에 대한 김일성의 사업보고 및 토론이 주요 안건이었다. 모스크바에서 이루어진 마오쩌둥과 펑더화이와의 대담과 김일성의 정책에 대한 흐루시초프의 지지 발언 등이 보고된 후 토론은 '종파' 문제로 자연스럽게 옮아갔다. 회의에서 '8월 사건'관 관련한 중국과 소련의 개입은 '대국주의적 쇼비니즘'으로 성토되었고, '종파 분자'들의 무장 봉기 계획에 대한 자세한 보고가 진행되었다. 회의는 모스크바 회의 결산에 대한 토론보다는 '종파 분자'와의 투쟁에 집중되었고, 박의완 등 각 분파 지도자들의 '8월 사건'에 대한 결백 해명은 야유 속에 묻혀버렸다. 회의 내용 중 지적할 만한 것은 김두봉이 '8월 사건'의 주모자 중 한 사람으로 새롭게 지목된 점이다. 이에 대해 김두봉은 '종파 분자'들이 자신을 '이용'한 것이며 이 사건에 적극적인 개입은 하지 않았다는 사실을 밝히는 동시에 이 사건과 관련하여 당에 대한 자신의 일정한 과오가 있었음을 인정하고 당의 처벌을 받아들이겠다는 점을 분명히 하였다.

회의를 종결하면서 김일성은 종파 척결에 대한 의지와 정당성을 강조하였다. 종파 투쟁에 대한 관용을 제의한 중국 측의 입장에 대해 김일성은 "그들은 긴 투쟁과정을 거치면서 이 단계를 이미 지났기 때문에 쉽게 '관용'을 말할 수 있지만 우리는 그렇게 장기간 투쟁을 할 수 없으며, '결정적'으로 행동해야 한다"고 비판하고 당 노선이 정당했음을 '그들(중·소)'이 과오를 인정한 점을 들어 강조하였다. 더 나아가 '필요하다면' 종파와의 투쟁을 '1년 더' 진행시킬 것을 주장하였다.71)

12월 전원회의를 계기로 하여 '종파 사건'은 1958년에 들어서면서 '국가 전복 음모' 사건으로 발전한다.

1958년 3월에 개최된 제1차 당 대표자 대회에서 '최창익 그룹' 사건은 공식적으로 '국가 전복 음모' 사건으로 규정되었다. '당의 단합과 유대의 지속적인 강화'라는 주제로 진행된 대회 둘째 날 '최창익 그룹'을 여타 '종파주의자'들과는 질적인 차별성을 지닌 '수정주의' 집단으로 규정하였다. '최창익 그룹'이 권력 쟁취 후 '중립 국가화' 선언을 토대로 이승만과 결탁하고, 사회주의 진영으로부터 북한을 분리해 내려는 목적으로 음모를 계획했다는 점이 폭로되었다. 여기에서 우리는 '8월 전원회의' 사건이 앞서 분석한 애초의 성격-'당내 경쟁'이라는, 제도를 활용한 최고 권력 획득 또는 체제 변동을 수반하지 않는-을 넘어서 목적과 성격, 그리고 형태면에서 질적으로 상이한 '체제 변동 사건'으로 발전되고 있음을 볼 수 있다. 이에 대한 사실 여부는 여전히 논란의 여지가 있으나 내무성의 조사로는 이승만 정권이 이미 1956년 초부터-구체적으로는 2~3월-북한 정권 전복을 위한 인민 봉기를 준비하면서 '최창익 그룹'의 계획을 예의 주시하고 있었다는 것이다. 또한 '최창익 그룹'

의 군중 시위 및 무장 봉기 계획도 폭로되었다.[72] 예를 들어 평양 근교에 주둔중이던 4군단과 평양 시내의 공병부대, 방공 포대 등이 8월 전원회의에서 반김일성 비판이 개시됨과 동시에 조직하기로 했던 평양 시내 군중 시위 동안 이들을 지지하는 무력 시위를 벌일 예정이었다는 것이다.[73] 만약 이러한 계획이 사실이라면 위에서 언급한 반김일성 세력 중 '지하 그룹'인 리필규 등의 계획일 가능성이 있다. 그러나 사후 결과를 볼 때─'계획' 과정이나 8월 전원회의에서 보여주었듯이─반 김일성 세력의 일치된 견해나 확고한 행동 통일 의지가 결여된 상태에서 과연 무력시위 계획이 가능했겠는지, 그리고 당시 옌안계나 소련계에 대한 인민들의 지지가 미약한 상태─특히, 소련계의 특권 의식에 대해 당원과 인민들 사이의 거부감이 팽배해 있었음을 볼 때─에서 군중 시위조직이 가능했겠는지 등이 내무성이 발표한 사태 개요의 사실성 여부에 대한 판단에서 고려되어야 할 점들이다.

'최창익 그룹'의 '국가 전복 음모' 사건은 청우당, 민주당, 조국평화통일촉진위원회(한국전쟁 중 월북한 남한 국회의원들이 중심) 등이 연루된 '제3당' 사건으로 연결된다. '최창익 그룹' 사건이 '국가 전복 음모' 사건으로 확대되는 과정에서 발생한 '제3당' 사건은 김일성과 내부 그룹이 주도한 반종파 투쟁이 당시 북한의 정치 지형 내에 존재하는 정치적 '주변 세력' 및 사회 전반으로 확산됨을 의미한다.

9월 전원회의에서 사회주의 개조를 앞당기기 위한 전 인민적 차원의 <천리마 운동>을 결정한 직후 당 중앙은 조국통일민주주의전선 내의 '제3세력'에 대한 제거를 시도하였다. 이것은 <천리마 운동>이라는 사회주의로의 급속한 개조 노선의 실천 과정에서 예상되는 사상적·조직적 장애물을 미리 제거하려는 정치적 의도와 김일성 중심의 단일 지도체제 형성을 위한 마지막 작업이라는 의미를 지닌다.

11월에 당 중앙은 소부르주아 지하당 건설과 북한에 자본주의 제도

부활 및 정권 획득을 목적으로 국가 전복을 기도한 '제3당 사건'을 폭로 하였다.[74] 조국평화통일촉진위원회 구성원이 주도하고 청우당 및 민주 당이 연루된 이 사건은 박헌영·이승엽 사건에서부터 '최창익 그룹' 사 건에 이르기까지 광범위하게 연결된 1950년대 북한 '종파 사건'의 '최 종판' 성격을 띤다고 할 수 있다.

청우당의 경우, 해방 직후부터 지주 및 자본가 정권 수립을 목적으로 여러 차례에 걸친 조직적 시도를 비롯하여 한국전쟁 시기에 이승엽 등 과 결탁하여 일명 '비상조치 집행위원회'를 통해 로동당 파괴 활동 및 정권 획득을 위한 봉기 조직 활동을 벌였으며, 김달현, 김원봉 청우당 상층 지도부는 이승만 정권과 통일정부에 대해 합의했다는 것이다. 1956년에는 '최창익 그룹' 등과 반정부 정변 실현을 공동으로 음모하고, 헝가리 사태 직후 김원봉은 김달현에게 개별 지역 단위의 인민 봉기를 위한 조건 조성을 지시하였다가 상황이 불리해지자 남한으로의 도피를 계획했다는 것이 조사 내용에 포함되었다. 청우당에 대한 조사는 1959 년 3월까지 진행되어 김달현, 홍기환 등을 비롯한 지도부 대부분이 체포 되어 최고인민회의 및 국가 기관에서의 직위 박탈 등의 처벌을 받았다.

조국평화통일촉진위원회의 '음모' 또한 청우당의 경우와 유사하나 '제3당' 사건에서의 주도적인 역할이 강조되었다. 내무성의 조사에 따 르며, '남쪽으로부터의 대표'임을 자임하면서 당 정책에 균열을 가하는 행동을 하면서 자본주의 제도의 복원을 목적으로 한 반사회주의 체제 건설을 기도하였다는 것이다. 미 정보 기관에 의해 '국제 스파이'로 인 식된 엄항섭을 포함하여 조소앙, 김약수, 원세훈, 최동오 등에 의해 지도 된 '평화통일위원회'는 청우당과 민주당에 대한 영향력 강화에 주력하 면서 '미국의 지시'하에 이들을 조직하고 '최창익 그룹'과 관계를 유지 하고 있었다는 것이다. 더 나아가, 이들이 일명 '통일 프로젝트'를 수립 하여 수상에 조소앙, 부수상에 김달현을 내정하고 향후 통일 정부하에

서의 의석 배분 문제도 구체적으로 토의한 사실이 폭로되었다.[75]

상층 정치 차원에서 '최창익 그룹' 및 '제 3당' 등의 '국가 전복 음모' 사건에 대한 조사가 진행되는 것과 동시에 도시, 농촌, 산업 분야별로 전 사회적 차원의 '반동 분자 빛 적대 분자'에 대한 색출 작업이 대대적으로 진행되었다. 1958년 10월부터 1959년 3월까지 6만 명의 범죄자가 색출되었고 이외에 '체제에 심각한 위험'이 되는 적대분자로 1만 명 이상이 체포되었는데, 이 중에는 약 2,000명의 간첩 활동자가 포함되었다. '반대 적대 분자' 색출을 위한 대대적인 대중 사업은 1959년 3월경에 사실상 종결되었다.[76]

1959년 6월 전원회의에서 '반당 종파 그룹' 사건과 관련하여 당 중앙위원들이 추가로 축출되었으며,[77] 1956년 말부터 전 당 및 국가 기관에서 진행된 '최창익 그룹' 등을 포함한 '반당 음모 사건'에 대한 대대적인 색출 작업은 1959년 10월경 심리가 사실상 종결되었다.[78] 이로써 북한 사회에서 김일성에 대항하거나 견제할 만한 정치 분파나 사회 세력이 일소되고 권력 분배 및 교체를 위한 '당내 경쟁' 가능성마저 사라져 북한 정치에서의 역동성(dynamics of politics)이 약화되었으며, 김일성 중심의 단일 지도 체제가 형성되었던 것이다.

4. 맺음말

지금까지 일당제 하에서 '대면 투쟁'의 양상을 띤 북한의 당내 권력 갈등을 '당내 경쟁'의 관점에서 분석하였다. 또한 이러한 당내 경쟁으로서의 권력 갈등을 분석하기 위해 하위단위로서 기존 사회주의 정치 체제의 당내 권력 갈등을 묘사하는데 사용되어 오던 '종파'나 '파벌'이라는 용어에 주목하고, 이 용어를 적극적인 의미에서 연구에 활용하기 위해서, 그리고 당내 갈등이나 경쟁을 분석하는 객관적인 분석 단위가 되기 위해서는 역사적으로 형성된 '가치 평가적 의미'를 탈각시킬 필요가 있음을 지적하였다. 따라서 이 글에서는 '종파'나 '파벌'이라는 가치 평가적 개념보다 서구 정당 체계 분석에서 사용되는 '분파'(fraction)라는, '파벌'이나 '종파'보다 좀 더 중립적이고 가치 구속적이지 않은 용어를 분석 도구로 선택할 것을 제기하였다.

단일 정당 체계에서의 당내 권력 갈등을 당내 경쟁이라는 정상적인 정치 가정의 차원으로 인정한다면 '분파'는 당내 구조의 본질적인 구성 요소로서 인정되어야 한다. 이 경우 북한의 공식 문건에서 표현되고 있는 '종파'라는 용어는 정치적 의도가 내포된 가치 평가 적인 용어이자 '경쟁 승리자의 용어'이므로 관련 분야의 연구에 있어서 객관성을 지니기 어려운 용어라고 할 수 있을 것이다. 따라서 1956년 8월에 발생한 북한 로동당 내 동일한 '사건'을 표현하는 다른 말인 '8월 종파 사건'과 필자가 사용하는 '8월 전원회의 사건'간의 차이는 용어 이상의 의미를 지닌다는 점을 지금까지의 논의에서 보여주려 하였다. 전자가 가치 평가 적인 용어라면 후자는 가치 중립적인 용어라고 할 수 있다.

정전 후 1950년대 북한의 권력 갈등을 연구하는 데 있어서 전후 경제 복구 건설 노선 수립을 둘러싼 대내외적 논쟁과 대립이 북한 지도부의 권력 갈등의 직접적인 원인이었다는 가정은 관련 연구자들 사이에서 특히 중요한 쟁점이 되어왔다

지금까지 살펴본 대로 '갈등'의 직접적 계기는 '이론'에서가 아니라 '현실'에서 발견된다. 즉 '계획'의 '수립' 과정이 아니라 '계획'의 '집행' 과정에서 발생한 오류들의 상승 작용 결과 전반전인 사회경제적 위기가 야기되었고, 이 위기의 대응 과정에서 북한 지도부 내의 권력 갈등이 표면화되었다는 것을 알 수 있다.

다시 말하면 애초부터 패권(supremacy)을 위한 능동적인 진군이었다

기보다는, 전후 복구와 경제 건설 과정에서 일련의 정책적 오류가 발생하며 이것이 정책 실패로 귀결됨에 따라 이에 대한 책임론이 대두되었고, 이러한 과정에서 김일성과 그 내부 그룹이 기존의 우월적 지위를 방어하기 위한 상황적 대처가 김일성과 내부 그룹의 정치적 존폐를 결정하는 8월 전원회의 사건으로 비화되어 이후 '최창익 반당 간첩 음모 사건' 및 '제3당 사건'으로 확대, 전화되는 패권 장악 추진(drive for supremacy)으로 발전되었다고 보아야 한다는 것이다.

북한 지도부 내의 정책적 오류와 패에 대한 심각한 상황 인식은 정책 실패에 따른 책임 소재 문제에 직면하게 되고 급기야 이를 둘러싼 지도부내의 갈등이 권력 갈등으로 비화되기에 이르렀으며, 이러한 갈등의 표출 과정에서 하나의 중요한 계기로서 중국과 특히 소련이라는 외부적 요인이 작용할 바가 크다고 할 수 있을 것이다.

1954~1955년의 정책 실패로 인해 초래된 사회경제적 불안정과 그에 따른 지도부 내의 갈등이 표면화되기 시작한 1955년 후반기에 있어서 소련과 중국간의 관계는 비교적 원만한 협력 관계를 유지하고 있었으며, 이에 따라 사회경제적 불안정과 지도부 내의 갈등 등 당시 북한 내부 문제에 대한 시각에 있어서 양국 간에는 협조 관계가 형성되고 있었다. 그로 인해 당내 갈등을 해결하는 데 있어서 김일성 내부 그룹은 대대적인 숙청이나 패권적 지위 획득 등의 파국적이고 무리한 해결 방식을 동원할 수 없었으며, 소련과 중국의 정치적 견제를 무시한 채 내부적으로 자유로이 구사할 수 있는 정치적 전술의 경우의 수도 그리 많은 편은 아니었다.

대내적으로 정책 실패에 대한 불만의 고조와 대외적으로 이에 대한 소련의 강력한 문제 제기에 직면한 1955년의 상황은 북한 지도부에 정치적 선택을 강요하였으며, 그 중에서도 김일성과 내부 그룹은 정책 결정 과정에서 차지하는 비중에 비례하여 정치적 선택에 대한 중압이나 압박이 여타 정치 분파에 비해 한층 더 높은 것이었다. 김일성의 정적 선택은 '책임론'을 통한 정국 돌파와통한 각 분파 내에서의 기존의 안정적인 지위 확인이었다.

정전 이후(박헌영 사건 이후) 당내 존재한 4개 분파(소련 국적 조선인, 옌안 출신, 남로당 계열, 국내 토착 공산주의자)는 노선이나 이념적 스펙트럼 상에 좌우로 정렬 배치되는 차별성을 지닌 집단의 성격을 띠고 있었다기보다는 '출신'이 지니는 공통된 정서나 경험, 또는 당내의 주변적 이해 관계를 토대로 한 비교적 정치적으로 느슨한 결합체적 성격을 지니고 있었다. 김일성만이 '상대적으로' 우월적인 지위를 인정받고 있었을 뿐이다.

그러나 경제 복구 및 건설 계획에 심각한 문제가 발생하고 정책적 오류에 대한 책임론이 등장함에 따라 사태의 추이는 분파간의 균형 문제를 넘어서 하위 권력 자원분배로부터 최고 권력의문제로 발전하게 되었다. 당내 경쟁에 있어서 궁극적인 문제인 지도 체제의 문제가 당내 갈등의 표면에 등장하게 된 것이다. 이러한 직위 양 문제는 김일성에게는 자신의 권위에 대한 위험으로 해석되기에 충분한 것이었으며, 이로 인해 분파간의 '경쟁'은 본격적인 '대면 투쟁'의 형태를 띠게 된 것이다.

1955년 말에서 1956년 초에 발생한 사건들이 시사하는 바는 김일성의 당내 경쟁에 대한 조정 방식이 간부 인사를 통한 하위 권력 배분이나 1955년 전반기에 행해졌던 각 분파에 대한 경고 메시지를 넘어서 각 분파 지도자들에 대한 직접적인 권력 박탈이라는, 당내 경쟁의 정치적 기반과 기회의 박탈 형태로 급전되었다는 점이다. 1956년 1월 상무위원회에서 내린 박창옥에 대한 책벌 내용에서 보여지듯이 당내 경쟁의 초점은 이미 최고 권력 획득의 문제로 비화되었던 것이다.

이러한 조건 하에서 김일성 및 그 내부 그룹과 옌안계 및 소련계가 당내 최고 권력을 목표로 한 쌍방간의 전면적인 '대면 투쟁'에 돌입한 것이 1956년 8월 전원회의 사건이다.

1956년 10월 헝가리 사태가 발생하어 국제 공산 진영이 분열하고 1957년부터 중국과 소련간의 갈등이 표면화되기 시작하는 등 국제 정세가 급변하기 시작함에 따라 김일성은 국면 전환의 기회를 맞게 되었다.

소련과 중국, 그 중에서도 중국은 사회주의 진영 내에서 소련과 주도권 경쟁을 하기 위해서는 동구뿐만 아니라 동아시아 지역의 주요한 사회주의 국가인 북한의 지지를 얻는 것은 매우 중대한 문제였다. 따라서 중국은 1956년 9월 북한에 대한 정치적 개입 이후 소원해진 북한과의 관계개선이 필요하였고, 이에 따라 1957년 11월 마오쩌뚱은 모스크바 방문 시에 김일성에게 전격적인 화해 움직임을 보이게 되었다. 이것은 북한의 김일성과 내부 그룹에게 있어서 여타 분파에 대한 제거 계획에 정당성을 부여하고 '반종파 투쟁'에 본격적인 박차를 가하는 결정적인 계기로 작용하였다.

흐루시초프도 김일성과의 대담에서 김일성이 지도하는 조선로동당의 정책에 대한 적극적인 지지를 표명하였다. 중국과 소련 지도부의 이러한 움직임은 8월 전원회의의 결정에 대한 정당성을 결과적으로 보증해 주고 김일성의 정책 노선에 대해 정당성을 부여하는 의미를 지니는 것이었다.

1957년에 들어서면서 사태는 이전과는 완전히 다른 형태로 발전되었으며, 이러한 반전에서 사회주의 진영의 분열—특히, 중국과 소련의 갈등—이 한 역할은 이미 살펴본 대로이다. '8월 전원회의 사건'이 발전된 '최창익 그룹' 사건은 '제3당' 사건과 연결되면서 사건의 성격이 '직위 불만'이라는 '당내 갈등'의 문제로부터 이승만 정권 및 미국과 연결된 국가 전복을 목표로 한 '간첩 사건'으로 비화된다. '당내 경쟁'으로부터 '체제 전복'으로 문제가 확대, 변질되었던 것이다.

김일성의 권력 유지에 있어서 최대의 위기였던 정전 후 1950년대 북한의 권력 갈등 과정에서 김일성이 승리하고 절대 권력을 확보할 수 있었던 이유는 다음의 몇 가지 요인들에 의해 설명될 수 있다.

첫째, 당시 김일성은 로동당 중앙위원회의 대다수 중앙위원들로부터 지지를 받고 있었으며, 인민들이 입장에서도 김일성을 대신할 리더십을 발견하기란 불가능하였다. 이는 지도부의 경제적 실패에서 불구하고 인민들이 김일성에 대한 지지를 철회하지 않은 이유이기도 하였다. 따라서 1956년 9월, 정치적 개입을 목적으로 비공식 방문한 소련과 중국 대표단은 김일성에 대한 북한로동당 중앙위와 인민 대중들의 지지도를 확인하고 김일성을 축출하려던 당초의 계획을 철회하였던 것이다.

둘째, 김일성과 내부 그룹을 제외한 분파들(옌안계, 소련계)이 인민 대중 속에 조직적으로 확고히 뿌리내리지 못하고 있었다는 점이다. 그들은 과거의 활동 공간이나 경험이 갖는 한계로 인해 대중과 융화되기 어려웠다. 특히 소련 계의 경우는 그들의 특권 의식으로 인해 인민 대중은 물론 중·하위직 관료들 사이에서 심한 거부감이 조성된 상태였다. 또한 사업 방식에 있어서도, 이미 잘 알려진 김일성의 정력적인 현장 지도는 대중에 대한지지 획득이라는 점에서 비교할 수 없는 것이었다. 따라서 이들이 '경쟁' 과정에서 활용할 수 있는 결정적인 권력 자원은 국내로부터가 아닌 '외부적' 영향력이었다고 볼 수 있으며, 이들이 계획한 당 중앙위 전원회의를 활용한 투쟁이나 대중 시위 방식은 애초에 한계를 지니는 것이었다고 할 수 있을 것이다.

셋째, 이미 살펴본 바와 같이 1957년 6월 소련공산당 내에서 발생한 몰로토프 등이 연루된 '반당 종파 사건'은 흐루시초프로 하여금 당 제1서기와 수상직 겸임이라는 권력 집중을 달성하게 하였으며, 이로 인해 김일성은 자신의 권력 집중을 정당화시킬 수 있었다.

넷째, 제20차 소련공산당 대회 이후 촉발된 사회주의 진영 내의 정치적 불일치로 인해 김일성에게는 소련 및 중국 관계에 있어서 독자적인 정책 수립 가능성이 열리게 되었다는 것이다. 이와 관련하여 특히 주목할 만한 사건은 1957년 11월 마오쩌둥이 김일성에게 1956년 9월 북한에 대한 정치적 개입이 옳지 못한 정책이었음을 시인했다는 것이다. 마오쩌둥이 김일성에게 정치적 개입에 대한 사과를 한 배경에는 당시 소련과의 이념적 갈등 과정에서 북한의 지지를 확보하고자 하는 전략적 의도가 자리잡고 있었으며, 김일성은 바로 이 점에서 자신의 '정치적 가능성'을 보았던 것이다.

다섯째, 당시 북한 사회 내에 김일성과 그 정치 세력에 대항할 만한 사회 및 정치적 대체 세력이 부재했다는 사실이다. 북조선 민주당이나 청우당과 같은 기존의 정치 세력들은 한국전쟁을 거치면서 급격히 약화되어 정치적 영향력을 상실한 상태였다. 또한 1956년 헝가리 사태에 대해 당시 김일성이 평가하였듯이 1950년대 북한 시민 사회의 미성숙─김일성은 이를 조직화된 인텔리겐치아의 부재로 표현─은 정치 사회 수준의 저항을 뒷받침해 줄 수 있는 토대적 기반의 부재를 초래하였던 것이다. 이에 따라 한국 전쟁 후 북한에서 발생한 사회경제적 위기가 전 사회적 차원에서의 저항으로 조직되지 못하고 상층 정치 차원의 권력 갈등으로 협애화되었던 것이다.

이상에서 살펴본 1950년대 북한의 권력 갈등 결과 북한에서는 1994년 김일성 사망시까지 지속된 김일성 '유일 지배' 체제가 형성되었으며, 소련과 중국과의 관계에서도 '수직적' 관계에서 '수평적' 관계를 지향하게 되는 전환점을 이루게 되었던 것이다.

※ 이 글은 『현대북한연구』 2권 2호 (1999)에 수록되었다.

주註

1) 서동만, "1950년대 북한의 정치갈등과 이데올로기 상황" ; 김성보, "1950년대 북한의 사회주의 이행논의와 귀결" 역사문제연구소 편, 『1950년대 남북한의 선택과 굴절』(서울: 역사비평사, 1998) ; 이종석, 『현대 북한의 이해』(서울: 역사비평사, 1995) 등 참조

2) 1945~1948년의 남북한의 정치적 에너지가 응축하여 파국적으로 폭발한 결과 물로서의 한국전쟁은 '한국전후정치'(post-korean war politics)라고 명명되는 현대 남북한 정치의 전환점이었으며, 정전 협정으로 표현되는 '1953년적 환경'을 조건으로 시작하여 1961년 사회주의적 개조 완수 선언까지의 시기는 북한에서의 '한국전후정치' 전반을 규정하는 '북한 정치의 본원적 축적기'에 해당한다고 할 수 있을 것이다.

3) 북한 연구자들 사이에서 소위 '8월 종파 사건'으로 불리는 이 사건은 사회주의 진영의 권력 투쟁 사건에 대한 소련식 평가 기준에 따라 종파 사건으로 규정되고 있다. 그러나 이러한 명칭은 다음과 같은 이유에서 수정되어야 한다는 것이 필자의 견해이다. '종파 사건'이라는 명칭은 권력 투쟁의 승리자에 의해 사후에 내려진 정치 평가물이라는 점에서 역사적 객관성이 미흡하다. 둘째, 소련에서도 이미 페레스트로이카 시기에 기존의 종파 사건 및 반당 분자에 연루되었던 인물들이 정치적으로 뿐만 아니라 학술적으로도 복권 및 명예회복 되었다. 셋째, '8월 사건'은 북한 정치 지형상의 '분파'(fraction)의 존재가 초래한 당연한 귀결점이라기보다 당시 북한의 사회경제적 위기의 정치적 표출 물이었으며, '정치적 결과의 불확실성'을 인정하는 데 익숙지 않은 사회주의 체제의 정치 과정의 한 부분이자 일반적인 정치 갈등의 한 형태로 파악되어야 한다는 것이다. 따라서 이 글에서는 '8월 종파 사건'이라는 기존의 명칭을 1956년 8월 조선로동당 중앙위원회 전원회의에서 발생한 사건이라는 의미에서 '8월 전원회의 사건'이라고 수정하여 부르기로 한다.

4) 사르토리는 (다원주의적) 정당 체계와 단일 정당 체계를 분리하여 분석하고 있는데, 전자의 경우에 있어서 '당내 경쟁'은 정당 체계에서의 경쟁의 한 부분일 뿐이고 오히려 중요한 것은 '정당간의 경쟁'이며, 이로 인해 정당 다원주의 본질은 정당 지도자들 간의 대결이 '간접적'으로 이루어진다. 이에 비해 후자의 경우에는 유권자들의 지지를 의식한 선거에서의 경쟁이 무의미하고 경쟁적 정당이 부재한 체계상의 특성으로 인해 정치 지도자간의 경쟁은 '직접' 대면하는 투쟁 형식을 띠게 된다는 것이다. G. 사르토리, 어수영 역, 『현대정당론』(서울: 동녘, 1986), 77~79쪽 참조.

5) 단일 정당 체계에서의 당내 권력 갈등을 해당 체제의 국가 지도부 내의 권력 갈등으로 등치시킬 수 있는 근거는, 이러한 체제에서는 비록 모든 국민이 당원

은 아닐지라도 당과 국가가 하나의 전체로서 인정되는 '정당 국가 체계'(party-state system)의 성격을 지니기 때문이다.

6) G. 사르토리는 '파벌'이라는 용어를 사용하는 데 있어서 일정한 문제 제기를 한다. 먼저, 파벌이라는 용어가 역사적으로 대부분의 국가들에 있어서 확실한 체험을 근거로 깊이 뿌리내린 가치 평가적인 의미를 지닌 단어라는 것이다. 또한 파벌이라는 용어는 사용자들간에 다양한 의미로 사용되어 개념상의 엄밀성이 부족하며, 마치 근대성의 확립이 당위적으로 파벌의 폐립과 동일시되는 역사의 함축성이 제거를 범하고 있다고 지적한다. 자세한 내용은 G. 사르토리, 어수영 역, 『현대정당론』, 110~113쪽 참조.

7) 이에 대해 필자는 안드레이 란코프의 '패권투쟁론', 이정식과 스칼라피노의 '공산주의 조선화론', 남근우 등의 '경제건설노선 대립론'으로 분류한 바 있다. 자세한 내용은 졸고, "1950년대 북한의 권력갈등의 배경과 소련," 역사문제연구소 편, 『1950년대 남북한의 선택과 굴절』(서울: 역사비평사, 1998) 참조.

8) ABΠPΦ(러시아연방 외무성 대외정책 문서), Φ(폰드).0102, OΠ(오피스)10, Π(빠쁘까).53, 데(젤로).22, pp. 33-36.

9) ABΠPΦ, Φ.0102, OΠ.10, Π.57, Д.49, pp. 292-298.

10) 예를 들어 흑색금속성의 경우 장관인 박의완은 북한 주재 소련 대사와의 면담에서 그 자신이 해당 분야에 문외한이며, 동 부처 내에서 준비되고 있는 경험 있는 관료들의 부재로 인해 소련의 경제 고문과 전문가들의 지원 없이는 계획의 입안조차 힘들다고 토로하였다. 실제로 1954년 계획의 경우 실행 과정에서 원료의 낭비가 많았는데, 이 낭비가 생산물의 원가에 그대로 반영되는 실정이었으며, 회계 전문가의 부재로 인해 원가 계산을 포함한 정산 일반조차 순조롭게 진행되지 못하였다.

11) ABΠPΦ, Φ.0102, OΠ.10, Π.52, Д.8, pp. 74-75, 99-100. 왜냐하면 물질적 동기부여가 취약했기 때문이다. 예를 들어 생산 현장에서의 전문 인력의 월급은 약 3,000원이었는데 비해 군당 위원장은 1,200~1,400원에 불과하였다. 따라서 이들은 원칙적으로 이동을 거부하였고, 또 선발되었다 하더라도 직무 수행상에서의 적극성을 기대하기 어려웠다.

12) 예를 들어 소비조합에서 1953년 상반기 동안의 낭비, 착복 액수는 약 2억 3,000만 원에 달하였는데, 같은 기간 내 소비조합의 총수익이 약 4억 3,000만 원이었음을 감안할 때 그 심각성을 알 수 있다. 당 중앙위 통계자료에 따르면 공금 유용, 관물 착복 등으로 1953년 6월부터 1954년 6월까지 1년 동안에 당원 중 2만 2,000명이 적발되었다. 당·정 고위 간부들은 국가 재산의 착복, 배임, 수뢰 등을 북한 현실에서 불가피한 현상으로 판단하고 타협적인 조치를 취하였다. 체신상 박일우는 착복 액수가 경미하고 자신의 범법 사실을 인정한 사람에 대해서는 법적 책임을 지우지 말고 손실분을 배상하도록 하는 서면 지시를

내린 바 있으며, 전 재정상 최창익의 경우 조세 정책의 왜곡과 수뢰 묵인에 대한 책임으로 2차례에 걸쳐 장관직에서 철직당했으나 당적 처벌을 받지 않았을 뿐 아니라 오히려 부수상에 임명된 것 등은 그 예라고 할 수 있다.

13) АВПРФ, Ф.0102, ОП.11, П.65, Д.45, pp. 187-190.

14) АВПРФ, Ф.0102, ОП.11, П.60, Д.7, pp. 182-183.

15) 당시 농업 부문에서 단순 농기구와 축력 부족이 심각하였다. 농가 전체의 3분의 2 가량이 농경용 가축을 소유하지 못하였고, 농업 부문 전체의 총 트랙터 수는 800여 대에 불과했다.

16) АВПРФ, Ф.0102, ОП.11, П.65, Д.45, pp. 178-180.

17) АВПРФ, Ф.0102, ОП.11, П.60, Д.69, pp. 10-13.

18) АВПРФ, Ф.0102, ОП.12, П.68, Д.4, p. 46.

19) АВПРФ, Ф.0102, ОП.11, П.60, Д.6, pp. 2-3.

20) АВПРФ, Ф.0102, ОП.11, П.60, Д.8, p. 171

21) 이재선, 『중화인민공화국』(서울 : 학민사, 1988), 54~56쪽.

22) АВПРФ, Ф.0102, ОП.11, П.60, Д.8, pp. 1-4.

23) 물론, 당시 북한 정세에 대해 모든 면에서 중국이 소련 측의 견해에 완전히 동의하고 있었다고 판단하는 데는 무리가 따른다는 점은 인정해야 할 것이다. 예를 들면, 농업 집단화의 규모나 속도에 있어서도 1955년 초에 중국 지도부 내에서 '모진冒進'에 대한 지지와 우려가 공존하는 상황을 고려할 때 북한의 농업 집단화에 대한 중국의 입장이 소련의 평가와 같을 수는 없었을 것이다. 그러나 이러한 이견을 감안하더라도 당시 북한의 내부 정세에 대해—60년대 이래로 중·소 이념 분쟁 시기와 같은—비교적 양국간의 공조 관계가 원활했다고 평가하는 데는 무리가 없을 것이다.

24) АВПРФ, Ф.0102, ОП.11, П.60, Д.9, pp. 67-68.

25) 위의 문서, pp. 91-92.

26) АВПРФ, Ф.0102, ОП.11, П.60, Д.8, pp. 95-96.

27) АВПРФ, Ф.0102, ОП.11, П.60, Д.9, pp. 98.

28) АВПРФ, Ф.0102, ОП.11, П.60, Д.9, pp. 105-108.

29) АВПРФ, Ф.0102, ОП.11, П.60, Д.7, pp. 45-46.

30) R. 로즈는 파벌과 '경향'을 구분하고 있다. 파벌은 의식적으로 조직된 응집성과 규율을 갖춘 조직체인 반면에, '경향'은 '안정된 정치가 집단'이라기보다는 '안정된 태도의 집단'(a stable set of attitude)이다. Richard Rose, "Parties, Factions and Tendencies in Britain," PS Feb. 1964, p. 37. G. 사르토리, 어수영 역, 『현대 정당론』, 113~114쪽에서 재인용.

31) АВПРФ, Ф.0102, ОП.10, П.52, Д.8, pp. 23-24.

32) АВПРФ, Ф.0102, ОП.11, П.60, Д.8, pp. 181-186.

33) 박일우는 조중연합사령부의 조선측 대표로 재직하면서 자신이 마오쩌둥에 의해 직접 임명되었다고 선전하면서 조선군 지휘에서 독립적으로 행동하였으며, 전쟁 시기에 소비에트 전문가들의 사업을 중국군 지휘에 대립시켰다는 것이다.

34) АВПРФ, Ф.0102, ОП.11, П.65, Д.45, p. 200.

35) АВПРФ, Ф.0102, ОП.11, П.60, Д.9, pp. 37-38.

36) 위의 문서, p. 100.

37) 예를 들어 신문에는 지방 간부들의 비리 사실만이 게재될 뿐, 중앙 기관 및 간부들의 오류나 결함에 대해서는 침묵하고 있다는 것과 지방 간부를 검열하는 중앙의 지도 간부는 누구에 의해 검열받아야 하는가 등의 불만 등이 팽배해지고 있었다.

38) 토론 과정에서 1955년 계획의 수립과 실행 과정에서 발생한 심각한 오류들이 지적되었다. 즉 주요 산업 분야의 국영 기업 책임자와 기술 전문가들은 1955년 계획을 작성하는 과정에서 현실적인 가능성이 고려되지 않았고 대부분의 잘못된 지표들에 의해 비현실적인 성장 속도가 설정되었으며, 이러한 결과 1955년에 수차에 걸쳐 계획이 수정되었다는 점을 강조하였다.

39) 국가계획위원회는 계획 수립시에 산업 부문별과 하부 단위의 실정을 고려하지 않았고, 이 계획을 정부 각 부처에 일방적으로 시달하였다. 이 과정에서 각 부처 기관들은 아무런 문제 제기 없이 이를 전면 수용하였는데, 중앙 부처 기관들 또한 기업소나 협동조합 등 하부 단위의 실정을 정확히 파악하지 못하고 있었다.

40) 예를 들어 어떠한 문제를 결정하든지 국가계획위원회 위원장이나 내각 부수상의 참가하에 이루어짐으로써 당면 문제들이 적시에 해결되지 못하고 있다는 것이다.

41) 특히 당 중앙위 산업부, 재정부, 상업부, 협동 조직 부서 등이 해당 정부 부처에 대한 당의 통제를 실현하지 못하였다는 판단이 내려졌으며, 이들 당 기관들이 대중과 유리되어 사업하고 있던 관계로 현실에 근거하여 계획을 수립하고 정책을 입안할 가능성은 봉쇄되어 있었던 것이다. 이것이 중앙위 각 부서로부터 정치위원회로 한 번도 현실적인 제안이 올라오지 않은 이유라고 판단하였다.

42) 전원회의 결정에 의하면 박일우의 '반당' 행위는 다음과 같다. ① 전쟁 당시 정치위원이자 내무상이던 박일우는 당과 국가 기밀을 외부에 누설하며 당정책에 대하여 당 앞에서는 찬성하고 배후에서는 비방하고 다니는 등의 반당 행위를 지속해 왔다는 것, ② 중국 출신들(옌안계)의 대표자로 자처하면서 가족주의적 분위기를 조성하고 중국계 조선인들을 임의로 주요 조직에 임명하는 등 당과 군대 내에서 자신의 영향력 확대를 기도했다는 것, ③ '소련 출신들을 반대하기 위해서는 박헌영과 연합해야 한다'는 위험한 주장을 내세우며 소련 출신들과 중국 출신들을 대립시켰다는 것, ④ 박헌영, 이승엽 등과 결탁하여

당을 반대하는 공동 전선을 형성하였다는 것, ⑤ 자신의 직권을 남용하여 막대한 국가 재산을 횡령하였다는 것 등이다.

43) 박일우는 1955년 6월 이래 정치위원회의 결정에 따라 체신상에서 직위 해제되어 가택연금된 상태에서 당 조직지도부장 박금철의 책임하에 구성된 특별위원회에서 조사받고 있었다. 조선로동당 중앙위원회, 『결정집』(1955), 51～60쪽.

44) "문학예술 분야에서 반동적 부르죠아 사상과의 투쟁을 더욱 강화할 데 대하여," 조선로동당 중앙위원회, 『결정집』(1956), 49～58쪽.

45) 2월 18일에 열린 부수상 및 당 중앙위 부장들과의 회의에서 김일성은 '역사 사회 발전에 있어서의 개인의 역할에 관한 문제가 잘못 해명되고 있음'을 지적하면서 '자신(김일성)의 이름이 신문이나 잡지 등에 지나치게 자주 등장하고, 자신의 하지도 않은 일에 대해 많은 부분을 자신의 공적으로 돌리는 등 마르크스레닌주의 원칙에 위배되는 당 선전 사업들이 진행되고 있다는 견해를 밝히고, 이에 대해 시정할 것을 당 중앙위 부서장들에게 지시하였다.

46) 이 회합에서 김일성은 '소련 출신 일꾼들은 조선혁명에서 중요한 역할을 수행하였고, 조선이 가장 어려웠던 시기에 지도적 위치에서 헌신적으로 일하였으며, 조선인들에게 새로운 사회주의 사업 방식들을 가르쳤다'는 사실을 지적하면서, 비록 그들 중의 일부가 오류를 범했을지라도 이미 비판을 받았으므로 이제 그들이 교정해 나가는 것을 도와줄 필요가 있으며, 이것이 당이 유익한 결과를 가져다 줄 것이라는 견해를 피력하였다.

47) 예를 들어 1955년 12월 전원회의와 1956년 1월 상무위원회의 결정에 따라 여러 차례에 걸쳐 소련 출신 간부들에 대한 탄핵을 하급 당 기관에 지시한 평양시 당 위원장 고봉기는 황해남도당 위원장으로 좌천되었다. 이러한 조치들은 오히려 소련계와 국내 출신 당 간부들 간의 관계를 악화시키는 결과를 초래하였다. АВПРФ, Ф.0102, ОП.12, П.68, Д.6, p. 129.

48) 당시 주 소련 대사 이상조의 경우 당내에 존재하는 개인 숭배 문제에 대한 토론을 당 대회 상무위원회에 2차례에 걸쳐 제안하였으나 수용되지 않았으며, 소련계지도 간부들인 김승화(건설상, 당 중앙위 상무위원), 박창옥 등이 3차 당 대회 기간중 발언하려 했으나 기회가 부여되지 않았던 사실은 3차 당 대회 분위기와 관련하여 시사하는 바가 크다고 할 수 있다. АВПРФ, Ф.0102, ОП.12, П.68, Д.6, pp. 225, 278-279.

49) 실제로 당 대회 토론 분위기는 "개인 숭배와 그 후과에 관하여"라는 소련공산당 20차 당 대회에서 한 흐루시초프의 보고서에서 지적된 당내 문제들이 소련공산당에 국한된 것이지 북한 로동당과는 관련성이 없다는 방향으로 형성되었다.

50) 인사자 명단은 다음과 같다. 박금철 : 조직부장 겸 당 검열위원장, 김창만 : 선전선동부장 겸과학부장, 정이런 : 공업부장, 박정애 : 간부부장, 림해 : 대남 연락부장 등. АВПРФ, Ф.0102, ОП.12, П.68, Д.6, pp. 205-206

51) 리필규는 6군 사령관, 내무부상을 역임하는 등 인민군 총참모부 재직 시절부터 박일우와 밀접한 관련을 맺어왔으며, 박일우 숙청과 함께 건재공업국장으로 좌천되었다. 따라서 박일우와 더불어 인민군 내에 중요한 영향력을 지니고 있었다.

52) 리필규 등 반김일성 '지하 그룹'이 김일성의 최측근인 최용건을 자신들의 동조자로 파악하고 있다는 것은 매우 흥미있는 일이다. 박창옥 또한 후에 최용건을 거사시 동조자로 확신하고 있었다. 이들은 최용건이 당시 김일성의 당 지도와 관련하여 불만을 몇 차례 토로한 적이 있음에 주목하고 그러한 판단을 한 것으로 보이며, 계획 참여와 관련하여 그들이 개별적으로 최용건의 의중을 떠본 것은 사실인 것 같다. 이와 더불어 소련계와 옌안계 그룹 모두 최용건이 김일성의 최측근임으로 해서 더욱더 그를 자신들의 계획에 설득, 동참시키려 했던 것이다.

53) 이들은 '지하 그룹'에 비해 상황을 낙관적으로 판단하고 있었다. 예를 들어 박창옥은 문제 해결을 위해 먼저 김일성과 허심탄회하게 대화를 나눈 후 만일 김일성이 자신의 제안을 수용하지 않으면 모든 문제를 당 중앙위 전원회의에서 토론에 부친다는 식의 발상을 지니고 있었다.АВПРФ, Ф.0102, ОП.15, П68, Д.6, pp. 352-353.

54) АВПРФ, Ф.0102, ОП.12, П.68, Д.6, pp. 370-373.

55) 한국전쟁과 스탈린 사후에 북한에 대한 일정한 영향력 변동에도 불구하고 소련은 10억 달러 원조를 필두로 전후 북한의 경제 복구 건설 계획과 수행 과정에 결정적인 비중을 차지하고 있었고, 정전 체제와 관련한 국제 협상과 UN에서의 '조선 문제' 해결을 위한 외교 활동 등의 모든 것을 책임지고 있었으며, 무엇보다도 북한 지도 간부 중에 그들이 마음만 먹으면 동원할 수 있는 '소련계'라는 정치 세력이 존재하고 있었다.

56) АВПРФ, Ф.0102, ОП.12, П.68, Д.6, pp. 363-365.

57) 8월 전원회의에서는 다음과 같은 결정을 내렸다. 최창익 : 당 중앙위원회 위원에서 제명, 내각 부수상 및 기계공업상에서 철직, 윤공흠 : 당 중앙위원회 위원에서 제명, 상업상에서 철직, 서휘 : 당 중앙위원회 위원에서 제명, 당에서 출당, 직총 중앙위원회 위원장에서 철직, 리필규 : 당 중앙위원회 후보위원에서 제명, 당 대열에서 출당, 내각 건재공업국장에서 철직 등. 조선로동당 중앙위원회, 『결정집』(1956), 12～17쪽.

58) 1956년 9월 평양을 방문한 펑더화이와 미코얀의 당초 목적은 김일성을 직위 해제시키거나 김일성에게 집중된 권력을 각 분파에게 재배분하는 것이었으나 김일성에 대한 북한 당 중앙위 위원 및 당 간부들의 지지가 그들이 예상한 것 이상으로 확고한 사실을 확인한 후 본래의 계획을 변경하여 소련계와 옌안계 지도 간부들에 대한 당으로의 원상 복귀를 요구하게 된 것이다.

59) 조선로동당 중앙위원회, 『결정집』(1956), 24쪽.

60) 스탈린 비판에 대한 중국의 반비판의 요지는 첫째, 스탈린의 공과 중 공적을 모두 부정하고 있다는 것, 둘째, 국제적인 지도자로서의 의미를 지니는 스탈린에 대한 평가를 일국 공산당 대회(소련)에서 독점 비판하고 있다는 것, 셋째, 사회주의 진영 내의 문제를 전 세계에 드러내고 있다는 것 등이다. 이러한 비판이 시사해 주는 바는 흐루시초프의 소련을 사회주의 진영 내의 일개 국가로 치부하여 내용적인 격하-물론 당시에도 중국은 공식적으로는 소련을 사회주의 진영의 '종주국'으로 인정하고 있었지만-움직임이 보인다는 점이다. 이재선, 『중화인민공화국』, 122쪽 참조.

61) 드미트리 안토노비치 볼고고노프, 김일환 외 역, 『크렘린의 수령들』 상권 (서울: 한송, 1996), 462~463쪽 참조.

62) 이재선, 『중화인민공화국』, 122~123쪽

63) 위의 책, 123~124쪽 참조.

64) 1956년 9월 전원회의에 직접 개입한 당사자인 펑더화이 또한 김일성에게 당시 자신의 행위에 대한 유감을 표명하였다. АВПРФ, Ф.0102, ОП.13, П.72, Д.6. pp. 366-370.

65) 이재선, 『중화인민공화국』, 198~199쪽 ; 드미트리 안토노비치 볼코고노프, 김일환 외 역, 『크렘린의 수령들』 상권, 506~508쪽 참조.

66) 이재선, 『중화인민공화국』, 201~202쪽 ; 드미트리 안토노비치 불코고노프, 김일환 외 역, 『크렘린의 수령들』, 상권, 508~509쪽 참조

67) 예를 들어 평양시 당위원장 홍순관의 경우 9월 전원회의의 결정으로 복직된 지 2달만인 11월에 최창익과의 관계 문제로 당으로부터 제명조치를 당했다. АВПРФ, Ф.0102, ОП.13, П.72, Д.6, pp. 1-4

68) 교육성의 경우, 8월 전원회의 이후 중등 및 고등 교육 기관의 교원 및 학생들 사이에서 헝가리 사태와 관련하여 사상적 동요가 발생하고 있다는 판단하에 대대적인 교원교체의 필요성-평양에서만 약 3,000명-을 제기하였다.(АВПРФ, Ф.0102, ОП.13, П.72, Д.6, pp.198-199). 외무성의 경우, '최창익 그룹'과의 관련성 문제로 외무성 당 위원회 비서, 주소련 북한 대사 등 외무성 내 주요 간부들이 철직당하였다(АВПРФ, Ф.0102, ОП.13, П.72, Д.6, pp. 267-269, 298-299). 문화선정성의 경우, 1957년 2월에서 8월까지 매일 진행된 당 위원회 비밀 회의에서 '종파' 관련으로 문화선전부상을 비롯하여 13명의 간부가 체포 및 구금되었고 50여 명이 전보 조치되었으며, 간부뿐만 아니라 문화선전성산하 다수의 예술 관련 종사자들도 '당의 적'으로 폭로되었다.(АВПРФ, Ф.0102, ОП.13, П.72, Д.6, pp. 280-282). 법무성의 경우, 법무상 홍기주, 법무부상 박영숙, 최고재판소장 황세환, 검찰 부총장 김동학 등을 포함한 다수의 실장과 국장들이 철직당했다.(АВПРФ, Ф.0102, ОП.13, П.72, Д.6, pp. 325-

327). 과학아카데미의 경우, 중앙당 역사학교장인 이정원 등이 철직 조치를 당했다(ABПРФ, Ф.0102, ОП.13, П.72, Д.6, pp. 330-334).

69) 김일성과 내부 그룹이 정치적인 의도로 사건을 확대시킨 가능성도 배제할 수 없다. 왜냐하면 소련계와 옌안계 지도 그룹 내에서도 '최창익 그룹' 등의 계획에 부정적이거나 직접 연루되지 않은 사람들이 적지 않게 존재하고 있었기 때문이다. 예를 들어 소련계의 박의완, 옌안계의 김두봉 등은 동 '계획'에 직접 간여하지 않고 있었으나 이후 이 문제로 숙청 대상에 오르게 된다.

70) 드미트리 안토노비치 볼코고노프, 김일환 외 역,『크렘린의 수령들』, 상권, 535~539쪽 참조

71) ABПРФ, Ф.0102, ОП.13, П.72, Д.6, pp. 377-383 참조

72) ABПРФ, Ф.0102, ОП.14, П.75, Д.8, pp. 117-120 참조.

73) ABПРФ, Ф.0102, ОП.14, П.75, Д.8, pp. 99-101 참조.

74) ABПРФ, Ф.0102, ОП.14, П.75, Д.9, pp. 5360 참조.

75) 조사가 진행되는 과정에서 엄항섭 등은 자살을 시도하였고, 조소앙은 물에 투신 자살 하였다고 전해진다. 이들은 조사 과정에서 범죄 사실에 대해 완강히 거부하였으나 결과적으로 혐의 사실을 인정하였다. 최승희의 남편 안막(전 문화부상) 또한 이 사건과 연루되어 처벌을 받았고, 최승희 또한 이에 준하였다.

76) ABПРФ, Ф.0102, ОП.15, П.81, Д.8, pp. 120-121 참조.

77) '반당 종파 사건'과 관련하여 6월 전원회의에서 축출된 중앙위원 및 후보위원들의 명단은 다음과 같다. <중앙위원> 현정민(전 함남 도당위원장), 리유민(전 함남 인민위원장), 허성택(전 석탄산업상), 조영(전 도당위원장), 허빈(전 폴란드 대사), 진반수(전 상업상), 리권무(전 인민군 총참모장), 최종학(전 인민군 총정치국장), 김원봉(당 중앙위건설 수송부장, 전 강원 도당위원장), 리상혁(전 부상) 등. <후보위원> 정영표(전 평양시 인민위원장), 허국봉(전 외무부상), 조훈(전 경공업부상), 오상진(전 농업부상) 등. ABПРФ, Ф.0102, ОП.15, П.81, Д.8, pp. 211-214 참조.

78) '최창익 그룹' 사건 관련자들은 관련 정도에 따라 3등급으로 분류되었다. 제1그룹에는 일부 군 관련자를 포함하여 최창익, 박창옥, 김봉술(전 민족보위부상) 등 각 분파의 지도자들 2030명이 해당되었으며, 이들에게는 법정 최고형이 예정되었다. 심리 결과, 박창옥과 최창익은 당시 김일성이 겸임하고 있던 당 중앙위원장과 내각 수상직에 각각 내정되어 있었다고 발표되었다. ABПРФ, Ф.0102, ОП.15, П.81, Д.9. pp. 58-59 참조.

〈참고문헌〉

1. 북한문헌

김일성, 『김일성 저작집 8~10』 (평양: 조선로동당출판사, 1980).
조선로동당 중앙위원회, 『결정집 : 1953년도(전원회의, 정치·상무·조직위원회)』
    (1953).
_____, 『결정집 : 1954년도(전원회의, 정치·상무·조직위원회)』 (1954).
_____, 『결정집 : 1955년도(전원회의, 정치·상무·조직위원회)』 (1955).
_____, 『결정집 : 1956년도(전원회의, 정치·상무·조직위원회)』 (1956).

2. 남한문헌

G. 사르토리, 어수영 역, 『현대정당론』 (서울: 동녘, 1986).
드미트리 안토노비치 볼코고노프, 김일환 외 역, 『크렘린의 수령들』 상권 (서울:
    한송, 1996).
박길용, 『김일성 외교비사』 (서울: 중앙일보사, 1994).
손호철 외, 『한국전쟁과 남북한 사회의 구조적 변화』 (서울: 경남대 극동문제연구
    소, 1991).
역사문제연구소 편, 『1950년대 남북한의 선택과 굴절』 (서울: 역사비평사, 1998).
이재선, 『중화인민공화국』 (서울: 학민사, 1988).
이종석, 『현대 북한의 이해』 (서울: 역사비평사, 1995).
편집주 편, 『중소 대립과 북한』 (서울: 나라사랑, 1988).

3. 외국문헌

АВПРФ(러시아연방 외무성 대외정책문서), Ф.0102, ОП.10, П.52, Д.8.
АВПРФ, Ф.0102, ОП.10, П.57, Д.49.
АВПРФ, Ф.0102, ОП.10, П.53, Д.22.
АВПРФ, Ф.0102, ОП.11, П.60, Д.6
АВПРФ, Ф.0102, ОП.11, П.60, Д.7.
АВПРФ, Ф.0102, ОП.11, П.60, Д.8.
АВПРФ, Ф.0102, ОП.11, П.60, Д.9.
АВПРФ, Ф.0102, ОП.11, П.65, Д.45.
АВПРФ, Ф.0102, ОП.12, П.68, Д.4.
АВПРФ, Ф.0102, ОП.12, П.68, Д.6.

АВПРФ, Ф.0102, ОП.13, П.72, Д.6.

АВПРФ, Ф.0102, ОП.14, П.75, Д.8.

АВПРФ, Ф.0102, ОП.14, П.75, Д.9.

АВПРФ, Ф.0102, ОП.15, П.81, Д.8.

АВПРФ, Ф.0102, ОП.15, П.81, Д.9.

A. N. Lankov, Severnayn, Koreya:vchera ii segodnya (Moscow, 1995).

Chong-Sik Lee, *Korean Workers Party : a short history* (Princeton : Hoover Institution Press, 1978).

Koon-Woo Nam, *The North Korean Communist Leadership 1945 ~ 1965 : A Study of Factionalism and Political Consolidation* (Tuscaloosa : Univ. of Alabama Press, 1974).

Robert A. Scalapino, Chong-Sik Lee, *Communism in Korea PART Ⅰ : The Movement* (Berkeley : Univ. of California Press, 1972).

갑산파의 숙청과 수령제의 형성

이 승 현

1. 머리말

1960년대가 북한 정치사에서 갖는 의미는 각별하다. 북한 체제를 지배하는 수령제가 태동하는 과정에서 중요한 의미를 갖는 시기가 1960년대이고, 1960년대의 가장 중요한 정치적 사건 중의 하나가 갑산파 숙청이다. 1970년대는 김일성의 수령제를 공식적인 제도로서 굳건히 하는 시기인데, 1960년대는 그 징검다리 역할을 하고 있다.

한국전쟁이 끝나고 1950년대 중반 이후의 북한은 김일성의 지도아래 전후 복구에 성공하였고, 사회주의 건설에 있어서도 상당한 성과를 거두었다. 그 연속선상에서 볼 때 1950년대 말부터 1960년대 초반은 북한의 전성시대라 불러도 지나치지 않을 것이다. 북한의 1960년대를 삶으로 부딪혀 보고 기록으로 남긴 성혜랑은 당시 북한을 "살기 좋았다"는 말로 표현했고 황장엽은 "북한 사회주의 건설의 황금시대"라는 말로 표현했다. 이들의 기록이 당시 북한의 모든 것을 설명해 주지는 못하지만 1960년대 북한의 전체적인 모습을 상징적으로 전해주기에는 충분하다.

이 글은 1960년대 북한체제가 올바로 나아갈 수 있었던 근저에는 무엇이 자리잡고 있었을까 하는 호기심에서 출발한다. 그 호기심은 제한적 다원성이라는 개념에 주목하였다. 해방이후 1960년대에 이르기까지 북한의 정치권력이 제한적이나마 다원성을 유지했을 때는 사회의 운영 메카니즘이 제대로 작동하였지만 이 다원성이 소멸하고 단원적 지도체제가 강화되면서 사회를 지탱해 주는 역동성이 사라져 갔다는 가설에 이르게 되었다. 그러나 제한적 다원성이 김일성의 유일체제가 확립되는 과정에서 희생되고 사회의 활력을 상실했을 것이라는 가설을 구체적인 증거를 갖고 입증하고자 하는 것이 이 글의 목적은 아니다.1)

1960년대의 북한을 대상으로 하는 다양한 연구들2)이 있어왔지만 1960년대를 거치면서 북한의 권력구조가 제한적이나마 다원적인 상태로부터 단원적 상태로 바뀌어 갔다는 사실에 주목한 연구는 없었다. 그래서 이 글은 1960년대 초반까지 북한 정치가 제한적이나마 유지했던 다원성과 1960년대 후반으로 접어들며 제한적 다원성이 소멸되는 과정을 추적하는데 초점을 맞출 것이다. 그리고 이 글은 특정한 이론을 활용하여 북한을 분석하려고 시도하지는 않을 것이다. 1960년대 북한 정치를 대상으로 하는 이 글은 당시 북한 정치가 갖고 있었던 제한적 다원성을 복원하고, 이러한 제한적 다원성이 권력구조차원에서 유일체제하의 단원성으로 바뀌어 가는 모습을 추적하는 것으로 범위를 제한할 것이다.

이 과정에서 1967년이 중요한 실마리가 된다. 1967년 이전에는 존재하지 않았던 김일성 중심의 수령제가 1967년 이후 태동하기 시작한다는 점에서 특히 그러하다. 1967년을 중심으로 그 전과 후의 북한 권력구조가 전혀 다른 양상을 띠게 된다. 그래서 1967년의 정치적 격변에 우선 주목하고 그 전후 시기로 관심을 확장해 나가는 방식으로 1960년대 북한 정치의 모습을 복원해 보고자 한다.

이 글의 연구방법으로는 문헌 분석 방법을 활용할 것이다. 연구자료로는 당시 북한의 정치상황을 이해하고 복원하는데 필수적인 자료들을 활용할 것이다. 예컨대 김일성, 김정일이 당시의 상황에 대해 남긴 기록들을 대표적으로 꼽을 수 있다. 김일성, 김정일은 1967년 숙청을 주도하고 반대파를 비판하는 입장에 있었지만 이러한 비판들을 비판적으로 해독함으로써 당시 상황을 복원하는데 실마리가 될 수 있는 흔적들을 찾아 낼 수 있다. 또한 1967년 당시 북한정치를 경험한 후 그 기억을 책으로 남긴 사람들의 기록들도 활용할 것이다. 예컨대 신경완, 황장엽, 그리고 성혜랑 등의 기록을 꼽을 수 있을 것이다.

2. 1967년 갑산파 숙청과 그 전사前史

1967년 북한에서는 정국을 뒤흔드는 사건이 일어났다. 그동안 김일성을 일관되게 지지해 오던 당 서열 4위 박금철, 5위 이효순 등 갑산파를 숙청한 것이다. 이 숙청이후 북한의 권력구조는 김일성 중심의 유일체제로 변동하는 출발점에 서게 된다. 그런데 멀리는 1945년 이래로 가깝게는 1961년부터 이미 막강한 권력을 갖고 있던 김일성이 왜 1967년에 갑산파를 제거하고 유일체제로 전환하려 했을까? 1967년을 전후하여 북한에서는 무슨 일이 일어났던 것일까? 그리고 그 이후 북한체제는 어떤 모습으로 나아가게 되는가?

1) 1967년의 갑산파 숙청

1967년 북한에서는 무슨 일이 일어났던 것일까? 1967년 5월에 열린 조선로동당 제4기 15차 전원회의를 전후한 상황을 추적해 보면 어느 정도 윤곽을 잡을 수 있다.3) 왜냐하면 이 회의를 시작으로 박금철, 이효순, 김도만(사상담당비서), 고혁(문화예술부장), 허석선(당과학교육부장), 이송운, 김왈룡, 허학송, 박용국 등 갑산파와 소련파 일부가 북한 정치무대에서 사라졌기 때문이다.

이들은 누구이며 왜 북한 정치에서 사라진 것일까? 박금철은 갑산에서 김일성의 공작원으로 활동했던 인물로서, 김일성, 최용건, 김일 다음의 서열을 차지할 정도로 김일성의 측근에 머물러 있던 사람이다. 이효순은 이제순과 형제지간으로서 지하공작원 활동을 했다. 해방직후 지방 당간부로 정치활동을 시작했던 이효순은 정치위원회 상무위원회 위원, 비서국 비서, 중앙당 연락국장을 역임하고 있었다. 김도만은 사상담당 비서, 당위원회 서기장, 당 정치위원회 후보위원, 당 선전선동부장이었다. 고혁은 내각 부수상, 문화예술 부장으로 활동 중이었다.

김일성의 측근이며 상당한 권력을 향유하고 있던 이들이 정치무대에서 사라진 이유는 무엇일까? 공식적인 이유는 이들을 정치무대로부터 사라지게 하는 과정에서 주도적인 역할을 했던 김정일 명의의 문건에 자세히 기록되어 있다.4) 이들을 숙청할 때 죄목은 유일사상을 위배하고, 지방주의를 조장했으며, 수정주의를 내세웠다는 것이다. 이들에 대한 공격의 원칙에서부터 회의의 실무적인 준비에 이르기까지 김정일은 핵심적인 역할을 수행하였다. 사실 이들은 과거에 김일성의 오른팔 역할을 하던 세력이었는데 1967년 15차 전원회의를 계기로 일거에 숙청된 것이다. 또한 김도만이나 박용국 같은 이들은 김영주의 지지세력들이었으므로 김영주의 위치도 급격히 약화하였다. 이들이 제거된 명목은 "당의 유일사상체계를 세우는 것을 방해"하고 "조선로동당을 수정주의의 길로 나가게 하려했다"5)는 것이었지만 보다 근본적인 이유는 김일성과 김정일의 권력강화에 있었다.

따라서 이 사건을 어느 날 갑자기 일어난 것으로 보기보다는 김일성의 당 장악과 권력강화과정의 연장선에서 바라볼때 올바로 이해할 수 있을 것이다. 사실 김일성이 당을 장악하고 권력을 강화하는 과정에서 노선투쟁과 노선투쟁을 둘러싼 권력투쟁을 벌였던 경우는 이전에도 있어왔으며6) 1970년대 중·후반에 가서 김동규를 숙청하고서야 마무리된다. 1960년대 이전까지만 해도 김일성과 빨치산파 그리고 갑산파는 탄탄한 응집력을 보이면서 연안파와 소련파를 제거하는데 주력했고 이에 성공한 바 있다. 그러나 1967년에는 갑산파가 주요 공격대상이 된 것이다.

2) 1967년 숙청의 전사前史

북한에서 김일성이 반대파를 비판하고 숙청해온 역사를 거슬러 올라가면 해방직후로 까지 거슬러 올라갈 수 있을 것이다. 그러나 유일사상, 즉 주체사상과 관련지으면 1955년에서 시작할 수 있다. 당시에도 김일성은 반대파에 대한 비판을 통해 노선투쟁을 벌인 바 있다. 그해 12월 "사상사업에서 교조주의와 형식주의를 퇴치하고 주체를 확립할 데 대하여"를 발표하였는데, 이 문건은 50년대 중반부터 서서히 나타나기 시작한 관료주의, 형식주의에 대한 비판이면서 동시에 소련파, 연안파에 대한 비판을 담고 있었다. 이후 다음해인 1956년 4월 열린 조선로동당 3차 대회를 통해 김일성은 당을 거의 장악했다. 왜냐하면 당 중앙위원회 위원장에 김일성, 부위원장에 최용건, 박정애, 박금철, 정일룡, 김창만이 선출되는 등 친 김일성 계열이 대거 진출했기 때문이다.

이러한 김일성파의 권력강화는 상대적으로 연안파나 소련파의 권력약화를 뜻했다. 이 연안파와 소련파가 연합하고 중국 및 소련의 지원을 받으면서 김일성의 권력강화에 대하여 의미있는 도전을 시도했던 것이

8월 종파사건이었다. 최창익, 박창옥, 이바노프가 주축을 형성하고 여기에 서휘, 윤공흠, 고봉기 등이 합류하여 김일성의 개인숭배를 비판하며 도전했기 때문이다. 그러나 김일성과 갑산파 그리고 빨치산파의 일치단결된 협력으로 이들의 반 김일성 연합은 중소의 개입에도 불구하고 무위로 돌아갔다.

이 사건은 북한 내 김일성파와 반 김일성파간의 권력 투쟁적 성격, 전후 복구 및 경제건설 정책노선을 둘러싼 정책 논쟁적 성격, 국제사회주의권의 변화에 따른 대외적 영향과 북한의 대외 자주성의 시험대적 성격을 중첩적으로 갖고 있는 복합적 사건이었다.[7] 특히 대외자주성과 관련하여 중소의 내정간섭을 물리치고 김일성이 승리함으로써 중소의 북한에 대한 후원 수혜관계를 부정할 수 있게 되었다.[8] 이 싸움에서 결국은 김일성이 승리하고 그의 정책 노선이 채택되는데 이 과정은 그가 한국전쟁을 거치면서 당내에서 이미 확보한 권력 우위를 확실히 하는 기회인 동시에 김일성이 추구해온 당 노선의 총체적 정당성을 확보하는 계기이기도 했다.

이후의 시기는 김일성과 갑산파가 밀월관계를 유지하면서 김일성의 권력을 강화해 가는 기간이라고 할 수 있다. 1961년 9월 11일부터 18일 사이에 조선로동당은 제4차 대회를 열고 김일성을 다시 위원장으로 뽑았다. 위원장으로 뽑힌 김일성은 1962년 11월 8일에는 대안의 사업체계를 제안하였다. 같은 해 12월 10일부터 14일 사이에는 당 중앙위원회 제4기 5차 전원회의를 열고 "조성된 정세와 관련한 국방력 강화문제"를 논의한 다음 4대 군사 노선과 경제·국방 병진노선을 채택했다. 경제국방 병진 노선은 1966년 10월 대표자회의 이후 확대 집행되었다. 한편 1964년 2월 25일에는 농업과 관련하여 "사회주의 농촌문제에 관한 테제"를 발표했는데 이 문건은 이후 북한의 농업문제를 이끌어 가는 중요한 기준을 제공 하였다. 또한 당은 25일부터 27일 사이에 중앙위원회

4기 8차 전원회의를 열고 "북한 주민 전체에 대한 성분조사"를 결정했다. 성분 조사를 통해 인민의 성향을 정확히 파악한 다음 이들을 어떻게 경제건설에 동원할 것인가 하는 문제를 해결하기 위한 기초작업을 추진했던 것이다.

1965년 4월 14일 에는 김일성이 인도네시아의 "알리 아르함 사회과학원"에서 연설하면서 주체사상의 4대 기본원칙을 밝히기도 했다. 그로부터 약 1년 후인 1966년 8월 12일 ≪로동신문≫에 실린 "자주성을 옹호하자"란 제목의 사설에서 볼 수 있듯이 조선로동당은 소련과 중국으로부터 자주를 선언하며 일정한 거리를 유지하기 시작했다.

대내적인 권력을 강화했을 뿐만 아니라 중소관계에 있어서도 자주성을 확보함으로써 김일성 중심의 권력구조가 확고해져 갔다. 그럼에도 불구하고 아직까지는 제한적인 범위에서나마 다원적인 측면이 존재했다. 이 제한적인 다원성이 완전히 사라지는 과정은 북한에서 김일성 유일체제가 자리잡아 가는 과정과 맥락을 같이하였으며 장기적으로는 수령제의 강화로 귀결될 것이었다.

3. 갑산파 숙청 이전의 제한적 다원성

1967년 이전만 하더라도 북한은 사회적으로나[9] 정치적으로나 제한적이기는 하지만 다원성을 유지하고 있었다는 흔적을 남기고 있다. 북한 사람들은 1967년 이전 북한을 '살기 좋았다'는 말로 표현한다.[10] 북한은 1967년 이전까지만 해도 사회주의 인민의 나라였으며 제한적이긴 하지만 다양한 목소리가 존재하는 나라였으나 1967년을 계기로 그렇지 않게 되었다는 평가를 하고 있다. 북한은 1967년 이후 계급투쟁과 프로독재의 강화, 수령 우상화의 심화, 인텔리 혁명화를 몰아쳤고, 이런 와중에 극좌적인 바람이 휩쓸고 지나갔다. 즉 사회 전체적으로 획일화가 진행되었으며 정치, 경제, 사회적으로 살기 어려워졌다는 것이다.

그래서 1967년 이전과 이후의 차이점을 '제한적 다원성'이란 측면에서 따져 볼 것이다. 당시의 다원성을 '제한적'이라고 한 것은 해방직후의 조만식계열의 민주당이 존재하였던 시기나 1950년대 소련파, 연안파 등이 존재하던 시절에 보여주었던 다원성을 염두에 둔 것이다.

1967년을 전후한 북한 사회의 모습을 완전히 복원하기는 어렵지만 최소한 권력구조내에서 제한적 다원성이 유지되었다고 볼 수 있는 실마리들을 찾아 볼 수 있다. 김일성과 갑산파는 1967년 이전까지만 해도 견고한 응집력을 바탕으로 일치단결하여 연안파와 소련파를 제거하거나 약화시키는데 성공했다. 그러나 권력을 장악하고 난 다음 김일성 중심의 세력내부에서 견해차이가 생겨났고 일정한 분파 현상이 발생하였다. 예컨대 김일성·김정일과 갑산파 일부세력간에 서로 다른 견해를 갖고 있다는 사실이 확인되기 시작했다. 이러한 견해차이가 존재했다는 사실은 북한 권력 내부에 어느 정도의 다원성이 존재했다는 실마리로 해석할 수 있다.

이러한 해석은 김일성이나 김정일의 발언을 통해서도 뒷받침되는 사실이다. 제4기 15차 전원회의 이후 발표한 김일성이나 김정일의 저작물에 나와 있는 반대파에 대한 비판을 검토해 보면 당시의 상황을 확인할 수 있는 여러 발자취를 찾아 볼 수 있다. 김일성과 김정일의 반대파 비판을 분석함으로써 갑산파 숙청 이전에는 북한의 정치 권력 내부에 제한적 다원성이 있었음을 찾아 볼 것이다.

1) 정치파벌의 잔존가능성

1967년 이전까지도 여전히 김일성과 견해를 달리하는 정치파벌이 존재하였을 가능성이 있다. 물론 과거에 김일성에게 도전을 시도했던 국내파 공산주의자, 연안파, 소련파와 같이 조직적인 수준의 파벌은 아니겠지만 그 흔적은 남아 있었던 것으로 보인다. 1961년 9월 제4차 당대회 파벌 분포를 보면 중앙위원 71명중에서 국내파 25명(35%), 김일성파 11명(16%), 연안파 18명(25%), 소련파 9명(13%), 기타 8명(11%)를 차지하고 있었다. 상무위원 11명 중에서 국내파 2명(18%), 김일성파 5명(46%), 연안파 2명(18%), 소련파 1명(9%), 기타 1명(9%)를 차지하고 있었다.11) 상무위원중에서는 김일성파가 압도적인 반면 중앙위원 중에는 여전히 과거 파벌의 흔적이 남아 있었다.

김정일은 "조직적인 종파는 없어졌지만 종파의 사상적 근원은 완전히 없어지지 않고 남아 있으며 미국의 공세가 강화되고, 외부로부터 수정주의 바람이 강하게 불어오자 부르조아 사상, 사대주의 사상에 젖어 있던 사람들이 이 흐름에 편승하여 조선로동당을 반대하게 되었다"고 지적하고 있다.12) 김정일의 지적을 분석해 보면, 공식적으로 조직 차원의 종파를 제거한 것으로 간주하고 있지만 여전히 "종파의 사상적 근원은 완전히 없어지지 않고 남아"있다고 함으로써 그 흔적이 있음을 인정하고 있다. 실제로 1967년에 제거되는 사람들의 면면을 보면 갑산파, 소련파 등으로 분류할 수 있다. 이는 1967년 이전만 해도 김일성의 빨치산파 이외에도 다른 파벌이 여전히 생명을 이어가고 있었으며 과거 김일성을 지지하던 갑산파 등이 이견집단으로 등장했다는 반증이기도 하다. 이들은 사상이론적으로나 정책노선차원에서 김일성과는 다른 견해를 견지하다가 1967년 15차 전원회의를 통해 김일성으로부터 격렬한 비판을 받고 숙청된다. 그러나 이들이 숙청되기 이전까지 김일성의 일부 정책에 비판적인 견해를 견지하면서 북한 권력을 내부적으로 다원적인 상태로 유지하는데 일조했던 것은 김일성이나 김정일의 문건을 통해서도 뒷받침되고 있다.

2) 유일한 혁명전통에 대한 이견

1967년 이전까지만 해도 혁명전통에 있어서 정통성을 주장하는 사람들이 여럿 있었던 것으로 보인다. 김일성의 항일 무장투쟁을 혁명전통으로 인정하는 것은 당연한 일이었지만 이와 더불어 그와 비슷한 투쟁경력을 가졌다고 평가되는 투사에 대해서도 인정하는 분위기가 있었다. 김정일의 반대파에 대한 비판을 보면 그렇게 볼 수 있는 실마리가 찾아진다. 그는 반당 반 혁명분자들이 수령의 혁명사상을 반대하고 수령의 권위와 위신을 훼손시키는 행동을 했던 것으로 비판하고 있다.

김일성에 대한 반대 세력의 도전을 매우 심각하게 생각하고 비판한 목소리라 할 수 있다. 예컨대 김일성의 반대 세력들은 김일성이 혜산에 보천보 전투 승리 기념탑을 건립하려고 할 때 이 탑의 규모가 지나치게 크다는 등 몇 가지 문제점을 지적하면서 기념탑 건립에 대해 반대의견을 폈다. 그리고 기념탑이 인민영웅탑이므로 거기에 수령의 동상을 세우는 것은 탑의 성격에도 맞지 않는다13)는 의견도 개진했다. 그러나 15차 전원회의가 끝난 다음 1967년 6월 4일 보천보 전투 승리 30돐을 맞아 김정일은 갑산파의 반대를 무시하고 혜산에 '보천보 전투 승리기념탑'을 세웠다.14)

또한 당 사상 사업부문을 담당하고 있던 반대파들은 조선로동당력사연구실을 없애고 향토사 연구실을 만들라고 지시15)하였으며 당원들과 인민들을 수령의 혁명사상으로 무장시키는 사업활동도 방해했던 것으로 비판받았다.16) 특히 반대 세력의 일부(박금철)는 자기의 '전기'를 제작하고 '생가'를 조성17)하였으며 <일편단심>이라는 연극을 만들기도 했다는 비판18)을 받았다. 김정일은 박금철과 이효순이 중심이 되어 만들었던 영화 <일편단심>을 '유일적 지도자 김일성'의 이미지를 훼손하는 영화라고 문제제기하였다. 이 영화는 박금철의 처가 박금철에게 충성하는 수절과정을 형상화한 것으로 알려져 있다.

김정일이 반대파에 대하여 가한 비판이지만 이 비판속에서 김일성의 혁명전통 뿐만 아니라 다른 투사의 혁명전통도 일정한 지분을 차지하였던 당시 권력내부의 상황을 엿 볼 수 있다. 김일성전기가 아니라 박금철 전기가 존재하고 김일성 생가 이외에도 박금철 생가가 존재했다는 것은 다원성이라는 측면에서는 의미있게 해석할 수 있는 사건이다.

이는 혁명전통의 수립과정에 이견이 표출되었다는 단적인 증거이기도 하다. 김정일은 김일성의 항일무장투쟁의 혁명전통은 북한 혁명의 역사적 뿌리이고 혁명적 자산이라고 힘주어 말했지만 반대파들은 혁명전통의 폭을 상하좌우로 넓혀야 한다고 하면서 다양한 활동들을 포괄하려 했다.19)

김정일의 비판은 구체적인 곳에까지 미치고 있다. 김정일은 반대파들이 항일빨찌산 참가자들의 회상기를 비롯한 혁명전통교양자료를 출판하지 못하게 방해했고, 이미 간행된 것들도 옛날이야기책을 보듯이 한번 읽어보면 된다고 했다고 비판했다. 반대파의 이러한 행동들이 사실이라면 이것은 김일성의 항일 혁명전통 교양을 강화하려는 의도와는 배치되는 행동이었다.

김일성도 혁명전통훼손과 관련하여 <내가 찾은 길>을 비판하였다. 천세봉의 『안개 흐르는 언덕』을 바탕으로 한 이 작품은 두 가지 측면에서 비판받았다. 첫째는 항일 혁명가를 형상화하는 작업에 오류가 있다는 것이다. 둘째는 1920년대 조선공산주의 운동이 김일성의 항일 유격대원에게 영향을 준 것으로 묘사한 부분도 오류라고 지적하였다. 1920년대 조선공산주의 운동은 박헌영, 최창익 등과 밀접하게 연계되어 있는데 항일유격대원이 이들의 영향을 받았다는 설정은 전혀 근거가 없다는 논리로 비판했던 것이다.20)

1967년 이전까지만 해도 북한 정치권력 내부에는 항일 운동을 했던

다양한 독립운동의 전통들에 대해서 존중하는 분위기가 남아 있었음을
알려주는 대목이다. 그러나 곧 김일성의 항일 유격대 활동만이 정통성
을 획득하고 나머지는 일제시대 독립운동사에서 사라지게 된다.

3) 노선과 정책상의 충돌

당시 북한에서는 김일성의 노선과 정책에 대한 이견도 드러났다. 즉
최소한 두 가지 이상의 노선과 정책이 대등하게 또는 대등하지는 않지
만 그래도 자신의 지분을 갖고 경쟁적인 목소리를 냈던 것으로 보인다.
김정일의 비판을 검토해 보면 반대파들은 네 가지 측면에서 반대 입장
을 견지했다. 첫째, 자립적 민족경제건설노선과 경제건설과 국방건설을
병진시킬 데 대한 노선을 반대하였다. 둘째, 대안의 사업체계를 제대로
받아들일 수 없도록 했다. 즉 대안의 사업체계의 문제점을 지적했다.
셋째, 경제발전의 속도와 균형문제를 제기했다. 복구기에는 예비자원이
많기 때문에 경제발전 속도를 빠르게 할 수 있지만 경제규모가 커진 상
황에서는 생산성장의 예비가 적어지기 때문에 경제발전의 속도를 늦춰
야 한다고 주장했다. 넷째, 천리마 운동에 대해서도 문제를 제기했다.21)
반대파들은 김일성의 경제정책이 실현될 수 있을지 그 가능성에 의
문을 표시할 정도로 심각한 수준의 문제제기를 했다. 특히 속도문제와
관련하여 박금철과 이효순, 그리고 그 추종자들의 문제제기는 가히 충
격적이라고 할 수 있는 내용들이다.22)
이들이 했던 문제제기가 그들 스스로의 기록으로 남아 있지는 않다.
그러나 김일성의 발언을 분석해 보면 그들이 주장했던 내용을 밝혀낼
수 있다. 이들은 1966년의 극단적인 경제침체를 겪고 난 뒤 그동안 당이
사람들과 기계 모두를 너무 무리하게 몰아세웠기 때문에 속도를 조절하
고 균형을 찾아야 한다고 보았다. 생산량이 중요한 것은 사실이지만 앞

으로 당은 생산량에만 관심을 쏟지 말고 생산품의 질에도 관심을 가져야 한다는 문제를 제기했다. 생산품의 질을 높이기 위해서 현대과학의 기초를 수립하도록 노력해야 하고 이를 위해 과도한 국방비를 줄여야 한다는 논리를 갖고 있었던 것이다. 전반적으로 경제의 균형발전을 위해 정책과 예산의 우선 순위를 재조정해야 한다는 견해를 피력했던 것이다.23) 이로 미루어 볼 때 당시 갑산파의 일부 세력들은 북한이 처한 위기국면을 극복하기 위해 김일성과는 다른 방향에서 문제에 접근하려 했던 것이다.

이들 갑산파와 의견대립을 보이며 김일성의 입장을 대변한 세력은 군부를 장악하고 있는 사람들이었다. 갑산파의 박금철, 이효순이 균형에 입각한 경제 건설을 앞세울 것을 주장한데 대하여 현역 군 장성들인 김창봉, 최광, 최현, 허봉학, 오진우는 군비확장을 우선적으로 해야 한다고 주장했다. 김정일은 "국방건설은 되든 말든 경제건설이나 계속하면 된다" 또는 "경제건설과 국방건설 가운데서 어느 하나를 죽여야지 둘다 밀고 나가기는 곤란하다"24)는 반대파의 입장을 비판하였다. 김일성은 갑산파를 숙청하는 쪽으로 정책대립을 해소하였다.

경제관리에 있어서도 기존의 당 정책과 다른 방법들이 시도되었다. 예컨대 물질적 자극으로 노동자들에게 동기부여하려는 시도가 있었으며 생산은 사회주의적으로 하더라도 관리는 자본주의적으로 하는 것이 나을 수도 있다는 입장이 제기되었다.25) 이러한 다양한 견해들이 수용되고 당 정책에 반영되었다면 1960년대말 1970년대 북한 경제의 상황이 조금은 나아질 수 도 있었으나 그러한 가능성이 처음부터 제거된 것이다.

숙청 대상자들을 다시 돌아 보면 어떤 정책이 특히 김일성의 견해에 배치되었는가를 알 수 있다. 예컨대 갑산파안에서도 문치파라 할 수 있는 이효순과 박용국이 숙청되었는데 이는 대남정책이 김일성이 구상한 방식과 다르게 진행되었을 가능성을 이야기 해 준다. 또한 소련파인 고혁과 김도만이 숙청된 사실은 그들이 담당하고 있던 당의 지식인 정책 및 선전정책에서도 김일성과 다른 방식이 견지된 것을 추론할 수 있다.[26]

속도에 근거한 경제건설 노선, 경제와 국방 병진노선, 대안의 사업체계, 천리마운동은 사실 1960년대 북한 사회를 이끌어 가는 골간이라 할 수 있는 정책들이다. 그런데 이런 큰 줄기에 대해 이견이 제시되었다는 것은 정책결정과정을 지배하던 당시 북한 권력구조내에 그래도 다원성이 남아 있었으며 이들이 체제의 건강성을 담보하는 비판세력으로 존재했었다는 것을 보여주는 것이다.

4) 사상이론분야의 다양성

사상 이론 분야에서도 김일성의 생각과 다른 견해들이 제기되었다. 북한의 정치 권력을 김일성이 장악했지만 아직은 김일성의 생각이 유일하고 확고한 위치를 차지 하지 못했으며 김일성의 사상이외에 다른 입장들도 나름대로의 목소리를 내고 있었다는 반증이 될 수 있다.

김일성은 반대파를 비판하면서 이들이 사회주의 애국주의에 대한 강조를 왜곡하여 부르조아 사상, 봉건 유교사상,[27] 지방주의를 부활시켰다고 지적하였다.

부르조아 사상을 유포했던 근거로 김일성이 지적한 사실들을 살펴보면 첫째 반혁명분자들에 대한 독재에 시비를 걸었다. 둘째 핵심군중을 배격하고 적대계급과의 타협을 조장했다. 셋째 자본주의 출판물을 극구 찬양하고 부르조아 연애관과 향락주의로 일관된 <10개년 전망계획>을 선전하면서 자본주의적 생활양식을 유포했다는 것이다.

봉건 유교사상을 유포했던 근거로 김일성이 지적한 사실들을 보면 첫째 김일성의 혁명전통을 조선시대 실학파들의 애국전통과 같은 반열에 놓았다. 이와 관련하여서는 실학자들의 저서를 많이 출판하고 목민심서를 간부들의 필독서로 지정한 사실이 지적되었다. 둘째 봉건도덕을 장려하였다는 것이다. 여학생들에 대한 예절교육도 봉건유교적인 것으로 비판받았다.[28]

조선로동당은 중국에 대항하기 위해 사회주의 애국주의를 강조한 바 있는데 갑산파의 일부세력들이 이러한 당의 방침을 왜곡하여 향토주의를 고취하고, 지주를 내세웠으며, 퇴폐적인 노래를 부르게 했다는 것이다.

김일성이 말하는 사회주의 애국주의는 자기의 고향을 사랑하는 데로부터, 다시말하면 자기의 마을, 자기의 어촌, 자기의 공장, 자기의 도시를 사랑하는데로부터 출발하여야 한다는 것이다. 그렇다고 해서 고향의 지주들이나 현 시점에서 아무런 가치도 없는 인물들을 내세우라는 것도 아니며, 현 시대에 맞지 않는 골동품들을 사랑하라는 것도 아니며, '향토사' 같은 것을 만들어 지방주의를 고취하라는 것도 아니라는 것이다.[29]

사회주의 애국주의는 모택동의 개인숭배에 대항하는 차원에서 1966년에 특히 강조되었다. 김일성이 직접 나서서 사회주의 애국주의를 고취하라고 지시 했던 것이다. 그런데 갑산파의 주요 인물들은 다양한 혁명전통과 역사적 인물들, 문화유산 중에서 자랑스러운 사례, 그리고 민족의 역사들을 내세우고 이로부터 국가 생존발전을 위한 교훈을 얻으려고 시도했던 흔적을 남기고 있다.[30]

김정일도 "지난날 반당 반혁명 분자들은 당의 책임적인 위치에 숨어 있으면서 당안에 부르죠아 사상, 수정주의 사상, 봉건 유교사상을 비롯한 반동적인 사상들을 많이 퍼뜨렸습니다"[31]라고 비판하고 있다. 김정일의 발언을 분석해 보면 갑산파 인물을 포함한 간부급에서 김일성의 견해와는 다른 사상적 분파성을 갖고 있었다는 점을 도출해 낼 수 있다.

사회주의 이론분야에서도 이견이 표출되었고 김정일에 의해 강력하게 비판받았다. 사회주의 제도 수립과 동시에 프롤레타리아 독재의 종말을 주장한 입장들이 있었는데 이 입장이 수정주의로 공격받았다.[32] 갑산파들이 부르조아분자, 수정주의분자로서 김일성과 다른 입장을 견지했고[33] 이에 대해 적지 않은 당원들로부터 지지를 받기도 했던 것이다.[34] 김정일은 일부 당원들이 당의 사상, 당의 노선과 정책으로 튼튼히 무장하지 못했기 때문에 옳고 그른 것을 가려보지 못하고 부르조아 분자, 수정주의분자들, 즉 박금철, 이효순을 지지했다고 목소리를 높혔다. 김정일의 이러한 발언을 뒤집어 보면, 박금철, 이효순의 견해를 지지하는 당원들이 조선로동당 안에 상당수 있었다는 사실을 도출해 낼 수 있다.[35] 이들의 이러한 사상적 분파성은 1967년 15차 전원회의 이후 모두 독소적인 사상으로 비판받았다. 1967년 15차 전원회의를 계기로 북한 정치권력내부에서는 김일성의 생각만이 유일한 사상이론으로 확고하게 자리잡아 나갔다. 따라서 김일성의 생각과 다른 견해들은 모두 부정되고 사라지게 되었다.

4. 갑산파 숙청 이후 북한권력구조의 변화

북한은 조선로동당 중앙위원회 제4기 제15차 전원회의를 유일체제와 유일사상 체계를 구축하는 중요한 계기로 평가하고 있다.[36] 이 회의를 계기로 북한 권력내부에 남아 있던 제한적인 다양성마저 소멸하고 김일성만이 유일한 권력자로 남는 변화가 일어난 것이다. 북한 정치 권력구조내에 명맥만 남아 있던 정치파벌의 급속한 약화, 유일한 혁명전통의 확립, 노선과 정책상의 충돌 해소, 그리고 사상이론분야의 이견을 해소함으로써 김일성은 유일체제로 가는 속도를 더욱 높힐 수 있었다.

긴긴 노정속에서 어려움이 없었던 것은 아니지만 김일성은 사회주의 공업화에 성공함으로써 권력을 더욱 강화할 수 있었다. 북한 내부적으로 볼 때 8월 종파사건을 계기로 주체확립의 문제가 제기되었던 것과 마찬가지로 1967년의 숙청사건을 계기로 김일성 중심의 유일체계를 확립하는 문제가 제기되었다. 1960년대 들어 북한에서는 경제·국방병진 노선을 통해 군사력을 강화하고 김일성이 권력을 더욱 확실하게 장악한 다음 유일체계를 확립해 갔다.[37] 북한 정치권력 구조속에 희미하나마 생존하고 있었던 다원적인 요소들이 제거되고 북한 정치권력은 단일한 구조로 치닫게 되는 것이다. 김일성의 수령제가 태동하기 시작한 것이다.

1) 유일체제의 확립

북한의 유일지도체제는 유일사상과 수령을 기본요소로 삼고있다. 유일사상은 혁명적 수령관을 바탕으로 하고 수령은 제도적으로는 당 중앙위원회 총비서와 주석직을 함께 갖게 될 것이었다. 북한에서 유일 사상 체계를 세운다는 것은 "수령의 혁명사상, 자기 당 정책으로 전당을 무장시키고 모든 당원들을 수령과 당 중앙의 주위에 굳게 묶어세워 혁명사업을 해나가도록 한다"는 것이다.[38]

북한에서는 1967년 5월에 열린 당 제4기 15차 전원회에서 유일사상체계라는 말을 처음으로 사용하였는데,[39] 김정일은 특히 '유일'의 의미를 강조하였다. 이후 당위원회 제4기 16차 전원회의에서 유일사상체계 확립 문제를 공식화 하였다. 1967년 11월 25일, 최고인민회의는 대의원 선거를 마치고 김일성의 측근이라 할 수 있는 최용건을 세번째로 상임위원장 자리에 앉혔다. 그리고 북한은 1967년 12월 최고인민회의 제4기 1차회의에서 "주체사상이 공화국 정부의 모든 정책과 활동의 확고부동한 지침"이라고 선언하였다.[40] 1968년 4월 25일 열린 당 중앙위원회

4기 17차 회의에서 김일성 주체사상을 조선로동당의 유일사상으로 공식 규정함으로써 북한은 김일성 유일시대를 본격적으로 열어나갔다.

1967년을 거치면서 유일지도체제가 자리를 잡아가게 되었고 제한적이나마 남아 있던 다원적인 요소들이 사라지게 됨에 따라 1967년이후 유일체제에 대해 이견이 나타날 가능성은 거의 없었다. 그러나 김일성과 항일무장투쟁을 같이했던 인물들에게서 일탈적 행위들이 나타났다. 이들은 1967년 숙청을 피해갈 수 있었으며 군부의 유력한 자리를 역임하고 있었는데 1968년부터 북한 정치무대의 전면에 등장하였다. 남북관계가 긴장국면으로 넘어가면서 북한 군부는 나름대로의 역할을 모색하게 되었고 그 과정에서 극단적인 형태가 속출하였다. 예컨대 1968년 1.21 청와대 기습, 11월의 울진 삼척지구 침투사건등이 대표적이다. 1968년 말부터 1969년 1월 사이에 김창봉(민족보위상), 허봉학(대남총책) 등이 숙청되면서 군벌 관료주의가 약화되었다.41) 이제 김일성 유일체제를 확립하는데 걸림돌이 될만한 세력은 더 이상 남아 있지 않게 되었다. 이후 북한 사회는 다원적인 요소는 사상된 채 유일사상을 바탕으로 한 유일체제에 의해 유지·운영되게 된다.

2) 김정일의 역할

1967년 이후 유일 체제와 유일 사상체계를 확립하는데 김정일은 중요한 역할을 했다.42) 김정일은 1967년 사건의 여세를 몰아 유일사상체계를 확립하는 일을 본격적으로 주도하였다. 김정일은 김일성의 혁명역사와 혁명업적이 남아 있는 혁명전적지, 혁명 사적지, '김일성동지혁명사적관' 그리고 '김일성동지 혁명사상연구실'을 설치하였다. 또한 1967년 6월 4일에는 보천보 전투 30돐을 기념하며 "보천보전투승리기념탑"도 세웠다. 그리고 김일성동지혁명사상 연구실에는 김일성관련 도록, 저

작, 그리고 교시를 갖추어 놓았고『김일성동지의 혁명적가정과 초기 혁
명활동에 대하여』『항일빨찌산참가자들의 회상기』도 비치하도록 하였
다.[43]

또한 김정일은 김일성의 유일 사상체계를 확립하기 위해 당정책교양,
혁명전통교양, 사회주의 애국주의 교양을 강화하였다. 뿐만 아니라 김일
성의 저작들을 대대적으로 출판하였으며 혁명전통교양자료를 비롯한
다양한 자료들도 만들어 내었다.[44]

김정일은 유일체제와 유일사상체계를 확립하는과정에서 주도적인 역
할을 성공적으로 수행하면서 권력의 핵심에 접근할 수 있었을 뿐만 아
니라 수령의 후계자 위치에도 오를 수 있는 출발점을 확보하게 되었다.

5. 1967년에 대한 평가

1967년이 김일성 유일체제, 즉 수령제로 가는 결정적인 계기인 것은
틀림없다. 그러나 어느 날 갑자기 이 모든 일이 이루어진 것은 아니다.
1967년 정치적 격변의 몇 가지 특징을 간추려 평가해 볼 수 있을 것이다.

1) 지속적인 숙청의 결정판

1967년의 숙청은 김일성이 유일체제로 나아가는 긴 과정의 연속선에
서 파악될 수 있다. 언제부터 이러한 흐름이 시작된 것으로 볼 것인가에
대해서는 다양한 견해가 있을 수 있다. 멀리는 1945년으로 거슬러 올라
가고 가깝게는 1950년대로 거슬러 올라갈 수도 있을 것이다. 1967년의
갑산파 숙청은 어느날 갑자기 일어난 것으로 볼 것이 아니다. 1945년
이래 지속적으로 권력을 강화해온 김일성의 오랜 권력투쟁이라는 맥락

에서 바라보아야 할 사건이다. 거시적 관점에서 조망하면 1950년대에 주체의 문제를 제기한 것과 마찬가지로 1960년대에는 유일체제의 문제를 제기한 것이다. 1967년의 정책경쟁과 권력투쟁에서도 역시 김일성이 승리했다.

권력투쟁에 승리함으로써 김일성은 자신의 의지대로 산업화를 밀고 나갈 수 있게 되었다. 이 권력 투쟁 이후 조선로동당의 사회주의 경제건설은 경제발전의 높은 속도를 기본으로 삼게 되었다.[45] 속도와 균형의 상호관계를 설정할 때 속도를 기본으로 하고 균형과 계획은 높은 발전 속도를 유지하는 수단으로 삼게 되었던 것이다. 이 대립을 정리한 다음에는 노선, 또는 정책을 둘러싼 의미 있는 경쟁은 전혀 없었다.[46] 결국 1967년의 숙청은 해방이후 지속되어온 숙청의 결정판으로 평가할 수 있다.

2) 변동의 원인: 김일성의 권력의지

그럼에도 불구하고 왜 하필 1967년에 이러한 일들이 일어났을까 하는 점에 대한 궁금증이 완전히 가시지는 않는다. 박금철, 이효순 등 그동안 김일성에게 충성을 다하던 갑산파가 갑자기 김일성에게 도전했기 때문일까?[47] 아니면 김일성 또는 김정일의 권력의지가 강한 충동을 느껴 이들에게 정치적 누명을 덮어씌우고 숙청해 버린 것일까?

김일성의 권력의지가 작동한 것인가 아니면 도전에 대한 응전인가 하는 점을 검토해 보면 1967년의 숙청은 권력의지에 의한 것으로 보인다. 당의 사상, 문화 담당간부들이 과거 소련파나 연안파와 같이 조직적으로 도전한 것은 아니다. 과거의 도전에 비해 훨씬 약한 강도로 김일성의 권력의지에 배치되는 정책을 전개하다가 숙청당한 것이다.[48] 김일성이 이들을 자신의 유일지도성을 해체시키려 했으며 항일유격대의 혁명

전통을 훼손시켰다고 비판한 것도 이와 같은 맥락이다. 김일성은 항일 유격대의 혁명전통을 강화하는 방식으로 북한이 처한 문제를 풀어나가려 했으며[49] 이러한 자신의 입장과 배치되는 입장을 견지하고 있던 갑산파 일부 세력을 예방차원에서 숙청한 측면이 강하다. 즉 도전에 의한 응전 보다는 심각해 질 수도 있는 도전의 조짐, 즉 갑산파의 반발에 대해 김일성이 선제공격한 측면이 강하다.

김일성, 김정일이 주장하고 있고 여러 연구자들도 분석[50]했듯이 북한에서 유일사상과 유일체제가 확립되는 중요한 전환점이 된 시기가 바로 1967년이었다. 그리고 1967년 사건의 원인은 김일성의 권력의지가 주요한 동인이었다. 김일성의 권력의지가 발동하도록 했던 배경적 원인들이 몇가지 있지만 이 원인들은 배경적 역할을 했을 뿐이다. 김일성의 권력의지가 작동하지 않았다면 그냥 넘어갈 수도 있는 상황이었다.

3) 변화의 주도자: 김정일

1967년의 정치적 격변을 김정일이 주도했다는 점에 주목해야 할 것이다.[51] 이러한 사실은 김정일이 후계자로서의 위치를 확보하기 위해 이미 1967년부터 권력투쟁의 중심에 서 있었다고 볼 수 있는 실마리이기도 하다.[52] 당시 김정일은 숙청 대상자의 행태를 은밀히 조사하여 자료를 확보하고 있었다. 김정일은 확보된 자료를 바탕으로 당비서국 조직지도부 중앙지도과 중앙기관담당 책임지도원 자격으로 김일성에게 보고하였다. 김일성은 이들이 당의 요직을 담당하면서 이러한 행동을 한 것이므로 먼저 당 중앙위원회에서 이 문제를 처리하자고 하였고 전원회의에서 이들에 대한 비판이 이루어졌다.[53] 김정일은 회의에 제기할 보고와 토론준비를 하였고, 사상투쟁회의에서 지켜야할 원칙을 정리하였다. 김정일은 제4기 15차 전원회의를 위하여 문건작성에서 부터 회의 준비에 이르기 까지 치밀하게 준비하는 등 주도적인 역할을 하였다.

이 숙청사건 이후 유일 사상체계를 확립하는 임무를 김정일이 담당하게 되었고 후속 사업을 주도하였다. 결국 사상 여독을 제거하고 유일 사상 체계를 확립하는 임무를 성공적으로 수행함으로써 권력의 핵심에 진입하는 계기를 마련할 수 있었다.54) 그 연장선에서 김정일은 문화예술 부문을 장악했고 지속적으로 사상교양사업에 간여하게 되며, 이 분야에서 능력을 인정받음으로써 후계자로 떠오르게 된다.

4) 경제와의 상관성

1967 변화와 경제와의 관계도 평가해야 할 중요한 쟁점이다. 1967년 정치변동을 김일성과 김정일이 주도했는데 그 변화와 경제는 어떤관계를 갖고 있을까? 이 물음에 대해서는 우선 당시 경제에 대한 평가가 이루어져야 한다. 첫 번째 입장은 당시 북한 경제가 어려움에 처했고 이를 타개하기 위해 주도적으로 활로를 모색하려는 일환으로 정치변동을 시도했다는 주장이다.

이와 조금 다른 또 다른 한 입장은 북한 경제의 성공을 바탕으로 정치변동을 시도했다는 주장이다. 1967년 이전 몇 년간의 경제가 어려웠음에도 불구하고 1967년의 권력강화가 가능했다는 점은 좀더 복합적으로 당시를 바라볼 때 이해될 수 있다는 논리에 근거하고 있다.

왜냐하면 1945년 이후, 전후 복구과정, 1958년 사회주의적 소유제의 완결, 그리고 1960년대 추진한 사회주의 공업화를 거시적으로 바라볼 때 김일성의 경제적 성공으로 평가55)할 수 있기 때문이다. 그러한 성과를 바탕으로 1960년대 후반의 경제난국을 극복하기 위한 정치변동을 시도할 수 있었으며, 인민의 지지를 이끌어 낼 수 있었던 것이다.

이 두 입장은 상호 보완적인 측면이 있다. 1967년의 정치격변을 시도한 원인중 하나를 단기적인 경제위기로부터 찾을 수 있기 때문이다. 그러나 이 정치격변을 주도하고 승리자가 될 수 있었던 것은 그간의 성과를 바탕으로 한 것이다. 결과적으로 김일성은 권력을 더욱 강화하고 종신집권의 길로 들어 설 수 있었다. 해방이후 계속해서 추진했던 사회주의 체제와 사회주의 공업화의 일정한 성과를 바탕으로 유일체제로 권력구조를 바꿀 수 있었다고 보는 것이다.

유일체제로의 권력구조로 변화한 다음 속도를 우선시하는 민족자립경제건설노선을 추진하였으나 이후 경제적으로 큰 성과를 거두지는 못하였으며 여러 가지 경제적 난관에 부딪히게 된다. 경제적 난관을 풀어나가기 위해 다양한 시도들을 하였으나 인민의 자발성과 창의력을 불러일으키지 못했기 때문에 결국 북한 경제는 점점 더 어려워지게 되었다.56)

5) 정치변동과 유일사상의 관계

1960년대 정치변동과 유일사상의 관계를 검토해 볼 필요가 있다. 1960년대를 거치면서 김일성의 주체사상이 북한체제의 유일한 지도사상으로 자리잡기 때문이다. 유일사상은 정치변동의 결과물 인가 아니면 유일사상이 정치변동을 촉진하는 요인이었는가? 그리고 유일사상은 대내적 요구로 대두하게 되었는가 또는 대외적 요구로 대두하게 되었는가? 김일성은 항일 혁명전통을 회복하고 김일성 중심의 유일사상체계를 확립하기 위해 1967년 정치변동을 시도했다. 배타적인 권력의지를 지닌 김일성이 자신의 정책노선에 이견을 보이던 당의 사상, 문화 담당 간부들을 숙청했던 것은 유일 사상체계를 확립하기 위한 것이었다.57) 즉 유일사상은 정치변동의 촉진요인이라고 할 수 있다. 정치변동을 하다보니까 그 결과 유일사상이 저절로 확립된 것이 아니라 유일사상을 확립하기 위해 정치변동을 일으켰던 것이다.

그리고 유일사상이 대내적 요구로 대두하게 되는가 아니면 대외적 요구로 대두하게 되는가 하는 점을 검토해 보아야 한다. 주체와 자주성의 개념을 고안하고 활용하게 된 계기는 분명히 외부로부터 왔다. 중국과 소련으로 대표되는 외세의 개입과 간섭을 뿌리치는 논리로 주체와 자주성의 개념이 활용된 것이다. 즉 초기 주체사상의 대두 단계에서는 대외적 요구가 중요한 계기가 되었다.

그러나 유일사상을 확립하는 단계에서는 대내적 요구가 훨씬더 중요하게 작동했다. 물론 1967년 당시에도 대외적 자주성이 완벽하게 확보된 상태는 아니었다. 그러나 1967년의 정치변동의 결정적인 동인은 김일성의 권력의지였고 그 목표는 유일체제, 유일사상체계의 확립이었다. 갑산파를 제거하고 유일 지도체제를 완성하려는 대내적 요구에 의해 1967년 정치변동이 시도되었기 때문에 유일사상은 대내적 요구에 의해 대두된 것으로 볼 수 있다.

6. 맺음말: 수령제의 태동

김일성은 자신에 대한 오랜 지지세력 이었으며 당시 유력한 세력으로 남아 있던 갑산파를 1967년에 숙청하고 북한에서 수령제를 구축하기 시작했음을 살펴보았다. 1967년을 전후하여 북한의 권력구조는 질적인 변화를 가져왔으며, 그 변화는 수령제로 귀결되었다.

이 과정에서 1967년 이전과 이후의 차이점을 "제한적 다원성"이란 측면에서 따져보았다. 1967년 이전 북한의 권력구조가 제한적이나마 다원적인 성격을 유지하고 있었던 흔적들은 정치파벌의 잔존 가능성, 유일한 혁명전통에 대한 이견 표출, 경제 건설 노선과 정책상의 대결, 그리고 복수로 존재했던 사상 이론 분야의 주장들 속에서 찾아 볼 수 있었다.

그러나 갑산파 숙청이후로는 단원적인 성격으로 바뀌기 시작했다. 그리고 이는 북한에서 김일성 수령제가 자리 잡는 출발점이었고 수령제가 태동하는 과정에서 김정일은 핵심적인 역할을 수행함으로써 향후 수령의 후계자로서의 입지를 다질 수 있었다.

1967년에 일어난 갑산파 숙청이라는 정치적 격변은 다섯 가지 측면에서 그 의미를 정리할 수 있다. 첫째 해방이후 지속적인 숙청의 결정판이라 할 수 있다. 둘째 숙청을 통한 정치변동의 원인 중 김일성의 권력의지가 가장 컸다. 셋째 변화를 주도하는 과정에서 김정일이 중요한 역할을 했다. 넷째 1967년의 정치적 격변은 정치문제이지만 경제와도 일정한 연관성을 갖고 있다. 다섯째, 정치변동은 대내적 요구에 의하여 시작되었고, 유일사상, 유일체제를 확립하는 계기가 되었으며 수령제로 귀결되었다.

※ 이 글은 『현대북한연구』 5권 1호 (2002)에 게재된 원고를 수정 보완한 것이다.

주註

1) 이는 정치한 이론과 방대한 자료가 동원되어야 할 큰 주제이기 때문에 추후 연구과제로 남겨놓았다.

2) 대표적인 것으로는 이종석, 와다 하루키, 스즈끼 마사유키의 연구를 들 수 있다. 1960년대를 거치면서 나타난 결과물을 놓고 이종석은 유일지도체제, 와다는 유격대국가, 스즈키는 수령제라고 불렀다. 이종석,『조선로동당연구: 지도사상과 구조변화를 중심으로』(서울: 역사비평사, 1995) ; 와다 하루키 지음, 서동만외 옮김,『북조선 — 유격대국가에서 정규군국가로』(서울: 돌베개, 2002) ; 스즈키 마사유키지음, 유영구 옮김,『김정일과 수령제사회주의』(서울: 중앙일보사, 1994).

3) 사회과학원 력사연구소,『조선전사 31: 현대편 사회주의 건설사 4』(평양: 과학, 백과사전 출판사, 1982), 28쪽. 위대한 수령 김일성 동지께서 조선로동당 중앙위원회 제4기 15차 전원회를 5월 4일부터 8일까지 지도하시였다고 적고 있다; 사회과학원 력사연구소,『조선전사(년표 2)』(평양: 과학백과사전종합출판사, 1991), 384쪽.

4) 김정일의 역할에 대한 좀더 자세한 내용은 5장 3절의 "변화의 주도자: 김정일"에서 다루고 있다.

5) 조선로동당 중앙위원회 당력사연구소,『조선로동당력사』(평양: 조선로동당출판사, 1991), 431쪽.

6) 1950년대의 북한의 권력투쟁은 백준기, "정전후 1950년대 북한의 정치변동과 권력재편,"『현대북한연구』2권 2호 (1999), 참조.

7) 류길재, "'천리마 운동'과사회주의 경제건설,"『북한 사회주의 건설의 정치경제』(서울: 극동문제연구소, 1993), 6쪽.

8) 정진위,『북방삼각관계 — 북한의 대중·소관계를 중심으로』(서울: 법문사, 1985), 54쪽 ; 류길재, 앞의 글, 64~65쪽 ; 류길재, "북한정권의 형성과정: 인민위원회 조직과 활동에 관한 연구," 김일평 외,『북한체제의 수립과정: 1945-1948』(서울: 경남대 극동문제연구소, 1991).

9) 1960년대 북한 사회의 한 단면을 구체적으로 남기고 있는 기록으로는 성혜랑,『등나무집』(서울: 지식나라, 2000), 276~325쪽 참조.

10) 성혜랑,『등나무집』, 312쪽.

11) ≪로동신문≫ 1961년 9월 19일.

12) 김정일, "반당반혁명분자들의 사상여독을 뿌리빼고 당의 유일사상체계를 세울데 대하여,"『김정일 선집 1』(평양: 조선로동당출판사, 1992), 231쪽.

13) 김정일, "반당반혁명분자들의 사상여독을 뿌리빼고 당의 유일사상체계를 세울

데 대하여," 232쪽.

14) 사회과학원 력사연구소, 『조선전사 31: 현대편 사회주의 건설사 4』, (평양: 과학, 백과사전 출판사, 1982), 31쪽.

15) 조선로동당출판사, 『위대한 수령 김일성동지의 불멸의 혁명업적 6』, (평양: 조선로동당출판사, 1998), 259쪽.

16) 김정일, "반당반혁명분자들의 사상여독을 뿌리빼고 당의 유일사상체계를 세울데 대하여," 232쪽.

17) 이 문제에 대해 김일성은 "일부 동무들은 어떤 개별적인 사람의 생가까지 꾸려주었습니다. 내가 당중앙위원회 정치위원회에서도 말하였지만 우리는 혁명을 하다가 희생된 사람들에 대하여서만 그 공적을 평가해주어야 합니다. 그러나 지금 살아잇는 사람에 대해서는 절대로 생가를 꾸려주거나 비석 같은 것을 세워주는 일을 하지 말아야 합니다" 김일성, "당사업을 개선하며 당대표자회 결정을 관철할데 대하여: 도, 시, 군 및 공장당 책임비서협의회에서 한 연설" (1967. 3.17-24) 『김일성 저작집21』 (평양: 조선로동당출판사, 1983), 139~140쪽.

18) 탁진, 김강일, 박홍제, 『김정일 지도자 제1부』 (평양: 평양출판사, 1994), 121쪽. 연극 <일편단심>은 "음모가, 야심가들이 제놈들의 너절한 자서전을 분칠하기 위하여 꾸며낸 각본이며 제놈들을 요란한 혁명가로 내세우기 위하여 수를 피운 연극이다"라고 적고 있다.

19) 김정일, "반당반혁명분자들의 사상여독을 뿌리빼고 당의 유일사상체계를 세울데 대하여," 233쪽.

20) 김일성, "혁명가 유자녀들은 아버지, 어머니의 뜻을 이어 혁명의 꽃을 계속 피워야 한다: 창립 스무돌을 맞는 만경대혁명학원 교직원, 학생 및 졸업생들 앞에서 한 연설" (1967. 10. 11) 『김일성 저작집 21』 (평양: 조선로동당출판사, 1983), 430~431쪽. "우리나라에는 1930년대 항일무장투쟁의 전통이외에 혁명전통으로 배울만한 다른 전통은 없습니다. 1920년대 투쟁력사가 있기는 하지만 그것은 엠엘파, 화요파등 종파쟁이들이 권력다툼을 하다가 끝내 당을 말아먹은 력사에 지나지 않으며 그것이 결코 우리 당의 혁명전통으로 될 수는 없는 것입니다"

21) 조선로동당출판사, 『위대한 수령 김일성동지의 불멸의 혁명업적 6』, 259쪽 ; 김정일, "반당반혁명분자들의 사상여독을 뿌리빼고 당의 유일사상체계를 세울데 대하여," 234쪽.

22) 전원근, "북한공산주의 체제에 있어서 파벌의 형성과 소멸에 관한 연구," (경희대 대학원 박사학위논문 2000), 209쪽.

23) 김일성, 『김일성 저작집 13』 (평양: 조선로동당출판사, 1981), 130~150쪽.

24) 김정일, "경제건설과 국방건설에서 혁명적 앙양을 일으키기 위한 사상 선전을

강화할데 대하여,"『김정일 선집 1』(평양: 조선로동당출판사, 1992), 263쪽.

25) 김정일, "반당반혁명분자들의 사상여독을 뿌리빼고 당의 유일사상체계를 세울 데 대하여," 235쪽.

26) 전원근, "북한공산주의 체제에 있어서 파벌의 형성과 소멸에 관한 연구," 208쪽.

27) 조선로동당출판사,『위대한 수령 김일성동지의 불멸의 혁명업적 7』(평양: 조선로동당출판사, 1998), 396쪽.

28) 김정일, "반당반혁명분자들의 사상여독을 뿌리빼고 당의 유일사상체계를 세울 데 대하여," 235쪽.

29) 김일성, "당사업을 개선하며 당 대표자회 결정을 관철할 데 대하여: 도, 시, 군 및 공장당 책임비서협의회에서 한 연설" (1967.3. 17-24)『김일성 저작집 21』(평양: 조선로동당출판사, 1983), 174쪽.

30) 임성택, "조선로동당의 유일지도체계에 관한 연구," (경남대 교육대학원 석학 학위 논문 1995), 60쪽.

31) 김정일, "반당반혁명분자들의 사상여독을 뿌리빼고 당의 유일사상체계를 세울 데 대하여"『김정일 선집 1』(평양: 조선로동당출판사, 1992), 230쪽.

32) 김정일, "반당반혁명분자들의 사상여독을 뿌리빼고 당의 유일사상체계를 세울 데 대하여," 235쪽.

33) 수정주의는 다양한 형태로 비판되었다. 예컨대 검덕광산에서 박금철이 했다는 행태도 김일성에 의해 수정주의의 여독이라고 강력히 비판되었다. 김일성에 의하면 "한때 나쁜놈들은 이 광산에 가서 허풍을 치지 말고 그저 알맞춤하게 하라고 하면서 로동자들이 더 생산하겠다는 것도 하지못하게 막아 버렸습니다. 이러한 행동은 수정주의여독에서 나온 것입니다. 우리가 아직 나라를 통일하지 못하고 적들과 직접 맞서 싸우고 있는데 어떻게 그저 알맞춤하게 생산하고 앉아 있을 수 있겠습니까? … 올해에 이 광산 로동자들은 당의 유일사상을 옹호하기위해서도 당이 내세운 광석 생산목표를 기어이 달성하겠다고 합니다. 김일성, "청년들은 우리 혁명의 종국적 승리를 위하여 경제건설과 국방건설의 모든 전선에서 선봉대가 되자" (1968. 4.13)『김일성 저작선집 5』(평양: 조선로동당출판사, 1972), 21쪽; 김일성, "조선민주주의 인민공화국 창건 스무돐을 성대히 맞이하기 위하여: 상 및 당중앙위원회 지도원 이상 일군들 앞에서 한 연설" (1968. 4. 16)『김일성 저작집 22』(평양: 조선로동당출판사, 1983), 191쪽; 김일성, "7개년 계획의 중요 고지들을 점령하기 위하여 천리마의 기세로 총돌격하자: 조선로동당 중앙위원회 제4기 제17차 전원회의 확대회의에서 한 결론" (1968. 4. 25),『김일성 저작집 22』(평양: 조선로동당출판사, 1983), 208쪽.

34) 조선로동당출판사,『위대한 수령 김일성동지의 불멸의 혁명업적 6』(평양: 조

선로동당출판사, 1998), 259쪽.

35) 이태섭도 같은 분석을 내 놓은 바 있다. 이태섭,『김일성 리더십 연구』(서울: 들녘, 2001), 491쪽

36) 조선로동당 중앙위원회 당력사연구소,『조선로동당력사』(평양: 조선로동당출판사, 1991), 431쪽.

37) 성혜랑은 유일체계를 확립하기 위해 김일성과 김정일이 추진했던 일들 중 몇가지 사례들을 생생하게 기록으로 남기고 있다.『등나무집』, 313~316쪽.

38) 사회과학원 력사연구소,『조선전사 31: 현대편 사회주의 건설사 4』29쪽.

39) 조선로동당 중앙위원회 당력사연구소,『김정일동지략전』(평양: 조선로동당출판사, 1999), 99쪽.

40) 김일성, "국가활동의 모든 분야에서 자주, 자립, 자위의 혁명정신을 더욱 철저히 구현하자" 최고인민회의 제4기 제1차 회의에서 발표한 조선민주주의 인민공화국 정부정강『김일성 저작집 21』(평양: 조선로동당출판사, 1983), 488쪽.

41) 조선로동당 중앙위원회 당력사연구소,『김정일동지략전』, 100~102쪽.

42) 좀더 자세한 내용은 조선로동당 중앙위원회 당력사연구소,『김정일동지략전』, 94~99쪽; 사회과학원 력사연구소,『조선전사 31: 현대편 사회주의 건설사 4』, 28쪽 참조.

43) 사회과학원 력사연구소,『조선전사 31: 현대편 사회주의 건설사 4』, 34~35쪽.

44) 김정일, "반당반혁명분자들의 사상여독을 뿌리빼고 당의 유일사상체계를 세울 데 대하여" 238~239쪽.

45) 박영근,『위대한 주체사상 총서7: 사회주의 경제 건설리론』(평양: 사회과학출판사, 1985), 133쪽.

46) 이밖에도 1969년과 1977년의 숙청이 있지만 이는 1967년의 사건에 비하면 숙청의 강도나 이후 영향에 있어서 비교대상이 아니다.

47) 신경완은 1967년 사건이 김일성에 대한 도전이 아니라 김일성의 차기 후계구도에 대한 도전이라고 증언한 바 있다. 정창현,『곁에서 본 김정일: 전 조선노동당 선전선동부 부부장 신경완과의 대담』(서울: 김영사, 2000, 개정증보판), 99쪽. 그러나 갑산파가 김일성이나 그 후계 구도에 '도전'했다는 개념이 과거 연안파나 소련파가 김일성에게 '도전'했다는 개념과는 구별되어야 할 것이다. 갑산파의 행동은 신경완의 증언에도 나오듯이 '반발'정도로 해석되어야 할 것이다.

48) 이종석,『새로쓴 현대북한의 이해: 사상·체제·지도자』(서울: 역사비평사, 2000), 427쪽 ; 오경숙, "5.25 교시와 유일사상체계 확립: 구술자료를 중심으로"『한국동북아논총』제9권 제2호 (2004), 330쪽.

49) 이태섭,『김일성 리더십 연구』, 453~456쪽.

50) 이종석은 숙청, 유일사상 체계의 확립, 개인숭배의 전면화의 계기로 1967년을 평가하고 있다. 이종석, 『새로쓴 현대북한의 이해: 사상·체제·지도자』, 427쪽. 이태섭은 북한의 수령체계는 1967년 5월에 공식 확립된 것으로 평가한다. 이태섭, 『김일성 리더십 연구』, 485쪽; 김용현은 1967년부터 수령 호칭이 전 사회적으로 확산되었음을 분석하면서 이를 수령제의 성립과정과 궤를 같이 하는 것으로 보았다. 김용현, "『로동신문』을 통해 본 북한의 수령제 형성과 군사화" 『아세아연구』 제48권 제4호 (2005. 12), 123쪽.

51) 사회과학원 력사연구소, 『조선전사 31: 현대편 사회주의 건설사 4』, 28쪽.

52) 이러한 추론은 이시기를 전후한 상황을 기록하고 있는 신경완이나 황장엽의 증언을 통해서도 간접적으로 뒷 받침되고 있다. 신경완은 1967년과 1969년의 사건을 김정일 후계구도와 관련지어 자세히 설명하고 있다. 정창현, 『곁에서 본 김정일: 전 조선노동당 선전선동부 부부장 신경완과의 대담』 (서울: 김영사, 2000), 99~102쪽. 황장엽은 "이 무렵에 김정일은 벌써 정치적 영향력을 행사하기 시작했으며, 나는 그가 삼촌인 김영주를 포함하여 김일성의 측근들까지 제거하는 일을 벌이는 듯한 인상을 받았다"고 적고 있다. 황장엽, 『나는 역사의 진리를 보았다』 (서울: 한울, 1999), 147쪽.

53) 조선로동당 중앙위원회 당력사연구소, 『김정일동지략전』, 98~99쪽.

54) 이종석, 『조선로동당연구: 지도사상과 구조변화를 중심으로』 (서울: 역사비평사, 1995), 310쪽.

55) 황장엽은 천리마 운동, 청산리 방법, 대안의 사업체계가 나오던 1950년대말 1960년대 초를 "북한 사회주의 건설의 황금시대" "김일성의 활동에서도 최고봉을 이룬 시기"로 기록하고 있다. 황장엽, 『나는 역사의 진리를 보았다』, 350~351쪽; 1960년대 북한에서 직접 생활했던 성혜랑도 1960년대를 "나라가 번영하던 성공의 연대"로 기록하고 있다. 성혜랑, 『등나무집』, 276쪽.

56) 성혜랑은 "5.25 교시 이후 개인숭배 사상의 유포, 지적 인력에 대한 수모, 수입 기술의 봉쇄"등이 경제에 악영향을 끼쳤던 것으로 기억하고 있다. 『등나무집』, 313쪽.

57) 이종석, 『새로쓴 현대북한의 이해: 사상·체제·지도자』, 427~430쪽.

〈참고문헌〉

1. 북한문헌

김일성, "7개년 계획의 중요 고지들을 점령하기 위하여 천리마의 기세로 총돌격하자: 조선로동당 중앙위원회 제4기 제17차 전원회의 확대회의에서 한 결론" (1968. 4. 25), 『김일성 저작집 22』 (평양: 조선로동당출판사, 1983).

김일성, "간부들속에서 당의 유일사상체계를 세우며 혁명화하기 위한 사업을 강화할데 대하여: 조선로동당 중앙위원회 제4기 제21차 전원회의 확대회의에서 한 결론" (1970. 7. 6)『김일성 저작집 25』 (평양: 조선로동당출판사, 1983).

김일성, "당사업을 강화하기 위한 몇가지 과업에 대하여: 당 중앙위원회 부장, 도당 책임비서들 앞에서 한 연설"(1969.3.3)『김일성 저작집 23』 (평양: 조선로동당출판사, 1983).

김일성, "당사업을 개선하며 당 대표자회 결정을 관철할 데 대하여: 도,시,군 및 공장당 책임비서협의회에서 한 연설"(1967.3. 17-24)『김일성 저작집 21』 (평양: 조선로동당출판사, 1983).

김일성, "사회주의 건설의 위대한 추동력인 천리마 작업반운동을 더욱 심화발전시키자: 제2차 전국천리마작업반운동선구자대회에서 한 연설" (1968. 5.11) 『김일성 저작집 22』 (평양: 조선로동당출판사, 1983).

김일성, "우리의 인테리들은 당과 로동계급과 인민대중에게 충실한 혁명가가 되어야 한다: 함흥시 대학교원들 앞에서 한 연설" (1967. 6. 19)『김일성 저작집 21』 (평양: 조선로동당출판사, 1983).

김일성, "조선민주주의 인민공화국 창건 스무돐을 성대히 맞이하기 위하여: 상 및 당중앙위원회 지도원 이상 일군들 앞에서 한 연설" (1968. 4. 16)『김일성 저작집 22』 (평양: 조선로동당출판사, 1983).

김일성, "청년들은 우리 혁명의 종국적 승리를 위하여 경제건설과 국방건설의 모든 전선에서 선봉대가 되자" (1968. 4.13)『김일성 저작선집 5』 (평양: 조선로동당출판사, 1972).

김일성, "혁명가 유자녀들은 아버지, 어머니의 뜻을 이어 혁명의 꽃을 계속 피워야 한다: 창립 스무돐을 맞는 만경대혁명학원 교직원, 학생 및 졸업생들 앞에서 한 연설" (1967. 10. 11)『김일성 저작집 21』 (평양: 조선로동당출판사, 1983).

김일성동지략전편찬위원회, 『김일성동지략전』 (평양: 조선로동당출판사, 1972).

김정일, "반당반혁명분자들의 사상여독을 뿌리빼고 당의 유일사상체계를 세울데 대하여"『김정일 선집 1』(평양: 조선로동당출판사, 1992).

김정일, "정치도덕적 자극과 물질적 자극에 대한 옳바른 리해를 가질데 대하여" 『김정일 선집 1』(평양: 조선로동당출판사, 1992).

리송운, "나라의 살림살이와 일군들의 혁명성"『근로자』5호 (1965년 3월).

사회과학원 력사연구소, 『조선전사 31: 현대편 사회주의 건설사 4』(평양: 과학, 백과사전 출판사, 1982).

조선로동당 중앙위원회 당력사연구소, 『김정일동지략전』(평양: 조선로동당출판사, 1999).

조선로동당 중앙위원회 당력사연구소, 『조선로동당력사』(평양: 조선로동당출판사, 1991).

조선로동당출판사, 『위대한 수령 김일성동지의 불멸의 혁명업적 6』(평양: 조선로동당출판사, 1998).

조선로동당출판사, 『위대한 수령 김일성동지의 불멸의 혁명업적 7』(평양: 조선로동당출판사, 1998).

탁진, 김강일, 박홍제, 『김정일 지도자 제1부』(평양: 평양출판사, 1994).

허학송, "근로자들 속에서 계급교양을 강화하기 위한 투쟁"『근로자』7호 (1965년 4월 5일).

≪로동신문≫ 1966년 10월 13일자, 1968년 4월 22일자.

2. 남한문헌

경남대학교 북한대학원 엮음, 『북한현대사 1』(파주: 한울, 2004).

김용현, "≪로동신문≫을 통해 본 북한의 수령제 형성과 군사화"『아세아연구』제48권 제4호 (2005. 12).

김용현, "1960년대 북한의 위기와 군사화"『현대북한연구』2002년 5권 1호.

김진계 · 김웅교, 『조국』하 (현장문학사, 1990).

김태서, 『북한 30년』(서울: 현대경제일보, 1975).

내외문제연구소, 『북괴숙청사』(서울: 내외문제연구소, 1975).

내외문제연구소, 『숙청을 통해본 북괴의 암투상』(서울: 내외문제연구소, 1966).

류길재, "'천리마 운동'과사회주의 경제건설,"『북한 사회주의 건설의 정치경제』(서울: 극동문제연구소, 1993).

류길재, "북한정권의 형성과정: 인민위원회 조직과 활동에 관한 연구," 김일평 외, 『북한체제의 수립과정: 1945-1948』(서울: 경남대 극동문제연구소, 1991).

배원달, "유일체계 확립과정에 관한 일고: 갑산계 · 군부대숙청을 중심으로"『안동대논문집』4 (1982, 12).

서재진, 『주체사상의 형성과 변화에 대한 새로운 분석』 (서울: 통일연구원, 2001)

성혜랑, 『등나무집』 (서울: 지식나라, 2000).

송정호, "김정일 권력승계 공식화 과정 연구: 1964-1986을 중심으로" 한양대학교 박사학위논문 (2004).

스즈키 마사유키 지음, 유영구 옮김, 『김정일과 수령제사회주의』 (서울: 중앙일보사, 1994).

스칼라피노,이정식, 『한국공산주의 운동사 3』 (서울: 돌베개, 1987)

신경완, "곁에서 본 김정일 상" 『월간중앙』 (1991년 6월호).

와다하루키, 『북조선 – 유격대국가에서 정규군국가로』 (서울: 돌베개, 2002).

오경숙, "5.25 교시와 유일사상체계 확립: 구술자료를 중심으로" 『한국동북아논총』 제9권 제2호 (2004).

이성봉, "북한의 자립적 경제발전 전략과 김일성 체제의 견고화 과정 (1953-70)에 관한 연구" (고려대학교 대학원 박사학위논문 1999).

이성봉, "1960년대 북한의 국방령 강화 노선과 정치체제의 변화" 『국제정치논총』 제44집 2호 (2004).

이성봉, "1960년대 북한의 노동정책과 인민" 『현대북한연구』 5권 1호 (2002).

이승현, "1960년대 북한의 권력구조 재편과 유일사상의 대두: 제한적 다원성에서 유일체제로" 『현대북한연구』 5권 1호 (2002).

이정철, "북한의 경제 발전론 재론: 1960년대 경제조정기제의 변화를 중심으로" 『현대북한연구』 5권 1호 (2002).

이종석, "김정일 연구 1: 후계자로서의 부상과 권력구조의 재편" 『역사비평』 (1991년 가을호).

이종석, "조선로동당의 지도사상과 구조변화에 관한 연구: 주체사상과 유일지도체계를 중심으로" (성균관대학교 대학원 박사학위논문 1993).

이종석, 『김정일연구1』 (서울: 역사비평사, 1991).

이종석, 『새로쓴 현대북한의 이해: 사상·체제·지도자』 (서울: 역사비평사, 2000).

이종석, 『조선로동당연구: 지도사상과 구조변화를 중심으로』 (서울: 역사비평사, 1995).

이태섭, "김정일 권력계승 어떻게 볼 것인가?" 『월간 말』 (1992년 7월호).

이태섭, 『김일성 리더십 연구』 (서울: 들녘, 2001).

임성택, "조선로동당의 유일지도체계에 관한 연구" (경남대 교육대학원 석학학위논문 1995).

임승원, "북한의 권력투쟁 숙청사" 『통일로』 116.

전원근, "북한공산주의 체제에 있어서 파벌의 형성과 소멸에 관한 연구," 경희대 대학원 박사학위논문 (2000).

정진위, 『북방삼각관계 – 북한의 대중·소관계를 중심으로』 (서울: 법문사, 1985).

정창현,『곁에서 본 김정일: 전 조선 노동당 선전선동부 부부장 신경완과의 대담』
　　　(서울: 김영사, 2000) (개정증보판).
최성, "수령체제의 형성과정과 구조적 작동 메카니즘에 관한 연구" (고려대 대학원
　　　정치학 박사학위논문 1993).
황장엽,『나는 역사의 진리를 보았다』(서울: 한울, 1999).
황장엽,『인간중심철학의 몇가지 문제』(서울: 시대정신, 2004).

1970년대 김정일 후계 체제의 확립과 수령 체제

이 태 섭

1. 서 론

1970년대 북한 정치의 가장 중요한 사건은 역시 김정일의 등장이라 할 수 있다. 김정일은 1961년 7월 만 19세의 나이로 조선노동당에 입당하여 1964년 6월부터 공식적으로 당사업을 시작한 이후, 1974년 2월 조선노동당 제5기 제8차 전원회의에서 김일성의 유일 후계자로 추대되었다. 이후 김정일은 당·정·군 등 북한 사회 전반에 걸쳐 자신의 후계 체제를 확고히 구축해 나간 것으로 알려져 있다. 김정일 후계 체제의 확립은 1970년대 북한의 가장 중요한 정치적 목표였던 것이다. 그런 만큼 1970년대 북한 사회의 변화 발전 과정은 김정일 후계 체제의 구축 과정과 분리하여 생각할 수 없는 것이다.

또 1970년대에 있은 김정일 후계 체제의 확립 과정은 곧 북한의 독특

한 사회 시스템이라 할 수 있는 이른바 '수령체제'(유일체제)를 제도적
으로 완성해 나가는 과정이기도 했다. 1967년에 공식 확립된 북한의 수
령 체제는 수령을 유일 중심으로 한 당과 대중의 통일 단결을 그 궁극적
목표로 하고 있는바, 이러한 통일 단결 사회의 구현은 1970년대 북한의
가장 중요한 국가적 목표였다. 오늘날까지 이어지는 북한 정치의 가장
큰 특징은 역시 집단주의 원리에 기초한 통일 단결의 정치에 있었던 것
이다. 통일 단결은 북한의 가장 중요한 국가적 목표이자, 그러한 목표를
달성하는 가장 중요한 수단이 되고 있다.[1]

1970년대 김정일은 이러한 북한의 국가적 목표를 실현하는 과정에서
자신의 후계 체제도 함께 구축해 나갔으며, 따라서 김정일 후계 체제의
구축 과정은 곧 수령 체제의 제도적 완성 과정이기도 했다. 물론 이 과
정은 북한 사회 체계의 전반적인 변화를 수반하는 것이었으며, 김정일
에 의해 김일성의 주체 노선이 이데올로기, 조직, 리더쉽, 권력 등의 측
면에서 더욱 발전·심화되어 나가는 과정이기도 했다.

이에 따라 본 논문에서는 1970년대 김정일 후계 체제의 구축 과정을
그 주요 분석 대상으로 삼되, 그것을 단순히 권력적 현상으로만 파악하
는 기존의 연구 한계를 극복하고,[2] 북한식 사회주의의 발전 목표와의
상호 연관성 속에서, 특히 당시 북한의 가장 중요한 국가적 목표였던
수령 체제의 제도적 완성 과정과 그에 따른 북한 사회 체계의 변화 양상
과의 상호 연관성 속에서 김정일 후계 체제의 구축 과정을 고찰해 보고
자 한다.

이러한 연구 목적을 달성하기 위해 본 논문에서는 먼저 수령 체제와
후계 체제의 상호 연관성을 분석하고, 이어 당·정·군에 대한 김정일의
지도력 확립 과정을 이데올로기·조직·리더십의 측면에서 한번 개괄해
보고자 한다. 그리고 연구 방법은 북한의 공간公刊 자료의 한계를 인정하
면서도 불가피하게 북한의 문헌 조사 방법에 주로 의존하고자 한다.

2. 수령 체제와 후계 체제의 상관성

1970년대 확립된 김정일 후계 체제는 단순한 권력 승계가 아니라, 김일성의 혁명 위업의 계승과 발전이라는 목적 있는 권력 승계 체제였다. 다시 말해 후계자 김정일의 역할은 수령 김일성의 사상과 이론, 김일성의 노선과 정책, 김일성의 혁명 역사와 업적 · 전통 등을 계승 · 발전 · 완성하는 데 있었던 것이다. 때문에 김정일 역시 1980년 10월 조선노동당 제6차 대회에서 김일성의 유일 후계자로서 당 중앙위원회 정치국 상무위원회 위원, 정치국 위원, 비서국 비서, 군사위원회 위원으로 선출된 직후, 1980년 10월 14일 당 중앙위원회 책임 일군들 앞에서 "수령님께서 개척하신 주체의 혁명 위업을 대를 이어 완성하는 것이 나의 총적 목표이다. 이것이 수령님 앞에, 당 앞에, 동지들 앞에 다지는 나의 맹세"라고 역설하였던 것이다.[3]

1960년대 중후반을 지나면서 북한의 최고 지도부는 권력 승계 문제를 혁명 위업 계승 문제의 핵심 과제로 인식했으며, 혁명 계승의 핵심 과제는 사람의 문제와 제도의 문제였다. 전자의 후계자 문제는 1974년 2월 김일성의 장남 김정일을 그 유일 후계자로 추대하는 것으로 일단락되었다. 후자의 제도 문제와 관련하여 김정일 후계 구도를 제도적으로 보장하기 위한 북한식의 독특한 기제로서 1967년 5월 유일 사상 체계가 확립되었다. 이른바 수령 체제(유일 체제)의 확립이 그것이다.[4]

다른 공산 체계와 구별되는 북한식 사회주의의 가장 중요한 체제적 특성이라 할 수 있는 수령 체제는 1950~1960년대 북한식의 독특한 사회주의 발전 전략의 역사적 귀결이자, 김일성 주체 노선의 역사적 귀결로서, 박금철과 이효순 등 갑산파의 도전을 일소한 1967년 5월 조선노동당 중앙위원회 제4기 15차 전원회의를 직접적이고도 결정적인 계기

로 하여 공식 확립되었다.[5] 이렇게 성립된 북한의 수령 체제는 최고 지
도자의 정치적 지위와 역할을 절대화하여 그것을 수령으로 제도화하고,
수령을 사상·조직·지도의 유일 중심으로 하여 당과 대중의 통일 단
결을 추구하는 체제였다.

북한의 설명에 따르면, 당의 유일사상체계를 확립한다는 것은 "수령
의 혁명 사상과 그 구현인 당의 노선과 정책으로 당원들과 근로자들을
튼튼히 무장시키고 그들을 수령의 두리에 굳게 묶어 세워 전당과 전체
인민의 사상, 의지 및 행동의 완전하고도 무조건적인 통일을 이룩하며
수령의 혁명 사상을 유일한 지도적 지침으로 삼고 수령의 유일적인 영
도 밑에 혁명 사업을 해나가도록 한다는 것을 의미"했다.[6] 요컨대 통일
과 단결의 정치로서, 그것은 수령의 유일 사상에 기초하여 하나와 같이
생각하는 사상적 통일 단결이었으며, 수령의 유일적 영도에 기초하여
하나와 같이 움직이는 조직적 통일 단결이었다.

이러한 당과 대중의 통일 단결은 김일성 주체 노선의 핵심이자 김일
성 주체 사상의 핵심으로서, 북한에서 주체 확립이란 무엇보다 우선 당
과 대중의 통일 단결을 의미했다.[7] 생산력 발전이나 계급 투쟁을 사회
발전의 기본 동력으로 규정한 소련이나 모택동과 달리, 김일성에게 있
어 '사회 발전을 추동하는 기본 동력'과 '사회주의 건설을 촉진하는 결
정적 요인'은 당과 대중의 통일 단결이었다.[8] 모순의 개념에 기초한 모
택동의 철학이 대립과 투쟁의 철학이라면, 주체의 개념에 기초한 김일
성의 철학은 통일과 단결의 철학이었다.[9]

다시 말해 소련이나 중국과 달리, 북한은 당과 대중의 통일 단결을
공산주의 건설을 위한 '결정적 담보'로 설정하였던 것이다.[10] 때문에 김
일성은 자신의 생애 전기간을 통해 혁명 주체 세력의 통일 단결을 이룩
하는 데 항상 선차성을 부여해 왔다고 한다.[11] 북한 사회가 추구하는
최고 목표 역시 수령을 유일 중심으로 한 하나의 통일 단결된 사회의

구현이었다. 1967년 5월에 공식화된 북한의 수령 체제는 이러한 통일과 단결의 정치를 절대화하는 것으로서, 그것은 당과 대중의 사상과 행동의 통일성을 보장하기 위해 수령을 조직의 유일 구심으로 하여 사상과 지도의 유일성을 절대화하는 지점에서 성립되는 것이었다.

수령 체제가 확립됨에 따라 북한의 일관된 정책 목표인 당과 대중의 통일 단결은 이제 새로운 차원에서 보다 강력하게 추진되었으며, 그 결과 북한 사회의 조직 운영 원리는 근본적으로 재편되었다. 수령 체제의 확립은 북한의 사회 체계를 전면적으로 재편성하는 결정적인 역사적 전환점이 되었던 것이다. 특히 수령 체제가 확립됨에 따라 사상과 행동의 통일성 및 지도의 유일성을 강화하기 위해 보다 높은 사상성(혁명성), 조직성, 규율성이 추구되었으며, 이러한 사상성, 조직성, 규율성을 강화하기 위한 핵심 수단으로 사상적 통제(사상 혁명), 조직적 통제(조직 생활), 규범적 통제(규범 생활)가 더욱 강화되었다. 물론 이것은 사상과 행동의 통일성 및 지도의 유일성을 저해하는 개인 이기주의와 조직 이기주의, 자유주의와 무규율성(비조직적인 개별적 행동)을 배격하는 것이었다.

그런데 북한에 따르면, "당의 유일사상체계에 관한 이론은 당이 영원히 변질되지 않고 그 당을 창건한 수령의 당으로 강화 발전시켜 나갈 수 있는 유일한 길을 가르쳐준 불멸의 사상"이라고 한다.[12] 다시 말해 "당의 유일사상체계를 세우는 사업은 수령의 혁명 위업을 대를 이어 계승하고 완성해 나가기 위해 항구적으로 튼튼히 틀어쥐고 나가야 할 사업"이며,[13] 또 당의 유일사상체계는 "주체의 혁명 위업을 대를 이어 끝까지 완성해 나가는 결정적 담보"이자 "절대적인 요구"라는 것이다.[14] 이렇게 볼 때, 수령 체제는 권력 승계를 위한 북한의 독특한 제도적 장치로서, 그것은 곧 김정일 후계 체계 확립을 제도적으로 보장하는 데 또 하나의 목적이 있었던 것으로 평가된다.

즉 수령 체제는 최고 지도자의 지위와 역할을 절대화하여 모든 권위와 권력을 수령에게 집중시키고, 그와 같이 절대화된 수령의 지위와 역할을 후계자에게 승계함으로써, 후계자에 대한 도전 세력의 형성과 그에 따른 권력 투쟁의 가능성을 제도적으로 원천 봉쇄하는 체제라 할 수 있다. 이에 대해 북한의 당기관지 『근로자』 편집국 논설은, "국제 공산주의 운동의 역사적 경험은 혁명 대오의 정치 사상적 통일과 순결성이 보장되지 못하고 종파와 분파가 허용된다면 수령의 혁명 위업은 좌절될 수 있으며, 당의 유일 사상 체계는 당 안에 이색 분자들이 나타날 수 없게 하며 그 어떤 조직 사상적 혼란도 없이 수령의 혁명 위업을 빛나게 고수하고 끝까지 완성해 나갈 수 있게 한다"고 주장하고 있다.[15]

요컨대 체제 발전 목표와 아울러 혁명 계승의 문제 역시 통일 단결의 정치를 통해 추구되고 있는 것이다. 다시 말해 절대화된 수령의 지위와 역할을 계승하는 후계자의 지위와 역할 역시 절대화하고 그 후계자를 중심으로 당과 대중의 통일 단결이 강력하게 추구되었던 것이다.[16] 북한의 설명에 따르면, 혁명의 계승은 곧 단결의 계승이며, 단결의 계승을 떠나서는 혁명 위업의 계승 완성에 대해 생각할 수 없는 바, 김일성을 중심으로 한 통일 단결을 김정일을 중심으로 한 통일 단결로 대를 이어 계승 발전시킨다는 것이다.[17] 김정일 역시 혁명 위업 계승 문제를 "대를 이어 단결의 중심을 보장하는 문제"로 규정하고 있다.[18] 김정일 후계 체제는 수령 체제 하에서 후계자를 중심으로 한 당과 대중의 통일 단결을 절대적으로 강화하는 기반 위에서 확립되는 것이었다.

북한 역시, 1967년 당시의 수령 체제 확립은 당과 대중의 통일 단결을 '완전 무결하게 실현'하는 것이었으며, 이러한 통일 단결은 '조선 공산주의 운동'에서 이룩된 '가장 위대한 승리이고 가장 고귀한 전취물'이며 '당과 혁명의 운명을 위해 근본적인 의의를 가지는 특기할 사변'이었다고 평가하고 있다.[19] 여기서 '혁명의 운명을 위해 근본적인 의의를 가지는' 문제는 다름이 아니라 바로 후계 문제를 의미하는 것이었다.

따라서 수령 체제의 확립과 그 제도적 완성 과정은 곧 김정일 후계 체제의 확립 과정에 다름 아니었다.

그러나 1967년 당시 북한의 수령 체제는 제도적으로 완성되어 있는 것이 아니었다. 당시 수령 체제는 기본 골격만 확립되어 있었다. 따라서 수령 체제의 제도적 완성은 1970년대 북한이 달성해야 할 가장 중요한 국가적 목표로 설정되었다. 때문에 당의 유일사상체계 확립은 '당 건설과 활동에서 가장 근본적인 문제'로 규정되었다.20) 이러한 수령 체제는 1970년대를 거치면서 제도적인 완성을 보게 된다.

여기서 김정일은 1960년대 중후반 이후 북한의 가장 중요한 국가적 목표였던 수령 체제를 확립하는 데 결정적인 역할을 수행함으로써 김일성의 유일 후계자로 추대되었으며, 1970년대 초중반 이후 자신의 주도 하에 수령 체제를 제도적으로 완성해 나가는 과정에서 자신의 후계 체제도 함께 구축해 나갔던 것이다. 다시 말해 1970년대 김정일에 의한 수령 체제의 제도적 완성 과정은 곧 김정일 후계 체제를 확립하는 과정이었으며, 그 역도 성립한다. 수령 체제의 확립과 후계 체제의 확립은 분리할 수 없는 일체였던 것이다.

김정일 후계 체제는 김정일의 유일 지도 체제로 명명되는바, 이러한 후계자의 유일 지도 체제는 '수령의 사상을 옹호 고수하고 수령의 사상과 의도대로 혁명을 전진시키기 위한 지도 체제이며 수령의 영도를 전면적으로 구현하여 수령의 사상과 영도를 대를 이어 계승해 나가기 위한 지도 체제'로 규정된다.21) 수령의 유일적 영도 하에 후계자의 유일적 지도가 실현되는 일종의 수직적 권력 분점 구조로서, 수령 체제는 이 양자를 모두 포괄한다. 다시 말해 수령 체제는 후계 체제를 그 하위 개념으로 포괄하고 있는 것이다. .

이렇듯 후계자의 유일 지도 체제는 수령의 유일 영도 체계 안에서 이루어지며, 따라서 후계자의 유일 지도 체제를 확립하는 과정은 곧 수령의 유일 영도 체계를 확립하는 과정으로 된다. 때문에 1974년 이후 김정일이 자신의 유일 지도 체제를 구축해 나갈 때 무엇보다 수령의 유일적 영도 체계를 강화하는 것으로부터 출발했던 것이다.

3. 사상의 지도자로서의 김정일

1967년 갑산파 사건은 북한이 일관되게 추구해온 통일 단결의 정치를 절대화하는 결정적인 역사적 분기점이 되었으며, 이후 통일 단결의 정치는 새로운 차원에서 보다 강력하게 추진되었다. 이른바 당의 유일사상체계의 확립이 그것이었다. 1967년 갑산파 사건을 계기로 당내에서 주목받기 시작한 김정일 역시 유일사상체계 확립을 "당 사상 사업의 총적 방향"으로 규정하고,22) 유일사상체계를 확립하는 데 주도적인 역할을 수행함으로서 자신의 정치적 입지를 강화해 나갔다. 유일사상체계는 수령에 대한 충실성을 높이고 이를 기반으로 사상과 행동의 통일성을 강화하는 것을 목적으로 하였다.23) 이러한 단결의 정치를 구현하기 위한 북한의 핵심 수단은 사상(사상성), 조직(조직성), 규율(규율성)이었다.

1967년 이후 유일사상체계 확립을 위한 김정일의 노력은 무엇보다 먼저 사상성 강화를 위해 당 사상 사업을 혁신하는 것으로부터 시작되었다. 특히 김정일은 수령에 대한 충실성을 강화하는 데 기본을 두고 가장 강력한 사상 교양(선전선동) 수단의 하나인 문학 예술 부문에 자신의 지도력을 집중했다. 김정일은 문학예술을 사상혁명의 중심 고리로 삼았던 것이다. 또 김정일은 수령에 대한 충실성을 유일사상체계의 핵심으로 파악하고, 이를 위해 혁명적 수령관·수령론을 확립하고자 하였으며, 그 핵심 수단이 바로 혁명 전통의 전면적인 계승 발전과 그 상징화·신화화였다.

즉 문학예술에 대한 김정일의 지도는 혁명 전통의 신화화를 통해 수령의 형상을 창조함으로서 수령의 권위를 절대화하고 수령에 대한 충성심을 고양하는 데 초점이 맞춰져 있었다. 문학예술의 혁명 전통화를 통한 유일사상체계의 확립이었다. 아울러『김일성 저작선집』등 김일성의 노작이 대대적으로 출판 보급되고, 혁명 전통에 대한 교양 사업과 함께 김일성의 주체사상, 유일사상에 대한 사상 교양 사업도 더욱 강화되었다. 김정일은 방송 등 출판 보도 분야에서도 수령에 대한 선전을 가장 중요한 임무로 규정하였다.[24]

김정일의 주도 하에 혁명 전통의 상징화도 대대적으로 추진되었다. 북한 전역에 김일성 동상이 세워지고, 혁명전적지, 혁명사적지, 혁명박물관, 혁명사적관, 기타 거대 기념물 등 혁명 전통과 김일성을 상징하는 각종 조형물이 대대적으로 건립되었다. 김일성의 현지 지도를 받은 중요 단위들에는 김일성의 현지 지도 교시판이 세워졌다. 이러한 조형물들은 김일성의 혁명 업적을 후손 만대에 길이 전하고, 대를 이어 김일성에 대한 충성심을 배양하기 위한 것이었다. 김일성에 무한히 충실했던 항일 빨치산들에 대한 영웅화 작업도 진행되었다. 곳곳에 그들의 동상이 세워지고, 1968년에는 그들에 대한 영웅 칭호가 수여되었다. 수령 체제는 항일 빨치산 출신과 그 가족들에게 최고의 영예를 가져다 주었던 것이다.

이 모든 것은 혁명 전통의 상징화, 신화화를 통해 수령의 권위를 절대화, 신격화하고 수령에 대한 절대적 충성심을 고양하기 위한 것이었다. 김정일은 김일성의 권위를 절대화하기 위해 1974년부터 김일성의 생일인 4월 15일을 북한 최대의 명절로 지정하였다. 또 김정일은 1970년 제5차 당대회를 준비하면서 김일성을 중심으로 한 통일 단결을 상징하는 김일성의 초상 휘장을 제작 배포하였다. 김일성 가계의 우상화 작업도 김정일에 의해 주도되었다.[25] 수령의 권위 절대화·신격화는 유일사상체계 확립의 핵심 과제였던 것이다.

이렇듯 1967년 이후 문학 예술 부문과 혁명 전통의 계승 발전을 중심으로 한 당 사상 사업(선전선동) 분야에서, 수령의 절대화·신격화를 통해 당의 유일사상체계를 확립하기 위한 김정일의 주도적인 활동은 정치 지도자로서 그의 능력과 자질을 검증받는 기회가 되었다. 특히 1972년 보천보 전투 승리 35주년 기념 행사를 김정일이 주도하였는데, 이것은 김정일이 혁명 전통의 계승자임을 선포하는 의미를 갖는다.26)

그런데 북한의 인식에 따르면, "혁명의 배신자들은 예외 없이 수령의 높은 권위를 헐뜯으며 수령에 의해 창조된 혁명 전통을 시비해 나선다." 때문에 "혁명 전통을 고수하는 것은 혁명의 운명과 관련되는 근본 문제"라고 한다.27) 즉 북한에서 혁명 전통의 계승 발전은 "수령이 개척한 혁명 위업을 대를 이어 끝까지 완성해 나가기 위한 근본 요구"로 인식되었던 것이다.28) 다시 말해 혁명 전통의 계승 발전은 대를 이은 혁명 위업 계승의 핵심 내용이었으며, 따라서 수령의 혁명 위업 계승은 후계자에 의한 혁명 전통의 계승 발전으로부터 출발하는 것이었다.29) 요컨대 유일사상체계 확립과 혁명 전통의 계승 발전은 수령 체제를 확립하고 후계 체제를 정통화 하는 양대 수레 바퀴였던 것이다.30)

따라서 당시 유일사상체계의 확립이라는 북한의 국가적 목표와 관련하여, 수령의 권위 절대화·신격화와 아울러 특히 혁명 전통을 전면적으로 계승 발전시키는 데서 보여준 김정일의 정치적 지도력은 항일빨치산들의 적극적인 지지 하에 김정일이 후계자로 추대되는 데 결정적 역할을 하였을 것으로 평가된다.31) 북한에서 후계자의 제1요건은 수령에 대한 절대적 충실성이다. 권력 승계 문제에서 북한이 무엇보다 중요하게 생각하고 있는 것은 혁명 위업의 계승 그 자체가 아니라 선대 수령의 혁명 노선과 사상 등 김일성의 혁명 위업을 계승하는 것이다. 북한에서 노동 계급의 혁명 위업이란 곧 수령의 혁명 위업을 의미한다. 노동 계급의 혁명 위업에 대한 충실성이 곧 선대 수령의 혁명 위업에 대한 충실성을 의미하는 것은 아니기 때문이다. 또 수령의 혁명 위업 계승에서 후계자의 제1과제는 수령의 혁명 사상을 옹위하고 발전 풍부화시키는 것이다. 북한에서 후계자는 무엇보다 사상의 지도자여야 한다는 것이다. 이렇게 볼 때 김정일은 김일성의 혁명 위업에 대한 절대적 충실성과 사상 사업에서 보여준 지도력 등에 기반하여 김일성의 유일 후계자가 될 수 있었던 것으로 평가된다. 특히 수령 김일성에 대한 김정일의 절대적 충실성은 김정일의 모든 활동과 지도에서 '근본 핵'이자 그 '출발점'이었다.32)

김정일은 1973년 9월 당 중앙위원회 제5기 제7차 전원회의에서 당 조직지도부장 겸 조직비서, 당 선전선동부장 겸 선전비서에 임명되고, 1974년 2월 당 중앙위원회 제5기 제8차 전원회의에서 정치위원으로 선출되면서 마침내 김일성의 유일 후계자로 추대되었다.33) 이후 김정일 후계 체제는 본격적으로 구축되기 시작하는데, 하지만 그것은 사실상 김정일이 조직 비서 겸 사상 비서로 선출된 1973년 9월부터 이미 진행된 것으로 보아야 할 것이다.

김정일의 후계 체제 구축은 사상(선전선동부)과 조직(조직지도부)을 양대 축으로 하여 우선 당에 대한 자신의 확고한 지도력을 구축하고, 사회 전반에 대한 당의 지도적 역할을 더욱 강화하면서 당 조직을 통해 국가 기관과 군대로 자신의 지도력을 점차 확대해 나가는 방식으로 이루어졌다. 그것은 사상적 지도와 통제를 앞세우면서 조직적 지도와 통제를 결합해 나가는 방식이었으며, 당에 대한 김정일의 지도력 구축은 강력한 중앙집권적 규율성 강화에 기반하여 이루어졌다.

그리고 김정일의 당권 장악을 위한 사전 정지 작업의 일환으로 1970년대 초 권력 구조 개편이 이루어졌다. 먼저 북한은 1972년 헌법 개정을 통해 국가 권력 구조를 개편하고 국가주석제를 신설하여 국가 활동 전반에 대한 김일성의 유일적 영도를 법적으로 보장하는 한편, 중앙인민위원회의 신설을 통해 국가 기관에 대한 김일성의 유일적 영도를 제도적으로 보장하는 조치를 취하였다. 이러한 권력 구조 개편을 통해 국가 사업은 수령이 맡고, 당 사업은 후계자가 맡는 일종의 역할 분담이 이루어졌다. 또 북한은 1970년 조선노동당 제5차대회에서 비서국의 기능을 강화하는 조치를 취하였다. 즉 종래 비서국은 정책 집행 기능 밖에 없었으나, 이제 비서국은 간부 문제, 대내 문제 및 그 밖의 당면 문제를 정치적으로 토의 결정할 수 있게 되었다. 이것은 1973년 9월 이후 김정일로 하여금 비서국을 통해 당권을 장악할 수 있는 제도적 기반이 되었다.

당에 대한 김정일의 지도력 구축은 역시 당 사상 사업에 대한 지도력을 더욱 강화하는 것으로부터 시작되었다. 즉 김정일은 후계자로 추대된 직후인 1974년 2월 19일 전국당선전일군강습회를 조직하고, 여기서 김일성의 혁명 사상은 주체사상과 그에 의해 밝혀진 혁명과 건설에 관한 이론과 방법의 전일적인 체계라고 정식화한 뒤, '온사회의 김일성주의화(주체사상화)'를34) '당의 최고 강령'으로 선포하고 당 사상 사업의 기본 임무로 규정하였다.35)

온사회의 주체사상화란, 주체 사상을 유일한 지도적 지침으로 하여 혁명을 진전시키며 주체사상을 구현하여 공산주의 사회를 건설한다는 것을 의미한다. 즉 모든 성원들을 주체형의 공산주의 인간으로 만들고 사회 생활의 모든 분야를 주체사상의 요구대로 개조하는 것을 의미한다.36) 여기서 주체형의 공산주의 인간형이란 수령에 대한 끝없는 충실성을 제일 생명으로 하는 인간형을 말한다.37)

당시 김정일은 온사회의 주체사상화에 대해 경제와 문화, 사상과 도덕의 모든 분야에서 근본적인 혁명을 요구하는 가장 중요한 사업으로 규정하고, 온사회의 주체사상화를 위한 선결 조건으로 전당의 주체사상화 방침을 제시하였다.38) 김정일은 온 사회의 주체사상화를 위해 무엇

보다 먼저 당을 강화하고 당의 지도적 역할을 강화하는 데 가장 큰 힘을 쏟았던 것이다.[39)]

전당의 주체사상화 방침과 관련, 먼저 김정일은 당 사상 사업에서 자신의 유일 지도 체제를 확립해 나갔다. 이를 위해 김정일은 당 사상 사업은 유일관리제이며, 당 사상 사업은 당의 유일적 지도 밑에 움직이며, 당의 의도와 방침을 무조건 접수하고 철저히 관철할 것을 요구하였다.[40)] 사상 사업의 유일 관리제란 내용의 유일성과 방법의 창조성을 의미하는 것으로서, 사상 사업의 내용에서는 창조성을 허용하지 않는다는 것이었다. 특히 당 사상 사업에 대한 김정일의 유일적 지도는 온사회를 주체사상화 하기 위한 '결정적 담보'로 규정되었다.[41)]

또 김정일은 1974년 4월 유일사상체계 확립 10대 원칙을 새롭게 발표하고, 이 원칙의 재접수, 재토의 사업을 1974~76년 사이에 대사상전의 방식으로 전당적으로 조직 진행하였다.[42)] 이 10대 원칙에서 김정일은 수령의 권위를 절대화하고 수령의 사상과 교시를 신념화, 신조화하고 수령의 교시 집행에서 무조건성의 원칙을 지키는 것을 수령에 대한 충실성의 기본 요구로 제시하였다. 특히 이 원칙은 유일 지도 체제 확립과 당중앙에 대한 절대적인 충성을 김일성과 똑같이 바칠 것을 요구하고 있는데, "당중앙의 권위를 절대적으로 옹호 보위하며 당중앙의 방침을 자기의 확고부동한 신념으로, 신조로 만들고 그것을 무조건 끝까지 관철하는 높은 충실성과 헌신성을 남김없이 발휘"할 것을 요구하는 것이 그것이다.[43)]

이것은 결국 이 10대 원칙이 온사회의 주체사상화 방침과 함께 유일사상체계를 강화함과 동시에 김정일의 유일지도체제를 확립하기 위한 것이었음을 보여준다.[44)] 다시 말해 그것은 김일성에 대한 충성을 절대화함으로써 후계자에 대한 충성을 절대화하고 김정일의 유일 지도 체제를 확립하기 위한 것이었다. 수령에 충성하기 위해서는 당중앙의 유일적 지도에 충실해야 하며, 당 중앙의 유일적 지도에 충실한 것은 곧 수령에게 충성하는 것이라는 논리로서,[45) 결국은 "수령에 대한 충성은 대를 이어 계승되어야 하며 대를 이어 계승되는 충실성만이 참다운 충실성이라고 말 할 수 있다"는 것이었다.[46)

또 김정일은 온 사회를 주체사상화하기 위한 사상과 이론과 방법이 항일 혁명 전통에 전면적으로 담겨져 있다고 보고, 1974년 3월 '생산도 학습도 생활도 항일유격대식으로!'라는 구호를 제시하고, 혁명전통을 전면적으로 계승 발전시켜 사회 생활 전반에 철저히 구현하도록 지도하였다.[47) 혁명전통의 일상화, 생활화였다.

나아가 김정일은 1970년대 중반 이후 수령론을 이론적으로 체계화해 나갔는 데, 이것은 주체 사상의 체계화 과정과 맥을 같이 하는 것이었다.[48) 김정일의 사상 이론은 사상 의식이 모든 것을 결정한다는 사상론에 기초하고 있으며,[49) 수령론을 그 핵심으로 하고 있다. 수령의 절대화, 신격화를 위한 혁명적 수령관과 수령론의 확립은 김정일의 사상 이론 작업의 최대 관심사였던 것이다.[50) 김일성의 주체사상은 1972년 최고인민회의 제5기 제1차 회의에서 개정된 신헌법에 북한의 유일한 지도적 지침으로 삼는다고 명확히 규정되었다.

4. 조직의 지도자로서의 김정일

김정일은 사상의 지도자로서 당 사상 사업에 대한 자신의 유일적 지도력을 구축한 데 이어 조직의 지도자로서 당 조직 사업에 대한 자신의 유일적 지도력 구축을 시도하였다. 김정일은 당 사업 전반에 대한 자신의 유일적 지도를 철저히 실현할 수 있도록 당 사업 체계와 방법을 근본적으로 개편하는 한편,[51) 자신의 지도 이론과 지도 방법을 수립하고 이를 각종 지도서와 직능서로 작성 배포하고, 각종 회의와 강습을 통해 이를 지도하는 방식으로 자신의 지도력을 구축해 나갔다.

김정일의 유일적 지도는 곧 수령의 유일적 영도를 구현하기 위한 것으로 설명되었다.[52] 즉 "수령은 당중앙을 통하여 당 사업 전반을 영도하며, 당중앙의 지도는 수령의 혁명 사상과 교시, 수령의 의도를 실현하기 위한 것"이며, "당중앙의 유일적 지도에 충실해야 수령의 유일적 영도 체계를 더욱 철저히 세울 수 있다"는 것이었다.[53] 김정일은 김일성의 혁명 위업을 계승하는 과정에서 자신의 지도력을 구축해 나가야 했으며, 김일성의 유일적 영도 체계를 구축해 나가는 과정에서 자신의 후계 체제도 함께 구축해 나가야 했던 것이다.

이에 따라 모든 것을 후계자에게 집중시키고 그의 유일적 결론에 따라 처리하는 강한 규율과 질서를 수립하기 위해, 당사업 체계가 후계자 중심으로 재편되었다.[54] 특히 김정일의 유일 지도 체제 확립을 위한 핵심 기구로서 당 조직지도부가 개편 강화되었다. 김정일은 이 조직지도부를 통해 자신의 유일적 지도를 전당, 전국, 전군에 철저히 관철해 나갈 수 있었던 것이다. 그것은 당, 정, 군 전반에 대한 당적 지도와 통제를 더욱 강화해 나가는 방식으로 이루어졌다.

간부 사업 체계에도 변화가 있었다. 종래와 달리 간부들에 대한 인사권을 당 조직지도부에 집중시킴으로서, 결국 김정일에게 인사권을 집중시킨 것이 그것이었다. 간부 정책도 변화되었다. 김정일은 수령과 당중앙에 대한 충실성을 간부의 첫째 조건으로 제시하였던 것이다.[55] 특히 김정일 후계 체제의 등장은 간부 교체를 가져왔다. 1970년대 중반 당중앙위원회를 비롯해 당·정·군 전반에 걸쳐 김정일에게 충실한 사람으로 간부 교체가 있었던 것이다.[56] 그 결과 당 대열은 수령과 당중앙에 충실한 사람들로 더욱 튼튼히 구성된 것으로 평가되었다.[57] 이러한 간부 교체 과정은 노·장·청 3결합 방식의 간부 정책에 따라 젊은 세대로의 세대 교체를 가져왔으며, 이들은 김정일 후계 체제의 강력한 지지 기반이 된 것으로 평가된다. 청년단체인 사로청 간부들도 30세 미만의 젊은 사람들로 교체되었다.

간부 정책과 관련하여 김정일은 충성심 뿐만 아니라 선진 과학 기술 지식으로 무장된 실무 능력도 중요하게 고려했다. 김정일은 열성 하나만으로는 부족하며 열성에 실력이 뒷받침되어야 한다고 역설하며, 간부들의 실무 능력 향상을 위해 전당의 간부화 방침을 제시하였다. 이러한 전당 간부화 방침과 관련하여, 김정일은 모든 간부들로 하여금 매일 2시간 학습, 토요 학습, 수요 강습, 강연회 등에 빠짐없이 참가하도록 하고, 당 조직들은 계획적으로 학습 과제를 부과하고 그 학습 정형을 매일 엄격히 총화하도록 하는 학습 체계를 수립하고, 학습을 생활화, 습성화, 정규화 하도록 지도하였다.58)

한편, 사상성과 아울러 조직성과 규율성 강화를 위해 당 조직 생활과 당 규율도 더욱 강화되었다. 북한에서 사상성 강화는 무엇보다 조직성 강화를 통해 추구되며, 규율성 강화도 조직성 강화를 위한 것이었다. 결국 모든 문제는 조직성 강화로 귀결되었다. 이러한 조직성 강화는 1970년 전사회의 완전한 조직화를 추구하는 것으로 나타났다. 김일성의 입장은 "사회주의, 공산주의 건설이 진척되는 데 따라 사회는 더욱 조직화"된다는 것이었다.59) 물론 그것은 규범화 즉 규율성 강화를 통해 추구되었다.

김일성의 입장은 엄격한 규정에 따라 통일적으로 움직이는 군대 활동과 마찬가지로, 모든 사람들의 활동을 규제하고 통제할 수 있는 엄격한 질서와 규정이 있어야 한다는 것이었다.60) 이에 따라 1970년대 북한은 엄격한 규범과 규정에 따라 경제 활동과 조직 정치 활동을 포함해 개인 생활에 이르기까지 사회 성원들의 모든 활동과 생활을 철저하게 조직화, 규범화, 제도화하는 방향으로 나아갔다. 전사회의 완전한 조직화로서, 이것은 궁극적으로는 "사회주의 제도의 본성을 반영한 새로운 집단주의적 생활 양식"을 확립하기 위한 것이었다. 집단주의적 생활양식의확립이란 전체 인민들이 정치, 경제, 문화, 도덕의 모든 분야에서 사회주의적 생활 규범과 행동 준칙을 세우고, 혁명적 규율과 질서를 세우며 그에 따라 활동하도록 하는 것을 의미했다.61)

이에 따라 김정일 역시 조직 규율 강화를 통해 조직 생활을 절대화하고 조직 생활을 더욱 강화해 나가도록 하였다. 당 조직 규율 강화와 당 조직 생활 강화를 위해 김정일은 거의 모든 단위에 당생활 지도 기구를 설치하였으며, 특히 각 단위별로 일상적으로 수행되는 새로운 강력한 당생활총화체계를 수립하고 당생활의 정규화, 규범화, 제도화를 추진하였다.62) 새로운 당생활총화체계란 종래 1개월에 한번 하던 것을, 김정일이 이를 바꿔 새롭게 수립한 '2일 및 주 당생활총화체계'를 말하는 것이었다.63) 북한 주민의 일상 생활이 되어 있는 이러한 생활총화제도는 1974년에 전당적으로 철저히 확립되었다.64) 주민들의 조직 생활을 강화하고 이를 보다 체계적으로 장악 통제하기 위해 소년단 활동부터 모든 사람들의 조직 생활 정형을 기록한 '조직 생활 카드'도 작성되었다. 당 생활(조직 생활) 정규화 방침에 따라 1970년대 후반이 되면 북한 주민들의 생활은 전혀 빈틈이 없는 꽉 짜인 상태가 되었다고 한다.

또 규율성 강화를 위해 김정일은 종래와 달리 모든 사업 체계와 활동을 표준화된 지도서 혹은 직능서의 형태로 규범화, 제도화하여 간부들의 자의적이고 주관적이며 비조직적 행동을 제거하고자 하였다. 조직생활의 모든 절차와 내용도 세세히 규정되었다. 표준화된 지도서 혹은 직능서를 만들어 배포하고 그에 따라 사업하는 질서와 절차를 수립하고 그 실천 여부를 검열하는 것은 김정일의 주요한 사업 방법의 하나였다. 이것은 당사업에서 나타나는 형식주의, 관료주의, 주관주의를 없애기 위한 것이었다.65)

또 김정일은 간부들에 대한 검열 사업을 강화하고, 조직지도부를 중심으로 정연한 지도 검열 사업 체계를 수립하였다. 김정일은 검열 사업도 검열사업지도서와 지도검열사업요강을 새로 작성 배포하는 등 그 원칙과 절차를 규정함으로써 표준화하고자 하였다. 검열사업은 김정일이 내려보내 지시와 방침, 구호, 지도서들이 어떻게 접수되고 집행되는지 점검하고, 김정일에 충실한 사람들로 간부를 교체하는 의미도 지니고 있었다. 1973년에는 국가정치보위부가 당, 정, 군, 그리고 기업소에까지 설치되었는 데, 국가정치보위부는 김정일 후계 체제 구축을 위한 것으로서 그 장애 요소들을 적발 제거하는 것이 주된 임무였다.

특히 김정일은 하부 단위를 철저히 장악 통제하기 위해 당중앙위원회에서 당세포에 이르기까지 모든 당조직의 활동과 사업에서 제기되는 모든 문제를 다 자신에게 보고하고(정보 집중), 자신의 유일적 결론에 따라 모든 사업을 조직하고 집행하는 정연한 사업 보고 체계와 질서를 수립하고, 하부 당조직에 내려보내는 모든 지도서와 지시는 반드시 수령과 자신의 비준을 받은 다음 내려보내도록 조치하였다.66)

김정일에 의한 보고 체계의 강화는 조직지도부 내에 소위 3선線·3일日 보고 체계와 직보直報 체계를 통해 이루어졌다. 여기서 3선(또는 3통通)이란 당조직 계통, 행정 계통, 국가보위부 계통을 의미하며, 군대에서는 당조직 계통(정치부), 참모부 계통, 군대보위부 계통을 의미한다. 직보 체계는 주요 사안에 대해 김정일에게 직접 보고하는 체계를 말한다.67) 이러한 보고 체계를 통해 김정일은 북한 전역의 실태와 움직임을 손금 보듯 철저히 파악하고 장악 통제할 수 있었으며, 1975년에 이르면사업과 당 활동에서 나서는 모든 문제들이 예외 없이 김정일의 유일적 결론에 따라 처리하는 기풍이 수립되었다고 한다.68)

또 김정일은 상급 조직이 하부 조직을 철저히 장악 통제하는 것을 기본으로 하고 여기에 도와주는 사업을 결합시키는 하부 지도 체계를 수립하였다. 이것은 당중앙의 의도를 하부 말단에까지 신속 정확하게 침투 전달하고,[69] 전당에 당중앙의 지도 밑에 움직이는 강한 규율을 확립하기 위한 것으로, 결국 김정일의 유일적 지도를 보장하기 위한 것이었다.[70]

또 김정일은 하부 지도 체계의 일환으로 아래에 내려가는 사업체계를 정연하게 세우고 그것을 제도화하였는데, 이것은 간부들로 하여금 군중 속에 들어가는 사업을 규범화, 생활화하고 그것을 철저히 지키도록 하는 것이었다. 군중노선의 제도화로 항일유격대식 사업 방법으로 명명된 이 제도는 당사업에서 관료주의, 형식주의, 요령주의, 행정식 사업 방법, 사무실적사업 방법, 유람식 사업 방법 등 낡은 사업 방법을 없애기 위한 것이었다. 이에 따라 중앙과 도의 일군들은 한달에 20일간 내려가 조직 정치 사업을 하고 10일간 올라와 재무장, 재작전하며, 집행 단위인 군당의 일군들은 1주일에 5일간 내려가 사업하고 2일간 올라와 재무장, 재작전하고 다시 내려가는 사업 체계가 확립되었다.[71] "전당이 군중 속으로 들어가자"는 구호는 김정일이 처음 제시한 것이었다. 이러한 군중 노선의 강화는 수령의 교시와 당 중앙의 의도를 중간 다리를 거치지 않고 하부 말단에까지 제때에 기동성 있게 침투시킬 수 있는 방법으로 평가되었으며,[72] 또 당중앙에 절대 복종하는 체계를 지방당 조직으로까지 확장하고,[73] 하부 단위를 철저히 장악 통제할 수 있는 방법으로 평가되었다.[74]

이러한 노력에 힘입어 1975년에 이르면 당에 대한 김정일의 지도력은 어느 정도 확고히 구축된 것으로 파악된다. 1975년 중반 북한의 설명에 따르면, "우리 당은 당안에 유일사상체계를 세우는 사업을 당중앙의 유일적 지도를 확고히 보장하는 사업과 밀접히 결부시켜 통일적으로 밀고 나감으로써 당의 유일사상체계를 세우는 사업을 새로운 높이에 끌어올렸을 뿐 아니라 전당에 당중앙의 유일적 지도를 확고히 실현할 수 있

게 되었다"고 한다.75)

특히 북한은 김정일의 유일적 지도를 확고히 보장하기 위한 '필수적 요구'이자 당활동과 당사업에서 '주선으로 틀어쥐고 나가야 할 선차적인 문제'로서 군대와 같은 강력한 중앙집권적 규율을 확립하고자 하였다. 그것은 곧 당중앙에 모든 것을 집중시키고 당중앙의 유일적 결론에 따라 행동하는 강철같은 규율이며, 당중앙의 유일적 지도에 무조건 복종하고 당중앙의 유일적 지도 밑에 전당이 한사람같이 움직이는 강철같은 규율이었다.76) 이렇게 볼 때 김정일의 유일 지도 체제는 사상성 및 조직성과 아울러 특히 강력한 중앙집권적 규율성에 의해 가능했던 것으로 평가된다.

각급 당 조직의 중앙당에 대한 보고도 모두 김정일에게 집중되었으며, 중앙당에서 각급 당조직에 내려보내는 지시도 모두 김정일의 비준을 받아야 했다. 중앙당의 각 부서가 하부 당조직에 지도 소조를 파견하는 경우도 모두 김정일의 비준을 받아야 했다. 김정일에게 모든 것을 집중시키는 것이 곧 수령에게 모든 것을 집중시키는 것이며, 김정일의 결론과 비준은 곧 수령의 결론과 비준을 의미했다. 결국 유일사상체계의 확립이란 곧 김정일의 유일 지도 체계 확립을 의미했으며, 김정일의 유일 지도 체계 확립은 곧 김일성의 유일 영도 체계의 확립을 의미했던 것이다.

당의 조직 규율은 1970년대 후반에 들면서 더욱 강력하게 추진되었으며, 전사회적으로도 규율성이 더욱 강화되었다. 조직적 통제와 아울러 규범적 통제가 갈수록 강화되었던 것이다. 1977년 2월 사회주의법무생활위원회를 조직하여 주민들에 대한 법적 통제를 강화한 것이 그것이다.77) 사회주의 법무 생활이란 규범과 규정에 기초한 생활을 의미하는 것으로서, 그것은 사람들의 모든 활동을 일정한 제도와 질서 밑에 통제하며 그들의 일상 생활을 철저히 정규화, 규범화하도록 하는 것이었다.

이에 따라 법무생활위원회는 각 도, 시, 군에 까지 조직되어, 당검열위원회와 함께 국가 기관의 모든 부문, 모든 단위의 법무 생활을 직접 조직 지도하는 총 책임기구가 되었다.78)

5. 대중 운동의 지도자로서의 김정일

1974년까지 김정일은 국가 기관에 대해 직접적인 지도력을 행사하지 않고 있었다. 당 사업에 대한 확고한 지도력 구축이 선결 과제였기 때문이다. 이 시기 국가기관에 대한 김정일의 지도는 국가기관 내의 당위원회를 통해 이루어졌다. 국가기관 내 당조직들의 모든 활동을 조직지도부에 집중시키고, 이를 통해 김정일은 국가 기관에 대한 지도와 통제를 실현해 나갔던 것이다. 그러나 김정일은 1974년 하반기부터 국가 기관에 대해 보다 직접적인 지도 체제를 수립해 나갔다. 물론 그것은 조직지도부를 통해 자신의 당적 지도력을 국가 기관으로 확대해 나가는 방식이었으며,79) 특히 대중 운동을 통해 이루어졌다.

즉 국가 기관에 대한 김정일의 지도력은 1974년 이른바 '70일 전투'를 통해 구체화되기 시작했다. 1974년 북한은 인민경제계획을 제대로 완수하지 못할 처지에 있었다. 여기서 김정일은 1974년 10월 당조직을 발동해 자신이 직접 경제 문제를 해결해 보겠다며 70일 전투를 발기하였다. 김정일은 70일 전투의 관건은 "모든 당조직들이 당중앙의 의도를 어떻게 접수하고 전투에 어떻게 달라붙는가 하는데 달려 있다"고 지적하고,80) 이 전투를 모든 당조직들이 자신의 의도를 어떻게 접수하고 실행하는지 검증하는 하나의 기회로 삼았다. 즉 그것은 김정일의 경제건설에 대한 지도 능력을 입증해보는 기회이자 동시에, 당원들의 김정일에 대한 충성심을 검열하는 기회였던 것이다.81) 김정일은 당사업은 경제 사업의 성과로 나타나야 한다고 역설하였는데, 이는 자신에 대한 충실성 역시 경제 사업에서 성과로 나타나야 한다는 것을 의미했다.

70일 전투의 기본 형식은 속도전이었다. 전국 각지에서 모범적이고 능력 있는 당원들과 근로자들을 선발 추천하여 돌격대를 편성하고 군사 활동 방식으로 전개되는 이 속도전은 김정일식 대중운동의 대표적인 형식으로서, 천리마운동과 맥을 같이하고 있는 것이었다.[82] 즉 속도전의 기본 요구는 모든 역량을 총동원하여 사업을 최대한으로 빨리 밀고 나가면서 그 질을 가장 높은 수준에서 보장하는 것이며, 그 내용적 본질은 사상전이었다.[83] 이것은 사상이 모든 것을 결정한다는 김정일의 사상론에 기초하고 있었다.[84] 때문에 속도전은 사상혁명, 기술혁명, 조직지도 사업을 3대 구성 요건으로 하면서도, 사상 혁명을 가장 선차적인 과업으로 내세우고 있다.[85] 김정일식의 대중 운동이 갖는 주요 특징의 하나는 속도전의 방침에 따라 사상 개조를 확고하게 앞세우고 있다는 점이다. 이것은 사상을 앞세운 정치 우위의 경제 건설 방식으로 결국 경제 사업에 대한 당적 지도와 통제를 강화하는 것이었다.

또 김정일은 70일 전투를 수행하면서 당의 선전선동 수단을 경제건설 현장에 보내 경제선동사업을 벌리게 하였는데, 이때부터 경제선동사업은 북한의 경제건설에서 중요한 사업 방법의 하나로 정착되었다. 이러한 경제 선동 사업은 정치사업과 경제사업을 밀접히 결합시킨 것으로서, 정치 선전과 함께 당사상 사업의 주요한 구성 부분으로 위치지워졌다.[86]

70일 전투는 1974년도 북한의 경제 건설 목표를 초과 달성하는 성과를 거두었다. 70일 전투는 단기간에 모든 역량을 총동원하는 방식이기 때문에 장기적 관점에서 보면 오히려 성장에 방해가 될 수 있었지만,[87] 수치상의 성과 달성은 김정일의 경제 지도력과 속도전의 정당성을 입증하는 것으로 평가되었다.[88] 70일 전투가 끝난 후, 속도전은 북한의 사회

주의 건설의 기본 전투형식으로 규정되었다.[89]

이러한 70일 전투의 성과를 배경으로, 김정일은 1975년 중반부터 국가기관 특히 정무원에 대한 자신의 유일 지도 체제를 본격적으로 구축해 나가기 시작하였다. 그것은 조직지도부를 통해 정무원의 위원회·부 당위원회의 당사업에 대한 자신의 유일적 지도를 강화하는 것으로 나타났다.[90] 또 김정일은 정무원 당위원회를 신설하여, 이것이 각 위원회, 부 당위원회를 통괄 지도하도록 함으로써, 과거에 병렬적으로 존재하던 당위원회를 하나의 질서로 개편하였다. 그리고 간부들을 김정일에게 충실한 사람들로 교체하고, 모든 사업과 활동을 정규화, 규범화하도록 하였다.[91] 김일성 역시 1976년 4월 정무원 제1차 전원회의에서 "이제부터 정무원 사업을 당적으로 감독 통제하는 사업은 당중앙위 조직지도부에서 맡아" 하도록 지시한 바 있다.[92]

행정 경제 사업의 규범화는 무엇보다 기업 관리를 '정규화'하는 것으로 나타났다. 기업 관리를 정규화 한다는 것은 "생산과 경영 활동에서 반드시 지켜야 할 행동 준칙과 사업 질서를 규제한 관리 규범과 규정들을 만들고 그에 따라 모든 일군들과 생산자들이 일치하게 움직이도록 함으로써 경영 활동을 고도로 조직화, 제도화하는 것을 의미"했다.[93] 다시 말해 기업 관리의 정규화란 엄격한 규정과 규범에 따라 계획화, 생산 지도, 설비 관리, 자재 공급, 노동 행정, 재정 관리, 후방 사업 등 모든 경제 활동을 규범화, 제도화, 조직화하는 것을 의미했다.[94]

이에 따라 1970년대 북한은 국영기업독립채산제에 관한 규정, 재정 규정, 물자관리규정, 설비관리규정, 자재상사사업규정 등 경제 관리 규범과 규정을 하나하나 새로 작성해 나갔다. 이러한 규범과 규정에는 생산과 건설, 분배와 유통, 소비 등 모든 경제 활동과 교육, 보건 등 제반 문화 건설 사업에 필요한 활동 원칙과 행동 준칙들이 전면적으로 상세하게 규정되어 있으며,[95] 지배인으로부터 직장장, 작업반장에 이르기까지 모든 일군들이 정확히 지켜야 할 동작 규범과 부서 직능들이 상세하게 규정되었다.

아무튼 정무원의 기구 개편과 인사 교체, 행정 경제 사업의 정규화 등 이 모든 것은 정무원의 행정 경제 사업에 대한 김정일의 당적 지도력을 강화하기 위한 것이었다. 북한의 표현을 빌면, 1975년에 들면서 "당중앙의 영도 밑에 경제 사업에 대한 당적 지도가 전례없이 강화"되었던 것이다.96) 김정일은 당사업과 경제 사업을 밀착시킬 데 대한 방침을 제시하고, 경제 사업에 대한 당적 지도를 '결정적으로 강화'하도록 지도하였다.97) 여기서 당사업과 경제사업을 밀착시킬 데 대한 방침은 당조직들과 당일군들이 행정경제사업에 대해 완전히 책임지는 입장에서 그에 대한 지도를 '결정적으로 강화'하며 경제건설에 당적 역량을 집중시킴으로써, 당조직들과 당일군들이 경제사업을 튼튼히 틀어쥐고 당의 모든 활동을 경제과업수행에 복종시키며 당사업의 성과가 경제사업에서 나타나게 하는 것을 의미했다.98)

특히 1970년대 북한의 경제 건설에 대한 김정일의 지도력은 70일 전투와 같이 대중 운동 방식으로 이루어졌다. <3대혁명소조운동>과 <3대혁명붉은기쟁취운동> 등이 그것이었다. 먼저 1973년 2월부터 본격적으로 추진된 3대혁명소조운동은 북한 사회에 만연된 관료주의, 형식주의, 조직 이기주의, 소극 보수성, 무책임성, 창발성 부족 등을 퇴치하기 위한 사상 투쟁적 성격을 갖고 추진되었다.99) 북한은 1970년 노선노동당 제5차 대회에서 기술혁명, 특히 3대기술혁명을 6개년계획의 중심 과업으로 제기하였다. 그러나 중간 단위 간부들의 관료화 경향으로 인해 과업이 잘 추진되지 않고 있었다.100) 이러한 문제점을 시정하기 위해 김정일은 부부장급을 비롯한 중간 간부들에 대한 당적 통제를 강화하는 한편,101) 군중노선을 더욱 강화하는 조치를 취하였다.

3대혁명소조운동 역시 중간 단위를 거치지 않고 수령과 당의 정책이 곧바로 하부 단위에까지 미치도록 하고, 관료화된 중간 단위 간부들에 대한 사상 투쟁을 주요 목적의 하나로 하고 있으며, 그 초점은 기술혁명의 수행에 있었다. 즉 3대혁명소조운동은 당핵심, 과학기술일군, 청년인텔리들이 주축을 이루고 있으며,[102] 과학 기술 지식으로 무장된 새로운 세대를 통해 위로부터의 기술 혁신을 추구하는 것이었다.[103] 그리고 김정일이 후계자로 추대된 이후 그 지도권을 넘겨 받은 다음 이 3대혁명소조운동은 김정일의 친위대, 근위대로 활동하며,[104] 김정일의 방침을 직접 수행하는 돌격대가 되었다.

때문에 3대혁명소조운동은 "당중앙의 혁명적 지도를 가장 정확히 실현하는 운동"으로 평가되었다. 즉 소조원들은 김정일의 방침에 따라 사고하고 행동하는 것을 사업과 생활의 확고한 철칙으로 삼고, 전국의 실태를 정확히 김정일에게 보고하고 모든 분야에 대한 김정일의 유일적 지도를 구현해 나갔던 것이다.[105] 결국 3대혁명소조운동은 당·정에 대한 김정일의 지도력을 더욱 강화해 주는 역할을 하였으며, 그 과정에서 많은 소조원들이 입당하고 간부로 발탁됨으로서 젊은 층으로의 세대 교체를 가져오고 김정일의 지지 기반을 넓혀 주었다.

또 김정일은 1975년 11월 3대혁명을 대중적으로 추진하기 위해 '사상도 기술도 문화도 주체의 요구대로!'라는 구호를 내걸고 3대혁명붉은기쟁취운동을 발기하였다. 3대혁명소조운동이 김일성에 의해 발기되어 김정일에 의해 확대 발전된 대중 운동이었다면, 3대혁명붉은기쟁취운동은 처음부터 김정일이 구상하고 추진한 대중 운동이었다. 이 운동은 온 사회의 주체사상화를 실현하기 위한 대중 운동으로, 특히 김정일에 대한 근로자들의 충성심을 고양하는 것을 가장 중요한 목표로 설정하였다. 따라서 이 운동에서는 무엇보다 먼저 김정일에 대한 충성심이 얼마나 높은가 하는 데 따라 사업이 평가되고 영예의 붉은기가 주어졌다.[106] 또 김정일은 '전쟁의 관점에서' 혁명 대열을 얼마나 철저히 꾸렸는가

하는 것을 3대혁명붉은기쟁취운동의 중요한 평가 기준으로 제시하였다.107)

한편, 북한은 1978년부터 제2차 7개년 계획을 수행하면서 인민 경제의 주체화, 현대화, 과학화를 그 핵심 목표로 설정하고, 그 실행 원칙으로 자력 갱생의 원칙을 제시하였다. 특히 중국이 중국공산당 제11기 제3차 중앙위원회 전체회의에서 개혁 개방 정책을 결정하자, 김정일은 1978년 12월 '우리식대로 살아나가자'는 구호를 제시하고 자력 갱생의 원칙을 더욱 강조하며 "자력 갱생의 혁명 정신을 더욱 높이 발휘하자"고 역설했다.

북한의 설명에 따르면, "당시 일부 사회주의나라들은 수정주의의 길로 나아가면서 저들의 그릇된 노선을 남에게도 내리먹이려고 공공연히 압력을 가하고 여러 가지 복잡한 사태를 빚어내고 있었다"고 한다.108) 당시 김정일 역시 "오늘 국제공산주의운동안의 복잡한 사태로 큰 나라들 사이에 끼여있는 우리에게 난관을 조성하고 있다. 기회주의에 빠진 일부 사회주의 나라들은 혁명적 원칙을 저버리고 제국주의자들과 공공연히 타협하고 있으며 민족이기주의에 사로잡혀 제 살 궁리만 하고 있다"고 비판한 바 있다.109) 이러한 상황에서 김정일에 의해 제시된 "우리식대로 살아 나가자"는 구호는, 어디서 어떤 바람이 불어오고 남이야 어떻게 하든, 그 어떠한 시련과 난관이 도래하든 추호의 동요도 없이 주체사상의 요구대로 살며 혁명하는 것을 의미했다. 여기서 "자력갱생"이란 제국주의와 수정주의에 대한 반대 의미를 내포하고 있는 것이었다.110)

때문에 북한의 제2차 7개년 계획은 자력 갱생의 원칙에 입각해 인민 경제의 주체성과 자립성을 더욱 강화하는 것을 그 핵심 목표로 삼고 있었다. 하지만 그것은 현대 과학 기술에 기반하는 것이었다. 때문에 북한은 '현시대를 과학기술의 시대'로 규정하고,111) 과학 기술 발전에 대해 그 어느 때보다 큰 관심을 기울였다. 생산에서도 과학 기술이 요구되고, 경제 운영에서도 과학적인 경영 활동이 요구되었던 것이다.112) 김정일 역시 과학 기술 발전의 중요성을 강조하며, 간부의 요건으로 수령에 대한 충실성과 아울러 과학 기술 지식으로 무장된 실무 능력을 1970년대 전반기 보다 더 강하게 요구하였다.113)

특히 김정일은 과학 기술에 의한 경제 발전과 생산 현장의 기술적 문제를 해결하기 위해 과학 기술자들과 인텔리들의 역할 제고를 강조하는 한편, 과학자・기술자 돌격대 운동을 조직하였다. 즉 김정일은 1975년 처음으로 <7・1과학자・기술자 돌격대>를 조직한 데 이어, 1978년 <2・17과학자 돌격대>, <4・15기술혁신돌격대> 등을 조직하여 생산 현장에 파견하여 기술 혁신 운동을 추진하였던 것이다.114) 이것은 생산 현장에서 과학 연구 사업과 대중적 기술 혁신 운동을 결합시킨 것이었다.

김정일은 또 1979년 10월부터 새로운 대중운동인 '숨은 영웅들의 모범 따라 배우기 운동'을 전개하였다. 기존의 대중운동이 집단을 대상으로 하던 데 비해, 이 운동은 개인을 단위로 하는 운동이었다. 이 운동 역시 사상 개조 운동이면서 동시에 기술 개조 운동에 더 많은 관심을 기울였다. 다시 말해 이 운동은 과학 연구 사업과 기술 혁명 수행에서 새로운 전환을 일으킬 것으로 목표로 하고 있었던 것이다.115) 때문에 숨은 영웅들은 1970년대 후반 '우리식대로' 살아나가는 주체형의 공산주의 인간의 전형으로, 수령에 대한 충실성과 자력 갱생의 혁명 정신, 특히 과학 기술 연구 사업에서 모범을 보인 사람들로 발굴되었다.

나아가 김정일은 제2차 7개년 계획의 실행과 관련하여, 경제 사업에 대한 당적 지도를 그 어느 때보다 더욱 강화하고, 당사업과 경제사업을 더욱 밀착시켜 나가도록 지도하였으며,116) 이에 따라 당일군들에게도 높은 경제 지식과 과학 기술 지식을 습득할 것을 요구하였다.117)그리고 경제 사업에 대한 당적 지도를 강화하기 위해 각급 당위원회 내에 경제 기관이 다시 설치되었다. 지방예산제와 독립채산제도 강화되었다. 특히 김정일은 재정 관리 체계의 강화를 위해 기존의 월月 생산 및 재정 총화 제도 대신 새로운 일日 생산 및 재정 총화 제도를 도입하였다. 이것은 인민 경제 모든 부문 모든 단위에서 매일 생산 계획 수행 정형 총화와 재정 총화를 밀접히 맞물려 진행하는 새로운 경제 관리 제도였다.118)

6. 군사의 지도자로서의 김정일

김정일의 군사 부문에 대한 지도력 구축은 1974년 하반기부터 시작되었다. 김정일은 1974년 하반기에 군대내 당 조직에 대한 일제 검열을 실시하였는데, 검열의 주요 기준은 유일사상체계와 유일지도체계를 군에서 제대로 따르고 있는가, 김정일이 제시한 방침과 구호가 제대로 접수되고 있는가 하는 것이었다. 이러한 검열 총화를 통해 김정일은 자신의 지지 세력으로 군사, 정치 간부 대열을 재정비 하고 군에 대한 자신의 지도력을 강화해 나갔다.

군에 대한 김정일의 지도력 역시 군대 내 당조직을 통해 이루어졌다. 북한의 군대 내 모든 당조직은 총정치국의 지도를 받으며, 총정치국은 당 조직지도부의 지도를 받는바, 김정일은 조직지도부─총정치국 라인을 통해 군에 대한 자신의 지도력을 구축해 나갔던 것이다. 다시 말해 당 조직지도부를 통해 군대 안의 당조직을 장악하고 이 군대 안의 당조직을 통해 군지휘 계통을 장악해 들어갔던 것이다.

특히 김정일의 군에 대한 지도력 구축 과정에서 중요한 계기가 된 것은 1975년 1월 조선인민군 총정치국 책임일군들과 한 담화였다. 이 담화에서 김정일은 군대 내 당사업을 책임지고 있는 총정치국에 대한 자신의 지도력 확립을 다음과 같이 공식적으로 표명하였다. 즉 "인민군대에 대한 당중앙의 유일적 영도는 전군 김일성주의화를 실현하기 위한 기본 담보이다 … 인민군대안의 모든 간부들과 군인들은 당중앙의 유일적 영도에 끝없이 충실하여야 한다. 전군이 당중앙의 유일적 영도 밑에 하나와 같이 움직여야 하며 당중앙의 명령, 지시를 무조건 철저히 관철하여야 합니다 … 인민군대에는 군건설과 군사활동에서 나서는 중요한 원칙적 문제들을 빠짐없이 당중앙에 보고하고 당중앙의 결론에 따라 처리하는 엄격한 규율이 전군을 확고히 지배하도록 하여야 한다."[119]

김정일은 이 담화를 통해 전군 주체사상화 방침을 본격적으로 제기하고, "인민군대를 완전 무결한 수령의 군대, 당의 군대로 만드는 것을 군건설의 총적 임무"로 제시하였다. 이를 위해 김정일은 군대 내에서 당정치 사업을 확고히 앞세우게 하고, 군인들 속에서 당과 수령에 대한 충실성을 확고한 신념과 의리로 간직하도록 하기 위한 사상 교양 사업을 진공적으로 벌려 나갔다.[120] 1975년 2월에 인민군 총참모장 오진우의 김정일에 대한 충성 표시가 있었으며, 당 기관지 『근로자』는 군인들이 당중앙을 목숨으로 사수할 것을 요구하였다.[121] 또 김정일은 1975년 12월 초에 전군에 3대혁명붉은기쟁취운동을 추진하였다.

1975년을 지나면서 군에 대한 김정일의 지도력은 어느 정도 확고해진 듯하다. 당시 군에서 못하나 움직이는 것도 김정일의 결심이 없으면 못한다는 말이 나올 정도였다고 한다.[122] 1975년경부터 김정일은 군대가 보고 문건이나 비준 문건을 김일성에게 직접 올리지 못하게 하고 반드시 자신을 통하도록 보고 체계를 바꾸었다. 1975년부터 시행된 이러한 새로운 보고 체계는 김정일이 인민군대의 정보 통로를 틀어쥐는 획기적 사건이었다.[123] 1975년에는 군 병영에 김정일의 초상화가 김일성과 나란히 부착되었다. 군에 대한 김정일의 지도력 강화는 군의 세대 교체를 가져 왔다. 중대장은 30~40세에서 32세 미만으로, 대대장은 40~

50세에서 32~35세로, 연대장은 50~60세에서 35~40세로 연령이 대폭 낮아졌으며, 만경대혁명학원 출신 등 김정일과 운명을 같이하는 혁명 2세대가 부상하였다.124)

그러나 군에 대한 김정일의 지도력 구축 과정은 그리 순탄하지만은 않은 듯하다. 1976년 후계 체제 구축의 속도에 대한 김동규 등의 문제 제기 이후, 1977년에는 오진우마저 당중앙에 대한 언급을 회피할 정도였다.125) 김동규 사건으로 군과 사법 안전기관의 주요 간부들이 모습을 감추었으며, 김정일 역시 1978년 중반까지 활동을 자제하였다. 이러한 김정일의 활동 자제와 후계 체제의 속도 조절 기간은 김일성의 적극적인 지원 하에 군에 대한 김정일의 지도력 강화를 위한 내부 정비 기간이었던 것으로 추측된다. 군에 대한 김정일의 지도력 확립은 실로 김일성의 적극적인 지원과 후원에 크게 힘 입은 것으로 보아야 할 것이다. 김정일은 1978년 조선인민군 창건일을 기존의 2월 8일에서 1932년 반일인민유격대 창건일인 4월 25일로 변경하는 등 1978년을 지나면서 군에 대한 자신의 지도력을 재차 강화해 나갔다.126)

당 조직을 통해 군에 대한 지도력을 구축해 나가던 이전 시기와 달리, 1979년부터 김정일은 대중운동과 아울러 군사 업무에까지 보다 직접적인 지도력을 행사하기 시작했다. 군에서의 3대혁명붉은기쟁취운동은 특히 아랫단위에서 진행되었고, 이것은 군에 대한 김정일의 지도력을 더욱 강화시켜주는 역할을 하였다. 또 김정일은 1979년 12월부터 '오중흡 따라배우기 운동'을 전개하였는데, 이것은 최고사령관 김일성의 명령과 당중앙 김정일의 명령에 대한 절대적 충성심을 고양하기 위한 것이었다. 그리고 인민군대 모든 부대들에서 '훈련도 학습도 생활도 항일유격대식으로'라는 구호를 제시하고 혁명전통교양을 강화하였다.

또 김정일은 1979년 2월 전군을 주체사상화하기 위한 정치사상교양사업의 방법과 관련, 항일유격대식 선전선동방법을 받아들여 모든 선전과 선동을 화선식 선전, 화선식 선동으로 전환시켰다. 특히 김정일은 군사 조직 체계와 작전 지휘 체계를 개편하는 문제, 인민군 군인들의 군사 기술적 자질을 높이는 문제, 인민 군대의 무장 장비를 더욱 현대화하는 문제들을 중요한 과업으로 내세우고 강하게 추진해 나갔으며, 그 결과 군의 군사 기술적 준비에서 '획기적인 전진'이 이루어졌다고 평가되었다.[127]

1979년이 되면 1975년에 확립된 군의 보고 체계도 더욱 강화되었다. 이때부터 김정일은 김일성에게 올라가는 보고 문건을 선별하기 시작했던 것이다.[128] 그리고 김일성은 1979년 12월 조선노동당 인민군위원회 제6기 제20차 전원회의에서 군에 대한 김정일의 유일 지도 체제를 수립하도록 지시하였으며,[129] 1979년 12월 18일 조선노동당, 조선인민군 당위원회 확대전원회의에서는 김정일의 군 지도력 강화가 결의되었다.[130] 이 회의를 계기로 김정일은 당조직을 통한 군사 부문 지도에서 직접 군사를 지도하는 단계로 점차 이행하게 된다.

즉 1980년 10월 조선노동당 제6차 대회에서 김정일은 당군사위원회 위원으로 선출됨으로써, 군에 대한 당적 지도와 아울러 군사적으로도 직접적인 지도력을 행사할 수 있게 되었다. 나아가 1982년 4월 김일성은 인민군대에 대해, 후계자의 군대로서 충실성을 가질 것 요구함으로써, 군은 이제 수령의 군대이자 곧 후계자의 군대로 점차 전환되어 갔다.[131] 그리고 1982년 6월 당군사위원회는 김정일로 하여금 군대를 당적으로 지도하는 것에서 더 나아가 군사적으로도 직접 지도할 수 있도록 하고, 군대안의 보고 체계와 모든 사업 체계를 김정일의 유일적 지도를 보장될 수 있도록 개편하였다.[132]

7. 결 론

1970년대 북한의 가장 중요한 정치적 목표는 김정일 후계 체제를 확립하는 것이었으며, 이 목표는 비록 약간의 우여곡절이 있었지만 비교적 성공적으로 추진되었다. 1980년 10월 조선노동당 제6차 대회에서 김일성은 '혁명의 장래 운명을 좌우하는 근본 문제'로서 후계 문제가 성공적으로 해결되었음을 공개적으로 선언하였다. 이것은 1970년대를 경과하면서 김정일의 유일 지도 체제가 확고히 구축되었음을 의미한다.

그리고 1970년대에 있은 김정일 후계 체제의 확립 과정은 곧 수령 체제의 제도적 완성 과정이기도 하다. 본 논문에서도 밝히고 있듯, 수령 체제는 통일 단결의 정치를 추구하는 것인바, 따라서 수령 체제의 제도적 완성 과정으로서 김정일 후계 체제의 확립 과정은 곧 통일 단결의 계승과 그 심화 발전의 역사적 과정이었다. 다시 말해 그것은 수령에서 후계자로 통일 단결의 중심을 계승하고, 후계자를 중심으로 한 당과 대중의 통일 단결을 더욱 심화 발전시켜 나가는 과정이었던 것이다. 통일 단결의 정치는 북한 정치가 추구하는 핵심 중의 핵심이었다.

이러한 통일 단결의 정치는 조직·사상적 지도의 유일성에 기초한 사상과 행동의 통일성을 통해 보장되며, 이를 구현하기 위한 핵심 수단은 사상, 조직, 규율(규범)이었다. 특히 북한은 1970년대 들어 사상적 통제(사상성)와 아울러 특히 조직적 통제(조직성)와 규범적 통제(규율성)를 갈수록 강화해 나갔는데, 그것은 규범적 통제를 강화하는 기반 위에서 조직 생활과 조직적 활동을 절대화하는 등 북한 주민들의 사회 활동에서부터 개인 생활에 이르기까지 그 모든 활동과 생활을 철저하게 조직화하는 것으로 나타났다. 전사회의 완전한 조직화로서, 조직 사회주의의 추구였다.

1970년대 수령 체제의 제도적 완성과 후계 체제의 확립은 이와 같은 전사회의 완전한 조직화를 기반으로 하여 성립되는 것이었다. 때문에 수령 체제가 완성되고 후계 체제가 확립되는 1970년대를 지나면서 북한 사회의 조직화 수준 역시 거의 완벽한 수준에 이르게 되었으며, 이에 따라 북한 주민들의 모든 활동과 생활은 엄격한 규범과 규율에 따라 철저하게 조직적으로 이루어지게 되었다. 1970년대 이와 같은 북한식의 조직 사회주의, 전사회의 완전한 조직화는 바로 김일성의 유일 후계자 김정일에 의해 자신의 후계 체제를 구축해 나가는 과정에서 이루어졌다.

이렇게 볼 때, 북한 사회의 완전한 조직화는 1970년대 김정일 후계 체제 구축 과정에서 나타난 북한 사회 체계의 가장 중요한 변화라 할 수 있으며, 그것은 오늘날까지 큰 변화없이 그 기본틀이 그대로 유지되고 있다. 그런 만큼 1970년대 김정일의 등장에 따른 북한 체제의 변화는 오늘날의 북한 체제의 사실상의 원형이 형성된 시기라 할 만하다.

※ 이 글은 『현대북한연구』 제6권 1호 (2003)에 수록되었다.

주註

1) 장달중은 "오늘의 북한이 주체사상의 집단주의적 원칙을 이용하여 경제 발전을 시도하고 있다고 하여, 주체사상의 윤리가 북한 사회의 궁극적인 목적으로 신봉되지 않고 있다고 말할 수는 없다"고 적절히 지적하고 있다. 장달중, "남북한 정치체제의 이념과 현실," 박기덕·이종석 편,『남북한 체제 비교와 통합 모델의 모색』(성남: 세종연구소, 1995), 220쪽

2) 1970년대 김정일 후계 체제 구축 과정에 대한 연구는 다소 빈약한 실정이며, 그것도 대부분 김정일 후계 체제 구축 과정을 단순히 권력적 현상으로만 파악하여 김정일의 권력 장악 과정에만 치중하여 분석하는 한계를 보이고 있다. 이러한 기존의 연구 한계를 극복하고 1970년대 북한 사회의 발전 목표와의 연관성 속에서 김정일 후계 체제의 구축 과정을 분석한 연구로는 정영철, "김정일 체제 형성의 사회 정치적 기원 : 1967~1982" (서울대학교 박사 학위 논문, 2001)이 있다.

3) 조총련,『김정일 장군 략사』(동경: 조총련, 1994), 60쪽 ; 김남진 외,『향도의 태양 김정일 장군』(평양: 평양출판사, 1995), 47쪽.

4) 북한 조선노동당의 고위 간부였던 신경완의 증언에 따르면, 1960년대 중반 김일성의 건강에 문제가 생겨, 만일의 사태에 대비하여 빨치산 지도부 내에서 후계 문제가 논의되는 과정에서 수령 체제(유일 체제)만이 혁명의 계승성을 확고히 보장할 수 있다는 인식에 도달하였다고 한다.

5) 수령 체제의 역사적 성립 과정에 대한 보다 자세한 설명은 이태섭,『김일성 리더십 연구』(서울: 들녘, 2001) 참조.

6) 김국훈, "당의 유일 사상 체계를 세우는 것은 우리 당 건설의 기본 원칙,"『근로자』1970년 제5호, 39쪽.

7) 물론 북한에서 주체 확립이란 매사에 주인 의식과 주인다운 태도를 갖는 것을 의미한다.

8) 김일성, "현 정세와 우리 당의 과업"(1966. 10. 5),『김일성저작선집 4』, 366~367쪽.

9) 또 최고 지도자를 유일 중심으로 한 당과 대중의 통일 단결은 북한의 대외적 자주 노선의 내적 기반이었으며, 자주노선에 따른 경제적 희생을 감내할 수 있는 정치적 기반이었다. 오코노기 마사오는 1990년대 중반 이후 북한의 경제 파탄에도 불구하고, "북한이 존속하는 최대의 비밀은 최고 지도자를 정점으로 한 특이한 일원적인 정치 체제에 있다"고 피력한 바 있다. 오코노기 마사오, "북한의 위기와 일본의 대응," 오코노기 마사오 편저, 강성윤·이종국·조진구 옮김,『김정일과 현대 북한』(서울: 을유문화사, 2000), 30쪽.

10) 김일성, "조선민주주의인민공화국에서의 사회주의 건설과 남조선 혁명에 대하여" (1965. 4. 14), 『김일성저작선집 4』, 170쪽.

11) 조선로동당출판사, 『위대한 수령 김일성 동지의 불멸의 혁명 업적 12』 (평양: 조선로동당출판사, 1999), 13쪽.

12) 편집국, "혁명의 탁월한 수령 김일성 동지는 백전백승의 조선로동당의 창건자이며 령도자이시다," 『근로자』 1971년 제5호, 12쪽.

13) 편집국, "위대한 수령 김일성 동지께서 개척하신 혁명 위업을 대를 이어 빛나게 계승하고 완성하자," 『근로자』 1974년 제9호, 17쪽.

14) 편집국, "당의 유일 사상 체계를 세우는 것은 우리 당 건설의 기본 노선," 『근로자』 1977년 제5호, 9쪽.

15) 편집국, "당의 유일 사상 체계를 세우는 것은 우리 당 건설의 기본 노선," 『근로자』 1977년 제5호, 13쪽. 북한의 설명에 따르면, 사상과 영도의 유일성이 실현되지 못하면 종파와 분파가 생거나 행동의 통일성이 보장될 수 없으며, 그렇게 되면 결국 혁명의 주체가 사분오열되어 혁명도 당도, 조국도 민족도 다 망하게 된다고 한다. 조선로동당출판사, 『위대한 수령 김일성 동지의 불멸의 혁명 업적 12』, 43쪽.

16) 북한에서 수령의 후계자는 절대화된 "수령의 영도적 지위와 역할을 계승하는 혁명의 영도자"로서 그 지위와 역할이 절대화되어 있다. 조선로동당출판사, 『위대한 수령 김일성 동지의 불멸의 혁명 업적 12』, 50～51쪽.

17) 조선로동당출판사, 『위대한 수령 김일성 동지의 불멸의 혁명 업적 6』 (평양: 조선로동당출판사, 1998), 402쪽.

18) 김정일, "혁명 대오를 튼튼히 꾸리며 사회주의 건설을 힘있게 다그칠 데 대하여"(1984. 3. 10), 『주체혁명위업의 완성을 위하여 5』 (평양: 조선로동당출판사, 1988), 112쪽.

19) 조선로동당출판사, 『위대한 수령 김일성 동지의 불멸의 혁명 업적 12』, 244쪽.

20) 편집국, "당의 유일사상으로 더욱 철저히 무장하자," 『근로자』 1968년 제4호, 5쪽.

21) 리진규, 『21세기-김정일 시대』 (평양: 평양출판사, 1995), 112쪽.

22) 김정일, "문학 예술 부문에서 당의 유일사상체계를 튼튼히 세울데 대하여"(1967.5.30), 『주체혁명위업의 완성을 위하여 1』 (평양: 조선로동당출판사, 1987), 24쪽.

23) 강복만, "당원의 선봉적 역할," 『근로자』, 1967년 제6호, 26쪽.

24) 김정일, "방송은 정치의 중요한 수단이다"(1968. 3. 24), 『주체혁명위업의 완성을 위하여 1』, 43쪽.

25) 김정일, "4.15문학창작단을 내올데 대하여"(1967. 6. 20), 『김정일선집 1』 (평양:

조선노동당출판사, 1992), 249쪽.

26) 중앙일보 특별취재반, 『한반도 절반의 상속인 김정일』 (중앙일보사, 1994), 91 쪽.

27) 편집국, "김일성 동지에 의하여 이룩된 우리 당의 영광스러운 혁명 전통으로 튼튼히 무장하자," 『근로자』. 1968년 제7호, 3·8쪽.

28) 편집국, "위대한 수령님께서 개척하신 주체의 혁명 위업에 끝까지 충실하는 것은 조선 공산주의자들의 혁명적 본분," 『근로자』, 1977년 제1호, 20쪽.

29) 북한의 설명에 따르면, "수령의 혁명 위업을 실현해 나가는 과정과 혁명 전통을 계승 발전시켜 나가는 과정은 하나의 통일적 과정을 이루며 수령이 개척한 혁명 위업은 수령에 의해 창시된 혁명 전통을 대를 이어 옹호 고수하고 계승 발전시켜 나갈 때 성과적으로 이룩될 수 있다"고 한다. 편집국, "당의 유일 사상 체계를 세우는 것은 우리 당 건설의 기본 노선," 『근로자』 1977년 제5호, 15쪽.

30) 스즈키 마사유키, 유영구 옮김, 『김정일과 수령제 사회주의』 (서울: 중앙일보 사, 1994), 131쪽.

31) 김일성은 항일 혁명 투사들이 김정일을 수령의 유일한 후계자로 내세웠다고 말하면서, 이들이 김정일을 후계자로 추대했다는 것은 곧 군대가 그를 민족의 영수로 내세웠다는 것을 의미한다고 지적한 바 있다. 김일성, 『세기와 더불어 8』 (평양: 조선로동당출판사, 1988), 310쪽.

32) 편집국, "당은 우리의 모든 승리의 향도성," 『근로자』, 1976년 제2호, 4쪽.

33) 그런데 이러한 후계자 추대를 문건으로 공식화한 것은 1975년 2월 당 중앙위 원회 제5기 제9차 전원회의였다고 한다. 정창현, 『곁에서 본 김정일』(토지, 1999), 111~112쪽 참조 ; 김광용, "북한 수령제 정치체제의 구조와 특성에 관한 연구" (한양대학교 박사 학위 논문, 1995), 105쪽.

34) '김일성주의'는 북한의 공식 문헌에 쓰이지 않는다. '온사회의 주체사상화'로 대신 쓰이고 있다.

35) 김정일, "온사회를 김일성주의화하기 위한 당사상 사업의 당면한 몇 가지 문제 에 대하여"(1974. 2. 19), 『주체혁명위업의 완성을 위하여 3』 (평양: 조선로동 당출판사, 1987), 2~3쪽.

36) 과학백과사전종합출판사, 『조선노동당의 사회주의 건설 령도사』 (평양: 과학백 과사전종합출판사, 1995), 89~90쪽 참조.

37) 리상걸, 『주체의 당건설 이론의 전면적 발전』 (평양: 사회과학출판사, 1984), 77쪽.

38) 리찬선, "온사회를 주체사상화하는 것은 우리 혁명을 끝까지 완성하기 위한 력사적 위업," 『근로자』 1977년 제2호, 23쪽.

39) 편집국, "조선로동당은 사회주의의 완전한 승리를 힘있게 앞당겨 나가는 전투적인 당,"『근로자』1975년 제9호, 19쪽.

40) 김정일, 앞의 글 (1974. 2. 19), 51~52쪽.

41) 편집국, "위대한 수령 김일성 동지의 혁명 사상으로 온사회를 일색화하는 것은 우리 당이 지닌 가장 영광스러운 혁명 위업,"『근로자』, 1974년 제4호, 24쪽.

42) 조선로동당출판사,『조선로동당역사』(평양: 노선로동당출판사, 1991), 477~478쪽 참조.

43) 편집국, "위대한 수령 김일성 동지께서 개척하신 혁명 위업을 대를 이어 빛나게 계승하고 완성하자,"『근로자』1974년 제9호, 18쪽.

44) 김정일, "당사업을 근본적으로 개선 강화하여 온 사회의 김일성주의화를 힘있게 다그치자"(1974.8.2),『주체혁명위업의 완성을 위하여 3』, 170~171쪽 참조.

45) 편집국, "수령님께 끝없이 충성 다하는 것은 주체형의 공산주의 혁명가의 가장 기본적인 품성,"『근로자』1974년 제5·6호, 16쪽.

46) 김시학, "위대한 수령님에 대한 충실성은 주체형의 혁명가들이 지닌 고상한 사상 정신적 풍모,"『근로자』1980년 제4호, 28쪽.

47) 조총련, 앞의 책, 42쪽.

48) 정영철, 앞의 논문, 50~51쪽 참조.

49) 편집국, "위대한 수령 김일성 동지의 혁명 사상으로 온사회를 일색화하기 위하여 몸바쳐 투쟁하자,"『근로자』1974년 제7호, 5쪽.

50) 혁명적 수령론은 주체사상을 새로운 높은 단계로 발전 완성시킨 근본 바탕을 이루는 가장 탁월한 철학적 발견이라고 한다. 리진규, 앞의 책, 65쪽.

51) 편집국, 앞의 글 (1975. 9), 19쪽.

52) 리오송, "영광스러운 당을 따라 주체의 혁명 위업을 대를 이어 빛나게 완성해 나가자,"『근로자』1976년 제2호, 49쪽.

53) 편집국, 앞의 글 (1974.9), 19쪽.

54) 당사업 체계를 세운다는 것은 당조직들의 당 내부 사업 절차와 질서, 제도를 정연하게 세운다는 것을 의미한다. 백남복, "강철같은 규율을 세우는 것은 당의 혁명적 지도를 보장하기 위한 선차적 과업,"『근로자』1975년 제9호, 38쪽.

55) 김정일, 앞의 글 (1974. 8. 2), 186쪽.

56) 강현수, "우리 당은 수령님의 위대한 주체사상을 실현하기 위하여 투쟁하는 당이다,"『근로자』1975년 제4호, 37쪽 ; 편집국, "수령님의 교시를 높이 받들고 알곡 800만톤 고지 점령을 위한 투쟁에 힘차게 떨쳐 나서자,"『근로자』, 1975년 제2호, 15쪽.

57) 편집국, "조선로동당은 위대한 수령 김일성 동지께서 창건하시고 영도하시는 영광스러운 당이다,"『근로자』1975년 제10호, 9쪽.

58) 리재일, "간부들은 혁명적 학습 기풍을 철저히 세워 정렬적인 독학가가 되자," 『근로자』 1974년 제7호, 44~47쪽.

59) 김일성, "온사회를 주체사상화 하기 위한 인민 정권의 과업"(1982. 4), 『김일성 저작선집 9』, 41쪽.

60) 김일성, "국가 재산을 애호 절약하며 수산업을 더욱 발전시킬데 대하여"(1969. 6. 30), 『김일성저작집 24』, 8~14쪽.

61) 김량제, "사회주의 생활 양식은 사회주의 사회에서 사는 사람들의 활동 방식," 『근로자』 1979년 제3호, 32~34쪽.

62) 여기서 당생활 정규화란, 당조직의 지도와 통제 밑에 생활하고 사업하게 하는 적극적인 통제 방법을 의미한다. 현명준, " 전당을 간부화하는 것은 온사회를 위대한 주체사상으로 일색화하는 위업의 필수적 요구," 『근로자』, 1975년 제1호, 40쪽.

63) 물론 이것은 모든 단위에 일률적으로 정해진 것은 아니었다. 문학예술이나 외교 계통은 2일 당생활 총화를 하고, 그 밖의 단위는 3일, 5일, 1주일 혹은 10일 당생활총화제도를 수립하였다. 김정일, "전당에 새로운 당생활총화 제도를 세울데 대하여"(1973. 8. 21), 『주체혁명위업의 완성을 위하여2』(평양 : 조선로동당출판사, 1987), 456쪽.

64) 과학백과사전출판사, 『조선전사 32』 (평양: 과학백과사전출판사, 1982), 208~209쪽 참조.

65) 평양출판사, 『위대한 령도자 김정일 장군 략력』 (평양: 평양출판사, 1996), 56쪽.

66) 김정일, "당사업에서 낡은 틀을 마스고 새로운 전환을 일으킬 데 대하여"(1974. 2. 28), 『주체혁명위업의 완성을 위하여 3』, 61쪽.

67) 정창현, 앞의 책, 152쪽 참조.

68) 정필선, "온 사회의 주체사상화 위업에 맞게 당사업을 근본적으로 개선 강화하기 위한 강령적 문헌," 『근로자』 1975년 제7호, 35쪽.

69) 정동익, "청산리 방법대로 군중 속에 깊이 들어가 살며 일하자," 『근로자』 1976년 제3호, 29쪽.

70) 문성술, "하부지도체계를 튼튼히 세우는 것은 당사업을 새롭게 혁신하기 위한 기본 요구," 『근로자』 1975년 제8호, 33쪽.

71) 정동익, 앞의 글, 29쪽.

72) 리기순, "자기 손으로 씨를 뿌리고 수확을 거두어 들이는 것은 당일군들의 참된 일본새," 『근로자』 1976년 제8호, 42쪽.

73) 정동익, 앞의 글, 29쪽.

74) 정필선, 앞의 글, 37쪽

75) 정필선, 같은 글, 35~36쪽.

76) 백남복, "강철같은 규율을 세우는 것은 당의 혁명적 지도를 보장하기 위한 선
    차적 과업," 『근로자』 1975년 제9호, 35～40쪽 참조.

77) 북한은 1972년 헌법 개정 이후부터 규범적 통제 강화의 일환으로 사회주의
    법무생활을 강조해 왔으며, 1974년 8월에는 중앙인민위원회에 법제위원회를
    조직하고 법제 기능을 강화해 왔다.

78) 김억락, "사회주의 법무 생활을 강화하는 것은 온사회에 혁명적 생활 기풍을
    세우기 위한 중요한 요구," 『근로자』 1978년 제7호, 27쪽.

79) 정영철, 앞의 글, 174～175쪽 참조.

80) 김정일, "전당이 동원되어 70일 전투를 힘있게 벌리자"(1974. 10. 9), 『주체혁
    명위업의 완성을 위하여 3』, 244쪽.

81) 편집국, " 속도전을 힘있게 벌려 올해 계획을 앞당겨 완수하고 수령님께 충성
    의 보고를 올리자," 『근로자』 1974년 제11호, 32쪽.

82) 천리마운동의 가장 큰 정치경제적 의의는 사회주의 건설에서 높은 속도를 보장
    한 데 있다.

83) 편집국, 앞의 글 (1974. 4), 23～24쪽.

84) 편집국, "사상전은 사상 분야에서의 전격전, 집중 공세, 섬멸전," 『근로자』,
    1974년 5·6호, 18쪽.

85) 렴태준, "사회주의 대건설의 요구에 맞게 천리마작업반운동을 더욱 심화 발전
    시키자," 『근로자』, 1974년 제8호, 24쪽.

86) 편집국, "경제 선동은 사회주의 대건설에로 대중을 힘차게 불러 일으키는 위력
    한 수단," 『근로자』, 1974년 제7호, 17～23쪽.

87) 모든 사업을 대담하게 작전하고 통이 크게 벌려나가며, 일단 목표가 세워진
    다음에는 역량을 집중하여 그것을 진공적으로 점령해 나가는 것은 김정일 리
    더십의 중요한 특징이라고 한다. 편집국, "우리 당은 불패의 위력과 영도력을
    지닌 위대한 당," 『근로자』 1980년 제2호, 7쪽.

88) 70일 전투의 공적으로 김정일은 1975년 2월 공화국 영웅 칭호를 받고, 정무원
    결정으로 그의 생일인 2월 16일이 임시휴무일로 지정되었으며, 그 이듬해에는
    정식 휴무일이 되었다.

89) 김성태, "속도전은 천리마운동을 구현하고 심화 발전시킨 사회주의 건설의 기
    본 전투 형식," 『근로자』, 1974년 제1호, 48쪽.

90) 김정일, "정무원 위원회, 부 당조직들의 사업을 개선 강화할 데 대하여"(1974.
    6. 10), 『주체혁명위업의 완성을 위하여 3』, 157쪽.

91) 편집국, "온 사회의 주체사상화의 요구에 맞게 공화국 정권을 더욱 강화하자,"
    『근로자』, 1975년 제9호, 8쪽 ; 편집국, "위대한 수령님께서 밝히신 3대 혁명의
    기치 밑에 혁명 기지를 정치, 경제, 군사적으로 더욱 튼튼히 꾸리자," 『근로자』,

1975년 제3호, 28쪽.

92) 김일성, "정무원 사업을 개선 강화할 데 대하여"(1976. 4. 30), 『김일성저작집』 제31권, 91쪽.

93) 렴룡삼, "기업 관리의 정규화는 경제 관리의 개선과 생산 정상화의 중요한 고리," 『근로자』 1979년 제7호, 47쪽.

94) 김정희, "기업 관리의 정규화는 사회주의 경제 관리의 필수적 요구," 『근로자』 1971년 제7호, 45쪽 ; 로태석, "경제 사업 체계와 질서를 철저히 세우는 것은 생산과 건설을 다그치기 위한 중요한 과업," 『근로자』 1978년 제7호, 33쪽.

95) 심형일, "사회주의적 법 생활을 강화하는 것은 사회주의, 공산주의 건설의 성과적 수행을 위한 중요한 요구," 『근로자』 1977년 제5호, 51쪽.

96) 강현수, 앞의 글, 39쪽.

97) 정필선, 앞의 글, 36쪽.

98) 편집국, "당사업과 경제사업을 밀접히 결합하여 사회주의 건설을 힘있게 밀고 나가자," 『근로자』 1977년 제3호, 2쪽.

99) 사회과학출판사, 『주체사상에 기초한 3대혁명이론』(평양, 사회과학출판사, 1975), 70쪽.

100) 김일성, "올해 사업 총화와 다음해 사업 방향에 대하여"(1973, 12. 31), 『김일성저작집 28』, 624쪽 ; 김정일, "농촌 경리 부분에 대한 당적 지도를 강화하여 올해 농업 생산에서 새로운 앙양을 일으키자"(1976. 2. 6), 『주체혁명위업의 완성을 위하여 3』, 462쪽.

101) 김정일, "문화예술부 정치국 사업을 개선 강화할 데 대하여"(1973.3.28), 『주체혁명위업의 완성을 위하여 2』(평양: 조선로동당출판사, 1987), 95쪽.

102) 사회과학출판사, 『주체사상에 기초한 3대혁명이론』, 74쪽.

103) 1971년 6월 김일성은 세대 교체의 필요성을 언급하며 청년들이 새로운 기술 보급에 선봉적 역할 할 것 강조하고, 청년들이 생산에서 기술신비주의와 보수주의 타파할 것을 강조하였다. 김일성, "청년들은 대를 이어 혁명을 계속하여야 한다"(1971.6.24), 『김일성저작집 26』, 208쪽.

104) 김일성, "당, 정권기관, 인민군대를 더욱 강화하며, 사회주의 대건설을 더 잘하여 혁명적 대사변을 승리적으로 맞이하자"(1975. 2. 17), 『김일성저작집 29』, 95쪽,

105) 전영락, "3대혁명소조운동은 3대 혁명에 대한 당의 혁명적 영도를 실현하는 위대한 운동," 『근로자』 1976년 제4호, 43~44쪽.

106) 편집국, "위대한 수령 김일성 동지께서 발기하신 3대혁명붉은기쟁취운동을 힘있게 벌리자," 『근로자』 1976년 제1호, 15쪽.

107) 김정일, "올해 당사업에서 틀어쥐고 나가야 할 몇가지 중심적 과업에 대하

여"(1976. 1 .1), 『주체혁명위업의 완성을 위하여 3』, 418쪽.

108) 평양출판사, 『위대한 령도자 김정일 장군 략력』 (평양: 평양출판사, 1996), 102쪽.

109) 김정일, "자력갱생의 혁명적 구호를 높이 들고 전당, 전민을 불러 일으켜 제2차 7개년 계획을 앞당겨 수행하자" ; 김일숙 『민족의 운명과 김정일 령도자』 (평양: 평양출판사, 1995), 98쪽에서 재인용.

110) 편집국, "자력갱생은 우리 인민이 견지하고 있는 전투적인 혁명 정신," 『근로자』 1978년 제2호, 13쪽.

111) 편집국, "3대 혁명 노선은 사회주의, 공산주의 건설에서 우리 당이 일관되게 견지하고 있는 전략적 방침," 『근로자』 1978년 제3호, 9쪽.

112) 오형일, "위대한 수령님께서 창시하신 주체의 경제 관리 이론은 사회주의 경제 관리 운영의 가장 정확한 지도적 지침," 『근로자』 1978년 제3호, 47쪽.

113) 인민경제의 현대화, 과학화에 김정일의 높은 관심은 1970년대 초반 황해제철소의 전면적 자동화 사업, 은률광산의 대형장거리 콘베이어벨트 사업, 무산광산－김책제철소 사이의 대형장거리 정광수송관건설 사업, 강선제강소와 2·8시멘트공장의 산업텔레비전화 사업 등을 직접 지도한 데서 어느 정도 엿볼 수 있다.

114) 평양출판사, 『위대한 령도자 김정일 장군 략력』, 105쪽.

115) 백재욱, "숨은 영웅들의 모범을 따라 배우는 운동은 우리 혁명의 새로운 단계에서 발생한 공산주의적 대중운동," 『근로자』 1980년 제2호, 51쪽.

116) 염원석, "당사업과 경제사업의 옳은 결합," 『근로자』 1980년 제2호, 24～30쪽 참조.

117) 백능기, "당일군은 경제 지식과 현대 과학 기술을 알아야 한다," 『근로자』 1978년 제5호, 41쪽.

118) 박남기, "계획의 일원화, 세부화는 우리 당의 주체적인 계획화 방침," 『근로자』 1980년 제9호, 55쪽.

119) 김정일, "전군을 김일성주의화하자"(1975. 1 .1), 『김정일선집 5』 (평양: 조선노동당출판사, 1995), 1～9쪽 참조.

120) 평양출판사, 『위대한 령도자 김정일 장군 략력』, 109～110쪽.

121) 편집국, "위대한 수령님께서 밝히신 3대 혁명의 기치 밑에 혁명기지를 정치, 경제, 군사적으로 더욱 튼튼히 꾸리자," 『근로자』 1975년 제3호, 28쪽.

122) 정창현, 앞의 책, 166쪽.

123) 최주활, "김정일 30년 노력 끝에 군부 완전 장악," 『월간WIN』, 1996년 6월호, 164～165쪽 참조.

124) 정영철, 앞의 글, 185쪽.

125) 사까이 다까시, "김정일의 권력 기반 : 그 형성 과정을 중심으로," 박한식 편, 『북한의 실상과 전망』 (서울: 동화연구소, 1991), 46~47쪽 참조.

126) 이러한 창군 기념일의 변경은 조선인민군이 항일혁명전통을 계승한 군대라는 것을 명백히 한 것으로, 이러한 군에 대한 혁명 전통의 강화는 곧 군에 대한 김정일의 지도력을 강화하는 의미를 지닌다. 정영철, 앞의 글, 215쪽, 239쪽 참조.

127) 평양출판사, 『위대한 령도자 김정일 장군 략력』, 111쪽.

128) 최주활, 앞의 글, 164~165쪽 참조.

129) 조선로동당출판사, 『위대한 수령 김일성 동지의 불멸의 혁명 업적 9』 (평양: 조선로동당출판사, 1998), 430쪽.

130) ≪로동신문≫ 1979년 12월 24일자.

131) 김일성, "주체의 혁명 위업을 무력으로 튼튼히 담보하자"(1982.4.25), 『김일성 저작집 37』, 154쪽.

132) 조선로동당출판사, 『위대한 수령 김일성 동지의 불멸의 혁명 업적 6』, 466~467쪽 참조.

<참고문헌>

1. 북한문헌

강복만, "당원의 선봉적 역할,"『근로자』1967년 제6호.

강현수, "우리 당은 수령님의 위대한 주체사상을 실현하기 위하여 투쟁하는 당이다,"『근로자』1975년 제4호.

과학백과사전종합출판사,『조선노동당의 사회주의 건설 령도사』(평양 : 과학백과사전종합출판사, 1995).

과학백과사전출판사,『조선전사 32』(평양 : 과학백과사전출판사, 1982).

김국훈, "당의 유일 사상 체계를 세우는 것은 우리 당 건설의 기본 원칙,"『근로자』1970년 제5호.

김남진 외,『향도의 태양 김정일 장군』(평양 : 평양출판사, 1995).

김량제, "사회주의 생활 양식은 사회주의 사회에서 사는 사람들의 활동 방식,"『근로자』1979년 제3호.

김성태, "속도전은 천리마운동을 구현하고 심화 발전시킨 사회주의 건설의 기본 전투 형식,"『근로자』1974년 제1호.

김시학, "위대한 수령님에 대한 충실성은 주체형의 혁명가들이 지닌 고상한 사상 정신적 풍모,"『근로자』1980년 제4호.

김억락, "사회주의 법무 생활을 강화하는 것은 온사회에 혁명적 생활 기풍을 세우기 위한 중요한 요구,"『근로자』1978년 제7호.

김인숙『민족의 운명과 김정일 령도자』(평양: 평양출판사, ·1995).

김일성, "현 정세와 우리 당의 과업"(1966. 10. 5),『김일성저작선집 4』(평양: 조선로동당출판사, 1971).

김일성, "조선민주주의인민공화국에서의 사회주의 건설과 남조선 혁명에 대하여"(1965. 4. 14),『김일성저작선집 4』(평양: 조선로동당출판사, 1971).

김일성,『세기와 더불어 8』(평양 : 조선로동당출판사, 1998).

김일성, "온사회를 주체사상화 하기 위한 인민 정권의 과업"(1982. 4),『김일성저작선집 9』(평양: 조선로동당출판사, 1987).

김일성, "국가 재산을 애호 절약하며 수산업을 더욱 발전시킬데 대하여"(1969. 6. 30),『김일성저작집 24』(평양: 조선로동당출판사, 1983).

김일성, "정무원 사업을 개선 강화할 데 대하여"(1976. 4. 30),『김일성저작집 31』(평양: 조선로동당출판사, 1986) .

김일성, "올해 사업 총화와 다음해 사업 방향에 대하여"(1973, 12. 31),『김일성저작집 28』(평양: 조선로동당출판사, 1984) .

김일성, "청년들은 대를 이어 혁명을 계속하여야 한다"(1971.6.24), 『김일성저작집 26』(평양: 조선로동당출판사, 1984).

김일성, "당, 정권기관, 인민군대를 더욱 강화하며, 사회주의 대건설을 더 잘하여 혁명적 대사변을 승리적으로 맞이하자"(1975. 2. 17), 『김일성저작집 29』 (평양: 조선로동당출판사, 1985).

김일성, "주체의 혁명 위업을 무력으로 튼튼히 담보하자"(1982.4.25), 『김일성저작 집 37』(평양: 조선로동당출판사, 1992).

김정일, "혁명 대오를 튼튼히 꾸리며 사회주의 건설을 힘있게 다그칠 데 대하여"(1984. 3. 10), 『주체혁명위업의 완성을 위하여 5』(평양 : 조선로동당출판사, 1988).

김정일, "문학 예술 부문에서 당의 유일사상체계를 튼튼히 세울데 대하여"(1967. 5.30), 『주체혁명위업의 완성을 위하여 1』(평양 : 조선로동당출판사, 1987).

김정일, "방송은 정치의 중요한 수단이다"(1968. 3. 24), 『주체혁명위업의 완성을 위하여 1』(평양 : 조선로동당출판사, 1987).

김정일, "4.15문학창작단을 내올데 대하여"(1967. 6. 20), 『김정일선집 1』(평양 : 조선로동당출판사, 1992).

김정일, "온사회를 김일성주의화하기 위한 당사상 사업의 당면한 몇 가지 문제에 대하여"(1974. 2. 19), 『주체혁명위업의 완성을 위하여 3』(평양 : 조선노동당출판사, 1987).

김정일, "당사업을 근본적으로 개선 강화하여 온 사회의 김일성주의화를 힘있게 다그치자"(1974.8.2), 『주체혁명위업의 완성을 위하여 3』(평양: 조선노동당출판사, 1987).

김정일, "전당에 새로운 당생활총화 제도를 세울데 대하여"(1973. 8. 21), 『주체혁명위업의 완성을 위하여 2』(평양: 조선로동당출판사, 1987).

김정일, "당사업에서 낡은 틀을 마스고 새로운 전환을 일으킬 데 대하여"(1974. 2. 28), 『주체혁명위업의 완성을 위하여 3』(평양: 조선노동당출판사, 1987).

김정일, "전당이 동원되어 70일 전투를 힘있게 벌리자"(1974. 10. 9), 『주체혁명위업의 완성을 위하여 3』(평양: 조선노동당출판사, 1987).

김정일, "정무원 위원회, 부 당조직들의 사업을 개선 강화할 데 대하여"(1974. 6. 10), 『주체혁명위업의 완성을 위하여 3』(평양: 조선노동당출판사, 1987).

김정일, "농촌 경리 부분에 대한 당적 지도를 강화하여 올해 농업 생산에서 새로운 앙양을 일으키자"(1976. 2. 6), 『주체혁명위업의 완성을 위하여 3』(평양: 조선로동당출판사, 1987).

김정일, "문화예술부 정치국 사업을 개선 강화할 데 대하여"(1973.3.28), 『주체혁명위업의 완성을 위하여 2』(평양: 조선로동당출판사, 1987).

김정일, "올해 당사업에서 틀어쥐고 나가야 할 몇가지 중심적 과업에 대하여"(1976. 1 .1),『주체혁명위업의 완성을 위하여 3』(평양: 조선로동당출판사, 1987).

김정일, '전군을 김일성주의화하자"(1975. 1 .1),『김정일선집 5』(평양: 조선로동당출판사, 1995).

김정희, "기업 관리의 정규화는 사회주의 경제 관리의 필수적 요구,"『근로자』1971년 제7호.

렴룡삼, "기업 관리의 정규화는 경제 관리의 개선과 생산 정상화의 중요한 고리,"『근로자』1979년 제7호.

렴태준, "사회주의 대건설의 요구에 맞게 천리마작업반운동을 더욱 심화 발전시키자,"『근로자』1974년 제8호.

로태석, "경제 사업 체계와 질서를 철저히 세우는 것은 생산과 건설을 다그치기 위한 중요한 과업,"『근로자』1978년 제7호.

리기순, "자기 손으로 씨를 뿌리고 수확을 거두어 들이는 것은 당일군들의 참된 일본새,"『근로자』1976년 제8호.

리상걸,『주체의 당건설 이론의 전면적 발전』(평양: 사회과학출판사, 1984).

리오송, "영광스러운 당을 따라 주체의 혁명 위업을 대를 이어 빛나게 완성해 나가자,"『근로자』1976년 제2호.

리재일, "간부들은 혁명적 학습 기풍을 철저히 세워 정렬적인 독학가가 되자,"『근로자』1974년 제7호.

리진규,『21세기 – 김정일 시대』(평양: 평양출판사, 1995).

리찬선, "온사회를 주체사상화하는 것은 우리 혁명을 끝까지 완성하기 위한 력사적 위업,"『근로자』1977년 제2호.

문성술, "하부지도체계를 튼튼히 세우는 것은 당사업을 새롭게 혁신하기 위한 기본 요구,"『근로자』1975년 제8호.

박남기, "계획의 일원화, 세부화는 우리 당의 주체적인 계획화 방침,"『근로자』1980년 제9호.

백남복, "강철같은 규율을 세우는 것은 당의 혁명적 지도를 보장하기 위한 선차적 과업,"『근로자』1975년 제9호.

백능기, "당일군은 경제 지식과 현대 과학 기술을 알아야 한다,"『근로자』1978년 제5호.

백재욱, "숨은 영웅들의 모범을 따라 배우는 운동은 우리 혁명의 새로운 단계에서 발생한 공산주의적 대중운동,"『근로자』1980년 제2호.

사회과학출판사,『주체사상에 기초한 3대혁명이론』(평양: 사회과학출판사, 1975),.

심형일, "사회주의적 법 생활을 강화하는 것은 사회주의, 공산주의 건설의 성과적 수행을 위한 중요한 요구,"『근로자』1977년 제5호.

염원석, "당사업과 경제사업의 옳은 결합," 『근로자』 1980년 제2호.

오형일, "위대한 수령님께서 창시하신 주체의 경제 관리 이론은 사회주의 경제 관리 운영의 가장 정확한 지도적 지침," 『근로자』 1978년 제3호.

전영락, "3대혁명소조운동은 3대 혁명에 대한 당의 혁명적 영도를 실현하는 위대한 운동," 『근로자』 1976년 제4호.

정동익, "청산리 방법대로 군중 속에 깊이 들어가 살며 일하자," 『근로자』 1976년 제3호.

정필선, "온 사회의 주체사상화 위업에 맞게 당사업을 근본적으로 개선 강화하기 위한 강령적 문헌," 『근로자』 1975년 제7호.

조선로동당출판사, 『위대한 수령 김일성 동지의 불멸의 혁명 업적 6』 (평양: 조선 로동당출판사, 1998),.

조선로동당출판사, 『위대한 수령 김일성 동지의 불멸의 혁명 업적 12』 (평양: 조선 로동당출판사, 1999).

조선로동당출판사, 『조선로동당역사』 (평양: 조선로동당출판사, 1991).

조선노동당출판사, 『위대한 수령 김일성 동지의 불멸의 혁명 업적 9』 (평양: 조선 로동당출판사, 1998).

조총련, 『김정일 장군 략사』 (동경: 조총련, 1994).

편집국, "혁명의 탁월한 수령 김일성 동지는 백전백승의 조선로동당의 창건자이며 령도자이시다," 『근로자』 1971년 제5호.

편집국, "위대한 수령 김일성 동지께서 개척하신 혁명 위업을 대를 이어 빛나게 계승하고 완성하자," 『근로자』 1974년 제9호.

편집국, "당의 유일 사상 체계를 세우는 것은 우리 당 건설의 기본 노선," 『근로자』 1977년 제5호.

편집국, "당의 유일사상으로 더욱 철저히 무장하자," 『근로자』 1968년 제4호.

편집국, "김일성 동지에 의하여 이룩된 우리 당의 영광스러운 혁명 전통으로 튼튼 히 무장하자," 『근로자』 1968년 제7호,.

편집국, "위대한 수령님께서 개척하신 주체의 혁명 위업에 끝까지 충실하는 것은 조선 공산주의자들의 혁명적 본분," 『근로자』 1977년 제1호.

편집국, "당은 우리의 모든 승리의 향도성," 『근로자』 1976년 제2호.

편집국, "조선노동당은 사회주의의 완전한 승리를 힘있게 앞당겨 나가는 전투적인 당," 『근로자』 1975년 제9호.

편집국, "위대한 수령 김일성 동지의 혁명 사상으로 온사회를 일색화하는 것은 우 리 당이 지닌 가장 영광스러운 혁명 위업," 『근로자』 1974년 제4호.

편집국, "위대한 수령 김일성 동지께서 개척하신 혁명 위업을 대를 이어 빛나게 계승하고 완성하자," 『근로자』 1974년 제9호.

편집국, "수령님께 끝없이 충성 다하는 것은 주체형의 공산주의 혁명가의 가장 기본적인 품성,『근로자』1974년 제5, 6호.

편집국, "위대한 수령 김일성 동지의 혁명 사상으로 온사회를 일색화하기 위하여 몸바쳐 투쟁하자,"『근로자』1974년 제7호.

편집국, "수령님의 교시를 높이 받들고 알곡 800만톤 고지 점령을 위한 투쟁에 힘차게 떨쳐 나서자,"『근로자』1975년 제2호.

편집국, "조선노동당은 위대한 수령 김일성 동지께서 창건하시고 영도하시는 영광스러운 당이다,"『근로자』1975년 제10호.

편집국, " 속도전을 힘있게 벌려 올해 계획을 앞당겨 완수하고 수령님게 충성의 보고를 올리자,"『근로자』1974년 제11호.

편집국, "사상전은 사상 분야에서의 전격전, 집중 공세, 섬멸전,"『근로자』1974년 5,6호.

편집국, "경제 선동은 사회주의 대건설에로 대중을 힘차게 불러 일으키는 위력한 수단,"『근로자』1974년 제7호.

편집국, "우리 당은 불패의 위력과 영도력을 지닌 위대한 당,"『근로자』1980년 제2호.

편집국, "온 사회의 주체사상화의 요구에 맞게 공화국 정권을 더욱 강화하자,"『근로자』1975년 제9호.

편집국, "위대한 수령님께서 밝히신 3대 혁명의 기치 밑에 혁명 기지를 정치, 경제, 군사적으로 더욱 튼튼히 꾸리자,"『근로자』1975년 제3호.

편집국, "당사업과 경제사업을 밀접히 결합하여 사회주의 건설을 힘있게 밀고 나가자,"『근로자』1977년 제3호.

편집국, "위대한 수령 김일성 동지께서 발기하신 3대혁명붉은기쟁취운동을 힘있게 벌리자,"『근로자』1976년 제1호.

편집국, "자력갱생은 우리 인민이 견지하고 있는 전투적인 혁명 정신,"『근로자』1978년 제2호.

편집국, "3대 혁명 노선은 사회주의, 공산주의 건설에서 우리 당이 일관되게 견지하고 있는 전략적 방침,"『근로자』1978년 제3호.

편집국, "위대한 수령님께서 밝히신 3대 혁명의 기치 밑에 혁명기지를 정치, 경제, 군사적으로 더욱 튼튼히 꾸리자,"『근로자』1975년 제3호.

평양출판사,『위대한 령도자 김정일 장군 략력』(평양: 평양출판사, 1996).

현명준, " 전당을 간부화하는 것은 온사회를 위대한 주체사상으로 일색화하는 위업의 필수적 요구,"『근로자』1975년 제1호.

≪로동신문≫ 1979년 12월 24일자.

2. 남한문헌

김광용, "북한 수령제 정치체제의 구조와 특성에 관한 연구" (한양대학교 박사 학위 논문, 1995).

사까이 다까시, "김정일의 권력 기반 : 그 형성 과정을 중심으로," 박한식 편,『북한의 실상과 전망』(서울: 동화연구소, 1991).

스즈키 마사유키, 유영구 옮김,『김정일과 수령제 사회주의』(서울: 중앙일보사, 1994).

오코노기 마사오, "북한의 위기와 일본의 대응," 오코노기 마사오 편저, 강성윤 · 이종국 · 조진구 옮김,.『김정일과 현대 북한』(서울: 을유문화사, 2000).

이태섭,『김일성 리더십 연구』(서울: 들녘, 2001).

장달중, "남북한 정치체제의 이념과 현실," 박기덕 · 이종석 편,『남북한 체제 비교와 통합 모델의 모색』(성남: 세종연구소, 1995).

정영철, "김정일 체제 형성의 사회 정치적 기원 : 1967~1982" (서울대 박사 학위 논문, 2001).

정창현,『곁에서 본 김정일』(서울: 토지, 1999).

중앙일보 특별취재반,『한반도 절반의 상속인 김정일』(서울: 중앙일보사, 1994).

최주활, "김정일 30년 노력 끝에 군부 완전 장악,"『월간WIN』1996년 6월호.

북한의 후계자론과
김정일 이후 후계자

이 교 덕

1. 서 론

북한의 절대권력자 김정일 국방위원장이 이미 환갑을 넘겼다. 이는 김일성이 생전 환갑을 전후해 자신의 후계자 선정에 들어갔던 전례에 비추어[1] 김정일도 자신의 후계자를 선정하거나 후계자 문제를 심각히 고려해야 할 연령에 도달했음을 의미한다.

후계자론은 북한이 김일성에서 김정일로 이어지는 부자 세습체제를 구축하고 이를 정당화하기 위해 내세운 논리이다. 북한 스스로 '후계자론'이라고 부르는 것은 아니나 후계 문제를 설명한 몇 가지 문헌 속의 내용에서는 일정한 논리체계나 일관된 주장을 발견할 수 있다.[2] 물론 북한의 후계자론이 먼저 정립되고 이를 바탕으로 김정일이 김일성의 후계자가 된 것은 아니기 때문에 특정 인물이 김정일의 후계자가 될 경우 그것을 정당화하기 위한 또 다른 논리가 등장할 수도 있다.

그러나 김정일의 후계자를 합리화하기 위한 새로운 논리가 등장할 경우에도 김정일을 후계자로 추대하고 그의 후계체제를 확립할 때 동원된 논리들이 전혀 무시될 수는 없을 것이다. 왜냐하면 후계자론의 골격은 북한에서 신성불가침적 성격을 지닌 주체사상과 수령론 등에 뿌리를 두고 있기 때문이다. 따라서 적어도 후계자론의 몇 가지 내용은 주체사상이 국가의 지도이념으로 고수되는 한, 유지될 것이고 김정일의 후계자를 추대할 때 동원될 후계자론의 기초가 될 것이다.

본 논문은 이러한 후계자론의 논리적 구조와 구체적 내용을 살펴보고 이를 바탕으로 김정일 이후의 후계자를 예측해 보고자 한다.

김정일 이후의 후계체제를 조망함에 있어 여기서는 북한에서의 급변사태 발생을 상정하지 않는다. 북한의 여러 국가적 난제가 해결되기 어렵고 그래서 내부적 안정이 쉽게 흔들릴 수 있다는 점에 비중을 두면 김정일의 뒤를 잇는 후계체제는 예측하지 못한 시간에 갑작스런 방식으로 들어설 수 있는 가능성이 충분하지만 여기서는 급변사태에 따른 후계체제를 다루지 않는다. 후계자론은 본질상 안정적인 권력승계를 상정하고 있고 또 그것을 실현하기 위한 논리이므로 후계자론 자체에 대한 논의와 급변사태의 상정은 조화되기 어렵기 때문이다.

2. 후계자론의 연원

북한의 후계자론을 이해하기 위해서는 먼저 수령론과 계속혁명론을 살펴 보아야 한다. 특히 수령론은 후계자론의 이론적 모체이자 출발점으로서 북한의 통치이데올로기인 주체사상의 중심 명제이다.

또한 후계자론은 권력승계를 단순한 권좌의 승계가 아니라 혁명위업

을 계승하는 차원으로 이론화한 계속혁명론의 중요한 구성부분인데, 계
속혁명론은 노동계급의 혁명위업은 수령의 혁명위업이고 수령의 영도
밑에 완성되어 나가는 것이라는 수령론에 바탕을 두고 있다.

1) 수령론

(1) 수 령

수령론은 주체사상의 중심 명제이다. 주체사상의 사회역사원리에서
인류의 역사는 인민대중이 자연의 구속과 모든 사회적 예속에서 벗어나
세계의 주인, 자기 운명의 주인으로서 자주적으로 살며 발전하기 위해
투쟁하는 과정이다. 단 이러한 투쟁은 자연적으로 이루어지는 것이 아
니라 인민대중이 자신의 자주성과 창조성을 고양시키고자 하는 '자주적
인 사상의식'에 의해 결정적으로 실현되는데, 이 과정에서 필수적인 것
이 '수령의 령도'라고 한다. 왜냐하면 "인민대중은 그 자체로서는 자기
운명을 개척하는 데 절실한 리해관계를 가지고 있으나 운명개척의 길을
알지 못하며 자기의 생활적 요구를 실현하려는 욕망과 념원을 가지고
있으나 그것을 현실로 전변시킬 방도를 알지 못하고 있기" 때문이라는
것이다.[3] 다음의 글은 역사의 발전과정에서 왜 '수령의 옳바른 지도'가
필요한지를 잘 드러내 주고 있다.

> 인민대중은 현실적으로 개별적 성원들로 이루어져 있으며 처지와
> 리해관계, 지향과 요구를 달리하는 여러 계급과 계층으로 이루어져 있
> 다. 그렇기 때문에 그에 속하는 계급과 계층들, 개별적 성원들을 하나
> 의 집단에 묶어세우는 옳바른 지도를 떠나서 인민대중은 집단으로서
> 의 전일성과 조직성을 가질 수 없다.
> 인민대중은 옳은 지도를 받을 때에만 그 개별적 성원들과 계층들의
> 요구와 리해관계에서의 차이를 극복하고 하나의 지향과 요구를 가지
> 고 통일적으로 활동하는 공고한 집단으로 될 수 있으며 조직되고 단결

된 전일적인 대오로 될 수 있다. 옳바른 지도는 결국 인민대중에게 하
나의 집단으로서의 조직성과 전일성을 부여함으로써 그들로 하여금
력사의 주체로서의 지위를 차지하고 역할을 다하게 한다.[4]

이처럼 북한은 인민대중이 역사의 주체가 되기 위해서는 그냥 대중
이 아니라 의식화되고 조직화된 대중으로서 주동적 작용과 목적의식적
인 활동을 해야 하며, 그것을 위해서 "지도와 대중이 결합해야 한다"고
주장한다. '대중과 지도의 결합'이라는 명제가 바로 주체사상에서 수령
론이 도출되는 원천이다.

수령론은 역사발전에서 수령의 역할을 결정적인 것으로 보고 수령의
영도 하에서만 노동계급의 혁명위업을 달성할 수 있다고 한다. 이 점에
서 인민의 역할을 중시하는 역사적 유물론과 결정적으로 다른데, 이것
이 김일성 유일지배체제를 확립하기 위한 방법론임은 말할 것도 없다.

북한에서 수령은 혁명사상과 혁명이론을 창시하고 인민대중을 그사
상으로 무장시켜 혁명승리의 조건을 마련하며, 혁명전통을 계승발전시
키고 당을 비롯한 혁명조직을 창건하여 혁명무기를 마련하며, 노동계급
과 당을 영도하여 혁명과 건설을 승리로 이끌어 나가는 데서 결정적 역
할을 하는 존재로 규정되어 있다.

그러므로 북한에서 수령은 국가주석이나 노동당 총비서와 같은 권력
의 핵심 직위를 말하는 것이 아니라 그러한 직위의 상위에 있는 절대권
자를 지칭한다.

(2) 수령의 지위와 역할

수령론의 핵심은 인민대중이 자주성을 실현해 나가기 위해서는 자주
성에 대한 자기의 지향과 요구를 조직적 의사로 전환시켜야 하는데, 이
처럼 어렵고 중요한 사업을 수행할 수 있는 것은 오직 수령뿐이라는 것
이다. 따라서 혁명위업 수행에서 수령의 지위와 역할은 '절대적'이고

'결정적'이다. 이 점에서 수령은 '인민대중의 최고뇌수'로 불린다. 즉 인간활동에서 뇌수의 지위가 그러하듯이 수령의 지위는 '절대적'이라는 뜻이다. 그러므로 인민에게는 수령의 지위와 역할을 확고히 인식하여 수령을 진심으로 최고 지도자로 모시려는 자세와 입장이 요구된다. 곧 수령을 절대화하고 무조건 받드는 견해와 관점이 강요되는 것이다. 이것이 이른바 '혁명적 수령관'이다.

'혁명적 수령관'에서는 수령만이 역사발전의 주체이고 수령은 무오류의 인간으로서 거의 신적인 존재로 규정된다. 수령만이 역사발전의 원동력이기 때문에 모든 인민들은 의심없이 무조건적으로 수령의 지시를 따라야 한다. 특히 김정일은 1986년 7월 15일 노동당 중앙위원회 간부들과 담화하는 가운데 수령이 '사회정치적 생명체'의 최고뇌수로서 집단의 생명을 대표하기 때문에 수령에 대한 충실성은 "절대적이고 무조건적인 것"이라고 강조하면서 모든 주민이 "혁명적 수령관을 확고히 세우고 수령에 대한 충실성을 제일생명으로 간직"하도록 할 것을 지시했다.5) 이처럼 '혁명적 수령관'은 '사회정치적 생명체론'이 새롭게 제기되면서 이에 기초해 1980년대에 재정립되었다.

'사회정치적 생명체론'은 "주체사상교양에 제기되는 몇가지 문제에 대하여"에서 정식화되었는데, 그것에 따르면 사람의 생명에는 '육체적 생명'과 '사회정치적 생명'이 있으며 후자는 전자보다 귀중하다. 또한 "인민대중은 당의 령도 밑에 수령을 중심으로 하여 조직사상적으로 결속됨으로써 영생하는 자주적인 생명력을 지닌 하나의 사회정치적 생명체를 이루게 된다"고 한다.6)

그리고 사회정치적 생명체는 많은 사람들로 이루어져 있기 때문에 사회적 집단의 생명활동을 통일적으로 지휘하는 중심이 있어야 하는데, 이 중심이 사회정치적 생명체의 '최고뇌수'인 수령이고 당이 그 '중추'가 되어 사회정치적 생명체의 담당자인 일반대중을 지도하게 된다는 것이다.

이러한 골자의 사회정치적 생명체론을 통해 북한이 달성하고자 한 것은 수령에 대한 충성을 확보하고 인민대중을 수령과 당의 영도하에 조직사상적으로 통일단결시켜 수령의 계승 즉, 김정일에로의 권력승계를 정당화하는 것이었다.[7]

(3) 수령의 영도체계

앞서 설명한 바와 같이 주체사상의 사회역사원리에서 인민대중이 역사의 주체, 사회발전의 동력이지만 그들은 올바른 지도에 의해서만 사회역사적 운동에서 주체로서의 지위를 차지하고 역할을 다할 수 있는 존재이다. 이 지도가 수령의 영도이고 그것을 보장하기 위한 제도적 장치가 '영도체계'이다.

북한에 따르면 영도체계란 지도와 대중을 결합시키는 것으로 당과 수령의 영도를 실현하기 위한 조직과 기구들의 총체이며 당, 국가, 단체들로 구성되는데[8] 이 가운데 당이 그 중추이다.[9] 따라서 수령의 유일적 영도를 철저히 실현하는 데는 당의 유일사상체계 확립이 중요하다. 북한은 당의 유일사상체계를 "수령의 혁명사상으로 튼튼히 무장하고 수령의 두리에 굳게 뭉치며, 수령의 유일적 령도밑에 혁명투쟁과 건설사업을 수행해 나가도록 하는 사상체계"라고 한다.[10]

당의 유일사상체계는 김일성 유일지배체제를 더욱 확고히 하기 위해 1967년부터 추진되었고 권력 전면에 등장한 김정일이 1974년 4월 '유일사상체계확립의 10대원칙'이라는 구체적 방법론을 제시함으로써 구호적 차원에서 하나의 행동강령으로 발전했다.

그 내용은 "첫째, 위대한 수령 김일성동지의 혁명사상으로 온 사회를 일색화하기 위하여 몸바쳐 투쟁하여야 한다. 둘째, 위대한 수령 김일성동지를 충성으로 높이 우러러 모셔야 한다. 셋째, 위대한 수령 김일성동지의 권위를 절대화하여야 한다. 넷째, 위대한 수령 김일성동지의 혁명

사상을 신념으로 삼고 수령님의 교시를 신조화하여야 한다. 다섯째, 위대한 수령 김일성동지의 교시 집행에서 무조건성의 원칙을 철저히 지켜야 한다. 여섯째, 위대한 수령 김일성동지를 중심으로 하는 전당의 사상의지적 통일과 혁명적 단결을 강화하여야 한다. 일곱째, 위대한 수령 김일성동지를 따라배워 공산주의적 풍모와 혁명적 사업방법, 인민적 사업작풍을 소유하여야 한다. 여덟째, 위대한 수령 김일성동지께서 안겨주신 정치적 생명을 귀중히 간직하며 수령님의 크나큰 정치적 신임과 배려에 높은 정치적 자각과 기술로써 충성으로 보답하여야 한다. 아홉째, 위대한 수령 김일성동지의 유일적 령도밑에 전당, 전국, 전군이 한결같이 움직이는 강한 조직규률을 세워야 한다. 열째, 위대한 수령 김일성동지께서 개척하신 혁명위업을 대를 이어 끝까지 계승하며 완성하여 나가야 한다"는 것이다.[11]

북한은 인민대중이 "수령의 혁명사상으로 무장하여야 혁명의 전도에 대한 과학적 확신을 가질 수 있고 당의 전략 전술을 정확히 체득할 수 있으며 혁명위업의 종국적 승리를 위하여 몸바쳐 싸울 수 있다"는 것이다. 이에 따라 "당의 유일사상인 수령의 혁명사상으로 당원들과 근로자들을 교양하는 것은 우리 세대만이 아니라 대를 이어가면서 혁명의 종국적 승리를 이룩할 때까지 계속 틀어쥐고 나가야 할 절대적이며 무조건적인 요구"라고 강조된다. 소위 '유일사상교양'인 것이다.

2) 계속혁명론

계속혁명론은 후계자론의 근간인데, 그 이유는 후계 문제를 수령의 혁명위업을 계승·완성하는 문제로 북한이 인식하고 있기 때문이다 '계속혁명론'이 주체사상에 이론적 기초를 두고 있음은 물론이다. 김정일도 "주체사상은 사회적 인간의 생명인 자주성을 옹호하고 실현하는 것을 혁명의 근본목적으로 내세우고 그것을 완전히 실현할 때까지 혁명을 끝까지 계속할 것을 요구하는 철저한 혁명사상"이라고 지적했다.[12]

(1) 계속혁명의 필연성

북한은 사회주의제도가 수립된 이후에도 혁명을 계속해야 할 이유를 사회주의, 공산주의는 오랜 기간에 걸치는 경제건설 투쟁과 계급투쟁을 통해서만 건설될 수 있다는 데서 찾고 있다. 즉 사회주의제도가 수립되면 사람의 자주성을 유린하는 사회경제적 근원은 없어지지만 낡은 사회의 유물이 사회생활의 여러 분야에 남아있게 되므로 이를 없애기 위한 목적의식적인 투쟁이 필요하다는 것이다. 그 유물로는 적대계급의 준동, 낡은 사상의 부식작용, 도시와 농촌간의 차이, 노동계급과 농민간의 계급적 차이 등이 지적된다.

계속혁명의 필요성은 국내적 이유에서 뿐 아니라 세계에 자본주의와 제국주의가 남아있다는 국제적 이유에서도 주장된다.[13] 곧 사회주의제도가 서면 국내적으로는 착취계급이 없어지나 국제적으로는 자본주의와 제국주의가 계속 남아있게 되고 이들이 있는 한, 사회주의나라들은 제국주의자들의 침략 위험을 면할 수 없기 때문에 제국주의와 끝까지 싸우는 혁명적 입장을 견지하고 혁명을 계속하여 나라의 위력을 백방으로 강화하여야 한다는 것이다. 특히 김일성은 혁명이 계속되어야 할 필요성을 남조선혁명과 연관지어 다음과 같이 주장했다.

> 미제가 강점한 남조선에는 지주, 매판자본가들과 친미, 친일 주구들의 반동관료집단이 계속 둥지를 틀고 있으며 반동적인 식민지파쑈통치제도가 그대로 남아있습니다. 제국주의가 남아있고 반동들과 그 앞잡이들이 남아있는 한 우리는 혁명투쟁을 멈출 수 없습니다.[14]

그렇다면 사회주의제도가 수립된 다음에도 진행되는 계속혁명의 구체적 내용은 무엇인가? 김일성은 사상, 기술, 문화의 3대혁명이 "사회주의제도가 선 다음 로동계급의 당이 수행하여야 할 혁명의 기본내용이며 공산주의를 건설할 때까지 수행하여야 할 계속혁명의 과업"[15]이라고 역설했다. 이 세 가지 분야가 인민대중의 자주성을 실현하기 위하여 연이어 혁명적 변혁을 일으켜야 하는 주된 영역이라는 것이다.

(2) 계속혁명의 원칙

계속혁명론에 따르면 혁명을 계속해 나가는 데서도 지켜야 할 몇 가지 원칙이 있다.[16] 첫째는 혁명 주체의 끊임없는 강화와 그 역할을 제고하는 것인데, 혁명의 주체는 수령, 당, 대중의 통일체이지만 선차적인 문제는 "로동계급의 당을 불패의 혁명대오로 계속 강화발전시키는 것"이며 이를 위해서는 "전당에 유일사상체계를 확고히 세워야 한다"고 주장된다.

둘째는 '주체적 립장의 견지'이다. '주체적 립장의 견지'란 "자주적 립장과 창조적 립장을 견지"하는 것[17]인데, 자주적 입장은 남의 간섭을 허용하거나 남의 방식을 모방하지 않고 독자성과 자력갱생의 원칙을 지키는 것이라고 한다. 또한 창조적 입장은 혁명이 보다 높은 단계로 발전하면 혁명의 폭과 심도가 더 넓고 깊어지며 혁명의 폭과 심도가 더 넓고 깊어지면 질수록 혁명이 더 어렵고 복잡해져 그만큼 사람들의 활동에서도 높은 창조성이 요구되기 때문에 필요하다는 것이다. 이는 주체사상의 관점에서 보면 당연한 요구이기도 하다.

셋째는 혁명전통의 계승발전이다. 혁명투쟁에서는 그것을 힘있게 밀고나갈 수 있는 원천이 있어야 할 뿐 아니라 그 대를 이어주는 명맥이 있어야 하는데, 그것이 혁명전통이라는 주장이다. 혁명전통 계승의 의미는 다음의 글에서 잘 드러난다.

로동계급의 혁명투쟁에서는 그 계승성을 보장하며 계승의 대를 순결하게 이어주는 명맥이 있어야 한다. 사람은 혈통에 의하여 대가 이어지듯이 혁명투쟁도 그 과거와 현재, 미래를 순결하고 일관성있게 이어주는 명맥이 있어야 중도반단되거나 변질됨이 없이 끝까지 완성되어 나갈 수 있다. 바로 이러한 명맥이 혁명의 대를 이어주는 피줄기인 혁명전통이다.18)

그리고 혁명전통 계승의 중요성은 다음에서 보듯이 후계자의 사명과 후계자에 대한 충성의 강조로 귀결된다.

혁명전통을 계승발전시키는데서 나서는 중요한 문제는 특히 수령의 후계자의 유일적 지도에 충실하는 것이다.
혁명전통을 철저히 옹호고수하고 계승발전시키는 사업은 수령의 후계자에 의해서만 빛나게 수행될 수 있다.
로동계급의 당의 혁명전통은 혁명의 길을 처음으로 개척한 수령에 의하여 마련되며 수령의 후계자에 의하여 고수되고 계승발전된다.19)

그러면 계속혁명을 보장하는 결정적 요인은 무엇인가? 그 대답은 두 가지이다. 하나는 "수령과 후계자의 유일적 령도를 실현하는 것"이고 또 하나는 "로동계급의 당의 령도의 강화"이다.20)

(3) 계속혁명과 후계자

계속혁명론은 혁명의 장기성으로 인해 혁명을 전진시키는 데서 일정한 편향이 나타날 수 있고 혁명이 오랜 기간 계속됨에 따라 사람들 속에서 혁명의욕과 투쟁열의가 낮아질 수 있다고 전제한다.

이러한 전제는 자연히 수령의 대를 이어 혁명에 대한 올바른 입장과 관점을 가지고 혁명을 지도할 수 있는 지도자가 필요하다는 주장으로 연결된다. 김일성은 후계자 선출이 얼마나 중요한 문제인지에 대해 구소련의 붕괴와 관련하여 다음과 같이 경고하고 있다.

쏘련은 레닌의 령도밑에 제일 먼저 사회주의혁명이 승리한 나라이고 또한 가장 발전된 사회주의 강국이였으나 령도의 계승문제를 바로 해결하지 못하여 사회주의위업을 망쳐 먹었습니다. 쏘련에서는 수령의 후계자를 옳바로 내세우지 못하다보니 당이 수정주의당으로 전락되여 혁명전통과 사회주의원칙을 고수하지 못하게 되고 당, 국가 활동에서 관료주의가 심하게 나타나 당이 인민대중과의 통일단결을 실현할수 없게 되였습니다.[21]

결론적으로 계속혁명론과 후계자론이 연결되는 접점은 혁명의 복잡성과 장기성이라는 혁명의 성격이다. "로동계급이 국가주권을 틀어쥔 다음에 실현해야 할 변혁과제만 해도 사회개조, 자연개조, 인간개조의 모든 영역을 포괄하는 유례없이 복잡한 과제"가 있을 뿐 아니라 "혁명이 장기화되고 복잡하게 진행됨에 따라 사람들 속에는 혁명에 대한 권태감을 가지며 안일해이한 현상도 나타날 수 있다"는 전제가[22] 수령이 이미 개척한 노동계급의 혁명위업을 군건히 고수하고 계승해 나갈 수 있는 지도자, 즉 후계자가 필요하다는 주장을 이끌어내는 것이다.

3. 후계자론

1) 후계자론의 등장

1971년 6월 24일 사회주의로동청년동맹 제6차 대회의 개막연설에서 김일성은 다음과 같이 요구했다.

혁명의 과녁은 변하지 않았는데 세대는 바뀌여 벌써 해방후 자라난 새로운 세대들이 우리 국가와 사회의 주인으로 등장하고 있습니다. … 우리 조국을 완전히 해방하고 나라의 통일을 실현하며 조선혁명의 전국적 승리를 이룩할 때까지 그리고 온 세상에서 제국주의를 타승할 때까지 대를 이어 혁명을 계속할 영예로운 임무가 바로 당신들, 우리 시대 청년들에게 맡겨져 있습니다. 우리의 청년들은 조국이 통일되고 사회주의혁명이 전국적으로 승리한 다음에도 공산주의를 완전히 건설할 때까지 혁명을 계속하여야 합니다.[23]

김일성의 연설은 새로운 세대들이 혁명을 계속해 나가야 한다는 혁명의 계속성에 초점을 맞춘 것이지만 사실 이 연설은 자신의 후계 문제를 염두에 둔 것이었다.

이 무렵은 북한이 권력엘리트의 세대교체를 단행할 때였다. 1970년대 초에는 국제정치적으로 적대국가간에 화해 분위기가 조성되고 있었으므로 북한도 1960년대의 군사대결정책을 마감하고 그 동안 상대적으로 소홀해 왔던 경제개발에 주력할 필요성이 있었다. 뿐만 아니라 국내적으로는 김일성 자신을 포함한 당·국가 간부들의 노화 문제가 대두되었고 기존 간부들의 관료주의, 형식주의, 기관이기주의 폐해도 심각했다.

따라서 1970년 11월에 개최된 당 제5차 대회에서 당 중앙위원 117명 중 과반수에 해당하는 58명을 새로운 인물로 교체했고 그 결과 연령에서도 50세 이하가 4차 대회때의 16%에 비해 35%로 높아졌다.[24]

북한은 1972년 후반기부터 '당증 교부사업'을 통해 일부 늙은 당원들을 축출하는 동시에 40여만명에 이르는 청년들을 당에 흡수하여 후계체제를 뒷받침하기 위한 정비작업에 나섰다. 또한 이듬해인 1973년 2월에는 5만여명의 청년 및 학생 당원들을 주축으로 한 '3대혁명소조'를 조직하고 '소조운동'을 김정일이 주도하도록 함으로써 사실상 김정일의 후계체제 구축을 시작했다.[25]

김정일은 1964년 6월 19일 당 중앙위원회 조직지도부 지도원으로 당사업을 시작한 뒤 거의 10년만인 1974년 2월 당 중앙위원회 제5기 제8차 전원회의에서 중앙위원회 정치위원으로 선출되어 김일성의 후계자로 추대되었다.[26]

김정일의 위상은 1974년 2월 19일 주체사상을 '김일성주의'로 새로이 규정짓는 소위 '2월 선언'을 김정일 명의로 발표함으로써 분명하게 드러나게 된다. '2월 선언'은 그가 유일 통치이데올로기의 해석권까지 장악했음을 보여주는 상징이었다.[27)

'2월 선언'은 '온 사회의 주체사상화' 강령을 제시한 것이었다. 이 문헌에서 김정일은 김일성의 사상을 주체의 사상, 이론 및 방법의 체계로 정식화하고 김일성 사상은 "새롭고 독창적인 위대한 혁명사상으로서 현시대와 공산주의의 력사적 시대를 대표하는 혁명의 위대한 지도사상, 지도이론, 지도방법"이라고 찬양했다.

온 사회를 주체사상으로 일색화한다는 것은 사회 전체에 유일사상체계를 더욱 확고히 수립하는 것을 의미했다. 김정일은 당의 주체사상화가 온 사회의 주체사상화를 위한 선결조건이라고 보고 1974년 8월 평양 체육관에서 한 달 동안 당 역사상 유례가 없는 '전국 당조직 일군 강습회'를 진행하면서 당의 주체사상화를 촉구했다.

이후에도 그는 당의 유일사상체계 확립을 당건설에서의 기본원칙으로 견지하도록 하였으며 당과 온 사회의 주체사상화를 위해 새로운 당 생활총화 제도를 모든 당에 일반화하고 당 사업체계와 사업방법들을 혁신하기 위한 방침들을 제시하여 모든 주민들이 김일성과 당에 충성하는 사회를 구축하고자 했다.

이러한 노력의 결과 김정일은 1980년 10월에 개최된 제6차 당대회에서 당 중앙위원회 위원, 당 중앙위원회 정치국 상무위원회 위원, 당 중앙위원회 비서, 당 중앙위원회 군사위원회 위원으로 선출되어 북한의 사실상 제2인자이자 김일성의 후계자로서 공식 등장했다.

그러나 이처럼 김정일이 공식 후계자로 등장하기까지 후계자론이라는 이론적 정립은 없었다. 대신 후계자로 추대된 김정일을 베일속에 가려둔 채 권력세습을 정당화하고 김정일 후계체제의 정통성 확보를 위한 논리를 개발하기 시작한 것으로 보인다.

공식 후계자가 된 뒤 1982년 3월 31일 김정일은 '위대한 수령 김일성 동지 탄생 70돐기념 전국주체사상토론회'에서 "주체사상에 대하여"라는 논문을 발표하여 주체사상을 심화·발전시키는 한편, '80년대 속도 창조 운동', '숨은 영웅들의 모범을 따라 배우는 운동', '전당의 주체사 상화', '준법기풍 앙양', '8·3 인민소비품 생산 운동' 등을 주도하였다.

이 시점을 전후하여 김일성과 김정일은 대외업무와 대내업무를 나누어 분담한 것으로 관측되고 있다.28) 따라서 이 무렵 후계자론의 이론적 체계화가 더욱 필요했을 것으로 추측된다. 내용상으로 볼 때 후계자론은 1985년 10월 노동당 창당 40주년을 기념해 기획한 ≪주체사상총서≫가 발간되어 주체사상의 체계화와 영도체계론의 정립이 이루어지면서 한층 더 다듬어진 것으로 분석된다.

한편 김일성은 1986년 5월 31일 김일성 고급당학교 창립 40주년에 즈음하여 집필한 강의록에서 후계자 문제를 "정치적 수령의 지위와 역할을 계승하는 문제"로 규정하고 후계자의 영도를 더욱 철저히 보장하는 체계의 구축이 중요함을 지적했다.

> 로동계급의 당 건설에서 후계자 문제는 정치적 수령의 지위와 역할을 계승하는 문제입니다. 수령의 령도적 지위와 역할은 그 후계자에 의하여 변함없이 계승되여야 합니다. 대를 이어 계속되는 로동계급의 당의 위업을 누가 어떻게 계승하는가 하는 것은 당의 운명, 혁명의 운명과 관련되는 중대한 문제입니다. …
> 당의 위업을 옳게 계승해 나가기 위하여서는 후계자를 바로 내세우는 것과 함께 그의 령도를 실현할 수 있는 조직사상적 기초를 튼튼히 쌓고 령도체계를 철저히 세워야 합니다.29)

위에서 보듯이 노동계급의 혁명은 대를 이어가면서 계속하여야 할 장기적인 사업이기 때문에 수령의 대를 이어 노동계급의 혁명을 계승·

완성해 나갈 후계자가 필요하다고 한다. 따라서 후계자란 '수령의 뒤를 잇는 영도자', 즉 수령의 '위업을 계승하고 그의 뒤를 이어나가는 영도 자'이다.

그러므로 북한에서의 후계자 문제는 수령의 영도적 지위와 역할을 계승하는 문제를 의미하며 후계자는 수령의 지위와 역할을 계승하여 수 령의 뒤를 이어나갈 영도자로서 미래의 수령을 뜻한다.[30] 곧 후계자는 국가주석이나 당 총비서와 같은 직위를 승계하여 단순히 정권을 이끌어 나가는 권력의 후계자가 아니라 혁명사업을 영도해 나갈 수령의 지위를 승계한 후계자라는 것이다. 이 맥락에서 "수령의 후계자문제는 권리와 지위를 넘겨주고 이어받는 관계가 아니라 로동계급의 혁명위업을 개척 하고 승리에로 이끌어 온 수령의 사상과 령도를 이어받는 것을 말한다" 는 것이다.[31]

2) 후계자론의 내용

후계자론은 후계자의 지위와 역할, 후계자의 요건, 후계자의 유일적 영도체계 등으로 구성되어 있으며 김일성체현론, 세대교체론, 준비론 등 이 주요 내용을 이루고 있다.

(1) 후계자의 지위와 역할

후계자론에서 수령의 후계자는 수령의 대를 이어 그의 혁명위업을 계승·완성하는 데서 최고의 책임을 지며 최대의 지휘권을 가지는 영도 자이다.

수령론에 따르면 노동계급의 수령은 혁명과 건설에서 '절대적 지위' 를 차지하고 '결정적 역할'을 수행한다. 그러므로 수령의 지위와 역할을 계승하는 후계자도 바로 수령의 이런 '절대적 지위'와 '결정적 역할'을 이어받게 된다.

수령의 '절대적 지위'와 '결정적 역할'은 그 누구도 대신하거나 나누어 가질 수 없고 침해할 수도 없는 배타성과 신성불가침성을 가지고 있는데, 이는 후계자론에 그대로 투영되어 후계자의 '절대적 지위'와 '결정적 역할'도 배타성과 신성불가침성을 지닌다. 다만 수령이 노동계급의 혁명위업 개척에서 절대적 지위를 차지하고 결정적 역할을 한다면, 후계자는 수령의 위업을 계승하고 완성하는 데서 절대적 지위를 차지하고 결정적 역할을 하는 것이다.32)

구체적으로 보면 후계자의 지위는 수령에 의해 결정되어 상당기간 동안 수령을 측근에서 보좌하는 지위에 있는 시기와 수령의 위업을 대를 이어 계승·완성해 나가는 고유한 의미에서의 수령의 지위를 차지하는 시기로 구별된다고 한다.33)

후계자의 역할도 마찬가지이다. 수령을 받들고 수령을 보좌하여 수령의 사상과 영도를 충실히 구현하는 역할을 하는 시기가 있고 수령의 위업을 계속해서 끝까지 완성하기 위한 역할을 하는 시기가 있다.

이와 같이 후계자의 지위와 역할에서 일정한 차이가 생기는 두 시기가 있게 되는 것은 수령의 영도가 실현되고 있는 때에 후계자의 추대가 이루어진다는 것이 이유로 제시된다.

후계자에게 부여되는 역할을 요약하면 첫째, 수령의 혁명사상을 고수·관철하고 발전·풍부화시키며, 둘째, 혁명전통을 철저히 옹호·고수하는 한편 시대와 혁명발전의 새로운 요청에 부응하여 부단히 발전·풍부화시키며, 셋째, 변혁의 주체, 즉 수령, 당, 대중의 통일체를 부단히 강화해 나가는 것이다.34)

북한은 후계자의 이런 지위와 역할 때문에 후계자 문제가 반드시 두 가지를 해결해야 한다고 지적한다. 하나는 가장 중요한 것으로서 수령의 후계자로서의 필수적인 품격과 자질을 손색없이 갖춘 인물을 내세우는 것이고[35] 또 하나는 후계자의 영도를 실현할 수 있는 조직사상적 기초를 튼튼히 쌓고 영도체계를 철저히 세우는 것이라고 한다.[36] 수령의 위업을 누가 계승하고 그가 어떤 조건에서 혁명위업을 계속해 나가는가 하는 것은 혁명의 운명과 관련되는 중대한 문제이기 때문이라는 것이다.

(2) 후계자의 요건

수령의 대를 이어 혁명을 수행할 후계자의 요건이란 어떤 사람이 수령의 후계자가 될 수 있는가 하는 것으로서 수령 후계자의 품격과 자질에 관한 것이다. 후계자론은 후계자를 인물 본위로 선출하는 것이 대원칙이며 후계자가 지녀야 할 특성으로 다음을 지적하고 있다.

첫째는 수령에 대한 충실성을 가져야 하는데, 이는 품격과 자질에서 핵심을 이루는 요소라고 한다. 즉 후계자는 수령을 마음속으로부터 높이 우러러 모시고 수령을 위하여 자기의 모든 것을 다 바치는 끝없이 깨끗하고 뜨거운 사상감정을 가져야 한다는 것이다.

'계속혁명론'에서 살펴 보았듯이 수령의 혁명위업을 계승, 완성하기 위한 투쟁은 치열한 계급투쟁과정이고 그 과정에서 기회주의자들과 변절자, 제국주의자들의 방해책동이 끊임없이 전개되므로 후계자가 수령의 혁명사상에 충실하지 못하면 혁명이 중도에서 변질될 수 있다는 것이 충실성을 최우선으로 하는 이유이다.

둘째로 지적되는 특성은 비범한 사상이론적 예지와 뛰어난 영도력, 고매한 공산주의 덕성이다. 수령의 혁명위업을 계승해 나가는 과정은 본질적으로 수령이 창시한 혁명사상을 고수하고 그것을 혁명실천에 구현해 나가는 과정이기 때문에 후계자는 반드시 수령의 혁명사상에 정통하고 그것을 완벽하게 체현하고 있어야 한다는 논리이다.

또한 비범한 예지를 지닌 뛰어난 지도자라야 민중의 지향과 시대의 요구를 누구보다도 정확히 포착하여 탁월한 사상이론과 확고한 신념으로 대중을 지도해 나갈 수 있다는 것이다. 이 점에서 뛰어난 예지는 후계자의 역사적 중임을 수행하기 위한 필수적 자질이라고 한다.

탁월한 영도력이 필수적인 이유는 앞서 수령론에서 본 바와 같이 역사를 창조하는 민중의 거대한 힘은 자연발생적으로 이루어지는 것이 아니기 때문에 민중을 각성시키고 그들이 자기의 역할을 원만히 수행하도록 옳게 이끌어주기 위한 데 있다고 한다.

한편 고매한 덕성의 보유는 지도자와 민중의 관계로부터 흘러나오는 필연적 요구로서, 이는 민중의 신임과 지지, 지도자로서의 권위와 위신을 확보하는 데 필수적이라고 주장된다. 곧 후계자는 사회정치적 생명체의 중심으로서 민중의 운명을 책임지는 정치지도자이므로 민중에 대한 깊은 사랑과 무한한 헌신으로 특징지어지는 덕성을 지녀야만 민중이 그에게 자기 운명을 의탁하고 감화되어 형극의 길도 마다하지 않고 헤쳐 나가게 된다고 한다.

이러한 주장의 종착점은 수령의 후계자는 민중 속에서 공인된 지도자로서 높이 평가될 수 있는 업적을 가지고 있어야 한다는 요구이다. 즉 후계자는 "자기의 정력적인 활동으로 민족의 번영과 민중의 행복을 담보하는 사상정신적, 물질문화적 재부로 될 훌륭한 업적을 쌓아 올리고 그것으로 하여 민중속에서 공인된 지도자"여야 한다는 요구이다.

이에 따라 셋째로 지적되는 특성이 후계자는 혁명과 건설에서 이룩한 업적과 공헌으로 인해 인민들 속에서 절대적인 권위와 위신을 지녀야 한다는 것이다.

이러한 자질의 요구는 이른바 '김일성체현론'의 근거가 되고 있는데, '김일성체현론'이란 수령의 후계자는 수령의 모든 것을 체현하고 있어야 할 뿐 아니라 김일성에게 충실한 자라야 한다는 주장이다. 북한은 후계자가 지녀야 할 제일의 덕목으로 지도자로서의 일반적인 자질보다 수령의 혁명사상과 이론을 체득하는 것과 수령에 대한 절대적인 충실성을 제시하고 있다.

'김일성체현론'과 깊은 연관성을 가지고 있는 것이 이른바 '혈통계승론'이다. '혈통계승론'은 김일성이 당건설과 혁명을 개척하고 이끌어가는 노정에서 창시하고 발전시킨 모든 '혁명적 재부'인 '혈통'을 후계자가 계승해야 한다는 주장이다. 즉 생물학적인 혈통이 아니라 김일성의 사상과 이론, 혁명업적, 투쟁경험, 사업방법 등을 이어받아야 한다는 것이다.37)

네 번째의 요건은 수령과 후계자의 세대적 관계가 동일 세대가 아닌, 서로 다른 세대여야 한다는 것이다. 이른바 '세대교체론'으로서 후계자는 수령의 혁명위업을 계승하여 완성시켜야 하는 영도자이므로 수령과 함께 혁명활동을 해 온 세대가 아니라 수령의 다음 세대에 속하는 인물이어야 한다는 후계자의 연령적 조건에 관한 것이다.

이 조건의 요구는 변혁운동이 오래 계속되는 가운데 수령의 대가 바뀌는 것은 불가피하지만 그것이 자주 바뀌는 것은 바람직하지 않다는 전제 때문이다. 수령과 같은 세대에 속하는 인물을 후계자로 내세우게 되면 그의 영도기간이 오래 계속될 수 없어 또 다시 후계자를 추대해야 하는 문제가 발생되는데, 이와 같이 수령이 자주 교체되는 것은 변혁운동의 뇌수이며 사회정치적 생명체의 중심이 빈번히 바뀌는 것을 뜻하고 수령이 자주 바뀌면 혁명위업을 완성하는 데 커다란 장애를 초래하게 된다고 한다.38) 이것이 김일성과 김정일의 관계를 염두에 둔 논리임은 말할 것도 없다.

'세대교체론'과 밀접한 관련이 있는 것이 '준비론'이다. '준비론'은 후계자를 선출하는 시기에 관한 것으로 수령이 살아있고 활동하는 때에 후계자를 추대하여 수령이 육성함으로써 후계자가 일정한 준비기간을 거쳐야 한다는 논리이다. 북한은 후계자를 키우는 것이 "수령이 자기

당대에 수행해야 할 가장 중대한 위업중의 하나"라고 한다.

후계자가 수령 생존시에 선정되어 일정한 준비기간을 가져야 하는 이유에 대해서는 세 가지가 지적된다. 첫째, 수령의 영도밑에 후계자의 영도체계를 확고히 세울 수 있고, 둘째, 수령이 뜻하지 않게 퇴임한 다음 후계자를 추대하면 수령의 영도가 일시적으로나마 중단되거나 후계체제가 공고화되지 못한 틈을 타 권력쟁탈을 노리는 야심가들이 준동할 수 있으며, 셋째, 후계자가 수령을 직접 보좌함으로써 수령의 노고와 심려를 덜어주는 장점이 있다는 것이다.

(3) 후계자의 유일적 영도체계

북한의 주장에 따르면 인민대중의 자주성을 실현하기 위한 혁명투쟁은 한 세대에 끝나는 것이 아니라 여러 세대를 이어가며 진행되는 장기적인 과제이다.

그런데 장기적인 과제를 달성함에 있어 후계자를 옳게 내세웠다고 해도 그의 영도실현의 여건들이 만들어지지 않으면 성과를 기대할 수 없다는 것이다. 즉 그의 영도실현의 여건을 충분히 마련해 주지 않으면 수령의 영도가 끝났을 때 후계자의 영도실현에 예기치 않았던 복잡한 문제들이 제기될 수 있으며 수령의 위업계승에서 심각한 장애를 자초할 수 있다고 한다. 이 때문에 김일성은 "당의 위업을 옳게 계승해 나가기 위하여서는 후계자를 바로 내세우는 것과 함께 그의 령도를 실현할 수 있는 조직사상적 기초를 튼튼히 쌓고 령도체계를 철저히 내세워야 합니다"라고 강조했다.39)

후계자의 영도체계를 세운다는 것은 후계자의 영도의 유일성을 보장하며 수령과 후계자의 의도대로 혁명을 계속 이끌어 나가기 위한 사업으로서 구체적으로는 당안에 후계자의 의도와 방침을 무조건 접수·관철하는 기풍을 세우고 전당이 후계자의 유일적 영도밑에 하나와 같이

움직이는 규율과 질서를 세우는 것을 뜻한다는 것이다.[40]

따라서 북한은 후계자의 유일적 영도체계란 본질에 있어서 "수령의 사상과 로선을 구현하고 수령의 의도에 따라 혁명을 전진시키며 수령의 위업을 대를 이어 계승완성하기 위한 령도체계"라고 정의하고 있다.[41]

후계자의 유일적 영도체계를 확립하는 방법론으로 제시되는 것은 크게 다섯 가지이다. 첫째, 당의 정치사상적 통일과 단결이다. 구체적으로는 당에 충실한 사람들을 간부로 등용하여 이들이 후계자를 충성으로 받들고 정치사상적으로, 목숨으로 옹위하는 근위대, 결사대로 튼튼히 준비시키는 것이라고 한다.[42]

둘째, 당사업과 당활동, 혁명과 건설에서의 모든 문제를 후계자에게 집중시키고 후계자의 결정에 따라 모든 사업을 처리해 나가는 당사업에 대한 이른바 '후계자의 유일관리제'를 철저히 실현하는 것이라고 주장한다.[43]

셋째로는 후계자의 유일적 영도 밑에 전당이 하나와 같이 움직이는 강철같은 규율을 세우는 것이라고 한다. 강한 조직규율이 확립되어야 후계자의 의도와 배치되는 온갖 비조직적이고 무규율적인 현상을 없애고 불건전한 요소들을 제거할 수 있다는 것이다.[44]

넷째는 후계자의 의도와 방침을 절대성의 정신에서 접수하고 무조건성의 원칙에서 철저히 관철할 것을 요구하고 있다. 이는 모든 당원들과 근로자들이 후계자의 지시를 가장 정당한 것으로 받아들이고 사소한 불평없이 무한한 헌신성과 희생성을 발휘하여 끝까지 집행하는 것을 말한다는 것이다.

마지막으로는 후계자의 유일적 영도체계와 어긋나는 온갖 현상들과 비타협적인 투쟁을 벌일 것을 요구하고 있다.

방법론에서 보듯이 북한은 후계자의 유일적 영도체계를 확립함에 있어 당이 매우 중요하다고 인식하고 있다. 따라서 후계자론은 후계자는 처음에 당의 영도자로 선출하는 것이 원칙이라고 강조한다. 즉 후계자는 "미래의 수령으로서 바로 당의 령도자로서의 지위를 차지해야만 하는 것이다. 그래야 후계자가 당을 골격으로 자기의 령도체계를 세워나갈 수 있으며 사회정치적 생명체에서 당의 중추적 역할을 높여 민중의 자주성 실현을 위한 변혁운동을 원만히 이끌어 나갈 수 있게 된다"고 한다.[45]

이러한 주장은 혁명운동에서 당과 수령이 차지하는 지위와 역할에 관련되어 있다. 주지하다시피 북한에서 혁명운동은 수령에 의해 영도되고 수령의 영도는 당을 통해서 실현된다고 보기 때문이다.

4. 김정일의 후계자

김정일 이후의 권력승계를 둘러싼 여러 관측들이 제기되고 있다. 후계자 문제는 북한이 극도로 보안에 부치고 있는 사안이어서 주로 언론에 의해 보도되고 있는 관측들은 본질상 추론에 가깝고 정확한 정보가 뒷받침된 것은 아니다. 하지만 그 가운데에는 나름대로 근거가 있는 것도 있어 일별해 볼 필요는 있다.

권력승계와 관련하여 크게 두 가지를 상정할 수 있는데 부자세습의 경우와 그렇지 않은 경우이다. 이 가운데 부자세습을 선택하는 경우는 전임 집권자에 대한 후계자의 충성을 확신할 수 있는 때문이고 부자세습이 아닌 경우는 국가적 난제 해결을 위한 적임자를 선택하려는 이유가 크게 작용한 때문일 것이다.

1) 부자세습 경우

김정일은 사회주의국가들의 몰락을 전임 집권자들에 대한 후임자의 배신 탓으로 돌리면서 다음과 같이 후계자의 배신을 경계하고 있다.

> 기회주의자들과 사회주의배신자들은 로동계급의 수령을 헐뜯고 혁명선배들의 성스러운 혁명투쟁과 위대한 혁명업적을 모독하였으며 사회주의를 허물고 자본주의를 복귀시켰습니다. 이것은 제국주의의 압력에 굴복하여 혁명을 배반한 가장 비렬한 반혁명적 죄행이며 혁명적 의리를 저버리고 초보적인 인간도덕 마저 짓밟은 가장 비도덕적인 배신행위입니다. 혁명의 배신자들은 온갖 수단과 방법을 다하여 혁명선배들을 헐뜯고 모독함으로써 사람들속에서 사상적 동요와 혼란을 조성하였으며 제국주의자들과 반동들에게 공산주의자들과 사회주의위업을 더욱 악랄하게 비방할 수 있는 구실을 주었습니다.[46]

후계자의 배신에 대한 김정일의 이러한 우려와 경계심에 비추어 부자세습의 가능성은 충분하다.

김정일은 법적으로는 1974년 김영숙과 결혼하여 설송이라는 딸을 하나 낳았다. 또 성혜림과의 사이에서 낳은 아들이 있는데 그가 김정남이다. 김정남은 김정일의 장남이고 성혜림은 2002년 러시아에서 사망했다. 2004년 사망한 고영희와의 사이에 두 아들을 두었는데, 이들이 정철과 정운이다. 김정일은 김형직 사범대 총장을 지냈던 홍일천과도 살았고, 그 사이에 혜경이라는 딸이 있다는 설이 있으나 확인되지는 않고 있다.

후계자로 추대된 이후 김정일이 적자의 의미인 '본가지'를 강조하면서 '곁가지'를 제거한 전례가 있을 뿐 아니라 북한이 남녀평등을 중시하는 점을 감안하면 자식 가운데 적자라고 할 수 있는 설송이 후계자가 될 가능성도 배제할 수는 없지만 아직까지 유교의 가부장적 전통이 강한 북한에서 딸이 권력을 승계할 것 같지는 않다.

(1) 김정남

아들 가운데에서는 우선 장남인 김정남이 꼽힌다. 미 시사주간지『뉴스위크』는 북한이 1997년부터 김정남을 후계자로 키우고 있다는 징후가 발견되고 있다고 보도했다.[47) 김정일의 경호를 맡고 있는 호위부에서 근무한 경호원 출신의 한 탈북자도 국가안전보위부 요원으로부터 전해 들은 것이라면서 김정일이 1990년대말에 이미 김정남을 후계자로 생각하고 있다는 의사를 내비쳤다고 증언했다. 그는 "김정일이 자신의 특각에 자유롭게 출입하도록 한 사람은 여동생으로서 당 중앙위원회 경공업부장인 김경희와 김정남뿐"이며 "김경희는 늘 김정남을 데리고 다녔다"고 주장했다. 그에 따르면 이것은 김정일이 김정남을 '본줄기'로 여기고 있음을 보여주는 것이고, 따라서 김정남이 김정일의 본처가 아닌 성혜림과의 사이에서 태어난 '곁가지'이기 때문에 후계자가 될 수 없다는 분석은 맞지 않다는 것이다.[48)

김정남은 조선컴퓨터위원회 위원장으로서 정보기술 부문에 깊숙이 관여하고 있으며 국가보위부 주요 부서의 책임자로 활동하고 있다는 관측도 있다. 또한 김정일이 1990년대 중반부터 자신의 김일성종합대학 동기생들로 하여금 김정남이 정보와 조직부문에서 후계자로서 기반을 다질 수 있게끔 곁에서 돕도록 해 왔다고 하는 보도도 있다.

그러나 김정남의 승계 가능성에 대한 부정적인 견해도 많은데, 부정적인 시각은 그가 2001년 5월 위조여권을 소지한 채 일본에 입국하려다가 강제추방된 이후 크게 부각되었다. 김정남은 일본서 추방된 후 아버지의 노여움을 사 귀국하지 못하고 베이징과 모스크바에 체류하는 등 제3국을 왕래하며 활동하고 있다는 언론의 보도가 많았다.

하지만 북한체제의 속성상 잘못이 있으면 불려가 벌을 받아야 하는

데, 그렇지 않다는 점에서 못들어 가는 것이 아니라 안 들어간 것으로 보는 것이 더 적절할 것이다. 권력승계에서 김정남이 유리한 점은 그가 장남일 뿐 아니라 어려서부터 외국 유학을 해 서방세계 사정에 밝아 차세대 지도자의 조건을 갖추었다는 점이다. 또한 그의 경쟁자가 될 수 있는 이복동생들이 아직 어려 사회적 경험이 적다는 것도 앞으로의 경쟁에서 도움이 될 수 있는 요소이다. 일본의 ≪산케이신문≫은 김정남이 이미 북한에서는 '소小장군'으로 불리고 있으며 김정남의 자유분방함은 권력승계의 장애물이 되지 않을 것이라고 전망했다.49)

김정남이 후계자가 될 가능성은 그의 일본 밀입국 실패 사건이 발생하기 이전이긴 하지만 김정일이 2001년 1월 중국을 방문하면서 그를 데리고 다녔다는 보도를 감안하면 결코 과소평가될 수 없다. 김정남이 중국 방문에 동행했다는 것은 김정남과 관련된 것을 숨겨만 왔던 것에 비추어 매우 의미있는 일이라고 할 수 있다. 이에 대해 홍콩의 시사 월간지 『광각경廣角鏡』은 김정남이 후계자 수업을 받고 있다고 분석했다. 이 잡지는 '김정일과 그의 맏아들 김정남' 이라는 제목의 논평 기사에서 "김 위원장은 부친으로부터 승계한 권좌를 장남인 김정남에게 승계시킬 계획을 갖고 있다"고 지적하고 현재 북한에서 김정일과 김정남을 각각 '장군'과 '작은 장군'으로 호칭하고 있다고 보도했다.50)

그럼에도 불구하고 김정남이 해외에 체류하고 있다는 소문이 무성한 가운데 후계문제와 관련해 김정남의 이복동생 김정철이 부상하고 있거나 내정되었다는 분석과 보도가 급증하고 있다. 이런 와중에 김정남이 2004년말 유럽을 방문중 암살위기에 처했으나 오스트리아 정보기관의 보호로 모면했으며 암살기도는 그의 이복동생들의 주변세력이 김정남의 권력승계를 우려해 계획했다는 내용이 보도되었다.51) 이 보도가 사실이라면 이는 김정남이 아직 권력승계 후보자 대열에서 탈락하지 않았다는 것을 의미한다. 또한 신원이 확인되지 않았지만 김정남을 자처하는 인물이 일본 기자들과의 온 라인 대화에서 후계자는 아직 결정되지 않았으며 앞으로 후계자 선정에서 아버지 김정일의 의중이 가장 중요하다는 견해를 밝혔다고 보도되기도 했다.52)

(2) 김정철

≪뉴스위크≫도 김정일의 차남인 김정철이 권력을 승계할 조짐이 나타나고 있으며 이것이 사실인 경우 심각한 권력투쟁이 빚어질 가능성이 있다고 보도했다.53) 이 잡지는 유교적 전통이 강한 북한에서 장남인 김정남이 그 동안 후계자로 지목되어 왔으나 2001년 그가 일본에 밀입국하려다 체포되어 추방된 사건이 발생한 이후 형제 사이에 권력승계 다툼이 벌어졌다고 전했다. 이 과정에서 군부의 강경세력들이 김정남에 대해 해외여행을 자주 다녀 서방세계에 물들었다고 비판하면서 김정철을 지지하는 쪽으로 옮겨갔다는 것이다.

≪뉴스위크≫는 북한 인민군 내부 문건이 김정철의 생모 고영희를 우상화하고 있다고 지적, 이는 장남 김정남을 제치고 김정철이 후계자로 낙점되었음을 시사한다고 분석했다.

『월간 조선』 2003년 3월호도 북한이 2002년 8월부터 군 장병들을 상대로 김정일의 부인을 우상화하는 데 활용하고 있다는 이 문건의 전문을 입수해 게재했다.

조선인민군 출판사가 2002년 8월에 발간했고 "존경하는 어머님은 경애하는 최고사령관 동지께 끝없이 충직한 충신 중의 충신이다"는 제목을 가진 이 문건은 모두 16쪽 분량이다. 「대내에 한함」이라고 표시된 이 문건은 '존경하는 어머님'이 누구인지 밝히지 않았으나 고영희인 것으로 분석되고 있다. '최고사령관 동지를 가장 몸 가까이에서 보좌'한다는 표현으로 볼 때 동거하고 있는 사람으로 추측되기 때문이다.

이 문건에는 '어머님'이 인민군의 사격 모습을 보면서 "권총 사격법

이 마음에 안든다,” “움직이는 표적을 쏘아야 한다”고 현지 지도하는 부분이 있는데, 이는 과거 김정일의 권력 장악 이전에 벌어졌던 ‘김정숙 우상화’ 과정과 흡사하다고 지적되고 있다. 북한은 김정숙이 총을 잘 쏜다고 선전하다가 나중에는 위대한 전략가로 치켜 세웠다. 이 문건을 본 황장엽도 “김정철을 후계자로 만들려는 것”이라는 견해를 밝혔다.[54)

고영희의 우상화는 1998년 12월 개성시 판문군 소재 인민군 민경부대에서 시작된 ‘사모님 따라 배우기’ 운동으로 전개되었다고 한다. 최고 사령관을 가장 가까이에서 모시고 그의 신변 안전과 건강을 위해 온갖 정성을 다 바치고 있는 ‘사모님’의 헌신적 희생정신과 인간애를 인민군 장병들이 적극 따라 배워야 한다는 것이 운동의 주요 내용이라는 것이다. ‘사모님’의 ‘모범적인 행위’가 일화 형식으로 정리되어 『덕성실기』라는 책자로 묶여져 나왔으며, 유사한 내용의 내부 문건들이 수시로 내려와 사상교양을 위한 강연자료와 학습교재로 쓰였다는 것이 이 곳 민경부대에서 근무하다 온 탈북자의 증언이다.

고영희는 재일교포 출신으로 1971년쯤 만수대예술단에 들어가 무용수로 활동하다 김정일을 만나 그와 정식 결혼하지 않고 살면서 1981년 아들 김정철을 낳았다.

김정철은 스위스의 국제학교에서 공부한 후 현재 노동당 선전부의 핵심 요원으로 일하고 있는 것으로만 알려져 있다. 일본의 시사주간지 『아에라』는 후계자 물망에서 김정철이 부상하고 있다고 보도하면서 지금까지 북한의 ‘황태자’로 알려진 것은 장남 김정남이었으나 일본 밀입국 적발 사건으로 김정일의 노여움을 샀을 뿐 아니라, “나라를 버린 성씨 일가와 연관”이 있어 ‘성분’이 나쁘다는 결정적인 약점이 있다고 지적했다.[55)

《뉴스위크》는 후계문제에서 권력투쟁이 이미 진행되어 김정철이 승리를 거두었다는 일부의 분석도 있다고 보도하면서, 이렇게 분석하는 사람들은 군부 강경세력이 해외여행을 자주 다니는 김정남이 북한을 오염시키지 않도록 하기 위해 김정철을 밀고 있다고 설명한다고 전했다.

최근 일본의 시사주간지『주간현대』는 '조선노동당 중앙위원회 서기국 지시'라는 제하의 북한의 최고기밀 문서를 입수해 보도했다. 2005년 9월 25일자로 하달된 이 문건은 후계자로 김정철을 지목하는 내용을 담고 있으며 구체적인 행동방향까지 하달하고 있는데, "김정철 동지를 우리당의 수뇌부에 높게 추대하는 것을 엄격히 선포했다"고 적시하고 있다. 그러나 이 문건은 김정철이 노동당 직제에 없는 '당중앙위원회 책임부 부장'에 임명되었다고 하여 의구심을 자아낼 뿐 아니라 기본적인 북한 철자법도 따르지 않고 있어 위작으로 보인다.

(3) 김정운

1988년부터 2001년까지 13년간 김정일을 수행하며 요리사로 일했던 일본인 후지모토 겐지藤本健二는『김정일의 요리인』이라는 책을 발간했다. 김정일의 세 아들과 가깝게 지냈다는 그는 김정일 이후의 권력승계와 관련, "2001년에 장남인 김정남이 일본 밀입국에 실패한 이후 김정일 위원장과 고영희 사이의 아들인 김정철이 부각되고 있다는 얘기가 나오지만, 김정철보다는 3남인 김정운이 더 가능성이 높다"고 주장했다. 김정일은 김정철에 대해 '여자같다'고 부정적으로 평가한 반면 김정운을 가장 마음에 들어했다는 것이다.[56]

이러한 주장은 이보다 1년 앞선 ≪조선일보≫ 보도로 뒷받침된다. 즉 ≪조선일보≫는 "북한과 중국 쪽에서 입수된 정보에 따르면 김 위원장의 셋째 아들인 김정운이 후계자로 점차 유력"해지고 있는데, 이는 "첩보 수준으로 떠돌아 다니는 것이 아니며, 아주 믿을 만한 소스에서 나온 것"이라고 우리측 고위 정보당국자가 말했다고 보도했다. 그는 "북한 내에서 김정철은 컴퓨터를 좋아하고 예술적 재능이 김 위원장을 닮았으나 지도자로서의 자질이 부족하다는 지적을 받고 있으며, 이에 비해 김정운은 대외적인 활동을 많이 하고 있고 리더십을 갖췄다는 평가를 받고 있다"고 하면서 "우리 정보당국도 김정운에 무게를 두고, 그에 대한 정보 확보에 주력하고 있다"고 말했다는 것이다.[57]

이와 관련하여 고영희가 당과 군의 고위 간부를 내세워 김정운을 후계자로 만들기 위한 작업에 직접 나서고 있다는 보도도 나왔다. "고영희가 자신의 둘째 아들인 김정운을 후계자로 만들기 위해 당과 군 고위간부들로 하여금 그를 '샛별대장'으로 부르도록 했다"는 것이다.[58]

그러나 고영희는 지병으로 2004년 중반에 사망한 것으로 보이는데, 이는 자식들의 후계자 지명 여부에 다소 영향을 줄 것으로 보인다.

2) 부자세습이 아닐 경우

부자세습이 아니라면 아마도 국가적 난제를 해결할 수 있는 능력의 보유자를 후계자로 선택할 것이다. 경제발전이라는 시급한 과제를 감안하면 전문기술관료(technocrat)일 가능성도 크고 체제유지를 위한 선군정치를 고려하면 군부의 지도자일 가능성도 있다. 전자일 경우 북한에서 위로부터의 변화의 필요성 때문일 것이다.

사회주의체제의 변화는 다양한 편차를 보이고 있으나 변화과정상의 주도권을 어느 쪽이 가지고 있었느냐를 기준으로 보면 소련 및 중국처럼 위로부터의 개혁을 추진한 사례와 동유럽 사회주의국가들같이 밑으로부터의 강력한 개혁요구가 전면적인 체제전환으로 이어진 사례로 나누어진다.

북한의 경우 현재 사회의 모든 구조는 국가에 의해 장악되어 있으며 개인들도 국가가 규정해 놓은 사회관계망 속에 통합되어 있다. 따라서 밑으로부터의 조직적인 저항세력의 형성이 철저히 봉쇄되어 있고 정치적 모순이나 경제적 비합리성에 대한 사회적 비판의 주체가 발달되어 있지 않다. 이 점에서 밑으로부터의 주민 봉기가 발생하려면 아직도 많은 시간이 지나야 한다.

한편 위로부터의 변화에는 정권 내 개혁파가 존재해 엘리트간에 파벌 및 노선갈등이 있어야 한다. 하지만 북한은 여타 사회주의 국가와는 달리 다음과 같은 이유에서 지금까지 파벌의 형성을 효과적으로 억제해 왔다.59) 첫째, 북한의 경우 반세기 이상 부자가 장기 집권하고 있어 집권자가 선호하지 않는 엘리트들의 등용이 봉쇄되어 왔다. 둘째, 현재의 권력엘리트 구조는 이미 김정일 후계체제의 공고화와 더불어 형성된 것이어서 엘리트집단 내에 파벌이 형성되기 어렵다. 셋째, 후르시쵸프의 스탈린 격하운동 이후 구소련에서 나타난 다원주의나 중국에서 모택동의 대립통일의 원칙과 같은 경쟁적 사상이 병존할 수 있는 토양이 북한에는 존재하지 않는다. 북한에는 유일사상, 유일노선만 있을 뿐이지 대안적 노선이란 허용되지 않는다.

이렇게 볼 때 현재 북한의 권력엘리트 가운데 체제변화의 필요성을 절감하고 위로부터의 변화를 주도할 가능성이 있는 집단은 없다고 할 수 있다. 그럼에도 불구하고 북한에서 변화의 동인이 전혀 없는 것은 아니다.

현재 북한은 사회주의체제 그 자체가 주는 경제적 비효율성에 덧붙여 정권의 폐쇄주의 때문에 어느 사회주의 국가보다도 경제회생에 어려움을 겪고 있다. 북한이 경제위기로 인한 체제붕괴의 위험에서 벗어나기 위해서는 위로부터의 점진적인 변화를 통해 체제 내에 작은 숨통을 만들어 줄 수밖에 없다.

따라서 북한 지도부는 사회주의의 기본원칙을 견지해야 한다고 강조하지만 다른 한편으로는 대내외 환경의 변화에 적응하기 위한 부분적이고 제한적인 변화를 모색하고 있다.

1998년 북한은 '강성대국 건설'을 내세웠는데, 이는 김정일정권의 목표이다.[60] 강성대국건설론은 요약하면 사상강국·군사강국을 이룩하고 이를 바탕으로 경제강국을 건설한다는 것이다. 그런데 북한은 자신들이 이미 사상강국, 군사강국은 이루었으며 남은 과제는 경제강국 건설이라고 역설하고 있다.[61]

경제강국 건설을 위해서는 전문기술관료의 중용이 필요하다. 일반적으로 전문기술관료들은 상대적으로 합리적이고 현실적이며 융통성이 있다. 물론 북한의 전문관료는 김일성 부자에 대한 충성심이 높고 김부자의 권력세습체제를 강화시켜 온 인물들이어서 체제개혁적 사고를 결여하고 있는 것도 사실이다.[62]

그러나 북한의 주변환경이 급격히 변화하고 있고 경제체제의 구조적 모순에 의해 경제침체가 지속되고 있다는 점에서 향후 북한 권력엘리트의 성향이 실리주의적으로 이행하지 않을 수 없을 것으로 전망된다. 김정일 권력의 정통성의 기초는 김일성의 후광에서 벗어나 점차 사회·경제적 업적을 기반으로 한 합리적 정통성(rational legitimacy)으로 이행하지 않으면 안될 것이다. 합리적 정통성을 확보하기 위해서도 실용주의적이고 현실적이며 융통성을 갖춘 전문기술관료의 도움이 필요하다. 김정일은 제한적이고 신중한 개방정책을 채택하겠지만 개방자체는 부정할 수 없을 것이고 이에 조응할 권력엘리트의 필요성 또한 증대될 것이다.[63]

현재 당 비서들은 대부분 1920년대생으로 80세에 가깝다.[64] 당 중앙위원회의 부장급 인사들 중에서 정하철 선전선동부장은 1933년생, 김양건 국제부장은 1938년생, 오극렬 작전부장은 1931년생, 채희정 문서정리실장은 1924년생으로 나이가 많다. 김동운 39호실장, 림상종 38호실장, 리광호 과학교육부장, 강관주 대외연락부장 등은 정확한 연령이 파악되지 않고 있으나 앞의 사람들과 비슷한 것으로 보인다. 염기순 조직

지도부 제1부부장은 사망했고 리하일 군사부장은 1935년생, 노명근 재정경리부장은 1912년생이다.

부장급 대우를 받는 당 중앙위원회 제1부부장들 가운데 유력 인사로 리제강 조직지도부 제1부부장을 비롯해 김히택 경공업부 제1부부장, 주규창 군수공업부 제1부부장, 림동옥 통일전선부 제1부부장, 리봉익 총무부 제1부부장 등이 있으나 이들 모두 연령 하나만으로도 후계자가 되기에는 역부족이다. 장성택만 1946년생으로 60세이다.

리태남, 김평해, 박도춘, 김경호, 김락희, 최룡해, 홍석형, 홍성남 등의 당 책임비서들도 모두 노인이다. 내각도 마찬가지이다. 그러나 전체 평균연령은 내각 쪽 인사들이 상대적으로 젊은데, 연령으로는 중앙당 과장급 인사나 내각 부처의 부상 이하의 인물들에 대해 눈여겨 보아야 할 것이다.

한편 김정일이 사상무장과 함께 비중을 두고 있는 것이 군사분야임을 감안할 때 군부쪽 인사도 검토해 볼 필요가 있다. 김정일의 측근으로 군부실세는 10여명을 선정해 볼 수 있는데, 대부분이 주로 혁명 2~3세대에 속하는 인물들로서 김정일보다 나이가 많거나 연배가 비슷한 60대이다. 이들이 앞으로도 북한군 핵심으로 군사정책을 좌우할 것으로 판단된다.

그러나 총정치국장 조명록 차수는 1928년생이고 총참모장 김영춘 차수는 1936년생, 인민무력부장 김일철 차수가 1933년생이다. 모두 70을 넘긴 나이이다.

김정일의 현지지도를 자주 수행하고 있는 총정치국 조직 부국장 현철해 대장도 1934년생이고 총정치국 선전 부국장 박재경 대장도 1933년생이며 장성택의 맏형인 장성우 차수도 1935년생으로 70세이다. 이들보다 젊은 기계화 군단장 김명국 대장도 1940년생으로 60대 중반의 나이이다.

최광, 오극렬, 조명록 등의 대를 이어 1995년 공군사령관에 오른 오금철 상장만 1947년생으로 상대적으로 젊다. 그는 북한 공군 간부 양성학교인 김책 공군대학을 졸업하였고 전 정치국원이었던 오백룡의 아들로 '성분'도 좋으나 전도는 불투명하다.

이와 관련하여 의아한 인물은 백세봉이다. 일반에 알려지지 않은 그는 2003년 8월 3일 치러진 최고인민회의 대의원 선거에서 처음 대의원으로 선출된 데 이어 9월 3일 열린 최고인민회의 11기 회의에서 국방위원회 위원이 되었다. 1998년의 헌법 개정으로 지위와 권한이 크게 강화된 국방위원회에 진입한 것은 국정에서 그가 중용될 것임을 시사한다. 김정일을 후계자로 추대한 뒤 비밀에 부친 채 '당중앙'이라 부르고 북한이 가명을 즐겨쓰는 것을 고려하면 베일에 싸인 백세봉이 갑작스럽게 국방위원으로 등장한 것이 후계구도와 상관있을지도 모른다.

5. 결 론

김정일을 후계자로 내세우면서 부자세습을 정당화하려는 목적에서 제시된 북한의 후계자론은 이론으로서의 일반성이나 정교성을 가지고 있는 것은 아니다. 그럼에도 불구하고 김정일의 대를 잇는 후계자를 합리화하기 위한 새로운 논리가 등장할 경우 김정일을 후계자로 추대하고 그의 후계체제를 확립할 때 동원된 후계자론이 완전히 무시될 수는 없을 것이다. 후계자론의 골격은 북한에서 신성불가침인 주체사상과 수령론 등에 뿌리를 두고 있기 때문이다.

후계자론은 후계자의 지위와 역할, 후계자의 요건, 후계자의 유일적 영도체계 등으로 구성되어 있으며 김일성체현론, 세대교체론, 준비론 등이 주요 내용을 이루고 있다.

후계자론에서 수령의 후계자는 수령의 대를 이어 혁명위업을 계승·완성하는 데서 최고의 책임을 지며 최대의 지휘권을 가지는 영도자이다. 후계자론의 이론적 모체가 되는 수령론에서의 수령과 같이 후계자도 당이나 국가기관의 특정한 직책이나 직위로서가 아니라 혁명에서의 지위와 역할로 규정된다. 후계자가 대를 잇는다고 할 때 그것은 본질에서 수령의 지위와 역할을 계승하는 것을 의미한다는 것이 북한의 주장이다.

그런데 수령은 추대나 취임하는 제도화된 직위가 아니므로 후계자는 수령의 사망 즉시 혁명수행의 최고 영도자라는 그 지위를 승계하는 것으로 보아야 할 것이다. 따라서 후계자는 논리적으로는 전임 수령이 차지하고 있던 국가권력직에의 취임이 급하지 않다.

한편 후계자의 지위는 수령에 의해 결정되어 상당기간 동안 수령을 측근에서 보좌하는 지위에 있는 시기와 수령의 위업을 대를 이어 계승·완성해 나가는 고유한 의미에서의 수령의 지위를 차지하는 시기로 구별된다고 한다. 후계자의 역할도 마찬가지이다. 수령을 받들고 수령을 보좌하여 수령의 사상과 영도를 충실히 구현하는 역할을 하는 시기가 있고 계속해서 수령의 위업을 끝까지 완성하기 위한 역할을 하는 시기가 있다. 이와 같이 후계자의 지위와 역할에서 일정한 차이가 생기는 두 시기가 있게 되는 것은 수령의 영도가 실현되고 있는 때에 후계자의 추대가 이루어진다는 것이 이유로 제시된다.

북한은 후계자 문제 해결에서 후계자로서의 필수적인 품격과 자질을 손색없이 갖춘 인물을 내세우는 것과 후계자가 영도를 실현할 수 있는 영도체계를 철저히 세우는 것이 매우 중요하다고 한다. 전자에 관해 후계자론은 후계자를 인물 본위로 선출하는 것이 대원칙이며 후계자가 지녀야 할 특성으로 이른바 '김일성체현론'을 주장하고 있다. '김일성체현론'이란 수령의 후계자는 수령의 모든 것을 체현하고 있어야 할 뿐 아니라 김일성에게 충실한 자라야 한다는 것이다. 북한은 후계자가 지녀야 할 제일의 덕목으로 지도자로서의 일반적인 자질보다 선대 수령에 대한 절대적인 충실성을 제시하고 있다.

또 하나의 요건으로 제시되는 것은 수령과 후계자의 세대적 관계가 동일 세대가 아닌, 서로 다른 세대여야 한다는 것이다. 곧 '세대교체론' 으로서 후계자는 수령의 혁명위업을 계승하여 완성시켜야 하는 영도자 이므로 수령과 함께 혁명활동을 해 온 세대가 아니라 수령의 다음 세대 에 속하는 인물이어야 한다는 것이다. 수령과 같은 세대에 속하는 인물 을 후계자로 내세우게 되면 그의 영도기간이 오래 계속될 수 없어 또 다시 후계자를 추대해야 하는 문제가 발생된다고 한다.

'세대교체론'과 밀접한 관련이 있는 것이 '준비론'이다. '준비론'은 후계자가 수령의 혁명위업을 계승・완성시켜야 하기 때문에 수령 생존 시에 결정되어 수령에 의해 일정기간 육성되고 준비되어야 한다는 논리 로서 후계자 선출의 시기에 대한 것이다.

후계자가 수령 생존시에 선정되어 일정한 준비기간을 가져야 하는 이유에 대해서는 세 가지가 지적된다. 첫째, 수령의 영도밑에 후계자의 영도체계를 확고히 세울 수 있고, 둘째, 수령이 뜻하지 않게 퇴임한 다 음 후계자를 추대하면 수령의 영도가 일시적으로나마 중단되거나 후계 체제가 공고화되지 못한 틈을 타 권력쟁탈을 노리는 야심가들이 준동할 수 있으며, 셋째, 후계자가 수령을 직접 보좌함으로써 수령의 노고와 심 려를 덜어주는 장점이 있다는 것이다.

북한은 후계자의 유일적 영도체계를 확립함에 있어 당이 매우 중요 하다고 인식하고 있다. 따라서 후계자는 처음에 당의 영도자로 선출하 는 것이 원칙이라고 강조한다. 이는 북한에서 혁명운동이 수령에 의해 영도되고 수령의 영도는 당을 통해서 실현된다는 주장과 관련있다. 따 라서 등소평이나 강택민은 당총서기직을 후계자에게 이양하고 군권은 유지하였으나 북한의 경우 논리적으로는 수령 생존시 당총비서직을 후계자에게 물려주기 쉽지 않다. 중국과는 달리 김일성이 당총비서직은 유지하면서 아들에게 최고사령관과 국방위원장이라는 자리를 먼저 물려준 것은 현실적 필요를 고려한 결정이겠지만 논리적으로도 타당한 것이라고 하겠다.

현실적으로 보면 김정일의 대를 잇는 권력승계와 관련하여 크게 두 가지를 상정할 수 있는데 부자세습의 경우와 그렇지 않은 경우이다. 이 가운데 부자세습을 선택하는 경우는 전임 집권자에 대한 충성을 확신할 수 있기 때문일 것이고 부자세습이 아닌 경우는 국가적 난제 해결을 위한 적임자를 선택하려는 이유가 크게 작용한 때문일 것이다.

김정일은 사회주의국가들의 몰락을 전임 집권자들에 대한 후임자의 배신 탓으로 돌리면서 후계자의 배신을 경계하고 있기 때문에 부자세습의 가능성은 충분하다.

자식들 가운데에서는 우선 장남인 김정남이 꼽힌다. 김정남이 후계자가 될 가능성은 김정일이 2001년 1월 중국을 방문하면서 그를 데리고 다녔다는 보도를 감안하면 결코 과소평가될 수 없다. 하지만 김정남의 승계 가능성에 대한 부정적인 견해도 많은데, 부정적인 시각은 그가 2001년 5월 위조여권을 소지한 채 일본에 입국하려다가 강제추방된 이후 크게 부각되었다. 그래서 최근 후계문제와 관련해 김정남의 이복동생 김정철이 부상하고 있다는 분석과 보도가 급증하고 있다. 반면 1988년부터 2001년까지 13년간 김정일을 수행하며 요리사로 일했던 일본인 후지모토 겐지는 김정철보다는 3남인 김정운이 더 가능성이 높다고 주장했다.

한편 부자세습이 아니라면 아마도 국가적 난제를 해결할 수 있는 능력의 보유자를 후계자로 선택할 것이다. 경제발전 때문에 전문기술관료일 가능성도 있고 체제유지를 위한 선군정치 때문에 군부의 지도자일 가능성도 있다.

북한은 현재 강성대국건설을 내세우고 있는데 경제강국 건설을 위해서는 전문기술관료의 중용이 필요하다. 김정일 권력의 정통성의 기초는 점차 사회·경제적 업적을 기반으로 한 합리적 정통성으로 이행하지 않으면 안될 것이다. 합리적 정통성을 확보하기 위해서도 실용주의적이고 현실적이며 융통성을 갖춘 전문기술관료의 도움이 필요하다.

김정일이 향후 10년 정도는 권력을 유지하고 그러는 동안 후계자를 양성한다고 상정하면 후계자 후보로는 지금의 연령으로 40～50대 이하의 인물에 주목할 필요가 있을 것이다. 현재 당 비서들이나 당 중앙위원회의 부장급 인사, 김정일의 측근 군부실세로 평가되는 10여명이나 내각의 인사 대부분은 연로한 편이다. 따라서 연령으로는 중앙당 과장급 인사나 내각 부처의 부상 이하, 군부의 상장 이하의 인물들을 눈여겨 보아야 할 것이다.

주註

1) 김일성은 환갑을 쇤 1972년 4월 22일 "나도 이제는 환갑이니 늙었고 동지들도 늙었습니다. 그러나 우리는 아직 할 일을 다하지 못했습니다. … 우리 혁명대 오의 핵심을 더욱 튼튼히 꾸리고 우리 혁명의 교대자, 계승자들을 잘 키워서 혁명의 대를 꿋꿋이 이어 나가도록 하여야 하겠습니다"라고 말했다. 조선로동 당출판사 편, 『인민들속에서 23』 (평양: 조선로동당출판사, 1980), 27~28쪽.

2) 대표적인 문헌으로는 김재천, 『후계자문제의 이론과 실천』 (출판지, 출판사 불명, 1989) ; 김유민, 『후계자론』 (출판지 불명: 신문화사, 1984)이 있다.

3) 박일범, 『위대한 주체사상 총서 2: 주체사상의 사회력사원리』 (평양: 사회과학 출판사, 1985), 203쪽.

4) 박일범, 『위대한 주체사상 총서 2; 주체사상의 사회력사원리』, 200·202쪽.

5) 담화의 내용은 김정일, "주체사상교양에서 제기되는 몇가지 문제에 대하여," (조선로동당 중앙위원회 책임일군들과 한 담화 1986년 7월 15일), 『김정일선집 8』 (평양: 조선로동당출판사, 1998), 00쪽.

6) 김정일, "주체사상교양에서 제기되는 몇가지 문제에 대하여," 447~448쪽.

7) 수령에 대한 충성과 사회정치적 생명의 관계에 대해서는 박영철, 『수령에 대한 충실성과 사회정치적 생명』 (평양: 조선로동당출판사, 1990) 참조.

8) 사회과학출판사 편, 『철학사전』 (평양: 사회과학출판사, 1985), 184쪽.

9) 영도체계에 대한 상세한 설명은 김 민·한봉서, 『위대한 주체사상 총서 9: 령 도체계』 (평양: 사회과학출판사, 1985), 77~226쪽 참조.

10) 사회과학출판사 편, 『철학사전』, 153쪽.

11) 김정일, "전당과 온 사회에 유일사상체계를 더욱 튼튼히 세우자," 김정일, 『주 체혁명위업의 완성을 위하여 3』 (평양: 조선로동당출판사, 1987), 91~124쪽.

12) 김정일, "주체사상교양에서 제기되는 몇가지 문제에 대하여," 433쪽.

13) 김일성, "3대혁명을 힘있게 벌려 사회주의건설을 더욱 다그치자," (공업열성자 회의에서 한 연설 1975년 3월 3일), 『김일성저작집 30』 (평양: 조선로동당출판 사, 1985), 97~101쪽.

14) 김일성, "청년들은 대를 이어 혁명을 계속하여야 한다," (조선사회주의로동청 년동맹 제6차대회에서 한 연설 1971년 6월 24일), 『김일성저작집 26』 (평양: 조선로동당출판사, 1984), 203~204쪽.

15) 김일성, "조선로동당 창건 30돐에 즈음하여," (조선로동당 창건 30돐 기념대회 에서 한 보고 1975년 10월 9일), 『김일성저작집 30』, 537쪽.

16) 함치영, 『계속혁명에 관한 주체적 리해』 (평양: 사회과학출판사, 1992), 63~96 쪽.

17) 김정일, "인민대중 중심의 우리식 사회주의는 필승불패이다," (조선로동당 중
   앙위원회 책임일군들과 한 담화 1991년 5월 5일),『김정일선집 11』(평양: 조
   선로동당출판사, 1997), 49쪽.

18) 함치영,『계속혁명에 관한 주체적 리해』, 83~84쪽.

19) 함치영,『계속혁명에 관한 주체적 리해』, 88쪽. 북한은 김일성의 '현지지도'와
   구분한다는 의미에서 처음에는 김정일의 '실무지도'라고 했다가 점차 김정일
   의 '현지지도'로 바꾸었듯이 처음에는 '수령의 유일적 령도'와 후계자의 '유일
   적 지도'로 구분했으나 나중에 이 구분은 없어졌다.

20) 함치영,『계속혁명에 관한 주체적 리해』, 96~119쪽.

21) 김일성, "사회주의위업의 계승완성을 위하여," (항일혁명투사들, 혁명가 유자
   녀들과 한 담화 1992년 3월 13일, 1993년 1월 20일, 3월 3일),『김일성저작집
   44』(평양: 조선로동당출판사, 1996), 109~110쪽.

22) 김재천,『후계자문제의 이론과 실천』, 26쪽.

23) 김일성, "청년들은 대를 이어 혁명을 계속하여야 한다,"『김일성저작집 26』,
   203쪽.

24) 김 본, "북한의 정치엘리트 충원에 관한 연구," (건국대학교 박사학위 논문,
   1990), 96~107쪽.

25) 곽승지, "북한의 후계자론과 권력승계과정,"『안보연구 23』(1993), 37쪽.

26) 탁진·김강일·박홍제,『김정일지도자 제2부』(평양: 평양출판사, 1994), 10~
   16쪽.

27) '2월선언'이란 김정일이 발표한 "온 사회를 김일성주의화하기 위한 당사상사
   업의 당면한 몇가지 과업에 대하여"를 말한다. 이 문건은『김정일선집 4』(평
   양: 조선로동당출판사, 1994), 7~66쪽에 실려있다. 북한은 김정일이 당 중앙
   위원회에서 사업을 시작한 이후 "혁명과 건설에서 나서는 사상이론적 문제들
   에 해답을 주는 수많은 고전적 로작들을 발표"했는데 그 대표적인 것이 '2월선
   언'이라고 한다.『조선중앙통신』, 2001년 6월 18일.

28) 황장엽은 1974년부터 1985년까지는 '김일성-김정일' 공동정권, 1985년부터
   94년까지는 '김정일-김일성' 공동정권이었고, 특히 1985년부터는 이미 김정
   일이 실권을 잡았다고 말했다.《연합뉴스》 2003년 10월 23일.

29) 김일성, "조선로동당 건설의 력사적 경험," (김일성고급당학교 창립 40돐에 즈
   음하여 집필한 강의록 1986년 5월 31일),『김일성저작집 40』(평양: 조선로동
   당출판사, 1994), 100쪽.

30) 김유민,『후계자론』, 48쪽.

31) 김재천,『후계자문제의 이론과 실천』, 29쪽.

32) 김유민,『후계자론』, 61쪽 ; 김재천,『후계자문제의 이론과 실천』, 30쪽.

33) 김유민, 『후계자론』, 61~62쪽 ; 김재천, 『후계자문제의 이론과 실천』, 30쪽.

34) 김재천, 『후계자문제의 이론과 실천』, 31~34쪽.

35) 따라서 "후계자는 어디까지나 인물을 본위로 하여 선출해야 한다. 인물이 선출의 절대적이며 본질적인 표징이고 기타는 모두 상대적이고 비본질적인 것이다. 그가 남성이건 여성이건 청년이건 장년이건 관계없이 특출한 인물이면 후계자로 선출될 수 있다. 수령과의 혈연관계는 상관이 없다"고 주장된다. 김재천, 『후계자문제의 이론과 실천』, 43쪽. 같은 맥락에서 "어떤 인물이 후계자로서의 모든 자질과 풍모를 지니고 있는 경우에는 그 인물이 수령과 혈연관계에 있다고 해서 후계자로 선출되지 못한다는 논리는 성립될 수 없는 것"이라고 주장된다. 김유민, 『후계자론』, 77~78쪽.

36) 2000년에 출판된 『위대한 수령 김일성동지의 불멸의 혁명업적』에서는 후계자문제가 세 가지 과제, 즉 "비범한 품격과 자질을 갖춘 인민의 지도자를 후계자로 추대," "후계자를 중심으로 하는 당과 혁명대오의 통일단결의 강화," "후계자의 유일적 령도체계의 확립"을 해결해야 한다고 주장한다. 그러나 두 번째의 과제는 내용상 세 번째 과제와 동일하다. 조선로동당출판사 편, 『위대한 수령 김일성동지의 불멸의 혁명업적 20: 혁명위업계승문제의 빛나는 해결』 (평양: 조선로동당출판사, 2000), 50~71쪽.

37) "북한은 '혈통'이라는 용어를 통해 수령의 후계자는 수령의 피를 이어받은 자가 되어야 한다는, 동양의 가부장적 정서를 은연중에 내세움으로써 권력세습을 정당화"하고 있으며 '혈통계승론'은 후계자론 중에서 "가장 직설적이며 북한 특유의 특징을 지니고 있는 것"이라는 해석도 있다. 곽승지, "북한의 후계자론과 권력승계 과정," 50쪽.

38) 김유민, 『후계자론』, 82~84쪽 ; 김재천, 『후계자문제의 이론과 실천』, 48~49쪽.

39) 김일성, "조선로동당 건설의 력사적 경험," 100쪽.

40) 함치영, 『계속혁명에 관한 주체적 리해』, 112쪽 ; 김재천, 『후계자문제의 이론과 실철』, 37쪽.

41) 조선로동당출판사 편, 『위대한 수령 김일성동지의 불멸의 혁명업적 20』, 67쪽.

42) 최용헌, "당의 정치사상적 통일과 단결을 대를 이어 고수하고 강화하는 것은 혁명위업의 완성을 위한 확고한 담보," 『근로자』, 1991년 10월호, 48~52쪽.

43) '후계자의 유일관리제'란 "당사업과 당정책 관철에서 제기되는 모든 문제들을 수령의 후계자에게 집중시키고 후계자의 유일적인 결론에 따라 처리해 나가는 혁명적인 제도와 질서"라고 한다.

44) 리오송, "영광스러운 당을 따라 주체의 혁명위업을 대를 이어 빛나게 완성해 나가자," 『근로자』 1976년 2월호, 49쪽.

45) 김재천,『후계자문제의 이론과 실철』, 50쪽.

46) 김정일, "혁명선배를 존대하는 것은 혁명가들의 숭고한 도덕의리이다," (조선 로동당 중앙위원회 기관지 ≪로동신문≫에 발표한 담화 1995년 12월 25일), 『김정일선집 14』(평양: 조선로동당출판사, 2000), 110~116쪽.

47) 『뉴스위크』2001년 5월 14일.

48) 이영국의 증언, ≪조선일보≫ 2002년 2월 25일.

49) ≪産經新聞≫ 2002년 2월 13일.

50) 『광각경』2001년 4월 15일~5월 15일.

51) ≪연합뉴스≫ 2004년 12월 19일.

52) 『연합뉴스』2004년 12월 9일.

53) ≪뉴스위크≫ 2003년 3월 10일.

54) 『월간 조선』2003년 3월호, 113~116쪽.

55) 『AERA』2002년 4월 22일. 김정남의 '성분' 문제는 어머니 성혜림의 언니인 성혜랑이 1996년 유럽에서 망명한 때문이다.

56) ≪조선일보 인터넷≫ 2003년 6월 20일.

57) ≪조선일보 인터넷≫ 2002년 6월 22일.

58) ≪연합뉴스≫ 2003년 9월 12일.

59) 민족통일연구원 편,『사회주의체제 개혁·개방 사례 비교연구』(서울: 민족통일 연구원, 1993), 635쪽.

60) 최칠남·동태관·전성호, "정론: 강성대국," ≪로동신문≫ 1998년 8월 22일.

61) ≪조선중앙방송≫ 1999년 7월 13일.

62) 전현준·안인해·이우영,『북한의 권력엘리트 연구』(서울: 민족통일연구원, 1992), 97쪽.

63) 전현준,『김정일 정권의 권력엘리트 연구』(서울: 민족통일연구원, 1995), 8쪽.

64) 계응태 공안담당 비서는 1925년생, 김국태 간부담당 비서는 1924년생, 김기남 교육담당 비서는 1926년생, 김중린 근로단체담당 비서는 1924년생, 전병호 군 수담당 비서는 1926년생, 한성룡 경제담당 비서는 1923년생이다.

〈참고문헌〉

1. 북한문헌

김민·한봉서,『위대한 주체사상 총서 9: 령도체계』(평양: 사회과학출판사, 1985).

김유민,『후계자론』(출판지 불명: 신문화사, 1984).

김일성, "3대혁명을 힘있게 벌려 사회주의건설을 더욱 다그치자," (공업열성자회의에서 한 연설 1975년 3월 3일),『김일성저작집 30』(평양: 조선로동당출판사, 1985).

_____, "사회주의위업의 계승완성을 위하여," (항일혁명투사들, 혁명가 유자녀들과 한 담화 1992년 3월 13일, 1993년 1월 20일, 3월 3일),『김일성저작집 44』(평양: 조선로동당출판사, 1996).

_____, "조선로동당 건설의 력사적 경험," (김일성고급당학교 창립 40돐에 즈음하여 집필한 강의록 1986년 5월 31일),『김일성저작집 40』(평양: 조선로동당출판사, 1994).

_____, "조선로동당 창건 30돐에 즈음하여," (조선로동당 창건 30돐 기념대회에서 한 보고 1975년 10월 9일),『김일성저작집 30』(평양: 조선로동당출판사, 1985).

_____, "청년들은 대를 이어 혁명을 계속하여야 한다," (조선사회주의로동청년동맹 제6차대회에서 한 연설 1971년 6월 24일),『김일성저작집 26』(평양: 조선로동당출판사, 1984).

김재천,『후계자문제의 이론과 실천』(출판지, 출판사 불명, 1989).

김정일, "인민대중 중심의 우리식 사회주의는 필승불패이다," (조선로동당 중앙위원회 책임일군들과 한 담화 1991년 5월 5일),『김정일선집 11』(평양: 조선로동당출판사, 1997).

_____, "전당과 온 사회에 유일사상체계를 더욱 튼튼히 세우자," (중앙당 및 국가, 경제기관, 근로단체, 인민무력, 사회안전, 과학, 교육, 문화예술, 출판보도부문 일군들 앞에서 한 연설 1974년 4월 14일, 김정일),『주체혁명위업의 완성을 위하여 3』(평양: 조선로동당출판사, 1987).

_____, "주체사상교양에서 제기되는 몇가지 문제에 대하여," (조선로동당 중앙위원회 책임일군들과 한 담화 1986년 7월 15일), "김정일선집 8" (평양: 조선로동당출판사, 1998).

_____, "혁명선배를 존대하는 것은 혁명가들의 숭고한 도덕의리이다." (조선로동당 중앙위원회 기관지 ≪로동신문≫에 발표한 담화 1995년 12월 25일),

『김정일선집 14』(평양: 조선로동당출판사, 2000).

리오송, "영광스러운 당을 따라 주체의 혁명위업을 대를 이어 빛나게 완성해 나가자,"『근로자』1976년 2월호.

박영철,『수령에 대한 충실성과 사회정치적 생명』(평양: 조선로동당출판사, 1990).

박일범,『위대한 주체사상 총서 2: 주체사상의 사회력사원리』(평양: 사회과학출판사, 1985).

사회과학출판사 편,『철학사전』(평양: 사회과학출판사, 1985).

조선로동당출판사 편,『인민들속에서 23』(평양: 조선로동당출판사, 1980).

_____,『위대한 수령 김일성동지의 불멸의 혁명업적 20: 혁명위업 계승문제의 빛나는 해결』(평양: 조선로동당출판사, 2000).

탁 진·김강일·박홍제,『김정일지도자 제2부』(평양: 평양출판사, 1994).

함치영,『계속혁명에 관한 주체적 리해』(평양: 사회과학출판사, 1992).

최용헌, "당의 정치사상적 통일과 단결을 대를 이어 고수하고 강화하는 것은 혁명위업의 완성을 위한 확고한 담보,"『근로자』1991년 10월호.

≪로동신문≫

≪조선중앙방송≫

2. 남한문헌

곽승지, "북한의 후계자론과 권력승계 과정,"『안보연구』제23호 (1993).

김 본, "북한의 정치엘리트 충원에 관한 연구," (건국대학교 박사학위 논문, 1990).

민족통일연구원 편,『사회주의체제 개혁·개방 사례 비교연구』(서울: 민족통일연구원, 1993).

전현준,『김정일 정권의 권력엘리트 연구』(서울: 민족통일연구원, 1995).

전현준·안인해·이우영,『북한의 권력엘리트 연구』(서울: 민족통일연구원, 1992).

『광각경』

『교도共同통신』

『뉴스위크』

≪讀賣新聞≫

≪産經新聞≫

≪연합뉴스≫

『월간 조선』

≪조선일보≫

≪조선일보 인터넷≫

≪중앙일보≫

≪AERA≫

찾아보기

필자약력

▫ 이우정

원광대 정치행정언론학부 교수

동국대학교 정치학 박사

대표 저서 및 논문 : 『권력승계와 정당성』, "권력승계의 사회적 기반과 정치
사회화 양태," "중국의 동북아정책과 한·중관계의 발전전망"

▫ 신주백

서울대 사회발전연구 책임연구원

성균관대학교 박사(역사학)

주요 저서 및 논문 : 『분단의 두 얼굴』(공저), 『8.15기억과 동아시아적 지평』
(공저) 『1930년대 국내민족운동사』, 『만주지역 한인의 민족운동
사』, "일본의 패전대책과 식민지 조선, 그리고 역설," "일본의 동
화정책과 지배전략," "국민교육헌장의 역사"

▫ 기광서

조선대학교 정치외교학부 교수(부교수)

러시아과학원 동방학연구소 박사(역사학)

주요 저서 및 논문 : 『해방 전후사 사료연구Ⅱ』(공저), 『사진과 그림으로 보
는 북한 현대사』(공저), Из истории формирования воор
уженных сил Северной Кореи (1945-1950)(『북한의
무력 형성』(1945~1950년)), "해방 직후 조선공산당에 대한 소련
의 입장"

▫ 정성임

세종연구소 북한연구센터 객원연구위원

이화여자대학교 정치학 박사

주요 저서 및 논문 : 『북한학』(공저), 『북한의 사회문화』(공저), 『조선로동당
의 외곽단체』(공저), "북한의 선군정치와 군의 역할,"

"Reconnection of Transportation Networks between South and North Korea, and Its Effect on the North Korean Economy," "북한의 '선군정치': 논리와 실제"

▫ 이주철

KBS 남북교류협력팀 연구원

고려대학교 문학 박사(역사학)

주요 저서 및 논문 : "1950년대 조선로동당의 하부조직 재편", "북한주민의 남한방송 수용 실태와 의식 변화", "북한주민의 역사인식과 의식 변화"

▫ 백학순

세종연구소 수석연구위원

미국 펜실베니아대(University of Pennsylvania) 정치학 박사

주요 저서 및 논문 : 『김정일시대의 당과 국가기구』(공조),『북한문제의 국제적 쟁점』(공조), "북한의 국가형성에 있어서 김일성의 자율성 문제", "북한의 대남전략", "부시정부 출범 이후의 북미관계 변화와 북한핵문제"

▫ 송정호

통일연구원 책임연구원/혁신관리팀장

한양대학교 정치학 박사

주요 저서 및 논문 : 『북한체제의 분야별 실태평가와 변화전망』(공저),『남북한 통합을 위한 바람직한 통일정책 거버넌스 구축방안』(공저), "21세기 통일정책 환경 변화와 시민참여: 참여민주주의에 관한 논의를 중심으로", "통일정책과 시민참여 현황", "북한 권력승계 문제의 쟁점과 전망―사회주의 사례와의 비교를 중심으로"

▫ 백준기

한신대학교 국제관계학부 교수

모스크바국립대학교 정치학 박사

주요 저서 및 논문: 『북한현대사 1』(공저),『미국의 신보수주의 외교전략과

한반도 평화문제』(공저), "조선로동당의 '일당민주주의'적 특성
과 '경쟁적 체계'로의 이행가능성", "푸틴정부의 대외정책 수정
의 '수준(levels)'과 '경로(courses)': 동북아에서의 전략적 옵션",
"8월종파문제재론: 종파, 분파, 당내경재"

▫ 이승현
  국회도서관 연구관
  연세대학교 정치학 박사
  주요 저서 및 논문: 『헌법개정논의의 정치적 원리』(공저), "북한의 대남 협상
          행태변화 분석", "남북관계의 측면에서 본 개헌 논의", "신민회
          의 국가건설 사상"

▫ 이태섭
  인제대학교 통일학부 교수
  서울대학교 정치학 박사
  주요 저서 및 논문: 『김일성 리더십 연구』, "1990년대 북한의 경제 위기와
          군사 체제로의 전환에 관한 연구", "북한의 정보 기술 산업" 등
          이 있다.

▫ 이교덕
  통일연구원 기획조정실장
  고려대학교 정치학 박사
  주요 저서 및 논문: 『김정일 시대 북한의 정치체제』(공저), 『21세기 동북아
          국제관계와 한국』(공저), 『북한체제의 분야별 실태평가와 변화전
          망』(공저)

북한학총서 북한의 새인식

▫ 발간위원회
　발간위원장: 전현준(북한연구학회 회장)
　발 간 위 원: 고유환(북한연구학회 부회장, 동국대학교 교수)
　　　　　　　정규섭(북한연구학회 부회장, 관동대학교 교수)
　　　　　　　이기동(북한연구학회 총무이사, 국제문제조사연구소 연구위원)

▫ 편집위원회
　책임편집: 정영철(북한연구학회 연구이사, 서울대학교 국제대학원 책임연
　　　　　　구원)
　편집위원: 고재홍(북한연구학회 편집위원, 국제문제조사연구소 연구위원)
　　　　　　신효숙(북한연구학회 편집위원, 북한대학원 대학교 연구교수)
　　　　　　이무철(북한연구학회 연구위원회 간사, 북한대학원 대학교 연구
　　　　　　교수)
　　　　　　전영선(북한연구학회 문화분과위원장, 한양대학교 연구교수)

북한의 정치 1   정가 : 28,000원

2006년 11월 20일　　초판 인쇄
2006년 11월 25일　　초판 발행

　　　　　　　　　편　　저 : 북한연구학회
　　　　　　　　　발 행 인 : 한 정 희
　　　　　　　　　발 행 처 : 경인문화사
　　　　　　　　　　　　　　서울특별시 마포구 마포동 324-3
　　　　　　　　　　　　　　전화 : 718-4831～2, 팩스 : 703-9711
　　　　　　　　　　　　　　http://www.kyunginp.co.kr 한국학서적.kr
　　　　　　　　　　　　　　E-mail : kyunginp@chol.com
　　　　　　　　등록번호 : 제10-18호(1973.11.8)

ISBN : 89-499-0436-5　93340
ⓒ 2006, Kyung-in Publishing Co, Printed in Korea
* 파본 및 훼손된 책은 교환해드립니다.